Meine Heimat

Schlesien

Erinnerungen

Meine Heimat
Schlesien

Erinnerungen an ein geliebtes Land

Herausgegeben von Herbert Hupka

Weltbild Verlag

Genehmigte Sonderausgabe für Weltbild Verlag GmbH, Augsburg 1990

Druck und Bindung: Clausen & Bosse, Leck
Printed in Germany
ISBN: 3-7844-1842-2

INHALT

SCHLESISCHE ERINNERUNGEN

„Wenn wir von jemandem sagen: er habe keine Heimat, so ist das ungfähr soviel, als ob wir sagten: sein Dasein habe keinen Mittelpunkt."

Eduard Spranger

1962 und 1964 sind die beiden Sammelbände „Leben in Schlesien" und „Meine schlesischen Jahre" mit jeweils 21 Beiträgen bekannter und berühmter Namen, Schlesier und Nicht-Schlesier, erschienen. Beide Bände sind längst vergriffen, weshalb eine Neuauflage dringend geboten erschien. In einer einbändigen Auswahl werden die schlesischen Erinnerungen wieder vorgelegt, wobei es schwer wurde, die Auswahl auf 25 Beiträge zu beschränken. Ganz Schlesien, von Oberschlesien bis zum Riesengebirge, findet sich in dieser Auswahl wieder.

Es hat sich das Wort eingenistet, diejenigen unter den Vertriebenen, die die Mehrzahl ihrer Jahre oder die entscheidenden Jahre ihres Lebens in Schlesien gelebt haben, als „Erlebnisgeneration" zu bezeichnen und der nachfolgenden Generation die Charakterisierung als „Bekenntnisgeneration" zu geben. Diese fein säuberliche Unterscheidung ist unrichtig und auch bedenklich, weil das bedeuten könnte, daß nur noch die „Erlebnisgeneration" das wahre Verhältnis zur Heimat Schlesien habe. Richtig ist jedoch, daß nur noch eine Minderheit unter uns die Mehrzahl ihrer Jahre in Schlesien gelebt hat, doch um Schlesien zu erleben, bedarf es nicht dieser Mehrzahl der Jahre.

Eine Reise nach Schlesien, in einer schlesisch geprägten Familie aufgewachsen zu sein, die Zusammenkunft mit Schlesiern, die Begegnung mit dem schlesischen Wort und das Eintauchen in schlesische Erinnerungen — dies hat sich das vorliegende Buch zur Aufgabe gestellt —, machen und halten Schlesien lebendig. Schlesien, das geliebte Land, ist nicht untergegangen, auch wenn es allzu viele aus durchsichtigen Gründen vergessen machen möchten. Schlesien lebt und wird überleben, auch wenn heute fremde Gewalt Macht über Schlesien ausübt. Vertreibung und Annexion sind zwar historische und politische Realitäten, aber sie schaffen kein neues Recht.

Schlesien zu beschreiben oder gar zu definieren, was denn nun eigentlich Schlesien sei und bedeute, einem solchen Vorhaben kann man sich nur durch gute Wegweisungen und auf Umwegen nähern. Die schlesischen Erinnerungen vermögen Antwort auf die Fragen zu erteilen: Wie war es in Schlesien, wie läßt sich „Meine Heimat Schlesien", dies der Titel des Sammelbandes, am besten wiedergeben, wie hat man in Schlesien gelebt, war es noch österreichisch oder nur preußisch, was zeichnet den Stamm der Schlesier aus oder lastet ihm an, wie unterscheiden sich Oberschlesien und Breslau, Breslau und die schlesischen „Städtel", Schlesien „eiber der Auder" und das Riesengebirge?

Nicht nur das Herkommen aus schlesischer Wurzel war für die Aufforderung zur Mitarbeit an diesen schlesischen Erinnerungen vor nahezu zwei Jahrzehnten maßgebend. Auch wer nicht in Schlesien geboren wurde, aber in Schlesien Heimat fand und gewirkt hat, sollte mit dabei sein, wenn es gilt, für Schlesien Zeugnis abzulegen. Mit Trauer sei festgestellt, daß viele Autoren, mehr als die Hälfte, fern der Heimat inzwischen durch den Tod abgerufen worden sind.

Aber nicht nur das vielgestaltige Land mit einer Vielfalt von Schlesiern — *den* Schlesier, womöglich den nur mystisch gestimmten Schlesier gibt es nicht — hat sich in diesem Buch entfaltet, auch die Zeiten mit ihren unterschiedlichen Geburtsdaten von 1881, als Wolfgang Jaenicke geboren wurde, bis hin zu Joachim Georg Görlich, der 1931 geboren ist, haben die Lebensläufe und Bilder von Schlesien bestimmt, weil sie das Land geformt oder verformt haben.

Es sind vier Epochen deutscher Geschichte, die vier Epochen schlesischer Geschichte geworden sind. Das Kaiserreich mit der Jahrhunderthalle in Breslau und dem Verbot von Gerhart Hauptmanns „Festspiel in Reimen"; die Weimarer Republik mit der Teilung Oberschlesiens entgegen dem Ergebnis der Abstimmung, in der das Selbstbestimmungsrecht verwirklicht werden sollte; die Diktatur Hitlers mit der Entfesselung des Zweiten Weltkrieges im Zusammenspiel mit Stalin; 1945: Vertreibung und fremde Herrschaft über die Heimat. Aus diesem Grunde reichen die schlesischen Erinnerungen bis in das Ende der fünfziger Jahre, als der jüngste der Mitarbeiter mit polnischem Abitur und polnischem Examen den Weg in den freien Teil des Vaterlandes nahm.

Es war nicht leicht, und auch die getroffene Lösung wird vielleicht Widerspruch finden, ein ordnendes System den Erinnerungen aus sechs Jahrzehnten aufzuzwängen. In den beiden Bänden von 1962 und 1964 waren die Beiträge entsprechend dem jeweiligen Geburtsdatum aneinandergereiht worden. Aus dieser Anordnung ergab sich die Dramaturgie. Der vorliegenden Auswahl wurde eine andere Ordnung zugrundegelegt. Es sollten Landschaften und

Zeiten, aber auch Kirchen, Kunst und unterschiedliche Berufe einander in den Aufsätzen ablösen, bis mit der Zerstörung und dem Untergang Breslaus, mit den letzten Wochen des Krieges in Ratibor, mit einem jetzt unter polnischer Oberhoheit zu führenden Leben in Schlesien die dramatischen Schlußakkorde gesetzt wurden.

Kein Name fällt so häufig wie der von Gerhart Hauptmann, weshalb für die erste Hälfte des 20. Jahrhundert in Schlesien, das letzte Jahrzehnt des 19. Jahrhunderts mit einbeziehend, vom Schlesien Gerhart Hauptmanns, der größten zeitgenössischen und zutiefst schlesischen Gestalt, geredet werden darf: ein Halbjahrhundert Schlesien unter dem hell strahlenden Stern Gerhart Hauptmann. Als er am 6. Juni 1946 in Agnetendorf starb („Bin ich noch in meinem Hause?“), gingen in Schlesien die Lichter aus.

Die Liebe zu Schlesien hat diese schlesischen Erinnerungen beflügelt. Selbstverständlich sind es ganz persönliche Erinnerungen, so subjektiv wie Erzählungen im Ich-Ton nun einmal sind. Dennoch darf die Behauptung gewagt werden, daß diese „Erinnerungen an ein geliebtes Land“, wie der Untertitel des Bandes lautet, Steine eines in sich geschlossenen Mosaiks, Bauelemente einer Geschichte Schlesiens sind. Die vielen Einzelansichten, die Fülle der Erlebnisse, Erfahrungen und auch Leiden ergeben ein Ganzes, und dies heißt unverwechselbar Schlesien.

Wenn Hunderttausende zu den Deutschlandtreffen der Schlesier strömen, wenn die Stadt- und Landkreise, ja sogar einzelne Dorfgemeinschaften im regelmäßigen Rhythmus zusammenkommen, wird vielfach die Frage gestellt, ob denn die Zahl der Besucher nicht geringer würde, wie es nun einmal der Lauf der Zeit mit sich bringen müßte, warum all diese Menschen aus freien Stücken das Opfer an Zeit und Geld aufbringen, um sich als Schlesier, nachdem Jahrzehnte seit der Vertreibung vergangen sind, zu Schlesien und ihrem eigenen Herkommen oder dem ihrer Eltern und Vorfahren zu bekennen. Es ist dieses Schlesien, wie es sich in dem Sammelband vorstellt und darstellt, das die Menschen bewegt, nicht losläßt, von dem sie nicht lassen können und wollen, und dies über Generationen hinweg.

Da aber sehr viele Schlesien nie kennengelernt haben, hat sich das Buch vorgenommen, nicht nur „Meine Heimat Schlesien“ widerzuspiegeln, sondern diese Mitbürger, gerade weil sie keine unmittelbaren Landsleute sind, nach Schlesien einzuladen. Wer einen Mitmenschen näher kennenlernen möchte, läßt sich gern von ihm Persönliches erzählen. Wer also Schlesien erfahren will, lasse sich von Schlesien erzählen, lausche den Schlesiern, ob daselbst geboren oder zu Schlesiern geworden.Schlesien hat nie nur den Schlesiern gehört, sondern allen Deutschen, nicht anders als Bayern oder Niedersachsen, Ostpreußen oder das Rheinland. Dieses Erbe durch die Lektüre zu erwerben, um es als

Besitz zu gewinnen und zu hüten, dazu sind all diejenigen aufgefordert, die zu der nachgewachsenen, zu den nachgewachsenen Generationen gehören.

Das „Es war einmal“ dieser 25 Selbstdarstellungen meint nicht das Märchenwort, obwohl es uns manch Widersacher so einreden möchte, sondern das Geschichtliche als Voraussetzung der Gegenwart, damit die Zukunft gewonnen werden kann. So paradox es klingen mag, die Reise in die Vergangenheit wird so zum Aufbruch in die Zukunft. Ein herzliches Glückauf für den Weg nach Schlesien!

Herbert Hupka

Ruth Hoffmann

DIE HOLLANDWIESEN – EIN WANDELBILD

Ich habe viele Wiesenlandschaften gesehen in meinem Leben. Im Wilmsdorfer Tal, gelb von Glatzer Rosen und blau vom Vergißmeinnicht. Waldwiesen im Riesengebirge, auf denen Arnika wuchs, die man aus Gesundheitsgründen pflücken mußte, die Blütenköpfe wurden mit Spiritus aufgesetzt, ein altes Hausmittel gegen mancherlei Wehleidigkeit. Salzburger Wiesen im Juni, nicht grün, sondern silbriges Rosa, von Fiedernelken und Fuchsschwanz zu einer unbeschreiblichen Frühlingsglorie umgefärbt. Wiesen im Tessin, um Ostern noch voll Schneeharsch, aus dem sich Anemonen und Himmelsschlüssel hervorzuwagen begannen. Sussexwiesen im Dezember, von leuchtendem Smaragd, eingehegt von Gattern und Hecken, bestanden von herrlichen Bäumen und belebt von buntem Rindvieh berühmter Züchtungen.

Hätte ich diese Bilder so zu sehen vermocht, wären sie unverlöschlich geblieben, wenn nicht die Hollandwiesen die Fähigkeit, eine Landschaft zu erkennen, zu begreifen, zu bewundern und völlig in sich aufzunehmen geprägt hätten, in der Kindheit?

Wir sahen auf die Hollandwiesen vom Balkon des Kinderzimmers, sozusagen aus der Vogelperspektive. Eine Landschaft? Eine Vielfalt von Landschaften im Ablauf des Jahres, und nach der Frühjahrsschmelze, wenn die Eisschollen, die „Brieger Gänse", sich an den Pfeilern der Oderbrücken türmten, nicht Wiesen mehr, sondern ein mächtiger See, der Ohle und Oder vereinte, so daß die Ruderboote der Sportklubs am Weidendamm, der „Ersten Breslauer" und anderer auf diesem vorstädtischen Binnenmeer über Straßen und Dämme hinwegfuhren, schon im Training für die kommenden Regatten, und wir die Kommandos hörten und die Ruder taktgleich ins Überschwemmungswasser tauchen sahen.

Es war eine Zauberei! Boote, die auf die Oder gehörten, die wir den ganzen Sommer hindurch beobachteten, wenn wir am Strand spielten, fuhren vor unserem Kinderstubenbalkon vorbei, und wir sahen sie in der Ferne über die Zedlitzer Chaussee hinweggleiten, denn alles war Wasser, Wasser ... Welche Unbegreiflichkeit, welche Prägung kindlicher Anschauung!

Was war der stärkste Eindruck? Es war überwältigend, die vertrauten

Weidenbäume, die Pappeln der Zedlitzer Chaussee nur noch dunkle Köpfe, die aus dem Wasser ragten oder restliche Baumspitzen. Die Grenzpfähle der Pferdeschwemme verschwanden völlig, Wehr und Brückchen ein wilder Schwall. Ist Fabians Bootswerft jemals etwas geschehen bei diesen alljährlichen mächtigen Überschwemmungen, gegen die nicht Dämme, nicht Abzugskanäle halfen? Lag sie nicht etwas erhöht mit ihrem Wohnhaus und Arbeitsschuppen?

Aber ich bin dem Ablauf der Gezeiten vorausgeeilt. Denn im Winter, im Januar, begannen die Wandelbilder, die alle zusammen Hollandwiesen heißen. Sie lagen, in Breslau gab es reichlich bedachte Schneewinter, weiß eingepelzt, eine arktische Weite, durchzogen von der eisglitzernden Ohle und ihren vielen Kanälen und Seitenarmen, die grünblaue Bänder waren zwischen dem prächtigen Hermelin. Das Eis der Ohle lag für uns vor der Tür, und dort sollten wir also Schlittschuhlaufen lernen. Es war höckriges, ungepflegtes, ungehobeltes Eis. Ich lernte sehr schlecht und habe es nie zu einer Vollkommenheit gebracht, aber mein kleiner Bruder hatte winzige Schlittschuhe (nie sah ich diese Puppengröße) von Bekannten bekommen und stellte sich viel besser an als ich, die Achtjährige. Was für den Ohleeislauf getan wurde, war das Markieren der gefährlichen „warmen Stellen". Wo kamen die Quellen her, die im Winter das Eis tückisch auftauten bis auf eine dünne, trügerische Schicht und trotz Kennzeichnung manchen Tod zur Folge hatten?

Winter in seiner Herrlichkeit hat sich mir erschlossen vom Balkonfenster aus, weiß, weiß, schwarze Effekte, Elstern, Raben, Dohlen und die buntmützigen Schlittschuhläufer der Vorstadt. Manche konnten „holländern", eine Form des Eislaufs, die in Namensgleichheit wahrlich zu den Hollandwiesen paßte, so wie das Bild der kleinen Figuren auf dem Eis den Bildern alter Niederländer glich, die ich später lieben lernte.

Es gab noch mehr solcher Namensgleichheiten. Das Gut Zedlitz gehörte damals einem Mann namens Holländer, Amerikaner, und wie es hieß, sehr reich. Er war der Großvater einer Klassengefährtin, Trude Oelsner, einer munteren, loyalen Mitschülerin, mittelbegabt fürs Lernen und sehr begabt für Gefährtenschaft. Ich hörte, daß sie mit ihrer schönen Mutter schon 1910 nach Amerika zurückging. Der alte Mann muß Schlesien, muß Breslau so geliebt haben, daß er sich das Gut Zedlitz mit der großen roten, schloßähnlichen Villa kaufte und seine Enkelin in unserer Schule erziehen ließ. Besteht ein Zusammenhang zwischen seinem Namen und den wallonischen Siedlern der Frühzeit?

Ich weiß nur einiges von der Historie der Wiesen. Wallonen aus Flandern, Tuchmacher und Ackerbauer, wurden angesiedelt im Pfarrsprengel St. Mauritius. Schon im 12. Jahrhundert ist von diesen Wallonen die Rede, die Mauritiuskirche wird 1234 am 5. Februar zuerst urkundlich genannt. Zu diesem Kirchensprengel gehörten die fremden Siedler, die einfach Walen hießen im Munde der Leute. 1469 wird die Walgasse erwähnt, die spätere Klosterstraße, deren Hauptteil bis 1823 Walengasse benannt war. 1241 nach dem Mongolenfeldzug wurden den Anwohnern, um die Verwüstung zu beheben und zu beleben, die Wiesen zur freien „Behütung“ geschenkt. Es ist wahrscheinlich, daß schon diese Holländer den reichlichen Wiesewachs ernteten, denn die Überschwemmung im Frühjahr hatte etwas gemein mit den Nilüberschwemmungen: sie zeitigte einen üppigen ersten Schnitt und ein reiches Grummet.

So wie wir später die hochbeladenen städtischen Heuwagen schwanken sahen, sie fuhren alle über den Damm, über das Fabianbrückchen am Wehr, durch die kleine Gasse von Bethanien zur Klosterstraße, wo sich ein Teil der städtischen Marställe befand, so mögen die Wallonen aus Flandern das Gras und Heu der Hollandwiesen geerntet und ihnen den Namen gegeben haben. Es ist eine Hypothese, aber entbehrt nicht der Logik!

Nach der Überschwemmung setzte die Zeit des Graswuchses ein, der köstlichen Begrünung, der gold-silbernen Kätzchen an den hohen Weiden, die an den Dämmen entlang eine Kette der Frühlingszeichen bildeten. Es setzte ein das sich „Erlustieren“ auf den Dämmen, die Feierabendspaziergänge der vorstädtischen Handwerker, die zum Teil eine gewisse örtliche Berühmtheit als Originale erlangt hatten. Da war der Sattlermeister Kleinert, der, begleitet von seinem großen schwarzen Pudel, aufpaßte, den Damm entlangschreitend, links die Wiesen, rechts die Ohle, in der das Diakonissenhaus Bethanien sich spiegelte, ob etwa ein kleiner Junge beim Schiffchenspielen die Balance verlor und kopfüber in die Ohle fiel. Oder ob da am späten Abend, wenn Dämmerung anfing, fragwürdige Absichten zu verschleiern und auch zu verstärken, ein liebeskrankes Mädchen sich in die Ohle stürzte. Viele, vielleicht mehr als man weiß, wurden vom Sattlermeister Kleinert dem Leben zurückgegeben. Er trug die unbestrittene Glorie des Lebensretters. Der Pudel übrigens auch, denn auch er sprang ins Wasser und verbiß sich in Rock oder Wämschen, je nachdem.

Wenn die sanften Winde das Gras bewegten, die Ohlewasser sich leise rippten, war im Grunde gefährliche Zeit, Zeit der Liebesenttäuschungen, und der Sattlermeister Kleinert, der merkwürdigste Lebenswächter, war immer bei der Hand. Bethanien, die Rettungsstation, lag nur schrittweit um die Ecke. Sie ist der Ohle und den Hollandwiesen eng verbunden durch gebündelte Schicksale.

Einer ihrer Pastoren, Ulbrich, ein dünner, großgewachsener, leicht gebeugter Mann, noch jung an Jahren, machte auch auf dem Damm seinen Abendspaziergang mit seiner winzig kleinen Frau neben ihm. Ging er gebückt, weil er der Frau zuliebe sich beugen mußte, um sie liebevoll „per Arm" zu führen, oder zeigte sich in seiner Haltung schon das Lungenleiden, dem er dann erlag? Die Diakonissen von Bethanien liebten ihn und betrauerten ihn tief. Ich habe mich als Kind immer gewundert, warum die Frau so klein war, der Mann so groß. Ich habe mich auch gewundert, warum Haar so grellrot und fettig sein kann wie das von Lise Malguth, Schuster Malguths Tochter, mit der er seinen Abendspaziergang machte. Sie sah ohne Wohlwollen auf uns, denn nur die jeweiligen „Mädchen für alles" brachten ihre Schuhe zu Malguths zum Besohlen. Die unseren wurden, da wir Maßschuhe trugen, zum Schuhmachermeister Lux auf der Taschenstraße gebracht, der sie verfertigt hatte.

Alles erging sich, erholsam oder verspielt, auf dem Ohledamm zwischen Wasser und Wiese. Der kleine Kaufmann Steinmann, in dessen Eckladen es die herrlichsten Fruchtbonbons gab, die im Querschnitt Soldatenköpfe zeigten, bedeckt mit Infanteriemützen, Husarentschakos und den Helmen der Kürassiere. Seine Schwester war mit einem Polizeiwachtmeister verheiratet, was dem Laden Abbruch tat, denn man fürchtete sich, bei Steinmann anschreiben zu lassen. Der große Wachtmeister ließ sich nicht viel auf den Dämmen zwischen den Wiesen sehen. Er schonte seine wilden Vorstadtangler und die fischenden Schuljungen, mit ihren Glaskrausen neben sich (Weckgläser gab es noch nicht), bestimmt zum Aufnehmen von Wasserflöhen und Gründlingen.

Zu den Jungen der Vorstadt, die auf den Wiesen und Dämmen spielten, gehörte einer, dem hier ein liebevolles Gedenkwort gewidmet sei. Hans Machunze, der spätere Maler und Graphiker, guter Freund und treuer, neidloser Kollege, Vorstadtkind, Sohn einer Witwe. Er badete, schwamm, angelte, fischte in der Ohle und in den Kanälen auf den Wiesen. Es geht die Sage, daß er sogar einmal einen großen Hecht gefangen hat. Er war auch ein Liebender der Hollandwiesen. Er verstand später sehr viel vom Kunsthandwerk aller Zeiten und hat schöne Bände für das Berliner Volkskundemuseum herausgegeben. Er tat noch etwas, er schnitt in Holz die erste Einladung für Fritz Wirths herrliche Adventsmusiken in der Christopherikirche. Sie hießen: es kommt ein Schiff geladen, oder besser wie im Original „es kumpt ein schif geladen".

Hans Machunze hat sicher auch Drachen steigen lassen auf den Hollandwiesen, nachdem sie zum zweiten Mal abgeerntet waren. Noch aber sehen wir die Mäher das Frühgras schneiden, wir sehen die Heuhaufen sich gerundet türmen, wir sehen die Wagen schwanken, sich ihren Weg suchen wie bei den Wallonen aus Flandern. Alles vom Balkon der Kindheit aus. War der erste Schnitt eingebracht, konnte man quer über die Wiesen nach dem Weidendamm gehen. Vom Balkon aus gesehen, glitzerte weit hinten, sich harmlos gebärdend, ein Streifen Oder. Hatte sie sich jemals zu einer Art Binnenmeer mit der Ohle vereinigt? Wir gingen jetzt täglich über die harmlosen Wiesen, zum Weidendamm und spielten an der Oder. Gegen Abend versprach der Balkonaufenthalt jedoch eine Sensation. Da sprengten in die Pferdeschwemme die Marstallgäule, die vor die Heuwagen gespannt waren. Die Brennereipferde von Schirdewan, in dessen Haus wir wohnten, und die Kornfässer und Schlempewagen zogen. Heymanns Pferde, die ihre Kraft zwischen Brautkutschen und Leichenwagen gerecht verteilten. Die schweren Haase-Pferde der gleichnamigen Brauerei; die Burschen auf den ungesattelten Gäulen waren halbnackt. Einmal so ins Wasser sprengen dürfen! Wir kannten alle Pferde. Die jedoch, die vor dem eleganten Landauer des Kommerzienrats Haase allmorgendlich die Klosterstraße entlangtrabten, waren nicht unter den arbeitsmüden Pferden.

Auch die Haase-Brauerei war mit der Ohle und den Hollandwiesen verbunden. Aus dem Fluß bezog sie allwinterlich ihr Eis in schweren Blöcken. Wie es gehackt und auf strohbedeckten Laufbrettern in die Keller geschlittert wurde, habe ich oft gesehen. Ich war zu Gast in der Haase-Brauerei. Meine erste Kindheitsfreundin, Vally Bauer, mir heute noch eng verbunden, war die Tochter des Direktors. Nie sei ihr vergessen, daß sie mir in Zeiten größter Not z. B. eine Hyazinthe schenkte, an deren Blättern Fleischmarken angesteckt waren. Mein Mann bekam keine. Der ihre ist tot, der meine auch, die Freundschaft hat gehalten, ja sie hat sich vertieft.

Im heißen, reifen Sommer wurden nicht nur die Pferde in die Schwemme geritten, auch wir schwammen. Eben diese Freundin und ich, bei Strauß in der Badeanstalt. Vom hohen Sprungbrett übersah man die ganze grüne Weite der Hollandwiesen, beinahe so gut wie vom Balkon aus. Wenn man nicht an einem nach Teer riechenden Lattenzaun entlang, von der Klosterstraße aus zur Badeanstalt trotten wollte, wählte man den Weg über den Damm. Da wartete eine Fähre am Drahtseil. Hol über! Der Ferge war ein Sohn des Besitzers Strauß, Hermann mit Namen. Es hieß von ihm, er hätte einen Wolfsrachen, worunter ich mir nichts vorstellen konnte. Allerdings sprach er komisch, aber er lächelte immer freundlich. Man konnte aus der Badeanstalt hinaus in die freie Ohle schwimmen. Ich machte die Stundenprobe, was bedeutete, daß von der Bademeisterin vier Sterne in den Schwimmanzug gestickt wurden. Ich besitze dieses Schwimmdiplom heute noch.

Was Spaziergänge wiesenlang betrifft, so waren sie der Auslauf von Herbert Laudin, dem einzigen Sohn des Direktors vom Johanneum auf der Paradiesstraße. Er wurde begleitet von seinem Freund Fritz Kliem, der dann meine Freundin heiratete, die Tochter des alten Mathematikers am gleichen Gymnasium, Professor Depène.

Laudin war groß, sein Freund nur mittelgroß, jedoch nahmen sie gemeinsam „die Landschaft unter die Beine". Laudin galt als Herzensbrecher. Der Erste Weltkrieg forderte ihn sich ein. Fritz Kliem hingegen überstand ihn. Er bekam in der allerbesten Ehe, die in St. Mauritius eingesegnet wurde, sechs Kinder. Aber er wurde ein Opfer des Zweiten Krieges, der Vertreibung aus Breslau, in Füssen im Allgäu. Er hatte ein schlechtes Herz und überstand die langen Wanderungen nicht, die seiner Oberrealschule (er war auch Mathematiker) auferlegt wurden. Sein Sohn, allein bei dem Tode des Vaters in Füssen, ein Knabe damals noch, mein junger lieber Freund, dessen Kinderhändchen ich immer in meiner Hand spüren werde, ist Dominikanerpater. Als ich ihn zum ersten Mal wiedersah, in Bonn nach dem Krieg, hatte er die Grimmschen Märchen in seiner Aktentasche, und als er mich zum ersten Mal in Berlin besuchte, lasen wir zusammen in Höllerers „Transit".

Herbert Laudin und Fritz Kliem, Wiesenläufe und Wanderungen. Wann war es am schönsten, dieses Beschreiten der weiten grünen Fläche? Vor dem ersten Schnitt war es verboten, die Wiesen zum Lagern, Spielen zu benutzen. Man durfte sie nur, zwischen dem hohen Gras auf einem schmalen Weg, sich von der Klosterstraße durchs Bethanien-Gäßchen über die Wehrbrücke schlängelnd, zum Weidendamm hin überqueren. Aber wenn das Grummet eingebracht war, wenn es herbstelte, waren die Wiesen ein Spielfeld der Lust, der großen Kindheitslust, des Drachensteigens! Kein Gras wehte mehr, keine Heuhaufen unterbrachen die Wiesenfläche. Wir gingen quer, kreuz und quer, achteten nicht auf rechts und links. Wir gingen zum Weidendamm hinüber und mußten uns hüten vor den Bindfadenrollen der Drachenexperten. Man konnte stolpern über diese straffgespannten Schnuren, die den Himmel, den Wind, den Drachen mit der Erde verbanden. Unser täglicher Spaziergang. Wo haben Großstadtkinder einen, der diesem täglichen gleicht? Die Menge der schwebenden Drachen im herbstblauen Himmel zog unsere Blicke magisch auf sich. Wir achteten des Weges nicht. Ein Schrei, aus meinem Mund. Ich schrie, daß dort der Matrosenhut des Bruders schwämme! Der jüngere Bruder war, völlig dem Drachenwunder hingegeben, in einen der Wasserläufe gestürzt. Die Mutter sprang ihm nach, rettete ihn. Er hatte einen blauen Samtanzug an, seine Strumpfbänder waren nicht farbecht. Wie Blut lief es an seinen Waden und Söckchen herunter, aber er war gerettet. Einmal nur. Ich wußte damals noch nicht, daß die Allmacht sich meistens auf eine Rettung beschränkt. Der Bruder starb, ein Opfer des Ersten Krieges, am Heiligen Abend 1918.

Laudin, Direktor des Johanneums, sagte am Grabe zu meinen Eltern: jung stirbt, wen die Götter lieben. Das entsetzte mich. Er mochte sich über den Soldatentod seines einzigen Sohnes, eben jenes Herbert Laudin, mit gleichen Zitaten trösten. Ich spürte nur die grausame Beraubung und habe dann nochmals in meinem Leben erfahren, daß zweimalige Rettungen unwahrscheinlich sind, aller Hoffnung zum Trotz.

Blauer Himmel, wie er über den herbstlichen Hollandwiesen stand, gibt es ihn noch, irgendwo, gibt es noch dieses arglose Schlendern, unbedrängt durch Zeithetze, über das sich bräunende Gras? Gibt es anderswo die Sanftheit des Flüßchens, die unbewegte Ruhe seiner Seitenarme, die kaum zu fließen schienen. Gibt es irgendwo so viele leichte, anmutige Holzbrücken, wie sie die Ohle überspannten? Eine einzige war aus Stein, die Mauritiusbrücke. Da war es aber auch bereits um die Ohle geschehen, sie endete kurz danach ihren Lauf im Mutterstrom. Jedoch auf ihrem Wiesenweg wurde sie immer wieder überspannt von sanft geschwungenen Bogen, schwach gewölbt, aus Bohlenholz. Der Margarethenlaufsteg am „Kleinen Weg" war einer, hatte aber mit den Wiesen nicht viel zu tun.

Hingegen die Zweipfennigbrücke! Sie spannte sich über den Lauf der Ohle, über große Teile des feuchten Wiesenlandes, und man mußte, wie der Name besagt, zwei Pfennig Zoll entrichten, wollte man in die Gegend von Pirscham gelangen. Etliche Firmen des näheren Umkreises, Tschansch, Rotkretscham, hatten, obwohl ganz verschiedener Art, sich zusammengetan, um die Zweipfennigbrücke zu erbauen. Vielleicht um den Arbeitern aus Zedlitz, Schwentnig, Pirscham, Morgenau, einen kürzeren Weg zu ermöglichen? Der Zweipfennigzoll sollte nach und nach die Unkosten amortisieren.

Kelling beteiligte sich, die große Färberei und Reinigungsanstalt, die dem berühmten Berliner „Spindler" in Breslau das Wasser abgrub. Die Dübel-Werke beteiligten sich, den Herren Schäffer gehörend. Und Arthur Wolff, Stanniol- und Kapselfabrik. Mein Vater, der mit 23 Jahren vom Gründer der Firma Prokura erhalten hatte und später Teilhaber wurde, konnte nicht umhin, auch sonntags hinauszufahren, um die Post durchzusehen.

Es gab noch 1929 Stehpulte in diesen alten Kontoren zum amüsierten Erstaunen meines Mannes. Ich begleitete als Kind meinen Vater. Ich durfte, während er Briefe aufschnitt, australische Briefe, Zinnlieferungen betreffend, von den Straits Settlements, mit den köstlichen, nach Lack und Metall duftenden Kapseln spielen. Dann gingen wir, an der Knopfmühle vorbei, ein Weilchen in die Wiesen, ohlelang, auf einer Art Treidelpfad.

Der Sohn des Gründers der Firma jenes Arthur Wolff, der als Gymnasiast bei meiner Urgroßmutter in Kreuzburg in Pension war, hatte in seinen jungen Jahren nichts mit der alten Firma im Sinn. Sie war gut aufgehoben in den Händen seines Stiefvaters und meines Vaters. Der junge Wolff konnte sich unbehindert seinen Studien und seinen bemerkenswerten Vorlieben widmen. Und die bemerkenswerteste war die Luftschiffahrt.

Ich muß hier von ihm erzählen, denn durch die Zweipfennigbrücke gehörte auch er zu den Wiesen, zur Ohle, zur Knopfmühle, und wie oft mag er am Wasser entlang nach Pirscham gewandert sein und von dort, vom kastanienbestandenen Damm aus, auf einer wiederum hochgeschwungenen Brücke, in diesem Fall aus zierlichem Eisengitterwerk, bis hinüber ins Schwentniger Gebiet, wo der Wiesenwärter einen idyllischen ländlichen Ausschank für Spazierende offenhielt. Dieser Dr. Hans Wolff hat vor einigen Monaten sein fünfzigjähriges Doktorjubiläum gefeiert. An der Hochzeit meiner Eltern war er noch ein kleiner Junge und streute Blumen. Sein Studium und seine Interessen haben ihn für viele Jahre seines Lebens weit fort geführt von Knopfmühle und Wiesennachbarschaft, von der Endstation der Morgenauer Straßenbahn, die, genau wie die Ohle, einen großen Bogen um die Vorstadt schlug. Beginnend am Wappenhof, einem etwas dubiosen Tanzlokal, als Bahn des Vergnügens fuhr sie weiter über den Weidendamm, Mauritiusplatz, die Brüderstraße, Tauentzienstraße bis dorthin, wo diese sich an der ehemaligen Akzise mit der Klosterstraße zur Ohlauer Chausee vereinigte, der späteren Ofenerstraße, die einmal – wie lange ist es her – Walengasse hieß, endend beim Bernhardinfriedhof, dem Endpunkt, als „Begräbnisbahn“.

Wir waren Kinder oder halbwüchsig, als wir einem Ballonaufstieg zusehen durften, den der Professor Abegg, der Geophysiker Dr. von dem Borne (Kreuzwendedich mit Vornamen aus altem Geschlecht in Berneuchen in der Mark) und eben der Dr. Hans Wolff vorbereiteten. Ging es in Gandau vor sich, das große Ereignis? Ich glaube ja. Großes Ereignis wahrlich in unserem jungen Leben. Großes Ereignis wohl auch für den Doktoranden Wolff, den ersten deutschen Studenten, der das Examen als Freiballonführer machte, nach einem langen und weiten Flug bis Debreczin. Weitere Fahrten aber brachten ihn bis an den Peipusse bei Pskow. Nach dem Doktorexamen auf Grund seiner Dissertation, die die Schwächung des Stern- und Sonnenlichts in der Erdatmosphäre behandelte, wurde er an das Meteorologisch-magnetische Observatorium Potsdam berufen, nachdem er als Assistent an der Breslauer Sternwarte gearbeitet hatte. 1912 übernahm er die Leitung des deutschen Observatoriums auf dem Pic von Teneriffa, in 2000 Meter Höhe, inmitten halbtropischer Natur. Seine Lebensstationen sind Breslau, Tübingen, Teneriffa, Berlin-Potsdam, Straßburg. Seine Studien umfaßten Astronomie, Mathematik, Geologie, Geophysik. Im Auftrag des Geheimrats Adolf Schmidt, Potsdam, machte er eine erdmagnetische Untersuchung im Zobtengebiet. Diese Arbeit des Dr. Wolff erschien kurz vor Ausbruch des Krieges

1914. Er, der bis dahin 28 Aufstiege ohne irgendeinen Unfall gemacht hatte, wurde sofort zum Luftschifferbataillon nach Liegnitz einberufen.

Und er, der Humanist vom Johanneum auf der Paradiesstraße, der schlesische Mensch mit einem guten Teil französischen Refugiéblutes, von seiner Mutter her, einer geborenen Celeste de Rège, widmete sich später den orientalischen Sprachen, dem Ägyptischen, dem Koptischen, dem Arabischen. Und doch hat Breslau ihn ganz behalten und das väterliche Werk, das er leitete bis zur Austreibung. Die freundliche Schutzheimat wurde Hagen bei Osnabrück.

Hier war vom Johanneum die Rede, und so muß auch nochmals vom Bootsbauer Fabian die Rede sein, weil er es war, der die vorbildlichen Rennboote für die Ruderriege des alten Gymnasiums baute. Der ihm dabei half, war Walther Slowak, Sohn der Freundin meiner Mutter und Enkel des berühmten Breslauer „Drehrollenschammels". Sein Vater, Geschäftsfreund des meinen, namens Daniel, war ein kleiner, zarter, etwas umständlicher Herr. Walther aber wurde eine Art Hüne und sein späterer Lehrerberuf (er ist heute Oberstudienrat in Mannheim) war ihm nicht die Pfründe, sondern frohe Erfüllung erwählter Pflicht. Er benutzte als junger Lehrer schon seine Ferien, um Schülerfahrten mit seiner Klasse zu machen, ins Weistritztal, in die Vorgebirge. Heute macht er Italienfahrten mit ihnen und hält Vorträge in der Mannheimer Dante-Gesellschaft. Und er mag in jenen Booten gesessen haben, die während der grandiosen Überschwemmung Ohle und Oder verbanden zu einem einzigen großen Sportfeld des Wassers. Er schrieb mir, daß der Enkel des Meisters Fabian heute Bootswart in einem Bootshaus am Kleinen Wannsee ist, des Mädchen-Gymnasial-Rudervereins.

Ein Onkel des Walther Slowak, Sohn des Drehrollenfabrikanten, George Schammel, Bankier in Oakland, California, kam, unverfälschter schlesischer Mensch, alljährlich nach Landeck, um dort im Sanatorium Kur zu gebrauchen, die ihn erneute und alt werden ließ. Er besuchte uns dann mit seinem Neffen Walther in unserem Grafschafter Haus. Im Mai 1938 fuhr ich auf der „Europa" mit ihm zurück nach Deutschland. Er erzählte von seiner Jugendfreundschaft mit den beiden Hauptmanns, und andere erzählten mir, wie er besonders dem Carl in den schweren Jahren nach dem Ersten Krieg Treue und Hilfsbereitschaft bewiesen habe.

Ist es nicht wunderlich, ja wundersam, wie die Schlesier sich zurückfinden aus fremden Ländern, aus fernster Ferne? Heute nur noch auf Gedankenwegen, aber die Wege spüren jeden getanen Schritt, verzeichnen ihn, erhalten ihn, und wo er uns hinführt, wird alles Sichtbarkeit.

Sie alle, gleich welchen Alters, gleich welchen Berufes, haben den Heuduft der Hollandwiesen gespürt, den Wassergeruch der Ohle. Sie werden noch die

Weiden vor sich sehen in der Kätzchenglorie, die Pappeln, wenn sie ihre dicke Wolle auf die Morgenauer Chaussee schütteten, die Kastanien in Pirscham. Ich habe nicht mehr erlebt, daß die Wiesen ein „Volkspark" wurden, was ihrer Ursprünglichkeit, der Unverfälschtheit ihrer Wandelbilder nicht genützt haben kann.

Ich will aber an sie denken, und der Leser soll es mit mir, wie sie damals waren, herrlichste Balkonaussicht einer Kindheit. Die Bilder begannen mit dem Winter, die Wandlung hat sich vollzogen, zum Kreis der Jahreszeiten gerundet. Die Kindheit ist vorbei, wieder ist Winter. So soll ein Schneebild der Hollandwiesen diese Rückschau beschließen. Wer kann von sich behaupten, daß er in einer Winterfrühe im tiefen Schnee, vom Lunapark in Zedlitz über die Dämme gegangen ist, am vereisten Wehr vorbei, an der Bootswerft im Winterschlaf durchs schmale Betgäßchen von Bethanien bis zur Klosterstraße?

Ich bin einmal diesen Weg gegangen! Nach einem Akademieball im Lunapark. Sollte man auf die erste Morgenauer Bahn warten? Gehen wir einfach über die Dämme, ich bringe dich nach Hause, schlug unser weitläufiger Vetter und Freund meines Bruders vor. Es war ein verrückter und ein verlockender Gedanke. Vollmond und Schneelicht! Und die saubere, reine Luft nach dem Staub, der Tanzhitze, dem Zigarettenrauch, dem Alkoholdunst in den Sälen. Es war bekannt, daß halb Breslau auf diesen Bällen tanzte. Außerdem war alles dort, was in der Akademie bedeutender Lehrer und hoffnungsvoller Schüler hieß. Von Otto Mueller in seiner grandiosen Trunkenheit bis zu Ludwig Peter Kowalski und seiner Frau Paquita. Unser aller guter Freund und Kupferstecher war da, Lange, der uns die Lithographensteine zurechtschliff und sich um gelungene Andrucke die größte Mühe gab. Das war nach dem Ersten Krieg, Mitte und Ende der zwanziger Jahre. Theo Effenberger tanzte mit seiner Frau, Hans Zimbal, der gute und verehrte Polizeibaudirektor Otto Berger, die Horde der Schüler in den verrücktesten Kostümen, Hermann Zanke, der Flötist mit seinen aparten Schwestern. Wer noch, wer noch? Erich Murcken, Emu, der getreue Hanns Machunze, und Isi Aschheim, der sich nach Israel retten konnte und heute die Bezalelschule in Jerusalem leitet, mit dem Auftrag, sie zu einer Kunstakademie nach europäischem Muster auszubauen!

Alles gehörte zusammen, mischte sich, küßte sich, tanzte, trank. Es gab abenteuernde Mädchen und solche aus biederen Familien, die so gern geabenteuert hätten. Schwang und Schwung und Überschwang, Verliebtheit und Verzicht! Der Dr. Walther Freudenthal, Oberarzt von Jadassohn, hatte sich einfachheitshalber über die vereiste Oder hinweg am Zoologischen Garten vorbei in die Max-Klinik begeben, denn er hatte am Morgen Dienst. Ich bin oft mit ihm auf den Hollandwiesen spaziert an Frühjahrs- oder Sommerabenden. In dieser Nacht aber geleitete mich, enttäuschenderweise, der brave Vetter heimwärts, Wandervogel seines Zeichens und Ursprungs, ihm machte ein eisiger Nachtweg nichts aus. Geleiten mußte er mich, denn es war glatt, spiegelglatt, und manchmal war der Schnee knietief. Aber welche Schönheit! Unverändert der Hermelin der Kindheit, die glasigen Eisläufe. Unverändert die Weiden im Rauhreif, Bethaniens wuchtender Block jenseits der vereisten Ohle, schwarz, unheimlich, eine Mahnung, daß es auch noch anderes gab als Fasching und Rausch. Da und dort brannte Licht in den Zimmern von Schwerkranken, die wenigen hellen Fenster im Hospital hätten den unerbittlichen Gegensatz zum Bewußtsein bringen müssen zwischen Tanz und Lust und bunter Kostümierung, die manchmal kaum noch eine war, sondern kühne oder sogar unverschämte Entblößung, und zwischen schmalen Schragen mit wächsernen Gesichtern und dünnen Leibern darauf. Dort oben wurde vielleicht gestorben in diesem Augenblick.

Ich glaube aber, daß wir nur an uns dachten beim schweigsamen, vorsichtigen Dahinschreiten auf diesem absonderlichsten aller Heimwege. Jedoch wir sahen! Die Eiszapfen am Wehr! Zaubrische Gebilde wie früher, wie damals, als man so schlecht Schlittschuhlaufen lernte.

Ich will noch einmal zurücksehen, sagte ich dem geduldigen Vetter. Und ich sah zurück! Ich sah alles, alle Lebensjahre, alle Wandelbilder, gefaßt in das Kleinod dieser Schneenacht. Es war mein letzter Akademieball, mein letzter Winter in der alten, herrlichen, zauberreichen Stadt meiner Geburt.

Ich wußte das nicht. Das Schicksal hatte große Veränderungen, Überraschungen, Beglückungen für mich bereit, es war gesonnen, aus seiner Fülle zu geben. Und es nahm gleichzeitig. Es nahm die Tatsächlichkeit der Jugendlandschaft und ließ mir nur die Münze Erinnerung.

Ich habe die Hollandwiesen kaum wiedergesehen, nur Streifen besonnten Grases, Ausschnitte, wie den kurzen Blick am Bethaus von Bethanien vorbei, auf Wehr, Brückchen und Fabian-Werft, wenn ich zum Rotkretschamer Kirchhof fuhr, den Vater begrub, die Mutter begrub, und Holteis leierbekröntes goldbeschriftetes Grabmal mahnte: Suste nischt ok heem. Dann endeten auch diese Fahrten, die Gräberfahrten des Gedenkens. Aber wie klar und unabgegriffen ist die Prägung der Münze geblieben.

Die Bilder und die Gestalten, die sie bevölkerten, Kinder, Jünglinge, Männer der Reife, Gelehrte, Handwerker, Diakonissen und der arme junge Pastor. Und vor allem der Vater. Alt, brüchig, dem nahen Ende schon ausgeliefert, aber heiter wie immer, als ich mich mit ihm zum letzten Mal traf an der Endstation der Morgenauer Bahn, beim Bernhardinfriedhof, um mit ihm, an der Knopfmühle vorbei, in die Wiesen zu gehen.

Joachim Konrad

VIERMAL SCHLESISCHE WEIHNACHTEN

Die Katze (1913)

Die Weihnachtszensur war schlecht, sie war wirklich sehr schlecht. Und daß ich, wenn ich sonst schon nichts leistete, nicht einmal Betragen gut hatte, bekümmerte meinen Vater doch sehr. Nun würde es wohl mit der Katze nichts werden, die ich mir so sehnlichst gewünscht hatte. Ach, immer nur totes Spielzeug! Ich wollte etwas Lebendiges, das man füttern und streicheln konnte, das einen ansah und dem man zusehen konnte. Ich hätte das Tierchen dressiert, ihm meine Wurstpellen gegeben, es hätte durch einen Reifen springen müssen und dann hätte ich als Dompteur verkleidet mit meinen Freunden Zirkus Busch gespielt, so wie das mit den bengalischen Tigern auf den Plakaten zu sehen war. Meine Mutter hatte ich schon zu überzeugen versucht, daß eine Katze gar nicht so viel frißt, daß sie auch nicht zu stinken braucht, und daß ich neulich im Hof schon eine Ratte gesehen hätte. Aber was würde nun werden?

Dieser öde braune Kasten auf der Sonnenstraße in Breslau, dieses König-Wilhelms-Gymnasium war mein Verderben. Da war der alte ‚Lulatsch', wie wir frecherweise unsern Lateinlehrer nannten. Er bohrte sich mit einer Haarnadel im Ohr, schneuzte und räusperte sich sehr vernehmlich, wobei er seine ebenso lange wie dicke Zunge zur Schau trug, und fragte uns unregelmäßige Verben ab: fero, tuli, latum, ferre! Und das acht Stunden in der Woche! Unsere Hefte korrigierte er bei Konrad Kißling auf der Junkernstraße, die dann auch neben reichlicher roter Tinte das Aroma von Bier und Zigarren annahmen. Und da war der ‚Leu', der uns mit eingekleideten Aufgaben im Dreisatz üben wollte: Wenn sieben Arbeiter an einem neunzig Meter langen Graben so und so lange arbeiten, wieviel brauchen zwölf Arbeiter, wenn er fünfzig Meter länger sein soll? Als ob mich dieser Graben je interessiert hätte! Aber lustig wurde dieser alte Herr, wenn man ihn mit Niespulver hochbrachte. Dann brüllte er in die Klasse: „Kerls, ich fauz euch, daß euch die Strümpfe platzen", und schlug um sich, bis seine Gummiröllchen unter die Bänke flogen, die wir ihm dann, wohlerzogen wie wir waren, wieder zum Katheder brachten. Und da war der ‚Micke', unser ‚Tinnlehrer'. Der hatte aus mir unerfindlichen Gründen schon lange eine Picke auf mich. Und wenn die ganze Klasse beim Verlassen der Turnhalle Krach gemacht hatte, dann kam er auf mich zu wie ein wütender Zerberus und sagte: „Ich weiß schon, wer da geschwatzt hat. Konrad, du wirst eine ‚Riege' bekommen." Bums, da stand ich schon wieder im Klassenbuch! Wo sollte da Betragen gut herkommen?

Aber man soll die Schuld nicht nur seinen Lehrern geben, die unfreiwillig bei ihren Schülern den Sinn für Komik so prächtig zu entwickeln wissen. Das Leben in Breslau bot auch schon einem zehnjährigen Quintaner reiche Entfaltungsmöglichkeiten außerhalb der Penne, wenn er sie zu nutzen wußte. Da gab es jugendliche Klassenkämpfe zwischen den ‚Pos' und ‚Knasteln'. Halb freundschaftlich, halb ernst gemeinte ‚Schnickereien', die unsere Leidenschaften mehr erregten als die labrige Schule. Die Knastel, die Gymnasiasten, trugen damals Matrosenanzüge, die Pos, die Volksschüler ‚Schkatel' (Schildmützen) und sechsachtellange Hosen. Aber es dauerte nicht lange, dann waren wir mit dem ‚Maxe', dem ‚Allan' (Alfred) und dem ‚Atte' (Arthur) wieder gut Freund. Dann zogen wir von der Gräbschenerstraße zur Kürassierkaserne, um auf dem dortigen Übungsgelände ‚Räuber und Schkulle' zu spielen, oder auch ein ‚Dämmerle' zu machen, und kamen uns wie die Rothäute im Wigwam vor. Wir durften uns bloß nicht dabei erwischen lassen. Einer war dann ‚Old Wawerly, der alte Trapper', ein anderer ‚Tungas' und ein dritter ‚die rote Schlange', der gefürchtete Häuptling der Sioux. Und die Friedenspfeife ging von Mund zu Munde.

Im Winter wurden auf den breiten Trottoirs ‚bannige Kascheln' angelegt, bis uns irgend so ein brummiger Hausmeister verjagte und Asche draufstreute. Oder wir gingen auf den Stadtgraben Schlittschuh laufen, wo es natürlich erst dann richtig ‚keß' wurde, wenn beim Dunkelwerden die Bogenlampen aufleuchteten und eine um ein Koksfeuer versammelte Trompeterkapelle Walzer spielte, unter deren animierenden Klängen wir uns im Bogenfahren, im Eissprung und sogar in der Taubenpost übten. Auf der Bahn an der Liebichshöhe war das am schönsten. Der Stadtgraben am Palaisplatz war ja bloß eine ‚Kindelbahn', auf die wir natürlich nicht mehr gehörten. Dann ‚schackten' wir mit hungrigem Magen, erstarrten Fingern und einer Rotznase nach Hause, verdrückten nach Empfangnahme der nicht unberechtigten Vorwürfe oder auch Backpfeifen eine Semmel am Kachelofen, setzten uns unter die Petroleumlampe und machten wenigstens das Schriftliche in der trügerischen Hoffnung, beim Mündlichen morgen nicht dranzukommen.

Aber es hatte noch viel mehr Ablenkungen gegeben. Im Sommer hatte ich im ‚Halla' auf dem Zwingerplatz schwimmen gelernt und konnte mit zugehaltener Nase bereits Paketsprung vom Dreimeterbrett machen. Damit konnte ich zwar meinen Freunden, aber nicht meinem Vater imponieren. Jedoch man denke ja nicht, daß ich nicht auch kulturell interessiert gewesen wäre. 1913 war die Jahrhundertausstellung in Scheitnig eröffnet worden. In dem historischen Pavillon stand der Schlitten, mit dem Napoleon 1812 aus Rußland geflohen war. Und was mir besonders viel Spaß machte, das waren die Witzblätter aus den Befreiungskriegen. Da sah man den großen Kaiser der Franzosen mit nacktem Hinterteil über einer Pauke liegen, wie er von Blücher mit den Schlegeln verdroschen wurde. Das stärkte natürlich den Stolz auf mein Vaterland. Ich würde aber lügen, wenn ich nicht zugäbe, daß es mich da draußen in Scheitnig doch am stärksten zu dem Vergnügungspark hinzog, der durch eine Schwibbogenbrücke mit dem Ausstellungsgelände verbunden war. Dort gab es Würstelbuden, die einen nach so viel Kultur wieder zu Kräften kommen ließen, Karussells in allen Variationen, eine Riesenrutschbahn, daß einem die Spucke wegblieb, wenn es um die Kurve ging, die lustigen Röhren, in denen alles durcheinanderpurzelte, und das Teufelsrad, das einen mit Wuppdich an den Rand beförderte. Da war was los!

Doch ich hab noch zwei Dinge vergessen, die nicht unbeträchtlichen Anteil an den beträchtlichen Fehlleistungen in der Schule hatten. In dem zwölf Morgen großen Garten des Reichschen Hospitals, in dem die Trinitatiskirche stand, an der mein Vater Pastor war, befanden sich hundertfünfzig Nußbäume, die an die alten ‚Spitteltanten' verpachtet waren. Die mußten ja schließlich abgeerntet werden. Das wurde zunächst von einem Gärtner besorgt. Aber der kam damit nicht zu Rande, und das rief uns auf den Plan. Wir schlossen mit den Spitalinsassen günstige Privatverträge ab, die auf „fünfzig zu fünfzig" lauteten, krochen auf die höchsten Spitzen und schüttelten alles herunter, was da noch obengeblieben war. Die alten Dämchen waren uns für diese Bereicherung ihrer Erträge dankbar und verziehen uns darüber manchen Unfug, den wir sonst anstellten. Und wir saßen stundenlang in einer unserer ausgebauten Räuberhöhlen, knackten und pellten die wunderbaren Walnüsse. Eine Hand wäscht die andere. Diese Nußsaison belegte uns im Herbst mindestens drei Wochen lang völlig mit Beschlag. Wir hatten ständig braune Finger und dachten in dieser Zeit nur in Nüssen.

Und schließlich gab es noch ein Spiel, das man heute nicht mehr kennt, das aber damals das Spiel schlechthin war, das jede freie Minute beanspruchte: das Titschern. Wir nannten es ‚schemmen'. Kleine Messingmünzen – kapitalkräftige Unternehmer benutzten auch Pfennige – wurden so an die Wand geworfen, daß sie nach ihrem Abprall und Niederfallen möglichst ‚päpten', d. h. daß sie in solche Nähe zu dem bereits ausgelegten Titscher fielen oder rollten, daß die Handspanne von der Daumenspitze bis zum kleinen Finger sie berühren konnte. Dann gehörten einem alle auf der Erde liegenden Münzen. Eine Kombination von Geschicklichkeit und Glück, bei der einem lange Finger gut zupaß kamen. In keiner Hosentasche eines Breslauer Jungen fehlten damals die Titscher. Sofort nach der Schule ging es los: „Haste Schnunzepunzel?“ – „Leckafohn“ (Leg einen Pfennig hin!). Und dann erfaßte uns eine Spielleidenschaft, die Monte Carlo in den Schatten stellte. Mit Zauber und Beschwörungsformeln, oder auch mit einem gehässigen „hex, hex, hex“ wurden die einzelnen Würfe begleitet. Manche hatten eine ‚Plärke‘, eine in vielen Spielen bewährte Biermarke, gegen die besonders schwer aufzukommen war. Mitunter lag die ganze Bande auf dem Bauch und pustete auf die Münze los. Wenn sie sich dann bewegte, hatte es nicht richtig gepäpt. Das konnte dann zu ernsthaften Kontroversen mit anschließender Prügelei der Parteien führen, die die besten Freundschaften gefährdeten – wenigstens für zwei Tage. „Mit dir Lerge schemm ich nich mehr!“ Summa summarum: die außerschulischen Engagements hatten bei weitem das Übergewicht! Und das schlechte Gewissen meldete sich nur als Momentanerscheinung, wenn wieder einmal eine Arbeit verhauen war.

Am vierten Advent war Kindergottesdienstweihnachtsfeier. Nachmittags waren wir durch die Stadt zum Neumarkt gebummelt, um auf dem Kindelmarkt noch unsere Einkäufe für die Familie zu tätigen. Auf dem Rückwege fragte ich meine Freunde, was es denn zu Weihnachten geben würde. Sie antworteten prompt mit einem für diese Frage bereitliegenden Bonmot: „A Tippel und a Kriegel und ’n Oasch voll Priegel.“ Ich dachte an meine Katze und schwieg beklommen. Diese Prophezeiung hatte ich nicht provozieren wollen.

Als wir dann artig und gesittet auf den Bankreihen der Trinitatiskirche saßen, renommierte mein musikalischer Freund Wollny, der im Singen gut hatte: „Ich nehm dersch mit der ganzen Kirche off.“ Und wirklich, als „O du fröhliche“ von der Orgel erklang, brüllte er als einziger die zweite Stimme so laut, daß wir ihm volle Bewunderung zollten. Der Küster Freiberg mit seinem Samtkäppchen hatte die Christbaumkerzen angezündet, und mein lieber Vater erzählte uns von der Kanzel die Weihnachtsgeschichte. Soweit war alles ganz feierlich. Aber dann fügte er zum Schluß noch etwas hinzu von artigen und fleißigen Kindern, denen man gern etwas beschere, und von faulen und frechen, die solche Liebe ihrer Eltern nicht verdienten. Ich ahnte dunkel, daß er mich damit gemeint haben könnte. Aber der obligate Pfefferkuchenmann und das Weihnachtsheftchen „Schneeflocken“ wurden auch mir ausgehändigt.

Dann kam der 24. Dezember. Ein strahlender Wintermorgen, aber reichlich windig. Das Klima im Hause hatte sich seit dem Zensurenmorgen noch nicht wesentlich gebessert. Es war keine so fröhliche vorweihnachtliche Stimmung wie sonst immer. Ich versuchte mich durch erforderliche Botengänge gefällig zu erweisen. Eine meiner Schwestern drückte mir zwanzig Pfennig in die Hand. Ich sollte eine angefertigte kleine Handarbeit holen, die noch bei meiner Großmutter in Wilhelmsruh lag. Wilhelmsruh, das war meine ganze Wonne. Dort bewohnte meine Großmutter mit ihren Schwestern ein Häuschen mit einem entzückenden Garten. Dort lag die große Wiese am Schwarzwasser gegenüber von Leerbeutel, ein geradezu ideales Spielgelände. Dort mochte man mich gern und würde wahrscheinlich nicht allzu inquisitorisch nach meinem Zeugnis fragen. Also auf nach Wilhelmsruh!

Mit der Linie 10 durch die ganze Stadt. Endstation Scheitnig. Das Päckchen lag bereit. Ich küßte meiner Großmutter die Hand. Sie sah mich mit ihren liebevollen blauen Augen unter ihrem Spitzenhäubchen an und schenkte mir noch eine Schokoladenzigarre. Von der Schule wurde zum Glück nicht geredet. Dann ging es husch husch zur Haltestelle zurück. Ich stellte mich wie üblich vorn hin zum Schaffner. Dort war es zwar reichlich zugig und kalt, und ich hatte natürlich die Handschuhe vergessen. Aber man konnte ja die Hände in die Manteltasche stecken und die Handarbeit neben sich auf den Fußboden legen. Ich liebte die Schaffner auf der vorderen Plattform, diese knorrigen, aber gutmütigen Weihnachtsmänner mit vereistem Schnauzbart, Pelzmütze, Fausthandschuhen und hohen Stiefeln. Mit einer gewaltigen Kurbelbremse, an der eine große messingne Handglocke befestigt war, deren Klingeln jedem Pferdefuhrwerk und Fußgänger Respekt einflößten, dirigierten sie ihre ‚Elektrische' durch den Verkehr. Man nahm teil an ihrem technischen Machtbewußtsein und freute sich, neben dem Führer dieses triumphalen Gefährtes stehen zu können.

Die Sternstraße entlang, wo damals noch unbebautes Gelände war, fuhr der alte Kasten, hin und her schaukelnd, daß es eine Lust war, auf hohen Touren. An der Haltestelle Brigittental stellte ich entsetzt fest, daß mein Handarbeitspäckchen inzwischen ausgestiegen war. Mit einem Satz war ich runter vom Trittbrett und rannte atemlos die Strecke zurück. In der Nähe der Auenstraße fand ich das Papierröllchen unbeachtet im Rinnstein liegen. „Mensch, da haste Schwein gehabt", dachte ich und nahm es nun fest in meine Hände. Da überfiel mich ein neuer Schreck. Wie sollte ich jetzt noch zum Mittagessen zurechtkommen? Erstens gab es heute mein Lieblingsgericht Gänseklein! Und zweitens: wenn ausgerechnet ich heute zu spät kam? Mir kamen die Tränen und ich beschloß, Dauerlauf zu machen.

Aber es war Weihnachtstag, und da liefen in Menschengestalt verkleidet anscheinend Engel auch auf der Straße herum. Eine liebe mütterliche Frau, mit einem Tuch um den Kopf, hielt mich an: „Nu, Junge, warum flennste denn so?" „Ich hab keinen Böhm, nach Hause zu fahren", und erzählte ihr meine Tragödie. „Na, wart a mal!" Und sie kramte in ihrem Portemonnaie und gab mir einen Zehner. Ich strahlte wie ein Primeltöpfchen, bedankte mich, wünschte ihr frohe Weihnachten. Ich erwischte gerade noch die nächste Bahn, nahm nun aber im Innern des Wagens Platz, hielt mein Päckchen fest in den Händen und kam gerade in dem Moment an, wo meine Mutter rief: „Nun kommt mal ein bißchen schnell, die Suppe ist schon ausgetan!"

Um fünf Uhr ging es zur Christnacht. Die Glocken läuteten. Der Chor sang: „O Jesulein süß, o Jesulein zart." Dann ging es durch den dunklen Spittelgarten zurück ins Pfarrhaus, zur Bescherung. Es war wie sonst auch. Wir Kinder warteten, bis es klingelte. Mein Herz klopfte bis zum Zerspringen. Die Tür öffnete sich, der Lichterbaum, die mit rosa Kreppapier bedeckten Tische. „Stille Nacht, heilige Nacht." Wir sagten unsere Gedichte auf. Meine Schwestern auf Klavier und Geige spielten eine Weihnachtsmusik. Stand da nicht hinter meinem Tisch ein Körbchen, in dem sich etwas bewegte? Die Katze? Ich wagte es kaum zu hoffen. Die Tische wurden aufgedeckt: der übliche Knusperteller mit Pfefferkuchen und Schokolade, ein Paar neue Handschuhe, noch etwas anderes zum Anziehen, ein Buch zum Lesen – ich glaube, es waren Hauffs Märchen! Und dann lüftete meine Mutter mit einem merkwürdig ernsten Gesicht das Körbchen. Eine wunderbare weiße Katze sprang heraus, meine Katze. Ich habe sie nur eine Sekunde gesehen, aber ihr Bild steht heute noch vor meinen Augen. Sie huschte verängstigt unter das Sofa. Ich versuchte, sie vorzulocken. Da wurde mir gesagt, diese Katze hättest du bekommen, wenn du in der Schule etwas geleistet und dich gut betragen hättest. Sie wird morgen wieder weggeschafft. Ich glaubte, mich rührte der Schlag. Ich stand einen Augenblick starr da. Dann ging ich wortlos hinaus, warf mich auf mein Bett und schluchzte fassungslos in die Kissen. Ob aus Reue oder abgrundtiefer Weltschmerzlichkeit, weiß ich nicht mehr.

Nach ein paar Minuten wollte mich meine Mutter wieder holen kommen. Aber ich mochte nicht. Sie suchte mich zu trösten und mir die Gründe dieser durchgreifenden pädagogischen Maßnahme klarzumachen, aber ich war für keinen Trost empfänglich. Nicht aus Trotz, sondern weil das alles so schrecklich war! Ich zog mich aus und verkroch mich unter die Bettdecke, bis ich mich in den Schlaf geweint hatte.

Was inzwischen in der Weihnachtsstube gesprochen wurde, weiß ich nicht. Mein sonst so gütiger Vater blieb konsequent. Er hatte die ernsthafte Sorge, daß „aus dem Bengel nichts wird". Die ungewollte Grausamkeit dieser Bescherung hat sich daraus ergeben, daß meine Mutter das Tierchen bereits angeschafft hatte. Die Wirkung dieser exemplarischen Strafe hatte man sich nicht klargemacht. Ach, meine Katze, meine Katze! Noch heute trauere ich ihr nach! Und, was ich nicht schamhaft verschweigen möchte: ich bin trotzdem zu Ostern „sitzengeblieben".

Das Alte Oderschlößchen (1925)

„Eine verehrliche Ev. Theol. Verbindung Vittembergia" an der Universität Breslau hatte in jedem Jahr zwei gesellschaftliche Ereignisse aufzuweisen, eins im Sommer und eins im Winter. Das sommerliche fand als Stiftungsfest seit mindestens einem halben Jahrhundert in Pirscham statt. Pirscham war für so einen ‚Exbummel mit Damen' ein geradezu ideales Gelände. Es hatte einen geräumigen Saal mit Bühne. Man konnte sich aber auch den Kaffee draußen unter herrlichen Kastanien servieren lassen. An der Theke gab es ein Spezialschnäpschen: die weiße Nelke. „Wer in Pirscham war und trank die weiße Nelke nicht, gleicht dem Wandrer fürwahr, der Rom zwar sah, doch den Papst selbst nicht" stand da zu lesen. Und wer hätte den Papst nicht wenigstens ein- oder auch zweimal gern gesehen – auch als evangelischer Theologe! Und es gab dort lauschige, sogar sehr lauschige Spaziergänge, wo einen nur noch die Mücken störten. Aber der Höhepunkt war abends die Gondelfahrt auf dem Ohlearm mit ‚Lampignons' und Feuerwerk, eine äußerst romantische Angelegenheit! Man sang „Noch sind die Tage der Rosen" und schaukelte mit dem Boot, so daß die ängstliche Partnerin etwas näher an einen heranrückte.

Das Pendant dazu war das Weihnachtskränzchen. Erst fand eine seriöse Feier auf unserer ‚Kneipe' statt und am nächsten Abend ein Tänzchen im Oderschlößchen. Wir hatten kein eigenes Haus, aber einen gemieteten Raum in der Werderstraße, zu dem eine uralte Holztreppe hinaufführte. Dort hielten wir unsere ‚Wissenschaften' und unsere ‚Kneipen'. Und wenn dann in der vierten Fidulität mit lebhaftem wechselseitigem Aufspringen die „schwäbisch-bayerischen Dirndl juchheirassa" gesungen wurden, wackelte die ganze Bude, und die Sorge war nicht unberechtigt, samt unserer Burschenherrlichkeit in die dahinterfließende Oder abzusacken.

Unsere beiden Festivitäten erfreuten sich großer Beliebtheit bei der Aktivitas, aber auch bei der Altherrenschaft. Zu ihr gehörte etwa ein Drittel der schlesischen Pfarrer. Die jüngeren machten da gern wieder einmal mit, und die älteren kamen mit ihren heiratsfähigen Töchtern angereist. Der Saal erstrahlte also im Flor eines Kranzes hold errötender Pastorentöchter, die in ihren selbstgeschneiderten bunten Tanzkleidchen auf dem Parkett einherschwebten. Die Alten Herren saßen beieinander und tauschten Jugenderinnerungen aus, und ihre Gemahlinnen verrieten sich ihre neuesten Pfefferkuchenrezepte, nicht ohne die nötigen Blicke auf die Jugend; denn es war nicht uninteressant für sie zu wissen, wer mit wem nur einmal oder auch öfters tanzte.

Ich war mit meinen zweiundzwanzig Jahren damals schon ‚inaktiv', ein höheres Semester, das in Göttingen, Marburg und Berlin studiert hatte, sozusagen ein ‚bemoostes Haupt'. Ich arbeitete bereits an meiner Dissertation und war der Wissenschaft vermählt.

An unserer Fakultät dozierte damals der würdige Geheimrat Schaeder im langen schwarzen Gehrock Dogmatik. Er legte Wert darauf, daß man nach jedem seiner gewichtigen Sätze mit dem Kopfe nickte, zum Zeichen, daß man ‚mitging'. Ernst Lohmeyer führte uns in die Geheimnisse des letzten Buches der Bibel ein. Das wurde auch noch in den Ferien in seiner Wohnung fortgeführt, wo es dann im Anschluß an das Seminar nicht nur Apfelsinen, sondern auch ausgezeichnete theologische Gespräche gab. Carlchen Steuernagel – „immer exakt, meine Herren! Beachten Sie, daß hier ein Dagesch forte steht" – trieb mit uns alttestamentliche Exegese. Und Gustav Hönnicke, ein etwas skeptisch angehauchter Junggeselle, richtete sich hoch hinter seinem Katheder auf und sagte bei seiner Kommentierung des I. Korintherbriefes: „Meine Herren, unterstreichen Sie: Heiraten ist gut, nicht heiraten ist besser!" Im homiletischen Seminar hielt Jochen Klepper seine erste Predigt. Für seine Gedichte zog er Frau Lohmeyer ins Vertrauen. Wir hatten ein reizendes, persönliches Verhältnis zu unserer Fakultät.

Am 19. Dezember, dem Abend unseres Weihnachtskränzchens, hatte ich noch bis 20 Uhr ein Referat bei Bornhausen über den ‚Taoismus Laotses', des großen chinesischen Weisen, und sein Buch ‚Vom Sinn und Leben' zu halten. „Der Sinn, den man ersinnen kann, ist nicht der ewige Sinn", so fing es an. Noch ganz erfüllt von der tiefen Erkenntnis des Fernen Ostens bestieg ich am Ring die Linie 1 und fuhr zur Paßbrücke. Dann ging es am Zoo vorbei den Oderdamm entlang, einen in Dunkel und winterliches Schweigen gehüllten Weg. Die mächtigen Bäume standen in Reif und Nebel. An den Buhnen des Stromes gluckste das Wasser und stießen sich raschelnd die Eisschollen. Da und dort in unbestimmter Weite irgendein Lampenlicht. Das geheimnisvoll wirkende Tao schien auch hier am Werk zu sein. Dann stand ich auf einmal vor dem stolzgebauten Neuen Oderschlößchen. Aber das konnten wir uns nicht leisten. Unser Wechsel war in der damaligen Deflation sehr klein. Wir mußten äußerst bescheiden leben, um durch den Monat zu kommen. Deshalb hatten wir nur das Alte Oderschlößchen gemietet, das ein paar Stufen links vom Damm herunter lag. Auch unsere Tanzmusik fabrizierten wir uns selbst mit Geige und Klavier.

Als ich in den Saal trat, saß man gerade beim Abendbrot. Die Beleuchtung konnte man nicht gerade als festlich bezeichnen. In einer Ecke stand ein Fichtenbäumchen mit Lametta, in bedenklicher Nähe zu einem eisernen Ofen, der von Zeit zu Zeit aufgeschüttet wurde. Die Dielen in der Mitte waren mit Stearin geglättet. An den Wänden entlang die dichtbesetzten Tische. Als Spätankömmling wurde ich teils mit Trampeln, teils mit Scharren begrüßt.

Meines Seminars wegen hatte ich mir keine Tischdame ‚besorgt'. Das war schon rein wirtschaftlich gesehen eine Dummheit. Denn die Damen pflegten damals selbstgebackenen Kuchen und belegte Brötchen mitzubringen, während die Herren für sie eine Tasse Kaffee und abends Tee zu bestellen pflegten. Das war für uns hungrige und in steter Pleite lebende Studiker kein schlechtes Geschäft. Irgendwo im Hintergrund fand ich noch einen Platz. Ich glaube, es war die Bank, ‚da die Spötter sitzen'. Jedenfalls begutachtete man dort mit schmunzelnder Kritik die diversen Pärchen und machte seine boshaften Bemerkungen. Ich bestellte mir Kartoffelsalat mit Würstchen, zündete mir dann meine Pfeife an und lästerte mit.

Aber das dauerte nicht lange. Mir fiel da ein Mädchen in einem jugendbewegt geschnittenen grünen Samtkleid mit silbernen Knöpfen auf, von deren Blick und Bewegung ein eigentümlicher Stolz und Charme ausging. Ihr Partner war einer unserer ‚Füchse', dessen theologische Tanzbegabung sie nicht ohne sichtliche Bemühung ins rhythmische Gleichgewicht zu bringen versuchte. Ich reckte meinen Hals höher. Donnerwetter, da mußte etwas passieren! Ich rückte mit meinem Stuhl nahe an die Tanzfläche und streckte ein Bein so vor, daß mich die junge Dame auf den Fuß treten mußte. Sichtlich humpelnd begab ich mich nach beendeter Musik zu ihrem Platz, stellte mich vor und erklärte ihr, daß sie mich auf meine nicht unempfindlichen Zehen getreten habe. Und ich könne noch von Glück sagen, daß ich nicht unter Hühneraugen zu leiden hätte. Zur Sühne bäte ich um den nächsten Tanz. Er wurde mir nicht ausgeschlagen und amüsierte uns beide. Davon ermutigt, holte ich mir einen Stuhl und nahm an ihrem Tisch Platz. „Wer hat Sie aufgefordert, sich hierher zu setzen?" wurde ich schelmisch gefragt. „Meine angeborene Frechheit und mein hochentwickelter Sinn für Ästhetik", lautete die Antwort, nahm meinen Stuhl, verbeugte mich und zog ab. In der Mitte des Saales jedoch machte ich kehrt: „Nun gerade!" und saß wieder neben ihr.

Den kleinen blonden Tischherren auszustechen, war nicht schwer. Das konnte man freundschaftlich arrangieren. Doch mir gegenüber fand sich die härtere Konkurrenz. Ein Herr Referendar, Dr. jur. Ich hätte mich blendend mit ihm vertragen, wenn er nicht auch Feuer gefangen hätte. Jetzt mußte man zeigen, was man konnte. Die ‚Pflaumen' flogen nur so herüber und hinüber. Es wurde Wilhelm Busch zitiert und Morgenstern: „Wird dem Huhn man auch nichts tun? Hoffen wir es, sagen wir es laut, daß ihm unsre ganze Sympathie gehört, auch an diesem Orte, wo es stört!“

Die unvermeidliche Damenrede, die der jüngste Fuchs zu halten hatte, üblicherweise mit Adam und Eva begann und den ganzen botanischen Garten bemühte, würzten wir mit mehr oder minder geistreichen Zwischenbemerkungen. Aber wir hatten eine Partnerin, die uns ihrerseits nichts schuldig blieb und mit Kritik und Anerkennung ein übermütiges Ballspiel mit uns spielte. Die Tänze wurden abwechselnd vergeben. Der Kampf stand lange Zeit unentschieden. Das stachelte uns beide zu noch größerem Aufwand an. Hinter mir stand mein Leibbursch ‚Röschen‘ Than und machte „ks, ks, ks“. Nun fing auch noch die jüngere Schwester des Mädchens an, in das Unternehmen ‚hineinzutelefonieren‘ und sich an der symphatisierenden Abwehr der eifrigen Bewerber zu beteiligen. Würde der nette Referendar oder würde ich die längere Puste haben?

Die Stunden rückten vor, und es kam immer mehr Schwung in den Laden. Das Pendel begann nach meiner Seite hin kräftiger auszuschlagen. In den Pausen wurden Mimiken geboten. Der hochwürdige Herr Pastor primarius Kräusel von der Johanneskirche sang mit seinen hundert Semestern unter großem Beifall: „Bin i nich a lustger Buer?“ Ich setzte mich rittlings auf den Stuhl und zitierte amüsante Verse ‚eigener Dichtung‘. Es folgten Korb- und Abklatschwalzer. Auch das „Siste nich, da kimmt a, lange Schritte nimmt a“. Bei der Damenwahl kam ich dran. Da drehten wir Mühle, daß alles um uns herum wirbelte. Die ganze Anstandslehre des Fräuleins von Bültzingslöwen, die wir mühevoll gelernt hatten, wurde auf den Kopf gestellt. Wir sangen und tanzten und schunkelten und alles machte mit, auch der Kanonenofen. Und als gegen zwei Uhr der theologisch etwas anfechtbare Kehrausschlager zur letzten Runde rief: „Petrus schließt den Himmel zu, alle Englein gehn zur Ruh“, war mein Referendar müde geworden und kaute leicht resigniert an seiner Zigarette.

Und dann kam der Heimweg an ihrer Seite. Ich links, er rechts. Daß er weit war, störte mich keineswegs. Und daß der Nachtwind eisig blies, gab mir die moralische Berechtigung, mich um so fester einzuhaken. Als wir beim Scheitniger Stern anlangten, erklärte ich dem Herrn Doktor: „Ihr Weg geht, glaub ich, rechts herum. Wir aber müssen über die Kaiserbrücke. Gute Nacht!“ Nun ergab er sich in sein Schicksal!

Die Weihnachtstage verlebte ich in einer eigentümlich verträumten Stimmung. Der ‚Kuß fürs Leben‘ fiel erst im Februar, wiederum an einem kalten Winterabend, in der Pergola bei der Jahrhunderthalle. Daß er das war, wußte er vielleicht schon. Ich ‚wußte‘ es damals noch nicht! Denn heimlich verlobt haben wir uns erst drei Jahre später und in der „Schlesischen Zeitung" erst 1930, als ich schon wohlbestallter Vikar in Peisterwitz war. Schuld hatte das „Alte Oderschlößchen".

Kirchenkampf (1937)

Alfred Rosenberg war sozusagen der Chefideologe der Nazis. Ein Dilettant mit journalistischen Fähigkeiten, der sich oberflächlich Bildungsgut angelesen hatte und es in fanatischer Einseitigkeit für seinen Götzen ‚Blu-Bo-Brau-Si' (Blut, Boden, Brauchtum, Sitte) in seinem ‚Mythus des XX. Jahrhunderts' auszuschlachten suchte. Gegen ihn wie gegen einige andere Propheten der ‚Deutschen Gottgläubigkeit' hatte ich schon, und zwar nicht ohne Erfolg, geschrieben. Das ermutigte mich, an Rosenberg, nachdem er seine ‚Protestantischen Rompilger' hatte erscheinen lassen, in denen er sich gegen den christlichen Widerstand der ‚Bekenntnisfront' gewandt hatte, einen ‚Offenen Brief' zu publizieren, dessen Schärfe allerdings nichts zu wünschen übrigließ. Als ich ihn Pfarrer Dr. Berger vorlas, der zur Leitung unserer schlesischen ‚Bekennenden Kirche' gehörte, erklärte er mir nur: „Du kommst sofort aufs Schafott." Aber die von Unkenntnissen und Verdrehungen strotzende Broschüre Rosenbergs durfte man nicht unwidersprochen lassen. Hier mußte etwas gewagt werden.

1935 war ich nach meiner ersten Inhaftierung bereits im hohen Bogen aus der Universität herausgeflogen. Ich hielt meine Vorlesungen nun vor jungen Theologen der Bekennenden Kirche außerhalb der Universität. Der Kirchenkampf mit seinen Bekenntnissynoden und überfüllten Bekenntnisgottesdiensten lief auch in Schlesien auf hohen Touren. Die Geheime Staatspolizei war scharf hinter uns her. Mir hatte die Brieger Kreisleitung der NSDAP einen Kantor als Spitzel in meine Michelauer Bauerngemeinde gesetzt, die treu zu mir hielt. Und man wußte keinen Augenblick, wann man ‚abgeholt' oder ausgewiesen werden würde.

Mein ‚Offener Brief' war durch Gollwitzers Vermittlung an eine Essener Druckerei abgegangen, deren Adresse ich nicht wissen sollte. Fünfzigtausend Exemplare waren von unserem Breslauer Büro auf der Breitestraße bereits telegrafisch über eine Deckadresse für Schlesien bestellt worden. Sonnabend vor Totensonntag 1937 klingelte es gegen 12 Uhr nachts scharf in meinem Michelauer Pfarrhaus. Ich wollte gerade schlafen gehen. War das die Gestapo? Meine Frau war nicht zu Hause. Sie lag in Breslau im Augustahospital. Vor drei Tagen war dort unter nicht ganz unkomplizierten Umständen unser viertes Kind, meine Tochter Dorothea, geboren worden.

Mit Herzklopfen öffnete ich die Tür. Es traten ein: Graf Paul Yorck von Wartenburg, Assessor Breitzke, der juristische Anwalt der Bekennenden Kirche, und Frau Pfarrer Schmidt von Puskas aus Mollwitz, die wir ‚Tante Molli' nannten. Wir gingen schweigend in mein Zimmer. „Was ist los?" – „Sieben Mann der Geheimen Staatspolizei haben das Büro auf der Breitestraße um und um nach den Konrad-Briefen durchkramt. Der Polizeifunk sucht sie bereits in ganz Deutschland." Das war fatal! Ich hatte mich auf radikales Einschreiten nach der Veröffentlichung gefaßt gemacht. Aber nun hatte man die Briefe anscheinend vorher in die Hände bekommen. Oder waren sie noch gar nicht gedruckt? Hatte man nur das Telegramm abgefangen? Dr. Breitzke erklärte: „In jedem Falle ist damit die ganze Briefaktion ins Wasser gefallen. Was können wir tun, um sie jetzt noch aus der Affäre zu ziehen?" – Wir berieten lange hin und her. Wir mußten herauskriegen, was die Gestapo weiß.

Graf Yorck legte 200 Mark auf den Tisch. Frau Schmidt von Puskas sollte mit dem F.D. Zug früh nach Berlin fahren, bei Gollwitzer die Druckerei erkunden und feststellen, ob die Briefe schon abgegangen seien. Dienstag mittag sollte ich sie um 2 Uhr nachmittags auf dem Breslauer Hauptbahnhof treffen. Dann würden wir mehr wissen. Bis dahin hätte ich mich dünn zu machen! Damit war die Geheimkonferenz beendet. Das Yorcksche Auto verließ leise und mit abgeblendeten Lichtern den Pfarrhof.

Ich glaube, ich habe in dieser Nacht nicht viel geschlafen. Gott sei Dank konnte ich den Totenfestgottesdienst mit anschließender Abendmahlsfeier noch halten, ohne daß sich die Polizei eingefunden hätte. Dann packte ich mein Köfferchen, zog einen meiner Michelauer Bauern ins Vertrauen, verabschiedete mich von meinen Kindern, die inzwischen von meiner Schwägerin betreut wurden, und fuhr nicht wie sonst von Böhmischdorf, sondern von Lossen aus nach Breslau, um bei meinem Freunde Lic. Noth an der Elisabethkirche unterzuschlupfen.

Montag in der Mittagsstunde ging ich zusammen mit meiner Mutter und meiner Schwester Erika, die am Scheitniger Stern ihre ärztliche Praxis hatte, ins Augustahospital zu meiner Frau. Dorthin hatte meine Schwägerin telefoniert, daß inzwischen ‚Besuch' in Michelau gewesen sei. Man habe das ganze Pfarrhaus durchstöbert, einige Schriftstücke beschlagnahmt, aber den Schreibtisch nicht erbrochen. Zum Glück, denn dort befand sich allerdings noch einiges, was ich nicht gern in den Händen der Gestapo gesehen hätte. Wir berieten am Wochenbett, was geschehen sollte und könnte. Dann riefen wir bei der Wirtschafterin meiner Schwester an, ob die Luft dort rein sei. Ja, es ist alles in Ordnung. Wir könnten zum Mittagessen kommen.

Also machten wir uns auf den Weg. Dummerweise fuhr uns die Straßenbahn vor der Nase weg. Das gab eine unliebsame Verzögerung. Als wir am Scheitniger Stern eintrafen, trat uns Fräulein Anna leichenblaß entgegen. Eben hätten drei Mann Gestapo nach mir gefragt und die Wohnung bis zu dem gewissen Örtchen durchsucht. Vorher waren sie schon mit der Miene guter Freunde in der Wohnung meiner Mutter gewesen und hatten deren Bedienungsfrau ausgefragt. „Wir kommen mal den Jochen umstoßen. Der schläft doch immer hier, wenn er zu seinen Vorlesungen kommt? Oder ist er schon drüben bei der Erika zum Mittagessen?" Diese Brüder wußten alles!

Mir war klar, daß mir die Suppe bei meiner Schwester nicht schmecken würde. Ich begab mich schleunigst in den Ratsweinkeller und setzte mich an einen abgelegenen Tisch und bestellte mir ein gutes Beefsteak, denn das hält Leib und Seele zusammen, auch wenn die Staatspolizei hinter einem her ist. Dann bummelte ich durch die Stadt, wo für diesen Abend die erste Verdunkelungsübung angeordnet war. Das kam mir zugut. Nun würde mich niemand erkennen. Abends ging ich wieder zu Noth, der bereits auch einen Gestellungsbefehl von der Gestapo in den Händen hatte, weil er wie viele andere Pastoren Kollekten für die Arbeit der Bekennenden Kirche gesammelt hatte. Noth war glücklicher Besitzer von zwei Rittergütern im Kreise Guhrau und hatte daher einen guten Weinkeller. Wir feierten also zwar nicht gemütlich, aber immerhin mit Galgenhumor die letzten Stunden unserer Freiheit.

Mit dem Nachtzug fuhr ich noch einmal nach Michelau zurück. Ich spekulierte darauf, daß unser Herr Wachtmeister um zwei Uhr der Ruhe pflegen und mich nicht am Bahnhof Böhmischdorf abfangen würde. Zur Sicherheit stieg ich aber doch zur anderen Seite des Zuges aus und schlich mich auf Feldwegen hintenherum ins Pfarrhaus. Ich schloß meinen Schreibtisch auf und packte meine gefährlichen Dokumente in eine Kiste und versteckte sie tief im Stroh eines Bansens meiner Pfarrscheune. Wenn sie da suchen wollten, hatten sie viel tun. Morgens wollte ich auf Umwegen wieder nach Breslau, denn ich mußte ja noch die Tante Molli abfangen, ehe sie mich schnappen durften.

Früh um sieben klingelte es nervenzerreißend. Mein Hund bellte wütend. Diesmal ging ich nicht aufmachen. Aber es stand nur ein Motorradfahrer vor der Tür, der mir ein Schriftstück zur Unterschrift aushändigte, ich hätte mich sofort beim Gestapoamt in Breslau zu melden. ‚Sofort' ist ein dehnbarer Begriff. Mittags war ich auf dem Hauptbahnhof und traf zur verabredeten Stunde Tante Molli, die mir strahlend berichtete, es sei noch nichts gedruckt gewesen, und der Verlag habe sofort den bereits gefügten Satz auseinandergenommen und das Manuskript vernichtet. Mir fielen einige Zentner von der Seele. Nun wußte ich, daß die Gestapo nur das Bestelltelegramm in den Händen hatte.

Ehe ich mich in Haft begebe, pflege ich stets etwas Kräftiges zu essen.

Man ist dann besser in Form. Also wieder mal Henkersmahlzeit in meinem Stammlokal. Zur Besuchsstunde, so gegen fünf Uhr nachmittags machte ich mich auf zum Polizeigefängnis. Hinter den eisernen Gittern im vierten Stock sah ich im halbdunklen Flur Pfarrer Noth stehen und winkte ihm zu. Auf mich wartete schon ein gehässiger Tiger, ein gehobener Stapist mit stechenden Augen. Er brüllte mich wütend an: „Wo ist der Rosenbergbrief?“ Ich antwortete ihm mit der Sanftmut eines Lammes, was er denn wolle, der sei doch von mir zurückgezogen worden, ich hätte mir das anders überlegt. Nun wurde er ganz wild und tobte: ich solle mir ja nicht einbilden, daß ich ihm was vormachen könne, und wenn ich nicht sofort die Wahrheit sagen würde . . . ich wüßte doch wohl, daß es ein KZ gibt. Sein aufgeregtes Benehmen bestätigte mir nur, was ich ja schon wußte, nämlich daß er gar nichts wußte und mich nur durch Einschüchterung fertigmachen wollte. Ich blieb ruhig wie die Unschuld in Person. Sein Kreuzverhör förderte nichts zutage. Dann schrie er mich noch einmal an: „Eine Nacht gebe ich Ihnen noch Bedenkzeit“ und dann wurde ich in eine Zelle des Polizeigefängnisses abgeführt.

Ich kannte gemütlichere Lokale in Breslau. Hosenträger, Krawatte, Portemonnaie mußte ich vorher abgeben. Zum Glück durfte ich mein Taschentuch behalten, das ich als Kopfkissen benutzte, denn die Dreckkruste auf der Sackpritsche war mir doch zu unappetitlich. Alle zehn Minuten kam der Posten vorbei, knipste das Licht an und beobachtete mich durch das Guckloch an der Tür. Der Gedanke, nun in den Klauen der Gestapo zu sein, war nicht gerade beruhigend, zumal ja schon seit Jahren Sündenregister über mich geführt wurden. Unten schlug jemand mit dem Schemel an die Zellentür und tobte: „Laß mich 'raus, du verfluchter Henkersknecht! Ich bin unschuldig.“ Ich hörte, wie man ihn fesselte und wie er dann wimmernd abgeführt wurde. Es war widerwärtig. Da ich hundemüde war, schlief ich dann doch ein.

Am nächsten Morgen um sieben Uhr etwa vernahm ich noch im Halbschlaf Schritte draußen, das Geräusch von Schlüsselbünden und das Klappen von Türen. Mir fielen Kerkerszenen aus dem Theater ein. Aber diesmal war ich anscheinend selbst auf der Bühne. Ein ‚Kalfakter‘ riß an meiner Klinke, schob mir eine Emailleschüssel mit einer entsetzlichen Kaffeelorre herein, gab mir ein Stück Kommißbrot, grinste mich an und schlug die Tür vor meiner Nase wieder zu. Ich setzte mich auf meinen Holzschemel, schluckte mein Frühstück und tigerte dann den ganzen Vormittag in meiner Zelle auf und ab. Dabei überlegte ich mir alle Möglichkeiten des zu erwartenden Verhörs!

Endlich gegen zwölf Uhr, als meine Kumpanen gerade ihre Erbsensuppe empfingen, wurde ich mit knurrendem Magen zur neuen Verhandlung geholt.

Die Hände in den Taschen, damit ich meine Hosen nicht verlor, folgte ich dem Stapisten. Erst mußte ich noch eine halbe Stunde im Vorzimmer warten. Dann nahmen mich drei Beamte ins Verhör. Aber jetzt war ich in Angriffsstimmung. Mochte passieren, was da wollte! Ich antwortete kurz und barsch. Mit dem Rosenbergbrief hatten sie kein Glück. Sie sollten mir doch zeigen, was ich da geschrieben habe. Nun griffen sie etwas anderes auf. Ich hätte doch heimlich Vorlesungen gehalten? Wo das gewesen wäre? In der Matthiaskunst? Blitzschnell ging mir auf, daß sie Telefongespräche von mir abgehört haben mußten, ohne sie richtig verstanden zu haben. Ich hatte vor einiger Zeit mit Kirchenmusikdirektor Piersig über die Aufführung der Schützschen Exequien in der Matthiaskunst fernmündlich verhandelt. Auch hier wußten sie nichts Genaues. Ich antwortete, es könne mich niemand hindern, mit Studenten theologische Gespräche zu führen. Wo das also gewesen wäre? Selbstverständlich durfte ich die gute Frau Pastor Sommer von der Erlöserkirche nicht verraten, die mir dazu ihr Wohnzimmer zur Verfügung gestellt hatte. Ich erklärte, darüber gäbe ich keine Auskunft. Sie fingen an zu toben: sie hätten diesen dauernden Dreh und das Geschwindel der Pfaffen satt! Ich schrie sie meinerseits an: diese Behandlung ließe ich mir nicht gefallen und schmiß einen vor mir stehenden bronzenen Aschenbecher mit Krach auf den Fußboden. Die Wirkung war merkwürdigerweise positiv. So kam man nicht weiter. In ruhigerem Ton fragte man mich: „Sie haben Kollekten für die Bekennende Kirche gesammelt?“ – „Ja! Das ist mein gutes Recht!“ – „Dazu haben Sie gar kein Recht! Sie werden zur Untersuchungshaft in das Gerichtsgefängnis in der Graupenstraße überwiesen. Warten Sie draußen!“

Ich setzte mich auf mein Stühlchen im Vorzimmer und dankte meinem Schöpfer, daß ich den Fängen der Gestapo entrissen war und nun unter ein ordentliches Gericht gestellt werden würde. Beim Umzug in die ‚Graupe‘ offenbarte mir ein kleiner freundlicherer Gestapomann den anderen Teil seiner Seele. Er wisse ja, was los sei. Und ich solle mich nur nicht aufregen.

Untersuchungshaft ist etwas anderes als Polizeigefängnis. Hier herrschten die alten Zwölfender, rauh, aber nicht bösartig. Einer verriet mir gleich am ersten Tage, es säßen hier noch andere Pfarrer, aus Breslau: Gottschick, Berger, Noth und Hornig, aber auch noch welche aus der Provinz. Ich bekam saubere blaukarierte Bezüge für Kopfkissen und Wolldecke, hatte auf halber Höhe eine Lampe über dem Tisch. Nach einiger Zeit würde ich Besuch empfangen, Bücher lesen und mich zusätzlich verpflegen lassen können. Das ließ sich dann schon eine Zeitlang aushalten.

Am nächsten Morgen wurde ich um neun Uhr zu einer Verhandlung beordert. Ich saß allein mit einer ‚Gerichtstippse‘ im Zimmer, der ich einen guten Morgen wünschte. Sie machte einen etwas verschlafenen Eindruck. Der Herr Amtsgerichtsrat war noch nicht erschienen. Ich sah mich in meinem Verhandlungszimmer um und entdeckte ein Telefon, nahm den Hörer ab und wählte die Rufnummer meiner Schwester. Aber es meldete sich die Gefängniszentrale. Ich nannte die von mir gewünschte Nummer. „Wer sind Sie?“ – „Dr. Konrad.“ Es sei ein dringendes Gespräch und die Gebühren könne ich ja später bezahlen. Und wirklich, die Verbindung wurde hergestellt. Ich erzählte meiner Schwester hastig, daß ich hierher überwiesen sei und daß es sich nun nur noch um die Kollektensache handele. Sie lachte schallend und erklärte mir, so viel Frechheit auf einem Haufen sei ihr noch nicht vorgekommen, daß einer aus dem Gefängnis sie anläutete. Aber nun war ich die Sorge um die Sorge meiner Angehörigen los.

Als der Herr Amtsgerichtsrat den Untersuchungsraum betrat, saß ich wieder artig auf meinem Platz. Er erklärte mir umständlich, ich könne sofort entlassen werden, wenn ich protokollarisch versichere, nun keine Kollekten mehr für die Bekennende Kirche zu sammeln; er wolle mir „eine goldene Brücke“ bauen. – Der Kampf um das Kollektenrecht war damals gerade Frontlinie. Man glaubte uns erledigen zu können, wenn man uns die finanzielle Basis nähme. Rosenberg nannte diese Taktik: „Organisatorisch verkümmern lassen.“ Ich erklärte meinem wohlwollenden Amtsgerichtsrat also, daß ich mich nicht in der Lage sähe, ihm die gewünschte Erklärung abzugeben. Das war ihm sichtlich peinlich, und er sprach sich verärgert über die Uneinsichtigkeit der Pfarrer aus, die damit ihre schiefe Situation im Dritten Reich selbst verschuldeten und verschlimmerten. Mir war sofort klar: also hatten meine Amtsbrüder die Unterschrift auch verweigert. Ergebnis: zurück in die Zelle!

Pfarrer in einem Gefängnis wirken elektrisierend auf seine Insassen. Klopfzeichen rechts, Klopfzeichen links, die freundlichst erwidert werden! Im Hof beim halbstündigen Luftschnappen werden wir von unseren Kumpanen angestoßen: „Kriminell oder politisch?“ Bald wußten alle, wer wir waren! Das förderte unsere Solidarität. Am ersten Advent nachmittags fing Hornig mit lauter Stimme zu singen an: „Macht hoch die Tür, die Tor macht weit, es kommt der Herr der Herrlichkeit.“ Ausgerechnet das! Aber ehe „Ruhe!“ geschrien wurde, war er mit der ersten Strophe schon fertig. Eine kurze, aber eindrückliche Adventsfeier ohne Lichter und Talar! Und bald darauf grüßten uns die deutlich vernehmbaren Glocken von St. Elisabeth, Magdalenen und Barbara mit ihrem Abendgeläut. Im Hof bellten die Polizeihunde an der hohen Ziegelmauer entlang.

Die Tage vergingen im gleichen Rhythmus. Ich hatte mein Neues Testament, ich hatte sogar wissenschaftliche Bücher, Bleistift und Papier und habe selten so ungestört arbeiten können wie in meiner Zelle. – Die Pfarrfrauen hatten sich inzwischen zu einem Bittbesuch bei dem damaligen Gauleiter Wagner aufgemacht. Meiner Frau hatte eine russische Emigrantin geraten: „Woinen müssen Sie, woinen!" Aber sie dachte gar nicht daran zu weinen, sondern stellte ihm die Frage, wie das mit der Berechtigung, Christ zu sein, im Dritten Reich stünde, und verabschiedete sich von ihm nicht mit „Heil Hitler", sondern mit guten Tag. Er dachte natürlich nicht daran, etwas für sie zu unternehmen, obwohl er heimlich mit der Kirche sympathisierte.

Aber da war irgendwo ein tapferes Oberlandesgericht, wenn ich nicht irre in Naumburg. Und das hatte entschieden, daß gegen die Rechtmäßigkeit unserer Kollekten nichts einzuwenden sei. Nachdem wir also etwa zweieinhalb Wochen gesessen hatten, teilte uns unser Rechtsanwalt Beninde mit, daß wir entlassen werden. Wir wünschten unseren Gefängniswärtern fröhliche Weihnachten – sie uns auch! – und packten unser Bündel.

Aber bei mir hatte es einen Haken. Das Brieger Gericht, dem ich unterstand, hatte anscheinend die Entscheidung von Naumburg noch nicht mitgekriegt oder nicht als verbindlich angesehen und seinerseits einen Haftbefehl gegen mich erlassen. Nun würde ich sozusagen nur die Tapeten wechseln und Weihnachten in einer der mir wohlbekannten Brieger Zellen verbringen, bis man dort schließlich auch ‚schlau' geworden wäre. Das war Pech!

Ich fuhr mit dem nächsten Zug nach Brieg und suchte einen Rechtsanwalt auf. Er erklärte mir abweisend, er habe keine Lust, sich mit der Verteidigung von Bekenntnispfarrern die Praxis zu verderben. Ebenso empört wie traurig verließ ich sein Büro.

Aber draußen schneite es lustig, und die Flocken stoben mir nur so um meine Nase. Da durchfuhr es mich wie ein Wink vom Himmel. Ich läutete unsere tapfere Müllerstochter an, und eine halbe Stunde später war sie in ihrem Auto mit meinem Skianzug, meinen Bretteln und meiner Frau am Brieger Bahnhof. Der Brieger Staatsanwalt sollte mich sonstwo suchen! Ich hatte jetzt frische Luft und Bewegung nötig. Ich verriet aus gutem Grunde auch meiner Frau nicht, wo ich hinfahren würde. Verbindungen in Geheimsprache wollte ich mit meiner Schwester aufnehmen.

In Krummhübel war ein herrliches Winterwetter. Die Sonne strahlte auf den funkelnden Neuschnee. Lange Eiszapfen hingen an den Dächern, die Pferdeschlitten klingelten. Kisten und Kasten wurden an den Hotels für die bevorstehende Weihnachtssaison abgeladen. Also so konnte das Leben auch aussehen! Schmunzelnd stieg ich hinauf nach Brückenberg und quartierte mich weit abgelegen schon halb auf die Baberhäuser hin unter einem tief verschneiten Dach ein. „Eine Mauer um uns bau", sang das fromme Mütterlein. Weder ich noch meine freundliche Wirtin legten Wert auf polizeiliche Anmeldung.

Die ‚Grussel' kochte mir ock gleech ne Tosse Koffe und meente: „'sis a schienes Wetta zum foan!" Ich war der gleichen Meinung, schnallte meine Bretter an und stieg über die Kirche Wang hinauf zur Prinz-Heinrich-Baude auf den Kamm. Der Pulverschnee entzückte mein Gemüt. Die Tannen trugen schwere Last. Ach mein geliebtes Riesengebirge! Ich blieb, bis der Mond hell am Himmel stand und diese ganze weiße Pracht in sein magisches Licht tauchte. Bei der Abfahrt vom Brunnenberg blieb ich irgendwo am Knieholz hängen und fiel mit der Nase tief in den Schnee. Das mahnte mich nun doch etwas zur Vorsicht im Genuß meiner selbst bewilligten Freiheit. Wer würde mich hier finden, wenn mir etwas passierte?

Mein ungesetzlicher Skiurlaub war herrlich. Am Sonnabend läutete ich nach Breslau an. Der Bescheid lautete: „Du kannst kommen!" Ich blieb noch einen weiteren Tag bis zum vierten Advent. Als ich mittags meine letzte Abfahrt von der Hampelbaude machte, winkte mir schon von weitem ein ‚Grüner' das Haltzeichen zu. Mein Himmel, was wird jetzt wieder sein? Wer mehrfach im Kittchen gesessen hat, bekommt Polizeikomplexe. Aber er wollte nur meinen Grenzausweis sehen.

Abends war ich in Breslau, und am Montag in der Weihnachtswoche zog ich in Michelau ein, in mein Michelau, zwischen Brieg und Grottkau gelegen, ein Viertelstündchen von der Glatzer Neiße entfernt, eine Zisterzienser-Siedlung aus dem Mittelalter, mit groß angelegten Höfen und Bauern, die stolz darauf waren, daß ihre Vorfahren schon vor 300 Jahren ihren Kirchenschlüssel gegen die österreichischen Dragonaden verteidigt hatten. – Meine Frau hatte mich abgeholt. Die ganze Gemeinde stand vor den Türen an der Straße und grüßte und winkte. Die Glocken läuteten. Viele hatten sich auf dem Pfarrhof versammelt und empfingen mich mit dem Lied: „Ein feste Burg ist unser Gott." Mir standen die Tränen in den Augen. Das Händeschütteln wollte gar kein Ende nehmen. Und unsere Speisekammer war mit Butter, Eiern und Speck bis obenan gefüllt. ‚Der arme Paster' sollte doch zu Weihnachten nicht hungern.

Bei der Christnacht brachen fast die Galerien, so vollgestopft war das Michelauer Kirchlein. Im Schimmer der Kerzen des Christbaums wurde das alte Weihnachtsevangelium verlesen. Meine Frau spielte die Orgel, der Kinderchor sang: „Das hat er alles uns getan, sein groß Lieb zu zeigen an." Zum Schluß die Gemeinde: „Es mögen viel euch fechten an, dem sei Trotz, ders nicht lassen kann."

Am zweiten Feiertag tauften wir unser Dorchen. Zu den Paten zählten Michelauer Bauern und selbstverständlich die ‚Tante Molli'! Die Breslauer waren auch da. Es wurde viel musiziert, und wir hatten reichlich Stoff zum Erzählen. Bloß dem Herrn Kantor, der inzwischen Ortsgruppenleiter geworden war, paßte das alles nicht. Er erklärte: Es sei an der Zeit, daß mit „diesem ganzen Affentheater hier endlich Schluß gemacht“ würde. Der Kirchenkampf ging hart weiter. Im März 1938 hatte er erreicht, daß ich von der Gestapo mit Redeverbot für ganz Deutschland aus Schlesien ausgewiesen wurde. Das war die erste Vertreibung aus meiner geliebten Heimat!

Unter dem Trümmerkreuz (1945)

Und nun das letzte Weihnachten in Schlesien, in meiner zerstörten Vaterstadt, im Elend des Zusammenbruchs, im tausendfachen Leid, in der Armut, für viele in der Verzweiflung! Würde die heilige Botschaft da noch standhalten?

Von meinem Exil her, das ich in Brandenburg und Ostpreußen zubrachte, sah ich deutlich, wo unser Volk hinsteuerte. Ich sah, daß der Krieg kommen mußte, und, noch ehe er begann, war mir klar, daß wir ihn verlieren würden. Ich schrieb in Vorahnung des zu erwartenden Gottesgerichtes damals meine „Apokalyptische Messe“, die in handabgezogenen Exemplaren heimlich weitergegeben wurde. In ihr der auf Hitler gemünzte Vers:

„König von Babel, dich wägt Gottes Waage
Und hat dein Tun zu leicht befunden.
Die heilgen Rechte gelten unumwunden.
Weh deinem Wahn! Gezählt sind deine Tage.“

Im Sommer 1939 hatte ich eine Verhandlung auf dem Hauptgestapoamt in der Prinz-Albrecht-Straße in Berlin. In einem erstaunlicherweise sehr offenen Gespräch in dieser Höhle des Löwen gewann ich mir die Sympathie eines höheren SS-Beamten. Er zeigte mir ein Aktenstück, in dem all meine Vergehen gegen das Dritte Reich verzeichnet waren. Sämtliche Partei- und Regierungsinstanzen hatten sich gegen meine Rückkehr nach Schlesien ausgesprochen. Er aber erklärte: „Na, wir wollen mal sehen!“ Kurz darauf durfte ich nach Breslau zurück. Eine Bannmeile von 50 km um Michelau blieb aufrechterhalten, ebenso mein Redeverbot für ganz Deutschland. Aber ich konnte mich um eine andere Stelle bewerben und wurde Pfarrer an St. Elisabeth. Diese riesige Kathedrale und der große Gemeindesaal, in dem sechs- bis achthundert Menschen Platz hatten, genügte mir zum Reden. „Wir haben ja jestaunt, daß se Ihnen zurückjelassen haben“, erklärte man mir im Breslauer Polizeipräsidium.

Meine Aufgabe war mir klar: wie kannst du deine Gemeinde auf das, was kommen muß, mit Predigten und Vorträgen so vorbereiten, daß sie darüber nicht seelisch zusammenbricht? Und die Breslauer spitzten die Ohren, auch wenn nun mit einer getarnten Sprache gesprochen werden mußte, denn noch immer wurde ich von der Gestapo abgehört. Was ich zu sagen hatte, ging durch die groben Maschen ihres Netzes hindurch. Ich sprach von Schicksal und Schuld, von Dämonie und Verblendung, von Hybris und Angst, von der Gnade und Vorsehung Gottes und der Ruhe auf der Flucht. Die Gemeinde verstand, wovon hierbei die Rede war.

Und dann kam der Krieg und an seinem Ende das Schreckensjahr 1945. Die schier endlosen Trecks der Flüchtigen zogen vom Osten her über die Oderbrücken. Zwangsevakuierungen, verstopfte Bahnhöfe! Mit Handwägelchen und Rodelschlitten, auf denen Reisekörbe gepackt waren, begab man sich auf die eisigen Landstraßen. Dumpf grollte in der Ferne der Kanonendonner der Russen. Meine Frau und meine Kinder hatte ich Richtung Görlitz noch in einen Zug quetschen können. Auch das Konsistorium hatte Breslau verlassen und seine Residenz verlegt. Geblieben waren ein knappes Dutzend von Pfarrern, die zumeist der Bekennenden Kirche angehörten. Ende Januar wurde ich von ihnen zum Stadtdekan gewählt. Es mußte für die Belagerung alles umorganisiert werden. Als sich Mitte Februar der Ring um Breslau schloß, mochten etwa noch 200 000 Einwohner zurückgeblieben sein. Wir wußten, was uns bevorstand.

In Kellern und Bunkern wurden Gottesdienste und Abendmahlsfeiern gehalten. Die Reichsbank, das Landgericht öffneten uns ihre Luftschutzräume. Der sonst so fröhliche Schweidnitzer Keller wurde das Lazarett, das ich zu betreuen hatte. Immer zwei Betten übereinander. Die Luft war fast unerträglich. Mit rührender Hingabe versahen dort die Schwestern von „Lehmgruben“ ihren Dienst.

Die Russen waren uns artilleristisch weit überlegen und brachen von Süden kommend ein. Die Festungskommandanten Krauß und von Ahlfen wurden von General Niehoff abgelöst. Gauleiter Hanke und die Ortsgruppenleiter führten ihr verzweifeltes Terrorregiment über die Zivilbevölkerung. „Hoff nie auf Niehoff, eh' der Hanke hängt“, sagte ich damals zu einem Verwaltungsbeamten des Magistrats. Aus den Luken des Elisabethturms beobachtete ich allabendlich die näherrückende Brandlinie. Vormittags Artilleriefeuer, dann Tieffliegerangriffe, abends Bomben, die von den widerwärtigen „Nähmaschinen“ mit ihrem Tak-tak-tak auf jeden ersichtlichen Lichtpunkt geworfen wurden. Aber Niehoff verteidigte umsichtig und war stolz auf sein „Wunder von Breslau“. Er spekulierte auf eine Entsetzung durch die Schörner-Armee. Aber das Entsetzen und die Verzweiflung lagen bei der Bevölkerung. Das Hauptquartier wurde von den Bunkern unter der

Liebichshöhe in die Keller der Universitätsbibliothek auf der Sandinsel verlegt. Als der Flugplatz in Gandau den Russen in die Hände fiel, wurde ein ganzes Stadtviertel gesprengt und zwischen Fürstenbrücke und Scheitniger Stern ein neuer angelegt, auf dem meines Wissens nie ein Flugzeug gelandet ist. Frauen, Kinder und Greise mußten unter dem Druck der ‚Goldfasanen', die nun feldgrau gekleidet waren, den dem Beschuß offen liegenden Platz ausbauen. Gauleiter Hanke, dessen Fieseler Storch hinter einer Bretterwand am Stadttheater bereitstand, fand in der Festungszeitung heroische Worte zum Durchhalten.

Dann kamen die schrecklichen Ostertage und -nächte mit ihren pausenlosen Bombenangriffen. Es brannte der ganze Neumarkt, die Uferzeile, die Dominsel, die Albrechtstraße. Ein Feuermeer und Funkenregen. An Löschen war gar nicht mehr zu denken. Ich fuhr, um noch etwas zu retten, mit einem Koffer auf dem Rad in der Nacht des zweiten Osterfeiertages über die Matthiasstraße nach Wilhelmsruh in meinen Schrebergarten. An der Hindenburgbrücke stand ‚Fritze Wirt', der Lautenspieler von Breslau, Posten. Er hielt mich an. Wir sprachen kaum miteinander. Wir sahen starr und entsetzt eine Kultur von siebenhundert Jahren in Flammen versinken.

Die Selbstmordepidemie griff um sich. „Wo sollen wir hin? Diesseits der Oder nicht! Jenseits auch nicht! Am besten in die Oder!" In vielen Kellern wurde gesoffen und gehurt! Wann würde dieser Hexentanz enden? Der Wahnsinn des totalen Krieges, dem Breslau und seine Bewohner geopfert werden sollten, um die Frist des bereits in der Kapitulation begriffenen ‚Tausendjährigen Reiches' und seiner Bonzen noch um ein paar Tage zu verlängern?

Mir war klar, die Kirche müsse zu Niehoff gehen. Wer sollte es sonst tun? Andernfalls würde alles sinnlos zugrunde gehen. Mit Pfarrer Hornig zusammen ging ich zum Dom und besprach den Plan mit den leitenden Herren der katholischen Kirche. Am 4. Mai suchten wir zusammen mit Weihbischof Ferche und Kanonikus Cramer den General Niehoff in seinem Hauptquartier auf der Sandinsel auf. Hornig berichtete über die Lage der Zivilbevölkerung. Er fragte den General, ob er es vor seinem ewigen Richter verantworten könne, die Verteidigung Breslaus noch länger fortzusetzen? Niehoff entwickelte einen phantastischen Ausfallplan, an den er, wie wir aus seinem Buche heute wissen, selbst nicht glaubte. – Und die Verwundeten, die Alten, die Kranken? Die Vertreter der Kirchen erklärten, sie jedenfalls würden bei ihnen bleiben.

Am 6. Mai war die Übergabe. Und nun begann eine neue Zeit des Schreckens, der Plünderungen, Vergewaltigungen und Brände. Als wir unsere Beschwerden bei dem russischen Kommandanten Lapunoff vortrugen, erklärte er uns achselzuckend: „Ssoldat iss Ssoldat!“ Aber er gestattete uns in einem feierlich anmutenden Zeremoniell im Namen Stalins und der sowjetischen Republiken, unsere Gottesdienste zu halten. Schon am Sonntag, den 13. Mai, hatten wir die Glocken von St. Elisabeth geläutet und zum Kirchgang eingeladen. „Tröstet, tröstet mein Volk!“ Nur wenige hatten sich hingewagt.

Aber nun galt es zuzupacken. Über Nacht mußten Krankenhäuser und Altersheime eingerichtet werden. Suppenküchen und Kindergärten wurden improvisiert, Verfolgte mußten versteckt, Flüchtige untergebracht werden. Bald hatten wir eine ganze Schar freiwilliger Helfer unter uns. Wir waren ja aufeinander angewiesen. Wir hatten weder eine gültige Währung noch Lebensmittelkarten. Anfangs lebten wir von noch versteckt gehaltenen Vorräten, dann fuhren wir mit Handwagen hinaus aufs Land bis 10, ja 20 km im Umkreis und gruben verlassene Kartoffelmieten auf. Dann begann der schwarze Markt, wo die letzten Habseligkeiten verschachert wurden. Bei unseren Gottesdiensten wurden Körbe aufgestellt, in denen Brotscheiben, Mehl und Grießtüten und sonstige Lebensmittel für die gesammelt wurden, die nichts hatten. Die Opferwilligkeit war erstaunlich. In unseren Heimen ist keiner verhungert. Eine ganz arme Kirche kann sehr reich sein. Das habe ich damals in Breslau gelernt.

Die Unsicherheit für uns Deutsche auf den Straßen und die Angst, binnen Stunden aus der primitiv wieder hergerichteten Wohnung herausgeworfen zu werden, blieben. Die polnische Miliz, die für Ordnung zu sorgen hatte, ging schlimm mit uns um. Ein hochgebildeter und christlicher Pole sagte mir damals, er schäme sich um der Würde seines Volkes willen, wie diese Leute sich aufführten. Und auch das sei nicht vergessen, daß uns der Vizestadtpräsident Podgursky mehr als einmal tatkräftig geholfen hat. Als die Miliz ein Altersheim „räumen“ wollte und gerade „filzte“, und die armen Leutchen weinend auf der Straße standen oder auf ihren Köfferchen saßen, wandte ich mich hilfeflehend an ihn. Er ließ seine überfüllte Sprechstunde im Landgericht warten, nahm mich in sein Auto und schaffte den Alten ihr Recht.

Besonders schwer war zu tragen, daß wir ohne verläßliche Nachricht waren und ohne jede Verbindung mit denen, die „draußen“ waren. Lebten sie noch? Wo mochten sie Zuflucht gefunden haben? Im August machte ich mit Ingenieur Milde und Schwester Margarete einen Ausbruch nach Berlin. Es war eine abenteuerliche Fahrt unter dem Bremshäuschen eines russischen Militärzuges. Ich erfuhr von Bischof Dibelius, daß binnen kurzem in Treysa eine Kirchenführerkonferenz stattfinden sollte. Es gelang mir, den Eisernen Vorhang zu durchbrechen. Ich habe dort eine halbe Stunde vor der Plenarversammlung über die Not Schlesiens berichten können. Vater Bodelschwingh wollte gleich ein Flugzeug mit Medikamenten nach Breslau starten lassen. Leider war das nicht möglich. Auch den Amerikanern und Engländern der Ökumene, die ich beschwor, uns zu helfen, waren die Hände gebunden. Meine Familie fand ich in Buchholz bei Hamburg. Welch ein Wiedersehen! Aber nach wenigen Tagen ging es zurück über die Elbe und Neiße. Diese Reise wäre ein Roman für sich! Nun konnte ich in Breslau erzählen, wie es im Westen stand. Ich habe die Elisabethkirche nie so voll gesehen wie an jenem Sonntagnachmittag Ende September. Alle Gänge und Treppen standen voller Menschen bis vor den Portalen. Für unsere politische Zukunft konnte ich wenig Hoffnung machen. Wir würden alle Schlesien verlassen müssen. Und doch spürten wir, daß uns auf unserem dunklen Wege in die Zukunft Gott nicht verlassen würde.

Und dann kam Weihnachten heran. Die Fenster der Elisabethkirche waren zerbrochen. Dort konnten wir im Winter unsere Gottesdienste nicht fortsetzen. Unser arg mitgenommener Gemeindesaal auf der Herrenstraße wurde notdürftig hergerichtet. Aus angesengten Balken hatten wir uns ein Trümmerkreuz errichtet. Es war das Sinnbild unserer Existenz. Unter ihm hielten wir die Christnacht. Die Jugend sang den Kanon: „Dona nobis pacem!“ Die tröstliche Kraft der alten Weihnachtslieder und die aus ihnen aufbrechende Freude sind mir nie so lebendig gewesen wie in dieser Stunde. „Welt ging verloren, Christ ward geboren, freue dich, freue dich, o Christenheit!“ Ich glaube, ich habe über denselben Text gesprochen, über den wir von unserer neu gebildeten Kirchenleitung ein Weihnachtswort für all unsere schlesischen Gemeinden ausgehen ließen: „Den Armen wird das Evangelium gepredigt und selig, wer sich nicht an mir ärgert.“ Das Wort, das Jesus Johannes dem Täufer in seinen Kerker mitteilen ließ.

Abends saßen wir im kleinen Kreis in der Wohnung von Pfarrer Noth. Wir hatten sogar einen kleinen dürftigen Christbaum: Frau von Schickfuß, deren Mann von den Russen verschleppt und umgebracht worden war, Propst Meyer Fredrich und seine Frau, deren Sohn Christoph noch in den letzten Kampftagen am Plattensee gefallen war, und ich, dessen Schwester Erika dem Bombenangriff auf Dresden zum Opfer gefallen war. Unsere Gedanken gingen zurück: Was war das für ein Jahr gewesen! Und in die Ferne zu unsern Lieben. Was würde aus unserem Volk, aus unserer Heimat und aus unserer Zukunft werden? Letzte Weihnachten in Schlesien! Endgültig die letzten?

Das Trümmerkreuz von St. Elisabeth wird längst zersägt sein. Was es uns damals bedeutet hat, habe ich in einem Vers festzuhalten gesucht:

Wir als die Schuldigen
Und die Geschlagenen,
Wir haben uns aus Trümmerholz ein Kreuz errichtet
Und sind aus Trümmern unter seinen Schutz geflüchtet:
Und haben rauchgeschwärzte Balken zum Symbol geschichtet,
Erbarmung zu flehen
Für unsere Sünden,
Mit unserem Kreuze
In Deinem zu stehen,
In Todesgründen
Dein Licht zu erspähen
Und Dir zu huldigen
Als die Getragenen.

Wolfgang Jaenicke

TAGEBUCH WÄHREND DES KAPP-PUTSCHES

Am 13. März 1920, einem Sonnabend, meldeten die Breslauer Zeitungen durch Extrablätter, daß in Berlin der ehemalige Königsberger Generallandschaftsdirektor Wolfgang Kapp die Regierungsgewalt an sich gerissen und General Freiherr von Lüttwitz zum militärischen Oberbefehlshaber ernannt habe. Die Antwort von Regierung und Gewerkschaften war die von den Putschisten nicht einkalkulierte Verkündung des Generalstreiks. Die Regierung selbst hatte sich mit dem Reichspräsidenten zunächst nach Dresden, später nach Stuttgart begeben.

Auch in Breslau wurde der Generalstreik ausgerufen und in den Mittagsstunden des 13. März der Straßenbahnverkehr eingestellt. Anfänglich verweigerte der Kommandierende General von Friedeburg der Militärdiktatur in Berlin den Gehorsam. Am Nachmittag rückten jedoch größere Truppenverbände von Carlowitz her in die Stadt ein und übernahmen zusammen mit Freikorps die Gewalt. General von Schmettow wurde Kommandierender General, von Kessel-Oberglauche Oberpräsident, nachdem Oberpräsident Philipp verhaftet worden war.

Regierungspräsident Wolfgang Jaenicke, der sich am 12. und 13. März in Reichenbach und Charlottenbrunn aufgehalten hatte, wurde telefonisch nach Breslau zurückgerufen.

Breslau, 14. März 1920

Am Morgen gegen 10 Uhr kam mein Botenmeister Günzel und meldete, der Führer des in das Regierungsgebäude gelegten Kommandos, ein Leutnant Simon, verlange das Hissen einer Fahne auf dem Regierungsgebäude, und fragte, ob er diesen Befehl ausführen solle. Ich erwiderte, daß keinerlei Veranlassung vorliege und daß ich den Offizier bäte, zu mir zu kommen. Er erschien, und nachdem er an meinem Schreibtisch Platz genommen, fragte ich ihn, wieso er auf die Idee käme, plötzlich die Fahne zu hissen. Ich könne dem nicht zustimmen, da für das Hissen der Fahnen auf öffentlichen Gebäuden nur ganz bestimmte ministerielle Vorschriften gegeben seien. Er erwiderte, daß sämtliche öffentlichen Gebäude geflaggt hätten, und daß er daher als Befehlshaber dieses Hauses das gleiche anordne. Ich machte ihn darauf aufmerksam, daß nicht er, sondern ich der Hausherr wäre, und daß ich sehr bezweifelte, daß der Kommandierende General mit seiner Auffassung über die ihm gestellte Aufgabe, das Regierungsgebäude zu schützen, einverstanden wäre. Er fragte: „Welcher Kommandierende General?" Und als ich erwiderte: „Exzellenz von Friedeburg", sagte er mit überlegenem Lächeln: „Der existiert nicht mehr, Kommandierender General ist Exzellenz Graf von Schmettow. Friedeburg ist in dieser Nacht mit dem Chef des Stabes, Major Hesterberg, zurückgetreten. Der Oberpräsident ist verhaftet, und sämtliche Garnisonen Schlesiens sind zu der neuen Regierung übergegangen." Obwohl ich mir innerlich über die Tragweite dessen, was der junge Mensch mit lächelndem Munde vortrug, sofort klar wurde, blieb ich äußerlich unbewegt und sagte ihm in verbindlicher Form, daß ich zwar keinen Zweifel in die subjektive Wahrheit seiner Worte setze, daß ich aber doch erst an zuständiger Stelle mir die Bestätigung seiner Angaben verschaffen wolle. Ich ergriff sofort den Hörer, um das Generalkommando selbst anzurufen. Es gelang mir jedoch nicht, es zu erreichen. Ich rief darauf die Wohnung des Oberpräsidenten Philipp (SPD) an. Am Telefon war die weinende Frau Philipp, die mir unter Schluchzen erzählte, daß in der Nacht ihr kranker Mann verhaftet und in das Gerichtsgefängnis auf der Kletschkauerstraße gebracht worden sei. Sie fragte verzweifelt, was ihr Mann, der doch immer nur das Beste gewollt habe, denn eigentlich verbrochen habe. Sie wünschte, sie hätte niemals das Haus in der Albrechtstraße betreten, in dem sie nur unglückliche Stunden verlebt hätte. Sie hätte sich wahrlich nie dazu gedrängt, sie wäre und bliebe doch eine einfache Arbeiterfrau. Ich versuchte, sie zu trösten, und versprach, ihr vor allem Nachricht von ihrem Mann zu besorgen und dafür einzutreten, daß er, der eben eine Lungenentzündung überstanden hatte, sofort wieder in Freiheit gesetzt würde, soweit dies noch in meiner Macht stünde. Ich fuhr nun sofort im Auto, ohne die innere Stadt zu berühren, in die Wohnung meines Stellvertreters, des Oberregierungsrats Fischer in der Südvorstadt, wohin ich auch den zweiten Oberregierungsrat von Scheliha bestellt hatte. Fischer schilderte nochmals den Verlauf der Sitzung im Rathaus, die an Wildbewegtheit alles übertroffen habe, was in der Revolution 1918 vorgekommen sei. Wir besprachen nun eingehend die Lage und kamen zu dem Ergebnis, daß die alte Regierung, die sich nach Zeitungsnachrichten – es erschien nur die deutschnationale „Schlesische Zeitung" – nach Dresden geflüchtet hatte, zwar die Macht des Generalstreiks hinter sich habe, daß aber durch den Umstand, daß offenbar die gesamte Reichswehr zu Kapp übergegangen sei, die Stellung der alten Regierung äußerst gefährdet wäre, da letzten Endes keine Regierung sich ohne Militärmachtmittel durchsetzen könne. Das Schlimme an der ganzen Lage war die absolute Unsicherheit über das, was sich in Berlin und im Reiche abspielte. Man wußte nur so viel, daß alle Nachrichten, die kamen, die Zensur der neuen Regierung passiert hatten, und daß durch den sofort einsetzenden Generalstreik nirgends Zeitungen erschienen. Die „Schlesische Zeitung" erschien lediglich deshalb, weil einige seit Jahrzehnten im Dienst stehende Setzer im Betrieb ausharrten. Auch kam bald die Nachricht, daß die Militärbefehlshaber verböten, irgendwelche Nachrichten, die der neuen Regierung schädlich wären, durch Aushang an den Depeschensälen zu bringen.

Ich telefonierte von der Wohnung Fischers den Polizeipräsidenten Voigt an, der mir lediglich mitteilte, er habe sich geweigert, seine Tätigkeit als Regierungskommissar für den Befehlsbezirk des 6. Korps, die ihm neben dem Kommandierenden General für alle Anordnungen auf Grund des Ausnahmezustandes oblag, mit den neuen Machthabern auszuüben. Man habe ihn trotz dieser Weigerung nach Hause gehen lassen, und er warte nunmehr die kommenden Dinge ab.

Ich fuhr nun wieder auf Umwegen zum Regierungsgebäude zurück, da die ganze innere Stadt militärisch abgesperrt war, teilte meiner Frau die Lage mit und die Möglichkeit, daß ich jeden Augenblick verhaftet werden könne. Ich ordnete an, daß mir ein kleiner Koffer mit Wäsche, ein paar Büchern und Nachtzeug gepackt würde, damit ich im Falle einer plötzlichen Verhaftung in der Lage wäre, die Sachen gleich mitzunehmen. Ich befand mich, trotz der Verhaftung des Oberpräsidenten Philipp und der mir drohenden, in ruhiger Stimmung mit dem Gefühl, daß zur Aufregung immer noch Zeit wäre, wenn sich die Dinge in unangenehmer Weise weiterentwickeln sollten. Da ich vermutete, daß meine telefonische Leitung in der Regierung belauscht würde, begab ich mich mittags zum Telefonieren in die Wohnung eines Freundes. Kurz bevor ich mich dorthin begab, rief mich Oberpräsidialrat Dr. Schimmelpfennig an und sagte mir, der „Herr Oberpräsident von Kessel" wünsche mich zu sprechen. Er sei jetzt sehr in Anspruch genommen, so daß er mir zunächst seinen Besuch nicht machen könne und mich bäte, zu ihm zu kommen. Ich erwiderte Schimmelpfennig, daß mir ein „Oberpräsident von Kessel" unbekannt wäre und daß, falls es sich etwa um den Abgeordneten von Kessel aus dem Kreise Trebnitz handele, dieser, wenn er etwas von mir wünsche, zu mir kommen solle. Schimmelpfennig meinte, ich solle in solch aufgeregten Zeiten doch nicht so förmlich sein, wir müßten jetzt nun mal mit den gegebenen Machtverhältnissen rechnen. Ich blieb mit Bestimmtheit bei meiner Weigerung mit dem Hinweis darauf, daß für mich Oberpräsident Herr Philipp sei und bleibe, wenngleich er durch seine Verhaftung an der

Ausübung seines Amtes verhindert sei. Hierauf bat mich Schimmelpfennig, doch wenigstens zu einer Aussprache zu ihm zu kommen, da er selbst das Oberpräsidium nicht verlassen könne. Ich sagte ihm dies selbstverständlich zu. Ich begab mich aber nicht sogleich zu Schimmelpfennig, sondern fuhr noch zu dem 2. Bürgermeister der Stadt Breslau Trentin in dessen Wohnung, wo wir die Lage und die Persönlichkeiten der neuen Regierung, die inzwischen bekannt geworden waren, besprachen. Am unglaublichsten erschien die Nachricht, daß Minister des Innern mein Amtsvorgänger von Jagow geworden war, weil, wie Oberregierungsrat Fischer sich zutreffend ausdrückte, allein mit dieser Besetzung die neue Regierung sich selbst sabotiere.

Von Trentin fuhr ich noch zu dem Landtagsabgeordneten Stadtrat a. D. und Handelskammerpräsidenten Dr. Grund, der mit Fieber zu Bett lag, und mit dem ich gleichfalls die Lage besprach. Er prophezeite der neuen Regierung kein langes Leben und billigte durchaus meinen Standpunkt der Ablehnung gegenüber den örtlichen Befehlshabern, wenngleich er die feste Überzeugung habe, daß sie mich in der gleichen Weise wie Philipp beseitigen würden. Eine gewisse Sorge bereitete uns hierbei der Umstand, daß ich ja nicht nur Regierungspräsident von Breslau, sondern auch Reichs- und Staatskommissar für die abgetretenen Teile Posens und Schlesiens war, und daß mit meiner eventuellen Verhaftung diejenige Person ausgeschaltet sein würde, die seit zehn Monaten aufs engste mit allen Einzelheiten des Kampfes mit der Ententekommission um die Festsetzung der Grenze vertraut war, und deren Beziehung zu zahlreichen Mitgliedern der Entente-Grenzkomission niemand ersetzen könnte. Auch das meinte Dr. Grund, daß wir dadurch vielleicht noch mehr deutsche Dörfer verlieren würden, käme auf das Schuldkonto von Kapp, Jagow und Genossen.

Inzwischen hatte ich mehrfach vergeblich versucht, den Oberpräsidialrat Schimmelpfennig telefonisch zu erreichen. Ich fuhr daher abends gegen 1/210 Uhr zu ihm in die Wohnung, wo ich ihm in eingehender Zwiesprache meinen klaren Standpunkt darlegte, begründete und ihn dazu zu bekehren versuchte. Er betonte, daß ich ja als politischer Beamter in einer anderen Lage wäre als er, der als nichtpolitischer Beamter an den Beschluß des Deutschen gewerkschaftlichen Beamtenbundes sich gebunden fühle, als Beamter weder unter einer bolschewistischen noch unter einer deutschnationalen Regierung zu streiken. Trotzdem schienen ihn meine Ausführungen schwankend und nachdenklich zu machen, und ich schied in der 12. Stunde von ihm mit der Empfindung, daß er sich vielleicht doch am nächsten Tage zu meinem Standpunkte bekehren werde, wenngleich er immer wieder darauf zurückkam, daß die Beamten doch der Not des Vaterlandes entgegenkämen, wenn sie ihren Dienst weiter verrichteten, ähnlich wie im November 1918.

In den frühen Morgenstunden erhielt ich eine Depesche, und, indem ich sie öffnete, sagte ich zu meiner Frau: „Die ist gewiß aus Berlin." Der Text lautete: „Ich beurlaube Sie bis auf weiteres. Innenminister", zu deutsch: mein Abschied! – Es ist mir selbst nicht klargeworden, warum mich diese Nachricht keineswegs erschütterte, sondern ich sie mit heiterer Ruhe aufnahm, während meine Frau doch nun ernstlich betroffen schien und meinte, daß Jagow aus persönlicher Rachsucht wegen einer Wohnungsdifferenz – es handelte sich um meine Dienstwohnung, aus der Herr von Jagow seinerzeit nicht herausgehen wollte – dieses Telegramm gesandt haben könne.

Ich begab mich nunmehr in der Erwartung, jeden Augenblick verhaftet zu werden, in mein Amtszimmer, wo ich alles aus meinem Amtsschreibtisch herausräumte, was an persönlichem Eigentum und Privatbriefen darinlag. Bereits am Abend vorher hatte ich für früh 9.30 Uhr sämtliche Mitglieder der Regierung, die Regierungsassessoren und Referendare in den großen Plenarsitzungssaal der Regierung bestellen lassen, und ich ging nunmehr dorthin, wo sich etwa 80–90 Personen eingefunden hatten.

Ich ging an meinen gewohnten Platz am Fenster und hielt dem Regierungskollegium eine Ansprache, an deren Schluß ich den Saal verließ, um nicht durch meine Anwesenheit die Beschlußfassung des Kollegiums zu beeinflussen oder zu verfälschen. Ich lasse hier den Wortlaut folgen, wie ihn ohne mein Wissen der Regierungsrat Müller-Credner stenografisch mitgeschrieben und mir später gelegentlich überreicht hatte.

„In einer am Montag, den 15. März 1920, 9.30 Uhr vormittags, einberufenen Plenarsitzung sämtlicher Regierungsmitglieder sowie der Assessoren und Referendare gab der Regierungspräsident Jaenicke zunächst eine Darstellung der Ereignisse des 13. und 14. März 1920 und besprach sodann die im Mittelpunkt des allgemeinen Interesses stehende Frage eines Beamtenstreiks nach der Richtung, daß er persönlich den Streik von Beamten für ein Unding halte und sich an einem solchen nicht beteiligen würde. Er brachte ferner den Beschluß des Deutschen Beamtenbundes in Erinnerung, wonach von seiten der Beamtenschaft von dem Streikrecht nur im Falle der gewaltsamen Aufrichtung der Räteherrschaft Gebrauch gemacht werden solle. Alsdann führte der Regierungspräsident folgendes aus:

„Meine Stellung zu den augenblicklichen Ereignissen ergibt sich klar aus folgenden Erwägungen: Ich bin in meiner Eigenschaft als Reichskommissar als Reichsbeamter auf die Verfassung vereidigt und habe Treue der Reichsverfassung geschworen. Die in Berlin am 13. März erfolgte Bewegung stellt einen offenbaren Bruch dieser Verfassung dar, schon allein durch die Verletzung der Bestimmungen über den Abgang und die Berufung der Regierungsmitglieder. Von den Vorgängen am 9. November 1918 muß diese Umsturzbewegung insofern wesentlich unterschieden werden, als damals der verfassungsmäßige Inhaber der kaiserlichen und königlichen Gewalt sich ins Ausland begeben hatte und damit tatsächlich die Regierungsgewalt freiwillig nicht mehr ausübte, während heute die auf Grund der gesetzmäßig zustande gekommenen Reichsverfassung bestehende Regierung zwar Berlin verlassen, aber ihr Amt nicht niedergelegt und damit ihre Tätigkeit nicht eingestellt hat. Meiner Pflicht als Beamter und den Forderungen der Ehre kann ich nur folgen, indem ich auf dem mir anvertrauten Posten mit der Pflichttreue ausharre, die für preußische Beamte selbstverständlich ist. Einen Rücktritt eines Beamten gibt es nicht, und eine Bitte um Entlassung könnte ich nur an das Staatsministerium richten, das ich zur Zeit nicht erreichen kann. Ich bin deshalb entschlossen, Anweisungen des Herrn von Kessel und des Grafen von Schmettow nicht zu befolgen und muß folgeweise erwarten, daß ich bei eintretendem Konflikt unter Anwendung von Gewalt an der weiteren Ausübung meines Amtes verhindert werde. Ich sehe dem entgegen. Ich habe Ihnen ferner mitzuteilen, meine Herren, daß ich heute früh aus Berlin ein Telegramm erhielt, das folgenden Wortlaut hat: „An Regierungspräsidenten Jaenicke, Breslau. Sie werden bis auf weiteres beurlaubt. Innenminister." Im Ministerium des Innern soll Zeitungsnachrichten zufolge mein Vorgänger, der Regierungspräsident a. D. von Jagow amtieren. Ich bin nicht gewillt, eine Beurlaubung durch den Genannten für irgendwie verbindlich anzusehen. Ich habe es für meine Pflicht gehalten, Sie, meine Herren, von meinen Entschließungen, die unabänderlich sind und durch Ihre eigene Stellungnahme nicht beeinflußt werden können, in Kenntnis zu setzen. Es war mir gleichzeitig ein Bedürfnis, Sie, alle meine Mitarbeiter, persönlich über die Beweggründe zu unterrichten, die mich bei meinen Entschließungen leiten. Eine andere Handlungsweise wäre für mich mit meiner Auffassung von Pflicht, Ehre und Gewissen unvereinbar."

Der Regierungspräsident verließ hierauf den Saal, nachdem er den Vorsitz dem 1. Oberregierungsrat Fischer übertragen hatte. Die Plenarversammlung faßte nunmehr in Abwesenheit des Regierungspräsidenten folgende Resolution:

I. Die Mitglieder der Regierung achten und würdigen die von dem Regierungspräsidenten Jaenicke heute vorgetragenen Beweggründe seiner Entschließung.

II. Es soll zu Händen des Oberpräsidialrates Dr. Schimmelpfennig der Wunsch der Regierungsmitglieder ausgesprochen werden, daß Herr Regierungspräsident Jaenicke in seinem Amte verbleiben möge.

Der Beschluß zu II wurde mit allen gegen 1 Stimme gefaßt. Oberregierungsrat Fischer wurde beauftragt, von den vorstehenden Resolutionen dem Regierungspräsidenten und dem Oberpräsidialrat Dr. Schimmelpfennig Mitteilung zu machen.

Oberregierungsrat Fischer entledigte sich dieses Auftrages nach der Sitzung."

Nach der Beamtenversammlung rief Regierungsrat Bartels, der Stellvertreter des Polizeipräsidenten Voigt, an und bat, ihn vom Dienst zu befreien. Ich schnauzte ihn ziemlich an, er habe auf seinem Posten zu bleiben, ob er wie Polizeipräsident Voigt verhaftet würde oder nicht.

Um 11 Uhr erschienen vom Generalkommando Major Gudovius und Major Vogel, um meine Vermittlung zwischen Arbeiterschaft und Militär zu erbitten. Ich erwiderte, daß ich mit dem Privatmann Graf von Schmettow als Kommandierendem General nicht verhandeln könne, er habe sich selbst an diese Stelle gesetzt, und ich könne ihn nun und nimmer als obersten Militärbefehlshaber anerkennen. Ich sähe in ihm nur den Inhaber der tatsächlichen, aber doch ungesetzlichen Gewalt. Aus diesem Grunde lehnte ich eine Vermittlung ab, die ich nur dem Gewaltinhaber gegenüber aufnehmen würde, wenn die Arbeiterschaft selbst mich darum ersuchte. Beide zogen ab.

11.30 Uhr rief Oberpräsidialrat Schimmelpfennig an und bat mich dringend, zu ihm zu kommen. Um 12 Uhr fuhr ich hin. Im Zimmer befanden sich Oberst Schwerk und Hauptmann Metz. Gegenstand ihrer Beratung war die Besetzung des Polizeipräsidentenpostens durch Schwerk, zu der ich durchaus meine Zustimmung geben sollte. Ich lehnte aufs strikteste ab, da Schwerk sich ganz offen zu der neuen Regierung bekannt habe. Schwerk fragte: „Sind Sie dann mit Herrn Präsidenten Ganse einverstanden? Der ist doch Beamter!" Ich lehnte auch das ab, da das Polizeipräsidium mit Herrn Voigt besetzt sei, dessen Entfernung gänzlich gesetzwidrig sei. In diesem Augenblick trat jemand ins Zimmer, Oberst Schwerk sprang auf und sagte: „Seine Exzellenz!" Der Eintretende war Herr von Kessel. Er bat mich ins Nebenzimmer und sagte sofort: „Diese ganze Sache ist mir gräßlich, in wenigen Stunden fällt die Entscheidung in Berlin, so oder so. Ich solle daher doch vernünftig sein und mich den gegebenen Verhältnissen fügen." Ich erwiderte ihm, daß ich nicht verstünde, wie er mir eine unehrenhafte Handlung zumuten könne. Er bliebe für mich der Abgeordnete von Kessel, der sich selbst hier Hausrecht anmaße. Ich erklärte ihm, daß weder ich noch einer meiner Beamten von ihm gezeichnete Schreiben des Oberpräsidiums irgendwie anerkennen oder beachten würden. Ich erhob mich dann, verbeugte mich steif und ging. von Kessel machte einen unsicheren und vor allem kranken Eindruck.

Ich fuhr nun ins Stadthaus zu den Stadträten Prescher und Leß, wo sich auch mein Oberregierungsrat Fischer einfand. Stadtrat Prescher wurde hierbei von dem Vertreter der Arbeiterschaft angerufen, um meine Vermittlung mit den militärischen Machthabern über Abzug der Truppen zu erbitten.

Ich fuhr nun mit Oberregierungsrat Fischer nach dem Rathaus, um Oberbürgermeister Dr. Wagner zu sprechen. Der ganze Ring war menschenleer, nur überall Truppenkommandos mit Stahlhelm, Handgranaten und Maschinengewehren. Vor dem Rathaus wurde mein Auto wie eine große Anzahl Privatautos beschlagnahmt, während ich mich im Rathaus befand.

Als ich herunterkam, mußte ich erst einen Hauptmann von der anderen Seite herüberholen lassen, den ich auf gut preußisch anfauchte, was er sich denn herausnähme, das Auto des Regierungspräsidenten anrühren zu lassen. Er nahm die Hand an den Helm, und der Wagen wurde freigegeben.

Ich fuhr nun zu der Zeitung „Volkswacht", und zwar aus folgendem Grunde: Die Arbeiterführer waren gejagtes Wild und wechselten des Nachts fortgesetzt ihre Wohnung. Niemand, auch Stadtrat Prescher nicht, konnte mir ihren Aufenthaltsort oder ihre Adresse angeben, weil man überall ein Bekanntwerden befürchtete. Ich sagte mir daher, daß ich die Führer am besten durch die „Volkswacht" erfahren würde, und fuhr nach der Redaktion in der Graupenstraße. Die Graupenstraße war ebenfalls menschenleer. An der Kreuzung der Freiburger Straße stand ein Panzerwagen. Ich kam in die Redaktion und sprach einen mir nicht bekannten Redakteur, dem ich kurz meinen Wunsch auseinandersetzte. In demselben Augenblick erschütterte eine gewaltige Detonation das Haus. Man hörte das Klirren von Fensterscheiben, alles stürzte aus den Zimmern, als eine zweite Detonation in noch stärkerem Maße erfolgte. Ein Kommando eines Freikorps zerstörte mit Handgranaten die Druckerei. Die Explosionen setzten sich noch eine Weile fort. Als nichts mehr zu hören war, begab ich mich aus dem Hause und wurde nun am Eingang sofort von einem Soldaten, der auf der Straße stand, angehalten. Ich gab ihm in scharfem militärischem Tone den Befehl, mich sofort zu dem nächsten Offizier zu führen. Mein Wagen war weit und breit nicht mehr zu sehen, die Straße völlig leer. Der Soldat führte mich zu dem Panzerwagen, wo ich einem jungen Offizier sagte, wer ich sei, und ihn nach meinem Wagen fragte. Er erwiderte, daß der Wagen nach dem Museumsplatze zu gefahren sei. Mein guter Chauffeur Wäber hatte sich begreiflicherweise aus der Kampfzone herausgezogen. Ich verlangte von dem Offizier, mir den Soldaten als Begleiter mitzugeben, bis ich den Wagen gefunden hätte, was er auch tat. Ich fand Wäber im Schutz des Kaiser-Friedrich-Denkmals am Museum stehen und fuhr sofort nach dem Generalkommando, wo ich sogleich dem Chef des Generalstabs, Major von Miaskowski, in Anwesenheit des

Majors Gudovius und des Majors Vogel in erregter Weise mein Erlebnis in der Volkswacht mitteilte und ihm die Frage stellte, was sich eigentlich das Generalkommando denke, daß es in demselben Augenblick, in dem es meine Vermittlung mit der Arbeiterschaft erbeten hätte, die Druckerei des einzigen Organs der Arbeiterschaft in einer Weise zerstöre, als ob es sich in Feindesland befände.

Major von Miaskowski war stark verdattert und erklärte sofort, er wisse nicht das Geringste davon, mißbillige die Handlungsweise durchaus aufs schärfste und sagte: „Das ist wieder so ein Streich dieser Freikorpsführer." Ich erwiderte ihm, daß nach meinen militärischen Begriffen für alle Handlungen nachgeordneter Dienststellen der militärische Oberbefehlshaber verantwortlich sei, und daß ich kategorisch von ihm fordere, sofort einen Generalstabsoffizier nach der Graupenstraße zu senden, um weiteres Unheil zu verhüten.

In diesem Augenblick betrat ein Generalstabsoffizier das Zimmer mit einem Telegramm von dem Generalkommandeur in Kassel, in dem die Nachricht stand, die Reichsregierung Ebert habe von Stuttgart aus den Generalstreik aufgehoben. Major von Miaskowski wandte sich mit großer Lebhaftigkeit zu mir und sagte: „Sehen Sie, nun können Sie es ja gleich der Arbeiterschaft selbst mitteilen." Ich erwiderte ihm, daß mir die Richtigkeit dieser Nachricht äußerst zweifelhaft sei, und daß ich versuchen würde, mir selber eine Nachricht über die Wahrheit dieser Meldung zu verschaffen, und zwar mit seiner Hilfe. Ich schlüge ihm folgendes vor: Da auch ihm daran gelegen sein müsse, die wirkliche Wahrheit zu erfahren, da ja ein Widerruf der Reichsregierung vielleicht schon am nächsten Tage die Situation für ihn noch verwirrter machen würde, bäte ich, mit Rücksicht darauf, daß ein Telegramm von mir nicht durchkommen würde, durch das Generalkommando eine Anfrage nach Stuttgart richten zu können. Ich entwarf sofort auf einem Zettel die folgende Depesche: „An den Reichsminister Koch, Stuttgart. Der unterzeichnete, der alten Regierung treu gebliebene Regierungspräsident fragt an, ob die Zeitungsnachricht, daß die Regierung den Generalstreik aufgehoben, zutrifft oder nicht. Regierungspräsident Jaenicke. Zusatz des Generalkommandos VI: Antwort wird an Regierungspräsident Jaenicke durch Generalkommando VI erbeten." Major von Miaskowski erklärte, meinen Wunsch aber erst dem General vortragen zu müssen, da er selbständig nicht entscheiden könne.

Ich teilte dann den Offizieren noch mit, daß die Arbeiterschaft an mich mit der Bitte herangetreten sei, eine Vermittlung zur Herausziehung der Truppen aus Breslau mit den militärischen Machthabern zu versuchen, und daß ich daher die mir am Morgen angetragene Vermittlung des Generalkommandeurs nunmehr aufnähme. Ich würde zu diesem Zweck am nächsten Tage eine Besprechung anberaumen.

Ich fuhr nun wieder nach dem Rathaus, wo ich Oberbürgermeister Wagner in einem körperlich stark mitgenommenen Zustand antraf. Er war völlig niedergeschlagen und wiederholte mehrmals, daß ihm schweres Blutvergießen zwischen Arbeiterschaft und Militär, Plünderungen und Unruhe unvermeidbar erschienen. Er glaube mit Sicherheit, daß noch diese Nacht das Unwetter losbräche. Ich versuchte, ihm diesen Pessimismus auszureden, ohne daß es mir gelang.

Ich erzählte ihm die greulichen Erlebnisse in der Volkswacht sowie meine Verhandlungen im Generalkommando wegen des Telegramms an Koch. Wagner meinte, er sei gespannt, ob dieses Telegramm jemals eine Antwort bekäme. Er für seine Person glaube es nicht. Schließlich ließ er eine Flasche Rotwein bringen, was von dem Tage heute das Beste war.

Um 11 Uhr abends fuhr ich noch einmal nach dem Generalkommando, um zu erfahren, ob die Absendung meiner Depesche vollzogen sei. Ich traf Major Gudovius an, der mir erklärte, der General Graf von Schmettow hätte sich mit der Absendung einverstanden erklärt. Er habe sie dem Leutnant der Funkstation zur Fortbesorgung durch die militärische Funkstation übergeben. Ich fuhr todmüde um 1/212 Uhr nach Haus.

16. März 1920

Um 9.30 Uhr erschienen die Arbeitervertreter Rasch und Ruffert, die die pessimistische Auffassung des Oberbürgermeisters Wagner teilten. Ich erzählte ihnen von meiner Absicht der Besprechung mit dem Militär.

Um 10 Uhr erschien plötzlich Herr von Kessel bei mir. Er war offenbar in großer Sorge wegen der Lebensmittelversorgung und wiederholte mehrmals die Worte: „Die ganze Sache ist mir gräßlich. Wenn bloß schon in Berlin die Entscheidung fiele.“ Ob ich denn nicht wenigstens hinsichtlich der Lebensmittelversorgung meinen ablehnenden Standpunkt zu einer Mitarbeit mit dem Oberpräsidium aufgeben wolle. Ich legte ihm meine Auffassung der Lage dar, daß ich nunmehr, ohne ihn oder den Kommandierenden General irgendwie anzuerkennen, mit ihnen als den Inhabern der tatsächlichen Gewalt verhandeln würde, um vor allem die Truppen aus der Stadt herauszubekommen, deren Anwesenheit eine ständige Gefahr des Blutvergießens von Deutschen gegen Deutsche sei. Ich teilte ihm mit, daß ich den General von Schmettow um 11.30 Uhr ersucht habe, zu mir zu kommen, damit er in Gegenwart des Oberbürgermeisters mit mir über diesen Punkt verhandle. Ich stellte ihm anheim, an dieser Besprechung teilzunehmen. Herr von Kessel sagte zu und fuhr wieder weg.

Um 11.30 Uhr erschienen Oberbürgermeister Wagner, Stadtrat Prescher, Major Vogel vom Generalkommando, Hauptmann Metz vom Oberpräsidium, Oberregierungsrat Fischer, aber nicht General Graf von Schmettow. Major Vogel teilte mir auf meine Frage mit, daß Graf von Schmettow nicht kommen wolle. Ich bat ihn, an den General zu telefonieren, daß, da er tags vorher meine Vermittlung erbeten, ich unter allen Umständen auf seiner persönlichen Anwesenheit bestehen müsse und es ablehne, mit einem nachgeordneten Offizier eine derart schwerwiegende Angelegenheit zu verhandeln. Vogel telefonierte in meinem Zimmer und brachte als Antwort, daß Schmettow kommen würde. Wir nahmen nun um den großen runden Tisch in meinem Arbeitszimmer Platz, und wenige Minuten später erschien von Schmettow, ein sehr großer Mann, den ich bei dieser Gelegenheit das erste Mal sah. Er war der Typ des Flügeladjutanten.

Die nun beginnende Verhandlung wurde in äußerst scharfer Form geführt, so daß mehrmals die Gefahr drohte, daß alle Verhandlungen abgebrochen und das Ziel, die Entfernung der Truppen, nicht erreicht würde. Graf Schmettow stellte sich in diesen stundenlangen Erörterungen auf den Standpunkt, daß er als Höchstkommandierender unter allen Umständen die Aufrechterhaltung von Ruhe und Ordnung zu gewährleisten habe und bei einem Herausziehen der Truppen aus der Stadt Plünderungen und Aufruhr der Arbeiterschaft befürchte. Ich versuchte, in dringenden Ausführungen ihm klarzumachen, daß er die ganze Angelegenheit mit vollständig verkehrten Augen ansehe, daß nicht er als Soldat berufen sei, mit seiner Truppe eine aufrührerische Stadt zur Ruhe zu bringen, sondern daß umgekehrt diese Stadt in völligem Frieden und in Ruhe gewesen sei bis zu dem Augenblick, in dem die Freikorps die Stadt besetzt hätten. Die zahlreichen schweren Ausschreitungen, die die Truppen der Freikorps begangen hätten, führte ich ihm vor Augen, und er erklärte darauf, alle diese Ausschreitungen im höchsten Maße zu mißbilligen. Leider sei die Truppe eben nicht mehr das alte preußische Militär, sondern nicht viel mehr als eine Soldateska, deren Führer auch ihm große Schwierigkeiten bereiteten. Ich gewann, und mit mir wohl alle Anwesenden, die vollständige Überzeugung, daß Graf von Schmettow die Truppen keineswegs in seiner Hand hatte. Ein unzweideutiger Beweis hierfür wurde noch in derselben Sitzung erbracht. Ich stellte nämlich die Frage, ob denn keine Antwort auf meine Anfrage an die Reichsregierung ergangen sei, worauf Graf Schmettow in einer etwas verlegenen Weise den Major Vogel zur Beantwortung aufforderte. Major Vogel erwiderte zu meiner größten Überraschung, die Depesche sei nicht abgegangen. Ich sagte darauf in ziemlich scharfem Tone, ich hätte bisher geglaubt, daß man an der Zusage und an dem Wort eines preußischen Offiziers nicht zweifeln könne. Ich bedauerte tief, durch diesen Vorfall meine Meinung revidieren zu müssen. Major Vogel erklärte darauf, der Leutnant von der Funkstation hätte sich geweigert, die Depesche weiterzugeben. Ich sprang auf und rief Schmettow zu: „Und Sie wollen militärischer Höchstbefehlshaber sein!“ Er wiederholte, was er schon einmal gesagt, daß es doch eben keine Truppen, die der Armee angehörten, seien, sondern daß es sich um eine Soldateska handele. Die Erscheinung, daß die Befehle des Generalkommandos von den Freikorps einfach mißachtet würden, wurde von Graf von Schmettow ausdrücklich zugegeben. Die Sitzung schloß damit, daß sich Schmettow nach anfänglich striktem Weigern doch entschloß, den Befehl zum Herausziehen der Freikorps zu geben, nachdem ich mich dafür eingesetzt hatte, daß keinerlei Gewalttätigkeiten von der Arbeiterschaft zu befürchten seien. Charakteristisch für seine Stellung war aber, daß er mich am Schluß der Sitzung bat, die Freikorpsführer, die um 4 Uhr auf das Generalkommando bestellt waren – es war schon beinahe so spät geworden –, persönlich zu bereden, da er fürchte, daß seine Auffassung nicht durchdringen werde!

Während wir alle aufstanden, wurde Stadtbaurat Zillmer gemeldet, der sehr erregt in das Zimmer trat und berichtete, daß er festgenommen worden sei. Graf von Schmettow war in diesem Augenblick vollständig wilhelminische Epoche. Mit einer unnachahmlichen Nonchalance sagte er, da er in der allgemeinen Unruhe des Zimmers wohl nicht gleich verstanden hatte, mit einer Handbewegung auf den Stadtbaurat weisend: „Wer ist der Mann?“ Der Oberbürgermeister fuhr sofort in sehr heftiger Weise dazwischen und sagte, daß es sich hier um ein Mitglied des Magistrats handele, und daß es unerhört sei, einen Herrn in dieser Position einer Festnahme auszusetzen.

Ich fuhr nun, stark mitgenommen von den stundenlangen, überaus aufregenden Verhandlungen, sofort in Begleitung des Oberregierungsrats Fischer nach dem Generalkommando, wo wir die Freikorpsführer von Löwenfeld, Paulsen, von Aulock fanden. Es war eine geradezu unglaubliche Situation. Der General begann die Besprechung damit, daß er sich an die Freikorpsführer wandte und ihnen sagte, er habe den Herrn Regierungspräsidenten gebeten, einige Ausführungen zu machen, die die Situation der Stadt beträfen. Ich ergriff nun das Wort und führte etwa folgenden Gedankengang aus: „Ich sei überzeugt, daß jeder von den Herren glaubte, mit seiner Handlungsweise dem Vaterlande zu dienen, daß sie aber alles junge Offiziere wären, die sich sicherlich im Kriege vorzüglich geschlagen, aber doch von den wirtschaftlichen und innerpolitischen Angelegenheiten des Landes nicht die richtige und zutreffende Vorstellung hätten und haben könnten. Ich hielte es deshalb für meine Pflicht, als genauer Kenner dieses Landes und der Stadt Breslau ihnen darzulegen, daß die Breslauer Bevölkerung sich während des ganzen Krieges und auch bei der Staatsumwälzung auf das Mustergültigste betragen hätte, daß sie alle Leiden einer Grenzprovinz ohne Murren und in tiefer Vaterlandsliebe erduldet hätte, und daß nicht die geringste Veranlassung sei, die Bevölkerung zu behandeln wie die Einwohner einer eroberten Stadt. Es sei unvermeidlich, daß es, wenn die Truppen noch länger in der Stadt blieben, bei der allgemeinen Erregtheit und der Unmöglichkeit für die Führer, für jede Handlung einzelner Soldaten und Unterführer einzustehen, zu Zusammenstößen und Blutvergießen käme. Ob sie glaubten, dem Vaterlande damit zu dienen, daß nach so viel Strömen vergossenen Blutes auf den Schlachtfeldern Deutsche gegen Deutsche schössen. Ich hielte es für ausgeschlossen, daß sie, wenn sie sich diese Gedankengänge erst einmal zu eigen gemacht hätten, darauf bestünden, in der Stadt zu bleiben. Ich verbürge mich dafür, daß seitens der Arbeiterschaft nicht das Geringste vorkäme, was gegen Gesetz und Ordnung verstieße. Schließlich wies ich noch darauf hin, daß sie sich doch auch sagen müßten, daß, je länger Truppen sich unter den heutigen Umständen in einer großen Stadt befänden, um so mehr ihre eigenen Leute ihnen aus der Hand gleiten müßten. Ich wiederholte dann noch einmal die captatio benevolentiae meiner Anfangsausführungen und schloß."

Nach verhältnismäßig kurzer Debatte erklärten sich die Freikorpsführer bereit, die Truppen aus der Stadt herauszuziehen und vor allem das Gewerkschaftshaus und das Rathaus freizugeben. Ich selbst erklärte, mich in diesem Falle dafür einsetzen zu wollen, daß die Arbeiterschaft die Arbeit zunächst in den lebenswichtigen Betrieben aufnehme. Während dieser Debatte wurde dauernd die Schweidnitzer Straße entlang, in der das Generalkommando lag, geschossen. Als ich mit dem Oberregierungsrat Fischer und dem Freikorpsführer von Löwenfeld aus dem Generalkommando herauskam, mußten wir schnell wieder zurücktreten, weil die Straße entlang geschossen wurde.

Plötzlich ging mir ein Gedanke durch den Kopf, den ich sofort auszuführen beschloß. Ich fragte den Freikorpsführer von Löwenfeld, ob er Furcht hätte. Er sagte verwundert: „Wieso denn?" Ich erwiderte ihm: „Ich mache Ihnen den Vorschlag, jetzt mit mir zu kommen und in direkte persönliche Verhandlungen mit den Arbeiterführern einzutreten über die Räumung des Gewerkschaftshauses. Er war sofort bereit, und wir fuhren in meinem offenen Auto, dessen Verdeck heruntergelassen war, nach dem Gewerkschaftshaus. Hier blieb von Löwenfeld zunächst unten im Auto sitzen. Ich ging in das Haus und fand in einem engen, vollgerauchten Zimmer eine große Menge Herren von der Sozialdemokratischen Partei und den Gewerkschaften versammelt, setzte ihnen die Sachlage auseinander und bat sie darum, Löwenfeld unbehelligt zu lassen, da ich sonst schwere Komplikationen befürchte. Dies wurde zugesagt, und ich ging wieder hinunter, um Löwenfeld zu holen.

Es fand nun eine Aussprache zwischen den Anwesenden und ihm statt, die zu meiner Verblüffung noch glimpflich genug verlief. Löwenfeld selbst fand einen nicht ungeschickten Ton in der Unterhaltung. Es wurde die Zeit des Abrückens seiner Pioniere genau vereinbart.

Ein sehr anstrengender Tag.

17. März 1920

Die Nacht verlief wider Erwarten ruhig.

Um 9 Uhr kamen die Arbeiterführer Rasch, Ruffert und Wiersich zu mir, die erklärten, die Arbeiter würden die lebenswichtigen Betriebe übernehmen, wenn die Pionierabteilung Löwenfeld abgezogen wäre.

Die Nachrichten aus Berlin waren sehr flau. Ich telefonierte mit dem Ministerium des Innern und sprach den Geheimrat Henke, den Vorsteher des Zentralbüros im Ministerium. Er teilte mir mit, daß ihm der „Innenminister", Herr von Jagow, um 12 Uhr nachts gesagt hätte, daß die alte Regierung jede Einigung ablehne.

Ich fuhr nun wieder zum Generalkommando, um wegen des Abzugs der Truppen zu drängen. Ein Hauptmann von Bose von der Marinebrigade und ein Hauptmann Kühn bestürmten mich förmlich, das Generalkommando anzuerkennen und meinen Standpunkt zu ändern. Ich erwiderte ihnen, daß ich genau wie der Oberbürgermeister ja überhaupt nur unter dem Gesichtspunkt mich mit ihnen amtlich befaßte, weil die derzeitige Militärbehörde die tatsächliche Gewalt besäße und es mir im Interesse der mir anvertrauten Bevölkerung notwendig erschiene.

Da Löwenfeld da war, brachte ich ihn wiederum ins Gewerkschaftshaus, um die mir von den Arbeiterführern Rasch und Ruffert überbrachte Erklärung zu besprechen und auszuwerten.

Während wir nun dort waren, kam die Nachricht, daß ein Telegramm an die Eisenbahndirektion gelangt sei, daß Kapp zurückgetreten wäre. Ich fuhr sofort zum Eisenbahndirektionspräsidenten Halke und forderte Löwenfeld auf, mitzukommen. Halke bestätigte die Nachricht, was Löwenfeld stark betroffen machte.

Ich fuhr nunmehr zum Rathaus zu Oberbürgermeister Wagner, dem ich folgenden Aufruf zur Unterschrift vorlegte, der an den Litfaßsäulen erscheinen sollte:

An die Gesamtbevölkerung Breslaus.

Die Entscheidung über Bestehen oder Nichtbestehen der alten oder der neuen Regierung fällt nicht in Breslau, sondern in Stuttgart oder Berlin. Jeder Tropfen Blutes, den hier Deutsche im Kampfe gegen Deutsche vergießen, fließt daher unnütz, zwecklos und ohne Einfluß auf die Entscheidung. Diese muß in allernächster Zeit fallen oder ist vielleicht in dieser Stunde schon gefallen. Darum vermeidet alle Gewalttätigkeiten!

Der Regierungspräsident von Breslau
gez. *Jaenicke*

Der Oberbürgermeister von Breslau
gez. *Wagner*

Breslau, 17. März 1920

Der Oberbürgermeister war damit einverstanden und unterzeichnete sofort.

6 Uhr abends rief Graf von Schmettow an und bedankte sich für den Erlaß des Aufrufs, den er als eine Erleichterung seiner Aufgabe, für Ruhe und Ordnung zu sorgen, empfände.

Wenige Minuten später erlebte ich wieder ein Beispiel dieser Ruhe und Ordnung im eigenen Amtszimmer. Der Amtsgehilfe meldete die beiden Stadtverordneten Weese und Darf. Kaum hatten die Herren bei mir Platz genommen, als die Tür aufgerissen wurde und der Leutnant Simon, Führer des „Wachkommandos der Regierung", sowie Soldaten mit Handgranaten im Gürtel eintraten. Der Offizier erklärte, es seien hier zwei Kommunisten, die er festzunehmen hätte. Die Situation war angesichts der furchtbaren Ausschreitungen und Erschießungen, die in der Stadt vorgekommen waren, höchst kritisch, da mir ja keinerlei Machtmittel, Polizei oder dergleichen, in diesem Augenblick zur Verfügung stand. Ich erklärte dem Offizier, daß mir die beiden Herren als Mitglieder der Stadtverordnetenversammlung von Breslau bekannt seien, und daß gar keine Rede davon sein könne, in ihnen irgendwelche politisch gefährliche Kommunisten zu erblicken. Im übrigen wäre ich über 20 Jahre Soldat, es sei mir aber noch nicht vorgekommen, einen Offizier erlebt zu haben, der mit der Mütze auf dem Kopfe ein Zimmer betrete. Ich ersuchte ihn, erst mal seine Kopfbedeckung abzunehmen, und würde zunächst von seinem Verhalten dem General Grafen von Schmettow Mitteilung machen. Ich ergriff das Telefon und rief Schmettow an, während der Offizier in der Mitte des Zimmers stehen blieb und die Mütze abnahm. Zu Schmettow sagte ich, daß ich soeben eine eigenartige Illustration zu seinem Dank für Aufrechterhaltung von Ruhe und Ordnung erlebte. Es befänden sich, während ich spräche, ein Offizier, der nicht einmal die Mütze abgenommen, und Soldaten mit Handgranaten in meinem Zimmer, um friedliche Herren, die bei mir verhandelten, festzunehmen. Da ich annähme, daß diese Handlungsweise nicht seine Billigung fände, bäte ich um sofortige Entsendung eines Generalstabsoffiziers und würde zunächst dem vor mir stehenden Offizier das Telefon übergeben. Ohne seine Antwort abzuwarten, reichte ich den Hörer dem Leutnant Simon. Was ihm gesagt wurde, konnte ich natürlich nicht hören, aber es muß wohl nicht sehr Angenehmes gewesen sein, wie ich nach seinem Gesichtsausdruck vermuten konnte. Er verließ mit seinen Soldaten das Zimmer.

Ich erklärte nun den beiden Abgeordneten, sie selbst aus dem Hauptausgang des Regierungsgebäudes hinausbringen zu wollen, und ging mit ihnen mit. Wie gut dies war, ging daraus hervor, daß in der Vorhalle tatsächlich die beiden Soldaten standen, die vorher in mein Zimmer gedrungen waren und offenbar auf die beiden Herren warteten. Wenige Minuten später traf ein Offizier vom Generalkommando ein, der eine Entschuldigung von Schmettows zum Ausdruck brachte.

18. März 1920

Schlechte, schlaflose Nacht.

Um 8 Uhr früh kam der Oberbürgermeister. Mit ihm ins Gewerkschaftshaus und in den Konsumverein. Wir begaben uns mit den Arbeiterführern zu dem Chef des Generalstabs Major von Miaskowski, um über die Einzelheiten der Herausziehung der Freikorps zu verhandeln. Es wurde eine Besprechung auf 11.30 Uhr vereinbart, die im Generalkommando mit Oberregierungsrat Fischer, dem Oberbürgermeister, Graf von Schmettow und seinen Offizieren, Oberpräsidialrat Schimmelpfennig und den Arbeiterführern stattfand. Es wurde eine Übereinkunft dahin getroffen, daß am 19. 6 Uhr früh in den lebenswichtigen Betrieben die Arbeit aufgenommen werden sollte, wenn die Truppen sofort räumten und die Inhaftierten freigelassen würden.

3.30 Uhr Nachmittag. Anruf des Arbeiterführers Ruffert, daß alles zusammenzustürzen drohe, da das Generalkommando die Inhaftierten nicht freiließe. Ich rief sofort das Generalkommando an. Major Gudovius hatte Bedenken, die Hauptmann Moser nicht teilte. Später rief Moser jedoch an, daß auch der Chef gegen die Freilassung Bedenken hätte. Oberbürgermeister Wagner, dem ich dies mitteilte, war wie ich über dieses Verhalten empört.

Dann unaufhörlich Telefon: Landräte von Striegau, Waldenburg, Reichenbach. Telefon von Berlin: Kampf Unter den Linden, Graf Kayserlingk-Cam-

ie Bäder zu Warmbrunn
ithographie, um 1830

Schweidnitz, Plan und Örtlichkeiten
Radierung aus Merian, Topographia Silesiae

Lauban
Stahlstic

iegau
hographie nach einer Zeichnung
n Forster, um 1850

Löwenberg
Lithographie nach einer Zeichnung von G. Heller

Die Peterskirche in Görlitz
Stahlstich nach einer Zeichnung von Th. Blätterbauer

merau, Freiherr von Richthofen-Boguslawitz, beide sehr ängstlich über die Entwicklung.

Plötzlich erfolgte starkes Schießen, und ich sah von meinem Fenster aus Leuchtraketen aus der Stadt aufsteigen. Dann erschien die Streikleitung der Eisenbahner, mit denen ich bis 10 Uhr abends verhandelte. Zahllose Telefongespräche und Meldungen. 11 Uhr abends fragte Major Göbel vom Generalkommando an, ob er mich sprechen könne. Ich bestellte ihn auf morgen. Der verhaftet gewesene Polizeipräsident Voigt meldet sich zum Dienst zurück.

19. März 1920

9 Uhr Major Göbel. Er verlangte einen anderen Polizeipräsidenten, was ich natürlich verweigerte.

Die Eisenbahner teilen mit, daß sie doch in Streik treten wollen. 11 Uhr fuhr ich zu Oberpräsident Philipp. Es waren Sturmnachrichten von Seeckt gekommen über Ausbruch des Bolschewismus im Reiche und auch hier in der Stadt. Ich drängte auf eine Aussprache sämtlicher Behörden. Philipp und ich fuhren zu Graf von Schmettow. Die Gewerkschaften, den Oberbürgermeister und den Polizeipräsidenten ließ ich sofort dazuholen. Wagner sprach sehr energisch für die Arbeitsaufnahme. Die Besprechung ergab ein freundlicheres Bild als ich gefürchtet hatte. Die Freikorps verlangen Garantien für die Einhaltung von Versprechungen, die ihnen Kapp und Lüttwitz gemacht hätten.

20. März 1920

Telegramm von Innenminister Heine nach Rückkehr der Regierung von Stuttgart nach Berlin, das das Absetzungstelegramm von Jagow an mich aufhebt. Besprechung der Lage mit dem von der Regierung neu eingesetzten Generalleutnant Lequis als Kommandierendem General. Die Nachricht der Eisenbahner über das Ausrufen der Räterepublik im Waldenburger Bergbaubezirk beunruhigt mich doch stark. Ich will morgen hin. Todmüde ins Bett.

21. März 1920

Am Morgen Fahrt ohne Begleitung ins Waldenburger Gebiet, wo ich zweimal von Militärpatrouillen mit roter Armbinde angehalten werde. Zu allem Unglück Federbruch an meinem Auto, und da Sonntag keine

Möglichkeit zur Reparatur. Ich ging in die Villa eines mir unbekannten Generaldirektors der Kramstawerke, der mir nach anfänglichem Mißtrauen ein Auto verschaffte. Nach stundenlangen Verhandlungen mit den Arbeiterführern ergab sich schließlich durch deren Einsicht ein politisch beruhigenderes Bild, so daß ich um 2 Uhr nachts nach Breslau zurückfahren konnte.

14. April 1920

Eingang des Erlasses der Preußischen Staatsregierung, durch den mir die Befehlsgewalt über alle militärischen und zivilen Dienststellen Niederschlesiens während des Ausnahmezustandes übertragen wird.

Otto Ulitz

OBERSCHLESIENS DUNKLE ZEIT

Was sind politische Erinnerungen im Wirbelsturm der Erdengeschichte dem armen, mit umgetriebenen Menschenkinde, wenn sich ihm nichts Persönliches dranknüpft?
Wilhelm Raabe in „Altershausen"

Kattowitz, erst 1865 zur Stadt erhoben, war seit der Jahrhundertwende zum Brennpunkt des Industriebezirks geworden. Hier hatten die Eisenbahndirektion, große Industrieverwaltungen ihren Sitz, Banken, Handel, Gewerbe und Handwerk blühten, begünstigt durch die unmittelbaren Grenzen Rußlands und Österreichs, die Stadt hatte eine ausgezeichnete Verwaltung, ein hervorragendes Schulwesen, reges kulturelles Leben, die Bevölkerung wuchs sprunghaft. Kattowitz war eine deutsche Stadt.

Aber gleichzeitig war Kattowitz auch zum Mittelpunkt der nationalpolnischen Bewegung geworden. Um die Person von Wojciech Korfanty konzentrierten sich die polnische Presse, ein polnischer Mittelstand, polnische Genossenschaften und die 1909 von Bochum nach Kattowitz verlegte Polnische Berufsvereinigung.

Die breite deutsche Öffentlichkeit ließ sich von den mit dieser Entwicklung verbundenen nationalen und sozialen Problemen kaum berühren. Vorkommnisse wie Wahlen oder der große polnische Bergarbeiterstreik 1912 wurden schnell vergessen.

Das waren die Verhältnisse, unter denen ich aufwuchs, in die ich hineinwuchs und schon jung in verantwortlicher Stellung die Aufgabe eines Leiters der Exekutiv-, Kriminal- und politischen Polizei der städtischen Polizeiverwaltung Kattowitz zu erfüllen hatte.

Als ich Weihnachten 1918 aus dem Kriege zurückkehrte, war die Heimat verwandelt. Der erste Einblick erschreckte. Alle Autorität schien erloschen. Es herrschten Elend und Wirrwarr. Nur die Parteien waren tätig. Sie rüsteten zu der für den 24. Januar 1919 festgesetzten Wahl zur Nationalversammlung. Der Wahlausschuß der Deutschen Demokratischen Partei hatte den letzten Botschafter des Reiches in London, den oberschlesischen Fürsten

Lichnowsky, als Spitzenkandidaten in Aussicht genommen. In der entscheidenden Versammlung widersprach ich dieser Absicht, schlug als Spitzenkandidaten den Oberbürgermeister von Kattowitz, Alexander Pohlmann, vor und drang durch. Das war mein erster Schritt auf dem neuen politischen Parkett Oberschlesien.

Die 14 Punkte Wilsons waren bekannt. Auch Punkt 13, der von der Errichtung eines polnischen Staates handelte unter Einschluß aller Gebiete mit unbestritten polnischer Bevölkerung. Aber nur wenige Oberschlesier hielten es für denkbar, daß ihre Heimat als Gebiet mit unbestritten polnischer Bevölkerung in Frage käme.

Bei der Wahl zur Nationalversammlung hatten die Polen sich der Stimmabgabe enthalten. Optimisten deuteten das als Beweis ihrer Schwäche. Die Radikalisierung der Masse wuchs jedoch. Die Polen maskierten ihre Ziele unter sozialen Forderungen. Ihre Sprache wurde anmaßend. Streik folgte auf Streik. Die Unsicherheit steigerte sich. Die Regierung ernannte den Gewerkschaftssekretär Otto Hörsing zum Reichs- und Staatskommissar mit weitgehenden Vollmachten. Er nahm seinen Sitz in Kattowitz. Ich kannte ihn aus der Vorkriegszeit. Er war ein lauterer Mann, von bestem Wollen, von hartem Willen, aber landfremd, Binnendeutscher ohne Verständnis und Einfühlungsvermögen für das Grenzland und die Eigenart seiner Bevölkerung. Seine Herkunft aus der Arbeiterschaft allein genügte nicht für die ihm zugewiesene Aufgabe.

Gewarnt durch die Vorgänge in Posen, wurde zur Bildung eines oberschlesischen Freiwilligenkorps aufgerufen. Die aus dem Felde heimgekehrten Frontsoldaten waren zum Schutze der Heimat entschlossen.

Am 7. Mai 1919 übergaben die Siegermächte in Versailles den deutschen Vertretern den Entwurf des Friedensvertrages. Er sah die Abtretung Oberschlesiens an Polen vor mit Ausnahme des Hultschiner Ländchens, das der Tschecho-Slowakei zugesprochen wurde. Da brandete echte nationale Empörung auf. In gewaltigen Kundgebungen lehnte sich die Bevölkerung gegen die Vergewaltigung ihrer deutschen geschichtlichen Vergangenheit auf. Gestützt auf diese Kundgebungen setzte Lloyd George das Zugeständnis der Volksabstimmung durch für den sorgsam ausgeklügelten Teil Oberschlesiens, für den die „Sachverständigen" der Sieger – nicht etwa Polen, sondern Franzosen und Amerikaner – mit Sicherheit eine starke polnische Stimmenmehrheit errechnet hatten. Die Entscheidung über das Hultschiner Ländchen wurde nicht geändert.

Am 28. Juni 1919 unterzeichneten die deutschen Vertreter das Dokument, das als Vertrag von Versailles Markstein nicht nur der deutschen, sondern der Geschichte Europas und der Weltgeschichte ist.

Oberbürgermeister Pohlmann rang damals wie jedes verantwortungsbewußte Mitglied der Nationalversammlung mit der Entscheidung über Annahme oder Ablehnung des Vertrages. Er befragte auch mich. Ich sprach mich angesichts der gesamten Lage im Reiche, und weil ich für den Fall der Ablehnung mit der Besetzung Oberschlesiens durch Polen rechnete, für die Annahme aus. Am 16. Juli 1919 hat die verfassunggebende Nationalversammlung dem Vertrage zugestimmt. Die Artikel 88 bis 93 behandeln Oberschlesien. Der Anhang zu Artikel 88 enthält in sechs Paragraphen die Bestimmungen über die Volksabstimmung, in § 2 die Unterstellung des Abstimmungsgebiets unter die Oberhoheit einer Internationalen Kommission und Besetzung durch Truppen der Alliierten.

Die Siegermächte und ihre „Sachverständigen" glaubten sich des polnischen Erfolges in der Volksabstimmung sicher. Die polnische Führung sah klarer, sie fürchtete die Volksabstimmung und wollte nach dem Beispiel von Posen vollendete Tatsachen schaffen. Am 16. August 1919 kam es in Kattowitz zu Krawallen und Plünderungen. Als Rädelsführer traten Männer in Matrosenuniform auf. Durch das Eingreifen von Polizei und Militär wurde die Ruhe und Ordnung nach wenigen Stunden wiederhergestellt. In der folgenden Nacht aber brach der Erste polnische Aufstand aus. Im Kreise Pleß wurden schwache Kommandos des Freiwilligenkorps, im Landkreise Kattowitz Polizeiwachen überfallen, die sich erfolgreich verteidigten. Aus dem Reiche rollten Truppen in das bedrohte Gebiet. Zum ersten Male trat auch ein Freikorps in Erscheinung, die Marinebrigade Ehrhardt. Der Aufstand wurde in einigen Tagen erstickt. Aber schon dieser erste Aufstand warf die Schatten der späteren voraus. Wo Freund und Feind nicht klar zu unterscheiden sind, gibt es Opfer unter den Unschuldigen. Ich kann das Bild des Grauens in der Leichenhalle auf dem Friedhof von Myslowitz aus meiner Erinnerung nicht löschen. Auf den Schlachtfeldern hatte ich viele, viele Tote gesehen. Noch im Tode schützte die Uniform die menschliche Würde bei Freund und Feind. Niemals hatte man die Gefallenen wie Scheitholz übereinander geworfen und zum Haufen getürmt.

Nach dem raschen Ende des Aufstands hielt Hörsing die Zeit für Gemeindewahlen für gekommen. Die Lage schien ihm um so günstiger, als er, zu Recht, die Wirkung des am 14. Oktober 1919 erlassenen Gesetzes über die Bildung der Provinz Oberschlesien auf die deutsche Bevölkerung positiv einschätzte. Als der Plan auftauchte, habe ich Hörsing aufgesucht und ihn eindringlich vor seiner Absicht gewarnt. Er schlug meine Argumente in den Wind und folgte seinen ständigen politischen Beratern, unter denen ein blutjunger Referendar besonderen Einfluß hatte. Das Ergebnis der am 11. November 1919 vollzogenen Wahl war selbst für den Kenner der Verhältnisse erschreckend. In vielen Landgemeinden hatten die Polen die Mehrheit, selbst in den Städten zum Teil beachtliche Minderheiten erreicht. Sie vertraten jetzt ihre Forderungen unverhüllt und lautstark. Ich habe damals das Abstimmungsergebnis sorgfältig analysiert und die Schlußfolgerungen einem weiteren Kreise vorgetragen. Sie wurden von der Mehrheit der Teilnehmer als zu pessimistisch angesehen. Es ist kein Trost festzustellen, daß sie richtig waren. Nach dieser Wahl wurde Hörsing abberufen und zum Oberpräsidenten der Provinz Sachsen ernannt.

Die Monate zwischen der Annahme des Versailler Vertrages und seiner Ratifikation am 10. Januar 1920, mit der er in Kraft trat, waren der Nährboden der wildesten Gerüchte. Je unwahrscheinlicher sie waren, um so leichter fanden sie Gläubige. Sehr viele Menschen glaubten, Oberschlesien bliebe ohne die Volksabstimmung beim Reiche. Die letzten Tage des Januar 1920 machten allen Gerüchten ein Ende. Am 27. Januar rückten französische Truppen in Kattowitz ein. Am 11. Februar verkündete die Interalliierte Regierungs- und Plebiszitkommission (I. K.), die ihren Sitz in Oppeln nahm, in tönenden Worten eine „neue Ära der Freiheit und Gerechtigkeit". Den Präsidenten stellte Frankreich: General Le Rond; England war durch Oberst Percival, Italien durch General de Marinis vertreten. Für Oberschlesien war es unheilvoll, daß die USA den Vertrag abgelehnt hatten, deshalb in der Interalliierten Kommission nicht vertreten waren und aus dem Vertragsvollzug ausschieden. Als Bevollmächtigte des Reiches traten zur Interalliierten Kommission Fürst Hermann Hatzfeldt, Herzog zu Trachenberg, und Graf Hans Praschma-Falkenberg, denen das Auswärtige Amt Legationsrat Hans Adolf von Moltke, das preußische Innenministerium Geheimrat Brauweiler zugeordnet hatten, dessen Nachfolger später Landrat Göppert wurde.

Bis Anfang 1920 war die deutsche Bewegung organisatorisch in den örtlichen Vereinen heimattreuer Oberschlesier zusammengefaßt, die sich in dem Verbande gleichen Namens die Spitze gegeben hatten. Nach der Übernahme der Hoheitsrechte durch die I. K. mußte aber eine Organisation geschaffen werden, die ihr gegenüber die politischen Rechte der deutschen Bevölkerung vertrat. Im Frühjahr traten die Vorstände der Parteien zusammen und beschlossen die Gründung des „Plebiszitkommissariats für Deutschland", das neben den Parteien die deutschen Gewerkschaften umfaßte. Am 5. Mai 1920 rief Dr. Kurt Urbanek gemeinsam mit den Vorsitzern der Landesverbände der Katholischen Volkspartei (Zentrum), der Sozialdemokraten, der Deutschdemokraten und der Deutschnationalen – die Deutsche Volkspartei war damals in Oberschlesien noch nicht organisiert – zum politischen Zusammenschluß aller Deutschen im Plebiszitkommissariat für Deutschland auf.

Der Landesvorstand der Deutschen Demokratischen Partei, deren Mitglied ich war, bat mich, ihre ständige Vertretung in dem Plebiszitkommissariat zu übernehmen. Ich entsprach dem Wunsche und schied aus dem Staatsdienst aus, um einem sicher zu erwartenden Konflikt mit der I. K. als dem derzeitigen Inhaber der staatlichen Hoheit zu entgehen. Kleine Ursachen, große Wirkungen. Die I. K. konnte keinen Beamten hindern, sein Amt niederzulegen. Sie ordnete aber nach meinem Ausscheiden an, daß jeder ausscheidende Beamte sofort das Abstimmungsgebiet zu verlassen habe.

Die Tätigkeit des Plebiszitkommissariats und das einmütige Zusammenwirken der verschiedensten Persönlichkeiten aus den Parteien und Gewerkschaften hat Dr. Kurt Urbanek in seinem Aufsatz „Plebiszitkommissar in Oberschlesien" eindrucksvoll dargestellt.* Es hatte seinen Sitz in Kattowitz.

In der Erinnerung haften naturgemäß besondere Vorgänge, so der Ausbruch des Zweiten polnischen Aufstands. Genau ein Jahr nach Ausbruch des Ersten polnischen Aufstands, am 16. August 1921 veranstaltete die Unabhängige Sozialdemokratische Partei auf dem Ring in Kattowitz eine Versammlung unter freiem Himmel als Demonstration gegen den Durchzug französischer Truppen durch Oberschlesien zur Hilfe für Polen gegen Sowjetrußland. Hauptredner war ein verstiegener Deutscher, Gerhard Frey. Zum Anbringen ihres Protestes zogen die Demonstranten vor das Dienstgebäude des Kreiskontrolleurs in der Friedrichstraße. In dem gegenüberliegenden Hause wohnte der auch in deutschen Kreisen angesehene polnische Frauenarzt Dr. von Mielecki. Plötzlich fiel ein Schuß. Der Menge bemächtigte sich sinnlose Wut. Einige brachen in die Wohnung ein und zerrten den Arzt auf die Straße, wo er erschlagen wurde. Im Hof des Gebäudes des Kreiskontrolleurs stand eine Kompanie Alpenjäger. Sie griff nicht ein. Und nun herrschte der Mob. Läden wurden geplündert. Das Hotel „Deutsches Haus", in dem das polnische Plebiszit-Unterkommissariat Kattowitz untergebracht war, wurde in Brand gesteckt. Am 18. August entfesselte Korfanty den Zweiten Aufstand, der schwere Opfer forderte. Mehr als 100 unschuldige Deutsche sühnten mit ihrem Leben den Tod des erschlagenen Arztes.

Am 19. August gegen 14 Uhr rief mich eine Ordonnanz des Kreiskontrolleurs in das Knappschaftslazarett. Der Kreiskontrolleur, Oberst Blanchard, zu dem ich aus wiederholten Vorsprachen ein gutes Verhältnis gewonnen hatte, erwartete mich und mahnte zur Vorsicht. In einem großen Zimmer der Arztwohnung waren bereits die Spitzen der deutschen Behörden, der Parteien und der Gewerkschaften versammelt. Ich kam als Letzter. In der Mitte des Raumes stand ein französischer General, wie ich dann erfuhr,

* „Leben in Schlesien", S. 29–42, Verlag Gräfe und Unzer, München, 1962.

der französische Oberbefehlshaber General Gratier. Er ließ durch einen Dolmetscher eine Ansprache verlesen, in der er die Anwesenden für die Wiederherstellung der Ruhe persönlich verantwortlich machte und mit der Beschießung der Stadt drohte. Der Dolmetscher las die Ansprache in der gehackten, schnellen Sprechweise des Franzosen ab. Der vor mir stehende Gewerkschaftssekretär Hoffmeister, ein Berliner, drehte sich zu mir um und fragte mich in breitestem Berlinerisch: „Nu sachn Se mal, wat will denn der Mann eegentlich?“ Der General drohte zu explodieren. Er beruhigte sich erst, als er hörte, daß Hoffmeister Vertreter einer Arbeitergewerkschaft sei. Das schien ihn von den anderen Vertretern des Deutschtums wohltuend zu unterscheiden. Das Knappschaftslazarett war in Verteidigungszustand gesetzt worden. Man hatte Schießscharten ausgebrochen. Leider wurde der Kreiskontrolleur, Oberst Blanchard, abgelöst, der sich als verständig und neutral erwiesen hatte. Polizeipräsident Dr. Schwendy wurde vor ein französisches Gericht gestellt, aber freigesprochen.

Der Zweite Aufstand wurde durch ein Abkommen zwischen den Deutschen und dem Polnischen Plebiszitkommissariat beendet. Von deutscher Seite verhandelte Sanitätsrat Dr. Bloch, von polnischer Korfanty. Das Deutsche Plebiszitkommissariat tagte in Gleiwitz. Am 28. August wurde in später Nachtstunde das Abkommen festgelegt. Ich habe es redigiert. In diesem Abkommen verzichteten die Polen auf eine gewaltsame Lösung. Deutsche und Polen bildeten einen paritätischen Ausschuß. Le Rond empfing diesen Ausschuß einmal und bezeichnete ihn als „den Beginn des Ausgleichs der nationalen Gegensätze“. Mit diesem Empfang war die Tätigkeit des Ausschusses beendet.

Tief in die Erinnerung eingeprägt hat sich der 20. März 1921. Dieser Sonntag war ein sonnenheller Frühlingstag. Dr. Urbanek und ich fuhren im offenen Wagen durch Ortschaften der Kreise Pleß und Kattowitz. Man sah Menschen, auch Ansammlungen, vor den Abstimmungslokalen, aber niemand hätte geglaubt, daß in dieser friedlichen Landschaft bis Mitternacht blutiger Terror geherrscht hatte. Der Abstimmungstag verlief ungestört. Am Abend erwarteten wir hauptamtlichen Mitglieder des Plebiszitkommissariats im Geschäftszimmer von Dr. Urbanek die Abstimmungsergebnisse. Auch Dr. Lukaschek, der spätere Oberpräsident Oberschlesiens, war da. Den Meldedienst hatte Dr. Schütt vorzüglich organisiert. Die erste Meldung war das Abstimmungsergebnis des Landstädtchens Alt-Berum im Kreise Pleß. Von 1455 Stimmberechtigten hatten 1427 gestimmt, 1172 für Polen, 255 für Deutschland. Die ganze Nacht stand unter der Wirkung dieses Schocks, während Meldung nach Meldung eintraf. Selbst das Endergebnis brachte keine Erlösung. Am 21. März gegen fünf Uhr gab ich an Geheimrat Brauweiler nach Breslau telefonisch die Nachricht durch: 707 500 Stimmen für Deutschland, 478 000 für Polen. Von Breslau aus ging die Meldung in alle Welt.

Oberschlesien gerettet! Die Oberschlesier jubelten, Deutschland atmete auf. Aber wir im Plebiszitkommissariat kannten ebenso wie das Auswärtige Amt in Berlin die Fußangeln, die in den §§ 4 und 5 des Anhangs zu Artikel 88 des Versailler Vertrags gelegt worden waren. Das Ergebnis der Abstimmung war nach Gemeinden, für jede Gemeinde getrennt, festzustellen und die Interalliierte Kommission hatte bei ihrem Vorschlage der als Grenze Deutschlands in Oberschlesien anzunehmenden Linie sowohl den von den Einwohnern ausgedrückten Wunsch als auch die geographische und wirtschaftliche Lage der Ortschaften zu berücksichtigen. Unter diesen Gesichtspunkten prüften Dr. Urbanek, Subdirektor Müller von der Versicherungsgesellschaft Wilhelma in Kattowitz und ich das Abstimmungsergebnis und erarbeiteten Denkschriften für die Delegationen, die im April nach England, Frankreich und Italien reisten, um einflußreiche politische Kreise zuverlässig zu unterrichten.

Es war schwer, der deutschen Bevölkerung begreiflich zu machen, daß die endgültige Entscheidung über ihre Heimat nicht ausschließlich von dem Stimmenverhältnis abhing. Bei den Polen hatte der 20. März 1921 die Hoffnung auf die Stimmenmehrheit zerstört. Jetzt fürchteten sie, obwohl sie sich der Unterstützung Frankreichs sicher wußten, daß das in den Demokratien geheiligte Gesetz der Zahl auch für den Entscheid über Oberschlesien gelten würde. Sie schritten zur gewaltsamen „Lösung".

Mitte April begann die Hochsaison der Gerüchte „aus sicherster Quelle", die nicht nachprüfbar waren, jedoch den Ernst der Lage kennzeichneten und die Spannung erhöhten. Am 30. April fährt der Präsident der I. K., General Le Rond, nach Paris. Am 1. Mai verbreitet die „Oberschlesische Grenzzeitung", das in deutscher Sprache gedruckte Organ Korfantys, zwei Sonderausgaben: „Die Diplomaten haben gesprochen, die Kreise Rybnik, Pleß und ein Teil von Kattowitz an Polen" – das war übrigens der italienische Vorschlag – und „Die oberschlesische Industrie in Gefahr. Die deutschen Schlotbarone wollen Oberschlesien vernichten." Das ist der offene Aufruf zur Erhebung. Dr. Urbanek weist die I. K. sofort telegrafisch auf die Gefahr hin. Ohne Erfolg. In der Nacht zum 3. Mai bricht der Dritte polnische Aufstand aus. Das Abstimmungsgebiet rechts der Oder wird von den Insurgenten beherrscht. Der Aufstand stößt auf eine deutsche Bevölkerung, der jede wirksame Abwehrmöglichkeit durch die Abnahme aller Waffen nach dem Zweiten Aufstand genommen worden war.

Am Sitze des Deutschen Plebiszitkommissariats, in Kattowitz wohnten von den hauptamtlichen Mitgliedern nur zwei, der Vertreter der Deutschnationalen Volkspartei, Amtsgerichtsrat Gaebel, und ich. Mehrere der ständigen Vertreter der Parteien und Gewerkschaften wohnten außerhalb von Kattowitz, unter ihnen so hervorragende Persönlichkeiten wie Ulitzka, Bloch, Sczeponik, Franz Kaffanke, Dr. Menz und Ossowski. Mit dem Ausbruch des Aufstands hörte mit Ausnahme des Telefons jeder Verkehr für Wochen auf.

In früher Morgenstunde wurde ich durch Gewehrschüsse geweckt. Ich zog mich rasch an, um vom Polizeipräsidium, in dem ich noch meine ehemalige Dienstwohnung hatte, nach der Stadt zu gehen. Vor dem Polizeipräsidium standen bewaffnete Zivilisten, die in das Gebäude einzudringen versuchten. Der auf seinem Wege zur Kaserne zufällig hinzukommende Kommandeur der französischen Alpenjäger griff ein. Die Rotte zog ab. Die Straßen waren bis auf kleine Trupps bewaffneter Zivilisten menschenleer. Ab und zu fielen Schüsse. Im Haupteingang des Bahnhofs standen drei oder vier italienische Soldaten, die ihrerseits schossen, wenn Schüsse fielen. Aber es war kein Kampf. Durch die Bahnhof-, Sedan- und die Friedrichstraße folgte ich dem schottischen Oberstleutnant Crigthon, britisches Mitglied der Kreiskontrollkommission, nach dem Friedrichsplatz. Vor dem Stadttheater war eine große Schar bewaffneter Insurgenten aufmarschiert. Der nur mit seinem Reitstock ausgerüstete Schotte befahl ihnen, die Gewehre niederzulegen. Sie gehorchten. Das war der erste, fast lächerlich anmutende Eindruck, den die „Aufständischen" machten. Aber der furchtbare Ernst trat rasch genug hervor. Gegen sieben Uhr war ich im Büro. Ich bekam mit fast allen Außenstellen telefonische Verbindung und erfuhr, daß das ganze Land im Aufstand brannte. Von einem Eingreifen der I. K. sei nichts zu bemerken. Vereinzelt wurde bereits von Greueltaten berichtet. Durch Boten hatte ich die erreichbaren Mitglieder des Plebiszitkommissariats für elf Uhr zur Beratung gebeten, in der ich den Entwurf eines Telegramms an die I. K. und die Regierungen von Großbritannien, Frankreich und Italien vorlegte, der einstimmig gebilligt wurde.

Durch unvorherzusehende Umstände wurde ich so in diesen Wochen – getragen von dem Vertrauen der Parteien und Gewerkschaften – in eine Verantwortung gestellt, die mich an die Großkampfzeiten des Weltkriegs erinnerte: rasche Entschlüsse, entschlossenes Handeln.

Das Rumpf-Plebiszitkommissariat tagte in Permanenz. Fast täglich wurde ich bei dem Kreiskontrolleur vorstellig. Ich war Augenzeuge, wie französische Soldaten in der Bismarckstraße von einem Lastwagen herab den Insurgenten Gewehre übergaben, wie diese Insurgenten unter den Augen der Franzosen auf unbewaffnete Menschen schossen. Jede Nacht wechselte ich die Unterkunft. An jedem Abend hatte ich Telefonverbindung mit dem Deutschen Bevollmächtigten bei der I. K. in Oppeln, berichtete über die Lage in Kattowitz und ließ mich über den Stand in Oppeln, über die Aufstellung des Selbstschutzes, vor allem aber über die Maßnahmen der Regierung unterrichten. Von ihr fühlte sich die vom Aufstand betroffene Bevölkerung verlassen. Die nach Kattowitz Geflüchteten wurden in der Schule an der Teichstraße untergebracht und verpflegt. Für den von der Deutschen Bank großzügig gewährten Kredit mußten die Zahlungsmittel zusammen mit den Lohngeldern für die Industrie unter französischem Schutz erst von Breslau geholt werden. Die Flüchtlinge wurden vernommen, die Beweise gesichert und in einem Weißbuch niedergelegt. Etwa hundert Exemplare waren gedruckt, als die Polizei, von einem Verräter benachrichtigt, den Satz beschlagnahmte und den weiteren Druck verhinderte.

Die Erklärung von Lloyd George vor dem Unterhause erfüllte uns mit Zuversicht. Die Ankunft britischer Truppen wirkte erlösend. Ich trug dem britischen General die Lage mündlich vor. In dem schon erwähnten schottischen Oberstleutnant hatten wir einen unparteiischen Freund. So hatte er mehrfach von den Insurgenten Verschleppte befreit und war in Notfällen stets hilfsbereit.

Die I. K. hatte völlig versagt. Die Franzosen machten aus ihrer Begünstigung der Polen kein Hehl. Nur um den Schein zu wahren, durften sie die Städte, die Sitz von Kreiskontrolleuren waren, nicht besetzen. Aber die Bahnhöfe wurden ihnen überlassen. Kattowitz war abgesperrt. An allen Zugängen zur Stadt standen Kommandos der Aufständischen. Auf der Letochastraße, die nach Süden ausläuft, wurde die Mutter eines meiner Jugendfreunde erschossen, als sie auf den Balkon ihrer Wohnung trat. Bei den Schrebergärten am neuen katholischen Friedhof wurde ein alter Herr, Oberbaurat Simon, durch einen Schuß schwer verletzt. Eines Tages sperrten die Aufständischen die Wasserleitung. Die Einwohner versorgten sich notdürftig aus den Hydranten. In diesem Falle hatte der Protest Erfolg. Die Franzosen waren selbst betroffen.

Mit Ausnahme der beiden ersten Tage, der nächtlichen Schießereien an den Stadtgrenzen und der geschilderten Vorkommnisse blieb Kattowitz von Ausschreitungen verschont. Kämpfe gab es weder in der Stadt noch in der näheren Umgebung. Die Stadt hatte den Charakter einer belagerten, nicht verteidigten Festung angenommen.

Diese Wochen stellten hohe seelische, geistige und körperliche Anforderungen, die nur erfüllt werden konnten, weil die Beteiligten alle Entschlüsse und Handlungen einmütig faßten und vollzogen. Nach Einstellung der Kampfhandlungen und der Wiederherstellung des Verkehrs kamen Ende Juni Reichskanzler Dr. Wirth und der preußische Innenminister Dominikus nach Breslau. Die Erbitterung der Oberschlesier über die Haltung der Reichsregierung während des Aufstandes ging tief. Es fielen harte Worte. Ich war Sprecher des Rumpfkommissariats.

Am 1. Juli verkündete die I. K. die Beendigung der deutsch-polnischen Kampfhandlungen und gleichzeitig eine Amnestie. Ihr Appell, Vertrauen zu ihrer Unparteilichkeit und Gerechtigkeit zu haben, war reiner Hohn.

Sie beauftragte den britischen Oberst Williams, mit Vertretern der beiden Plebiszitkommissariate die Rückführung der Flüchtlinge in ihre Wohnorte zu ordnen und zu sichern. Der deutsche Volksteil wurde von mir, der polnische von Rechtsanwalt Konstanty Wolny vertreten, dem späteren Marschall (Präsident) des Schlesischen Sejm. Die örtlichen Termine vermittelten einen tiefen Einblick in das Grauen des Aufstands. Oberst Williams erfüllte die Aufgabe gewissenhaft und umsichtig. Ich hatte Gelegenheit, die Haltung der verschiedenen Kreiskontrolleure zu beobachten, die Franzosen unverhüllt polenfreundlich, die Briten kühl und sachlich, die Italiener deutschfreundlich. Unter vier Augen machten die Briten aus ihrem die französische und polnische Haltung ablehnenden Urteil kein Hehl.

Die Sachschäden waren nicht zu prüfen. Die Verbrechen blieben ungesühnt. Die Lehre, die ich schon damals gezogen habe: Wehe den Staaten und Völkern, die ihre Schicksalsfragen nicht untereinander in Freiheit und Gerechtigkeit zu ordnen vermögen und deshalb dem Entscheid einer internationalen Instanz unterworfen werden, der unbeschränkte Vollmacht zuerkannt wird.

Das Plebiszitkommissariat hatte seine Aufgabe, die Volksabstimmung vorzubereiten und durchzuführen, erfüllt. Jetzt galt es, die Rückführung des Abstimmungsgebiets unter die deutsche Staatshoheit vorzubereiten. Das Plebiszitkommissariat wurde geschlossen. An seine Stelle trat der von den politischen Parteien und den Gewerkschaften getragene Deutsche Ausschuß für Oberschlesien mit dem Sitz in Kattowitz. Zum Vorsitzer wurde Dr. Hans Lukaschek, zu seinem Stellvertreter ich gewählt.

Nur unheilbare Optimisten konnten nach den bisherigen Erfahrungen noch glauben, daß das gesamte Abstimmungsgebiet an das Reich zurückfallen werde. Aber auch die Pessimisten, zu denen ich gehörte, hielten nicht mehr als den Verlust der Kreise Pleß und Rybnik und des südlichen Zipfels des Landkreises Kattowitz für wahrscheinlich, wo die Volksabstimmung unzweifelhaft eine polnische Mehrheit erwiesen hatte.

Polen hatte durch Verfassungsgesetz vom 15. Juli 1920 der Woiwodschaft Schlesien weitgehende Autonomie verliehen. Diese Woiwodschaft umfaßte zu jenem Zeitpunkt nur folgende Gebiete: den aus dem ehemaligen Österreich-Schlesien Polen zugesprochenen Teschener Teil, d. h. die Stadt Bielitz, die geteilte Stadt Teschen und die Landkreise Bielitz und Teschen. Diese

Autonomie, die auch für das aus der Volksabstimmung für Polen zu gewinnende Reichsgebiet galt, überschritt erheblich den Status einer preußischen Provinz und blieb wenig hinter dem Status eines Landes im Sinne der Verfassung von Weimar zurück. Von dieser staatsrechtlichen Grundlage und von der völkerrechtlichen des Minderheitenschutzvertrages gingen die Überlegungen für die Sicherung der Deutschen des von der Abtretung bedrohten Gebietes aus. Es galt also, die Erfahrungen zu nutzen, die das Deutschtum in dem jungen polnischen Staate bereits gesammelt hatte.

In mehrfachen Zusammenkünften mit führenden Persönlichkeiten des Deutschtums in Posen, Landrat a. D. Eugen Naumann, Domherr Josef Klinke, Dr. Johannes Scholz, Fräulein Leviseur ließen Dr. Lukaschek, Sczeponik und ich uns über die Lage des Deutschtums auf politischem, kulturellem, wirtschaftlichem und sozialem Gebiet und über die organisatorischen Maßnahmen seiner Erhaltung eingehend unterrichten. Domherr Klinke wies auf die voreingenommene Haltung der römisch-katholischen Kirche Polens gegenüber den deutschen Katholiken hin. Ich empfahl, dagegen einen Schutzverband der deutschen Katholiken zu errichten. Dieser Gedanke wurde aufgegriffen und nach der Teilung Oberschlesiens mit der Gründung des „Verbandes deutscher Katholiken in Polen“ erfolgreich verwirklicht.

Gleiche informatorische Besprechungen pflegten wir mit führenden Deutschen aus dem Teschener Gebiet, Seminardirektor Piesch, Rechtsanwalt Dr. Foerster, Textil-Fabrikant Molenda von der liberalen, mit Gymnasial-Professor Dr. Eduard Pant von der christlich-sozialen Partei. Für die Verarbeitung der wertvollen Erkenntnisse und für die Vorbereitung der organisatorischen Maßnahmen wurde Assessor Dr. Robert Brebeck gewonnen.

In diese Zeit fiel auch die Frage meiner Rückkehr in den preußischen Staatsdienst. Ich hätte gewünscht, entsprechend meiner Beamten- und militärischen Laufbahn in der neuen Schutzpolizei verwendet zu werden. Das Innenministerium war aber der Auffassung, daß meine Erfahrungen durch meinen Einsatz als Dezernent bei der Regierung in Oppeln nützlicher wären. Ich machte mich also mit dem Gedanken vertraut, in absehbarer Zeit in die Verwaltung zurückzukehren.

Der Dritte Aufstand zwang die Siegermächte, den Entscheid über Oberschlesien zu beschleunigen. Am 8. August 1921 trat die Botschafterkonferenz – Großbritannien, Frankreich, Italien, Japan – in Paris zusammen und ersuchte, da sie keine Einigung erreichte, den Völkerbundsrat um ein Gutachten über die festzulegende Grenze. Die Bevölkerung Oberschlesiens wartete in fieberhafter Spannung.

Am 20. Oktober waren Lukaschek und ich in die Kreise links der Oder gefahren. Am Nachmittag erreichte uns in Leobschütz der Anruf, unverzüglich nach Oppeln zu kommen. Gegen 20 Uhr trafen wir dort in der Dienststelle des Deutschen Bevollmächtigten Legationsrat von Moltke und Landrat Goeppert. Nur wenige Worte. Die Entscheidung ist da. Goeppert verlas langsam die Grenzlinie, von Moltke hatte sie bereits in die Wandkarte eingetragen und zog sie vor unseren Augen nach. Der Großteil des Kreises Lublinitz polnisch. Die Mehrheit hatte für Deutschland gestimmt. Der Kreis Tarnowitz zu Polen. Ein großer Teil des Landkreises Beuthen und der Ortsteil Schwarzwald der Stadt Beuthen mit der Friedenshütte zu Polen. Königshütte, wo 31 848 deutsche 10 764 polnischen Stimmen gegenüberstanden, Kattowitz, wo 22 774 für Deutschland, nur 3900 für Polen gestimmt hatten, polnisch. Die Landkreise Kattowitz, Pleß, Rybnik und Gemeinden des Kreises Ratibor rechts der Oder zu Polen.

Eine lange Pause. In der Tiefe ihrer Seele Erschütterten versagt die Sprache. Mit einer solchen, jedes Rechtsbewußtsein verletzenden Entscheidung hatten auch die schwärzesten Pessimisten nicht gerechnet. Lukaschek fiel die unendlich schwere Aufgabe zu, die Mitglieder des Deutschen Ausschusses und die deutsche Presse zu unterrichten. Wir ließen sie für Mitternacht nach Kattowitz rufen. Auf der Fahrt wechselten wir kaum ein Wort. In Kattowitz war bereits alles versammelt. Lukaschek sprach, beherrscht, aber wer ihn kannte, spürte seine innere Qual. Die Gesichter erstarrten. Oh, Oberschlesien, Heimat, Deutschland, Vaterland! In einer solchen Nacht altert man um Jahre.

Am 20. Oktober hatte die Botschafterkonferenz dem deutschen Botschafter in Paris den Entscheid über Oberschlesien zugestellt, der der Empfehlung des Völkerbundrats entsprach und das Reich und Polen verpflichtete, in kürzester Frist einen in den Grundzügen genau umrissenen Vertrag abzuschließen. An der Empfehlung des Völkerbundrats waren beteiligt: Großbritannien, Frankreich, Italien, Spanien, Belgien, Japan, China und Brasilien. Keiner der Männer, die diese „Empfehlung“ ausgesprochen, keiner der Botschafter, die sie zum Beschluß erhoben haben, hat Oberschlesien je betreten, aber sie fühlten sich berufen, bei der Grenzlinie „die geographische und wirtschaftliche Lage“ der Ortschaften zu „berücksichtigen“ und über Menschen Schicksal zu spielen. Später haben der Italiener Nitti und der Brite Lloyd George diese „Empfehlung“ den für den Völkerbundsgedanken verhängnisvollsten Fehler genannt. Am 20. Oktober 1921 wurde einer der Meilensteine auf dem Wege gesetzt, der Deutschland, Polen und Europa in das Verderben geführt hat.

So schwer uns die Entscheidung traf, sie zwang zum Handeln. Der Raum war abgesteckt. In dem Polen zugesprochenen Gebiet waren 225 417 Stimmen für Deutschland, 284 052 für Polen abgegeben worden. Zu nützen waren die von den Deutschen in Polen seit 1919 gesammelten Erfahrungen. Für die

Deutschen des abgetretenen Gebiets mußte der nach dem Botschafterbeschluß zwischen Deutschland und Polen vertraglich zu regelnde Minderheitenschutz entscheidende Bedeutung erlangen.

Von diesen Überlegungen ging ich bei der Denkschrift aus, die ich dem Deutschen Ausschuß am 8. November über den Aufbau einer Gesamtorganisation vorlegte. In den Mittelpunkt meiner mündlichen Ausführungen stellte ich die Forderung der klaren, nationalen Entscheidung des einzelnen. Im fremdnationalen Staat konnte das Deutschtum sich nicht dem Wechselspiel des „schwebenden Volkstums" aussetzen. Der vorgelegte Satzungsentwurf wurde angenommen. Zum Vorsitzer der Organisation „Deutscher Volksbund in der Woiwodschaft Schlesien" wurde Carl Freiherr von Reitzenstein-Pilgramsdorf, zum Geschäftsführer ich gewählt. Mit 37 Jahren übernahm ich damit die Aufgabe, die zum Inhalt meines weiteren Lebens wurde.

Die Anlage zum Botschafterbeschluß vom 20. Oktober 1921 enthielt bestimmte Hinweise auf die Staatsangehörigkeit, das Wohnrecht und vor allem auf den Minderheitenschutz. Die nächsten Monate dienten dem Aufbau des Deutschen Volksbunds unter Berücksichtigung dieser Hinweise. Die Aufgabe war nicht leicht. Der Deutsche hatte sich immer des Schutzes und der Fürsorge der öffentlichen Hand, seiner Regierung sicher gewußt und war nie gezwungen, sein Volkstum zu behaupten. Der Blick in das benachbarte Teschener Gebiet zeigte den Unterschied. Ein Lehrerseminar, Theater, Büchereien beruhten dort auf der eigenständigen Leistung des Bürgertums, auf privatrechtlicher Grundlage. Deutsche Vereine hatten eigene Häuser als Pflegstätten deutscher Kultur. Deutsche Schulen wurden vom Schulverein Südmark in Wien unterstützt. Im Teschener Gebiet war der deutsche Volksteil schon unter österreichischer Herrschaft auf die Selbstbehauptung angewiesen. Natürlich gab es auch im preußischen Gebiet Ansätze dafür. Es gab ein reges kulturelles Vereinsleben, die karitative Tätigkeit war konfessionell und in den vaterländischen Frauenvereinen überkonfessionell organisiert. Das Zentrum hatte ebenso wie die Sozialdemokratische Partei und die Gewerkschaften Bildungseinrichtungen für die Jugend geschaffen. Aber dieses Vereinsleben war auf ein bestimmtes Interesse beschränkt und mündete nie zielbewußt in die nationale Willensbildung. Die Schwerindustrie besaß seit Jahrzehnten im Berg- und Hüttenmännischen Verein eine feste Organisation und Position und war der beherrschende wirtschaftliche Faktor des Gebiets. Aber eben ein wirtschaftlicher Faktor, der nur in wirtschaftlichen Kategorien dachte und danach handelte. Unbeschadet der Volkstreue seiner Mitglieder fiel dieser Faktor für die nationale Selbstbehauptung aus.

Auf diesem Boden war der Bau zu errichten.

In Anlehnung an die politische Kreiseinteilung wurden sieben Bezirksvereinigungen des Deutschen Volksbunds gebildet. Zur Wahrnehmung des Elternrechtes wurden Ortsschulvereine gegründet mit der Dachorganisation „Deutscher Schulverein in der Woiwodschaft Schlesien", für die zahlreichen örtlichen Vereine kulturellen Charakters der „Deutsche Kulturbund". Die karitativen Vereine: der Katholische Deutsche Frauenbund, die Evangelischen Frauenvereine, die Hilfsvereine deutscher Frauen (die ehemaligen Vaterländischen Frauenvereine) und die Arbeiterwohlfahrt fanden im „Deutschen Wohlfahrtsbund" ihre Spitze. Die sieben Bezirksvereinigungen, der Deutsche Schulverein, der Deutsche Kulturbund und der Deutsche Wohlfahrtsbund waren der Unterbau des Deutschen Volksbunds.

Handel, Handwerk und Gewerbe wurden in der Wirtschaftlichen Vereinigung, die Landwirtschaft im Hauptverband der deutschen Landwirte zusammengeschlossen, für die deutschen Genossenschaften der Anschluß an den deutschen Genossenschaftsverband in Posen vorbereitet. Das in der Abstimmungszeit erworbene Eigentum an Grundbesitz und wirtschaftlichen Unternehmungen wurde gesichert. Bei diesen umfangreichen Aufgaben war mir Dr. Brebeck eine besonders wertvolle Stütze.

Für alle diese Organisationen mußten ehren- oder hauptamtliche Kräfte gefunden werden. Für den ehrenamtlichen Einsatz gab es aus dem Bereiche der kommunalen Selbstverwaltung erfahrene und bewährte Persönlichkeiten. Für den beruflichen Einsatz stellten sich Beamte zur Verfügung, die den gesetzlichen Anspruch auf Fürsorge und Unterbringung im Reich hatten, aber im abzutretenden Gebiet zu bleiben sich entschlossen. Für die Wirtschaftliche Vereinigung wurde ein Diplom-Volkswirt gewonnen, für den Hauptverband der Deutschen Landwirte im Hinblick auf die zu erwartenden Schwierigkeiten in der Landabgabe ein Jurist.

Aus der Erfahrung des einmütigen politischen Handelns während der Plebiszitzeit hatte ich gehofft, daß die Bildung einer politischen Einheitspartei möglich sein werde. Diese Hoffnung erwies sich rasch als trügerisch. Die Katholische Volkspartei verband sich mit der Christlich-sozialen im Teschener Gebiet, ebenso wie die Sozialdemokratische Partei mit ihrer dortigen Brudergruppe.

Eine politische Partei der Deutschen sollte aber nach meiner Ansicht nicht auf weltanschaulicher, sondern auf nationaler Grundlage beruhen. Den bisherigen Anhängern der Deutschnationalen Volkspartei, der Deutschen Volkspartei und der Deutschen Demokratischen Partei fehlte die innere Beziehung zu weltanschaulich ausgerichteten Parteien. Ich regte deshalb bei maßgebenden Mitgliedern dieser Parteien die Gründung einer auf nationaler Basis beruhenden Partei an, die unter dem Namen Deutsche Partei stand. Zum Vorsitzer wurde Ingenieur Johannes Rosumek gewählt.

Am 20. November 1921 hatte der Völkerbundsrat den Schweizer Altbundespräsidenten Dr. Felix Calonder zum Leiter der Vertragsverhandlungen zwischen dem Reich und Polen ernannt. Die Verhandlungen, die am 23. November in Genf begannen, wurden vorübergehend nach Oberschlesien verlegt. Im Januar empfing Dr. Calonder im Rathaus in Königshütte Vertreter der deutschen Bevölkerung des abzutretenden Gebiets. Ich sprach in ihrem Namen.

Die deutsche Delegation, deren Vorsitz Reichsjustizminister a. D. Eugen Schiffer und Staatssekretär des Innern a. D. Dr. Theodor Lewald führten, bestand aus hervorragenden Beamten und Sachkennern aller Sparten. Lukaschek und ich wurden über den Fortgang der Verhandlungen laufend unterrichtet. An den Beratungen waren wir nicht beteiligt. Später hat mir Sejm-Marschall Wolny, der der polnischen Delegation angehörte, gesagt, sie sei wiederholt geradezu überrascht gewesen, daß die deutsche Seite nicht in bestimmten Fragen, zum Beispiel hinsichtlich des Gebrauchs der deutschen Sprache, weitergehende Forderungen gestellt hätte, die von der polnischen Delegation ohne Schwierigkeiten zugestanden worden wären. Im Mittelpunkt des Denkens der deutschen Verhandlungspartner stand eben der Staat.

Am 15. Mai 1922 wurde in Genf das Abkommen über Oberschlesien unterzeichnet, Ende Mai vom Reichstag unter feierlicher Rechtsverwahrung gegen die Teilung ratifiziert.

Nach dieser Reichstagssitzung wurden Freiherr von Reitzenstein und ich vom Reichspräsidenten empfangen. Reichspräsident Ebert machte in seiner schlichten Würde sowohl auf den Aristokraten wie auf mich starken Eindruck. Wir empfanden seine Verbundenheit mit unserem Schicksal. Am gleichen Tage sprachen wir Reichsaußenminister Rathenau. Schon rein äußerlich der Gegensatz: Ebert, bürgerlich wirkend, schlicht – Rathenau, der Weltmann, weltmännisch auch in der Haltung uns gegenüber. Aber seinen Worten fehlte jene Herzlichkeit, die uns beim Reichspräsidenten so tief beeindruckt hatte. Kaum vier Wochen später fiel er von Mörderhand.

Die organisatorischen Vorbereitungen für den Übergang an Polen waren jetzt abgeschlossen. Vom 15. Juni 1922 ab übernahmen das Reich und Polen das ihnen zugesprochene Gebiet. Am 15. Juli senkten sich die Schlagbäume der neuen Grenze. Seit dem Jahre 1335 hatte Oberschlesien zum Reich gehört. Der Spruch fremder Mächte hatte den Raum geteilt und die in Jahrhunderten gewachsene menschliche Gemeinschaft zerrissen. Ein neues Kapitel oberschlesischer Geschichte war aufgeschlagen. Meine Gedanken sprechen aus dem Aufruf, den der Deutsche Volksbund an die Bevölkerung richtete:

An das Deutschtum in Polnisch-Oberschlesien

Die Abtretung oberschlesischen Gebiets an die Republik Polen stellt uns Deutsche vor völlig veränderte Verhältnisse.
Wir müssen unsere Pflichten als polnische Staatsbürger gewissenhaft erfüllen.
Wir haben als polnische Staatsbürger deutscher Nationalität das Recht und die sittliche Pflicht, einzutreten für die Erfüllung der von der Republik Polen gegenüber der deutschen Minderheit übernommenen Verpflichtungen.
Durch gewissenhafte Erfüllung unserer Pflichten und in Wahrung unserer Rechte werden wir im Zusammenschluß aller Deutschen unser Ziel erreichen:
Bewahrung unseres Volkstums in der Republik Polen.

Deutscher Volksbund für Polnisch-Schlesien
Der Vorstand
Carl Freiherr v. Reitzenstein Ulitz

Arnold Ulitz

ZWEI HEIMATSTÄDTE

Wer mich nach meiner Geburtsstadt fragt, der kann sehr schnelle Antwort haben: „Breslau." Wenn jemand mich aber nach meiner Heimatstadt fragt, bin ich zu der Erklärung genötigt, daß ich zwei Heimatstädte habe und es für undankbar und wahrheitswidrig hielte, nur die eine, wo ich geboren bin, so zu nennen.

Nein, auch der zweiten, obwohl ich erst als Siebenjähriger hinkam, muß ich diesen Namen der Liebe und der Treue geben, weil ich in ihr die schicksalschaffende Spanne des Werdens vom Kinde zum Jüngling durchlebt habe, die Jahre der keimenden Sehnsüchte, der erstarkenden Kräfte des Leibes, des Geistes und der Seele, gerade in dieser Stadt und gerade zur Zeit, als sie selber ein Wunder des Wachsenwollens und auch des wirklichen Wachstums war. Wie sollte mir solch ein gesegneter und segnender Ackergrund nicht „Heimatboden" heißen? – Ich spreche von Kattowitz und, im erweiternden Sinne, von Ost-Oberschlesien überhaupt.

Von uns vier Söhnen eines aus Breslau stammenden Vaters und einer Mutter aus dem Bodenseelande kam keiner in Kattowitz zur Welt; die drei älteren – darunter ich als der dritte – sind über 70 alt, der Jüngste schon nahe daran, und alle leben wir seit dem Jahre der Vertreibung sehr fern von Schlesien, auch voneinander weit getrennt, doch wenn sich zuweilen ein Brüdertreffen fügt, geschieht jedesmal wieder das gleiche: Zuerst natürlich wird über Familiäres gesprochen, sodann – es kann in dieser gewittrigen, verworrenen Gegenwart nicht anders sein –, über die „Lage", über Deutschland und die ganze Welt, bis uns zu guter Letzt das Thema der Themen packt, das unvermeidbare, auf das wir, wie ich glaube, bei jedem Wiedersehen von Anbeginn schon insgeheim warten, und das uns dann so bald nicht mehr freigibt: Kattowitz. Manchmal schon fühlte ich mich versucht, über uns Alte ein wenig zu lächeln, weil wir so wehrlos, so gleichsam durch Schwerkraft gezogen, immer wieder am gleichen Ziel anlangen, in der gemeinsam erlebten Stadt unserer Jugend, und dann von Längstvergangenem und uns schon längst Vertrautem mit heißem Eifer erzählen, als sei es das Wichtigste und das Neueste vom Neuen.

Das fängt durchaus nicht etwa rührselig an, vielmehr ganz leicht und lustig; da klingt vielleicht nur ein Name auf, von dem sich nachher kaum noch erklären läßt, was aus dem Dunkel des Einst gerade ihn ans Licht gelockt haben kann, diesen bloßen Namen eines Schulkameraden von dazumal, eines schon lange Gestorbenen, von dem wir seit Jahrzehnten nie mehr gehört, nie mehr gesprochen haben. Nun brauchen wir nur seinen Namen zu hören und bedürfen keiner Erläuterung, wir lachen schon, wir wissen schon: Das war ein so ulkiger Kerl, der sogar die „Pauker" zum Lachen bringen konnte! Gar nichts ist nichtig, einfach alles hochwichtig, weil es doch „damals" war! Ja, nur ein Name braucht zu erklingen, und kaum gesprochen, wird er lebendige Gestalt. Der Name unseres Bäckers oder der unseres Fleischers, bei dem wir die Knoblauchwurst und noch viel lieber seine berühmte „Polnische" kauften; der Name „Angelika Neugebauer", und schon sehen wir das Ladenschild: „Schreibutensilien", hören die Ladenglocke scheppern, verlangen ein „Schönschreibheft" oder einen „Bleistift Faber Nr. 2" und bekommen von dem freundlichen, alten Fräulein, das heute weit über die 100 hinaus wäre, ein „Hauchbild" als Zugabe, sehr gut als Lesezeichen in einem Schulbuch verwendbar, sehr gut zur Ablenkung vom Unterricht geeignet. Der Name des Buchhändlers, bei dem wir unser schmales Taschengeld in Reclamheften anlegten, bis wir durch Nachhilfestunden so viel verdienten, daß wir uns das neueste Drama von Gerhart Hauptmann leisten konnten oder einen Lyrikband von Richard Dehmel.

Namen, Namen! Wie träumerisch die alten Herren noch lächeln können, denn soeben hat einer den Namen eines der wunderschönen Mädchen genannt, die, falls sie – Gott gebe es! –, noch leben, heut Siebzigerinnen sind, und die damals in die „Höhere Töchterschule" gingen, in Kattowitz, am Ende der „Grundmannstraße".

„Grundmannstraße"! Oh, Inbegriff! Das gleiche, was den Breslauern die „Schweidnitzer" war! Die Straße wimmelnder Betriebsamkeit, die Straße auch des Werktagnachmittags- und des Sonntagvormittagsbummels, die Straße des Flanierens, des Poussierens. Einem Vortänzer vergleichbar, führt dieser eine Straßenname einen langen, bunten Reigen anderer Straßennamen an, und was wir nun erleben, wir Alten, ist mehr als nur der Austausch von Knabenwichtig- und Nichtigkeiten, sondern plastisch, farbig, lebensvoll ersteht uns die ganze Stadt, jenes Kattowitz, wie wir es um die Jahrhundertwende wachsen, blühen und reifen sahen, als deutsche Stadt in einem deutschen Schlesien.

Bis 1865 nur ein Dorf, schon 30 Jahre später, trotz seiner Jugend, als zukunftsstark genug erachtet, der Sitz einer Eisenbahndirektion zu sein. Ereignis ersten Ranges für die Entwicklung der Stadt, ein unerhörter Gewinn schon an „Prestige“, an Fernwirkung des Namens „Kattowitz“, den von da an Hunderte von Waggons durch ganz Deutschland trugen. Der Punkt war Mittelpunkt geworden, die Einwohnerzahl schnellte hoch, es war der Aufbruch; das Ziel konnte nur Großstadt sein.

Das gleiche Ereignis war entscheidend auch für unsere Familie, denn unter den zahlreichen Beamten, die an die neue Direktion versetzt wurden, befand sich auch unser Vater, und als am 25. März 1895 unsere Eltern und wir vier Jungen dem aus Breslau gekommenen Zuge entstiegen, waren wir – neue Kattowitzer.

Keineswegs alle „neuen Kattowitzer“ glaubten damals, sie könnten im südöstlichen Winkel Deutschlands je heimisch werden, sondern gar manche dieser Herren Beamten, ob hohe, mittlere oder untere, fühlten sich wie in die Wüste geschickt, und Frauen sollen geweint haben, weil ihnen schon durch den Anblick des in der Tat sehr verräucherten Bahnhofs bestätigt schien, was sie in der „alten Heimat“ vom „häßlichen, rußgeschwärzten, qualmstinkenden“ Kattowitz gehört hatten. Gewiß lag vielen dieser Zweifler und Zweiflerinnen das böse Wort „Polakei“ auf der Zunge.

Und erlebten dann das Kattowitzer Wunder und erlagen nahezu alle dem Zauber der einzigartigen Stadt. Noch war sie klein, nicht aber nesthaft beengend, nicht träge, nicht lähmend, vielmehr pionierhaft, erregend, beflügelnd. Es ging der Stadt um etwas Verwegeneres, als nur den älteren und größeren Städten Oberschlesiens ebenbürtig zu werden, nein, jetzt wollte sie den Ruhm erringen, eine der modernsten und fortschrittlichsten Städte ganz Deutschlands zu sein, und, wahrlich, sie errang ihn. Hier herrschte ein frischer, tatenfroher Geist, der oberschlesische Geist, dem man durch gewisse, zwar wohlgemeinte, doch oft so billige Witze über „Antek und Franzek“ nur Unrecht und Unehre antut.

Es ist wahr – und auch wir Kinder erkannten es schon –, die altangesessenen Kattowitzer, ob schlicht oder fein oder hochfein, sprachen das Deutsche härter als die „Neuen“, aber beileibe nicht falsch. Es ist auch wahr, die eigentlichen Anteks und Franzeks, die sogenannten „ganz einfachen Leute“, sprachen außer Deutsch auch „Wasserpolnisch“, eine mit deutschen Wörtern durchsetzte polnische Mundart, aber selbst sie waren alles andere als Trottel und Witzfiguren, und – es ist keine Propaganda, sondern Wahrheit –, sie fühlten sich als Deutsche. Mir ist noch gut erinnerlich, ein Klassenkamerad, dessen Familienname sieben Konsonanten und nur einen einzigen Vokal enthielt, doch wehe dem, der sich unterstanden hätte, den Träger dieses wirklich nicht deutschen Namens einen Polen zu nennen! Mit seinen sehr kräftigen Fäusten oder, wirkungsvoller noch, mit dem Federkasten hätte er dreingeschlagen und seinen ehrlich gefühlten Anspruch verfochten, ein ebenso guter

Deutscher zu sein wie wir Neuen, wir aus Breslau, Stettin, Berlin und aus dem fernen Köln.

Sie verlangten nur Zutrauen, die alten Kattowitzer, die mit den konsonantenreichen Namen, und wer es ihnen schenkte, dem vergalten sie mit einer Herzlichkeit, wie sie so schön vielleicht nur in Oberschlesien beheimatet war, denn sie waren ja so guten Willens. Sie fühlten sich durch den König von Preußen sozusagen persönlich für voll genommen, weil er gerade ihnen, ihnen, nicht etwa den Beuthenern und Gleiwitzern, eine hohe, staatliche Behörde zugewiesen hatte, die „Königlich Preußische Eisenbahndirektion", mit Sekretären, Obersekretären, Rechnungsräten, Regierungsräten, Oberregierungsräten, allesamt „königlich", und an der Spitze mit einem – Präsidenten!

Die Kattowitzer waren heiß entschlossen, sich solcher Ehrung würdig zu erweisen: Nicht länger darf und soll es in ihrer Stadt geschehen, daß bei Regen die Fuhrwerke bis an die Naben im Schlamm versinken, und daß die so beliebten Galoschen drin steckenbleiben! Die Fahrdämme müssen gepflastert, die „Trottoire" – so hießen damals noch die Bürgersteige –, müssen zementiert werden, und Häuser, Häuser, Häuser müssen gebaut werden wie noch nie. Neue Straßen entstehen, die Häuser aus glasierten Ziegeln, die Wohnungen hochherrschaftlich, jede mit Balkon und mit – Badezimmer. „So fein, o Jesus, so fein!"

Häuser, Häuser, Häuser! Südlich der Eisenbahn wächst die Neustadt, und es gehört sich, daß sie einen feinen Platz bekommt, mit Bäumen, Sträuchern, Blumen, gewalzten Wegen und Ruhebänken, wie die Altstadt schon lange den Wilhelmsplatz hat, wo das Kaiserdenkmal steht. Kaum geplant, so schon ans Werk gegangen, und auf wildem Wiesenlande, wo vorher nur Ziegen geweidet haben – „Denkt euch doch bloß: Ziegen in einer Stadt wie Kattowitz!" –, werden Bäume, Sträucher und Blumen gepflanzt, Wege angelegt, Bänke aufgestellt. Was für einen Namen gibt man dem neuen Platz? Einen patriotischen natürlich! „Blücherplatz soll er heißen!" Auch das neue Gartenrestaurant an der Ecke hat einen patriotischen Namen: „Zum Prinzen Heinrich". Und an Sommerabenden sitzen alte und neue Kattowitzer auf den Bänken des Blücherplatzes und hören bequem und umsonst vom Prinz-Heinrich-Garten herüber das Konzert einer prachtvoll federbuschgeschmückten Bergmannskapelle. Haben etwa die „Neuen", die aus Breslau, Stettin, Berlin und Köln am Rhein, schon je eine solche Kapelle gehört? Und gesehen?

Die „Neuen" haben vielleicht geglaubt, Kattowitz liege am Ende der Welt, und ein paar sollen sogar gefürchtet haben, es gäbe hier für ihre Kinder keine passenden Schulen? Über so was kann ein alter Kattowitzer bloß lachen! Schulen über Schulen gibt es hier: Erstens natürlich eine große Volksschule, in die freilich manche Jungens noch barfüßig gehen, aber nur die ganz armen, und das wird ganz bestimmt anders werden. Dann eine Mittelschule für Knaben; dort haben die Bengels dem Herrn Rektor den Spitznamen „Stumpelfresser" gegeben. Dann die Mittelschule für Mädels, dann, schon lange, eine Höhere Töchterschule und, ebenfalls schon seit Jahren, das Gymnasium. Im Jahre 1895 sind so viele „Neue" gekommen, und was tut Kattowitz? Es eröffnet die unterste Klasse einer zweiten höheren Knabenschule. Jahr um Jahr wird sie wachsen, und jeder mag es sich selber ausrechnen, im Jahre 1905 wird sie ihre ersten Abiturienten entlassen können. Vorläufig ist sie im Volksschulhause untergebracht, aber eines Tages wird sie ein großartiges eigenes Gebäude haben, natürlich in der Neustadt. Ja, so ist Kattowitz: Planen, gründen, bauen! Immer bauen, folglich braucht die Stadt eine eigene Baugewerkschule! Auch eine zweite katholische Kirche braucht sie; die evangelische reicht einstweilen noch aus. Und endlich braucht sie – es ist ein unbedingtes Muß – ein Stadttheater, und es wird florieren, wie alles in Kattowitz floriert; berühmte Schauspieler aus Breslau, Wien und Berlin werden Gastspiele geben, von weit und breit wird Publikum kommen, und es wird bald an der Zeit sein, den Bahnhof zu erweitern und zu verschönern, und auf die vielen Fremden, die da anströmen, sollten eigentlich so bald wie möglich keine Pferdedroschken mehr warten, sondern – Taxis. Kattowitz ist sich dieses schuldig, eine der modernsten deutschen Städte!

Ob schon damals jemand davon geträumt hat, daß dereinst Kattowitzer selber auf Gastspielreise gehen würden? Wie es wirklich geschah, als Professor Meister, der große Dirigent seines Gesangvereins, mit seinen Sängern und Sängerinnen einen großen Erfolg in – Berlin errang?

„Erzählt nur weiter, Brüder! Es ist so schön, sich zu erinnern!"

Und sie erinnern sich lächelnd an ein keckes, lokalpatriotisches Witzwort, das damals aufgekommen war: „Berlin – eine große Großstadt! Breslau – eine große Kleinstadt! Kattowitz – eine kleine Großstadt!"

Als Kinder hatten sie den Zauber ihrer „zweiten Heimatstadt" nur witternd gespürt und einfach geliebt. Jetzt wissen die alten Männer mit noch vertiefter Liebe schon seit langem das damals Gefühlte zu deuten und Worte dafür zu finden.

Mit ehrwürdigen Kathedralen, Burgen, alten Mauern, Torbögen, träumerisch murmelnden Brunnen und musealen Kostbarkeiten konnte Kattowitz allerdings nicht beglücken und begeistern. Es gab keine Patina dort, keine gehütete, in hundert Büchern gepriesene Vergangenheit, nur brausende Gegenwart, die an der Zukunft schuf. Es war keine nach alten Begriffen schöne Stadt, aber durch das Nebeneinander von Gegensätzen reizvoll, abenteuerlich und hierdurch auf eine neue Weise – schön.

Feudalität neben Kumpelarmut; patrizische Villen, aber auch „Bruchbuden", wo die Menschen im gleichen Raume mit der Ziege hausten, der „Kuh des kleinen Mannes"; Roheit neben liedhafter Innigkeit; Säufertum neben tiefer Frömmigkeit; Trödelläden in Kellern neben Geschäften für verwöhnteste Kundschaft; Kaschemmen, wo nur Kartoffelschnaps getrunken wurde, und dagegen vornehme Lokale, weithin berühmt, etwa durch ihren Tokajer, und andere berüchtigt als Spielhöllen ...

Und dann das scheinbar unversöhnliche, auch von uns Kindern schon bewußt empfundene Neben-, nicht Gegeneinander von Stille der Natur und industrieller Dynamik. Ergriffen sahen wir abends das geheimnisvolle Glimmen und Glitzern heißer Schlackenhalden oder die Funkenfontäne einer Eisenhütte, doch hoch darüber in herrlicher Lauterkeit den Sternenhimmel, vom „Qualm der Schlote" keineswegs verfinstert und erstickt. Oder wir gingen durch unsere taghellen Straßen und wußten: „Zur gleichen Stunde, tief unter uns, Hunderte von Metern tief, in den Stollen einer Kohlengrube arbeiten Menschen", und wir ahnten Geheimnis der Erde und fühlten wiederum: „Schönheit!"

Südlich der Stadt, sogar für Kinderbeine mühelos zu erwandern, begann schon Wald in grüner Meilenweite, und hie und da sahen wir Fördertürme mit ihrem bewegten Räderwerk, doch desto machtvoller nur wirkte ringsum der stille Wald, gar nicht zerrädert, zerstampft und zerglüht, und wir fühlten: „Schönheit!"

Zugegeben, wir hatten keinen Oderstrom hier, nur den schlammigen Rawabach, aber im nahen Dörfchen Brynow sahen wir zum ersten Male in unserem jungen Leben eine Quelle, die glasklar aus weißem, nicht kohlschwarzem Sande perlte: die Klodnitzquelle. In der Schule lernten wir, dies schöne, klare Wasser wandere zur Oder hin, wogegen wir über unsere Rawa erfuhren, sie fließe zur Przemsa, einem Nebenfluß der Weichsel, so daß mithin wir Kattowitzer in ein großenteils ausländisches Stromgebiet gehörten. „Ausländisch!" Ja, diese Przemsa, so erläuterte der Herr Lehrer, sei ein Grenzfluß, und gar nicht weit von Kattowitz liege ein lohnendes Ziel für den nächsten Klassenausflug, einer der interessantesten Punkte der ganzen Erde überhaupt, weil nämlich hier drei Kaiserreiche aneinander grenzten: das deutsche, das österreichische und das russische; dieser Punkt heiße „Dreikaiserecke", statt, wie es sprachlich richtiger wäre, „Dreikaiserreichsecke", doch habe sich, sagte der Herr Lehrer, der Fehler unausrottbar eingenistet, wie es nun einmal das Wesen solcher Fehler sei. Vier Wochen später erlebten wir, ohne an die „sprachlich richtigere" Bezeichnung auch nur ein Sekündlein zu denken, die Dreikaiserecke, dicht beim Städtchen Myslowitz. Erschüttert standen wir dort und blickten vom kaiserlich deutschen Boden zu kaiserlich österreichischem und zaristisch russischem Boden hinüber, und ein tüchtiger Werfer, wie beispielsweise jener Klassenkamerad, dessen Name sieben Konsonanten und nur einen Vokal enthielt, hätte bequem einen Stein über die Przemsa werfen können und – das Kaiserreich Rußland getroffen, das Riesenreich, das sich bis ans Nordpolarmeer und durch das ganze nördliche Asien erstreckte. Der Lehrer hatte es uns auf der Landkarte gezeigt, nun sahen, sahen wir es leibhaftig! Ungeheures Jugenderlebnis! Und siehe, ein Kohlweißling schaukelte sich über die Przemsa zu uns nach Deutschland herüber; er, er brauchte keinen Paß.

Wie müssen sich heute, wenn wir Rußland denken, unsere alten Augen in Sorge verdunkeln, und wie hell haben damals unsere jungen Augen geleuchtet, als sie es zum ersten Male sahen und nichts anderes fühlten, nur: „Herrliche, große Welt!"

Und noch ein zweites, noch tiefer ins Herz greifendes Erlebnis von „damals": Wir standen auf der Przemsabrücke bei Modrzejow. Genau über die Mitte war eine dicke Kette gespannt: die – Grenze! Jenseits, nur vier oder fünf Schritte von uns Schuljungen entfernt, stand ein Soldat des Zaren. Oh, was für ein ganz unbärbeißiger, freundlich grinsender Mann! Weiter hinten, an einem sanft ansteigenden Wiesenhange, preschten uniformierte Soldaten. „Kosaken", sagte der Lehrer, „vielleicht vom Dnjepr, vom Don, von der Wolga, vom Ural oder vom Kuban. Wir werden im Unterricht noch darauf zurückkommen." Schon die bloßen Namen berauschten uns, und wir waren so stolz, als hätten wir eine Weltreise gemacht. Abends, zu Hause, erzählte ich von dem Grenzsoldaten und von den Kosaken, und mein Vater sagte: „In Breslau hättest du so was nicht erleben können, ja, Kattowitz hat schon sein Gutes, so nahe, wie wir an Grenzen sind!"

Heute als alter Mann, selber ein Vater und Großvater, sage ich: „Jeder soll seinem Schicksal danken, wenn er an einer Grenze aufwachsen kann, denn er erlebt, daß eine Grenze zwar trennt, aber der Sehnsucht Flügel wachsen läßt, und er erlebt frühzeitig das Wichtigste: ‚Dort drüben steht ein Mensch so nahe, daß ich ihn atmen hören kann. Zwar ich verstehe seine Sprache nicht, und er versteht die meinige nicht, doch jeder weiß vom andern: Du bist ein Mensch wie ich, ein Mitmensch! Welche Freude: Ein Mitmensch!'" Ja, im Menschen, der an Grenzen lebt, regt sich von selber, wenn er nicht stumpfen Geistes ist, die Erkenntnis des Mitmenschentums. Hier waltet Erziehung zur – Humanität! Freilich, gerade wer an Grenzen lebt, kann auch an Irrlehrer geraten, die Eisenketten spannen zwischen Mensch und Mensch. Und nun drängt es mich, voll Dank zu bekennen: Ich hatte während meiner Kattowitzer Schülerzeit das Glück, vor dergleichen Lehrern bewahrt zu bleiben, und denke mit besonderer Ehrerbietigkeit und Liebe an zwei, an meinen einstigen Direktor Dr. Jakob Hacks, den späteren Stadtschulrat von Breslau, und an meinen damaligen Deutschlehrer Dr. Bruno Arndt.

Dieser wildlockenköpfige Direktor, der in seiner humorigen Art einmal sagte, der größte Fehler eines Pädagogen sei, unablässig erziehen zu wollen, hat uns trotzdem, und obwohl er in der keineswegs von allen geliebten Mathematik unterrichtete, in jeder seiner Stunden erzogen, freilich ohne weise Worte, nur durch sein Wesen, das uns überwältigte, weil er so klug wie gütig war. Ihm verdanken es einige seiner Schüler, daß sie, noch während ihrer Schuljungenzeit, sich auf der genannten Brücke von Modrzejow mit dem russischen Posten sogar in seiner Sprache unterhalten konnten, denn dieser damals vielleicht fortschrittlichste aller Schulleiter überhaupt, der ja gerade deshalb für Kattowitz wie geschaffen war, führte für die Klassen Obersekunda bis Oberprima den wahlfreien russischen Unterricht ein. Jahrzehnte später, an einem Maientag 1945, hatte ich besonderen Anlaß, meinem einstigen „Direx" dafür zu danken. Da saß ich nämlich, zusammen mit Hunderten, auf der „Reichsautobahn" bei Chemnitz, die damals die Grenze zwischen dem russisch besetzten und dem amerikanisch besetzten Deutschland war, schon seit Stunden von russischen Soldaten angehalten, und keiner von uns, die wir alle „ins Amerikanische" hinüberwollten, durfte weiter. Immer wieder bat ich den jeweils vorbeipatrouillierenden Posten, ob er denn nicht mich und meine beiden Kameraden laufen lassen könne, da doch unsere Familien auf der drübigen Seite wohnten; immer wieder war die Antwort: „Njet!" „Nein!" Dann kam ein Offizier auf dem Motorrad angebraust. Der Posten machte ihm Meldung, und der Offizier befahl: „Vortreten der Deutsche, der Russisch spricht!" Das war ich, ich, der einstige Kattowitzer Schüler! Ich trug dem Offizier meine Bitte vor, und das Wunder geschah, ich durfte weiter, ja, auch meine Kameraden durften mit, aber die andern alle, die Hunderte, mußten von der Reichsautobahn hinunter, nach „Deutschland" zurück. Einfach die Tatsache, daß ein Deutscher Russisch konnte, hatte den Sieger gnädig gestimmt. Auf amerikanisch besetztem Boden, der uns wahrhaft wie ein Land der Freiheit erschien, setzten wir drei uns zunächst einmal hin, so schwer waren uns die Beine nach all der Angst und Gespanntheit, und die Kameraden fragten: „Mensch, wieso kannst du denn Russisch?" Die stolze Antwort: „Weil ich in Kattowitz Pennäler war!"

Unserem Deutschlehrer Bruno Arndt aber verdankten die Kattowitzer Schüler etwas gleichfalls sehr Wesentliches: die Liebe zur Dichtung und den festen Glauben an Goethes Wort im „Torquato Tasso": „Und wer der Dichtkunst Stimme nicht vernimmt, ist ein Barbar, er sei auch, wer er sei." Und schließlich verdankten wir ihm die erste Begegnung mit einem lebendigen Dichter, denn er war – selber einer!

Lange hatten wir nicht geahnt, daß er „schrieb". Da brachte eines Tages einer die ungeheuer aufregende Neuigkeit in die Penne: „Im Schaufenster von Siwinna" – es war die Buchhandlung in der unsterblichen Grundmannstraße, – „ist ein Buch vom Arndt ausgestellt. Ein Zettel liegt daneben: ‚Der Autor lebt in Kattowitz'. Es gibt nur einen einzigen Bruno Arndt in der Stadt, es ist todsicher unserer!" Ob alle Kattowitzer damals so stark berührt waren wie seine Primaner? Es scheint mir fraglich, da es sich „nur" um Lyrik handelte, obendrein gar um „Sonette". Wir aber, wir waren erschüttert, und als wir an diesem Tage den Heimweg von der Penne durch die Grundmannstraße nahmen, geschah es diesmal nicht um der höheren Töchter willen, sondern nur, um ihn, ihn, „unseren" Arndt, zum erstenmal „zur selbigen Stund'"! Seit diesem Tage besangen die „Dichter", die wir in der Klasse hatten, ihre jeweils angeschwärmte höhere Tochter nur noch in Sonettform, so sehr war Bruno Arndt unser Vorbild. Wir ahmten ihn ja sogar in äußeren Dingen nach; wir ließen die Hände genau wie er ganz locker schaukeln, und wer das Glück genügenden Bartwuchses hatte, trug Koteletten wie er.

Später, als wir schon nicht mehr Schüler waren, erschienen unter dem Pseudonym Karl Bittermann zwei Romane von ihm, und zwar im gleichen weitberühmten Verlage, der auch Gerhart Hauptmann brachte, und als das Geheimnis gelüftet war, hatten wir den Triumph, sagen zu können: „Bei ihm, bei ihm haben wir Deutsch gehabt!"

Übrigens muß ich mit lokalpatriotischem Neide gestehen, daß er gebürtiger Beuthener war, doch die Stadt seines gewichtigsten Schaffens war Kattowitz, und als dort das so lange ersehnte „eigene Theater" gebaut war, hieß der Theaterkritiker – Bruno Arndt.

Im April 1906 hörte ich auf, ein „ganz richtiger" Kattowitzer zu sein; ich begann in Breslau zu studieren, natürlich die Fächer, in denen Bruno Arndt mich unterrichtet hatte: Deutsch, Englisch, Französisch, und nur noch während der Ferien war ich bei den Eltern in meiner zweiten Heimatstadt.

So lernte ich Breslau erst jetzt richtig kennen. Den kürzesten, so oft geschrittenen Weg, wenn ich ins Kolleg marschierte, von meinen ersten drei „Buden" aus, bin ich im Traume seither schon manchmal wieder gegangen: Dom, Kreuzkirche, Dombrücklein, Sandkirche, Universitätsbibliothek, Sandbrücke, rechtsum und die Oder entlang, dann durchs Kaisertor, und wenn ich schließlich am herrlichen Portal der Universität war, so hatte ich eine festliche Wallfahrt vollbracht, von großartiger Gotik her zu großartigem Barock, und im Antlitz meiner ersten Heimatstadt die edelsten Züge gesehen. Meine letzte Bude lag im Großstadtgetriebe, nicht mehr in so stiller, frommer Gegend, und war dennoch die geliebteste all meiner Buden, nämlich ein – Maleratelier! Genaugenommen allerdings der einstige Trockenboden hoch unterm Dach eines Hinterhauses, dessen sämtliche, ursprünglich als Wohnungen gedachte Räume nur noch als Warenlager dienten. Der einzige richtige Bewohner war also ich – Monatsmiete 18 Mark. Ich hatte das Atelier, samt allem recht unbürgerlichen Mobiliar, von einem Maler übernommen, der nach Paris zog, und hatte so überreichlich Raum, daß ich ihn durch einen dunkelblauen Sackleinenvorhang halbierte; auf einer Seite die Küche mit Wasserleitung und einem Spirituskocher, auf der anderen Seite das „Wohnzimmer" mit einem „Kanonenofen", einer Liege, einem Goethebild, einem schönen Farbdruck der Venus von Giorgione und mit den ersten Bänden jener Bibliothek, die ich im Jahre 1945 für immer verlor. In schräger Wand günstigerweise drei Bodenluken, insgesamt beinahe ein – Atelierfenster. Keine Gardinen, statt ihrer aber bunte Löschblätter an den oberen Lukenkanten. Sonne genug strömte herein, mehr, als tief unten die Hutmacherinnen hatten, die bei schönem Wetter im Hofe zu ihrer Arbeit sangen. Sonne genug, früher für den Maler und nun für seinen Nachfolger, für einen, der „schrieb". Auch von dieser letzten meiner Buden träume ich manchmal und in ihr ließ ich später meine erste gedruckte Erzählung spielen: „Die vergessene Wohnung".

Nach bestandenem Staatsexamen für das „Lehramt an höheren Schulen" wurde ich „Seminarkandidat" am Gymnasium zu Königshütte, und dies sollte die Zeit des Abschieds von Oberschlesien sein. Ein halbes Jahr später kam ich ans Gymnasium in der Taschentuchstadt Lauban, und wiederum zwei Jahre, so wurde ich, im Jahre 1913, „festangestellter Oberlehrer" – das Wort „Studienrat" wurde erst später erfunden – an der Realschule IV in – Breslau! So war ich, wenigstens wähnte ich es, für immer in meine erste Heimatstadt zurückgekehrt.

Für immer? Dieses „für immer" währte nur bis 1945, und meine „Festangestelltheit" gar ging schon im Jahre 1933 zu Ende, weil ich für den neuen, deutschen Geist als Jugenderzieher nicht tragbar war, auch als Schriftsteller schwere Jahre lang nicht mehr tragbar. Vom gleichen neuen, deutschen Geist auch wurde meiner schon lange zur Vollanstalt entwickelten und nach Gerhart Hauptmann benannten Oberrealschule die schmähliche Pflicht auferlegt, fortan „Horst-Wessel-Oberrealschule" zu heißen. Zwanzig Jahre lang hatte ich unterrichtet.

Glücklich, wer damals Freunde hatte. Mir war dies Glück beschieden. Wir waren eine kleine „Künstlerbande", wohnten in der Vorstadt Scheitnig, nahe am herrlichen Park, und tagten oder nachteten in der Kneipe hinter der Fürstenbrücke. – „Restaurant" zu sagen, wäre Fälschung. – Fünf Künste waren an unserer Tafelrunde vertreten: Malerei, Musik, Bildhauerkunst,

Architektur und Dichtung, und da wir uns „Republik Scheitnig" nannten, hatte unser Poet eine nach der Melodie des Deutschlandliedes singbare „Nationalhymne" verfaßt:

Scheitnig, Scheitnig ist die frei'ste
Republik des Erdenballs,
Nur beherrscht vom heiligen Geiste
Eines ewigen Karnevals.

Zwei Verse aber lauteten bedenklich:

Frei von Masse, Rasse, Hasse,
Nur vom Geiste sind wir niemals frei ...

Oh, uns trotz schon vorgerückten Alters so jungenhaften Republikanern wurde immer weniger karnevalistisch zumute, und als der Krieg kam, verstummte die Hymne für immer. Um nochmals Soldaten zu werden, waren wir alle schon zu alt, aber am 28. August 1944, gerade an Goethes Geburtstag, wurde ich trotzdem noch Kriegsmitwirker, wenn auch nur ein mittelbarer, nämlich – Kupferschmied im Flugzeugbau der Breslauer Junkerswerke. Man nannte diese Verwendung von Menschen meiner Sorte den „Einsatz der Intellektuellen". Ich muß wohl gar zu intellektuell gewesen sein, denn als die Junkerswerke um die Jahreswende nach Dessau übersiedelten, gerade während ich krank lag, ließen sie für mich keinen Befehl zurück, auch weiterhin mitzuwirken. Ein freier Mann wurde ich trotzdem nicht, und als meine Frau mit den Kindern am 21. Januar 1945, dem für so viele Breslauer unvergeßlichen Schmerzenstage, abreisen mußte, bei eisiger Kälte in einem halb demolierten Zuge, war ich, als noch nicht 60jähriger, weiterhin verpflichtet, in der „Festung" zu bleiben, und erhielt von der Ortsgruppe den Befehl, mich am 25. „zwecks ärztlicher Untersuchung" im Volksschulhause an der Lohestraße einzufinden.

Seltsam, welche Rolle dieses Schulhaus dreimal in meinem Leben gespielt hat! Dort hatte ich von 1894 bis 1895 mein Jahr als Abc-Schütze abgedient, dort im Jahre 1915, nach der in Reichenbach im Schnellverfahren erfolgten Ausbildung zum Infanteristen, bis zum Transport an die Ostfront, ein paar Wochen kaserniert gelegen und nun, 30 Jahre später, stand ich wieder im gleichen Hause. Der ärztliche Befund: „Aufgebot IV." Ich wurde dem Herrn Ortsgruppenleiter zu weiterer Verwendung „überstellt". Er hatte keine für mich .Vermutlich war ich von den vier Monaten der Zwölfstundentage als Kupferschmied und später Schlosser bei Junkers doch gar zu arg mitgenommen und sah wahrscheinlich entsprechend aus. Ich durfte die Festung verlassen, mein Ziel war Görlitz, wo ich die Meinigen wußte, und am 30. Januar konnte ich in mein Tagebuch schreiben: „Das kaum noch Erhoffte ist Wahrheit geworden: Ich bin bei Hanne und den Jungens.“ Kurzes Glück! Frau und Kinder mußten aus dem überfüllten Görlitz weiter und wollten versuchen, bis ins Bodenseeland zu kommen, wo sie – vielleicht – bei meinen Verwandten mütterlicherseits Aufnahme fänden. Ich aber wurde Görlitzer Volkssturmmann, allerdings ein sehr ungefährlicher; ich hatte im Büro unserer „Einheit“ die Schreibmaschine zu bedienen und nachts auch manchmal Posten zu stehen, vor der Gartentür der Villa, wo unsere feine „Einheit“ im Quartier lag. Kein schwerer Wachdienst, denn es war ja ein milder Frühling ohnegleichen. Die Russen näherten sich so bedrohlich, daß es für die „Einheit“ hohe Zeit wurde, sich „abzusetzen“, und wir trotteten los, wir Unsoldaten, anfangs noch unter Kommando, bis unser Kommandeur als erster seines eigenen Weges ging und uns das Gleiche zu tun empfahl. So zogen wir einzeln oder auch zu zweien oder dreien, jeder dorthin, wo er hoffen konnte, seine Familie zu finden. Und ich trat die längste Fußwanderung meines Lebens an und fand – unendliche Freude – meine Frau und die Kinder in der schwäbischen Heimat meiner Mutter. Ich war also nicht Zeuge geworden des Untergangs von Breslau wie ich auch den Untergang von Kattowitz nicht selber miterlebt hatte.

Bin ich denn nun am Ende meiner Erinnerungen an Schlesien, insbesondere der Erinnerungen an meine zwei Heimatstädte? Betroffen erkenne ich, daß ich von Breslau nur wenig berichtet habe, gerade von dieser Stadt, wo ich den längsten Teil meines Lebens verbracht habe, wo vier von meinen fünf Kindern geboren wurden, wo ich zwanzig Jahre lang den Lehrerberuf ausübte, wo ich die Mehrzahl meiner Bücher schrieb und wo ich meine besten Freunde hatte?

Aber ich glaube zu wissen, was mich bewog, von meiner zweiten Heimatstadt mehr zu erzählen als von meiner ersten: weil mir Kattowitz vergleichbar erscheint einem schuldlos in Not geratenen, sehr geliebten Menschen, dem nur wenige zu Hilfe kommen, weil nur wenige von seiner Not etwas wissen.

Um Breslau trauern Hunderttausende, in denen persönliche Erinnerung lebt und bis zum Tode leben wird; um das viel kleinere Kattowitz naturgemäß nur Zehntausende, das heißt, die Gefahr, dem Bewußtsein und – dem Gewissen der Deutschen zu entschwinden, ist für Kattowitz weit größer als für die seit Jahrhunderten schon genannte und gerühmte schlesische Hauptstadt. Das wird mir immer aufs neue bestätigt durch die zahlreichen Begegnungen mit ehemaligen Breslauern und die leider nur seltenen mit einstigen Kattowitzern. Ein Beispiel für die einen und eines für die anderen Begegnungen mögen das Ende meiner Erinnerungen sein: Ich habe irgendwo vorgelesen, da tritt nach der Lesung ein fremder Herr an mich heran, den ich auf gute fünfundfünfzig schätze, und blickt mich sonderbar, fast kindlich befangen, zugleich auch mit sonderbarer Herzlichkeit an. „Ich freue mich ja so, Sie wiederzusehen! Erkennen Sie mich nicht wieder?“ Nein, ich erkenne ihn nicht, meine Augen sind alt geworden. Und dann sagt er ein Wort, das mir die Augen plötzlich verjüngt, nur das Wort „Gerhart-Hauptmann-Oberrealschule!“ „Wie? So sind Sie . . .?“ „Freilich, ein ehemaliger Schüler von Ihnen, ich bin der . . .“ Und er nennt seinen Namen, und, ja, ich erinnere mich, sogar die Bankreihe weiß ich noch, wo er saß. Und er wieder weiß, daß er einmal im deutschen Aufsatz „gut“ bei mir hatte, daß aber in einem andern am Seitenrande das mit roter Tinte zornig „hingehauene“ Zeichen „L“ gestanden hat. Es war die, wie ich glaube, von keinem andern Deutschlehrer gebrauchte Abkürzung für „Laberei“, für Weitschweifigkeit, für leeres Gerede. Und jetzt, beim Aussprechen des Wortes „Laberei“, müssen wir beide lachen, weil es ein so wundervoll schlesisches Wort ist, jedoch in diesem Lachen klingt ein dunkler Ton.

„Ja, unser Breslau!“ sagt er leise, und hierfür wahrlich verdient er ein zorniges „L“ auf keinen Fall, denn kürzer lassen sich Liebe, Trauer und unbeirrbare Treue nicht ausdrücken.

Und eine ähnliche Begegnung, wie sie mir aber selten geschieht: Eine fremde Frau spricht mich an und sagt sofort, sie habe mich noch nie gesehen, ist aber zutraulich, als seien wir von Kindheit an befreundet. „Sie sind doch der, der den Roman über Kattowitz geschrieben hat, was?“ „Ja.“ Und dann sprechen wir von Kattowitz, wie ich es vor mehr als fünfzig Jahren, und wie sie es bis zur Flucht im Jahre 1945 kannte. Zuletzt, beim Abschied, sagt sie drei Worte: „O Jesus, Kattowitz!“ Liebe, Trauer, Treue.

Wer mich nach meiner Heimatstadt fragt, dem muß ich antworten: „Ich habe zwei Heimatstädte.“ Wenn jemand mich aber nach meinem Heimatlande fragt, antworte ich mit einem einzigen Namen, weil er für beide Städte gilt:

„Schlesien.“

Hans Niekrawietz

THALATTA – DIE ODER

Meine Erinnerung an die Oder hat Flügel, die mich jederzeit heimwärts tragen können, im triumphalen Gefühl des Sieges über Zeit und Raum. Sie ist die „Luftbrücke" der Sehnsucht, die Mittlerin zur Vergangenheit, die noch lebendig in die Gegenwart wirkt und die teuren Bilder der Heimat bewahrt.

Gelobt sei die Erinnerung! Sie verleiht mir die innere Flugkraft, die mich schwerelos davonträgt und ins Land meiner Jugend zurückversetzt, zum Oderstrom, der wie vor Zeiten durch die stille Ebene fließt. Durch sie vermag ich noch immer zu sehen: den schwebenden Reiher über dem Strom, den kreisenden Bussard über dem Oderwald, die Gleitflüge der Möwen und Uferschwalben, die über dem glitzernden Wasser ihre kunstvollen Schleifen ziehen. Mitunter streift ein Flügel die ziehende Flut, die in der Sonne wie von goldenen Funken sprüht. Die Luft ist erfüllt vom herben Geruch des Wassers, der Uferwiesen und Eichenwälder, deren Schatten in den Strom fallen und ihn auf weite Strecken begleiten.

Gelobt sei die Erinnerung! Sie ist das scharfsichtige Auge, das aus der Ferne die Dinge vielleicht noch deutlicher zu sehen vermag, die mir ein allzu gewohnter Anblick gewesen sind, wie die Gestalten der Eltern und Geschwister, der Nachbarn und Gespielen.

Das bäuerliche Anwesen meiner Eltern stand an der westlichen Peripherie der alten Regierungsstadt Oppeln, unweit der Oder, zu niedrig gelegen, zu nahe dem Strom, der in Regenzeiten bedrohlich anschwellen, die Dämme brechen und rings alles Land überschwemmen konnte. Das war die Sorge und fast abergläubische Furcht des Oderbauern, dem Knaben aber willkommenes Abenteuer, düster heranwachsend und alphaft bedrückend gleich dem Nachtgespenst „Mora", vor der wir Kinder uns ängstigten und die Erwachsenen sich heimlich bekreuzigten. Die Überschwemmung war selbst die „Graue Mora" geheißen, die nach wolkenbruchartigen Regenstürzen sich über Nacht an unseren Oderhof heranschlich, heranleckte, und morgens, bei Tageslicht, war ringsum alles ein weiter See geworden, in welchem der Garten, die üppigen Wiesen und Getreidefelder plötzlich versunken waren. Nur einzelne Gehöfte, wie auch das unsere, erhoben sich aus den gelblichen Fluten. Östlich lag Oppeln, gleich einer umspülten Insel, südlich, auf erhöhter Bahnstrecke, sah man die Züge in Richtung Breslau fahren, und in meiner kindlichen Phantasie glaubte ich, sie führen geradezu auf dem Wasser dahin.

In der Schule erzählte der Lehrer von „Vineta“, der untergegangenen, sagenhaften Stadt auf der Ostseeinsel Wollin, und ich weiß nicht mehr, ob er damit die Überschwemmung der Oder vergleichen wollte. Nur das Wort „Vineta“ schwang noch lange in mir nach.

Die Überschwemmung war zum Glück im Unglück weniger folgenschwer als der Untergang jener Stadt. Nach wenigen Tagen verebbte das Wasser – die vielen Gebete und Fürbitten der Oderbauern vor Kerzenlicht und Heiligenbildern hatten, wie sie glaubten, Erhörung gefunden. Die Graue Mora habe sich, wie es hieß, zu ihrem Wassermann Utoplec hinter den verschlammten Weidengebüschen ins Flußbett der Oder zurückgezogen. Nur Geruch wie von Verwesung hatte sie hinterlassen, morastig waren Gärten und Felder, und die vordem schon erntereife Frucht war nun faulig geworden und teilweise verdorben. Später, beim Dreschen des Getreides, quoll eine undurchdringliche Staubwolke aus der offenen Scheune, und es war nur verwunderlich, daß Vater und Bruder, die darin den Drusch bewerkstelligten, nicht erstickten.

Bedrohlich wie ein vorsintflutliches, ungeheures Tier war die Oder für mich, aber auch voll lockender Abenteuer und Geheimnisse, wenn sie wieder ruhig dahinfloß, harmlos, als lauerte kein Unheil in ihrer verborgenen Tiefe. Ihr äußeres Gesicht hatte ländlich-idyllische Züge, soweit es nicht sachlich-geschäftigen Charakter erhielt. Noch sehe ich ihren bedächtigen, gewundenen Lauf, die Schiffe auf ihrer leicht gekräuselten Fläche und auf sacht ansteigenden Uferwiesen die träg-beweglichen Flecke: die Kühe, die ich zu hüten hatte, doch manchmal auch über den Spielen mit den Schulkameraden vergaß.

Bis in den Herbst hinein zog ich mit meinem Vieh – zumeist vier Kühen und manchmal noch einem Kälbchen – an den nahen Fluß, und eines Tages befand ich mich ausnahmsweise allein auf der Wiese, und es war so still, daß ich das Flüstern der Weiden hörte, die sich im Winde über dem Ufer bewegten. Der Nebel machte sie nahezu unsichtbar, ebenso wie ich im graufeuchten Dunst kaum die Kühe mehr zu erkennen vermochte.

Da überkam mich eine eigene Furcht, und mir schien, als nähere sich mir eine seltsam hüpfende kleine Gestalt: wahrhaftig der froschbeinige, grüngesichtige Utoplec, der Wassermann! Ich glaubte sogar, ihn sprechen zu hören. Er besaß eine krächzende und dennoch einschmeichelnde Stimme und sprach wie beschwörend auf mich ein, ihm zu folgen: „Komm mit mir in die schöne Wasserburg meiner Mutter, der weisen Odrabil, drunten im Fluß – komm!“

Und schon umfaßte er mich, um mich sacht zum Ufer zu ziehen: „Bei uns sollst du es schöner haben als ein Königskind. Den ganzen Tag kannst du mit Gold und Edelsteinen spielen in einem Stübchen von lauter Nephrit. Und abends, zur Melodie des Wassers, singen wir das schöne Lied, das mich Odrabil lehrte. Willst du es hören?"

Und der Wassermann sang es mir vor. Oder war es der Wind, der plötzlich aufgekommen war? Er wehte mich beinahe um, oder war es Utoplec, der mich zum Rande des Ufers gezogen, wo das Wasser strudelte und gurgelte wie ein in der Tiefe erstickter Schrei ...

Oder schrie ich selber auf und schlug mit dem Stock, mit dem ich sonst die Kühe antrieb, auf den Wassermann ein, blindlings und mit letzter Kraft?

Wenig zartfühlend lachte der Vater nachher den „Gespensterseher" aus. Tatsächlich war unweit der Stelle, an der ich's erlebte, dann nur eine Vogelscheuche zu sehen, die schief und von Stockschlägen zerfetzt am Feldrain stand. „Und das wird wohl dein Utoplec gewesen sein", meinte der Vater und schüttelte fast mißbilligend den Kopf. Aber die fromme Mutter sah mich nur in liebevoller Besorgnis an und schlug heimlich ein Kreuz.

Dies Erlebnis am Fluß blieb mir lebenslang haften, und das Lied des Wassermanns flog mich vom Fluß her überall an. Und es war, als wüßte ich ein Geheimnis, das mich von nun an mit der Oder für immer verband.

Sie selbst aber, das „Bauernweib", wie sie Paul Keller genannt, und was ich wenig zartfühlend fand, sie wanderte gleichmütig durch Äcker und Fluren, auf dem Rücken die schwere Fracht der Schiffe, die manche Schleuse und Brücke zu passieren hatten, bevor sie freiere Fahrt gewannen. Dies lebendige Bild der Oderschiffahrt ist mir, nächst dem der Überschwemmung, besonders erhalten geblieben, denn ich selbst stand viele Male dort auf der Oderbrücke in Oppeln, „Jahrhundertbrücke" genannt, gelehnt übers Eisengeländer, um drunten die vorüberziehenden Schiffe zu betrachten. Verloren in ihren Anblick konnte ich Schule und Pflichten vergessen. Schiffe waren etwas ungemein Abenteuerliches für mich und erweckten die Ahnung in mir von der Freiheit der großen Welt, die ich sonst nur in Büchern auf Segeln und flatternden Wimpeln leuchten sah ...

Gewaltige Schiffe waren es im Vergleich zu unserer „Martätsche", dem Holzfloß auf dem Teich hinterm Garten. Aber hier – es war nicht zu fassen – was auf dem strömenden Wasser sich alles begab! Langsam kamen sie heran, die mächtigen Dampfer, kippten den rauchenden Schornstein zurück, verschwanden dann unter der Brücke, und an der anderen Seite, wohin ich mit anderen Jungen geschwind lief, tauchten sie bald wieder auf und fuhren, schwer beladen mit oberschlesischer Kohle, talwärts davon. Es hieß, daß der Inhalt eines ganzen Güterzuges in solch einem Kohlenkahn Platz habe.

Die Oderschiffahrt war ein höchst wichtiger Faktor im gesamten Wirtschaftsleben. Einst verhandelten ein paar Direktoren der Reichsbahn und der Oderschiffahrt in tariflichen Dingen miteinander, und da verkehrswirtschaftlich zwischen beiden Parteien ein scharfer Konkurrenzkampf bestand, ließ sich im Eifer einer langen Rede der Reichsbahndirektor Katter zu dem später geflügelten Worte hinreißen: „Meine Herren, die Schiffahrt ist eine Natter an der Brust der Reichsbahn!" Wobei der unfreiwillige Reim Natter auf Katter noch eine Doppelpointe ergab.

Aber die Oderschiffahrt entwickelte sich nach eigenem Gesetz und durch die Dynamik der ständig wachsenden oberschlesischen Industrie, und die Kohlenkähne waren von der Oder nicht fortzudenken. Sie konnten ihre Ladungen fast unmittelbar im Industriegebiet aufnehmen, denn schon Ende des 18. Jahrhunderts wurde die Oder durch den Klodnitz- und Stollenkanal mit dem oberschlesischen Bergbau verbunden. In pontonartigen Kähnen schwamm die Kohle bereits unterirdisch mit der Strömung des Grubenwassers aus dem Feld der Königin-Luise-Grube in den Stollenkanal hinab bis Gleiwitz. Dort, in Klodnitz-Kanal-Kähne verladen, zog die Kohle zur Oder und nun in langen Schleppzügen vom Coseler Oderhafen zu Tal. Schwedisches Erz trug der Strom von Stettin her zu Berg.

Wir Schuljungen hatten nur Spaß an den ankommenden Schiffen und frech riefen wir manchmal hinab: „Schifferkolle (Schifferkarl), haste Grund?" Aber die Schiffer beachteten uns nicht, und schon kamen neue Dampfer und Kähne heran. Buntfarbig leuchteten ihre Rümpfe, und bunt waren auch die Blumen, die in den Holzkästen über der Kajüte den ganzen Sommer blühten. Und während die Schiffersfrau unbekümmert ihre Wäsche an die Leine hängte, bellte ein Hündchen zu uns hinauf.

Stolze Namen hatten die Dampfer, ich erinnere mich ihrer noch heut: „Neptun" oder „Merkur", aber auch Städtenamen wie „Breslau", „Glogau", „Ratibor", und auch den meiner Heimatstadt Oppeln registrierte ich mit Befriedigung. Dahinter im Schlepptau die Kähne, die Lastenträger der Schiffahrt, trugen nur die Namen ihrer Besitzer, aber kleiner und bescheidener firmiert, zum Beispiel Gabor und Zajons oder Kluge und Mehl: Namen angesehener Schiffseigner-Familien, Patrizier unter den vielen Privatschiffern, die sich durch Generationen sparsam und mit viel Fleiß und Können zu Schiffsbesitzern heraufgearbeitet hatten. Erst später erfuhr ich, was ein „Schifferkolle" für ein wetterfester, disziplinierter und dabei gescheiter Kerl sein mußte, um als Bootsmann oder Steuermann oder gar als Kapitän seinen Mann stehen zu können. Ja, sogar die Schiffersfrau übernahm im Notfalle das Steuer, und es war kein Fall von Havarie unter weiblicher Führung bekannt geworden.

Vielfach waren die Schiffseigner gleichzeitig auch Bauern, Männer am Steuer wie am Pflug. Ihr Ziel, das sie nicht selten erreichten, war immer Wohlstand zu Wasser und zu Lande. Wohl liebten sie die feste Erde, die Uferwiesen und Ackerbreiten am Strom, doch ihre Vorliebe galt immer dem Fluß, den sie zu gewinnen und zu beherrschen wußten, vom Schiffsjungen mit leerer Hosentasche bis zum Schiffseigner oder gar Reeder und Werftbesitzer mit Niederlassungen und Kontoren. In diesen Schiffahrtsbüros, in Cosel-Hafen, Oppeln, Breslau bis nach Stettin, dort liefen die Fäden zusammen, die sich nach außen organisatorisch und praktisch verwoben, so daß die Oderschiffahrt mit der auf westlichen Flüssen verkehrstechnisch und wirtschaftlich Schritt zu halten wußte, ja mit mancher Neuerung ihr vielleicht überlegen war.

In diesem Zusammenhang sei nur auf die segensreiche Einrichtung der „Frachtenausschüsse" hingewiesen, deren Urheber aus Breslau stammte: Direktor Dr. Albert Rüschowski, dem die Technische Hochschule zu Breslau um seiner großen Verdienste willen, die er sich um die Binnenschiffahrt erwarb, den Dr. h. c. verlieh. In diesen Ausschüssen werden die Frachtpreise zwischen der Schiffahrt und dem Ladungsgeber kalkuliert und miteinander festgelegt. Inzwischen ist die Oder-Erfindung der Frachtenausschüsse gesetzlich festgelegt und im deutschen Binnenverkehr allgemein eingeführt.

Die Oder war freilich noch ursprünglicher, naturhafter, und ihre Schiffahrt nicht so hochtechnisiert und „entseelt" wie jene im westdeutschen Kanalsystem an Rhein und Ruhr und Ems. Aber sie war die gemäße und durch eigene (teilweise noch projektierte) Kanäle weltverbundene Verkehrsader des deutschen Ostens. Sie war der wälderreichste deutsche Strom, und wer sein stilles, weltabgeschiedenes Wesen begriff, der wurde reichlich belohnt und beglückt. Gleichwohl war die Oder nicht nur Idylle, sondern dem Fortschritt erschlossen, doch blieb die Entwicklung der Schiffahrt hier noch im Einklang mit der schlichten Schönheit der Landschaft.

Östlich zogen bunte Kähne
schwer von Kohle auf dem Oderlauf.
Und es drehten sich die ersten Kräne,
Dampfer reckten ihre Schlote auf.
Silos wuchsen aus dem Grund der Erde,
Werften dröhnten in dem großen Lied
von des Menschen Aufstieg und Beschwerde
und der Zeit, die wie der Strom entflieht.

Viele Dampfer und Frachtkähne und Eisenbahnzüge durcheilten täglich die alte Regierungsstadt Oppeln. Sie war Oberschlesiens Tor und wurde die

„weiße Stadt" genannt, wohl wegen des Zements, der sich von den Fabriken am Stadtrand verstäubte, aber sie war auch die „grüne Brückenstadt" mit ihren Parkanlagen, vor allem mit ihrer weitläufigen, westlich der Oder gelegenen schönen Bolkoinsel.

Von hier aus schien der östliche Hauptteil der Stadt wie in Grün getaucht. In nördlicher Richtung erhob sich – vertrauter Anblick – der wuchtige Turm des burgartigen Piastenschlosses, einst Residenz der oberschlesischen Herzöge, die von 1163 bis 1532 regierten, und denen weite Ländereien im Südosten und über die späteren oberschlesischen Grenzen hinaus unterstanden.

Dem Piastenschloß gegenüber, am rechten Ufer des Mühlgrabens, lag bildhaft die Altstadt mit ihren Schrägdächern und Türmen: die ehemalige Minoritenkirche, in der allein elf Angehörige der Piasten ruhen, links inmitten der barocken Ringhäuser das weiße Rathaus, dahinter im ältesten Stadtteil die Bergelkirche, als höbe sie sich auf Zehenspitzen zum Himmel, und zur Linken die zweitürmige Kreuzkirche, wieder nahe der Oder, die nördlich die Stadt verläßt.

Dort floß sie an der großzügigen Anlage des örtlichen Hafens vorbei. Schon von weitem sah man das Verwaltungsgebäude der Oppelner Hafen-A.G., deren Gründer und Initiator Verkehrsdirektor Franz Fieber gewesen ist. Der geschäftsführende Direktor der Oppelner Hafen-A.G. aber war Konrad Langosch, einer der besten Männer der Oderschiffahrt überhaupt. Der Oppelner Hafen war bis 1945 der einzige Binnenhafen Deutschlands, der neben der Schiffahrt einen Getreidesilo (15 000 t) und ein Kühlhaus besessen hat. Allen anderen deutschen Binnenhäfen fehlte entweder der Silo oder das Kühlhaus oder zumeist beides.

War hier der Geist der Neuzeit am Werk, so konnte man in der Altstadt Oppelns Vergangenheit nachgehen. Vom Ringe aus gelangte man in wenigen Minuten zur Terra sancta der Stadt, die breite Freitreppe empor, sah zur Rechten das alte Dominikanerkloster, betrat die barocke Bergelkirche, wandte sich dann ihr gegenüber zum wuchtigsten Massivbau der Altstadt, der um 1500 das Stadtschloß der Grafen von Proskau gewesen, später Bildungsstätte der Jesuiten und in der Neuzeit städtisches Museum und Stadtbücherei.

An die Befreiungskriege erinnerte die Jahrhundertbrücke, die von der Altstadt zur Odervorstadt führte und 1945 zusammenstürzte, als sei mit ihr die Zeit ohne Zukunft abgebrochen. In meiner Erinnerung freilich ist die Brücke noch immer vorhanden, und immer noch sehe ich mich an ihrem Geländer lehnen und Dampfer und Kähne betrachten, voll sehnsüchtiger Ahnung von Ferne und Freiheit. Denn dies war schon mein früher Knabenwunsch: mit einem von ihnen selbst einmal fahren zu können, weit fort, unbekannten Gegenden und Städten entgegen.

Aber ein halbes Menschenalter später erst sollte mein Wunsch in Erfüllung gehen, und es war ein großes Erlebnis, das mir in allen Einzelheiten noch so gegenwärtig ist, als sei es gestern gewesen und nicht auch schon viele Jahre her. Ich kann sie deshalb auch nur in der Gegenwartsform schildern, diese unvergeßliche Oderfahrt, die sich sonst nur in Gedanken oder im Traum wiederholt. Doch immer noch stehen mir ihre Bilder vor Augen in scharfer Belichtung und mit minuziöser Genauigkeit.

„Thalatta, Thalatta!" rufen wir – mitfahrende Freunde und ich – in übermütiger Abwandlung jenes Ausrufes der Griechen, als sie nach langer Wanderung das Schwarze Meer erblickten. Unser „Meer" ist die Oder und unsere Wanderung der Alltag, von dem wir uns durch diese Wasserfahrt erlöst fühlen. An vorübergleitenden Ufern vertönt der Lärm, und das innere Ohr, das lange ertaubt gewesen, vernimmt des Stromes ewiges Wanderlied.

Dunkeltöniges Lied, das mich überall anweht, da uns das Oderschiff talwärts hinabträgt, inmitten der reichen, blühenden Landschaft, die fern von Zeit und Zeitgeschehen noch in einer Welt des Friedens geborgen scheint.

Fast unwirklich, sie an sich vorübergleiten zu lassen, sie für eine Weile in stiller Betrachtung besessen zu haben und schon wieder anderes zu empfangen, wie ein Kind die Fülle der Eindrücke aufnimmt und sie gleich über neuen Bildern „vergißt". Aber es gibt kein Vergessen, nur ein Verblassen, und wie verjüngende Morgenröte steigt die Erinnerung aus der Seele und erfüllt die verblaßten Bilder mit neuen Farben und Tönen und erhebt sie als höhere Wirklichkeit über alles Vergängliche.

Und wäre ich blind und taub: ich hörte noch die Stimmen des Flusses – das leise Gemurmel der Wellen, das Geflüster der windbewegten Weidenbüsche am Ufer, das leise Rauschen des Wassers, das am Bug des Schiffes verschäumt und sich wie flüssiges Silber verliert. Und ich sähe noch immer das winkende Mädchen dort und die gelassenen Bewegungen des Bauern, der gerade seine Sense wetzt und dann gemächlich mähend über die Wiese dahinstapft; und den kreisenden Reiher über dem Fluß, hoch im Blauen, wo Lämmerwolken wie rosige Schwämme über den Himmel gleiten.

Wir lassen die Gartenstadt Brieg hinter uns und Ohlau mit dem „Goldenen Tod", der vom Rathausturm seine Sense schwingt, und nahen uns Schlesiens Hauptstadt: Breslau. Aber es scheint ein anderes Breslau zu sein als die Großstadt, die der D-Zug erreicht. Eine Stadt, die der ebenen Landschaft zugehört und selbst eine Stadt-Landschaft ist mit ihren weiten Parkanlagen und Plätzen, nahe des Oderstroms, der die Stadt wie eine Geliebte umarmt, und den sie in sichere Ufer säumt und mit prächtigen Brücken schmückt.

Und wüßte man's nicht, so ahnte man doch, worin ihre Größe besteht: Nicht in den Hochhäusern der Neuzeit und selbst im gewaltigen Kuppelbau der Jahrhunderthalle nicht, vielmehr in der Geistigkeit und Gestaltungskraft der Vergangenheit, wie sie sich in den kunstvollen und ehrwürdigen Gebilden des Domes und des herrlichen, spätgotischen Rathauses bezeugen, den erhabenen Wahrzeichen der Stadt.

Alte Patrizierstadt mit ihren Messen und Märkten, von denen Jahrhunderte künden. Länderverbindendes Handelszentrum, Durchgangspunkt auf jener „Hohen Straße" von altersher.

Stadt der guten Gaben, letzte Völkerbrücke
und nach Süd und Ost Europas offenes Tor.
Und zerfielen Länder rings in Stumpf und Stücke,
aus Zerstörung und erneutem Glanz und Glücke
hoben deine starken Mauern sich empor.

Stadt der Wissenschaft mit ihren Seminaren und ihrer gerühmten Alma mater, dem hohen Barockbau der Universität. Stadt mit den himmelanstrebenden Türmen: aus Bränden und Kriegen immer wieder erstanden und endlich (schon bis zum Ersten Weltkrieg mit 540 000 Einwohnern) zur Großstadt gewachsen, und gleichwohl verharrend in der sakralen Beständigkeit ihrer Kirchen und Klöster und der barocken Pracht ihrer Profanbauten, der vornehmen Bürgerhäuser und Bauten eines Langhans und Poelzig.

Von dieser Stadt vermochte man sich, wann immer man sie auch sah und erlebte, nur schwer zu trennen. Aber der Fluß ist ein Zauberer, der sie ständig wiedersieht und durchfließt und gleichzeitig auch schon verläßt. Er ist der beständig Unbeständige, der tiefer als sie die abgelegenen Dörfer und Wälder liebt. Er sucht die Zwiesprache mit Bauern und Schiffern, mit Fährmännern und weltflüchtigen Wanderern, die seinesgleichen sind. Sein Wesen ist Gleichmaß und Stille, und die steilen Fassaden und Türme der Großstadt, die er noch eben widerspiegelt, zerfließen im Blaugrün der Wälder und des Himmels.

Ein schlesischer Dichter hat die Oder den „tragischen Strom" genannt. Aber auf jener einzigartigen Oderfahrt ist er noch der „ruhige Strom" gewesen, der fern den Städten abseitig einsame Fluß, der stets ein wenig östlich anmutet und doch seinen Ausdruck überraschend zu wechseln vermag. Denn unversehens gewandelt erscheint nun die Landschaft, je weiter nordwestlich die Oder sich verbreitert und mit manchem Denkmal der Baukunst harmonisch zusammenklingt. Dazwischen die zahlreichen Schifferdörfer oder ein Kleinstadt-Idyll, das malerische Auras, das an das nahegelegene Obernigk (letzte Heimstatt des Verfassers in Schlesien) wehmutsvoll erinnert ...

Orte und Namen, sie schwinden, verklingen, und wir sind unterwegs und erblicken ein Schloß, das mehrtürmig emporragt: Dyhernfurth! Sein freundliches Bild fällt in die stärker strömende Flut; doch schon steigt ein neues herauf, die Szenerie wechselt, und die Hafenanlagen von Maltsch nahen heran. Tiefe Eichenwälder verdunkeln den Spiegel des Wassers, aber sie lichten sich wunderbar, um noch Wunderbareres dem Auge zu bieten, den erhabensten Anblick, der über die Größe dieser ursprünglichen Landschaft hinauswächst.

Was ist Vergangenheit? Was ist der Tropfen Zeit, gemessen an den Werken, die begnadeter Geist erdacht und die Hand des Künstlers in Stein und Bild verewigt, der Nachwelt zur Erhebung und bewundernden Betrachtung?

Kloster Leubus an der Oder, das mit einer Länge von 223 Metern zu den mächtigsten Fassadenbauten Europas gehört. Urzelle des schlesischen Barocks und noch früherer Ursprung der deutschen Besiedlung Schlesiens im Mittelalter. Wer kannte im weltentlegenen Oderwald diese einmalige Kunst- und Kulturstätte? Ja, stände sie an der Donau oder am Rhein, sie wäre als europäische Sehenswürdigkeit gepriesen worden. Wer aber suchte sie im Osten, wer sah die kunstgesättigte Pracht ihrer Säle, das Engelsgestühl ihrer Kirche, die Wand- und Deckengemälde eines Michael Willmann, des „schlesischen Raffael"? Das Kloster schweigt, von Unwissenden wie den wenigen Bewunderern unberührt, gleich dem Oderstrom, der darunter vorbeifließt und nur den Schatten der hohen Bauten widerspiegelt. Mit ihnen schwindet auch jener „Weinberg" nahe des Klosters, wo früher – neben dem größeren Weinbau in Grünberg – die Rebe gedieh.

Voll verschwiegenen (oder vergessenen) Reichtums ist die Oderebene mit ihrer ländlichen Fruchtbarkeit, ihren „Goldfeldern" um Liegnitz, ihrem Zuckerrübenanbau um Wohlau, ihren unübersehbaren Getreidefeldern. Das „Bauernweib" Oder hat schwer und mühsam zu schleppen, vor allem an Kohle und Korn. Die Schwarzerdeschicht der mittelschlesischen Ebene läßt dieses gesegnete Land zur Kornkammer werden, in der so viel Brotgetreide geerntet wurde, daß nicht allein Schlesien, sondern darüber hinaus etwa Ober- und Mittelfranken mit Brot hätten versorgt werden können.

Die Städte am Strom sind aus solchem Wohlstand gewachsen. Wer die Oder befährt, kann an ihrer Anlage und Bauweise wahrnehmen, was die Siedler des Mittelalters begonnen und nachkommende Geschlechter zur Blüte gebracht haben. Aber schon gleichmütiger streift der Blick die überall verspendete Fülle, schweift über Oderstädtchen wie Steinau und Köben. In Köben ging eine Sage, wonach vor langer Zeit dort ein Kloster in der Oder versunken sei. Doch einmal habe man am ersten Ostertage die Glocken dieses Klosters aus der Tiefe herausläuten gehört, erst leise und fern, dann immer näher und stärker und so verheißungsvoll wie jene Vinetas auf der Ostseeinsel Wollin.

Davon erzählen die Oderschiffer, die voller Geschichten und schalkhafter Dinge sind, die sie manchmal zum besten geben, wenn man auch ihnen „zum besten“ gibt, wie etwa am gläserklirrenden Tisch einer Kneipe zu Glogau, Nord-Niederschlesiens alter Kulturstadt, wo wir unsere Oderfahrt unterbrechen.

Manche ihrer Bräuche und Überlieferungen mögen verlorengegangen sein, aber ein zufällig auftauchendes Wort liefert mitunter den Schlüssel hierzu: „Brummstall!“ Der Brummstall war früher der erste Laderaum im Vorschiff, in welchem die lebenden „PS“, nämlich die Treckpferde, eingestallt waren, und zwar für die segellose Stromauffahrt. Dieser Schiffsstall hieß deshalb Brummstall, weil die Bootsleute zumeist „brummten“, wenn schon wieder vom Steuerposten der Kommandoruf erscholl: „Pferde aus dem Stall, alle Mann trecken!“ Noch lange danach, als es keine Treckpferde mehr gab, sei auf die Frage des Kranführers, in welchem Raum das Schiffsgut liege, die traditionelle Antwort erfolgt: „Im Brummstall!“

Unser Käpt'n Peschke trinkt mit einem Ruck sein Glas leer, als drängte es ihn, aus eigener Praxis etwas an den Mann zu bringen. (Ohnehin war ihm sein Steuermann hier ungebührlich zuvorgekommen.) Ja, als Schiffsjunge habe er seinerzeit nicht gleich kapieren können, was backbord und was steuerbord sei. Bis er von seinem Käpt'n eine zünftige Ohrfeige kriegte: „So, damit du's endlich weeßt: Die erste Backpfeife links is backbord! – Willste noch eene rechts uff steuerbord?“ – Nee, er habe backbord und steuerbord nie mehr verwechselt, grinst Peschke, und die gleiche Lehrmethode später erfolgreich bei seinen eigenen Schiffsjungen erprobt.

Es ist spät geworden, als wir in der Dunkelheit im Gänsemarsch – auf nicht ganz sicheren Beinen – das Schiff aufsuchen und mit Hilfe des trinkfesten Peschke in die Kajüte finden. Mir träumt dann, ich sei auf hoher See und hätte auf fremdem Schiff „Thalatta“ rufend das weite Meer erblickt. Aber der Traum zerrinnt mit den vorbeiziehenden Wassern des heimischen Flusses, mit der Beglückung der Gegenwart, die so ungewöhnlich ist, daß sie nicht weniger traumhaft erscheint. Wir sind erneut unterwegs, und was die Morgenfrühe beschert, gehört zum Schönsten und Sehenswürdigsten unserer Oderfahrt. Selbst das verwöhnte Auge erfreut der Anblick des altertümlichen Beuthen an der Oder, der kleineren Schwester der gleichnamigen oberschlesischen Industriestadt. Ein Schifferstädtchen, das noch im Herkömmlichen vergangener Jahrhunderte befangen scheint. Doch bald wird dieser Eindruck weit überhöht und überstrahlt durch den eines reicheren, stolzeren Bildes, des Schlosses Carolath, das im Baustil der Renaissance, voll heiterer Weiträumigkeit, auf seine kunstvollen Gartenanlagen und auf eine Wolke von Fliederbüschen herabsieht. Die Wolke verweht ihren Wohlgeruch, und der Wind trägt ihn bis zum Fluß, wo er sich mit herberen Gerüchen vermischt. Der Wind fährt durch die Uferweiden, bläht das Segel eines einsamen Boots und läßt die Möwen das Heck in kühnen Sturzflügen umkreisen.

Noch einmal wird es Abend zu Schiff – schon außerhalb Schlesiens auf dem Wege nach Frankfurt–Küstrin–Stettin – und wieder sitzen wir beieinander, aber diesmal in Käpt'n Peschkes Kajüte. Die Männer sind nachdenklich, jemand spricht vom Kriege, und mir ist, als liege ein Schatten über den gesenkten Köpfen. Über ihnen sehe ich an der Wand neben dem Bilde Sankt Barbaras, der Schutzheiligen der Bergleute und der Schiffer, den alten Schifferspruch, den sich unser Käpt'n einrahmen ließ:

Wogen und Wind
Gottes sind.
Segel aber und Steuer,
daß Ihr den Hafen gewinnt,
sind Euer!

Ernst J. Cohn

STUDENT IN DEN ZEITEN DER NOT

Weitaus den meisten Menschen bedeuten die Jugendjahre das Fundament, auf denen sich ihr Leben aufbaut. Fast immer bestimmen sie den Kulturkreis, dem sich der Erwachsene zurechnet. Das wäre mit Sicherheit auch bei mir der Fall gewesen, hätten nicht die Ereignisse von 1933 mich von der deutschen Kultur, in der meine Vorfahren in jahrhundertelanger Entwicklung ihre Heimat gefunden hatten, mit rascher und roher Faust getrennt. Dennoch hat meine Heimat den Weg, den ich gegangen bin, aufs stärkste beeinflußt, ja sogar bestimmt. Breslau hat mir die zwei Richtpunkte gewiesen, an denen ich seitdem unablässig versucht habe, meinen Lebenspfad zu ordnen: das Judentum und die Wissenschaft vom Recht. Die Erkenntnis, daß es bei beidem um das für mich im Leben Wesentliche gehe, hat sich mir in meiner Breslauer Studentenzeit gebildet. In dieser kurzen Skizze will ich nur von meinen Eindrücken als Breslauer Student der Rechte reden. Sie bilden nur die eine Seite der Münze. Die andere zu schildern, ist hier nicht der Ort und heute, glaube ich, noch nicht die Zeit.

Meine Breslauer Studentenjahre fielen in die Jahre der ärgsten Not, sowohl der geistigen als auch der materiellen. Am handgreiflichsten war naturgemäß das wirtschaftliche Elend nach dem Ersten Weltkrieg. Ein großer Teil der Studenten jener Jahre litt Hunger. Der deutsche Osten war von dieser Not noch stärker als der Westen betroffen. Ich hatte mein erstes Semester in Leipzig verbracht. Meine Rückkehr nach Breslau für das Wintersemester war nicht freiwillig; es war nicht mehr möglich, die Kosten eines weiteren Semesters außerhalb des Elternhauses zu tragen. Schreckhaft war der Eindruck von der Breslauer Not, der den Rückkehrer überkam. Der Leipziger Student hatte sich, wie man zu sagen pflegte, „eingeschränkt". Der Masse der schlesischen Studenten waren bereits so enge Schranken gesetzt, daß dieser Ausdruck nicht mehr am Platze war. Mehr als einer war nicht imstande, sich auch nur ein einziges Buch zu kaufen. Für einige war schon der Kauf von Tinte und Papier ein Problem. Die Mehrheit wurde in der „Mensa" vor dem Verhungern bewahrt. Für manch einen bereitete diese Tatsache – zugestandenermaßen – den hauptsächlichen Anreiz zum Studium. Es waren die

Jahre, in denen Vermögensschwund und Arbeitslosigkeit in allen Schichten jene Hoffnungslosigkeit erzeugten, die in ihren Auswirkungen schließlich zu der Katastrophe von 1933 führte.

An der Universität selbst war diese Not natürlich nicht spurlos vorbeigegangen. Auch sie machte sich in Breslau stärker als anderwärts bemerkbar. Über Vernachlässigung schlesischer Belange durch die Berliner Zentralstellen wurde lebhaft geklagt. Diese Klagen waren nur allzu berechtigt. Das herrliche Universitätsgebäude war zum Teil in recht bedenklichem Zustande. Das juristische Seminar bot den allzu zahlreich gewordenen Studenten weder eine angemessene Arbeitsstätte noch eine ausreichende Bibliothek. Institute für einzelne Fächer, wie sie heute überall vorhanden sind, gab es damals – mit einziger Ausnahme des ausgezeichnet geleiteten, aber für die Masse der Studenten leider allzu wenig bedeutenden Osteuropainstituts – noch nicht. Die Breslauer rechtswissenschaftliche Fakultät hatte den Zugang zu der Gunst jener Stellen, die Bauten und Bücher zu bewilligen vermochten, nicht gefunden.

Das mag freilich zum Teil auch an der Fakultät selbst gelegen haben. In ihr überwogen die Käuze und die Mittelmäßigkeiten. Die ersteren trugen allerdings zur Erheiterung der Studenten bei – in jener Zeit ein gewiß nicht gering anzuschlagendes Verdienst. Dem Völkerrechtler Heilborn, einem freundlichen, aber überaus trockenen Herrn, hat die Fakultät zwar anläßlich seines siebzigsten Geburtstages eine Festschrift gewidmet, in der er in begeisterter Sprache gefeiert wurde. Diese hochgepriesenen wissenschaftlichen Verdienste beeindruckten uns Studenten wenig. Wir waren mehr interessiert zu wissen, weshalb Heilborn kaum je anders als in einer abgetragenen Soldatenjoppe ohne Krawatte, dafür aber mit feierlich gestreiften, schwarzen Hosen in der Universität erschien. Allerhand gewiß legendäre Erklärungen dieses Phänomens machten die Runde. Vielleicht die plausibelste war, daß diese Kleidungsstücke zusammen mit einem braunen Cutaway – der einzigen Abwechslung in Heilborns Garderobe – von Einbrechern, die alle anderen Anzüge aus der Villa des Gelehrten gestohlen hatten, wegen ihrer völligen Unbrauchbarkeit zurückgelassen worden waren. Den Heilbornschen Vorlesungen – sie wurden meist wortwörtlich aus einem Manuskript verlesen – vermochten gewiß nur sehr wenige seiner Hörer irgendeine Anregung zu entnehmen. Die seines Kollegen Gretener umgab dagegen der Mantel des Geheimnisvollen, da wir Schlesier weder des Schwyzerdütschs mächtig waren, in dem sie gehalten wurden, noch des Russischen, in dem der Vortragende lange Zitate einzuflechten beliebte. Die Inhaber der beiden Zivilrechtslehrstühle Richard Schott und Alfred Manigk waren zwar bessere Lehrer. Aber zu den wissenschaftlichen Führerpersönlichkeiten ihrer

Zeit konnten sie keineswegs gerechnet werden. Manigk, der sich als Rechtshistoriker einen Namen gemacht hatte, predigte eine seltsame, uns zumeist völlig unverständliche und durchaus weltenferne Paragraphengymnastik, während Schott einen mit allerhand trockenen Späßen gemischten Wissensstoff vortrug, dessen Bewältigung mehr eine Aufgabe des Mutterwitzes und des Fleißes als irgendeiner anderen Fähigkeit zu sein schien.

Am stärksten zeigte sich aber die echte Not jener Jahre innerhalb der Fakultät in der Art und Weise, wie Rechtsphilosophie, Staatsrecht und Staatslehre an der Breslauer Fakultät vertreten wurden. Rechtsphilosophie bildete die ausschließliche Domäne von Manigk. Es waren die Jahre, in denen die deutsche Rechtswissenschaft sich um eine neue methodische Orientierung bemühte. Wir Studenten waren hieran auf das stärkste interessiert. Der Hörsaal war überfüllt. Aber eine schwere Enttäuschung wartete unser. Diese Vorlesung, so zeigte sich, führte ihren Titel zu Unrecht. Nicht Rechtsphilosophie, sondern eine bloße Geschichte der Rechtsphilosophie wurde uns geboten. Diese ihrerseits verweilte liebevoll auf der dem Vortragenden wohlvertrauten Antike. Als das Semester seinem Ende zukam, waren wir gerade bei Kant angelangt. Kein Wunder, daß wir mit Begeisterung einige der giftigeren Äußerungen Schopenhauers über die Universitätsphilosophen auf diese Art der Unterweisung bezogen.

Fast noch schlimmer war indessen, was uns in Staatsrecht und Staatslehre geboten wurde. Der einflußreichste Vertreter dieser Fächer innerhalb der Fakultät war Geheimrat Helfritz. Helfritz ist erst vor kurzem in hohem Alter gestorben. Obgleich nicht geborener Breslauer, hat er Schlesien und seiner Sache verdienstlicherweise viel von der Kraft seiner letzten Jahre gewidmet. Er war ein hervorragender Dozent, eine mutige, eindrucksvolle Persönlichkeit und in hervorragender Weise mit den Eigenschaften begabt, die einen großen Hörerkreis anzuziehen vermochten. Aber er war ein erbitterter Gegner der Weimarer Republik, der Demokratie und des liberalen Geistes überhaupt. Der kritische Hörer seiner Vorlesung mußte rasch zu dem Eindruck gelangen, daß dem Professor weniger daran gelegen war, seinen Hörern den Staat und dessen Verfassung verständlich zu machen, als die geistigen Grundlagen dieses Staates und alles, was in demselben geschah, mit einer von Bitterkeit überströmenden Kritik zu überziehen. Mit einem kaum zu übertreffenden Mangel an wahrem politischen Verständnis trug Helfritz daher nach besten Kräften dazu bei, die mühseligen Versuche zu bekämpfen, einen demokratischen Staat aus den Trümmern, die der Erste Weltkrieg gelassen hatte, zu errichten. Er gehörte zu den allzuvielen deutschen Konservativen jener Jahre, die nicht sahen, wie sie in emsiger Bemühung die Kräfte des Umsturzes auf den Weg riefen, die gerade das wenige Gute noch vernichteten, was von der vergangenen Ordnung des Kaiserreiches, dem sie anhingen, sich in die demokratische Zeit gerettet hatte. Helfritz selbst hat durch den von ihm allzu lange begünstigten Nationalsozialismus alsbald nach dem „Umbruch" schwer gelitten. Er hat sich in der Verfolgungsperiode heldenhaft für Unglückliche eingesetzt und, wie seine Veröffentlichungen aus jener Zeit beweisen, sich standhaft geweigert, auch nur ein Jota seiner Ideologie dem Drucke zu opfern. So mag ihm heute verziehen werden, daß er die ihm anvertraute Studentengeneration auf einen völlig falschen Weg geführt hat. Der Chronist ist aber nicht berechtigt, die Tatsache selbst zu verschweigen.

Außer Helfritz gehörte der Fakultät noch eine andere Persönlichkeit an, die ebenfalls ihr gut Teil zur Vorbereitung des geistigen Nährbodens für den Nationalsozialismus beigetragen hat und die – eine geschichtliche Ironie – später den durch meine Entlassung freiwerdenden Lehrstuhl erhalten sollte. Freiherr von Freytag-Loringhoven war als Flüchtling aus dem bolschewistischen Rußland nach Deutschland gekommen. In der zaristischen Zeit hatte er als Professor an mehreren russischen Universitäten gewirkt, zuletzt an der Universität Dorpat. In Anerkennung seiner wissenschaftlichen Leistungen wurde ihm eine ordentliche Honorarprofessur an der Breslauer Universität übertragen. Dieses Vertrauen der Weimarer Republik belohnte er damit, daß er nach Erwerb der deutschen Staatsangehörigkeit sich alsbald in die Politik begab und alle demokratischen Einrichtungen und Persönlichkeiten mit ätzender Polemik angriff. Er wurde Reichstagsabgeordneter und führte unter dem Mantel der hierdurch erworbenen Immunität seine politischen Kämpfe in einer Form, wie sie erst viel später unter dem Einfluß von Streicher und Goebbels allmählich zur Regel wurden. Er war einer der extremsten Vertreter des sogenannten „völkischen", d. h. antisemitischen Flügels der Deutschnationalen Volkspartei. Seine Methode der Agitation mag dadurch beleuchtet werden, daß er gerade zu der Zeit, zu der ich in Breslau studierte, einen jüdischen Schullehrer, der in einer Wahlversammlung gegen ihn aufgetreten war, in Wort und Schrift als „Herr Kanalgeruch" zu bezeichnen pflegte.

Daß zwischen ihm und Helfritz, dessen vornehme Natur ein derartiges Benehmen naturgemäß abstieß, eine erbitterte Feindschaft bestand (obwohl beide der gleichen Partei angehörten), war stadtbekannt. Vielleicht um sich an Helfritz zu rächen, kündigte Freytag-Loringhoven in Konkurrenz mit Helfritz eine Vorlesung über deutsches Staatsrecht an, die er den Studenten dadurch schmackhaft zu machen versuchte, daß er sie unter Verzicht auf Kolleggeld als „publice et gratis" ankündigte. Diese Kalkulation schlug fehl. Während Hunderte von Studenten sich zu Helfritz' Vorlesungen einfanden, bestand Freytag-Loringhovens Hörerschaft aus einem braven halben Dutzend. Daß ich, meine Neugier der Selbstachtung voranstellend, mit einem Freunde zu diesen wenigen gehörte, ist wahrscheinlich tadelnswert. Den „Herrn Baron“ jedenfalls erfüllte meine Anwesenheit mit Verdacht, und er bemerkte in einer der ersten Stunden, im vergangenen Semester habe ein Student ihn wegen einer Äußerung im Kolleg, die der Student erfunden habe, denunziert; er seinerseits hoffe, daß sich nicht wieder ein solcher „Schweinehund“ in das Kolleg eingeschlichen habe. Dieser Verdacht erwies sich natürlich als unbegründet. Das Kolleg vollzog sich ohne Zwischenfälle und hatte wissenschaftlich und lehrmäßig ein hohes Niveau. Der „Herr Baron“ erwies sich als ein entschieden guter Dozent und die wenigen, die bei ihm ausharrten, konnten erheblichen Nutzen davontragen. Von seiner sonstigen Rüpelhaftigkeit war in der durchaus sachlichen Vorlesung nichts zu bemerken. Von Zeit zu Zeit, insbesondere bei Zitaten, wenn er auf den genauen Wortlaut einer Äußerung Wert legte, brachte er ein winziges, vielfach zusammengefaltetes Manuskript aus dem Deckel seiner Taschenuhr heraus. Sonst sprach er frei. Die Zeremonie der langsamen Entfaltung des Uhrdeckelmanuskriptes wird mir für immer unvergeßlich bleiben.

Auch Freytag-Loringhoven muß unter die leider nur zu große Zahl derer gerechnet werden, die eine sehr große Begabung und reiche Kenntnisse in den Dienst einer unwürdigen Sache gestellt haben und im Ergebnis den Untergang gerade der Werte herbeiführten, für die sie sich hatten einsetzen wollen. Allerdings hat der nationalsozialistische Staat ihm die Handlangerdienste, die er vor dem „Umbruch“ geleistet hatte, durch allerhand Ehrungen und Ernennungen reichlich vergolten. Er ist schließlich unter Übergehung anderer hochverdienter, aber dem Regime weniger ergebener deutscher Völkerrechtler zum deutschen Richter im Haager Ständigen Schiedsgericht aufgestiegen und hat damit einen der höchsten Gipfel der juristischen Laufbahn erreicht. Auf die Breslauer Studentenschaft hatte er bis 1933 keinerlei Einfluß gewonnen. Das mag als Anzeichen dafür gewertet werden, daß die damalige Jugend bei aller Sympathie, die sie leider den Gegnern der Demokratie entgegenbrachte, die nihilistischen Methoden der Extremisten mit gutem Instinkte ablehnte.

Wenn trotz der geschilderten, sehr offensichtlichen Mängel der damaligen Breslauer Fakultät ich und viele andere meiner Generation die Breslauer Fakultät als begeisterte Juristen verließen, so ist das drei Männern zuzuschreiben, von denen zwei sich noch heute ungebrochener Schaffenskraft erfreuen, und mit denen ihre Schüler – heute in aller Welt – sich in steter Dankbarkeit verbunden fühlen. Im Wintersemester 1922/23 hielt ein junger Ordinarius, der gerade von Rostock, der kleinsten deutschen Universität, nach Breslau berufen worden war, seine Antrittsvorlesung – Walter Schmidt-Rimpler. Des Eindrucks dieser Stunde erinnere ich mich noch mit voller Deutlichkeit. Die Eindringlichkeit des Vortrages, die Fülle und Tiefe der Argumente, die dennoch stets leicht verständlich blieben, die Flüssigkeit des Ausdrucks und die beflügelnde Kraft, die den Hörer gewissermaßen zwang, sich diesem leidenschaftlichen Suchen des Vortragenden nach Wahrheit und Gerechtigkeit anzuschließen, waren für meine Freunde und mich ein entscheidendes Erlebnis. Hier, so fühlten wir, wurde alles mehr als wettgemacht, was uns sonst an Enttäuschendem oder doch Gleichgültigem geboten war. Als vorsichtige junge Leute hatten wir unsere Beleghefte bis dahin noch unausgefüllt gelassen. Nach dieser Stunde trugen wir sämtliche Vorlesungen, die der neuberufene Professor angekündigt hatte, ein, und ich glaube nicht, daß ich je eine einzige von ihnen verabsäumt habe. Von Schmidt-Rimpler habe ich gelernt, gleichzeitig das Bemühen um begriffliche Klarheit und das Streben nach Verständnis für die Tatsachen des Rechtslebens hochzuschätzen. Vor allem war es sein rastloses Versuchen, alle Argumente für und wider eine Lösung bis ins Letzte durchzudenken, das uns auf das tiefste beeindruckte. Vor einigen Jahren hielt ich eine Gastvorlesung an der Universität Bonn. Schmidt-Rimpler führte mich bei den Hörern mit der gleichen Gewandtheit des Ausdrucks und geradezu einzigartigen Flüssigkeit und doch Korrektheit der Sprache ein, deren ich mich seit mehr denn einem Vierteljahrhundert noch so sehr wohl erinnerte. Als ich selbst schließlich mit der eigenen Vorlesung beginnen sollte, verließ mich die Fassung, so daß ich mühsam mit mir ringen mußte, um überhaupt beginnen zu können, weil mich das Gefühl des Unzureichens gegenüber dem Lehrer mit voller Stärke überkam.

Fast um die gleiche Zeit war Eberhard Schmidt nach Breslau gekommen. Er war, glaube ich, das jüngste Mitglied der Fakultät. Aber mit dem scharfen Empfinden für das Rechte, das die studentische Jugend auszuzeichnen pflegt, wußten wir alle, daß Breslau in ihm einen der kommenden führenden Köpfe der Rechtswissenschaft besaß. Freilich muß ich zugeben, daß ich verabsäumt habe, all das von ihm zu empfangen, was er zu geben hatte. Daran war in gewisser Weise Schmidt-Rimpler schuld: er hatte mich mit solch brennendem Interesse für seine eigenen Fächer, das bürgerliche und Handelsrecht, erfüllt, daß ich für Eberhard Schmidts Gebiet, das Strafrecht, keinen Platz mehr zu finden vermochte. Einem meiner Zeitgenossen ging es ähnlich: Er hat es zwar später bis zum Vorsitzenden eines Strafrechtssenats beim Bundesgerichtshof gebracht. Daß aber seine Vorliebe noch heute dem Zivilrecht gilt, hat er mir unter Berufung auf unsere gemeinsam von Schmidt-Rimpler erfahrenen Eindrücke persönlich versichert. So kommt es, daß ich bei Eberhard Schmidt nur an Übungen teilgenommen habe. Was ich an deutschem Strafrecht und Strafprozeßrecht je gewußt habe, habe ich von ihm gelernt. Dies mag zwar nicht allzuviel gewesen sein, aber es genügte dazu, den Breslauer Oberstaatsanwalt wenige Monate nach Beginn meiner Referendarperiode zu dem Versuch zu veranlassen, mir die Staatsanwaltschaft als Berufslaufbahn in Vorschlag zu bringen. Ich wandte ein, ich hätte für Strafrecht nicht genug Verständnis, aber der Oberstaatsanwalt meinte mit Entschiedenheit, ein Mehr an Verständnis sei für einen Staatsanwalt nicht nötig, ja sogar von Übel. Sonst bliebe ja für die Richter gar keine Arbeit mehr. Eberhard Schmidts Übungen und Kolloquien gaben uns jedenfalls eine vorzügliche Einführung in die Art von Problemen, die uns in der Praxis erwarteten, und straften diejenigen Lügen, die der Universität nachsagten, daß sie unfähig sei, juristische Praktiker auszubilden. Daß ich unter dem Einfluß meiner praktischen Erfahrungen in England heute ein entschiedener Gegner des deutschen und überhaupt des kontinental-europäischen Prozeßsystems geworden bin, hat er jedenfalls in keiner Weise verschuldet.

Sowohl Eberhard Schmidt als Schmidt-Rimpler verdanke ich weit mehr als die Förderung in der Studentenzeit. Eberhard Schmidt hat mich ein paar Jahre später als Referendar in die Anwaltsstation zu seinem jüngst verstorbenen Bruder, dem hervorragenden Berliner Rechtsanwalt Walter Schmidt, empfohlen. Ich habe damals nicht gewußt, daß die Emigration mich in die Anwaltschaft führen würde. Daß ich diese nicht freiwillig gewählte Laufbahn dann schließlich doch noch nicht ganz ohne Erfolg einzuschlagen vermochte – wenn auch unter ganz anders gearteten Umständen –, verdanke ich großenteils Walter Schmidt, der in seiner Person die Eigenschaften eines führenden Anwalts mit denen eines ausgezeichneten Wissenschaftlers zu vereinigen vermochte. Schmidt-Rimpler schließlich hat mir nach meiner Emigration nach England durch die von ihm als Londoner Gastdozenten gewonnenen Beziehungen die Wege in die englische Juristenwelt erschlossen. Ich verdanke es diesen Beziehungen, daß ich entgegen den damals bestehenden Vorschriften ohne jede Schwierigkeit in eine der vier Inns of Court aufgenommen und damit alsbald zu dem zweiten Studium der Rechtswissenschaft, das naturgemäß erforderlich war, zugelassen wurde.

Noch weit folgenreicher für mich war, daß zu meinen Lehrern Eberhard Bruck gehörte. Bruck war zweifellos der beliebteste Lehrer der Breslauer Fakultät seiner Tage. Obgleich sein Fachgebiet, das römische Recht, sich nicht der Gunst einer Zeit erfreute, die aus mißverstehendem Nationalismus vom römischen Recht nichts wissen wollte, füllten seine Vorlesungen die größten Hörsäle. Das lag gewiß zu einem großen Teile an der humorvollen Art, mit der der scheinbar so trockene Stoff auch den weniger Begabten nahegebracht wurde: es gehörte zu Brucks Grundsätzen, daß selbst der Uninteressierte interessiert werden müsse. Aber was Brucks Vorlesungen und noch mehr vielleicht seinen Übungen ihren außerordentlichen Wert und ihre faszinierende Anziehungskraft verlieh, war, daß hier die römische Rechtsgeschichte nicht als ein bloßes Einzelfach in Isolierung von Welt und Leben erschien, sondern als ein Stück vergangener und doch weiter fortwirkender Kulturgeschichte vorgetragen wurde. Die Frage, warum man antike Rechtsgeschichte studieren sollte, beantwortete Bruck drastisch damit, daß er erklärte, man dürfe nicht den Horizont eines Dackels besitzen, der nur sähe, was vor seiner Nase liege, sondern müsse als Mensch einen Ausblick auf den Weg haben, den man gegangen sei, weil man nur so wissen könne, wohin der Weg führe. Dieser weitere Ausblick wurde besonders den Hörern seiner unvergleichlichen Pandektenexegese zuteil, in der das Einzelproblem bis in die fernste, vorrömische Vergangenheit zurückgehend, dann doch als eine gegenwärtige, ja als eine ewige Frage der Gerechtigkeit geschildert und erörtert wurde. Der juristischen Logik und Begriffswelt stand Bruck wenig freundlich gegenüber: in der weiten Perspektive des Historikers erschienen die Tageskämpfe der zeitgenössischen Rechtswissenschaft als allzu zeitgebunden. So bildete er in gewisser Hinsicht eine ausgezeichnete Ergänzung zu Schmidt-Rimpler. Von Schmidt-Rimpler konnten wir lernen, wie ein Jurist denken soll. Bruck lehrte uns, das Resultat unseres Denkens mit gebührender Bescheidenheit in seiner Orts- und Zeitgebundenheit nicht als unerschütterliche Weisheit verstehen. Bruck hat mir Jahre später den Weg zur Hochschullaufbahn erschlossen. Was ich ihm in jenen späteren Jahren und noch in den Jahren der Emigration, die auch ihm nicht erspart blieb, zu verdanken habe, gehört nicht mehr in den Rahmen dieser Betrachtungen.

Der geistige Reichtum, den Männer wie Bruck, Schmidt-Rimpler und Eberhard Schmidt zu vermitteln wußten, füllte meine Breslauer Tage. Ich muß gestehen, daß ich nie Verständnis für diejenigen gehabt habe, die den jungen Studenten jener Tage anrieten, in erster Linie sich zu vergnügen und die Universität und ihre Anliegen erst in zweiter oder dritter Linie oder gar nicht zu berücksichtigen. Von der Freude des Denkens, Lernens und Forschens können die Philister, die so sprachen und sprechen, nie sehr stark berührt gewesen sein. Wohl gab Breslau mit seinen Theatern, seinen Kunstschätzen, seinen malerischen alten Straßen und nicht zuletzt der so leicht zugänglichen Bergwelt Gelegenheit, die ernste und doch freudige Arbeit zu ergänzen. Aber die Ungunst der Notzeit machte diese Ergänzung schwierig – zumal mir aus rein äußeren Gründen der persönliche Zugang zu der bedeutenden Breslauer Künstlerwelt ständig versagt blieb.

Auch zu einem großen Teil der studentischen Bestrebungen jener Tage stand ich in entschiedener Opposition. Die studentischen Korps und Burschenschaften jener Zeit hatten den Antisemitismus auf ihr Panier geschrieben und ahnten nicht, daß der Tag der Erfüllung ihrer Träume den Anfang ihres eigenen Endes bedeuten würde. Juden waren jedenfalls damals bereits von der Aufnahme ausgeschlossen: die Nürnberger Gesetze sind nicht plötzlich Hitlers persönlicher Eingebung entsprossen, wie es jetzt manche Apologeten wahrhaben wollen. Freilich habe ich diesen Ausschluß nie bedauert. Im Gegenteil: mir erschienen die Bestrebungen gewisser jüdischer Verbindungen, das sinnlose Säbelrasseln und den sozialen Hochmut der Korps nachzuäffen, als ein weiterer Ausdruck der geistigen Not jener Jahre. Auch die Bemühungen des zionistischen Studentenbundes, mich zu gewinnen, blieben erfolglos: ich fühlte mich der deutschen Kultur viel zu stark verpflichtet, um mich diesen Kreisen anschließen zu können. Wie sehr ich hier falsch sah und mich durch bloße Äußerlichkeiten von dem Wesentlichen ablenken ließ, brauche ich heute kaum zu sagen.

Als bloßer Freistudent, ungebunden durch den Zwang einer Verbindung, sah ich mich natürlich nach anderen um, die sich gleichfalls nicht die Freiheit eines jungen Lebens durch den Zwang der „alten Herren" oder gar der älteren Studenten zerstören lassen wollten. Solcher Freunde der Freiheit gab es mehr als genug. Bald bildeten wir einen kleinen, ganz und gar zwanglosen Kreis, in dem Gedankenaustausch, gemeinsame Arbeit und gemeinsame Interessen eine weit stärkere Bindung zu bilden vermochten, als äußerliche Formen und die vielgerühmte Verbindungsdisziplin es vermocht hätten. Die damals gegründeten Freundschaften bestehen, soweit uns der Tod nicht getrennt hat, auch heute nach fast vierzig Jahren weiter. Weder der Nationalsozialismus noch der Krieg noch Grenzen haben sie zu brechen vermocht. Davon hier zu sprechen, würde die Grenzen überschreiten, die sich der Autobiograph gegenüber Mitlebenden aufzuerlegen hat. So darf ich hier nur zweier Unvergeßlicher gedenken, die beide als sinnlose Opfer des Krieges gefallen sind.

Von dem allerersten Tage meiner Breslauer Studentenzeit gehörte der spätere Schweidnitzer Landgerichtsrat Kalb zu meinen engsten Freunden. Heute ist mir die deutsche Gerichtsverfassung, die sehr jugendlichen und oft unausgereiften Herren den Sitz auf der Richterbank ermöglicht, völlig fremd geworden. In Wort und Schrift habe ich mich für das englische System eingesetzt, das eine Richterkarriere nicht kennt und die Berufung zum Richter als Krönung einer langen anwaltlichen Laufbahn ansieht. Johannes Kalb bildet die einzige Ausnahme, die ich je kennengelernt habe: schon als ganz junger Mensch besaß er die innere Reife, die abgeklärte Sachlichkeit und die zarte Menschlichkeit, deren aller ein Richter durchaus nicht weniger als umfassender Rechtskenntnisse bedarf. Er wäre nicht Jurist geworden, wenn er nicht hätte Richter werden können. Für diesen Beruf war er wie ganz wenige geboren. Selbstverständlich konnte sich sein durchaus freiheitlicher Geist nicht mit dem Nationalsozialismus anfreunden. So blieb ihm natürlich jede Beförderung versagt. Er, der dazu befähigt gewesen wäre, an führender Stelle in der Richterschaft zu stehen, mußte froh sein, unangefochten als Beisitzender am Gericht einer schlesischen Kleinstadt im Amte bleiben zu können. Aus diesem Tätigkeitsbereich rissen ihn die Kriegsjahre. Dann kamen die letzten Tage des Zusammenbruchs des Regimes. Das Schicksal Deutschlands war längst entschieden. Der Kampf wurde nur noch zu dem Zwecke geführt, das Leben Hitlers und seiner Kumpane um ein paar Tage zu verlängern. In diesen Kämpfen ist Johannes Kalb im April 1945 in Westfalen gefallen – bei dem Versuche, einem verwundeten Kameraden zu helfen. Sein Tod ist ein Verlust, den, weil seine Reife in eine Zeit fiel, in der er seine Kraft nicht betätigen konnte, nur seine wenigen noch lebenden Freunde von einst in seiner ganzen Schwere zu schätzen vermögen.

Der Zeiten Not hat wie ihn auch einen anderen meiner Freunde nicht zu dem Ende gehen lassen, für den die Vorsehung ihn bestimmt zu haben schien. Auch Alfred Hochheiser habe ich schon in den ersten Tagen meiner Breslauer Studienjahre kennen und schätzen gelernt. Er wäre dazu prädestiniert gewesen, der Lehre und Forschung im Recht zu leben. Begabt mit einer außerordentlichen Fähigkeit des Denkens und Gestaltens, einer unerhörten Arbeitskraft und einer ganz ungewöhnlichen Entschlossenheit erschien er unter uns weniger Reifen wie ein würdiger Patriarch, obgleich er natürlich völlig gleichaltrig mit uns war. Seine geschlossene Weltanschauung – ein kritisch gestimmter Katholizismus – mag das Seine hierzu beigetragen haben. Seine noch heute im Schrifttum gelegentlich zitierte Dissertation zum Beamtenbegriff im Strafrecht und ein paar kurze Aufsätze in juristischen Zeitschriften zeugen von seiner Kraft. Aber die Not zwang ihn, der ersehnten Laufbahn zu entsagen und in die juristische Praxis zu gehen. Hier schien er bald zu der ihm gebührenden Prominenz aufsteigen zu können. Er wurde Syndikus in der Fürstlichen Pleßschen Verwaltung. In dieser Position hat er mir in dem schweren Jahre 1933 buchstäblich das Leben gerettet. Die Hoffnung, ihn einst wiederzusehen und einen bescheidenen Teil meiner unendlichen Dankesschuld abtragen zu können, blieb unerfüllt. Er fiel an der russischen Front – auch er ein Opfer des unseligen Regimes, dessen Kommen er Jahre vorher fürchtend geahnt hatte.

Wir anderen, denen nicht die gleiche Klarsicht gegeben war, begannen uns jedenfalls nach dem Ende der Inflation der Hoffnung hinzugeben, daß eine Normalisierung der Verhältnisse eintreten werde. Die Düsternisse, welche den ersten Teil meiner Studentenzeit umgeben hatten, schienen sich zu lichten. Mit dem Ende der Inflation fiel zeitlich auch eine Besserung der außenpolitischen Lage des Reiches zusammen. Das Gefühl der Ausweglosigkeit begann zu weichen. In größerem oder geringerem Grade hatten wir uns alle Gedanken darüber gemacht, ob denn für uns in den unter den Verhältnissen besonders leidenden juristischen Berufen noch Platz sein werde. Diese Zweifel wichen allmählich. Fast noch rascher schwanden die zuerst nicht weniger nagenden Zweifel an der eigenen Berufung zum Diener am Recht. Die Breslauer rechtswissenschaftliche Fakultät jener Tage gehörte zu den an Studentenzahl stärksten Fakultäten außerhalb Berlins. Sie dürfte kaum weniger als eintausend Studenten gehabt haben. Die Professoren konnten sich beim besten Willen um den einzelnen nicht kümmern. Daß sie es dennoch irgendwie verstanden, uns in dem Umfange, in dem es geschah, zu beraten und zu bestärken, ist erstaunlich. Möglich war das nur dadurch, daß nur allzu viele der Kommilitonen der Universität gänzlich den Rücken kehrten und sich durch Repetitoren für das Examen vorbereiten ließen. Davon hatten die, die der Universität verbunden blieben, den Vorteil. Aus jener Zeit bin ich dem schon erwähnten Zivilrechtler Manigk, der sich auch meines Freundes Hochheiser annahm, für manchen fördernden Zuspruch dankbar. Er gehörte damals zu den führenden Vertretern der Demokratie an der Universität. Er legte mir nahe, mich bei ihm zu habilitieren. Manigk hat später eine seltsame Entwicklung gehabt. Er versuchte, sich der törichten nationalsozialistischen Lehre von der Verderblichkeit des römischen Rechts vom Katheder aus entgegenzusetzen. Hierüber verlor er seinen Lehrstuhl. Eine kurz vor Kriegsausbruch erschienene Neubearbeitung einer seiner zivilrechtlichen Monographien enthält groteske antisemitische Ausfälle. Er hat in ihr auch sonst viele seiner früheren Ansichten aufgegeben. So wenig mir seine wissenschaftlichen Arbeiten auf dem Gebiete der Zivilrechtsdogmatik zusagten, so fällt es mir doch heute noch schwer, mir den damals stets hilfsbereiten Mann als den bitteren Hasser vorzustellen, als der er sich nach 1933 ausgab.

Vor vielen anderen hatte ich einen großen Vorteil insofern voraus, als ich, statt eine bescheidene Studentenbude zu bewohnen, im Hause meiner Eltern ein behagliches Quartier besaß, wo ich stets liebevolle Führung und Förderung finden durfte, die Freiheit meiner Bewegung jedoch nie gehindert wurde, und meine Freunde stets und selbstverständlich wohlwollende Aufnahme fanden. Diese Tatsache, verbunden mit der wirtschaftlichen Besserung, veranlaßte mich, allmählich mit dem Aufbau einer eigenen juristischen Bücherei zu beginnen. Darüber, daß ich mich in der Alltagspraxis nicht verzehren wollte, war ich mir allmählich klargeworden. Wieviel von meinem Leben ich der Wissenschaft vom Recht würde widmen können, konnte ich nicht wissen. Der Gedanke an eine Habilitation war mir zwar von mehreren

Seiten nahegelegt worden. Aber ich wagte nicht zu hoffen, daß mir die Verhältnisse es je ermöglichen würden, ausschließlich der Lehre und Forschung leben zu können. Zu den weit weniger kühnen Hoffnungen gehörte dagegen der Besitz einer guten rechtswissenschaftlichen Büchersammlung, wie ich sie in den Häusern meiner Lehrer zu sehen gewohnt war. In jener Zeit war man mit Raum verschwenderisch: ich erinnere mich an die Bibliothek eines deutschen Rechtslehrers – allerdings nicht in Breslau –, der im Oberstock seines Hauses einen riesenhaften Saal mit Büchern ausgefüllt hat und doch noch daneben alle Wände dreier weiterer großer Zimmer für die Unterbringung seiner Schätze benötigte. So stammt der Grundstein meiner jetzigen Büchersammlung, deren Behausung mir in der Emigration schon manchen Kopfschmerz bereitet hat, aus Breslau. Viele schöne Stunden durfte ich in den dämmerigen Hinterstuben oder Kellern Breslauer Buchhandlungen, grabend nach verborgenen Schätzen, zubringen.

Ich habe immer eine Abneigung dagegen gehabt, Bücher, die ihre Dienste geleistet hatten, fortzuwerfen. Zwar hoffnungslos veraltet und für den ernsten Gebrauch längst durch ihre Nachfolger ersetzt, aber dafür um so besser vertraut, stehen geruhsam auf ihrem angestammten Platz in meinem Londoner Vororthause jene aus den Klauen der Verfolger geretteten Werke, die mich einst in meiner Breslauer Studentenzeit auf den Weg gewiesen haben. Allerhand handschriftliche Notizen aus alter Zeit helfen die Stimmungen jener Jahre wieder aus dem Schattenreich der Vergangenheit heraufbeschwören. Es waren gewiß nicht Jahre der „guten, alten Zeit". Es waren Zeiten des Ringens und Kämpfens und darum auch nur zu oft der Enttäuschungen und des Versagens. Die Blätter des Buches der Geschichte sind seitdem von grausamer Hand mehr als einmal umgewandt worden. Was auf den früheren Blättern stand, ist heute zum Teil nur wenigen noch gegenwärtig. Vieles davon verdient gewiß kein besseres Schicksal – auch manches, das mir selbst einst als sehr wesentlich erschien. Es war eine Zeit, die sich selbst ververzehrte, im Streit um vieles, auf das es gar nicht ankam – eine Zeit auch, in der der Kampf gegen die geistige Zerstörung sowohl von oben als auch von unten die letzten Kräfte, die dem Aufbau hätten dienen können, restlos verbrauchte.

So kann man auf sie das Wort der Engländer anwenden, die von den Jahren zu reden pflegen, die die Heuschrecken fraßen. Was die Heuschrecken nicht fressen konnten, das ist die Erinnerung an die ersten Freuden des Lernens, Denkens und Forschens. Was trotz allen Umblätterns im Buche des Weltgeschehens verbleibt, das ist der Dank für erhaltene Lehre und erfahrene Förderung und für die im Glutofen der Geschichte bewahrte Freundschaft.

Ernst Scheyer

BILDUNG IN BRESLAU

Bildung ist ein tiefgründiger Begriff, den nur die deutsche Sprache kennt. Vieldeutig zielt er auf Geistiges, meint den Prozeß und schließlich das Produkt. Breslau hat mich ge-bildet, sein Charakter als Stadt im Osten Deutschlands ebenso wie seine Bildungsstätten. So betrachte ich mich als typisches Bildungsprodukt der Stadt, der mein Leben von der Geburt im Jahr der Zentenarwende bis zum Katastrophenfrühjahr 1933 im wesentlichen angehörte mit Unterbrechung der Dekade (1920–1930), meiner Wander- und Studien-Jahre. Aber auch während dieser in Freiburg, Wien, Dresden, Heidelberg und Köln verbrachten Zeit blieb ich Breslauer. Das Elternhaus nahm mich für kürzere oder längere Zeit immer wieder auf, Breslau spannte mich immer wieder ein in das dichte, tragende Netz von Bildungsbeziehungen.

Mein Vater war ein von seinen Kollegen im Holzhandel sehr geachteter Großkaufmann, einer von sieben Söhnen eines oberschlesischen Lederhändlers. Der keineswegs vermögende Großvater war vor dem Kriege 1866 aus der preußischen Provinz Posen nach Tarnowitz gekommen und brachte es fertig, drei seiner sieben Söhne studieren zu lassen, allerdings mit Hilfe der amerikanischen Verwandten seiner früh verstorbenen ersten Frau. Zwei der Söhne wurden Mediziner, einer Apotheker.

Die Geschichte meiner Familie ist eine für das deutsche Judentum Ostdeutschlands typische, in vier Generationen erfüllte sie sich. Bildung war ein überlieferter Wert von den Urvätern her und später das Mittel, sich der deutschen Kultur zu verbinden, und von der Familie stets nobler angesehen als das Geld. Mein Vater hatte eine ans Religiöse grenzende Verehrung für Bildung, das hieß, den Sohn auf die Universität schicken.

Haupt der Familie war des Vaters ältester Bruder Joseph, Sanitätsrat in der kleinen schlesischen Stadt Öls mit dem köstlichen Renaissance-Schloß, ein ernster Mann eiserner Pflichterfüllung, ein leidenschaftlicher Humanist, der mit einem lateinisch-griechischen Lexikon sich in den durch Patienten oft unterbrochenen Schlaf zu lesen pflegte und der den Neffen bei den üblichen Ferienbesuchen den Homer aus dem Urtext lesen ließ. Seine zwei Söhne waren beide gute Schüler des dortigen Gymnasiums, beide früh an Literatur und bildender Kunst interessiert, außerdem Zeichner, Buch-, Münzen-, Reproduktionen- und Naturalien-Sammler, von all dem, was sich mit Geschick und wenig Geld zusammenbringen ließ. Otto, der mir im Alter nächste, der auch dichtete und schriftstellerte, machte noch jung seinem Leben ein Ende, kurz nachdem er Amtsrichter geworden war, der ältere Kurt studierte schon in meiner Knabenzeit Medizin, zeichnete sich im Ersten Weltkrieg aus und wurde ein ausgezeichneter Chirurg in Neumarkt/Schlesien. Er wanderte mit seiner Familie nach Israel aus, beschäftigte sich dort neben seinem Beruf mit deutscher Literatur, vor allem mit Thomas Mann, über den und von dem er alles sammelte, was erreichbar war, und mit orientalischer Archäologie. Er starb da vor einigen Jahren, mir im Briefwechsel engst verbunden, „ein ewiger Preuße", oder sollte man besser Stoiker sagen. Mit ihren Interessen suchte ich Schritt zu halten.

Noch der zwei andren „studierten" Onkel sei kurz gedacht, da auch sie und ihr Beispiel mich so wesentlich mitgebildet haben. Der Onkel Max starb früh als Arzt in Breslau, noch bevor ich die Schule besuchte. Seine kleine, aber gewählte Kunstsammlung, meist in Italien erstanden, seine größere Bibliothek wurde von seiner Witwe, die wir regelmäßig jeden Freitagabend besuchten, treu bewahrt. Da gab es – höchstwillkommene Unterhaltung an den langweiligen Familienzusammenkünften –, Schätze zu besehen und anzublättern. Die großartige von Julius Meier-Graefe gegründete Luxus-Zeitschrift „Pan", die Publikationen des englischen „Studio", den Goethe „letzter Hand", den vollständigen Nietzsche und vieles andere mehr lockten je nach den Fortschritten meiner eignen Bildung. Vor allem erfreuten mich die Mappen mit den Alinari-Photos nach italienischen Gemälden. Noch fühle ich sie, diese sehr dünnen braunen Blätter, wie sie sich aus den Mappen genommen immer wieder zusammenrollten. Duccio, Cimabue, Giotto, Simone Martini wurden mir früh vertraute Namen, und der Zwölfjährige kaufte sich, davon angeregt, vom Taschengeld in Wertheims Berliner Warenhaus Wilhelm Spemanns Kunstlexikon (Berlin/Stuttgart 1905). Der sehr schwere, dicke Buch-Würfel mit seinen hunderten kleinen Abbildungen wurde der Eck- und Grundstein meiner Bibliothek und als eine Art Palladium von Land zu Land mitgeschleppt.

Der dritte Onkel, Leopold, wirkte aus der Ferne, aus Berlin, wo er die bekannte Alexander-Apotheke am Alexanderplatz besaß, aber auch wieder aus der Nähe bei meinen öfteren Aufenthalten in der Hauptstadt und vor allem intensiv, wenn er den Studenten in Freiburg oder Heidelberg besuchte und ihn auf Wanderungen zu Kunst- oder Dichtergedenkstätten in Süddeutschland oder Thüringen mitnahm. Er hat mich immer etwas an Theodor Fontane erinnert, der ja auch erst Apotheker war, mit seinem Wahl-Märkertum, seiner Liebe für Potsdam und Paretz, seiner Goethe-Verehrung – er war auch eifriges Mitglied der Goethe-Gesellschaft – und seinen Eigenarten. Er liegt auf dem kleinen Friedhof in Bussum, Holland, begraben. Den Freitod zog er dem in den Gaskammern Hitlers vor. Den Grabspruch hatte er sich vorher selbst geschrieben.

Von Anfang an war es ausgemacht, daß ich das Gymnasium zu St. Elisabeth besuchen sollte, auf dem schon die Onkel Abitur gemacht hatten. 1906 trat ich noch unter dem freundlichen Direktor Professor Paech in die Vorschule ein. Er hielt uns eine kleine Rede, wieviel jeder einzelne von uns seinen Eltern schulde und wandte sich dann an mich, mit der Frage, wem ich denn den schönen neuen Anzug verdanke, der eigens für diese kleine Feier gekauft worden war. „Von Kreuzberger", antwortete ich prompt, Materialist, der ich damals war. Kreuzberger war ein Kinder-Mode-Geschäft am Ring, wo die Kreise meiner Eltern ihre Sprößlinge herausputzten. Ich war ein verzärteltes Kind.

In der ersten Zeit, bis die Elektrische vollends gelegt war, wanderte ich täglich den langen und für mich unbehaglichen Schulweg. Besonders die kneipenbesetzte Sedanstraße mit den häßlichen Mietskasernen des „Neuen Deutschland", ihren Betrunkenen und streitbaren Volksschülern jagten dem Knaben Furcht ein, bis ich vor dem erst vor wenigen Jahren errichteten, mit einem Säulentor geschmückten weißen Neubau auf der Arletiusstraße stand.

Die Straße verdankte ihren Namen einem der früheren Leiter der Anstalt, dem Rektor Caspar Arletius, der nach der Zedlitzschen Schulreform im 18. Jahrhundert der eigentliche Neubegründer des Gymnasiums war. Doch die Geschichte der Schule ging ins Mittelalter zurück. Nach der Reformation der Stadt 1525 wurde sie 1562 als protestantische Lateinschule konstituiert, schließlich von dem Preußischen Justiz- und Unterrichtsminister, dem Schlesier Carl von Zedlitz (1731–1793) im Jahre 1776 neben der Ritterakademie in Liegnitz als Musteranstalt gefördert. Die zum Teil recht guten alten Bilder der Schulmänner, einige in Renaissance- und Barock-Tracht und in die Holztäfelung der Aula eingelassen, habe ich oft bewundert, sofern mir die Erregung, meinen Platz in der Sitzordnung der Versetzten zu erfahren, dazu Muße ließ.

Um das Gefühl für Geschichte und Tradition in mir zu stärken, hatte mir mein Onkel Joseph mit andächtiger Verehrung in seinem bebrillten, bärtigen Gesicht das alte Gymnasium „An den Fleischbänken" im Schatten des hohen Turms der Elisabethkirche gezeigt. Das war entschieden historischer, und man war in der Nähe der Engelsburg und der Weißgerbergasse dem Mittelalter und dem Herz der Stadt näher. Ob es zu seiner Zeit auch schon den „Käse-Böhm" mit altem Korn und Gilka-Schnaps gab? Ich habe ihn danach und nach andrem „Sündigen“ nicht zu fragen gewagt. Doch lichter und schöner war schon der Neubau, durch dessen Räume und Korridore ich noch immer in meinen Träumen wandle und vor dessen verschlossenem Torbogen der Verspätete verzweifelnd steht, bis ihm der gute Pedell Dickert doch noch öffnet.

Im Jahre 1912 wurde das 350jährige Bestehen des Gymnasiums glanzvoll gefeiert. Griechische Dramen und des Andreas Gryphius' „Absurda Comica oder Herr Peter Squenz“ wurde von den Primanern aufgeführt. In der musikalischen Aufführung des „Olaf Trygvason“, einer Fest-Komposition unseres Musiklehrers, des lustigen Ostpreußen Gulbins, der auch Organist an der Elisabethkirche war, sang ich sogar mit. Voll Stolz blickte ich auf meinen Onkel Joseph, der unter den ältesten ehemaligen Schülern die Rosette seines Jahrgangs trug.

So war dann auch wieder die Familie stolz, als ich beim Abiturientenabgang im Frühjahr 1919 die traditionelle, stipendierte Rede in lateinischer Sprache halten konnte. Mein Lateinlehrer Professor Hugo Lincke hatte für mich das Thema ausgewählt: „De Horatio poeta lyrico“. Ich hätte schon damals Ovid oder gar Petronius vorgezogen. So kam auch das mit Ostermann-Phrasen gespickte Latein der Rede nur teilweise auf meine Kosten. Ich war keineswegs ein glänzender Schüler in den letzten Jahren gewesen, mein Versagen in Mathematik konnte nur durch Nachhilfestunden etwas abgeschwächt werden, und lediglich meine Kompensationsfächer Deutsch und Geschichte retteten mich. Nun fielen auch die vier letzten Schuljahre in die unruhige Zeit des Ersten Weltkrieges. Die fortschrittlicheren, jungen Lehrer waren im Felde, das Gymnasium in der Arletiusstraße für militärische Zwecke belegt. Zum Schluß unterrichteten längst pensionsreife Lehrer uns vier „dürftige Drückeberger“, die nicht als Freiwillige mit dem Not-Abitur in den Krieg gezogen waren. Schulunterricht wurde während der letzten zwei Jahre des Krieges am Nachmittag verabfolgt. So habe ich die alten Klassenräume des Katholischen Matthias-Gymnasiums, das schon Eichendorff besucht hatte, die preußisch-kahlen des Friedrich-Gymnasiums nahe dem häßlichen Sonnenplatz, selbst die von „Höherer-Töchter“-Luft durchwehten der Privatschule des Fräulein von Zawadzky auf der Gutenbergstraße kennengelernt, wo denn auch der Primanerflirt in Gestalt hinterlassener „billet doux“ und anderen Unfugs blühte. Schön aber war der Abendbummel nach Schulschluß im Winter, zur Zeit da wir im Matthias-Gymnasium einquartiert waren. Man fühlte sich beinahe schon als Student, wenn man von den Universitätsgebäuden aus die Schuhbrücke, dann die Schweidnitzer Straße herunterflanierte. Das Durchstreifen der Seitenstraßen und der immer regelmäßiger werdende Besuch der alten Buchhandlung von

J. Max und Co. ließen meine Bibliothek – die mir nun verlorengegangen ist – immer stattlicher anschwellen.

Damals gehörte ich schon zwei literarischen Schülervereinigungen an: der „R. F." (Réunion Française) und der von mir gegründeten Abzweigung derselben, den „Freundschaftlichen Zusammenkünften" (F. Z.). Die schon seit einigen Schülergenerationen bestehende „R. F." hielt in den Kriegsjahren ihr Programm, einen in französische Kultur und Literatur einzuführen, recht schlecht. Aber man konnte als deren Mitglied Bücher in der Leihbibliothek der „Gesellschaft der Freunde", der auch meine Eltern angehörten, ausleihen. Auch fanden dort Dichterlesungen statt, und so habe ich damals Kayßler, Arnim T. Wegner, Kasimir Edschmid, vor allem Thomas Mann aus ihren Werken vortragen hören. Der letztere las die Schulschwänz-Episode aus dem „Ur-Krull" trefflich vor, die heisere Stimme, das Ächzen und Stöhnen des Simulanten nachahmend.

Das dicke Protokollbuch der „F. Z." habe ich bewahrt. Es ist kein schlechtes Dokument unserer Interessen an „Weltliteratur" und Kunstgeschichte. Dinge wurden da gelesen, diskutiert und von den jeweiligen Schriftführern in Essays festgehalten, von denen die „Pauker in der Penne" wohl nur eine vage Ahnung hatten. Die erste Begegnung mit den Dramen Gerhart Hauptmanns, Wedekinds, Strindbergs und Georg Büchners, die vertiefte mit der Lyrik der Welt, meinem geliebten Verlaine und Baudelaire in Stefan Georges meisterlichen Übertragungen, aber auch mit solchen seltenen Leckerbissen wie den Versen des Tschechen Vrchlicky und des Schweden Bellmann, den Dichtern Chinas und Japans, die damals in den Nachdichtungen von Bethge und Klabund erschienen waren. Es klingt wie Undankbarkeit, aber dieser Vereinigung, überhaupt den engsten gleichgestimmten Jugendfreunden, verdanke ich mehr Anregung als den Gymnasiallehrern. Nur von zwei Männern wurde ich zum selbständigen Lesen angespornt, vor allem von Dr. Konrad Olbricht, der Naturwissenschaften lehrte, dem Gründer und Schutzherrn unseres „Biologischen Vereins", von dem wir in die Wunder unsrer schlesischen Heimaterde und in die größeren des Kosmos und des Werdens der Pflanzen, der Tiere und des Menschen eingeführt wurden. In geringerem Grade bin ich auch dem Direktor des Gymnasiums, Professor Dr. Franz Wiedeman, für unabhängiges Lesen verpflichtet, allerdings meistens, um an „Quellen" heranzukommen, die seiner politischen Einstellung widersprachen. So habe ich damals die Schriften des Breslauer Ferdinand Lassalle gelesen; vor allem beeindruckte mich das „Tagebuch des Leipziger Handelsschülers", in dem sich der sehr junge Mann mit den Zuständen seines häuslichen jüdischen Milieus wie mit seiner Zeit auseinandersetzt, darin dem „jungen Heine" nicht unähnlich.

Olbricht und Wiedemann haben sich beide als Publizisten außerhalb des Schuldienstes einen Namen gemacht, Wiedemann als Historiker, Olbricht als Geologe, der nach dem Ersten Weltkrieg Professor an der Pädagogischen Akademie wurde. So sehr ich Olbricht liebte und verehrte, so fürchtete, aber achtete ich Wiedemann. Der starke, leicht ergraute Mann war ein typischer „Scholarch“; er liebte es, mich in spitzigem Hinweis auf eine Figur der preußischen Verfassungsgeschichte „den Mann, der stets daneben tritt“, zu nennen. Und doch hat er es gut mit dem „Ästheten“ gemeint, der keine Gelegenheit ungenutzt ließ, mit seinen Kunstgeschichtskenntnissen zu glänzen. Das störte ihn wohl noch mehr als mein unreifer „Liberalismus“. Später, als auch ich in seiner geliebten „Schlesischen Zeitung“ zu publizieren begann, sprach er spöttisch von meinem „subkutanen“ Stil. Er war Schulmann alten Stils geblieben. Olbricht dagegen war und blieb Reformer. Er ist mit uns gewandert und geschwommen, er klärte uns „biologisch“ auf, man konnte ihn in seiner Wohnung besuchen und seine naturwissenschaftliche Bibliothek benutzen.

Besonders will ich aber des letzten „Friedensjahres“ 1913 gedenken. Das Jahr 1913 war das der großen „Historischen Ausstellung zur Jahrhundertfeier der Freiheitskriege“. Es war das letzte Jahr vor dem Ausbruch des großen Krieges, das Friedensjahr schlechthin! Alles was sich von der Süße des Lebens vor der Katastrophe in Permanenz in meiner Erinnerung angesammelt hat, ist mit diesem einen Jahr verbunden. Ich war in Tertia, der Stufe, wo man die ersten Schritte ins Erwachsensein macht, mein Vater hatte mir eine Dauerkarte zur „Historischen“ geschenkt. Diese Ausstellung war das Werk der Professoren Karl Masner und Erich Hintze vom Schlesischen Museum für Kunstgewerbe und Altertümer, vom wissenschaftlichen, organisatorischen und ausstellungs-technischen Standpunkt aus gesehen eine Glanzleistung dieser beiden Männer, aufgestellt in Professor Hans Poelzigs, des damaligen Direktors der Staatlichen Kunst-Akademie, schönen Ausstellungshalle mit der ovalen Kuppel. Uniformen gab es da zu sehen die Fülle, auch die Porträts und die Kutsche Napoleons, die Wiege des Königs von Rom, die Bilder der Helden der Freiheitskriege, selbst einen Mode- und Hut-Salon der Empirezeit, stilgerecht ausgestattet. Bei meinem Herumstreifen kam ich in einen großen Raum, wo Bilder hingen, zumeist Landschaften und Interieurs darstellend, und an der Hauptwand schön in der Mitte in geschnitztem Originalrahmen Caspar David Friedrichs „Kreuz im Gebirge“. Es war mein erstes wahrhaftes Erleben der bildenden Kunst! Das Schlesische Museum der Bildenden Künste bot, bevor es von Professor Heinz Braune und vor allem von Professor Erich Wiese modernisiert wurde – das geschah erst in den zwanziger Jahren – gar wenig. Die schöne Freitreppe, die in den Kunst-Tempel führte, brachte einen zu Anton von Werners Glorifizierung des Sieges über die Franzosen im Siebziger Krieg, über die man in der Schule Aufsätze schreiben mußte. Nur die Böcklins – meine Eltern hatten gute Reproduktionen seiner Bilder kostbar gerahmt in ihrer Wohnung – und allenfalls der große Menzel machten einigen Eindruck. Doch Friedrich, überhaupt die Bilder der deutschen Romantiker, das war eine andere Sache!

Dazu gesellte sich wenig später und an benachbarter Stelle das erste große dramatische Erlebnis, das „Festspiel in deutschen Reimen“, das eigens Gerhart Hauptmann zur Jahrhundertfeier zur Aufführung in Stadtrat Max Bergs kühner Halle geschrieben hatte. Bei einer der ersten Aufführungen unter Max Reinhardts Regie, die ich mit meinen Eltern besuchte, war es überwiegend das farbenreich Optische, das den Knaben beeindruckte. In der Erinnerung geblieben sind die Massenaufzüge der französischen Revolution, die Verspottung des Heiligen Römischen Reiches im Karnevalszug, Napoleon, der (bei seinem ersten Auftreten auf der Bühne als Zwölfjähriger von einer Schauspielerin dargestellt) den Weltkreisel vor sich hertrieb. Wahrhaft aufregend war auch das Raumerlebnis der Halle selbst, wie eine Riesenspinne hing die Kuppel über dem Staunenden.

In den darauffolgenden Jahren trat allerdings das Interesse am Schauspiel hinter dem an Kunst und Musik zurück. Die Lesewut blieb jedoch konstant. Ich klebte viele Hunderte von Reproduktionen aus Zeitschriften und Kalendern sowie Kunstpostkarten fein säuberlich auf Aktenbögen, beschriftete sie und gründete so mein eigenes Museum, eine Vorschule für den späteren Beruf. Da ich nun auch nach den Zeichnungen Hans Holbeins d. J. zu zeichnen begann, entdeckte man mein Talent, und der akademische Lehrer Arthur Wasner (geb. 1877), der über uns in dem romantischen Haus mit dem Ritter auf dem Balkon und den großen bunten Landschaftsglasfenstern (Ecke Goethe- und Gutenbergstraße) wohnte und dort auch in einem großen Atelier Unterricht erteilte, nahm den Fünfzehnjährigen als Schüler an. Da unter seinen zumeist jungen hübschen Schülerinnen eine Anzahl Aristokratinnen waren – ich erinnere eine Gräfin Matuschka, aber auch ein sehr tüchtiges bürgerliches Fräulein Bäuerlin – stellte er mich, sein „Atelier-Baby“, launig als „Herrn Scheyer von unten“ vor.

Wasner, ein getreuer Schüler von Eduard Kaempffer (1859–1926), dem Professor der Geschichtsmalerei an der Akademie, war früher Bergmann in Oberschlesien gewesen und sehr schwerhörig infolge einer Explosion im Grubenschacht. Damals (1915) war er wohl auf der Höhe seiner Technik und seines Erfolgs, regelmäßig stellte er in der Kunsthandlung Richter in der Junkernstraße aus. Er war ein gewandter Zeichner und als Maler von einem verführerischen Schmiß, der an seinen Idolen Velasquez und Anders Zorn gebildet war. Doch gehörte er zu den kleinen Geistern und Charakteren.

Nach kurzer Zeit hatte ich einige seiner Tricks im Zeichnen von Porträts, Akten und Stilleben heraus, zu Aquarell oder gar Öl bin ich nie vorgedrungen, da meine „künstlerische Laufbahn" nach etwa zwei Jahren zu Ende ging, und damit schloß, wie man sehen wird, gleichzeitig die des Pianisten und Komponisten. Ich blieb seitdem ein verhinderter Wunderknabe. Mehr noch als das Zeichnen selber behagte mir die künstlerische Atmosphäre oder das, was ich damals für echte „Bohème" hielt. Wie wunderbar sang Frau Dr. H. zur Laute, die langen Seidenbeine gekreuzt, das Jubellied der Musette auf Paris und das Leben aus Puccinis Oper „La Bohème"! Es war der erste nie vergessene Sirenenruf aus der wunderbaren Stadt, in der ich später in guten und schlechten Tagen verweilte.

Vielleicht habe ich zu früh von manch verbotener Frucht gekostet. Meine Mutter, die von Wasner zwei Bilder bestellt hatte, entdeckte unter den Aktzeichnungen des „Meisters" einige, die sehr stark an die üppige Figur der blonden sächsischen Gouvernante (Fräulein nannte man das schlicht bei uns) meiner jüngeren Schwestern erinnerten. Fräulein M. sang auch so schön mit sehnsüchtig-verzehrendem Ausdruck „Solveigs Lied" und gab auch mir Klavierstunden. Sie ermutigte mich zu schmalzigem Fantasieren am Flügel und weinte Tränen über mein Nicht-Üben-Wollen. Mit Hilfe des Klavierauszugs und ihren Gesangsproben bereitete sie mich auf die Wonnen und Schrecken (Ortrud und Telramunds vereitelter Mordanschlag!) in Richard Wagners „Lohengrin" (meiner ersten wirklichen Oper) vor. Sie flog – und mit ihr zerstob mein Künstlertraum. Aber noch nicht meine ernsthafteren obwohl nicht mehr „ausübenden" Beziehungen zur bildenden Kunst und Musik. Auch die Begeisterung für ihren schwärmerisch verehrten „Richard" verflog; reifere musikbegabte Kameraden führten mich zu Mozart, Richard Strauss, Mussorgski. Figaro, Rosenkavalier, Boris Godunow wurden meine Lieblinge. Ich sah und hörte diese oft und viele andre Opern unter Julius Prüwers Taktstock ausgezeichnet im Breslauer Stadttheater aufgeführt. Die große Löwe-Zeit war allerdings damals schon vorüber und nur die Leitung der Operettenbühne hatte der große Theatermann noch bis 1929 behalten. Ich lernte erst 1932 den abgedankten, müden Löwen kennen, besuchte ihn in seiner Wohnung am Tauentzienplatz, um ihn für meine kleine Schrift „200 Jahre Breslauer Stadttheater" zu interviewen. Seine reich ausgestattete Etagenwohnung war mit Bildern, hauptsächlich der österreichischen Schule, vollgehängt, obwohl der wertvollere Teil – darunter das entzückende Bild „Heinrich Heine in der Matratzengruft mit Frau Mathilde" – bereits versteigert worden war. Sein Urteil über bildende Kunst war konservativ, aber auf dem Gebiet der Musik trafen wir uns. Es soll hier nicht verschwiegen werden, daß wir beide der leichten Muse der Operette zugetan waren, besonders Emmerich Kál-

Die Universität in Breslau
Stahlstich nach einer Zeichnung von Th. Blätterbauer

Sand-, Kreuz- und Domkirche in Breslau
Stahlstich

Zobten mit Kapelle und Observatori
Radierung von J. Seidler, 1826

peln: Ansicht der Stadt von Osten
hographie von E. W. Knippel

Annaberg
Stahlstich nach einer Zeichnung von Th. Blätterbauer, um 1885

Die St. Elisabethkirche in Breslau
Stahlstich

máns „Czardasfürstin“, deren feurige Zigeunerweisen ich nie wieder so schön gehört habe wie bei der Aufführung von 1915. Überhaupt konnte man der besten Zigeunermusik in den Konzert-Cafés guten und schlechten Rufs mit Hingebung lauschen. Das lief so neben meiner Begeisterung für die Catopol und den Sänger Rudow in „Figaros Hochzeit“ her. Daneben sind mir Wilhelmis Charakterisierung des „Ochs auf Lerchenau“ im „Rosenkavalier“ und seine Sprechrolle als „Frosch“ in der „Fledermaus“ besonders in der Erinnerung geblieben.

Die ausgezeichnete „Schlesische Philharmonie“ unter der Leitung eines so feinen Dirigenten wie Professor Georg Dohrn trat während meiner Breslauer Studentenzeit in das Zentrum meiner Musikliebe. Vor allem war es die jährliche Aufführung der Bachschen Matthäus-Passion um die Osterzeit – o die wunderbare Alt-Stimme der Durigo! – von der Sing-Akademie und gelegentlich auch von den Spitzerschen und Plüddemannschen Chören unterstützt, die mir einen Begriff großer Musik gaben. Vorher – und das geht noch in die Vorkriegsjahre zurück – waren es die „Südpark-Konzerte“, zumeist von dem zweiten Dirigenten Hermann Behr, einem Schwager des großen Pianisten Arthur Schnabel, geleitet, die mir den ersten Eindruck von der Größe der Instrumentalmusik vor allem der Symphonien von Beethoven, Schubert und Brahms vermittelten. Doch auch hier war es wieder die Atmosphäre der abendlichen Gartenkonzerte im Freien, die Mischung von Ton, Visuellem und Gerüchen, die in der Erinnerung der dort gehörten Musik solch Zauber verlieh. Die Blätter der Parkbäume, vom Bogenlicht theatralisch angestrahlt und durchfiltert, raschelten und rauschten, auf dem Südparkteich, wo wir im Winter Schlittschuh liefen, im Sommer ruderten, glitten die Kähne. Fast alle waren mit Lampions geschmückt, die als farbige Kugeln über den glücklichen Paaren leuchteten. Am Ufer, auf den Kieswegen wandelte die Jugend. Es machte einen sehnsüchtig und verlangend. Kellner huschten umher, so lautlos wie möglich, jonglierten große Platten, darauf duftender Kaffee, Speisen und Bier (dies vor allem!). Das sanfte Klirren des Geschirrs, das leiseste Sprechen wurde mit scharfem Zischen und bösen Blicken gerügt. Schon damals kannte und liebte ich die Verse Christian Morgensterns: „Wie süß ist alles erste Kennenlernen, Du lebst so lange nur wie Du entdeckst. Doch sei getrost, unendlich ist der Text und seine Melodie gewebt aus Sternen!“

Und der Text blieb unendlich! Nun folgte, auch noch in den Primanerjahren, die Theaterbegeisterung für die Stücke, die im Lobe- und Thalia-Theater aufgeführt wurden. Gerhart Hauptmann und noch mehr Wedekind fesselten mich. O die süße arme Wendla in „Frühlings Erwachen“, die angeblich an der Bleichsucht starb, dann die emanzipierte Anna Mahr in „Einsame Menschen“! Die Namen der Darsteller habe ich vergessen. Das alberne Anhimmeln, den Namenkult überließ ich den Backfischen, nur Gorters Leistung im „Fiesko" ist mir in Erinnerung geblieben. Mir ging es um das Stück und den Dichter, und auch hier kam ich von der Atmosphäre, vom Optischen und Akustischen nicht los. In den „Einsamen Menschen" war mir der langgezogene Pfiff der Lokomotive vor den Fenstern der Villa am Müggelsee, das herbstliche Vormittagslicht im Studierzimmer des Privatgelehrten (Oh, ein Privatgelehrter zu sein!) fast wichtiger als die Worte. Aus dem Protokollbuch der „F.Z." setze ich einige Sätze hierher, die ich am 6. Dez. 1917, noch frisch unter dem Eindruck der Aufführung im Lobetheater geschrieben habe: „Es ist einer jener regnerischen Herbsttage, wie sie der Dichter des ‚Golem' (Gustav Meyrink) so trefflich schildert, die den Menschen aufreiben, ihn hin und her hetzen, so daß er selbst nicht weiß, was zu wollen, was zu tun – so wehmutsvoll und zugleich so quälend. Es sind die ganz feinen Zusammenklänge der Landschaft und der Seele, denen wir uns nicht entziehen können. Es ist Abschiedsstimmung, die uns entgegenweht. Anna Mahr will aufbrechen ..."

Man war halt damals noch ein Beginner in der Schule der „éducation sentimentale", schwelgte in solch gespielten Abschieden. Später wurden sie ernst und immer ernster, Lebens-Ernst! Das Schaukeln der alten wackligen Droschke, deren schäbiges blaues Polster nach Hafer und Stall roch, die den Einsamen zur Tudor-Burg des Hauptbahnhofs brachte, gehörte seit meinem zwanzigsten Jahr zum Lebensrhythmus. Regelrechte Auto-Taxis kamen in Breslau erst später auf, jedenfalls erinnere ich mich nicht, sie als Student benutzt zu haben. Nach fast vertanen zwei Semestern in Breslau, die mit Verbindungswesen und Tanzstundenflirt ausgefüllt waren – aber ich las, ich las – war ich nach Freiburg i./B. gegangen, wo ich zu meiner eigenen Überraschung recht glatt meinen Dr. rer. pol. baute.

Doch was konnte der Zweiundzwanzigjährige, der schon damals den Musen verhaftet war, damit anfangen? Ich ging nach Wien als Volontär in einem großen Unternehmen der Holzhandelsbranche mit Wäldern, Sägewerken, Holzstapelplätzen, um mich für den Beruf meines Vaters auch praktisch vorzubereiten, denn während meines Studiums hatten mich nur theoretische Probleme der Volkswirtschaft beschäftigt. Doch um ehrlich zu sein, ich wählte Wien um der Stadt willen, um die Breughels im Kunsthistorischen Museum zu studieren und um die Menschen Schnitzlers und Hofmannsthals zu finden. Doch als es ernst wurde, und ich zur praktischen Ausbildung in die Wälder um Pöchlarn an der Donau „versetzt" wurde, hielt ich es nicht aus. Ich wurde krank, lag im Elternhaus lange herum und dachte – und las. Dann kam die Inflation, ich wurde Angestellter im Ostasien-Kunsthandel in Dresden und begann auch selbst japanische Holzschnitte zu sammeln. Auch schrieb ich über „Gespenster und Grotesken im japanischen Holzschnitt."

Doch all das erschien mir nur als „Durchgang“, ich wollte mich aus der Wirrsal retten durch Ziel und ernsthafte Arbeit. So begann ich zum zweiten Mal zu studieren, Philosophie, Soziologie, Ethnologie und – endlich Kunstgeschichte. In Heidelberg experimentierte ich noch, in Köln glaubte ich meinen Weg gefunden zu haben. Nach bestandenem Dr. phil. erhielt ich 1926 eine leider temporär befristete kleine Stelle an den Kölner Städtischen Sammlungen. Man hatte sich schließlich frei geschwommen im kulturstolzen Westen; Frankreich, Belgien und vor allem Holland lernte ich damals zum ersten Mal kennen. Meine große Liebe zu Holland, seiner Kultur, seinen Menschen hat mich seitdem nie verlassen.

Nach Ablauf meiner Kölner Museumszeit kehrte ich nach Breslau zurück. Der Anfang in wirtschaftlich schlechten und politisch verhetzten Zeiten war schwer. Im Museumsfach mußte ich wieder von unten beginnen. Doch trotz der Kämpfe oder wohl auch gerade der Schwierigkeiten wegen wurde ich erst damals von der alten und neuen Stadt Breslau so richtig „durchgebildet“ und verwuchs mit ihr, die ich früher oft „provinziell“ gescholten. Meine Arbeit an drei Bänden der „Kunstdenkmäler Breslaus“, für die ich die Textilien der Kirchen bearbeitete, lehrten mich so recht die alten Schätze kennen, jeder Winkel der Dominsel, das bischöfliche Palais, die stillen Prälatenhäuser, die alten Kirchen wurden mir vertraut, ich duftete geradezu nach Weihrauch.

Meine Arbeit unter den menschlich so noblen, feinen Gelehrten Karl Masner und Erich Hintze, deren gemeinsames Werk die „Jahrhundertausstellung“ der Knabe einst bewundert hatte, war recht vielseitig. Vom schlesisch-böhmischen Mittelalter über die österreichische Barockperiode galt sie dem Kunsthandwerk, das Friedrich der Große gefördert hatte. Ganz am Ende meiner Breslauer Zeit hatte ich auch mein Büro im Friderizianischen Schloß-Museum, ich glaube sogar im ehemaligen Schlafzimmer, wo sich der Alte oft mit der bösen Verdauung gequält. So war ich fast Schloßherr geworden, der zu den dort abgehaltenen Musikfesten und Bällen bei Kerzenlicht die Gäste empfing. Mein Interesse am „Schlesischen“ konzentrierte sich dann auf die vernachlässigte Künstlergeschichte des ersten Jahrhunderts der Preußischen Herrschaft. Eine Ausstellung „Schlesisches Biedermeier“ in den Räumen des ehemaligen Generalkommandos von mir unter den Auspizien der „Schlesischen Monatshefte“ veranstaltet, war Ausgangspunkt einer schriftstellerischen Tätigkeit, die ich auch späterhin fortgesetzt habe. Dieser „Stille Garten“, die erste Hälfte des 19. Jahrhunderts überhaupt, wurde mir Zufluchtstätte, als sich die innerpolitischen Wolken über Deutschland immer dunkler zusammenzogen.

In dieser meiner Forschungs- und Ausstellungsarbeit hat mich vor allem Professor Franz Landsberger, der Herausgeber der „Schlesischen Monatshefte", stets aufs kräftigste unterstützt. Mehr als ein halb Dutzend größerer Artikel über diesen Gegenstand erschienen in seiner Zeitschrift, einige auch in dem von Karl Schodrok so ausgezeichnet versorgten „Oberschlesier", selbst den „Wanderer im Riesengebirge" und die „Bergstadt" eroberte ich mir schließlich. Artikel in der „Schlesischen Zeitung" über die Sammeltätigkeit des alten Verlagshauses Korn führten zu einer Restaurierung und Katalogisierung all der Gemälde, die noch vorhanden waren, und zu deren Neuaufstellung im Festsaal des schönen klassizistischen Hauses an der Schweidnitzer Straße. Für die „Schlesischen Lebensbilder" schrieb ich, auf das Familienarchiv gestützt, die Biographie von August Kopisch.

Daneben ging eine reiche Vortragstätigkeit am Humboldtverein, für die Gesellschaft für Vaterländische Kultur, den Museumsvereinen, den Rundfunk, vor allem an der Staatlichen Kunst-Akademie während der letzten Jahre vor der Schließung. Unter der fortschrittlichen und weisen Führung Oskar Molls erlebte die Kunstschule mit solchen Lehrern wie Otto Mueller, v. Gosen, Bednorz, Kanoldt, Molzahn, Schlemmer und Muche sowie den Architekten Rading und Scharoun ihre größte und – letzte Blüte. Die Akademie war so recht die Zitadelle des künstlerischen Fortschritts in Breslau. Die letzten Strömungen der modernen Kunst, die von der „Brücke", dem „Blauen Reiter", dem „Bauhaus" ausgingen, oder gar die Kunst der französischen Kubisten und Picassos hatten nur zögernd unter Heinz Braune im „Bilder-Museum" Eingang gefunden. Der im Jahre 1926 noch unter ihm erschienene Katalog erwähnt weder Kandinsky noch Klee, weder Marc noch Feininger, von den modernen Franzosen ganz zu schweigen. Diese, besonders sehr schöne Bilder von Matisse, Braque, Léger, konnte man nur in der geschmackvollen Wohnung des Ehepaars Moll sehen. Die übrigen bekannten Privatsammlungen der Stadt, wie die des „Gletscher-Sachs" und von Silberberg, hatten ihre Höhepunkte in den deutschen und französischen Impressionisten und Nach-Impressionisten bis etwa zu van Gogh. Braunes Nachfolger Erich Wiese bemühte sich sehr, hier Wandel zu schaffen. Er beriet jüngere Sammler wie Dr. Littmann, er war die treibende Kraft in einer Vereinigung der Freunde moderner Kunst, die im Generalkommando Ausstellungen veranstaltete. Ich erinnere mich besonders an eine Kandinsky-Ausstellung.

Der avantgardistische Kunsthandel hat sich in Breslau immer nur schwer durchsetzen können. Die Filiale der Kunsthandlung Arnold am Tauentzienplatz, wo man nach Ende des Krieges die Expressionisten sehen konnte, war eingegangen, als ich nach Breslau 1928 zurückkam. Das „Graphische Kabinett" in der Buchhandlung Preuß und Jünger, das Paquita Kowalski mit sicherem Geschmack leitete, wurde nach kurzer Zeit auch aufgegeben.

Doch es fehlte nicht an Bemühungen, durch größere Veranstaltungen, die den verschiedenen Perioden der schlesischen Kunst- und Kulturgeschichte galten, die Blicke Deutschlands auf die vernachlässigte unbekannte Provinz zu lenken. Erich Wiese hatte, nachdem er das Direktorat übernommen, im Museum mit der „Otto-Mueller-Gedächtnis-Ausstellung", die dann im Kronprinzenpalais in Berlin gezeigt wurde, und der „Michael-Willmann-Ausstellung" Mustergültiges geleistet. Sein eigentliches Spezialgebiet, die schlesische mittelalterliche Plastik, war schon 1926 in den Gebäuden des Scheitniger Ausstellungsgeländes glanzvoll vertreten gewesen. Noch unter Braunes titulärer Leitung und im Gemäldeteil unterstützt von dem brillianten Assistenten Ernst Kloß war da zur Zeit der Tagung des „Vereins für Denkmalpflege" etwas hingestellt worden, was die Kollegen aus dem Reich in solcher Fülle und Qualität nicht erwartet hatten. Ich war dazu aus Köln „herübergekommen" und freute mich des Lobes, das man ehrlich und reichlich den Leistungen meiner Heimatstadt zollte. Auch persönlich brachte mir dieser kurze Aufenthalt großen Gewinn, die Freundschaft Günther Grundmanns und Edmund Gläsers. Der erstgenannte, der spätere letzte Provinzialkonservator Schlesiens, und Professor der andre, damals Hüttendirektor und Denkmalspfleger, lehrten mich nun die schlesische Heimat auch außerhalb Breslaus in vertiefter Weise kennen. Wir durchstreiften zusammen, zumeist im Auto, dieser beiden Männer engere Heimat, Warmbrunn, Hirschberg, Grüssau sowie das Odertal mit Beuthen, Neusalz Carolath, Leubus.

Es darf überhaupt nicht vergessen werden, daß die mit dem Kunstleben Schlesiens (im weitesten Sinne) verbundenen Menschen mich mindestens ebenso stark und entscheidend weiterbildeten wie die Kunstwerke und Kunstveranstaltungen. Das Café Fahrig am Zwingerplatz, Breslaus Künstlercafé im Wiener Stil, verdiente in diesem Zusammenhang ein eignes Kapitel. Doch ich will mich auf meinen „Stammtisch" beschränken mit dem lieben Franz Schätzer, dem noch jungen hochbegabten Geiger, Konzertmeister der Schlesischen Philharmonie, der fast zehn Jahre lang meiner Familie als Hausgenosse angehörte, und auf dessen Freunde; der Bratschist Hermann und seine Frau, die Pianistin, die beide dem Agnetendorfer Hauptmann-Kreis sehr nahestanden, der Komponist Karl Sczuka, die Austs (es war die Zeit der „Roten Blusen"), der Journalist Rilla und seine Mädchen und manche andere. Gelegentlich sah man auch dort die „Prominenten", die aus Berlin herüberkamen, Klabund und Carola Neher, Max Herrmann-Neiße, August Scholtis. Seltener tagte dort „Die Scheitniger Republik" mit ihrem Präsidenten Arnold Ulitz. Scheitnig, – das der Künstler – das war ein Reich für sich! Es hatte Sammelzentren um die Grüneichner Radrennbahn, die Schweizerei, dem Radingschen Hochhaus, dem „Ozeandampfer" der „Wuwa", wohl auch in Scharous „Ledigenheim", das später Hotel wurde. Diese Ausstellung

„Wohnung und Werkraum“ im Jahre 1929 von der Schlesischen Sektion des Deutschen Werkbunds unter Heinrich Lauterbachs Vorsitz mit einem im In- und Ausland sensationellen Erfolg unter größter Opposition zustande gebracht, war die moderne Großtat Breslaus, wenige Jahre vor dem Beginn der Barbarei.

Darin und in der großen Gerhart-Hauptmann-Ausstellung, den Feiern und Aufführungen zu des Dichters 70. Geburtstag im Jahre 1932 gipfelte mein Leben und meine Bildung in Breslau. Höhepunkt und Ende folgten kurz und schlagartig aufeinander! Die mit so vieler Mühe bewerkstelligte „Überführung“ der Gerhart-Hauptmann-Ausstellung nach Berlin, bei der ich die Unterstützung meines Kollegen Dr. Erich Meyer-Heisig, heute Hauptkonservator am Germanischen Museum, sehr zu schätzen wußte, die Empfänge, Bankette, Aufführungen, die sich um den Geburtstag Hauptmanns am 15. November rankten, das war schon Totentanz. Anfang vom Ende! Es kam für mich im Mai 1933, nicht unerwartet und nach den Schrecken und den Spannungen der letzten Monate fast begrüßt. Die Gerhart-Hauptmann-Plakette, die der Oberbürgermeister Dr. Wagner den um die Ausstellung verdienten Männern und Frauen überreichen ließ, kam, kurz bevor mich der amtierende Nazi-Bürgermeister Schönfelder meines Amtes am Kunstgewerbemuseum enthob!

Und dann begann die „Vita Nuova“ in Holland, England und den Vereinigten Staaten. Doch es ist und bleibt Breslau, die zweimal verlorene Heimat, die den Grund gelegt für meine „Bildung“!

Hans Thieme

LETZTE VORKRIEGSJAHRE AN DER BRESLAUER UNIVERSITÄT

Im Herbst des Jahres 1934 erhielt ich vom Reichswissenschaftsministerium den Auftrag, die freie Professur für Deutsche Rechtsgeschichte, bürgerliches und Handelsrecht, in Breslau vertretungsweise wahrzunehmen. Seit 1931 lebte ich als Privatdozent in Frankfurt am Main und war ostwärts noch nie über Dresden hinausgekommen. So erschien es mir zunächst wie eine Verbannung, als ich Anfang November mit meinem DKW, einen großen Koffer voll Bücher und Kleider auf dem Rücksitz, nach Breslau fuhr, in ein fremdes Land und einer noch unbekannten Aufgabe entgegen.

Als ich mich dann knapp sechs Jahre später in demselben Wagen, jetzt aber mit Frau und Kind, in entgegengesetzter Richtung bewegte, um Schlesien zu verlassen, da geschah dies wiederum gegen meinen Wunsch, denn nun blieb ein Land hinter mir zurück, in dem ich mich glücklich gefühlt, Schüler und Freunde gewonnen hatte, das mir lieb und vertraut, und das der Schauplatz ersten selbständigen beruflichen Wirkens geworden war, wo ich meinen Hausstand begründete, Soldat gewesen, und mit dessen Söhnen ich in den Krieg gezogen war.

Dies alles schließt ein unvergeßliches Erleben ein, an das ich mich oft voll Wehmut und Dankbarkeit erinnere, denn es ist eine versunkene Welt, der wir damals angehörten, unwiederbringlich dahin, zusammengestürzt mit Gutem und Bösem, das sie enthielt, wenn auch nicht ohne Spuren in uns zu hinterlassen. Von diesem vergangenen Schlesien der letzten Vorkriegsjahre, das nur noch in unserem Gedächtnis fortlebt und dem wir doch so tief verbunden bleiben, soll hier die Rede sein.

Der Lehrstuhl, den ich zu verwalten hatte, war derjenige von Eugen Rosenstock-Huessy. Ich war also an die Stelle eines „Nichtariers“ getreten, wie es damals hieß, nicht um ihn zu ersetzen: denn wer hätte das vermocht gerade bei diesem sprühend lebendigen Lehrer, um den sich in den vorausgegangenen Jahren alles versammelt hatte, was in Breslau unter dem juristischen Nachwuchs nach Geist und Leben verlangte! Nicht zufällig ist ja Eugen Rosenstock sowohl einer der Gründer des Freiwilligen Arbeitsdienstes gewesen, der zuerst in Schlesien jugendlichen Arbeitslosen und Studenten wieder zu sinnvollem gemeinschaftlichen Tun verhelfen sollte, als auch der Lehrer jener Männer, die nachmals den „Kreisauer Kreis“ bildeten und als Opfer des deutschen Widerstandes gegen Hitler starben.

Auch war ich nicht als Nachfolger für Eugen Rosenstock ausersehen: auf seinen Platz kam alsbald ein älterer Kollege, ein vorzüglicher Handelsrechtler. Für mich aber wurde ein Extraordinariat frei, auf das ich im Sommer 1935 gemäß dem Vorschlag der Fakultät berufen wurde, und als dann Anfang 1937 ein anderer Lehrstuhl zu besetzen war, schlug mich die Fakultät für diesen vor. Freilich gab es alsbald Widerstand von Parteiseite; es hieß, ich sei der typische neutrale Wissenschaftler, von dem ein politischer Einsatz nicht zu erwarten sei und daher – zumal für eine Grenzlanduniversität wie Breslau – ungeeignet. Intrigen, wie sie damals an der Tagesordnung waren, wurden gegen mich gesponnen, das Parteiministerium, aber auch die Studentenschaft spielten eine dunkle Rolle; man sagte mir allerhand nach, was Ehre und Ruf schädigen sollte, und erst im Herbst 1938 gelang es wohlwollenden Kollegen, auch solchen von der Partei, mir zum Ordinariat zu verhelfen. Ein einflußreicher Professor bemerkte damals zu mir, wir lebten in einem Führerstaat, und da müsse ich froh sein, wenn nicht meine Frau eines Tages meine Schuhe und eine Aschenurne zugeschickt bekäme ...

Es war also weder ein schneller noch ein glatter Aufstieg, den ich erlebte, und ich durfte mir bewußt bleiben, daß ich dem damaligen Staat nichts verdankte, was ich unter seinem Vorgänger nicht früher und erfreulicher erreicht hätte. Der Ruf nach Leipzig, der mir dann Anfang 1940 zuteil wurde, war von seiten des Ministeriums nicht mehr als eine Verlegenheitslösung, nachdem es sich mehrere Absagen angesehener älterer Kollegen geholt hatte. Nun brauchte man mich an der Universität meines Heimatlandes Sachsen und bedeutete mir, wenn ich keine Folge leistete, so würde ich in absehbarer Zeit für eine anderweitige Berufung nicht in Betracht kommen.

Soviel über meinen äußeren Weg während der schlesischen Jahre, und nun zu dem, was sie so reich gemacht hat! Die Breslauer Fakultät, in die ich eintrat, ist von Ernst Cohn so lebendig und treffend beschrieben worden, daß ich darauf verweisen möchte.* Doch waren seitdem einige Veränderungen eingetreten. Neben die beiden Öffentlichrechtler Helfritz und Freytag-Loringhoven war als Exponent des Nationalsozialismus Gustav Adolf Walz berufen worden, dem alsbald auch das Rektoramt zufiel. Er hat in dieser Stellung gegen viele Widerstände mannhaft zum Wohle der Universität zu wirken gesucht, freilich mehr und mehr von seinen Hoffnungen, die er auf den neuen Staat gesetzt hatte, begraben müssen und endete in tiefer Resigna-

* Ernst J. Cohn: Student in den Zeiten der Not. „Leben in Schlesien“, S. 241–252, Verlag Gräfe und Unzer, München, 1962.

tion. Im Privatrecht waren zu Walter Schmidt-Rimpler noch Heinrich Lange und Hans Albrecht Fischer getreten, eine liebenswerte Persönlichkeit und ein echter Gelehrter, dessen Gespräche bei Becker & Braetz oder bei Hansen für den jungen Privatdozenten von hohem Wert waren. In seinem rechtsphilosophischen Seminar gab er sein Bestes; nachhaltig hat mich etwa beeindruckt, was er 1935 über „Soziale Organismen" geschrieben hat; die Verantwortung des Individuums vor Gott konnte man in einer Zeit, die den Spruch lehrte „Du bist nichts, dein Volk ist alles", kaum nachdrücklicher aussprechen. Im Strafrecht war Johannes Nagler als Vertreter der klassischen Schule die beherrschende Figur; was er an Herz besaß, verbarg er oftmals unter seiner Süffisanz, und für seine politische Naivität hat er schwer bezahlen müssen. Dennoch wäre es ungerecht zu verschweigen, daß er in den Auseinandersetzungen jener Jahre um die Strafrechtsreform wacker gegen gewisse „junge Marschierer" für seine Überzeugung gekämpft und als Kommentator noch Großes geleistet hat.

Bald nach meinem Kommen erweiterte sich die Fakultät durch die Berufung Hans Würdingers und Heinrich Henkels; auch Norbert Gürke und Fritz Reu gehörten ihr zeitweilig an, beide wiederum politisch stark engagiert. Sie verfügten über unheimliche Verbindungen zu Parteistellen, und wem es daran gänzlich gebrach, der fühlte sich solchen Kollegen fatal unterlegen und gar von ihnen abhängig. War doch die Personalpolitik jener Jahre ein einziges Ränkespiel und die geheime Macht derer, die an den Schalthebeln des totalen Staats saßen, so groß, daß sie schon längst vor dem Kriege bis zur Postkontrolle und Aufhebung der uk-Stellung reichte.

Gleichwohl gab es in der „Stoßtruppfakultät" Breslau – als solche waren wir vom Wissenschaftsministerium neben Kiel bestimmt – auch echte Kollegialität und harmonische Geselligkeit. Die älteren Ordinarien luden uns Junge zu festlichen Mahlzeiten ein, bisweilen vielleicht nicht ohne Nebengedanken im Hinblick auf ihre heiratsfähigen Töchter. Wir wunderten uns, daß es überall fast dasselbe Essen gab, nämlich Pute, bis wir erfuhren, daß in nahezu allen Professorenhäusern die gleiche Kochfrau ihres Amtes waltete. Milieu und Unterhaltung waren aber dennoch sehr verschieden. Bei Geheimrat Helfritz beispielsweise herrschte der Adel vor, Graf Hoyos, Graf Schaffgotsch, Reichsgraf Lüttichau, Prinz Hatzfeldt ... Auf dem Kamin stand ein Bild von Kaiser Wilhelm mit Widmung. Dagegen erinnerte die Wohnung Freytag-Loringhovens mit ihren hübschen Biedermeiermöbeln und Familienbildern eher an ein baltisches Gutshaus, die Papyrossi und der Cognac, die es dort schon von der Suppe ab gab, hingegen an das zaristische Rußland. Der Baron war ein charmanter Plauderer, aber ein Zyniker, der im Grunde an gar nichts glaubte – jedenfalls nicht an das, was er in seinen Büchern über

Deutschlands Außenpolitik oder über die Kriegsschuldfrage 1939 vertrat. Wieder anders sah es bei unserem Honorarprofessor Theodor Goerlitz aus, einem früheren Oberbürgermeister, der durch die Nationalsozialisten sein Amt eingebüßt hatte. Hier standen spiegelblanke Kupfer- und Messinggefäße auf Kommoden und Schränken. Als wir uns nach der Herkunft erkundigten, sagte der verdiente Kollege in seiner getragenen Art: „Ich war am Ende des vorigen Krieges Senator in Altona; damals hatte die Bevölkerung diese Gefäße abgeliefert, um die Vorräte an Buntmetall zu verstärken, und nach dem unglücklichen Ausgang des Krieges war den Angehörigen der Stadtverwaltung Gelegenheit geboten, jene zu günstigen Preisen zu erwerben!"

Auch gab es manche schöne Geselligkeit außerhalb der eigenen Fakultät oder im Rahmen der Universität. Hier ist mir die 125-Jahr-Feier in unserer prachtvollen Aula Leopoldina am 7. November 1936 besonders in Erinnerung, und dabei vor allem die Rede des Kommandierenden Generals, des späteren Generalfeldmarschalls von Kleist. „Hochschulen sind Festungen des Geistes", sagte er, „und wir Soldaten wissen, was wir ihnen verdanken!" Von ihm und seinem Stabschef, dem Sohn des Historikers Erich Marcks, durften wir in der Tat Verständnis für die Interessen der Wissenschaft erwarten, während allgemein die Lage der Universitäten trotz vieler schöner Reden immer schwerer und schwerer wurde. Damals sind in Schlesien mehr als achtzig neue Kasernen gebaut worden, aber für unsere Bibliothek im alten Augustiner-Chorherrenstift auf der Sandinsel war kein Geld da, bis ein Brand sie fast vernichtete!

Einen anderen festlichen Anlaß bildete das Professorium, der traditionelle Sommerausflug des ganzen Lehrkörpers, manchmal auch verbunden mit künstlerischen Darbietungen mehr erheiternden als begeisternden Charakters einer Ordinaria, und regelmäßig mit Tanz bis in die Morgenstunden; ich erinnere mich an eine bezaubernde Führung des Provinzialkonservators Professor Günther Grundmann durch die Trebnitzer Klosterkirche bei dieser Gelegenheit, als er uns ein soeben erst freigelegtes romanisches Portal zeigte, aber auch an Ehekonflikte, die solchen Festlichkeiten folgten und von denen selbst die Spitzen der Behörden nicht verschont blieben.

Unter der scheinbar so glänzenden Oberfläche verbarg sich mancherlei, was Sorge und Empörung, Abscheu und Widerstand auslöste. Die jüdischen Mitbürger waren mehr und mehr in ihren Rechten beschränkt worden. Anfangs hatte ich noch bei einem von ihnen, Dr. Unger, einem Anwalt in der Kleinburgstraße, gewohnt und von ihm und seiner Familie manche Freundlichkeit erfahren, sie wohl auch zu erwidern gesucht. Später wäre das nicht mehr möglich gewesen. Nie werde ich den Morgen des 10. November 1938 vergessen, als ich durch die Breslauer Altstadt zur Universität fuhr und sah, was die SS in der „Kristallnacht" dort angerichtet hatte. „Es ist seltsam", schrieb ich damals in einem Brief, „dann über Recht, Polizei, Eigentum, Gerichtsbarkeit vom Katheder zu sprechen, aber die Jungen, die nichts anderes mehr kennen, finden das alles wohl ganz in der Ordnung". Nachmittags wurde die ausgebrannte Synagoge am Schloßplatz von Pionieren gesprengt – ich schämte mich, mittlerweile selber Reservist, wegen dieser unwürdigen Hilfestellung. Damals lief der Flüsterwitz um: Welches ist der Unterschied von Wehrmacht und SS? Die Wehrmacht legt an und gibt Feuer, die SS hingegen gibt an und legt Feuer ...

Ein zweiter erregender Vorgang dieser Jahre war die Auseinandersetzung im kirchlichen Bereich. Einer meiner in Schlesien gewonnenen Freunde war Gottfried Winkelmann, Pfarrer im Eulengebirge; in seinem alten Kirchlein in Rosenbach hat er mich 1937 getraut. Er war Mitglied der Bekennenden Kirche, und als er dadurch in Schwierigkeiten kam, sagte ich ihm zu, ihn zu verteidigen. Auf der anderen Seite hatte ich einen Assistenten, der sich nebenamtlich als Leiter der Finanzabteilung im Breslauer Konsistorium betätigte, die den renitenten Pastoren und Gemeinden der Bekenntniskirche viel Verdruß bereitete. Manchem katholischen Geistlichen hängte man damals häßliche Verfahren wegen sittlicher Verfehlungen oder Devisenvergehen an; die Absicht war deutlich genug zu merken. Bei alledem wuchs in mir die Erkenntnis, daß ein Volk ohne Kirche Schaden nimmt an seiner Seele, und ich suchte dem auch nachzuleben, sei es in meiner Gemeinde, sei es im Beruf. Aber dennoch möchte ich mich heute im Rückblick auf jene Jahre zu einem Wort von Peter Bamm bekennen, das er in seinem Buch „Die unsichtbare Flagge" geschrieben hat: „Niemand von uns hatte eine Überzeugung, deren Wurzeln tief genug gingen, ein praktisch nutzloses Opfer um eines höheren moralischen Sinnes willen auf sich zu nehmen."

Man fragte sich wahrlich oft in dieser Zeit, ob denn die eigene Arbeit angesichts all des Bösen und Schrecklichen noch sinnvoll und zu verantworten sei. Aber es geschah ja auch immer wieder Wertvolles und Erfreuliches im Raume der Universität, was einem sein Amt lohnend und lieb machte. Gab es doch in allen Fakultäten der Friedrich-Wilhelms-Universität hervorragende Gelehrte, denen zu begegnen oder deren Vorträgen zu folgen – etwa im Hause der Schlesischen Gesellschaft für vaterländische Kultur auf der Matthiaskunst – Genuß und Bereicherung bedeutete. Hier Namen zu nennen, ist eine große Versuchung, doch die Auslese wäre nur zufällig. Genug, es fehlte nicht an echten Werten, die es zu verteidigen, an dringenden Aufgaben, die es zu bewältigen galt, nach innen wie nach außen.

Was hierbei am meisten ins Gewicht fiel, das war die Bemühung um meine Studenten. Mit ihnen – aber nicht etwa mit ihren Führern vom NSDStB –

hatte ich bald guten Kontakt; bei Seminarabenden, Führungen und Exkursionen kamen wir einander näher; mit einigen bin ich bis heute befreundet. Noch habe ich Listen mit ihren mich anfangs so fremd anmutenden Namen: Hluchnik, Josupeit, Konopka, Nawrath, Widulla, Woitaschek – und wie sie alle hießen; und was für gute, bescheidene und strebsame junge Menschen waren darunter! Als die Bevölkerung von Stadt und Land noch weniger vermischt war, vor hundert Jahren und mehr, da gab es solche Namen noch kaum in den Breslauer Adreßbüchern, aber es wäre ganz irrig, von diesem slawischen Erbe auf irgendwelche fremde Art oder Haltung zu schließen. Meine Studenten waren so deutsch wie das ganze schöne Land, aus dem sie stammten: die treuherzigen Oberschlesier, die tatkräftigen Niederschlesier, die versponnenen Gebirgsschlesier, wie ich sie nach und nach unterscheiden lernte.

So manchen dieser Namen habe ich in den folgenden Jahren mit einem Kreuz versehen müssen: sind es doch diese Jahrgänge, die im Kriege die höchsten Opfer gebracht haben. Die klügeren und nachdenklicheren unter ihnen schlugen sich mit genau denselben Fragen herum wie wir selber, und sie waren dankbar, wenn man sich ihrer annahm. Es gab dabei auch manche Gelegenheit, Dinge zurechtzurücken in den jugendlichen Köpfen, beispielsweise, wenn ich auf die Rolle der Klöster in der Siedlungsgeschichte Schlesiens zu sprechen kam oder wenn ich in dem damals von mir mitvertretenen Arbeitsrecht die Grenzen der „Eingliederung in die Betriebsgemeinschaft" erörterte. So haben wir oft zusammengesessen, sei es in meiner Wohnung, sei es im „Goldenen Zepter", bei Kießling oder im Schweidnitzer Keller, und sind auch gemeinsam auf einem Skilager in der Grafschaft Glatz gewesen und nach Wien gefahren.

An einen Ausflug mit über fünfzig Studenten im Juni 1936 besinne ich mich noch besonders gern, er galt dem Kreise Militsch und seiner Geschichte. Wir besuchten zuerst Prausnitz, einen alten polnischen Marktflecken, der dann zur deutschen Stadt wurde und einen neuen Grundriß bekam. Hierauf das Dorf Beichau, einen slawischen Rundling, der gleichfalls auf deutsches Recht umgesetzt wurde, was sich an der Flur noch erkennen läßt. In Trachenberg besichtigten wir die Staupsäule auf dem Markt und das herzoglich Hatzfeldtsche Schloß (den Prinzen hatte ich wenige Tage zuvor im Referendarexamen geprüft, aber seine Kenntnisse in schlesischer Rechtsgeschichte waren für einen künftigen Magnaten mehr als dürftig, führte er doch die Erbuntertänigkeit auf den Einfall der Mongolen zurück). Weiter ging unsere Fahrt durch die Niederung der Bartsch; Wälder, Teiche, aus denen unsere Weihnachtskarpfen kamen, seltene Pflanzen und Vögel erfreuten uns. In Militsch besuchten wir die Gnadenkirche, den Markt und das besonders vornehm wirkende Gräflich Maltzansche Schloß; im Park sprach ich zu den Teilnehmern über die Siedlungsgeschichte des ganzen Gebiets, und wir lasen Urkunden darüber. Es folgte der „nichtamtliche“ Teil des Tages: Mittagessen in der schönen, neuen Jugendherberge von Sulau, gemeinsames Baden, eine Aussprache über Studienfragen, Fahrt nach Trebnitz, Abendbrot und noch ein zwangloser Bummel. Den Abschluß bildete das Lied „Kein schöner Land...“ auf dem Breslauer Ring. „O wie liegt so weit, was mein einst war!“

Die Beziehung zu meinen Studenten war eine Brücke, die ich zu den Schlesiern schlug; die andere entstand aus der Kameradschaft des Wehrdienstes. Ich hatte mich, obschon bereits dreißig Jahre und Professor, freiwillig dazu gemeldet; nicht wegen des „Lt. d. Res.“ für die Visitenkarte, wie unser blutjunger Ausbilder etwas hämisch meinte, sondern weil ich glaubte, Stellung beziehen zu sollen für den Fall einer kommenden Auseinandersetzung zwischen Partei und Wehrmacht, mit der ich damals, wie mancher andere, rechnete. So zog ich denn im Sommer 1936 für acht Wochen zur 10. (E) Batterie A. R. 28 in Schweidnitz. Der Anfang wurde uns nicht leichtgemacht und manchem die Wehrfreudigkeit gründlich ausgetrieben. Unser cholerischer Wachtmeister, Maurer im Zivilberuf, hat mich einmal, mit einem schweren Geschoßkorb beladen, über den ganzen Hof der Peucker-Kaserne gescheucht, weil ich ein Kommando vergessen hatte; von dort mußte ich vernehmlich rufen: Ich bin ein zerstreuter Professor! Aber zum Glück gab es auch noch einen Oberwachtmeister oder Spieß, dem die Güte eingeboren war; seinem Zuspruch danke ich es, daß ich den toten Punkt – damals nannte man es, arg vereinfachend, den „inneren Schweinehund“ – überwand und am Ende den Kommiß trotz seiner unnötigen Begleiterscheinungen schätzen lernte. Vor allem aber waren die prächtigen Kameraden eine große Hilfe: der „Doktor“ aus Löwenberg, ein Sauerbruch-Schüler, der den Schlesischen Adler aus der Aufstandszeit trug, der „Pastor“ aus Rosenbach, von dem bereits die Rede gewesen ist, der „Ingenieur“ aus Brieg, dem sein Kommandeur das Kasino verboten hatte, weil er ja bis jetzt nur „Truppenoffizier“ war. Ich bin noch heute dankbar dafür, gerade mit Angehörigen dieses Volksstamms in der engen Lebensgemeinschaft des Soldaten verbunden gewesen zu sein, denn sie zeichneten sich aus durch Hilfsbereitschaft und Humor, durch Tatkraft und Erfindungsreichtum – lauter Gaben, die im Rekrutendasein Gold wert sind. Tröstlich wirkte auch die Welt jenseits des Kasernentors auf mich ein; die schönen Türme von Rathaus und Pfarrkirche, Zobten und Waldenburger Gebirge am Horizont, als Ausflugsziele Kreisau mit Moltkes Grabkapelle, Bad Charlottenbrunn mit der Kynsburg oder Schloß Fürstenstein mit den Erinnerungen an Kaiser Wilhelm II. und die – damals noch lebende – Fürstin Daisy Pleß, und, wenn gar nichts anderes mehr half, ein stiller Abend bei Omelette soufflée und Bordeaux in Winzigs Weinstube.

Nur die erste Übung machte ich freiwillig; alle weiteren folgten nun mehr oder weniger zwangsweise und in immer kürzerem Abstand. „Na, junger Mann, hat es ihnen auch erwischt mit die zwei Jahre?“, fragte meine Breslauer Gemüsefrau, als ich mich ihr zum ersten Male in der Uniform präsentierte. Die Ausbildung der Reserveoffiziere wurde sehr forciert in Schlesien; die Anforderungen sowohl in körperlicher als auch in artilleristischer Hinsicht waren nicht gering. Nach und nach wuchs man aus dem Rekrutendasein heraus und setzte sich durch auch gegen Grobheit oder Schikane. Das ROB-Examen war schwer; ich schaffte die nötige Punktzahl mit knapper Not.

Inzwischen hatte ich nun auch meinen Hausstand gegründet. Eine Hörerin hatte mein Gefallen erregt; im Hause des Theologie-Professors Johannes Steinbeck war ich ihr erstmals begegnet – aber erst das Riesengebirge führte uns zusammen. Nie werde ich den ersten Aufstieg von Schreiberhau zur Alten Schlesischen Baude vergessen, in der wir uns eingemietet hatten. Mit einem ganzen Koffer voll juristischer Wochenschriften und ähnlichem hatte ich mich bewaffnet und mußte einen Schlitten mieten, um ihn auf den Kamm zu befördern. Es ist fast ein Wunder, daß solch unsportliches Verhalten die keimende Zuneigung nicht zum Erliegen brachte. An diesem Wunder hatte die herrliche Bergnatur gewiß den größten Anteil. Der Bücherkoffer blieb verschlossen, wie er gekommen war, und wir wanderten mit den Skiern zum Reifträger, zum Hohen Rad, zum Mädelkamm und bis zur Koppe. Der Ziegenrücken lag wie ein riesiger Gletscher im Sonnenschein: das ist Grönland!, so kam es mir vor. Der Sturmwind aus dem Böhmischen fegte die Hänge kahl und schenkte den Tannen ihr bizarres, eisiges Gewand. Beim Abstieg schmetterte er uns beinahe gegen die Mauern vom Schlesierhaus. Erst die Abfahrt im Weißwassergrund war ein reiner Genuß. Und dann ging's wieder aufwärts, bisweilen in so dichtem Nebel, daß man die schützende Baude fast um einen Abstand von nur zwei Metern verfehlt hätte, bisweilen in solchem Schneesturm, daß jeder Schritt einen Kampf auf Leben oder Tod bedeutete. Eine heroische Landschaft schlechthin – so habe ich das Riesengebirge kennengelernt; so hat es sich dem Gedächtnis tief eingegraben, auch wenn ich es später sommers und winters manches Mal in freundlicherer Gestalt wiedersah.

Aus meiner Junggesellenwohnung in der Villa des Konsuls Grund im Südviertel zogen wir nun bald in das Altenteilhaus des Dominiums Groß-Nädlitz zu Dr. Bleul, wozu mir ein Kamerad verholfen hatte. Damals hieß das Dorf Nädlingen, denn man hatte es gleich vielen hundert schlesischer Orte von heut auf morgen umgetauft, so daß sich selbst die Post und die Wehrmacht nicht immer zurechtfanden. Der deutsche Charakter des Landes sollte damit befestigt werden. Als wenn es dazu einer solchen Äußerlichkeit bedurft hätte! Hierbei verfuhr man gänzlich geschichtswidrig, kränkend auch für die

Bevölkerung mit ähnlichen Namen und für die Nachbarprovinzen. Aus Domnowitz beispielsweise, einem in der Wissenschaft überall als typisch slawische Siedlung bekannten Dorf, wurde jetzt Germanengrund. Und in Nädlingen war ich wohl der einzige Bewohner, der diesen alemannisch klingenden Namen wenigstens teilweise rechtfertigte. So wurde ich nun „der Professor vom Dominium", völlig unbegründet ein doppeltes Sozialprestige auf mich vereinigend.

Das Dorf lag auf dem rechten, ärmeren Oderufer an der Straße nach Bernstadt und Namslau, 19 km vor der Stadt. Wir genossen die herrliche Ruhe – ein einziges Mal hat sich eine Studentin unangemeldet zu uns hinausgewagt; in triefendem Regen kam sie bei uns an und erhielt, als Belohnung für soviel Mut, das erbetene Doktorthema. Dafür war freilich der Weg zur Vorlesung auch oft durch Schneewehen versperrt – bisweilen mußten zwei kräftige Bauernpferde den DKW wieder flottmachen. „Arktische Kaltluftmassen" – so hieß die stereotype Wendung im Radio – beherrschten die Atmosphäre in manchem dieser schlesischen Winter, die wirklich „kernfest und auf die Dauer" waren. Aber wie wunderbar dann wieder der Frühling an der Weide, Wiesen voller Federnelken, dazu Fasanen und Rehe, und jenseits die Wälder gegen Oels und Sibyllenort im Morgenlicht!

Eine Menge wichtiger Erfahrungen sammelte ich in diesem schlesischen Dorf. Hier gab es kein wohlhabendes, selbstbewußtes Bauerntum, wie ich es etwa aus der Schweidnitzer Gegend kannte, sondern eine in vielem noch rückständige und geduckte Bevölkerung. Man spürte gleichsam, daß die Erbuntertänigkeit nicht viel mehr als hundert Jahre zurücklag. Wenn wir in den einzigen Kaufladen des Orts traten, so verstummten die Gespräche, und man machte uns ganz von selber eine Gasse, damit wir zuerst bedient wurden. Der gutsherrliche Amtsvorsteher, nicht der Bürgermeister, lenkte das Dorf, wenn ihm nicht nunmehr im Ortsgruppenleiter eine gefährliche Konkurrenz erwuchs. Einmal hatte ich mit diesem zu tun; er sollte ein Personalgutachten über mich ausstellen, das für meinen Berufsweg große Bedeutung haben konnte. Zum Glück war er gutartig; ich durfte selber den Text auf der Maschine schreiben, und wo ich eine zurückhaltende Formulierung vorschlug, da machte er eine Lobrede daraus. Auf Grund dieser Erfahrung halte ich auch heute noch nicht viel von den Personalgutachten aus dem Dritten Reich!

Das hervorragend geleitete Dominium war den Bauernwirtschaften stets um mehrere Nasenlängen voraus. Anhand dieses Augenscheins wurde mir die damals beliebte Erbhofideologie ebenso fragwürdig wie diejenige vom „Blut und Boden". Dort war ein zielbewußter, vorausschauender Wille am Werk, hier schwer bewegliche Gewohnheit. Der Großgrundbesitz produzierte für den Markt, die Bauern, so schien es mir wenigstens, nahezu nur für den Eigenbedarf. Das gilt gewiß nicht überall, aber ich habe Beobachtungen ähnlicher Art später auch in anderen Gegenden Ostdeutschlands gemacht.

So hell der Himmel über Nädlitz war – die große Welt umwölkte sich zusehends. Den „Anschluß“ hatten wir trotz allem im Ergebnis noch gutgeheißen, die „Sudetenkrise“ hingegen erschien uns als ein frevelhaftes Spiel mit dem Feuer, und was danach kam in jenem dunklen November 1938, das tilgte die letzten Zweifel. Im Herbst und im darauffolgenden Frühjahr war ich wieder Soldat; dazwischen genoß man den Frieden, der doch kein echter Friede mehr war, in banger Sorge und doch mit der aberwitzigen Hoffnung, bewahrt zu bleiben. Nach vielen Seiten – Rohstoffe, Devisen und auch bereits manche Nahrungsmittel waren knapp – stand man schon im Abwehrkampf. Stunden um Stunden saß man am Radio und horchte voll Unruhe.

In dieser Verfassung war es, daß wir ganz bewußt noch einmal in Groß-Nädlitz ein Fest zu feiern beschlossen, ehe das Unheil hereinbrach. Die ganze Rechts- und Staatswissenschaftliche Fakultät hatten wir eingeladen, fünfundvierzig Personen vom Dekan bis zur Sekretärin, zu unserem „Jahrmarkt in Nädlingen“ am 15. Juli 1939. Im Omnibus kamen die Gäste; es war schon gar nicht mehr leicht, einen solchen zu mieten, denn die meisten hatte die Wehrmacht beschlagnahmt. Im Gutspark waren zwei lange Tische aufgeschlagen für Speise und Trank und fünf weitere zum Sitzen; große, rote Lampions schaukelten unter den Bäumen. Zuerst gab es eine Schnitzelbank mit Bildern und Versen, hierauf ein Preisschießen. Das geplante Sackhüpfen mußte der Hitze wegen ausfallen; es wäre auch wohl den anwesenden Geheimrätinnen und Ordinarien nicht recht angestanden. Desto heiterer gestaltete sich später bei Dunkelheit die Polonaise durch den Park, und anschließend, von einer Bowle beschwingt, der Tanz. Mit „Muß i denn, muß i denn ...“ fuhren die Gäste gegen Mitternacht davon.

Vielleicht ist es erlaubt, um die Stimmung dieses Abends zu schildern, etwas von den Versen der Schnitzelbank zum besten zu geben. Ein Kollege hatte dank seiner früheren Zugehörigkeit zum Maximilianeum in München vortreffliche Beziehungen bis zu Reichsleitern und Ministern. Ihm galt das Lied:

Wem Gott will rechte Gunst erweisen,
Den schickt auf's Maximilianeum er,
Dann wird er nimmermehr entgleisen,
Gesichert bald ist die Karrier!

Die Mitwelt staunend hat's vernommen:
Zum Oberleutnant wird man dann im Nu,
Fünf Rufe auch zugleich bekommen,
Und mit Ministern stehn per „Du“.

Am besten wär's, uns totzuschlagen,
Denn dort marschiert die neue Zeit:
Wird im Kolleg man erst mal tragen
Die Uniform, dann ist's soweit!

Auch die Anspielungen des nächsten, dem verehrten Kollegen Helfritz gewidmeten Gedichts wird man leicht verstehn; es war damals, inspiriert durch den Staatsrechtler Carl Schmitt, beliebt, die „idées générales“ zu bekämpfen und so auch die „Allgemeine Staatslehre“ durch eine Vorlesung über „Volk und Staat“ zu ersetzen, eine Tendenz, der unser konservativer Geheimrat wacker Widerstand leistete. Hier war es das Bild der Breslauer Universität von der Oderseite (und die Melodie „Stolz weht die Flagge ...“), wozu es hieß:

Was Politik, was ein Organ, was Stellvertretung sei,
Was Ordnung ist, und was konkret, und was die Polizei,
Das wird in Breslau uns gelehrt wie in vergangner Zeit,
Und Beseler und Gierke sind so aktuell noch heut!
Denn Allgemeine Staatslehre, die tut uns bitter not,
Heißt auch die Firma anders jetzt, treu sind wir ihr
bis zum Tod! Hurra!

Genug davon; es sollte nur gezeigt werden, daß es auch damals noch möglich war, Kritik zu üben, wenn auch vorsichtig.

Im August genossen wir noch ein paar friedliche Tage in Ottmachau – einstmals die Dotation Wilhelm von Humboldts – mit Badefreuden in dem großen Stausee, der eine ganz neue Note in die schlesische Landschaft brachte, mit Ausflügen ins Altvatergebirge und mit einem feierlichen Zapfenstreich bei Fackelbeleuchtung auf dem Ring in Neisse zum Gedächtnis des Kriegsausbruchs vor 25 Jahren. Wie nahe wir einer gleichen Katastrophe waren, das wußte damals noch niemand: „es wird Friede sein“, hatte Rudolf Kircher in der „Frankfurter Zeitung“ verkündet; schon stellten sich die Kriegervereine für die große Tannenbergfeier bereit, und im Herbst sollte der „Parteitag des Friedens“ sein. Die geheime Mobilmachung, die am Sonnabend, dem 26. August, mit der Austragung von Mob-Befehlen begonnen hatte, fand noch immer kein mit dem „Ernstfall“ rechnendes Volk.

In der Nacht zum Sonntag schien der Vollmond auf den weiten, stillen Gutshof von Groß-Nädlitz. Plötzlich fuhr ich aus dem Schlaf auf, eine Autohupe hatte mich geweckt. Ein paar Fragen hörte ich, Schritte auf unser Haus zu, die Klingel ertönte laut und eindringlich. Unten stand ein Unteroffizier vom Wehrbezirkskommando: „Ich hab was Feines für Sie! Sie sollen sofort nach Ossig, Kreis Neumarkt!“ Was nun folgte, ging sehr rasch, ohne ein überflüssiges Wort. Wenig später saß ich im ersten Zug, und mittags war ich in Ossig. Unterwegs Züge voll junger Männer mit merkwürdigen kleinen Bündeln und Pappkartons; in allen Dörfern trotz des Sonntags ein ungewöhnliches Leben. Neueingekleidete zogen von Hof zu Hof, umlagerten die Wirtschaften. An ihrem hellen Lederzeug waren sie zu erkennen. In den Gärten blühten die Astern und Dahlien; die Felder waren abgeerntet. Wer würde die neue Saat bestellen?

Die nächsten Tage waren seelisch vielleicht die angreifendsten des ganzen Krieges. Es galt, sich innerlich loszureißen von dem, woran man mit ganzer Kraft hing: Familie, Beruf, Heimat. Ein Lied von Matthias Claudius sagte ich mir immer wieder auf:

> 's ist Krieg! 's ist Krieg! Oh, Gottes Engel wehre,
> Und rede du darein!
> 's ist leider Krieg – und ich begehr'
> Nicht schuld daran zu sein!

Noch ein letztes Wiedersehen mit Schweidnitz, meiner alten Garnison, als ich zum Munitionsempfang nach Bögendorf mußte, und dann ging es unaufhaltsam nach Osten: durch Kostenblut und Canth, durch das nächtliche Breslau – nur im Generalkommando in der Gabitzstraße brannte noch Licht – und nach Zimpel hinaus; wenige Tage später überschritten wir bei Freyhan die Grenze. So bin ich mit der schlesischen Landwehr in den Krieg gezogen, den ich – mit einer Unterbrechung 1940–1942 – bis zum bitteren Ende mitgemacht habe, und zwar immer im Osten. Schlesien sah ich, nach jener Übersiedlung im Herbst 1940, nicht mehr wieder. So steht es noch unzerstört vor meinen Augen: „Es sei, wie es wolle, es war doch so schön!“

Ernst Schenke

LIEBE KLEINE HEIMATSTADT

Die kleine Stadt, in der ich an einem von Blitzschlägen, reißenden Überschwemmungsfluten und Donnergedröhn durchtobten Pfingstmorgen zur Welt kam, hieß Nimptsch und war weithin im Lande unbekannt, obwohl von ihr die Sage geht, daß sie eine der ältesten deutschen Niederlassungen in Schlesien gewesen sei. Ihr unverkennbar slawischer Name scheint dieser These auf den ersten Blick zu widersprechen, doch bei näherem Zusehen zeigt es sich, daß die fremdklingende Ortsbezeichnung möglicherweise auf die Anwesenheit deutscher Siedler (der Nemcis) schon in sehr alter Zeit hindeutet. Stadt oder Burg der Deutschen könnte Nimptsch demnach heißen, aber zu klaren Beweisführungen reicht das Wenige, was an geschichtlichen Quellen vorliegt, nicht aus. Weit eher scheint mir hier die viel gebrauchte schlesische Redewendung angebracht zu sein: „Nischt Genaues weeß ma nich!"

Uns Kindern machte der geheimnisvolle Name kein Kopfzerbrechen. Er klang vertraut und anheimelnd und ging uns geläufig wie jedes andere Wort über die Zunge. An irgendwelche slawische Ursprünge zu denken, wäre uns nie in den Sinn gekommen, denn rundum im Städtchen und weit und breit in seiner anmutigen Umgebung war alles deutsch. Deutsch und schlesisch.

Der zu meiner Kinderzeit von etwas mehr als zweitausend Einwohnern besiedelte Ort erhebt sich über dem Tal der Lohe, einem stillen, von Weißfischlein und Kaulquappen durchwimmelten Flüßchen, das sich, nachdem es die Sandsteinfelsen, auf denen die kleine Stadt erbaut ist, durchbrochen hat, ohne jede Eile in Richtung Breslau fortbewegt.

Unter einem seiner Uferfelsen soll während des Dreißigjährigen Krieges der kaiserliche Ratsherr von Lohenstein die Kriegskasse vor dem Zugriff marodierender Schweden verborgen und sich damit den Adelstitel verdient haben. Sein berühmter Sohn, der Dichter Caspar von Lohenstein, Dramatiker und Lyriker, erfreute sich lange Zeit eines weit ausstrahlenden Ruhmes und ist in unseren Tagen wieder neu entdeckt worden. Höchster Punkt des Städtchens ist der Schloßberg mit seiner Burg, die freilich infolge mehrerer

Brände und verheerender Kriegsereignisse an ihre ursprüngliche Form nicht mehr erinnert. Das zierliche Türmchen der katholischen Pfarrkirche gibt ihr zusammen mit den in neuerer Zeit errichteten Gebäuden ein freundliches Gepräge. Daß auf dem alten Bollwerk die Herzogin von Trebnitz, die heilige Hedwig, vorübergehend residiert haben soll, ist nicht einwandfrei nachzuweisen. Dennoch trägt die Burg ihren Namen.

Der nach dem Lohetal und dem Schloßteich hin steil abfallende Hügel ist mit hohen, alten Fichten, die im Winde feierlich rauschen, mächtigen Linden, Flieder, Rhododendronbüschen und Haselsträuchern bestanden und von Singvögeln jeder Art bevölkert. Ihre Frühjahrskonzerte waren ein Jubilate von kaum zu beschreibender Daseinsseligkeit.

Das Städtchen selbst erstreckt sich von der Burg aus zu beiden Seiten der alten Römerstraße, die von Frankenstein und Glatz herabkommt und hat keinen quadratisch planvoll angelegten Ring wie die meisten anderen Städte Schlesiens. Dazu fehlte auf dem schmalen Hügelrücken der Raum. Freundliche Giebelhäuser müssen unfreiwillige Nachbarschaft mit mehr oder weniger protzigen Kästen aus der Gründerzeit halten, ein Rathaus von undefinierbarem Stil in die Front der anderen Gebäude eingereiht, ein als Kriegerdenkmal errichteter Obelisk, von Eisenketten umfriedet, das sogenannte Kreis-Ständehaus, und die imponierende, aber etwas zu massige evangelische Kirche, sind die dem Auge am sinnfälligsten sich darbietenden Dinge. Bei aller Stil- und Regellosigkeit aber lag über dem Ganzen ein unwägbarer Zauber, der noch spürbarer wurde, wenn man an der altersgrauen Stadtmauer mit ihren von Linden überschatteten Promenaden und in ausreichender Zahl angebrachten Ruhebänken entlangging, von denen aus der Blick über blühende Wiesen und wogende Getreidefelder zu bewaldeten, lichten Hügeln schweifen konnte.

Eines der schönsten Kennzeichen dieser Landschaft sind die meilenweit sich hinziehenden Kirschenalleen, wahrhaft paradiesische Laubengänge zur Blütezeit oder im Sommer, wenn die roten und hellen Kirschen, die bis nach Breslau und Berlin, ja noch weiter verschickt wurden, alle Zweige schmückten, bis hoch hinauf in die vom Wind durchsausten Wipfel. In einer mondhellen Mainacht den Duft der Millionen Blüten zu spüren, wenn weit im Lande das friedvolle Geplapper der Frösche ertönte, war Gnade und Seligkeit ohnegleichen.

Die Zeit, in der ich in die kleine Stadt hineingeboren wurde, es war das Jahr 1896, trug den Stempel einer gut fundierten wirtschaftlichen Sicherheit. Die Gründerjahre mit ihrer Gier und Unruhe waren vorüber, der Pfennig stand in hohem Ansehen, und der Besitz einer Silbermark mit dem Brustbild Wilhelms II. konnte unter Umständen schon einen kleinen Reichtum darstellen. Das Wunderbare an diesem Geld war, daß es nie seinen Wert verlor und als echte Gegenleistung für gediegene Arbeit angesehen werden konnte. Freilich war es nicht leicht, eine solche Mark zu erringen, und wer es gar zu einem oder mehreren jener funkelnden Goldstücke brachte, die neben dem Kupfer-, Nickel- und Silbergeld im Umlauf waren, galt schon als Krösus. Wer viele davon aufzuhäufen verstand, war ein unbestritten reicher Mann, der, wenn er wollte, auf den Zinsen seines Besitzes ungefährdet ausruhen konnte. Das Schreckgespenst Inflation gab es noch nicht.

So fest gegründet wie die Währung war auch der Friede. Er hüllte uns wie ein unzerstörbarer Schutzmantel ein und umschloß wohltuend jeden Nerv. Das heutige Geschlecht kann sich von der allumfassenden Macht jenes Zustandes kaum eine Vorstellung machen. Den Durchzug bunter Truppenverbände zur Zeit der Herbstmanöver, die uns Kinder in große Aufregung versetzten, der Kanonendonner und das Gewehrgeknatter auf den weiten goldgelben Stoppelfeldern faßte niemand als Störung des bestehenden Friedenszustandes, weit eher als seine Bestätigung auf. Der Friede allein regierte die Stunde, und sein anerkannter Repräsentant war Wilhelm II., dessen Bild in allen Kontoren und Schulstuben hing.

Der Alltag war freilich nicht frei von Spannungen sozialer Natur. Es gab neben dem soliden Reichtum viel Armut, besonders unter den Landarbeitern, den sogenannten Hofeleuten. Ihre Familien waren meist groß. Zwölf äußerst gering. Mißmutig und oft völlig verzagt, stürzten sich die fleißig schaffenden Männer in den Genuß billigsten Fusels, den sie in jedem Kolonialwarenladen, in jedem Gasthaus leicht erhalten konnten und erhöhten damit noch das Elend ihrer Familien. Was sie ihren Dienstherren oder einem zufällig vorübergehenden wohlhabenden Bürger mitunter an Kraftworten nachschleuderten, hatte es in sich. Unser Dialekt, den sie alle unverfälscht sprachen, war an solchen Ausdrücken wahrlich nicht arm. Die greulichsten Flüche aber vermochten nicht, dieselben Männer vom sonntäglichen Kirchgang abzuhalten oder vom gemütlichen Mitmarschieren in den Reihen des hochpatriotisch ausgerichteten Kriegervereins. Sobald ihnen die Fahne voranflatterte, waren ihre privaten Sorgen vergessen, und ein schneidiger Marsch mit viel Paukengedröhn zauberte Tränen in ihre an sich schon immer ein wenig wässerigen Äuglein.

„Heil dir im Siegerkranz – Herrscher des Vaterlands!“ sangen wir in der Schule und bei allerlei feierlichen Anlässen. Ein paar kecke Landarbeiterjungen wandelten es ab: „Heil dir im Siegerkranz – Kartuffeln und Harichschwanz“ (Heringschwanz), aber es fiel weiter nicht auf.

Der Gewerbefleiß im Städtchen bestimmte den Tagesablauf. Außer einigen Rentiers oder Patikuliers (eine geringere Stufe der Ruheständler) war alles von früh bis spät an der Arbeit. „Früh“ bedeutete morgens um vier oder fünf Uhr, „spät“ abends gegen elf. Mittagspausen bei den Handwerkern gab es kaum. Feierabendspaziergänge für Gesellen und Stifte kamen nur in Ausnahmefällen in Frage. Oft wurde auch am Sonntag vormittag noch geschuftet. Was die Handwerker erzeugten und die Kaufleute feilhielten, war solide und preiswert. Kleiderstoffe gab es, die schier unzerstörbar waren, Schuhe, die nicht einen Tropfen Wasser durchließen. Aus Waldenburg oder aus Oberschlesien kam die schwarze, mit glitzernden Splittern durchsetzte Kohle, die in den Kohlenhandlungen bergehoch lagerte und entweder zentnerweise abgefahren oder im Handwägelchen ins Haus geholt wurde. Sie schützte uns vor den oft sehr strengen Wintern und gab den Kachelöfen, die als fester Bestand zu jeder Wohnung gehörten, den rechten Nährstoff. Wenn es um Weihnachten herum zu schneien begann und in der Kohlenhandlung von Hermann Gaffron Fichten und Tannen zu Hunderten auf Käufer warteten, die auch bald erschienen, war die Stille im Städtchen vollkommen. Und abends zog der Nachtwächter mit Spieß und Horn auf und ließ seinen langgezogenen Stundenruf in das Schweigen hinein ertönen.

Noch wurde in allen Stuben, Werkstätten und Büros Petroleum gebrannt. Das elektrische Licht war erst im Anmarsch, und wenn der Abend kam, ging ein Mann mit einer Leiter und einem langen Stab von Laterne zu Laterne, um sie anzuzünden. Das war gemütlich, und wir zogen oft mit ihm von einem Laternenpfahl zum andern, um ihm die Leiter zu halten. Schuster und Schneider arbeiteten abends hinter der wassergefüllten Glaskugel, die den Görlitzer Meister Jakob Böhme einst zu seinen mystischen Betrachtungen anregte. Traulich war es, wenn in der Stube das Petroleumlämpchen summte, während draußen der Herbststurm an den Dachziegeln rüttelte und manchen von ihnen auf die katzenkopfgepflasterte Straße warf, wo er klirrend zerschellte. Es gab viel Sturm auf unserem alten Burghügel. Tage- und nächtelang tobte und gellte es in den Lüften, als ob Heere unseliger Geister wütend aufeinander losschlügen, und die betagten Mütterchen in ihren wollenen Umschlagetüchern riefen beschwörend und bedeutungsvoll: „Gruuße Stürme, gruuße Kriege! Woas werd ock hie noch warn?“

Langsam, unmerkbar fast, begann sich die Welt zu wandeln. Die Technik hielt Einzug. Ein Wunderding ohnegleichen stellte sie vor uns hin. Es hieß „Phonograph“ und wurde uns erstmalig bei einer Weihnachtsfeier vorgeführt. Der glückliche Besitzer dieser Sprechmaschine, Schneidermeister Scholz, hatte sie dem katholischen „Sammelverein“, der die Feier veranstaltete, zur Verfügung gestellt. Unser Lokalblatt, „Der Landsmann“, Nimptscher Zeitung, hatte schon Tage zuvor auf das Ereignis hingewiesen, und als der große Abend kam, strömte alles in den Saal des Hotels „Zum schwarzen Bären“. Nach allerlei Darbietungen, die aus Ansprachen, Liedern und Gedichten bestanden, wurde endlich das Wunderding auf die Bühne gebracht, ein Kästchen mit einem großen, rosaroten Schalltrichter in Blumenkelchform. Ein weißes Hündchen war darauf abgebildet, das lauschend den Kopf hob, und darunter stand: „Die Stimme seines Herrn!“ Mit feierlicher Geste trat der Pfarrer der katholischen Gemeinde, ein zierlich-rundlicher, kleiner Herr, vor die Versammlung und verkündete in seiner Eigenschaft als Präses des Vereins: „Der Phonograph wird uns nun zunächst ‚Stille Nacht, heilige Nacht‘ singen.“ Alles hielt den Atem an. Schneidermeister Scholz, fast doppelt so groß als der Herr Pfarrer, legte mit gewichtiger Miene die Platte auf, kurbelte an dem Kasten und trat drei Schritte zurück. Der Phonograph begann zu rasseln, zu ächzen, zu spucken und zu knallen, doch allmählich rang sich die Melodie des bekannten Weihnachtsliedes, von schußartigen Explosionsgeräuschen unterbrochen, aus dem Trichter hervor. Ehrfürchtige Stille herrschte im Saal und auf der Galerie. Wie war es nur möglich, daß ein solches Ding singen konnte, singen wie ein Mensch? Als das Lied verklungen war und jeder seine Ohrenschmerzen kaum überwunden hatte, legte Schneidermeister Scholz eine neue Platte auf: „Die Schlacht bei Sedan!“ Neues Staunen. Doch schon begann ein Mordsspektakel. Immerhin wurde zuletzt „Heil dir im Siegerkranz“ daraus. Tobender Beifall brauste auf. Ein Wunder war geschehen, ein totes Ding hatte „Stille Nacht, heilige Nacht“ und „Heil dir im Siegerkranz“ gesungen. „Ihr Leute, ihr Leute, woas werd ock hie noch warn?“ sprachen die alten Weiblein wieder.

Sie erlebten bald eine neue Überraschung, denn dem Phonographen folgte der „Kinematograph“. Wir Kinder konnten uns unter diesem Namen nichts Rechtes vorstellen. Das Wort Photograph kannten wir zwar, denn wir hatten einen Photographen im Städtchen, der uns „abnahm“. Was aber ein „Matograph“ und gar ein „Kinematograph“ sein mochte, konnten wir uns nicht denken. Wir erfuhren es aber bald, und abermals saßen wir, höchsten Staunens voll, im „Schwarzen Bären“ und richteten unsere Blicke auf eine weiße Leinwand, auf der es in Strömen regnete. Aber da waren auch Menschen, die sich bewegten. Wahrhaftig – der Kaiser kam in weißer Kürassieruniform prächtig dahergeritten, die Kaiserin trat herein und lächelte uns zu, gewaltige Kriegsschiffe durchpflügten das Meer, der Zar von Rußland und der englische König erschienen, und was das Erstaunlichste war – ganze Kampfszenen aus dem russisch-japanischen Kriege spielten sich auf der Leinwand ab. Die kleinen flinken Japaner in ihren weißen Gamaschen erstürmten Port Arthur, die baumlangen, bärtigen Russen überschritten den vereisten Baikalsee, wobei es sogar schneite, richtig schneite, wie draußen über dem Städtchen um diese Zeit. Die alten Weiblein schüttelten wieder ihre Häupter. „Doas gieht nich mit richtiga Dinga zu", mummerten sie „Poßt ock uuf, hie possiert woas!"

Es passierte auch wirklich bald etwas! Ein Ding kam den „Christianberg" unter dem Schloß heraufgerasselt, ein unheimliches Etwas. Ohne Pferdevorspann oder sonst eine sichtbare Zugkraft rumpelte es den steilen Berg empor. Es sei ein „Automobil", meinte unser Lehrer. Solche Dinger würden wir jetzt öfter zu sehen bekommen. Wir drückten uns in die Haustüren, denn das furchterregende Vehikel stieß giftige Dämpfe aus. „Jitz is olle mit ins!" riefen die alten Weiblein, und meine Großmutter väterlicherseits hob die Arme warnend empor: „Macht euch gefoßt, ihr Leute, die feuriga Wane (Wagen) foahrn durchs Land. Derr jingste Taag ies doo, die Welt gieht under!"

Aber sie ging nicht unter, und meine Großmutter mußte bald erleben, wie „Seine königliche Hoheit, Erbprinz Friedrich Wilhelm von Preußen auf Kamenz", der damals Landrat des Nachbarkreises Frankenstein war, im eigenen „Töff Töff" durch unser Städtlein gerauscht kam. „Tatü, tata!" schallte sein majestätisches Hupensignal in die kleinbürgerliche Stille hinein.

Es gab mancherlei Käuze in unserem Städtchen und seiner Umgebung. Einer davon war Vater Kühnel. Er wohnte im nahen Johannistal, trug einen langen Prophetenbart und war früher einmal Weber gewesen. Wovon er jetzt seinen mehr als bescheidenen Lebensunterhalt bestritt, wußte niemand genau. Eines aber wußten sie alle, nämlich, daß Vater Kühnel ein „Roter", ein „Sozi" war. Diese schauererregende Tatsache machte ihn interessant, obwohl es stadtbekannt war, daß in seinem „Oberstübchen" ein ziemlich kurioses Durcheinander herrschte. Er hatte gegen die bestehende Ordnung nichts einzuwenden, auch nicht gegen Seine Majestät den Kaiser, aber er meinte, daß die Verhältnisse ganz anders sein würden, wenn man in Berlin auf ihn, Vater Kühnel, hören würde. Zwei Worte, die er auf seltsame Weise miteinander in Verbindung brachte, kamen immer wieder in seinen Reden vor: Bibel und Bebel. Aus der Offenbarung Johannes, so dozierte er, könne man einwandfrei herauslesen, daß Bebel (der damalige Führer der Sozialdemokraten) berufen sei, mit dem Kaiser zusammen zu regieren. Nur so könne in Deutschland alles besser werden. Bibel und Bebel gehörten jedenfalls zusammen, und es gab Leute, die seine Idee gar nicht einmal so abwegig fanden. Eine soziale Neuordnung, eine Annäherung der allzu feudalen Oberschicht an die einfachen Stände erschien vielen als erwünscht und christlich. Vater Kühnel jedenfalls hielt hartnäckig an seiner Idee fest.

Wieder einmal fand in unserer Gegend ein großes Herbstmanöver statt und es kamen viele Regimenter durch unser Städtchen gezogen, die um ihre mit Schutzüberzügen aus grauer Leinwand verhüllten Helme blaue Binden trugen. Vater Kühnel knurrte in seinen langen Bart, das sei ganz falsch. Rote Binden müßten sie tragen, dann wäre es richtig. Kurz darauf trafen neue Heeresmassen ein, und, siehe da, sie trugen zu Vater Kühnels größter Überraschung rote Binden um die Helme. Es war die Gegenpartei. Vater Kühnel geriet außer sich! „Na, doo sattersch", rief er einmal übers andere, „hoa iechs nich gesoat? Bibel und Bebel! Endlich ies derr Kaiser derrhinger (dahinter) gekumma!" Voller Entzücken lief er den Soldaten ins Manövergelände nach, viele Meilen weit, bis auf den Johnsberg bei Jordansmühl, schlief drei Nächte im Freien neben den Kanonen und kehrte todmüde, aber hochbeglückt zurück. Ja, der Kaiser, das sei ein Mann, der die Zeichen der Zeit begriffen habe, verkündete er überall. Bibel und Bebel! Jetzt sei es soweit! Wenige Wochen darauf starb er an einer Lungenentzündung. Er hatte sich beim Übernachten im Freien erkältet. In seinem Stübchen, so wurde erzählt, habe auf dem Tisch die aufgeschlagene Bibel gelegen, und es sei ein Kapitel aus der Offenbarung Johannes gewesen, in dem er zuletzt gelesen habe.

Ungefähr drei Jahre nach dieser Begebenheit, die Sozialdemokratische Partei war in vielen Teilen Deutschlands schon sehr mächtig geworden, meldete der „Landsmann", daß im ganzen Reich demnächst ein „Roter Sonntag" stattfinden werde. Auch unser stilles Nimptsch müsse unter Umständen mit „Vorkommnissen" rechnen, und der Magistrat habe deshalb beschlossen, dem Stadtwachtmeister einige Hilfskräfte beizugeben. Alle vier Nachtwächter wurden mit „Seitengewehren" bewaffnet und durch schwarzweißrote Armbinden als Hilfspolizei kenntlich gemacht. Eine unheimliche Spannung lag über dem Städtchen, als der Rote Sonntag herankam. Schon um sechs Uhr früh stand mein Vater am offenen Fenster, horchte hinaus und meinte, es käme ihm vor, als ob er Trommelsignale gehört habe. „Hoots nich gedrummelt? (getrommelt). Poßt ock uuf", spekulierte er weiter, „doas sein die ‚Zahner' aus Schweindtz (das zehnte Infanterieregiment aus Schweidnitz). Die macha nuff ei die Biele (nach Langenbielau). Die Bieler Waber sein underwägens." Die Bielauer Weber standen in dem Rufe, durchweg „rot" zu sein, und man fürchtete, daß sie herabkommen und etwas „unternehmen" könnten.

Als die Glocken wie immer zum Gottesdienst riefen, sah man die Nachtwächter mit ihren Seitengewehren, samt dem behelmten Stadtwachtmeister durch Straßen und Gäßchen streifen und nach eventuellen Aufwieglern Ausschau halten. Es rührte sich aber nichts, rein gar nichts. Auch tagsüber blieb alles still, nur die verstärkten „Polizeikräfte" tauchten immer wieder auf. Erst spät abends gab es einen „Zwischenfall". Ein Mann von auswärts kam angesäuselt aus dem Gasthaus „Zur goldenen Krone" herausgestolpert und schrie in die Abendstille hinein: „Is das nich eine Schande? Im ganzen Kreise Nimptsch gibts bloß zweiundzwanzig Sozialdemokraten! Eine Schande is das!" Die verstärkten Polizeikräfte stürzten sofort herbei, packten den Ruhestörer und gaben ihm zu verstehen, daß er unverzüglich die Stadt zu verlassen habe. Torkelnd kam er dieser Aufforderung nach, rief noch ein paarmal: „Eine Schande is das!", wankte den Schloßberg hinunter und begann plötzlich mit kräftiger Stimme zu singen: „Ich bin ein Preuße, kennt ihr meine Farben, die Fahne schwebt mir weiß und schwarz voran!" Der Wind trug uns die letzten Worte noch zu: „Mit Lieb' und Treue nah' ich mich dem Throne – von welchem mild zu mir ein Vater spricht!" Dann wurde es still. Die Rathausuhr tickte wie immer, der Rote Sonntag war zu Ende. Kein einziger „Bieler Waber" war herabgekommen, und es hatte auch nirgends „gedrummelt".

Schöne Feste wurden in unserem Städtchen gefeiert. Immer wieder einmal waren die Häuser beflaggt, und es gab prunkvolle Ausmärsche mit Musik und wehenden Fahnen. Am beliebtesten war das pfingstliche Königsschießen der dreihundert Jahre alten Schützengilde. Es hatte sich zu einem echten Volksfest entwickelt, das alle Stände vereinte. Der Schützenplatz, von uralten, zum Teil schon sehr morschen Linden herrlich überschattet, hallte vom Kuckucksruf und dem goldenen Geflöte des Pirols wieder, der sich bald hier, bald dort in den frischgrünen Zweigen schaukelte. Freilich, wenn am Nachmittag mit Paukengedröhn und Trompetengeschmetter die Schützen anrückten, begleitet vom Heerzug festlich gestimmter Menschen aller Schichten und Altersstufen, wurde es dem Pfingstvogel zu laut, und er suchte stillere Gefilde auf. Der dreiste Kuckuck aber blieb sitzen und erhob, ungestört von all dem fröhlichen Lärm, weiter seine Stimme.

Auf dem verhältnismäßig schmalen Platze waren Buden aufgestellt, in denen es leckere Sachen gab, wie Baisers mit Schlagsahne, das Stück für zehn Pfennige, Mohnstriezel und Käsekuchen von unnachahmlicher Qualität. Neben den Buden aber dampften in kleinen Verkaufsständen saftige Wiener Würstchen, die wir „Spritzwürschtel" nannten, und hochaufgestapelt lagen köstliche Oblaten auf weiß gedeckten Tischen zum Kauf aus.

Die Musik schmetterte ihre Weisen, das Glücksrad schnurrte, Schüsse dröhnten, das Bier floß in Strömen. Im Zelt der Schützen, wo auch der Bürgermeister und die Ehrengäste saßen, ging es bis in den späten Abend hinein hoch her. Zwei Tage dauerte das Fest. Den Abschluß bildete der Einmarsch in die Stadt mit fliegenden Fahnen, Musik und „bengalischer" Beleuchtung, voran der Stadtwachtmeister, hinter ihm das rot angezogene Zielermännchen, dann der neue Schützenkönig mit allen Zeichen seiner Würde und links und rechts wir über alle Maßen selig erregten Kinder. Vor dem Hotel „Zum weißen Schwan“ fand das großartige Schauspiel unter grünen und roten Leuchtfeuern mit „Helm ab zum Gebet“ und dem Choral „Ich bete an die Macht der Liebe“ seinen Abschluß. Nicht für die Schützen, die im Saal des Hotels weiterfeierten und oft erst auf wackeligen Füßen heimkehrten, wenn über den Dächern des von Fliederdüften durchwogten Städtchens der Kuckuck schon lange wieder rief.

Diesem schönen Fest aber folgte bald ein anderes – der Einzug der Musensöhne aus Breslau. Es war die Baltia, die sich unser Städtchen zum Schauplatz ihrer alljährlichen Stiftungsfeste erkoren hatte und den Geist der Breslauer Alma mater in unseren Alltag hereintrug. Mitten in der Woche trafen die jungen, von Lebenslust und Tatendrang sprühenden Kommilitonen ein, am Bahnhof erwartet und feierlich begrüßt von den Spitzen der Behörden. Ihr Einzug in die Stadt unter grünen Ehrenpforten und wehenden Fahnen geschah unter Vorantritt einer mitgebrachten eigenen Kapelle. Die Chargierten mit der Fahne der Verbindung saßen stolz und in vollem Wichs in zwei mit Girlanden geschmückten Droschken, zusammen mit unserem kleinen, seltsam verwachsenen Bürgermeister, der aber trotz seiner körperlichen Gebrechen ein fideles Haus war und in diesen Tagen ebenfalls eine Baltenmütze trug. Die Breslauer Musensöhne liebten ihn wie einen Vater. In dem festlichen Zuge gingen aber nicht nur rotbemützte Studenten, sondern auch solche in schwarzen Monturen, die sich Egerländer nannten und einen sehr vornehmen Eindruck machten. Sie waren Freunde der Balten und feierten ihr Fest bei uns mit.

Wir Kinder gerieten in diesen Tagen völlig aus dem Häuschen, denn sobald die Studenten eingezogen waren, begannen sie auf dem Marktplatz und in allen Straßen und Gassen Ulk zu treiben. Sie liefen mit quäkenden Papptrompeten herum, ließen Knallfrösche springen, warfen Bonbons und Schokolade auf die „Grabsche“, winkten zu den Fenstern hinauf, aus denen junge Mädchen und betagte Jungfräulein schauten, und neckten manchen biederen Bürger, der zu dem ungewohnten Spiel gute Miene machen mußte. Ein kleines, buckliges Weiblein aber hielt nicht viel von diesen Neckereien. Besonders verdroß es sie, daß wir Kinder uns so leidenschaftlich um die Bonbons balgten, und eines Tages rief sie mitten in das vergnügte Treiben hinein: „Wenn bluß die verrückta Kerle bale wieder naus wärn!“ Die „verrückta Kerle“ aber hatten es nicht so eilig. Es gefiel ihnen ausgezeichnet in unserem kleinen Nimptsch, und sie bevölkerten die Promenade an der Stadtmauer, die „Gaststätte zur schönen Aussicht“ mit dem reizvollen Blick ins Lohetal, und ihre hochgemuten Studentenlieder hallten von einem Ende unseres sonst so stillen und bürgerlich-biederen Städtleins zum anderen. Auf dem, was wir Ring nannten, unmittelbar vor dem Hotel zum „Schwarzen Bären“ hatten sie einen abgegrenzten Platz für ihren abendlichen Kommers herrichten lassen, der zur festgesetzten Zeit von Zuschauern umlagert war. „Wir sind hier versammelt zu löblichem Tun!“ klang es weit in die Stille des Frühlingsabends hinein. Rapiere wurden gekreuzt, Salamander gerieben, das Deutschlandlied stieg, und wieder, wie beim Schützenfest, flammten die bengalischen Leuchtfeuer auf.

Es war Wind aus einer anderen Welt, der mit den Musensöhnen in unser Nestlein hereinwehte, und es schwang bei aller harmlosen Neckerei und allem verliebten Geplänkel mit den Bürgertöchtern etwas vom Geiste der freien Burschenschaft mit. Irgendwie brachten diese Tage eine lange nachwirkende Hochstimmung in unseren bedachtsamen Lebenskreis. Aber ich kann einen „Balten“ nicht vergessen, der mitten in all dem frohen Treiben Jahr für Jahr völlig betrunken herumwankte, mit verzerrtem Gesicht an Laternenpfähle gelehnt stand, Bonbons ausstreute und einen Eindruck machte, als ob alles Elend der Welt auf seine jungen Schultern geladen sei. Das Bild seiner totalen inneren Zerrissenheit verfolgt mich noch heute, doch es vermag den frohen Nachhall der schönen Tage nicht ernsthaft zu trüben.

Unser Städtchen war von einem Kranz meist kleiner idyllischer Dörfer umgeben, in die ich mit meinem Vater oft hinauskam, da er viele Bauern, Landarbeiter, Förster, Schäfer, Dorfschullehrer, Gastwirte und andere Leute als Kunden hatte. Ich kam in Wassermühlen, Windmühlen, Gutshäuser, Förstereien, Schulen, Gastwirtschaften, die nach alter Überlieferung „Kretscham“ genannt wurden, ich betrat Stellnerwohnungen und Landarbeiterstuben, lief in Kuhställen und Pferdeställen herum, tummelte mich in Obstgärten, planschte in Dorfteichen und kletterte mit den Dorfjungen auf Strohschober, um auf der anderen Seite herabzurutschen. Stuben voller Gemütlichkeit und Traulichkeit lernte ich kennen, wo alles echt schlesisch war, vom „Seger“ an der Wand bis zur „Ritsche“ hinter dem Kachelofen. Ich betrat aber auch einmal ein von außen behaglich und friedlich anmutendes Haus, in dem die Prozeßsucht umging, und ganze Stapel von Gesetzbüchern aufgehäuft lagen. Und in eine Landarbeiterwohnung kam ich hinein, die weder Doppelfenster noch Dielung hatte, obwohl der Gutsherr ein reicher Graf war und seine Zeit meist in Gesellschaft einer Tänzerin in Paris verbrachte. Das armselige Stübchen war sauber aufgeräumt, Papierblumen und Pfauenfedern standen in einer Vase auf der Kommode, und darüber hingen die Bilder des Kaiserpaares und ein dornengekrönter Christuskopf. Kein bitteres Wort kam aus dem Munde des betagten Ehepaares, das hier wohnte und noch immer der Feldarbeit nachging.

Mit Träumern und Phantasten kam ich zusammen, mit verhutzelten Pilz- und Beerenweiblein, Schnapsbrüder lernte ich kennen, kluge Schäfer, die gleichzeitig Heilpraktiker waren und viel Zulauf hatten, Viehhändler erlebte ich, denen die Wohlhabenheit, aber auch die Bauernschläue schon von weitem anzusehen war, Musikanten, Spitzbuben, echte und eingebildete Kranke und – immer wieder Bibelforscher.

Die biederen Bauern und Stellner in unseren Dörfern hingen, wie wir, dem Glauben an, der ihnen in der Schule und im Religionsunterricht gelehrt worden war, zahlten ihre geringe Kirchensteuer mit oder ohne Murren und scheuten, wenn sonntags die Glocken riefen, selbst weite und umständliche Wege nicht, um die Kirche in unserem Städtchen zu besuchen. Dennoch gab es unter der harmlos glatten Oberfläche dieses gewohnheitsmäßig ablaufenden Lebens noch etwas anderes, wie ich eines Tages unvermutet und schreckhaft erfahren sollte.

Wir waren an einem heißen Sommertage in ein Dörflein hinausgegangen, um dort einen Stellenbesitzer zu besuchen, einen hageren, hoch aufgeschossenen Mann, der es sich nicht nehmen ließ, Sonntag für Sonntag, auch bei schlimmstem Wetter, in die Kirche herein zu kommen. Mein Vater hatte zuvor noch etwas im Schulhause zu tun, und ich lief ihm voraus und kam lange vor ihm in den Hof des Stellneranwesens, das von seinen Bewohnern völlig verlassen war. Die Haustür aber stand offen, und ich trat in den ziegelgepflasterten Flur, fand auch die Tür zur Wohnstube weit geöffnet und die Stube ebenso wie den Hof und den Flur menschenleer. Tausende schwarzer Fliegen hockten an den Wänden, auf den Möbeln, am Kachelofen und an den Fensterrahmen und schwirrten, als ich eintrat, wie elektrisiert auf. Ein Brausen und Summen erhob sich, bald aber beruhigten sie sich wieder. Die Fenster waren geschlossen, kein frischer Luftzug wehte herein; das war die Atmosphäre, die sie brauchten und in der sie sich wohl fühlten. Auf dem breiten Holztisch, um den sich eine Eckbank zog, stand ein angeschnittenes Stück Butter, ganz von Fliegen überlaufen, und daneben lag ein aufgeschlagenes, dickes Buch. Ich dachte sofort an die Bibel, mußte aber beim Näherkommen erkennen, daß ich mich getäuscht hatte. Eine satanische Fratze glotzte mich von einer der aufgeschlagenen Seiten an, und ich erkannte bei genauerem Hinsehen ein vielgeschwänztes, schreckliches Ungeheuer, mit Ziegenbart und dreigezackter Gabel – den Teufel in Person!

Was für ein Buch war das und was stand da? Scheu begann ich zu lesen – wirre, seltsame Dinge, aus denen ich nicht klug wurde. Die Neugier aber trieb mich, den Titel des Buches kennenzulernen: „Sechstes und siebentes Buch Mose sowie die Kunst Gold zu machen!" Ein Schauer durchfuhr mich. Von diesem Buch hatte ich schon mancherlei munkeln gehört. Nun lag es leibhaftig vor mir! Ich blätterte Seite um Seite weiter, scheu, als ob ich etwas Verbotenes täte. Immer wieder traf mein Blick auf ein Ungeheuer, ähnlich dem zuerst gesehenen. Die ganze Hölle schien sich auf diesen Seiten ein Stelldichein zu geben. Die kuriosen Texte waren, wie ich allmählich erkannte, Anweisungen zur Erlangung irgendwelcher Vorteile. Rezepte gegen Krankheiten bei Mensch und Tier, Liebeskummer und andere Sorgen. Eine dieser Anweisungen, ein Liebesrezept, hatte etwa folgenden Wortlaut: „So dich Liebeskummer drücket, stehe auf, lege die linke Hinterpfote einer zweijährigen Häsin unter deine Herzgrube, gehe hinaus an einen Kreuzweg, stehe allda und lasse das Licht des Neumondes durch einen Trichter auf die entblößte Hasenpfote scheinen. Alsogleich wird Wohlbehagen deine Glieder durchströmen und der böse Druck von dir genommen werden, so daß du wieder frei aufzuatmen vermagst. Achte aber, daß dir auf dem Rückweg nicht eine Hexe oder ein dreibeiniger Hase über den Weg läuft, und verbirg deine Hasenpfote wieder unter der Herzgrube, bis daß du dein Anwesen erreichest.“

Mir wurde unheimlich. Ich legte das Buch wieder so hin, wie ich es vorgefunden hatte, und lief in den Garten hinaus, wo die Blaupflaumen schon anfingen zu reifen, Schmetterlinge und Vögel flogen und Bienen summten. Hier hatte der schreckliche Spuk keine Macht mehr. Die Stellnersleute kamen währenddessen vom Acker heim, mein Vater war eingetroffen, und wir gingen miteinander ins Haus. Das Buch auf dem großen Tisch aber war verschwunden, als ich die von Fliegen durchbrauste Stube wieder betrat.

In jenem Dorf stand ein romantisches altes Wasserschloß mit einem großräumigen Gutshof, zu dem mehrere hochgewölbte Eingänge führten. In den Teichen rund um den alten Renaissancebau rumorten die Frösche und sangen die geheimnisvollen Unken ihre schwermütigen Weisen. Unk, unk tönte es zwischen dem gelben Schilf. Alle Tore des Gutshofes aber waren mit lateinischen Inschriften versehen, die der alte Baron hatte anbringen lassen, dem ich in dem herrlichen, weitausschwingenden Park schon manchmal begegnet war. Er war eine würdige Erscheinung, weitgereist und welterfahren und – wie die Leute flüsterten, ein Dichter. Der Lehrer des kleinen Dorfes sagte mir, daß es Sonette seien, die der Baron schreibe, „geschliffene“ Sachen. Ich wußte damals noch nicht, was Sonette waren, später aber, als ich einmal in das Schloß eingeladen war, sah ich sie. Es waren wirklich „geschliffene“ Dinge, die ein wenig an Platen erinnerten. Der alte Baron hatte bei seinen Spaziergängen im Park ständig an ihnen gefeilt.

Der Lehrer, von dem soeben die Rede war, hatte in jenen Tagen, als ich das Schloß betrat, das Zeitliche schon gesegnet, wie man damals gern sagte. An ihn denke ich mit besonderer Freude. Sein Schulhaus, ein roter Backsteinbau, stand ein wenig erhöht in der Mitte des Ortes, von einem peinlich gepflegten Obst- und Blumengarten umgeben. Hier führte er ein Leben ganz eigener Prägung. Seine Liebenswürdigkeit und die vielerlei Talente, die er hatte, machten ihn zu einer volkstümlichen Figur im besten Sinne des Wortes. Da seine Freizeit bei der nicht allzu großen Kinderschar, die er zu betreuen hatte, einen beträchtlichen Teil seines Tages ausmachte, sah man ihn ständig bei handwerklichen oder gärtnerischen Übungen. Er reparierte unter anderem Nähmaschinen, legte elektrische Leitungen, malte oder tapezierte Stuben aus, hantierte geschickt mit der Maurerkelle, stellte aber auch naturwissenschaftliche Beobachtungen mittels eines alten Mikroskopes an und betätigte sich als Tischler, Schuster, Stellmacher, Schlosser und Imker. In einer Werkstatt, die er sich eingerichtet hatte, lagen, standen oder hingen alle erforderlichen Gerätschaften und Handwerkszeuge, die er immer wieder auf den neuesten Stand brachte. Wer im Dorf irgendeinen Rat oder eine praktische Hilfe brauchte, kam zu ihm. Musterhaft waren seine zahlreichen, in leuchtenden Farben gehaltenen Bienenstöcke. Sein Honig schmeckte köstlich, Bienenstiche machten ihm nichts aus. Sie kamen bei seiner Vertrautheit mit den fleißigen Tieren auch kaum vor. Seine Sonntagshosen bügelte er selbst auf, für die Zeitung im Städtchen schrieb er Berichte, nur eines tat er nicht, was so viele schlesische Lehrer in der damaligen Zeit taten, nämlich Gedichte schreiben. Nein, er gehörte nicht zur Gilde der Poeten, und in seinem Bücherschrank standen fast nur Fachbücher. Den Faust besaß er zwar auch, aber er hatte ihn unter die Lehrbücher für Tischlerei, Schmiedehandwerk und ähnliche Schriften eingereiht.

In seinem Garten gediehen edle Rosen und köstliche Obstsorten, um die er ständig bemüht war. Er verbrachte seine Tage in glücklichster Harmonie mit den Dingen, die ihn umgaben. Selten nur kam es vor, daß er in den nahen Kretscham ging, wo ein behäbiger Wirt sich nur langsam entschloß, das gewünschte Bier auf den Tisch zu stellen. Viel lieber saß der zentnerschwere Mann in seinem alten Lehnstuhl in der Ofenecke und hörte dem Ticken des „Segers“ zu, der die jeweiligen Stundenschläge mit vorangehendem Rasseln und einer Lautstärke von sich gab, daß mancher Gast erschrocken zusammenfuhr. Den Wirt störte es nicht, und wenn jemand seinen Seger kritisieren wollte, meinte er nur: „Oh, verr mir, sul a ins erschloan!“ Oh, meinetwegen, soll er uns erschlagen! Ja, so war das da draußen in jenem Dörflein, das Guhlau hieß.

Etwa zwei Meilen von unserem Städtchen entfernt, in Richtung Strehlen, lag Quanzendorf, das alle Leute „die Fremde“ nannten. Wenn ein Nimptscher in die Welt wandern wolle, hieß es, dann käme er bestenfalls bis Quanzendorf. Dort packe ihn schon das Heimweh, und er mache wieder kehrt. Ging man aber dennoch weiter, über den Hügel hinter dem Orte hinauf, dann bot sich dem Blick eine weite fruchtbare Landschaft mit dem reichen Bauerndorf Großkniegnitz und einer Vielzahl lustig anzuschauender Windmühlen, die fast immer in Betrieb waren, denn hier wehte der Wind ungehindert vom Osten herein.

In allen diesen Dörfern wurde damals noch unsere Mundart rein und unverfälscht gesprochen. Sie hatte zwei Seiten. Eine rauhe und eine zärtliche. Die rauhe äußerte sich unter anderem in einem Spruch, den ich stets als schrecklich empfand, der sich aber nicht aus der Welt schaffen ließ. Er lautete:

Emil, Zweemil, Zwippelstiel,
Deine Kinder frassa viel.
Olle Tage a biehmig Brut,
Niem die Axt und schloo se tut!

Das war ein Armeleutevers, wahrscheinlich in großer Notzeit entstanden. Seine Brutalität tat mir weh. Wieviel lieber hörte ich die klangvollen Kinderreime:

Kimmt a Mäusla,
Gieht ei 's Häusla,
Woas werds sucha?
Brut und Kucha.

Oder:

Hunne, ninne sause,
Die Kitsche ies nich eim Hause.
Die ies amoll zum Nupper ganga,
Werd sich wull a Mäusla fanga?

Ja, das gefiel mir! Schon die Mutter hatte es uns vorgesungen, und es legte den Grund zu dem, was ich später schrieb, als ich aus weiter Ferne heimkehrend, die Musik unserer Mundart wieder vernahm:

Iech hoa ei fremda Ländern
Miech reichlich ümgesahn,
Mir ies – ich koans nich ändern,
Nischt droan gelan.

Woas die durt draußa macha,
Macht miech nich fruh,
Hurch, wie die Schwalbla lacha,
Die wissa 's ju!

Albrecht Haselbach

GOLDENE JUGEND IN NAMSLAU

Namslau liegt an der Weide, also auf der Lausigel-Seite von Schlesien, ungefähr da, wo die Füchse sich gute Nacht sagen. Übrigens soll's dort viele Krebse geben. Und – richtig – Namslauer Bier, in „der alten Namslauer an der Liebichshöhe" wird es ausgeschenkt ... Das war wohl so ziemlich alles, was der Durchschnitts-Schlesier von meiner Heimat wußte.

Auch die Namslauer selbst hatten keine Ahnung, daß ihre Stadt mit der Burg bis gegen Ende des 30jährigen Krieges von niemandem erobert werden konnte, daß sie die stärkste, immer wieder modernisierte Festung gegen Polen, ein „Fredeschild for dy Slezie" war. Weder die Tataren noch die Polen noch die Hussiten konnten Namslau bezwingen. Ebensowenig unterwarf es sich dem tschechischen Nationalherrscher Georg von Podiebrad. Die damals während der Hussitenkriege gegründete Schützengilde war eine der ältesten Schlesiens.

Niemand wußte, daß man im Urstromtal der Weide vorgeschichtlichen Schmuck, auch Wikingerschwerter, gefunden hatte; daß in Schmograu bei Namslau die erste christliche Kirche Schlesiens, ein leider 1860 abgebrannter Lärchenholzbau, stand; daß bis 1335 die Namslauer Burg den Piastenherzögen gehörte, daß sie dort auch residierten, daß Heinrich IV., der Minnesänger, das Namslauer Weichbild 1290 seiner Witwe Mathilde von Brandenburg zum Leibgedinge vermachte; daß Kaiser Karl IV. mit König Kasimir III., dem Großen von Polen, am 22. November 1348 in der Namslauer Burg ein Abkommen schloß, welches dem weiteren Vordringen des Deutschen Ritterordens nach Osten ein Ende setzte.

In der Gesangsstunde plärrten wir: „Nur am Rhein möcht' ich leben, nur am Rhein geboren sein", und: „Dort möcht' ich sein, bei dir, du Vater Rhein." Wir lernten die Brandenburger herunterschnurren, beginnend mit Albrecht dem Bären. Otto der Faule und der falsche Waldemar sind mir noch in dunkler Erinnerung. Dann kam der große Kurfürst, schließlich der Alte Fritz, die Befreiungskriege, 64, 66, 70/71. Das mußte besonders gut sitzen. Von den Piasten oder Luxemburgern oder Habsburgern, Herrschern über unser Land – nichts, geschweige von Herrschern ungarischer und tschechischer

Herkunft über Schlesien. Auch nichts von der Geschichte unserer Nachbarn.

Polen und Rußland – die Grenze war nur 18 km Luftlinie von Namslau entfernt – waren für uns sozusagen dasselbe. Sie lagen wie hinter einer hohen Mauer; man hätte – sage und schreibe – einen Paß gebraucht, um dorthin zu gelangen. Überflüssig zu erwähnen, daß niemand im Traume daran interessiert war. Um so bitterer war später das Erwachen, als sich 1945 herausstellte, daß der Untergang Preußens (alle 200 Jahre wurde Schlesien von einem anderen Herrn regiert und nach dessen Vorstellungen ausgerichtet) auch unseren Untergang bedeutete. Vor diesem welthistorischen Geschehen hebt sich das sorglose Treiben in einem schlesischen Grenzstädtchen gespenstisch ab.

Meine früheste Erinnerung geht auf den August 1894 zurück; ich war anderthalb Jahre alt und kletterte auf einem Birkengeländer herum. Daß es beim Brieger Photographen Opitz stand, ersah ich erst später aus dem Bild, das damals von meinem dreivierteljährigen Bruder Werner und mir gemacht wurde. Meine gute Mutter, begierig, beide Söhne auf *ein* Bild zu bekommen, versuchte es erst bei Herrn Przybill – so hieß der Namslauer Künstler; der fuhr sie jedoch an: „Zwee Kinder uff een Bild – Se sind wull?“ Die Momentphotographie steckte eben noch in den Kinderschuhen.

Der Zuschnitt, in dem ich aufwuchs, war großartig, dank meinem Großvater, Friedrich August Haselbach (1820–1896), der aus der ehemals Freien Reichsstadt Nordhausen als armer Knabe nach Schlesien gekommen war und aus dem Nichts heraus das uralte Herzogliche, spätere Deutsch-Ritterordens-Bräu- und Mälzhaus, das er am 18. September 1862 „meistbietend für 6275 Thaler courant“ erwerben konnte, in eine Großbrauerei verwandelt hatte. Die Namslauer erkannten es durch Verleihung der Ehrenbürgerschaft an. Ihm und seinen beiden Söhnen Albert und Paul verdankten deren sieben Kinder die beiden großen Gärten um die vom Großvater erbaute große „Villa“ und das „alte Schloß“, den Villateich, besetzt mit vielen Karpfen und Schleien, einer „Matätsche“, das ist ein Floß, einem „Seelenverkäufer“, d. h. einem schlanken Ruderboot, und einem breiteren Ruderboot, den ringsum laufenden Buchengang, den „Süßen Gang“ mit herrlichem Spalierobst, die Insel, den Pavillon, den Springbrunnen und den Ziegeleigarten, wo die Artischokken so zahlreich wuchsen, daß wir sie uns schon fast übergegessen hatten. Es gab Erdbeeren, Himbeeren in solcher Fülle, daß ich einmal eine ganze Schulklasse hineinschickte, damit sich jeder sattfuttern konnte. Schließlich, nicht zu vergessen, die ausgedehnten Dächer der Brauereigebäude, auf denen ich jetzt noch manchmal im Traum herumhüpfe.

Besonders spannend war das Kiebitzeier-Suchen im Frühjahr. Unser Weibervogt, Herr Konietzki, hatte uns gelehrt: „Ihr mißt uffpassen, wo su a schwatzer Popel sitzt, dann direkt druffzugehn, da hat er sein Nest.“ Um dieselbe Zeit, zu Ostern, gab es Eierwettrennen auf dem Schloßbergel in unserem Garten. Wenig später begann die Spargelsaison; die Barmherzigen Brüder lieferten jede Menge von ihren Namslauer Beeten.

Am 15. Mai wurde die Badeanstalt am spreewald-ähnlichen Weidebruch eröffnet. Sie war damals dicht mit wildem Wein bewachsen und bestand aus dem „Gänsestall“ für die ganz Kleinen, dem „Schafstall“, dem „Hundestall“, dem kleinen und dem großen „Frei“; dort pflückte man Seerosen und Mummeln, „scheechte die Wasserhiendel“, aber erst nachdem man sich freigeschwommen hatte.

Es nahte der Sommer, da feierte jeden Sonntag ein anderer Verein. Die gleichen Mitwirkenden, jedesmal in anderer Gewandung, zogen durch die Straßen, voran die Stadtkapelle unter Kapellmeister Bochnig, der im Winter in Dresden konzertierte. Es folgten die Turner, die Radfahrer, die Krieger, die Schützen, die Sänger, die Feuerwehr. Jedes vierte Jahr gab's ein besonderes Fest vom „Verschönerungsverein“. Endstation der über die Promenade führenden Feststraße war der mehrere Morgen große Stadtpark, wo ein reges Treiben einsetzte. Die Schützen knallten um die Wette; Herr Bochnig spielte sein schönstes Repertoire; die Kinder umschwärmten das Karussell, die Würstelbuden, die Kuchenausgabestellen des Gaststättenpächters, des Konditors Koschwitz, den Glückstopf; dessen Hauptgewinn war stets ein „Regulator“. Das Karussell wurde in der ersten Zeit mit der Hand gedreht. Es fanden sich stets Schulbuben, die es unter dem mittleren Dach besorgten und dafür nach drei Fahrten eine Rundreise auf einem der Holzpferdchen umsonst machen durften. Daß später ein richtiges Pferd die Dreherei besorgte, galt als großer technischer Fortschritt. Die braven Bürger labten sich derweil an Bier, ihre Frauen an Kaffee und Kuchen. An solchen Sonntagnachmittagen wurden unsere beiden Rappen vor den „Gelben“, den „Grünen“ oder den „Landauer“ gespannt, und man fuhr in den Stadtpark. Wir zwei Jungen, in weißen Matrosen-Anzügen, saßen auf dem Bock, die beiden Schwestern auf den Rücksitzen, glücklich über ein Paar uns im Stadtpark erwartende Wiener, das Paar zu zehn Pfennig. Ich entsinne mich eines Verschönerungsvereinsfestes im Jahre 1902, dem folgendes Ereignis aus der Namslauer Chronik zugrunde lag: Eine türkische Gesandtschaft übernachtete in Namslau; sie will den alten Fritz besuchen, er lädt sie in den Namslauer Stadtpark ein, wo das Lager von Bunzelwitz mit echten Kostümen, Lagerfeuern und, wie sich's für Namslau gehörte, mit viel Bier zelebriert wurde. Hatte doch Namslau den höchsten Pro-Kopf-Bierverbrauch der ganzen Welt.

Bei den Schützen ging's zackig zu: Wenn der Schützenmajor, Tepper Jäschke, kommandierte: „Stillgestanden! Rückwärts richt Euch – bis ans Gerinne ... haalt“, war alles dran. Und als der Schnittwarenhändler Miosge an ihn herantrat, „er mechte zu gerne Leutnant bei die Schitzen werden", wurde er barsch beschieden: „Das geht nicht!" „Aber wieso geht das nicht?" „Weil de su a Riesenrindvieh bist." „Nu, da derdruff kommt's doch nich druff an."

Weitere Abwechslung brachten uns vier Geschwistern Besuche in Brieg bei den Eltern meiner Mutter. Wegen der hohen Kosten für neue Brücken nördlich von Brieg über das Überschwemmungsgebiet der Oder gab's keine Eisenbahnverbindung Brieg-Namslau. Man hätte also mit der Bahn von Namslau über Oels und den Breslauer Odertor-Bahnhof bis zum Märkischen Bahnhof (er lag neben dem Freiburger) fahren, von dort zum Oberschlesischen (später Hauptbahnhof) mit Droschke oder Taxameter kutschieren müssen. Erst vom Oberschlesischen Bahnhof gingen Züge nach Brieg. Das war – namentlich mit Kindern und viel Gepäck – zu umständlich. Also fuhr man mit Pferden von Namslau bis kurz vor Neusorge, wo die Chaussee aufhörte; von da durch tiefen Sand, Rogelwitz (Rogowice-Rehbockdorf) rechts liegen lassend, über Pechhütte im Leubuscher Wald nach Mangschütz. Dort erwarteten uns die Neugebauerschen Pferde aus Brieg. Auch in Brieg gab's einen großen Garten neben der „Fabrik", errichtet von meinem Urgroßvater, Kommerzienrat Robert Schärff (1808–1880), dem Stifter der ersten schlesischen Gewerbeschule. Sein Vater war aus Gera zugewandert, seine Frau eine Moll aus der Brieger Lederfabrik. Robert war weitgereist, von 1848 bis 1871 durch den Kauf von Kongreßland in Wisconsin USA-Staatsangehöriger; ein großer Sänger vor dem Herrn. Staunend standen wir Kinder vor dem „Wunderschrank", gefüllt mit Reiseerinnerungen, wie Kolibris, Muscheln, Käfern, Schmetterlingen, Mokassins, Friedenspfeifen, Straußeneiern, Kokosnüssen, Sand aus der Sahara, Wasser aus dem Jordan, der Rose von Jericho, Hand und Fuß einer mumifizierten ägyptischen Prinzessin, Blumen aus dem Garten Gethsemane und vom Ölberg. Manches davon ist jetzt in München, die Kolibris haben allerdings inzwischen die Motten gefressen.

Vor der prächtigen Villa in Brieg stand die Amazone von Kiss, im Garten eine überlebensgroße Hebe aus Marmor, viele bunte Kugeln, hohe Buchsbaumhecken; auch dort ein Pavillon, ein Wintergarten und an den Wänden Stiche von New York mit Segelschiffen – kurz, eine ganz andere Welt als in Namslau, wo unsere Behausung in der Burg, auch „das alte Schloß" genannt, 1400 qm groß (ohne Keller und Speicher gerechnet), und mit den riesigen 5½ m hohen Zimmern, 2½ m starken Wänden originell genug war. Meine Großmutter Anna Schärff, geborene Gebauer, 1. Vorsitzende des Vaterländischen Frauenvereins von ganz Schlesien, genannt der „Brieger Engel", und ihre älteste Tochter Elisabeth Neugebauer (von der Zuckerfabrik), waren der Brieger Mittelpunkt. Sie erhielten, obwohl protestantisch, jede einen hohen päpstlichen Orden. Ehrenvorsitzende des Vereins war die Schwester Kaiser Wilhelms, Charlotte, Erbprinzessin von Sachsen-Meiningen. Meine Patentante Else (sie wurde 92 Jahre alt), konnte sehr lustig sein. „Kommt der Schulrat in eine Klasse in Wangern“, erzählte sie (die Zuckerfabrik hatte die benachbarte Staatsdomäne Rothsürben [Rothbach] als Rübenbasis gepachtet), „als die Kinder gerade die Weihnachtsgeschichte durchnehmen. ‚Warum, ihr lieben Kinder, hüteten die Hirten des Nachts ihre Herden? Weshalb denn des Nachts?‘ (Er wollte hören, daß es am Tage zu heiß dafür sei im Morgenlande.) Prompt erhielt er eine echt schlesische Antwort: ‚Se wer'n wull uff'm Herrschaftlichen gewäst sein.‘“

In Brieg hat uns die Tante Uber aus Kreuzburg, Großvaters Kusine, manchmal eine „Kartoffel-Komödie“ vorgeführt, mit König Mastodon, Prinzessin Pumphia und dem Räuber Jaromir. Ich besitze den Text noch. Die Köpfe waren aus Kartoffeln gemacht und wurden wie Kasperlfiguren gehandhabt.

Rückfahrt von Brieg nach Namslau zuweilen unter sommerlichem Sternenhimmel! Was sind wir Autofahrer doch für armselige, krampfhaft in unser Lampenlicht starrende Reisende. –

Genußreich waren die häufigen Krebsessen in Namslau. Weide-Krebse, die in Paris auf der Speisekarte gestanden haben sollen, waren zwar zu meiner Zeit fast ausgestorben. Ich nehme an, es kam vom Kunstdünger. Man erhielt aber beispielsweise aus Neu-Berun, Oberschlesien, mit der Post so viel man wollte. Manchmal kam auch unangemeldet unser Krebsmann aus der Wartenberger Gegend, Herr Glawion, zwei volle Rucksäcke mit 200 bis 250 Stück tragend. Dann mußte schnell herumtelefoniert werden, damit sie nicht umkamen. Vorher wurden sie mit Brennesseln gefüttert, die mit süßer Sahne bespritzt waren.

Häufig aßen in der Schloßküche alte Weibel, die unaufgefordert Blaubeeren oder Preiselbeeren brachten und Pilze. Steinpilze, Morcheln, Galuschel, Reizker, grüne und rote; die gaben herrliche Suppen.

Dabei fallen mir die herbstlichen Kartoffelfeuer in Namslau ein; denn die Brauerei hatte neben vielen Wiesen auch etwas Acker. Ein in Papier gewickelter Salzhering, in der Asche gebraten, war eine köstliche Delikatesse zu den angebrannten Kartoffeln. Auch die Fischzüge in den Weidearmen und im Teich, der dann abgelassen wurde, waren äußerst aufregend. Besondere Einschnitte im täglichen Leben stellten die Jahr- und Viehmärkte sowie die regelmäßigen Schweinschlachten in der Villa (bei einem lernte ich meine liebe Frau kennen) und im Schloß dar, die Familienfeiern bis zu 36 Personen an Neujahr, Weihnachten, den verschiedenen Geburtstagen. Sie begannen regelmäßig mit Kaviar im Eisblock, den man in Holzfäßchen von Burgarde auf der Breslauer Oderstraße bezog. So außergewöhnlich war das gar nicht. In der Breslauer Weinhandlung Hansen erhielt man ohne weiteres eine frisch geöffnete, strichvolle Kilodose hingestellt. Man löffelte heraus, so viel man wollte. Durch Zurückwiegen wurde der Verbrauch nachträglich festgestellt. Was sind das für kümmerliche Klecksdien, die man heutzutage für ein Sündengeld serviert bekommt!

Alle vier Jahre im Herbst war Manöver in Namslau. Kein Soldat durfte die Hauptstraße durch die Brauerei passieren, ohne einen kühlen Trunk erhalten zu haben. Darin war mein Vater großartig; hatte es geregnet, so wurden die großen Malzdarren angeheizt, um die Uniformen zu trocknen. Meine Mutter verpflegte Mannschaften und Offiziere bestens. Einmal trat sie allerdings ins Fettnäpfchen. Als alles aufgefuttert war, kam eine Regimentskapelle und sollte auch noch verköstigt werden. Meine Mutter, in ihrer Verzweiflung, entsann sich eines noch vorhandenen Prager Schinkens, zu dem sie in aller Eile eine Burgundersauce machte. Die „Blechspucker" lehnten aber das ungewohnte Gericht ab. Der Kommandierende General, der Herzog von Württemberg, bekam Wind von der Sache, und sie mußten zur Strafe auf freiem Felde zwei Stunden Märsche blasen.

Meiner Tante in der Villa lag die Sorge für die Offiziere ob. Einmal war der Generalfeldmarschall Graf von Haeseler bei ihr einquartiert, auch der alte Woyrsch und sein Nachfolger, der Kommandierende General von Pritzelwitz, japanische Offiziere. Und einmal durfte ich, aber ganz geheim, die Fahne des Infanterie-Regiments 63 (Oppeln) sehen. Sie wurde eigens für mich ausgewickelt.

Ich besitze eine Sammlung von Menükarten meiner Mutter; man faßt sich an den Kopf, wie es möglich war, so viel zu essen. Allerdings wurden hinterher fleißig Walzer und Galopp getanzt und allerhand wieder ausgeschwitzt. Meine Eltern gaben jährlich zwei „Gesellschaften". Eine davon war die sogenannte „seidene" für die adeligen Dragoneroffiziere. Laut Rangliste der Königlich-Preußischen Armee für 1912 hatte das Dragoner-Regiment König Friedrich III. (2. Schlesisches) Nr. 8 achtundzwanzig aktive Offiziere. Sie waren sämtlich vom Adel, darunter vier Prinzen, fünf Grafen. Chef des Regiments war Ihre Kaiserliche und Königliche Hoheit, die Frau Kronprinzessin. Zu dieser „seidenen" Gesellschaft gehörten auch der Herr Landrat und einige Rittergutsbesitzer. Dann gab es die „baumwollene" Gesellschaft für die Honoratioren der Bürgerschaft, den Bürgermeister, die Pastoren, den Geistlichen Rat, den Kaplan, die Ärzte, Rechtsanwälte, Apotheker, bis herab zum Katasterkontrolleur.

Drei Wochen vor Martini kaufte mein Vater regelmäßig etwa 50 Gänse und ließ sie in unserer Ziegelei, wo ein idealer Stall an fließendem Wasser lag, mit Hafer mästen. Dann gingen sie bratfertig in Paketen an die Verwandtschaft; in jedem eine Flasche mit dem Blut; denn daß man „das Geschnörre“ überall in Schwarzsauer machte, war Ehrensache. Am Brustbein der Martinsgans wurde festgestellt, ob der kommende Winter viel Schnee oder viel Eis bringen würde. Der Brauerei war natürlich mehr am Eis gelegen, uns Kindern am Schnee.

Der Kopf der Gans war das Lieblingsstück meines Vaters. Später war er mir vorbehalten. Große Spannung beim Spalten der Schädeldecke, ob Teller und Messer die Operation aushalten würden. Einmal gab's große Enttäuschung: ich fische und fische in der großen Terrine und kann den Kopf nicht finden. „Wo ist das Fräulein?“ „Das Fräulein ist in der Ziegelei bei den Gänsen.“ Der Küchenpudel hatte das Schwarzsauer fertiggemacht und aus unbegreiflichen Gründen den Kopf offenbar nicht in die Suppe getan. Also her mit dem Mädel! Küchenpudel erscheint (bohrt vor Scham, Aufregung und Verlegenheit in der Nase). Ich: „Wo ist der Kopf?“ Antwort: „Der Kopf liegt im Schrank.“ Dies wurde bei uns ein geflügeltes Wort.

Doch zurück zum heiligen Martin. Meist schneite es um den 11. November schon ein wenig, und man sagte: „Der Heilige kommt auf einem Schimmel geritten.“ Die Lehrer an der sogenannten „Höheren Knabenschule“ wurden dann regelmäßig mit einer Gans und einem großen Martinihorn bedacht. Es lag auf dem Katheder. Die Gans aber spazierte mit einem roten Bändchen um den Hals im Klassenzimmer umher. Stammte die Gans aus den Vorräten meines Vaters, sie kostete damals 5 Mark (eine Ente 2,50 Mark), was durch Sammlung unter den Schülern aufgebracht wurde, so durfte ich sie zusammen mit einem Klassenkameraden stolz in die Wohnung des Lehrers tragen.

Es erinnert mich dies an eine Erzählung meines Vaters von seinem Schulfreund Louis Silbermann, der eine schlechte Arbeit geschrieben hatte und für den nächsten Tag Böses ahnte, war doch der Rohrstock des Lehrers Kalkbrenner gefürchtet. Am nächsten Morgen also bringt der Louis einen Hasen in die Schule, erhebt sich und spricht: „Der Vater schickt einen Hasen, Herr Lehrer.“ Keine halbe Stunde, da klopft's, und herein tritt das Dienstmädel von Silbermanns: „Der Herr läßt fragen, ob der Louis etwa ohne seine Erlaubnis einen Hasen in die Schule mitgenommen hat? Ich soll ihn wieder abholen.“ „Nu, du verdammter Bengel!“, und es folgte die unvermeidliche Überbucke. Man muß aber wissen, daß die Lehrer damals schlecht bezahlt wurden, und daß es üblich war, sie etwas mit Naturalien zu unterstützen.

Essen wurde in jeder Beziehung großgeschrieben. Weihnachten ohne Karpfen in polnischer Soße, die nur mit dem Fischblut, Fischpfefferkuchen und Pastinak richtig schmeckt, war undenkbar; ihm folgten Braunkohl zu weißen

Würsten (nicht zu verwechseln mit der bayerischen Weißwurst), der Kohl mit Zucker und Pfeffer angemacht, und als Schluß Mohnklöße. Am ersten Feiertag: Pute à la Haselbach. So stand sie auch bei Hansen auf der Speisekarte. Das Besondere daran war eine Füllung im Kropf aus Mandeln, Rosinen und Zwieback. Am zweiten Feiertag gab's meist eine Riesen-Kalbskeule und am dritten zur Erholung: Rindfleisch mit Brühkartoffeln. Die Versuchung war aber auch groß. Aus Postelwitz, Kreis Oels, dem Rittergut, das mein Vater für meinen Bruder gekauft hatte, und wo wir unsere Jagdausbildung erhielten, kam dauernd Wild, aus der Stadt schickten die Kaufleute ins Schloß: „Ob die gnädige Frau nich mechte einen sehr scheenen Hammelrücken" und dergleichen. Mein Vater sagte immer: „Nimm nur, nimm!"

Im Winter kamen die Bauern, eingehüllt in dicke Pelze, in der Regel mit Waschbär- oder Nerzkragen, auf ihren Pferdeschlitten in die Stadt; die Füße staken in geflochtenen Strohschuhen; sie waren also sehr unbeweglich und merkten es meist nicht, wenn man sich hinten auf die Kufen stellte, „sich aufhuckte". Dann wurde schnell eine lange, vorn am Rodelschlitten befestigte Schnur um einen Schlittenholm geschlungen, man schwang sich auf den Rodelschlitten und ließ sich in sicherer Entfernung so lange mitziehen, als man wollte. Oder es machte Spaß, zu rufen: „Es huckt sich eener", und sich darüber zu amüsieren, wenn der Angerufene vergeblich mit seiner Peitsche nach hinten fuchtelte. Außerdem fuhr man Schlittschuh; nur wenige Kinder besaßen je ein Paar. Manche borgten sich wenigstens einen, mit dem sie „hatscherten", der kleine Bruder mußte sowieso zusehen und frieren. Handschuhe hatte auch nicht jeder. Die Schuhe waren ein Problem. Auf dem Dorfe trugen die Kinder zum Teil noch sogenannte „einbällige" Schuhe (rechter und linker Schuh von gleicher gerader Form). Besondere Schuhe für Schlittschuhe kannte man nicht. Die Schlittschuhe wurden erst auf der Eisbahn angeschnallt, die Haltevorrichtungen rissen häufig die Absätze ab.

Zum Schlittschuhfahren eigneten sich der Villateich, der Haselbach-Ziegeleiteich und der Weidebruch; auf dem war sogar manchmal Konzert gegen „Eintritt". Der Ziegeleiteich wurde von der Brauerei zweimal abgeeist. Mit Paternoster, von einer Lokomobile getrieben, erntete man etwa 200000 Zentner zur Kühlung des Bieres auf dem Transport und beim Wirt; denn elektrische Kühlschränke gab es nicht, nur Eisschränke in manchen „modernen" Haushaltungen.

Zum Rodeln benutzte man die beiden Schloßbergel, vorn an der Straße und im Garten, das Kinzerbergel und das Eierbergel, Überreste der Festungsanlagen. Als wir größer waren, holten wir die Original Norweger Skier meines Vaters vom Speicher, schirrten das Reitpferd meines Onkels davor, und auf ging's durch die Wälder.

Viel Spaß machten die Böhmaken, drei bis vier Musiker, die umherzogen und in den Höfen lustige Stückel spielten. Die Leiermänner waren auch noch nicht ausgestorben, ihr rührendstes Stück: „Unser Kaiser liebt die Blumen, denn er hat ein zart' Gemüt.“

Um uns auf die „Gesellschaften“ vorzubereiten, erhielten wir Tanzstunden durch ein Fräulein von Kornatzki in Contre, Menuett, Polka, Mazurka, Walzer und Galopp. Klavierspielen konnten wir alle, lernten auch gut Französisch bei „Mademoiselles“ aus der Schweiz. Auf den Familienfesten ging's hoch her; es wurden von Kusine Käthe Weber gedichtete Stücke aufgeführt, bei Hochzeiten traten mein Bruder und ich als slowakische Topfstricker, als Buam und Derndl in bayerischer Tracht, meine Schwestern als Holländerinnen auf. Wie oft setzte sich mein Vater, in Europa als äußerst tüchtiger Brauer bekannt, ans Klavier oder an die Zither. Er war Autodidakt und rief: „Los, Kinder, tanzt!“ Da mir immer bald schwindlig wurde, löste ich ihn ab und hörte nicht so bald auf. Auch zum Dichten hielt uns Vater früh an. Wer die besten Verse, beispielsweise zum Lob der Knoblauchwurst, gemacht hatte, bekam einen Preis. Für unsere Ausbildung in der Kenntnis von Malerei und Architektur, Möbeln und Orientteppichen, Tischdecken, Tischordnung, Baedeker- und Kursbuchlesen, jeder Art von gesellschaftlichem Benimm, Abfassung von Briefen, kurz den sogenannten „guten Ton“, sorgte unsere Mutter. Von ihr lernten wir auch, welche Weine zu welchen Gerichten passen, daß der Rotweinkeller wärmer sein muß als der Weißweinkeller, daß die Flaschen auf Sand gebettet ruhen müssen, der Rotwein vor dem Genuß erst aufwachen muß, alles, wie sich später herausstellte, ziemlich brotlose Künste, während die Kernsprüche meines Vaters, mit denen er uns bedachte, noch heute Geltung haben.

Von 1914 bis 1918 kann ich nichts über Namslau berichten, weil ich die ganze Zeit in Polen und Rußland war. Januar 1919 wieder daheim, trat ich in die Firma ein und gab mein Universitätsstudium auf. Denn nach Versailles mußten wir uns mächtig auf die Hosen setzen, das halbe Absatzgebiet der Brauerei war verloren: Kempen, Schildberg, Lublinitz, Tarnowitz, Ost-Oberschlesien, das Reichthaler Ländchen des Kreises Namslau. Letzteres war für einen polnischen Herrn Sculz, Freund von Korfanty, deswegen so interessant, weil er eine Staatsdomäne einkassieren wollte, Skorischau, welche der preußische Staat aus Kirchenbesitz 110 Jahre früher geschluckt hatte. Das Land war völlig schlesisch gesinnt und wurde trotzdem ohne vorherige Abstimmung an Polen abgetreten. Der Kreis Namslau war zunächst in drei Teile aufgegliedert: der westliche Teil blieb bei Schlesien, der nordöstliche mußte ohne Abstimmung an Polen abgetreten werden, der südöstliche mußte mit Oberschlesien abstimmen. Es stimmten damals 98 Prozent für Deutschland.

Der nordöstliche Teil hätte sicher nicht anders abgestimmt. Der Reichthäler Pfarrer Dr. Nieborowski kämpfte vergebens für seinen Sprengel. Unsere eigenen amtlichen Karten, nach den Ergebnissen der Volkszählung von 1910 durch den Berliner Universitätsprofessor Dr. Penck aufgestellt, sprachen sichtlich gegen uns: Jeder rote Punkt auf diesen Karten bedeutete zehn Menschen mit polnischer (wasserpolnischer) Muttersprache, was fälschlicherweise so viel hieß wie „Pole". Dabei waren diese Leute mindestens zweisprachig oder sie meinten nicht ihre eigene, sondern die Sprache ihrer Mutter, oder man hatte ihnen gar eine solche Antwort geradezu in den Mund gelegt. Herr Penck sagte: „Tut mir leid, bei der Volkszählung wurde es genauso angegeben, wie ich es gepunktet habe, nämlich 44,4 Prozent polnische Muttersprache." Bei einer Probeabstimmung 1919 ergaben sich aber 93 Prozent für Deutschland und nur 7 Prozent unentschieden oder für Polen. Diese Stimmen kamen aus den Gütern Droschkau, Riemberg und Friederiken-Hof, welche kurz vorher in nationalpolnische Hände gefallen waren. Die Erklärung hierfür ist einfach: die Lehrer, welche die Volkszählung 1910 auf den Dörfern durchführten, bekamen gestaffelt sogenannte „Ostmarkzulagen", je mehr „Polen" sie in ihrem Bezirk hatten, desto mehr Zulage. Das rächte sich jetzt. Dabei kam es gar nicht auf die Sprache an. Das Kriterium war falsch. Entscheidend bei solchen Abstimmungen ist nicht die Sprache, sondern das wirtschaftliche Interesse des einzelnen. Polnisch zu werden bedeutete für die zum Kreise Namslau gehörenden wohlhabenden Bauern polnische Armut. Korfanty hatte das erkannt, sehr geschickt versprach er jeder Familie eine Kuh, was der Masse der Kleinbauern und Siedler auf den Sandböden, die ja auch jeder eine Stimme hatten, viel wichtiger war, als „deutsche Kultur".

Trotz Politik und Arbeit, trotz Inflation und Deflation blieb uns Namslauern aber Zeit, Tennis und Billard zu spielen so wie Abend für Abend den Stammtisch im Bräustübel zu bevölkern, an welchem allerlei Schnurren zum besten gegeben wurden.

Mein Vater war bis zum siebenten Jahr in Simmenau, Kreis Kreuzburg, aufgewachsen, Großvater war dort Brauereipächter und hatte eine Bauerntochter aus Kreuzburg-Ellguth, Kusine Gustav Freytags, eine geborene Passek, auf der Durchfahrt mit der Post in Namslau kennengelernt und geheiratet. Den Passeks gehörte damals das sogenannte Pietzonkasche Gasthaus mit Ausspannung. Ein Ziegenbock war Vaters ständiger Begleiter in Simmenau. Manchmal, wenn es vor Ziegenduft nicht zum Aushalten war, hieß es: „Paul, geh' 'raus, es kommt Besuch." Ständiger Stammtischgast war der alte Bauerngutsbesitzer Kalesse aus der deutschen Vorstadt, dem wir mal eine schlesische Zeitung von 1849 hinlegten, worauf er sich entrüstete, daß vom König die Rede sei, während wir doch einen Kaiser hätten. Mit den Fremdwörtern stand er auf Kriegsfuß, sprach immer von den Stadtverordneten „in caprore“ statt „in corpore“ und meinte einmal zu mir vertraulich im Hinblick auf die vielen Probesude, die mein Vater machte, und die der Stammtisch jedesmal begutachten mußte: „Dein Vater macht zu viel Exkremente“ (statt Experimente).

Dann wurde der alte Schmiedemeister Thusa durchgenommen, der das allererste Auto erfunden hatte. Ein Hüne von Statur, machte er seinem Namen Ehre; sein Name heißt auf deutsch „Leibesstärke“. Sicher wußte er das gar nicht. Ein Gemüt hatte er wie ein Kind. Sein Patentwagen bewegte sich weiter, wenn man drinsaß und auf und nieder wippte. Dann schnappte eine Klinke in ein Zahnrad ein und drückte den Wagen ein Stück weiter. Er probierte das auf dem Obischauer „Berge“, der nur 30 m höher liegt als die Stadt, und nahm seinen Schmiedeamboß in den Schoß, um mehr Druck dahinter machen zu können. Die Namslauer „zogen“ ihn weidlich damit auf. Einmal schickten sie ihm eine schriftliche Aufforderung, er habe aufs Rathaus zu kommen wegen des Zuschlages bei einer Versteigerung; den Zuschlaghammer (das ist der ganz große Schmiedehammer) habe er mitzubringen. Der halbe Ring bog sich vor Lachen, als er mit dem Hammer im Ärmel (denn ganz traute er der Sache doch nicht) aufs Rathaus stolzierte. Als er zurückkam – der Bürgermeister hatte ihm erklärt, es habe sich wohl jemand einen Scherz erlaubt –, war es zu viel, daß ihn der Kaufmann Seiler an der Ecke Ring-Wassergasse fragte: „Na, Thuse, wie war's mit 'm Zuschlag?“ „Da hast den Zuschlag“, klebte ihm eine, daß sich der Seiler „im Gerinne sielte“.

Regelmäßiger Stammtischbesucher war der kleine, dicke Justizrat Reinhold, weder rein noch hold, der immer neue Witze wußte, mordshäßlich, hochintelligent, Junggeselle, Cellospieler – einen Hals hatte er überhaupt nicht. „Er mecht sich schlecht köppen lassen“, meinten die Namslauer. Seine Büroausstattung bestand nur aus dem Strafgesetzbuch und dem BGB, einem Stehpult und einer Streusandbüchse zum Ablöschen, die der Bürovorsteher Katschoke täglich frisch füllen mußte.

Mein Vater erzählte einmal, daß vor dem Jahre 1870 das Brauereibüro auch so ein Einmannbetrieb war, in Gestalt des Buchhalters Niebisch. Und auch der hatte noch Zeit, zwischendurch mit den städtischen Handwerkern in der „Restauration“ nebenan Boulle (Billard mit Kegeln) zu spielen. „Paul“, sagte der Niebisch, „wenn de merkst, daß ich verlier', gehst de 'raus, kommst gleich wieder und sagst: ‚Herr Niebisch, Sie soll'n mal gleich zum Vatel ins Comptoir kommen.‘“ Das Andenken an Niebisch wurde hoch in Ehren gehalten; als die Familiengräber umgebettet wurden, kam Herr Niebisch mit dazu.

Die Brauerei hatte rund 300 Angestellte und Arbeiter, sie bildete einen eigenen Stadtteil und versandte ihre beliebten Biere über die ganze Provinz, vor dem Ersten Weltkrieg auch in die deutschen Kolonien und nach China. Der Geldumsatz betrug vor 1914 jährlich etwa 5 Millionen Goldmark. Wir hatten die allerersten Mercedes-Lastautos von ganz Schlesien.

Das Verhältnis der Familie Haselbach zu den Arbeitern war recht patriarchalisch. Zu Weihnachten versammelte sich alles in einer großen Maschinenhalle. Mein Vater hielt eine Rede, jeder bekam Stoff zu einem Anzug, ein Geldgeschenk und die üblichen Pfefferkuchen und Mohnstriezel. Den Kindern und Frauen wurde besonders einbeschert, wobei ich immer „Stille Nacht“ begleiten mußte.

Dankbar sei der sogenannten dienstbaren Geister gedacht. Meine Mutter hatte stets vier. Eine Köchin oder Mamsell oder Fräulein (auch da gab's feine Unterschiede, Fräulein nur mit Vornamen oder sogar mit Nachnamen), dann eine „Jungfer“ und ein sogenanntes perfektes Stubenmädchen sowie ein jüngeres Mädel, den sogenannten Küchenpudel. Sie gingen an die unverheirateten Brauer weg wie warme Semmeln. Ein Fräulein mit Nachnamen heiratete den Braumeister, Herrn Caesar, der später technischer Direktor einer der größten Brauereien Österreichs wurde. Sie schickt mir noch heute, obwohl hoch in den Achtzigern, zum Geburtstag eine vorzügliche, selbstgebackene Mandel-Schokoladen-Torte. Auch meine Amme Susanna Kunze, geborene Polloczek, sandte mir regelmäßig zum Geburtstag eine Ansichtskarte.

Solche Grüße kamen in das „Album“. Dessen Glanzstück war eine Karte „Aussicht aus dem St.-Gotthard-Tunnel“, Dein treuer Onkel Georg Weber (Schwager meines Vaters). Er schickte öfters Karten mit kleinen Gedichten, war überhaupt sehr witzig. Als er einmal die Frau von Korn von der „Schlesischen Zeitung“ zu Tisch führte, meinte er: „Ich glaube, Gnädigste, wir sind verwandt.“ „Aber wieso denn?“ meinte die hohe Dame ziemlich von oben herab. „Nun“, meinte Onkel Georg, seines Zeichens Generaloberarzt, aber eben nur bürgerlich, „Ihr Herr Gemahl ist doch ein Herr von Korn, und mein Schwiegervater (mein Großvater) ist ein geborener Nordhäuser.“ – (Für diejenigen, welche diesen Witz nicht verstehen, sei angemerkt, daß Nordhäuser-Kornschnaps vor dem Ersten Weltkrieg eine besonders gute Marke war.) Er hatte alle Hände voll zu tun, um die wegen dieses Vergleiches mit einem gewöhnlichen Kornschnaps empörte Dame wieder gnädig zu stimmen.

Für die vier ständigen „Dienstboten“ im Haus meiner Mutter wurde Verstärkung aus der Brauerei herangeholt beim Großaufräumen, wenn Wäsche war und zum Fensterputzen. Bei den Festen wurden die beiden herrschaftlichen Kutscher in Livreen und weiße Handschuhe gesteckt und mußten, jeder auf einer anderen Seite des Tisches, helfen präsentieren, das heißt die Braten auf den großen silbernen Schüsseln jedem Gast anbieten, auch uns Kindern;

die nachfolgenden Mädchen mit Tändelschürzchen und weißen Häubchen, schwarzen Kleidern – alles von der Herrschaft geliefert – präsentierten die Saucieren und die Schüsseln mit den Beilagen. Außerdem trat dann noch eine Kochfrau, die berühmte Thomas Emilie, in der Küche auf.

Werktags wollte mein Vater immer schon um sechs Uhr zu Abend essen. Meine Mutter war aber eisern für halb acht Uhr; Grund: weil die Mädchen nach dem Abendbrot nicht mehr arbeiten. Die Arbeit mit der Nudelkulle war eben zeitraubend, desgleichen das Einpökeln, Geleekochen, Kuchenteigrühren, Plätten (für meinen Vater pro Tag zwei weiße gestärkte Oberhemden und zwei Kragen, Manschetten, ebenfalls gestärkt), Plissee-Blusen fälteln, Sauerkraut bereiten, Geflügel rupfen, Staub wischen, Silber und Messer putzen (Nirosta gab's nicht). Dabei hatten wir schon elektrisches Licht und Zentralheizung, so daß Öfen und Lampen wegfielen. Schließlich mußten meine Schwestern und meine Mutter jeden Tag frisiert werden. Das Parkett wurde auf den Knien mit der Handbürste bearbeitet, die Teppiche mit Sauerkraut. Für die Gärten war der Gärtner mit drei bis vier „Weibern" da, die er im Winter mit Mattenflechten und anderen hochwichtigen Arbeiten „durchhielt". Er hatte auch die Blumen zu gießen und vorher in ein Paar große Filzlatschen zu schlüpfen, wie man sie jetzt noch anbekommt, wenn man ein Königsschloß besichtigt. Ein Chauffeur mußte ab 1908 für unser 10/20 Mercedes Landaulet natürlich auch vorhanden sein. Damals waren wir schon in Breslau in Pension und nur in den Ferien zu Hause. Klar, daß wir dann sofort ans Steuer gingen und bei ihm fahren lernten. Die Prüfung für den Führerschein erstreckte sich nur auf die Kenntnisse des 4-Takt-Systems; denn Verkehrsvorschriften für Autos gab es nicht. Wichtig war lediglich, daß man eine große Decke mithatte, um scheuenden Pferden den Kopf verhüllen zu können.

Ich muß meine Ausführungen aus räumlichen Gründen auf Namslau, und auch hier eigentlich ohne die dreißiger und die folgenden Kriegsjahre, beschränken. Sonst könnte ich noch viel erzählen; durch unsere vielen Bierniederlagen und Verleger kam ich ja in ganz Schlesien herum, hatte auch drei weitere Brauereien, nämlich Gottesberg, Freiburg und Breslau-Grüneiche zu leiten. Unser Bierverleger in Neisse war der Vater des Dichters Max Herrmann-Neisse.

Rückschauend muß man Gott dafür danken, daß die Menschen nicht in die Zukunft sehen können. Auch das Reichthäler Vorkommnis hat die Namslauer nicht klüger gemacht, obwohl wir dadurch nur noch 9 km von der Grenze weglagen. Auch bei mir hatte „der Kopf im Schrank gelegen", das heißt, man hatte nicht darüber nachgedacht – bis der Krieg in Rußland steckenblieb, in derselben Gegend, die ich 1918 am Don abgeritten hatte. Ich schickte daher nach der verlorenen Schlacht bei Stalingrad wenigstens einige Kisten mit Büchern, Stichen und auch manchem überflüssigen Krimskrams nach Bayern zu bekannten Hopfenbauern. Alles das fand ich später unversehrt vor. Es ist mir heute eine liebe Erinnerung an wahrhaft goldene Jugendzeiten in Namslau.

Gerhart Pohl

LUGE UND LERGE

„Neiderland eiber dar Auder" heißt das Erlebnis meiner Kindheit. Wo liegt das Land? Und was bedeutet der merkwürdige Dialekt, den auch mundartkundige Schlesier kaum kennen, geschweige gar verstehen? Nordostschlesien zwischen Bartsch und Stober ist das Niederland über der Oder. Dort war der breite Dialekt mit den Umlauten zu Hause.

Das Land ist von ergreifender Schönheit, gekennzeichnet durch die drei großen W: Wald – Wiese – Wasser. Wo diese nahtlos ineinander gewoben sind wie nordwärts meiner Vaterstadt Trachenberg, bei Sulau und Militsch, sind Traumlandschaften entstanden wie sonst nirgendwo in Deutschland. Dort standen die gewaltigsten Eichen, die urigsten Kiefern, von fast undurchdringlichem Unterholz umschlossen und eingetaucht in ein grüngraues Märchenlicht. Dort gab es Hirsche und weißes Damwild in Rudeln und die seltensten Vögel, die von Forschern aus aller Welt beobachtet wurden. Längs der schmalen Knüppeldämme öffneten sich die dunklen Augen der Moore mit den grünen Wimpern des Kalmus. Die Stahlbänder der Gräben blitzten auf. Und plötzlich lichtete sich der Wald zur unendlichen blanken Weite eines Karpfenteichs mit den tausenden weißen Flecken der Möwen darüber.

Diese Urlandschaft längs der Posenschen Grenze wurde Luge genannt, was aus dem Polnischen stammt und Sumpf oder Moor bedeutet. Es ist das typische Bruchgebiet einstmals ungezähmter Steppenflüsse gewesen. Slawische und germanische Fischer, die allmählich zum Ackerbau übergingen, haben sie in dünner Einzelsiedlung früh bewohnt.

In meiner Kindheit war die Luge längst eine wohlorganisierte deutsche Kulturlandschaft mit klarem Forstrecht, Jagdvorschriften, Straßenpflege und einer gründlich durchdachten Teichwirtschaft. Die einst wilde Bartsch mit ihren nicht minder wilden Nebenflüssen war „reguliert". Kein Wunder, da Trachenberg das deutsche „Stadt- und Meilenrecht" seit dem 15. Mai 1253 – nach dem Muster von Goldberg und Löwenberg – besaß. Ich habe die Urkunde, ein Stück verwitterten Pargaments, im Ratsarchiv der Stadt als Kind in der Hand gehabt, da mein Vater Stadtverordneter war.

Die Luge war für uns damals alles eher als eine „Kulturlandschaft": das heimliche, ja oft auch unheimliche Paradies verwirklichter Knabenträume. Immer wieder gingen wir auf Entdeckungsfahrten aus – zu Fuß oder mit dem Fahrrad. Denke ich daran zurück, taucht als erster haftender Eindruck die Menschenleere der Landschaft auf. Es hat manchen Nachmittag gegeben, da wir in stundenlangem Umherstreifen nicht einen einzigen Menschen auch nur von ferne gewahrten. Dafür wußten wir, wo in herbstlicher Dämmerung die kapitalen Hirsche, Rudel von Rehen und das besonders scheue weiße Damwild auftauchten. Fasane gab es tausende, Rebhühner zehntausende, und die Bleßhühner, Möwen, Wildenten waren tatsächlich nicht zu zählen. Auch schwarze Störche haben wir noch gesehen.

Unsere „Funde", auf die wir aus waren, umfaßten zackige Stücke von Raseneisenstein, Möwen- und Kiebitzeier im Frühjahr und Pilze im Herbst. Einmal haben wir zu dritt einen Zentner Rotreizker heimgebracht, was die Familie einschließlich Großmutter und Tanten in hektische Erregung brachte. Der kostbarste Fund, den mein Vetter in einem Schwemmloch des Hochwassers entdeckte, war ein künstlerisch bearbeiteter Metalltopf, der nach Ansicht unseres studierten Onkels Bulang eine Urne war und „natürlich ins Ratsarchiv gehört". Wir glücklichen Entdecker fanden das keinesfalls „natürlich" und beanspruchten „zumindest den wohlverdienten Finderlohn", den der Herr Bürgermeister Stammberger leutselig lächelnd in Gestalt eines silbernen Markstücks uns schließlich überreichte.

Die abgelegene Luge war Raum des Abenteuers. Unsere täglichen Spiele fanden zu Hause statt. Dieses Zuhause kann räumlich kaum weit genug vorgestellt werden. Da war mein Geburtshaus, die Erbschaft meines Vaters von seinem Patenonkel Alois, der als „Der verrückte Ferdinand" in meinem gleichnamigen Roman fortlebt. In der Chronik der Stadt Trachenberg steht die Notiz von 1864: „Die in der Bahnhofstraße von dem Herrn Fürsten und dem Holzkaufmann Pohl erbauten zwei Häuser sind in diesem Jahr bezogen worden." Das Haus der Pohls steht noch heute. Es ist ein gigantischer, wenig geschmackvoller und höchst unzweckmäßiger Steinkasten, dessen Zimmer Säle und dessen Fenster verglaste Tore sind. Die Vorhalle erinnert an eine Ritterburg. Scharfzüngige in der Stadt nannten das Gebäude „Narrenschloß".

Das focht „die reichen Pohls", wie sie zur Unterscheidung anderer Träger dieses Namens in Trachenberg genannt wurden, mitnichten an. Sie waren erfolgsgewohnte dickfellige Bauern aus den Kreisen Wohlau und Trebnitz, beide ebenfalls im ‚Neiderland eiber dar Auder', geblieben. Ihr Vermögen stammte aus dem russisch-polnischen Holzgeschäft, das der legendenumwobene ‚verrückte Ferdinand', Hagestolz Alois mit polnischer Haushälterin und Kind (man stelle sich den Skandal in einer ostdeutschen Kleinstadt anno

1860 vor!) in Schwung gebracht hatte. Helfer am Werk waren mein sanftfrommer Großvater, der tatsächlich Ferdinand hieß, und ein Berliner Jude namens Friedmann, eine großartige Persönlichkeit, die ich selbst noch erlebt habe.

Dabei war der Reichtum der Familie nicht etwa mit dem der ostdeutschen Magnaten oder gar der westdeutschen Industriellen zu vergleichen. Ihr Vermögen lag selbst in den glückhaftesten Zeiten unter einer Million. Für das arme Neiderland bedeutete auch das Fafnirs Hort der Nibelungen.

Immerhin konnte meine väterliche Großmutter ihren drei Söhnen Gegenwerte von je 30 000 Talern und ihren sechs Töchtern neben der reichen Aussteuer eine Mitgift von je 15 000 Talern auszahlen und behielt selbst noch so viel übrig, daß sie von ihren Zinsen leben konnte.

An das monatliche „Zinszeremoniell" erinnere ich mich recht genau. Vater oder Onkel traten in Großmutters Stube im Narrenschloß, holten ein graues Leinensäckchen aus der Tasche, schoben die Plüschdecke beiseite und zählten auf den Eßtisch 20 Goldfüchse (20 Mark) oder 40 „Halbe" (10 Mark) oder eine Mischung aus beiden. Wir Kinder zählten sie nach – gleichermaßen gebannt von der Magie des Goldes wie von der fast feierlichen Förmlichkeit.

Der Ritus hatte immer den nämlichen Verlauf. Die „kleine Großmuttel" (zur Unterscheidung von der „großen Großmuttel" mütterlicherseits) erhob sich aus dem Ohrensessel, kam am Krückstock hinkend (sie war als junge Frau auf ihrem Gut im Kreise Trebnitz verunglückt) an den Tisch, zählte die Goldstücke gewissenhaft nach und hinkte durch die Riesenstube zum Vertiko. Darin stand die Schmucktasse aus Waldenburger Porzellan mit dem „Rest" des vergangenen Monats. Die Münzen stülpte sie auf den Tisch. Der Sohn zählte sie. „186 Mark und 75 Pfennige", sagte er. „Laß die sechs Mark und die Pfennige hier! Die 180 kommen auf mein Büchel." So lautete Großmutters herrischer Befehl – immer „auf", wenn's auch dem Sprachgesetz widersprach. Über solcherlei „Firlefanz" hätte sie verächtlich gelacht. Die Alte hatte also bei freier Wohnung und Feuerung 214 Mark im Monat verbraucht und damit ihre Wirtschafterin, die Frau Fröhlich, das Essen für vier bis sechs Personen pro Mahlzeit und alle ihre persönlichen Bedürfnisse, die allerdings bescheiden waren, einschließlich Tageszeitung, Kirchenblatt, sonntäglicher Kollekte und den jeweiligen Sammlungen der Caritas, des Roten Kreuzes und anderer wohltätiger Institutionen bezahlt. Von den vielen Böhmen (Groschen) für den Süßigkeits-, Kreisel- und Peitschenbedarf der Enkel zu schweigen.

Auch die große Großmutter, die in einem kleinen baufälligen Haus am nahen Riemerplatz wohnte, war uns Bengeln „tributpflichtig". Dabei war sie vergleichsweise arm. Ihr Mann, ein Brauereipächter in Schätzke, war mit

40 Jahren plötzlich gestorben. Vier kleine Kinder blieben zu versorgen. Das war für die Vermögenslose auch damals schwer. Hätte der Kommerzienrat Haase aus Breslau, der die bekannte Großbrauerei besaß, die junge dralle Witwe nicht in sein Herz geschlossen und ihr immer wieder vorangeholfen – Großmutter Weisflog hätte gewiß Not erlitten. So blieb sie als Inhaberin des „Bierverlages“ der Breslauer Firma in einer bescheidenen Monopolstellung des Bezirkes Trachenberg. Es reichte für das anspruchslose Dasein der fünfköpfigen Familie.

Sie selbst war eine Bauerntochter aus Bartschdorf im Bruchland des Flusses, das der Preußenkönig Friedrich II. mit abgemusterten Soldaten und Invaliden seiner Armee kolonisiert hatte. Sie war so stockpreußisch (der Konfession nach natürlich evangelisch) wie die katholischen Pohls, vorfritzische Schlesier, habsburgisch geblieben waren.

Die Familie ihres Manns ist durch die „Poeterey“ bezeichnet. Ihr Schwager war Gymnasialprofessor in Krefeld und ein musischer Mann. Dessen Großvater war der weiland berühmte Carl Weisflog, Syndikus der Stadt Sagan und ein vielgelesener Erzähler aus dem Kreis der „Serapionsbrüder“, E. Th. A. Hoffmanns trinkfroher Künstlerrunde. Sein Vater, Christian Gotthelf Weisflog, war ein weiland bekannter Komponist. Dessen Bruder, Christian Gotthilf, heiratete Jeannette Opitz, eine direkte Nachkommin des berühmten „Boberschwans“ Martin Opitz.

Davon machte Großmutter Weisflog wenig Gebrauch. Ja, sie kannte die Zusammenhänge nicht einmal genau. Diese hat Jahrzehnte später mein unvergessener Schulkamerad Werner Milch, der spätere Marburger Literarhistoriker, im Zusammenwirken mit dem Saganer Heimatforscher Felix Hoffmann durch Erarbeitung eines Stammbaums meiner Familie geklärt, der in dem Band ‚Erinnerungen an Sagan‘ 1953 veröffentlicht wurde.

Wenn mein Gedächtnis mich nicht täuscht, so ähnelten die Verhältnisse vor 1914 denen dieser Jahre in der Bundesrepublik. Die Menschen, vom Golde gebannt, auch wenn sie es nicht besaßen, achteten Macht und Funktion des Geistes, das kernhaft Unverlierbare, gering.

So habe ich während meiner Trachenberger Kinderzeit niemals erfahren, daß Karl von Holtei einmal Bibliothekar bei dem Fürsten von Hatzfeldt war. Dafür lernten wir in der Bürgerschule nicht nur alle Personen und Daten des preußisch-deutschen Herrscherhauses auswendig. Auch die Standesherrschaften des alten Fürstentums Trachenberg, Freiherren von Kurzbach, Grafen von Schaffgotsch, Fürsten von Hatzfeldt (die sich noch zu meiner Zeit „Herzöge von Trachenberg“ nannten) mußten wir in genauer Reihenfolge kennen.

Dafür wußten wir nicht, daß der schönste Teil des fürstlichen Schlosses von dem berühmten Karl Gotthard Langhans, Schöpfer des Brandenburger Tors, gebaut war. Übrigens ist das Schloß 1945 von sowjetischen Soldaten außerhalb der Kampfhandlungen sinnlos zerstört worden, obwohl es als Stätte der Begegnung des Zaren Alexander I. mit Friedrich Wilhelm III. und Bernadotte (‚Trachenberger Protokoll' von 1813 gegen Napoleon) auch ein Stück russischer Geschichte war.

Auch der eigenartige kleine Literatenkreis um den Bürgermeister und Stadtrichter Franz Ludwig Schwarz zu Beginn des 19. Jahrhunderts, dem der „Fürstentumsgerichtsdirektor" J. J. Rosenberg, Stadtpfarrer Johann Siegert und Schwarzens Nachfolger als Bürgermeister O. L. Goedsche angehörten, fand in meiner Jugendzeit nirgendwo Erwähnung. Dabei haben diese Männer die abgelegene Kleinstadt zu ihrer Zeit bekannt gemacht. Siegert stand mit Eichendorff und dessen Freund, dem Fürstbischof Heinrich Förster, in innigem Gedankenaustausch. von Rosenberg war ob seiner juristischen Schriften berühmt. Goedsche hat die ‚Chronik von der Stadt Trachenberg' geschaffen. Sein Sohn Hermann ist unter dem Pseudonym ‚Sir John Retcliffe' der zeitgenössische Bestseller-Autor von ‚Nena Sahib', ‚Sebastopol' und ‚Biarritz' gewesen. Der Begabteste war Schwarz selbst, von dem Holtei geschrieben hat: „Dieser Mann ist von großer Bedeutung für meine poetischen Träume ... Selbst mit reichen Talenten für Poesie begabt, nahm er den lebhaftesten Anteil an jeder neuen Erscheinung ... Er dirigierte als Regisseur und erster Darsteller eine Privatbühne in Trachenberg ... Ich vergötterte diesen Mann."

Von dem allen wußten wir Jungen vor 1914 nichts, weil es offenbar auch die Älteren nicht wußten oder als „Firlefanz" ansahen. Ihnen ging es fast ausschließlich um das Materielle, das allerdings in Fülle vorhanden war.

Hochzeiten dieser Jahre, die großen Kirchenfeste, vor anderem Ostern und Weihnacht, auch Dezennargeburtstage, Jubiläen, nicht zu vergessen Kaisers Geburtstag, wurden auf das Üppigste gefeiert. Gigantische Schweinebraten, Karpfen von zwanzig Pfund, Spanferkel, Hirschkeulen, Riesenplatten mit Rebhühnern, dazu die Beikost in unvorstellbaren Massen, Klöße vor anderem, ob sie paßten oder nicht, und Streußelkuchen, Mohnbabe, Sandtorte – der Riesenverzehr ist heute kaum noch vorstellbar.

Auch der Arbeiter hatte „sein Huhn im Topf". Er verdiente wenig, aber die Kaufkraft des Geldes war groß. Außer ein paar „Bummlern", Trunkenbolden, die auf der polizeilichen „Säuferliste" standen, und den Unglücksvögeln jeder Generation litt in der Kleinstadt von 3000 Einwohnern niemand Not.

Das Trachenberger Sägewerk meiner Familie beschäftigte rund dreißig Arbeiter. Davon besaßen zehn eigene Häuschen mit Krautgarten und Ziegenstall. Einige wohnten in werkeigenen Wohnungen, so der Maschinist, welcher der einzige Pole der Belegschaft war. Außer ihm war der Leiter des Güterbodens von polnischer Abkunft. Seine Frau war wohl die einzige Bürgerin Trachenbergs, die ungenügend deutsch konnte. Bezeichnend für den Geist der Zeit will es mir erscheinen, daß Vater uns Jungens nachdrücklich verbot, die Strojinska oder gar den „Judekanter", ein komisch schieges Männchen aus Ostposen, das wochentags Fellhandel betrieb, zu verspotten. Überhaupt war das Verhältnis zu unseren rund vierzig jüdischen Mitbürgern ausgezeichnet.

Im Grunde waren die katholisch-habsburgischen Pohls, die Ferdinand, Rudolf, Joseph, Theresia, Josepha usw. trotzhaft gegen „Zollern" hießen, Liberale im Sog des Großhandels und der Industrie. Dennoch standen sie allesamt auf dem Balkon ihres Narrenschlosses hinter der riesigen Fahne schwarz-weiß-rot und winkten verschämt-beseligt, als der Kaiser Wilhelm II. 1908 Trachenberg besuchte. Sein nickelblitzendes Auto in Weiß war das erste meines Daseins. „Durchlaucht, unser Herr Fürst" fuhr damals noch mit Pferden.

Eines Tages war der Traum der Knabenjahre im Neiderland vorbei. Narrenschloß mit Ställen, Scheune, Park; das geschäftig laute Sägewerk mit seinen Bretterstapeln, Loren und Geräten; Vaters Pferde, Äcker, Wiesen und dahinter die Luge in ihrer unvergessenen Magie wurden Ziel der Sehnsucht – übrigens bis zum Tage dieser Niederschrift.

Vaters Ziel hieß Breslau. Zwar kannte ich die ‚Haupt- und Residenzstadt', die vierzig Kilometer südlich Trachenbergs liegt, von flüchtigen Besuchen. Sie hatte mich so stark beeindruckt, daß ich schwankte, ob Gepäckträger („Bullen mit vier Koffern an einem Riemen"), Droschker erster Klasse mit dem weißen Zylinderhut oder Straßenbahnführer das erstrebenswerte Berufsziel sei.

Nun da es Ernst wurde mit diesem Breslau, waren mein Bruder und ich verängstigte Kleinstadt-Hühnchen wie im Fang des Sperbers. Die große Stadt erschien uns feindlich und unbegreifbar zugleich – ein verschachteltes Gefängnis aus Straßen und Häusern. Ein Schlagwort tröstete uns: „Die Zentrale". Darin sahen wir trotz unserer zehn und acht Jahre so etwas wie Schicksal oder Gottes Ratschluß.

Tatsächlich besaß die Firma zu dieser Zeit drei Holzbetriebe: das alte Stammwerk in Trachenberg, ein größeres modernes Werk in Masuren (das ich bald kennenlernen sollte – o Ernst Wiechert, großartiger Banner der Wälder und Menschen Deiner Heimat!) und ein kleines Zuschneidewerk mit Holzplatz im Posenschen Kosten (Koczyn). Die drei Betriebe im weiten Ostraum verstreut waren von der abgelegenen Kleinstadt mit Telefondienst bis sieben Uhr abends und den wenigen Zugverbindungen nicht zu lenken. So kam es zu der vielberufenen Zentrale in der Körnerstraße 28. Und wir Kinder zu einem zunächst freudlosen Leben.

Dabei war die neue Wohnung unserer Eltern in der Nachbarschaft ein Abenteuer von besonderer Art. Acht Zimmer, drei Sälchen darunter (wir waren an die Maße des Narrenschlosses gewöhnt), aber spiegelndes Parkett, buntbebilderte Türen aus verbleitem Glas, Stuck an den Decken, riesige Kronen mit insgesamt 65 elektrischen Glühbirnen (ich habe sie damals gezählt und die Ziffer behalten). Einige Tapeten waren aus „Seide“ und „Leder“, wie wir Kinder ehrfurchtsvoll wähnten. Doch Vater mit spöttischem Lächeln über dem Kneifer nannte sie „sündhaft teuren Tineff“, was wiederum unserer Mama mit Sinn für das „Höhere“ wenig gefiel.

Mit Breslau kamen wir schließlich zurecht, als wir das Urwort dieser Stadt am Oderknie kennenlernten: Lerge. Das Wort ist unausdeutbar, unübertragbar. Die Forschung hat Abhandlungen darüber geliefert – vergeblich! Wort der Drohung, Schmähung, Beleidigung; Wort des zärtlichen Verweilens, der Anerkennung, auch des tollen Ulks. Lerge sagt man breslauisch zu seinem Todfeind wie zu der Geliebten. Lerge ruft man, wenn man das Große Los gewonnen hat oder ins Gefängnis muß. Wer jemals in Schlesiens Hauptstadt gelebt hat, wird es bestätigen, daß ohne Lerge Breslau nicht – Breslau gewesen wäre. Was ahnen die „Wroclawer“ dieses Interims von der Magie der kennzeichnenden Worte!

Dieses machte uns Brüder in Breslau heimisch. Wir besuchten das Sankt Elisabeth-Gymnasium auf der Arletiusstraße. Die Mitschüler mit ihren Knöpfschuhen, Matrosenanzügen, Armkettchen kamen uns „Landpomeranzen“, wie ein Lümmel uns tatsächlich genannt hatte, albern vor. Ich schrie darob jähzornig: „Lakritzenstangen.“ Das war das Stichwort für den kleinen Rudi Wagner, Sohn eines wohlhabenden Budikers aus der Gartenstraße: „Ihr Lergen habt uns hier gefehlt.“

Da war die unausdeutbare, doch schon erlebte Musik unserer neuen Welt, der Haupt- und Residenzstadt Breslau. Mit Sechserfahrten auf dem Pferdebus begann ihre Eroberung. Die Vollkommenheit des Rathauses spürten wir vom ersten Augenblick, ohne sie erfassen, geschweige etwa deuten zu können. Sie war für uns ein Wunder Gottes. An planende wie schaffende Menschenhände dachten wir so wenig wie beim Anblick der Elisabeth-Kirche mit dem höchsten Turm der Stadt, dem eindrucksvollen Universitätsgebäude längs der Oder, der heimeligen Dominsel mit dem beschöflichen Palais.

Dort war seit kurzem unser beider Taufpfarrer aus Trachenberg, ein Duzfreund Vaters, tätig. Kanonikus Dannhauer zu besuchen, die Anisplätzchen und Feigenlimonade seiner Wirtschafterin, des Fräuleins Bette, zu genießen und dabei dem rheinisch-gluckernden Gescherz des Domherrn zu lauschen, war stärkender Trost für das verlorene Neiderland, sozusagen das ‚Lerge' überirdischer Wesenheit.

Advents geschah uns schließlich die Einschwingung in der Heimat Hauptstadt. Da gab's den Kindelmarkt im ‚Pariser Garten', einem Lokal der Innenstadt, und auf dem Neumarkt mit dem Brunnen des Neptuns, den ob und trotz seines sinnbildschweren Dreizacks die Breslauer unehrerbietig ‚Gabeljürge' nannten.

Dort wie hier die üppig geschmückten Buden mit bunten Lampen, Glitzerketten im Spiel des Regenbogens, Engelshaar, den schlesischen Christbaumkugeln und den Sternen aus „indischen Schatzkammern" (wie der heisere Ausrufer verkündete) waren „einfach knorke". Lerge, welches Glück, ein Breslauer zu sein!

Auch die angebotenen Waren des Kindelmarkts waren „pfundig". Da gab's die „weltberühmten Liegnitzer Bomben" und „Pflastersteine – die Sensation des Zeitalters". Sie dienten weder Krieg noch Straßenbau, sondern allenfalls einem – Magenkatarrh. „Türkischen Honig" verkaufte – die Scheibe für 'n Behm (Böhmen) – ein Mann mit rotem Fes und dem typisch osmanischen Namen August Spiller aus Pöpelwitz, Landkreis Breslau.

Dieser Spiller-August, Freund unserer Jugend, wie seine Kindelmarkt-Kollegen und -Kolleginnen standen vermummt, mit unwahrscheinlich dicken Stiefeln hinter ihren Zaubertischen, wärmten überm Holzöfchen ihre roten „Brummen" (Hände) und tranken immer mal wieder ein „Tippel" (Kaffee) oder einen „Vierstöckigen" (Korn aus dem Wasserglas). Wie herrlich beschwingt war ihr Schimpfen, wenn eine Weile niemand kaufte: „Ihr Gamel! (Dummköpfe) Plenten, verpuchte! (Verdammte Geizhälse). Denkt ihr vielleicht, wir halten hier Maulaffen feil für euch Sehleute, euch Dreckfresser, vergeizte!" Und kaufte einer, schlug die Stimmung von einem Furioso in das andere um: „Seht euch den Dokter an! Der ist vielleicht 'n Lebemann, ihr Leute! Der denkt: Lieber 'n bissel besser und davor 'n bissel länger gelebt!"

Auch in Trachenberg hatte es vier große Märkte im Jahr gegeben – mit den Bänkelsängern, deren bunte Tafeln das Kriegerdenkmal auf dem Großen Ring verdeckten; mit Lebkuchen-Buden, Pferdewurst-Verkäufern, Schießzelten und Glücksrädern. Die Posamentier-Stände, Händler mit Stoffen, Tüchern, Mützen, Potschen (Filzschuhen) interessierten uns wohlversorgte Kinder nicht.

Auch der Jahrmarkt der Heimat war beseligend gewesen, doch nicht vergleichbar mit diesem fast schmerzhaften Glück im Schatten des Breslauer Gabeljürgen. Wie kraftvoll ursprünglich und zugleich anspruchslos waren die kleinen Leute der Stadt mit ihrem lauten Mutterwitz! Trotz der herrschenden Klassengesellschaft mit entsprechenden Anschauungen und Bräuchen, die bis zum Wahlrecht in Preußen reichten, war ich diesen „Proleten" von der Kätzelohle, dem Odertor, der Tschepine sogleich herzlich zugetan.

Es war das Glück der „Landpomeranze" mit einem lebensnahen Elternhaus. Das Neiderland kannte den Klassenkampf nicht, der in der Haupt- und Residenzstadt beinahe lautlos umging. Bei uns zu Hause waren alle eingebettet in das nämliche Leben: die Fürstenfamilie wie die Honoratioren adeligen oder bürgerlichen Standes, die Akademiker, Beamten, Lehrer, Kaufleute, der breite Mittelstand einschließlich der Ackerbürger und alle Arbeitsleute. So kamen Spiller-August und die unförmigen Handelsweiber mit den roten „Brummen" zu meiner unbedenklichen Gunst.

Dennoch spürte ich schon damals, daß die Eintracht des Tages geheimnisvoll bedroht war. Mit dem Kampf um den Reichstag von 1912 war es sichtbar geworden. Ein Plakat mit zwei freundlichen Männerköpfen schwankte an des Trägers Stange durch die Kaiser-Wilhelm-Straße. „Wählt Bauer-Löbe!" stand darauf. Ich erzählte es zu Hause. Vater grollte, daß so was ein „Skandal" sei, und „Die Roten werden uns fertigmachen". Rudi Wagner hingegen predigte begeistert seines Alten Glaubenssatz: „Löbe-Paule, die Lerge, muß es wieder schaffen."

Wo waren hier Gesetz und Bild eines gemeinsamen Lebens? Die Frage wurde im folgenden Jahr abermals gestellt: 1913 – Jahrhundertfeier der Befreiungskriege gegen Napoleon in der neugeschaffenen Jahrhunderthalle. Wir aus dem Neiderland waren darob besonders geschmeichelt, nicht etwa nur weil der Kolossalbau aus Beton und Stahl „eiber dar Auder", also an deren rechten Ufer stand. Nein, das ‚Trachenberger Protokoll' von 1813, das im Festesjubel mehr als einmal zitiert und unterm Glas einer Vitrine gezeigt wurde, machte uns so stolz, als ob wir persönlich daran beteiligt gewesen seien.

In dieser Jahrhunderthalle inszenierte Max Reinhardt das ‚Festspiel in deutschen Reimen' von Gerhart Hauptmann, der mein Vornamensgeber war, ohne daß ich als Junge in irgendeiner Form davon Notiz genommen hätte. Mutter hatte die Uraufführung besucht. Sie nannte das Stück „unseres schlesischen Nobelpreisträgers", wie sie betonte, „symbolisch, wenn auch ultramodern, ja, überkandidelt" (verrückt). Dabei wurde ich mit feiner Pädagogik darauf hingewiesen, daß ich ja „nach diesem nunmehr weltberühmten Deutschen" hieße. „Hundertfuffzigtausend Em Nobelpreis für ein paar vogelige Stücke", meinte Vater gemütlich. Wie sollten wir allesamt ahnen, daß ich zwanzig Jahre später zu Hauptmanns Freundeskreis gehören und dessen gleichermaßen gemütliches Lachen über die „vogeligen Stücke" durch die Halle seines Wiesensteins schallen hören würde! Im Grunde waren er und Vater Generationsgenossen und einander ähnlicher, als sie beide ahnten.

An einer Aufführung des Festspiels nahmen Würdenträger des Kaiserreichs teil. Ihnen mißfiel offenbar die Auslegung der weltpolitischen Ereignisse durch Gerhart Hauptmann. Sie protestierten leidenschaftlich. Schließlich drohte der Kronprinz, das Protektorat über die Ausstellung niederzulegen. Der Schlag war furchtbar. Das Festspiel wurde nach der elften Aufführung abgesetzt.

Das geschah fast auf den Tag genau ein Jahr vor dem Ersten Weltkrieg. Hauptmann schrieb gelassen in das Handexemplar seines Stückes: „Denn keiner hat einen so hohen Stand, daß höher nicht stände das Vaterland."

So war es. Das weiß ich heute. Damals war der Elfjährige nur eine Antenne für die erregenden Begebenheiten. Hellwach habe ich es miterlebt, wie „unsere Kreise", die mir unerschütterlich, ja als gottgewollte „Ewigkeit" erschienen, vor der Macht mit einem Male kuschten.

„Ballonmützen-Hauptmann", „Umstürzler der ‚Weber'", „Ein subversives Element": So redeten selbst jene, die gegen „Zollern" trotzend die schlesische Überlieferung Habsburgs seit Geschlechtern pflegten. Im Grunde war es ein frühes düsteres Vorspiel des kommenden Zerfalls.

Luge und Lerge – Moor jene aus polnischem Sprachbereich und diese unübersetzbar aus doppelbödigem Volkshumor der Deutschen – ihr seid die berufenen Sinnbilder der Schöpferkräfte Schlesiens zwischen gestern und morgen.

Ludwig Landsberg

LANDWIRT IN SCHLESIEN

Was ist eine Stadt, in der man nicht liebt,
gegen ein Dorf, in dem man liebt?
Jokostra

Zindel und Polkendorf

Meine Tätigkeit als Landwirt in Schlesien begann als Eleve in Zindel – einem typischen Bauerndorf links der Oder. Dort lernte ich Werner von Löbbecke kennen, und mit ihm beginnt diese Geschichte.

Wir wußten nicht, weshalb uns unsere Väter ausgerechnet nach Zindel, Kreis Brieg, in die Lehre geschickt hatten. Meinem Wunsch, Landwirt zu werden, hatte mein Vater nur so weit nachgegeben, als er es für notwendig hielt, daß ein Sohn, der nicht diente, wenigstens einmal praktisch arbeitete. Mein guter Vater, hätte er gewußt, daß ich sechs Kriegsjahre als einfacher Soldat Wehrdienst würde leisten müssen – ich wäre wohl nie in die Landwirtschaft gekommen.

Mein Vater hatte meinen Lehrherrn während des Ersten Weltkrieges in Frankreich kennengelernt. Sie waren dort einige Zeit zusammen gewesen und hatten einander schätzengelernt.

1919 hatten sich die beiden Herren zufällig wieder getroffen. Damals hatte mein Vater meinen späteren Lehrherrn davon überzeugt, daß er nicht die Sozialdemokratische Partei, sondern die Deutschnationale Volkspartei wählen müsse. Seitdem bestand ein Vertrauensverhältnis zwischen ihnen, das allerdings in keiner Weise gepflegt worden war. Aber mein Lehrherr hätte es sich wohl niemals verziehen, einmal „den Roten" seine Stimme gegeben zu haben. Jedenfalls hielt er mir die nationale Gesinnung meines Vaters immer vor, wenn er sich über „das Kommunistenblatt – die Deutsche Allgemeine Zeitung" ärgerte, die ich hielt. Er ärgerte sich an sechs Tagen in der Woche – am Sonntag kam keine Zeitung.

Mich nach Zindel zu schicken, wurde nach einer Ortsbesichtigung im Jahre 1929 beschlossen. Die Gründe dafür waren mir wenig einleuchtend. Mein

Vater traf nicht nur einen Kriegskameraden wieder, den er schätzte – er meinte vor allem, mein zukünftiger Lehrherr sei ein moderner Landwirt.

Das hatte folgende Bewandtnis: Zindel war schwer zu bewirtschaften. Mein Lehrherr überließ daher den Ackerbau seinem sehr erfahrenen Schaffer. Dafür haßte er – wie nur er „hassen" konnte – das in Mangschütz bevorzugte Milchvieh. Er erklärte meinem Vater anhand von Zahlen und Tabellen, daß „die Mistmacher" eben zu nichts anderem gut seien. Das traf in seinem Fall gewiß zu; denn seine Kühe waren schlecht und gaben keine Milch. Er behauptete, das sei nur deshalb der Fall, weil sein „Schweizer" ihn bestahl. Das tat er sicher. Aber sein Schaffer erwarb aus seinen Ersparnissen 1936 einen kleineren aber guten Bauernhof auf der anderen Straßenseite. (Seitdem sollen sie beide nicht mehr miteinander gesprochen haben.) In Wahrheit gaben die Kühe in Zindel aus dem sehr natürlichen Grunde keine Milch, weil sie nicht tragend wurden. Das aber durfte niemand sagen. „Der Milchpantscher", der ab und an eine Andeutung wagte, mußte gewärtig sein, herauszufliegen. Ich habe auch den Chef nie den Kuhstall betreten sehen. Was er nicht sehen wollte, sah er nicht. (Auch nicht, daß man mit dem Bau der Autobahn Brieg – Breslau quer über ein abgelegenes Wiesenstück begonnen hatte. Ich bekam großen Ärger, weil ich drei Sack Kalk-Ammonsalpeter darauf nicht ausstreute.)

Das alles konnte mein Vater nicht wissen. Für ihn war mein Lehrherr der prachtvolle Mann, als welcher er sich in bestimmten Situationen sicher erwiesen hat – seine Schwächen waren auch seine Stärken – und eben ein tüchtiger Landwirt. Hierfür war ausschlaggebend, daß mein Vater bei der Ortsbesichtigung feststellte, daß es auf dem Hof von Schweinen wimmelte. Das erschien ihm einleuchtend, denn die Schweinepreise waren 1929 relativ hoch. Da in Zindel keine Zuchtsauen gehalten wurden, hatte der Besitzer mehr als 400 Absatzferkel und -läufer aufgekauft. Seine Kunst im Improvisieren bewies er damit, daß in allen Scheunen provisorische Mastställe eingerichtet waren. Acht Monate später waren die ausgemästeten Schweine nur zu Preisen verkäuflich, die kaum über den Preisen lagen, die für die Läufer hatten angelegt werden müssen. Daran war natürlich „Berlin" schuld.

Damit wird es ernst. Es geht nicht darum, ob diese Lehrstelle für uns geeignet oder ungeeignet war. Ich fürchte, wir haben unserem Lehrherrn so viel Ärger gemacht, daß das durch die 200,– RM monatlich nicht ausgeglichen wurde, die unsere Väter bezahlten. Wir waren nicht gern in Zindel, und unser Lehrherr sah uns wohl lieber gehen als kommen. Entscheidend war: Wie mußte man um 1930 wirtschaften, um zu „überleben"?

Ich war trotz meiner Kinderliebe zu Mangschütz im Kreise Brieg, trotz meines angeborenen landwirtschaftlichen Interesses, meiner züchterischen

Passion doch mehr oder weniger ein Stadtkind – „von Berlin völlig verdorben“. So teilte ich die Auffassungen meines Vaters vom kaufmännischen und beweglichen, modern wirtschaftenden Landwirt. Meine Tante Margarete, eine Schwester meines Vaters, die seit dem Tode des letzten Administrators tatsächlich Mangschütz bewirtschaftete, war diametral der entgegengesetzten Meinung. Bei der Liebe der Geschwister zueinander wurde dieser Konflikt allerdings nie ausgetragen. Sie tat in echt fraulicher Art, was sie für richtig hielt, und machte ihrem Bruder nur einige wenige, vorsichtige Konzessionen. Ihr Grundprinzip war eine möglichst breite Risikoverteilung. Getreide-, Futter- und Hackfruchtbau, Viehzucht und -mast, und von allem so viel, daß man daran Geld verdienen, aber auch bei einem Fehlschlag nicht zu viel Geld verlieren konnte.

Nach ihrer Ansicht gab es für einen Landwirt zwei Todsünden: „Leicht Geld verdienen zu wollen“, d. h. spekulativ zu sein, und „der Konjunktur nachzulaufen“. Waren die Schweinepreise hoch, so baute sie ihren Schweinebestand vorsichtig ab (verkaufte Absatzferkel), waren die „Milch-“ und „Mastpreise“ niedrig, so baute sie ihren Rindviehbestand vorsichtig auf. Es gab keine „Sensationen“ in Mangschütz. Man erwirtschaftete zu ihrer Zeit niemals große Gewinne. Aber sie kam auch ohne Verluste – mit dem uns heute lächerlich niedrig erscheinenden ha-Ertrag von 240,– RM – durch die Krisenzeiten.

Sie wirtschaftete nach Frauenart. Ein Eggestrich zu wenig regte sie auf, ein Eggestrich zu viel war ihr recht. So waren, was Zornesausbrüche meines Lehrherrn hervorrief, die Erträge in Mangschütz – trotz des schlechteren Bodens – immer höher als in Zindel (außer bei den Zuckerrüben). Das lag gewiß nicht nur an der besseren Bestellung, der vorsichtigeren Fruchtfolge, dem starken Zwischenfruchtbau und der Volldüngung, die oberstes Gesetz einer erfolgreichen Wirtschaft in Mangschütz waren. Das lag auch an den Oderwäldern, die uns in den trockenen Sommermonaten Gewitterregen (leider häufig auch Hagel) brachten. Mangschütz hatte durchschnittlich jährlich 600 mm Regen, Breslau nur 500 mm und Polkendorf, von dem ich gleich erzählen werde, selten mehr als 450 mm. Das war in den kontinentalen Sommern 1929–1939 von entscheidender Bedeutung.

Den zweiten Teil meiner Lehrzeit verbrachte ich nach meinem Jurastudium bei Fritz-Werner Fischer in Polkendorf, Kreis Neumarkt. Ich bin noch heute mit ihm befreundet. Polkendorf war ein sehr schöner Betrieb von etwa 250 ha. Für damalige Verhältnisse war das die ideale Größe. Der Besitzer war voll ausgefüllt und konnte ohne Beamte wirtschaften. Aber ich erzähle davon nur, weil seine Wirtschaftsmethoden meinem Vater nachträglich recht zu geben schienen.

Nach Polkendorf kam ich am längsten Tag des Jahres, einem sehr warmen Juniabend. Ich war zu bescheiden, mich abholen zu lassen. So mußte ich von der Bahnstation 7 km nach Polkendorf wandern. Ich fand den Hof ausgestorben. Alles, was er herzugeben hatte an Menschen und Maschinen – das war nicht viel: eine Flügelmaschine, Baujahr 1907, ein alter Binder, auch aus der Vorkriegszeit, und ein ebenfalls alter Lanz-Bulldog – waren auf dem Feld. Der Besitzer führte selbst eine lange Kolonne mit Sicheln bewaffneter Männer, Frauen und Kinder an. 150 Morgen Raps, die überreif waren, konnten nur noch in der Nacht im Tau geerntet werden (ein preußischer Morgen gleich 2500 qm, etwa ebenso groß wie ein bayerisches „Tagwerk").

Fischer hatte den Hof kurz vorher aus der „Konkursmasse" seines Vaters erworben. Der alte Fischer war lange Zeit der erfolgreichste schlesische Rindvieh-, aber auch Schweinezüchter. Er hatte seine Herde rein auf ostfriesischer Grundlage aufgebaut. (Ein Fehler, den die meist aus Ostfriesland kommenden Tierzuchtinspektoren gemacht haben. Ich weiß nicht, ob ostfriesisches oder ostpreußisches Niederungsvieh grundsätzlich vorzuziehen war. Aber noch heute bin ich der Ansicht, daß man Vieh aus härteren Bedingungen in weichere, und nicht aus besseren in schlechtere Bedingungen bringen soll. Der Erfolg der schlesischen Rindviehzucht beruhte darauf, daß man Färsen oder Kühe mit vieljährigem Leistungsnachweis aus Ostfriesland importierte, mit original ostfriesischen Bullen deckte und die Produkte als schlesische Zucht anbot. Die zweite Generation fiel schon erheblich ab.) Aber vielleicht bin ich darin befangen; denn wir hatten auf ostpreußischer Grundlage erfolgreich gezüchtet, und die erzwungene Umstellung erbrachte einen unübersehbaren Verfall nach Form und Leistung. Dabei habe ich bei meiner züchterischen Passion mehr Geld und Arbeitskraft in diesen Zweig der Wirtschaft gesteckt, als zu verantworten war.

Vater Fischer hatte sich darum bemüht, seinem ostfriesischen Vieh ostfriesische Verhältnisse zu schaffen. Er hatte aus Polkendorf einen Weidebetrieb gemacht. Dann kamen die trockenen Jahre und mit ihnen der Futterausfall. Züchterische Fehlschläge kamen dazu. Die Inzucht auf „Juniorblut" hatte Gehirntuberkulose zur Folge. Seine Bullen wurden blind. Den Rest gab ihm der Preisverfall der 30er Jahre. Sein Sohn hatte den Hof – hochüberschuldet – nur übernehmen können, weil ihn niemand anderes zu ähnlichen Bedingungen zu kaufen bereit war.

Als ich nach Polkendorf kam, war der Betrieb viehlos. Auch das war fast eine „Ideologie". Die Koppeln waren umgebrochen. Fischer baute fast ausschließlich Raps und Wintergerste, um die Frühjahrsfeuchtigkeit auszunutzen; Kartoffeln und Zuckerrüben, weil für sie der Augustregen noch zurechtkam. Außerdem Spargel auf den Sandkuppen und Rhabarber in den Quetschen (moorige und quellige Feldstücke) unterhalb des Hofes. Später schuf er sich ein „Kümmel-Monopol“ in dem devisenarmen Deutschland. Er gab aber den „Kümmelanbau“ sofort wieder auf, als andere ihm das nachmachten und die Gefahr des Preisverfalls auftauchte. (Dem seine Nachahmer prompt anheimfielen.) Bei ihm habe ich auch den Mohn- und Maisanbau kennengelernt. Er war der erste Elitevermehrer des bekannten schlesischen Saatzüchters Janetzki. Mohn baute er sogar ein Jahr zu lange an. Aber in diesem Jahr hagelte es zum ersten und einzigen Male in Polkendorf, und er war hoch versichert. Dem Tüchtigen hilft das Glück! In den letzten Jahren vor der Vertreibung war er – wie sein Vater – ein erfolgreicher Rindvieh- und Schweinehalter.

Fischer war der tüchtigste Landwirt, den ich kennengelernt habe – ein Genie auf seinem Gebiet. „Genie ist Fleiß!“ Außerdem führte ihm eine Tante von wahrhaft spartanischer Sparsamkeit den Haushalt.

Als ich zu ihm kam, versuchte er, den letzten Eber aus dem Bestand seines Vaters zu verkaufen. Der Eber war neun Zentner schwer – niemand wollte mehr als 135,– RM für ihn zahlen. Er schlachtete den Eber selbst, verkaufte den Rücken pfundweise, erzielte seine 135,– RM und räucherte und verwurstete alles übrige. Davon haben wir gelebt.

Mit diesen Fachkenntnissen und Erfahrungen ausgerüstet, sollte ich selbständig Mangschütz bewirtschaften. Nach Ansicht meines Vaters ist jeder Mann allen beruflichen Anforderungen gewachsen, der das humanistische Gymnasium absolviert und Jura studiert hat. Diese Erfordernisse erfüllte ich mit meinen 24 Jahren. Meine fachlichen und betriebswirtschaftlichen Kenntnisse mögen ausgereicht haben. Meine menschlichen Erfahrungen gewiß nicht.

Ich muß jetzt weit zurückgreifen. Ich schrieb, daß ich Werner von Löbbecke in einer Zeit kennenlernte, in der es der Landwirtschaft wirklich schlecht ging. Unser Lehrherr war Beauftragter der Osthilfe. Wenn er sich zu der wirtschaftlichen Lage eines Betriebes äußern sollte, der konkursreif war, so schrieb er „zeitgemäß“. Das erschien ihm als ein „guter Witz“, denn schuld an der Lage waren allein „die Schwarzen“ und „die Roten“. Man war damals unter anständigen Leuten noch nicht nationalsozialistisch, aber stramm deutschnational. Wir – Werner von Löbbecke und ich – waren weder das eine noch das andere (in der Sprache unseres Lehrherrn also „Kommunisten“). Das schlimmste war, „wir würden nie gute Soldaten werden“. Was ich wohl einstecken muß, meinem Freund Werner von Löbbecke aber unrecht tut. Er war ein tüchtiger Offizier und ist als Kompaniechef auf dem Weg zum Einsatz an der Kanalfront gefallen.

Was uns miteinander verband, war eine Freundschaft, der auch der Nationalsozialismus nichts anhaben konnte. Wir hatten eine gemeinsame Leidenschaft – die Jagd. Werner von Löbbecke war ein hervorragender Schütze (und

Reiter). Fasanenjagden waren seine Spezialität. Ich habe auf einer der großen schlesischen Fasanenjagden ihm als Büchsenspanner gedient. (Strecken von 1000 Hähnen waren auf diesen Jagden keine Seltenheit.) Er schoß 230 Hähne mit etwa 273 Schuß. Bei einem Fehlschuß gab er der Patrone einen Stoß mit dem Fuß. So viele Patronenhülsen um ihn lagen, so viele Hähne mußten gefunden werden. Er nahm das sehr genau.

1938 – während der Sudetenkrise – hatten wir beide einen Einberufungsbefehl. Nach dem „Münchner Abkommen“ wurden wir beide noch einmal freigestellt. Ich fuhr an einem Sonnabend Anfang Oktober zu ihm nach Klochellgut, Kreis Trebnitz (später Klochfelde genannt). Wir jagten einen Tag miteinander – dann überredete ich ihn, eine Woche nach Mangschütz zu kommen. Wir wollten den Traum unserer Elevenzeit erfüllen – eine Woche im Herbst ganz der Jagd leben.

Ich war damals Strohwitwer. Meine Frau war zur Entbindung in Bonn. Sie ist Rheinländerin und hatte (während des Sängertreffens) schlechte Erfahrungen mit einer Entbindung in Breslau gemacht. Werner von Löbbecke wollte einen Bock schießen. Bei uns schoß niemand irgend einen Bock, sondern er wurde immer auf einen ausgewählten und bestimmten Bock geführt. (Jagdherr war ich in Mangschütz seit meiner frühesten Jugend. Schon mit zwölf Jahren besaß ich einen Jagdschein auf den „Studenten“ Ludwig Landsberg. Das hatte unser Landrat auf eine Anzeige getan. Danach habe ich „28 Semester studiert“.) Diesen Bock hatte ich schon zwei Sommer bejagt. Er stand in einem riesigen Gründüngungsfeld (Erbsen, Wicken, Bohnen, Lupinen), das fast mannshoch war. Werner von Löbbecke fehlte ihn zweimal flüchtig in der Deckung, die er niemals verließ. Geschossen hat ihn zwei Jahre später der Oberstabsarzt, der im Lazarett meine Lungenentzündung ausheilte, die ich mir im Polenfeldzug geholt hatte. Es war ihm selbst etwas peinlich. Es war der beste Bock, der in Mangschütz je geschossen wurde, und das will schon etwas bedeuten; denn in Mangschütz gab es immer wieder wirklich kapitale Böcke.

Eigentlich ging es Werner von Löbbecke aber um seinen „ersten Hirsch“. Rotwild war in Mangschütz nicht Standwild. Es hielt sich nicht in den 100 ha Wald, die an den Staatsforst angrenzten. Es stand nur im Hochsommer, wenn das Getreide noch auf dem Halm war, in den dem Wald benachbarten Schlägen. Die noch ungefegten Geweihe ragten dann wie mächtige Äste aus dem Getreide. Wir hatten alljährlich großen Wildschaden. Es gab Bauern, deren sicherste Einnahme der Wildschadenersatz war. Rotwildjagd war also bei uns „Mondscheinjagd“. Erfolgversprechend war diese Jagd nur, wenn man Nächte und Monde auf dem Hochsitz ausharrte. Werner von Löbbecke aber versuchte es mit der Pirsch. Er kam sogar zu Schuß, aber fehlte.

Wir sind in jener Woche dreimal täglich auf die Jagd gegangen. Vormittags von 10 bis 15 Uhr schossen wir vor dem Hund: Rebhühner, Fasanen; abends auf dem Anstand einen Hasen, eine Schnepfe, einen Bussard oder auch gar nichts. Nachts pirschten wir. Werner von Löbbecke brachte immer eine Jagdbeute mit, einen schweren Waldhasen, einen Fuchs oder Dachs, und legte auf meinem Bettvorleger Strecke.

Herbsttage in Schlesien zu schildern, das ist nicht einfach. Doch jeder von uns erinnert sich gewiß eines sonnigen Herbsttages, an dem die Blätter sich schon verfärben. Jeder von uns ist wohl einmal hinter einem Pflug oder Kartoffelroder gegangen und hat die frisch umgeworfene Erde gerochen. „Der Herbst" in Schlesien aber dauerte vier bis sechs Wochen. Er begann mit dem 20. September (Altweibersommer) und hielt sich oft bis in die ersten Novembertage. Die Tage waren klar, sonnig und so warm, daß man die Jacke in den Rucksack steckte. Nach Sonnenuntergang stand der Nebel einen halben Meter über den Wiesen. Nachts schien der Mond so hell, daß man einen Bock ansprechen konnte. Morgens lag Rauhreif auf den jungen Saaten.

Wie es einem zumute war in diesen Wochen – „dem polnischen Sommer" –, das ist kaum zu beschreiben. Die Mädchen sangen, wenn sie vom Feld heimfuhren, schwermütige Lieder. Das taten sie nur um diese Jahreszeit. Die Hunde bellten die ganze Nacht. Ich will nur einmal sagen dürfen – diese Tage waren die schönsten meines Lebens! Sie werden sich nie wiederholen.

Mangschütz

Die Bewirtschaftung von Mangschütz übernahm ich am 1. Januar 1936. Dreiviertel Jahr blieb noch der sehr tüchtige Inspektor. Besser hätte ich ihn nie gehen lassen. Aber ich wollte sein Gehalt verdienen, und „zwei Herren" vertragen sich selten, besonders wenn sie beide eigenwillig und ehrgeizig sind. Dazu war ich um fünfzehn Jahre jünger und unerfahrener als er. Zeitweise half mir mein Bruder Hermann, der auch Landwirt war und gerade die Landwirtschaftsschule in Schweidnitz besucht hatte. Aber auch das bewährte sich nicht. Er ging dann als landwirtschaftlicher Beamter nach Oberschlesien und fiel im Herbst 1942 am Ilmensee. 1937 und 1938 ging Mangschütz in mein Eigentum über.

Ich will nun einiges über die Geschichte von Mangschütz erzählen. Mein Urgroßvater hatte „die Herrschaft" oder auch das „Rittergut Mangschütz" 1846 erworben. Herrschaft, weil Minkowsky, Mangschütz und Bankwitz ursprünglich den Herzögen von Brieg (Piasten) gehörten, Neusorge aber einem deutschen Rittergeschlecht – deshalb „Rittergut". Die Ärzte hatten meinen

Urgroßvater „Landaufenthalt“ verschrieben. Er lebte als Bankier und Kaufmann in Breslau und verstand gewiß einiges von Wolle und Schafzucht (die seine Schwäger Dyrenfurt auf ihren Gütern betrieben), aber gewiß nichts von Landwirtschaft. Dementsprechend hat er einen unangemessen hohen Preis für Mangschütz bezahlt – für das damals reichlich 1000 ha große, völlig heruntergewirtschaftete und geplünderte Gut –, meines Wissens 350 000 Taler. Die Gebäude waren schlecht. Selbst die Alleen abgeholzt. Nur im Park standen einige alte Bäume.

Dabei lag Mangschütz für seinen Verwendungszweck als Landaufenthalt sehr ungünstig. 60 km von Breslau entfernt. Die oberschlesische Eisenbahnlinie Breslau – Brieg – Oppeln war damals noch nicht in Betrieb, und selbst der Bahnhof Brieg lag 17 km vom Gutshof Mangschütz entfernt. Man war also auf Pferd und Wagen angewiesen, wenn man Mangschütz erreichen wollte. Das blieb so, bis kurz nach 1900 die Entlastungsstrecke Breslau – Karlsmarkt – Oppeln mit Bahnstation „Mangschütz“ gebaut wurde. Solange war Brieg (gleichzeitig die Kreisstadt) Verladestation – mit Pferd und Wagen nur einmal am Tage zu erreichen, und schon das war ein Problem. Mit der neuen Bahnlinie aber wurde Mangschütz an Breslau angebunden. Außer in meiner Elevenzeit war ich äußerst selten in Brieg. Trotzdem erinnern sich heute noch die Brieger an die „alten Damen“, die Schwestern meines Vaters, das Mangschützer Gespann, das in gestrecktem Trab durch die Brieger Straßen noch zu einer Zeit fuhr, als kaum noch ein Bauer mit etwas anderem als einem Auto in die Stadt fuhr. Mein Vater war Leobschützer Husar, ein Liebhaber edler Pferde, der darauf hielt, daß Reit- und Kutschpferde im Stall standen. Erst 1936 kam mit mir das erste Auto nach Mangschütz.

Brieg war also die Kreisstadt. Aber Mangschütz lag für die Brieger „hinterm Walde“, oder noch böser „im Pulschen“. Alle gesellschaftlichen Beziehungen gingen nach Breslau und in das große Gebiet rechts der Oder, jenseits der großen Grenzwälder, die das rein deutsche Kolonisationsgebiet links und entlang der Oder vom „Pulschen“ abschlossen.

Nach dem Siebenjährigen Krieg gehörte Mangschütz zu den drei großen Gütern, mit denen Friedrich der Große seinen General Seydlitz dotierte – Minkowsky (Seydlitzruh, wie es 1935 „umgetauft“ wurde, weil dort Seydlitz begraben liegt), Mangschütz mit Neusorge und Bankwitz, das im Ersten Weltkrieg die Familie Doms erwarb. Ich selbst habe Dr. Julius Doms erst nach dem Krieg kennengelernt. Unsere Beziehungen zu Bankwitz waren sehr lose. Wir bezogen dort unsere Weihnachts- und Silvesterkarpfen, lieferten unsere Milch in die Bankwitzer Molkerei, nachdem wir sie nicht mehr als Trinkmilch nach Breslau verkaufen durften (angeblich wegen der großen Entfernung, tatsächlich wohl, weil einige Großgrundbesitzer um Breslau über bessere politische Beziehungen verfügten). Schließlich hatten die Fasanen, die das Niemandsland zwischen uns bevölkerten, den fatalen Drang, auf Bankwitzer Gebiet zu streifen, so daß ich sie in der Mittagsstunde, wenn die Felder menschenleer waren, auf „feindlichem" Gebiet schoß (das hat mir Dr. Doms inzwischen verziehen). Fataler war es mit den Böcken. Sie hatten die Angewohnheit, diesseits und jenseits des Staatsforstes zu stehen. Solange unser Verhältnis zu den Forstmeistern in Rogelwitz noch freundschaftlich war, und das war es bis zu jener Mondnacht, in der nicht einmal ich, sondern ein junger Förster zwei jagdbare Hirsche schoß, ging das Wort zwischen uns: „Ist wohl mal wieder zum Sterben herausgekommen?"

Die Bevölkerung von Mangschütz war gemischt: wasserpolnisch und deutsch, bis 1914 wurden polnische Gottesdienste gehalten. Mangschütz war evangelisches Kirchdorf. Die Herren von Mangschütz und Bankwitz hatten das Patronat. Ich glaube nicht, daß sich die Bankwitzer daran beteiligten, denn Bankwitz war katholisches Kirchdorf. Wir bauten 1902 die „neue Kirche" – im Stil der Kaiserin Augusta, die aus ihrer Schatulle dafür einen Zuschuß von 1000 Talern zahlte. Ähnliche Kirchen standen auch in anderen schlesischen Dörfern. Die Kaiserin schrieb ihren neugotischen Stil vor. Er paßte schlecht in das Bild der Dörfer.

Das Verhältnis zwischen „Pfarrer und Herrschaft" war nie ganz ungetrübt. Die Patronatsherrschaft konnte nur zwei Vorschläge des Konsistoriums ablehnen. Pfarrer Pompetzki, der von 1916 bis 1945 die Pfarrstelle innehatte, war der dritte. Er war ein gutmütiger Mann. Er hatte sich in den Revolutionstagen des November 1918 mit einem Gottesdienst eingeführt, in dem er die Gemeinde singen ließ: „Dies ist der Tag, den Gott gemacht" und „Nun freu sich alle Christenheit". Er hatte sich gerade verlobt! Seine Predigten hatten die erforderliche Länge von dreiviertel Stunden. Mein Vater sagte, er habe eine angenehme Stimme, aber es sei ihm nie gelungen, mehr als die ersten drei Sätze seiner Predigten zu hören. Wenn Pfarrer Pompetzki mit der Predigt begann, vertiefte er sich in die Bibel. Trotzdem war die Patronatsloge selten leer, und wir wußten alle, daß er der Patronatsherrschaft im Kirchengebet nur gedachte, wenn sie anwesend war.

Das also war das Gut, das mein Urgroßvater 1846 kaufte. Es war für seinen Zweck um so weniger geeignet, als der Wald damals nur über staubige oder aufgeweichte Feldwege zu erreichen war. Er lag vom Gutshof mindestens 3 km entfernt. Man mußte anspannen lassen, um ihn zu erreichen; denn 2 bis 3 km Fußmarsch erschienen damaligen Anschauungen trotz der verordneten Bewegung eine unüberwindbare Entfernung.

Wir Kinder mußten sie allerdings bei jedem Wetter zweimal laufen. Unsere Mutter war für preußische Erziehung. Dafür stammte sie aus Westfalen.

Wir durften nicht spielen, sondern zogen bei Wind und Wetter, Hitze und Kälte, von einer Erzieherin geführt, in unseren kurzen Matrosenhosen zweimal täglich in den Wald. Später haben wir ihn fast ein Jahrzehnt gemieden. Ich weiß auch, daß wir die Revolution begrüßten. Sie lockerte „die Gebräuche". Wir durften von nun an dreimal in der Woche mit den „Hofekindern" spielen, soweit diese dazu bereit waren. Viele der Kinder durften es und taten es gern. Einige klassenbewußte Arbeiter verboten es allerdings ihren Kindern.

Nimmt man alles in allem, so leistete sich die Familie sechzig Jahre lang etwa 1000 ha als Refugium auf dem Lande. Die Verwalter kamen und gingen. Meist erwarben sie „aus den Erträgnissen von Mangschütz" eigene Höfe – jedenfalls, soweit sie „tüchtig waren". Sonst hinterließen sie etwa gleich hohe Schulden. Man empfand diesen wirtschaftlichen Mißerfolg zwar als ärgerlich, aber er schloß weniger wohlhabende Zweige der Familie von der Erbschaft aus. So blieb Mangschütz neunzig Jahre in der Hand meiner direkten Vorfahren. Mangschütz blieb aber nach wie vor der Sammelpunkt der Großfamilie. Trotz des mit seinen zwei Dutzend Zimmern verhältnismäßig kleinen Gutshauses fanden Geschwister, Vettern und Kusinen, entfernte Verwandte und Freunde dort jederzeit Aufnahme. Man jagte, fischte, fuhr zum Picknick in den Wald, musizierte, las am Kamin und kümmerte sich herzlich wenig um die Landwirtschaft und ihre Bedürfnisse. (Die Dreschmaschine wurde abgestellt, wenn „Tante Toni" – eine Schwester meines Großvaters – ihre Migräne hatte.)

Anders wurde das erst, als die Schwestern meines Vaters um 1900 – und einige Jahre später mein Vater selbst – nach Mangschütz zogen. Mein Vater hatte damals die Absicht, sich ganz der Leitung des Gutes und natürlich dem Reiten zu widmen. Er war ein ebenso passionierter Reiter wie ich Jäger. Der Inspektor hatte Mangschütz verlassen müssen, weil er allzu eifrig „dem eigenen Hof zustrebte". Mein Vater bewirtschaftete Mangschütz selbst zwar nur eineinhalb Jahre. Aber seine Schwester Margarete, die Gärtnerin war – damals eine große Seltenheit –, begann sich um die Wirtschaft zu kümmern. Ein tüchtiger Beamter wurde engagiert. Als dieser im ersten Kriegsjahr plötzlich verstarb, nahm sie die Bewirtschaftung des Gutes in die Hand und gab sie bis zu jenem 1. Januar 1936 nicht wieder her.

In dieser Zeit gewann Mangschütz das Ansehen eines gutbewirtschafteten Betriebes (einer der wenigen von einer Frau geleiteten). Gleichzeitig war es für die Familie das Experimentierfeld moderner Sozialarbeit auf dem Lande. Das war nichts ganz Neues für die Familie. Schon aus dem Nachlaß meiner Großmutter war um 1885 „das Stift" gebaut worden, ein Altersheim für ausgediente Gutsarbeiter, deren Altersversorgung gleichzeitig sichergestellt wurde. Noch vor 1900 war man daran gegangen, die Wohnverhältnisse der Arbeiter wesentlich zu verbessern: Die großen Zimmer in den „Schnitterkasernen“ wurden unterteilt, die „großen Stuben“, die bis dahin von zwei Familien gleichzeitig bewohnt wurden.

Meine Tanten bauten ein Arzthaus, das gegen kostenlose ärztliche Versorgung der Gutsarbeiter vermietet wurde. Wenige Jahre später wurde ihm ein Krankenhaus mit eigenem Operationssaal angegliedert. Vorher schon hatte eine andere Schwester meines Vaters das nach ihr benannte Elisabeth-Haus bauen lassen, das Kindergarten und Hort für das Gut und Dorf aufnahm. (Später habe ich es bewohnt, weil es den Vorstellungen meiner Frau mehr entsprach als „das Schloß“.) Es wurden eine Kindergärtnerin, zwei Kinderpflegerinnen und eine Krankenschwester gehalten. Die „Familienfürsorge“, die Krippen in Mangschütz und auf dem Vorhof Marienhof versorgte meine Tante Helene mit Unterstützung der Frau des Inspektors in Marienhof. Vor allem aber wurden die Wohnverhältnisse der Arbeiter, oftmals gegen den Willen der Betroffenen, laufend verbessert. Zur Norm wurden der große Wohnraum, der gleichzeitig als Küche, Wohnzimmer und Schlafraum der Eltern diente (der geheizte Raum – das war das Problem), und Schlafzimmer für die Kinder, getrennt nach ihrem Geschlecht.

Diese sozialen Bemühungen dehnten sich bis zur Revolution auf das ganze Dorf aus. Die Revolution brachte den Bruch und schuf eine gewisse Feindseligkeit zwischen Dorf und Gut. Dabei war „das Dorf“ bei der Bauernbefreiung gar nicht schlecht weggekommen. Wahrscheinlich bestand um 1815 gerade wieder einmal gutsherrschaftliches Interregnum. Nur so kann ich es mir jedenfalls erklären, daß „das Dorf“ die besten und nächstgelegenen Äcker erhielt und dem Gut die Außenschläge blieben. Aber es gab nur wenig Vollbauernstellen (von 15–25 ha), nur einige Halbbauernstellen (7,5 ha) und sehr viele Häusler, die auf Nebenerwerb (Waldarbeit) angewiesen waren. Es gab keine soziale Zwischenschicht zwischen den Bauern und der Gutsherrschaft. Die Honoratioren waren der Pfarrer, Arzt, Hauptlehrer, Apotheker, die Gutsbeamten, der Post- und Bahnvorsteher. Sie führten ein soziales Eigenleben.

Trotzdem überstand Mangschütz die Bodenreform nach dem Ersten Weltkrieg glimpflich. Nur etwa 200 ha wurden an Anlieger, meist in Neuewelt, Pechhütte und Rogelwitz abgegeben. Ein Teil fiel beim Verkaufstermin 1937 zurück. Bis dahin war es zu heute lächerlich erscheinenden Preisen verpachtet.

Die sozialen Bemühungen wurden durch die Revolution, die Vermögensverluste der Familie, durch Krieg und Inflation, vor allem aber durch die Einführung der Sozialversicherungspflicht auf dem Lande erheblich eingeschränkt. Die letztere Maßnahme fand einhellige Ablehnung. Damals erschien es so, als würden alle Beteiligten dadurch finanziell ungleich stärker belastet, die Arbeiterschaft der Gutsherrschaft entfremdet und sozial weitaus schlechter gestellt (heute sehen wir das natürlich anders).

Die Verhältnisse in Mangschütz unterschieden sich grundsätzlich nicht von denen der umliegenden Güter. Wahrscheinlich berichte ich daher im folgenden Allgemeingültiges. Es erscheint mir aber nützlich, die zwischen den Kriegen gültigen Lohn- und Arbeitsverhältnisse schlesischer Gutsarbeiter zu skizzieren, weil von ihren Lohn- und Lebensverhältnissen im Westen völlig falsche Vorstellungen herrschen. Man unterschied Deputanten, Freiarbeiter und Wanderarbeiter – auch „Schnitter“ genannt –, weil sie ursprünglich nur in die Getreideernte kamen. Erst nach dem Ersten Weltkrieg – als der Anbau von Hackfrüchten (Rüben und Kartoffeln) wesentlich verstärkt wurde – kamen sie im Frühjahr und blieben bis in den November. In meiner Zeit fuhren sie – ähnlich wie heute die ausländischen Arbeitskräfte – nur noch um Weihnachten herum für einen Monat nach Hause. Vor 1918 kamen sie aus Kongreßpolen, nach 1918 – tatsächlich wohl erst wieder etwa seit 1927 – aus den ehemaligen preußisch polnischen Gebieten.

Ein Deputant erhielt etwa 30,– RM Barlohn monatlich, freie Wohnung und Licht, 24 Zentner Roggen, 8 Zentner Weizen, 8 Zentner Gerste im Jahr, täglich 1 Liter Milch, wöchentlich 1 Pfund Butter, 48 Zentner Kohle, 1 cbm Brennholz, ein Stück Gartenland und entweder 100 Zentner Kartoffeln oder ein Viertel ha vom Gut bestelltes Kartoffelland (dadurch war ihm die Haltung von zwei Schweinen neben Geflügel möglich). Dazu ein Weihnachtsgeschenk, das den Bekleidungsbedarf wesentlich deckte. Das Problem war das Schuhwerk. Noch nach dem Ersten Weltkrieg liefen viele Kinder die 3 km vom Vorhof Marienhof auch im Winter barfuß in die Schule. Ich habe mir oft ausgerechnet, daß ein Deputant – besonders in den Zeiten der großen Arbeitslosigkeit der dreißiger Jahre – eher besser denn schlechter gelohnt war als ein ungelernter städtischer Arbeiter.

Ähnliches gilt auch für die Wanderarbeiter. Sie erhielten freie Unterkunft, Licht, Heizung und freie Verpflegung neben den üblichen Stundenlöhnen. Ihre Unterbringung war wenigstens bei uns besser als die vieler ausländischer Arbeitskräfte in der Bundesrepublik heute. Vor allem aber waren sie bei weitem nicht in gleichem Maße gesellschaftlich isoliert. Die sprachliche Verständigung machte keine Schwierigkeiten. Man sprach deutsch und polnisch. Nationale Gegensätze sind mir selbst in der NS-Zeit nicht begegnet – aber das mag an den besonderen Mangschützer Verhältnissen gelegen haben. Sie hatten durchaus Aufstiegsmöglichkeiten. Im Jahre 1939 vertraute ich einem polnischen Wanderarbeiter und seinen Kollegen meine „Eliteherde“ an.

Die Gutsarbeiterschaft bildete also eine soziale Einheit. Sie hatte jedoch kaum Berührung mit dem Gesinde, das im Dorf beschäftigt wurde. Noch weniger Umgang bestand zwischen den Bauern, dem „bürgerlichen Mittelstand“ und den Arbeitern. Obwohl ihr Lebensstandard sehr weitgehend angeglichen war, hielt sich jede „soziale Schicht“ für sich. Das war allerdings in Mangschütz, wo die sozialen Verhältnisse unübersichtlicher waren, nicht ganz so ausgeprägt wie in Zindel mit seinem Bauern- und Gesinde-Gasthaus. Nur meine Unerfahrenheit machte es dort entschuldbar, daß ich gelegentlich im „Gesinde-Gasthaus“ tanzte. Ich wußte warum! –

Sehr niedrig lagen die Stundenlöhne und damit die Löhne der Freiarbeiter, die nur kleine Deputate erhielten, vor allem aber der Frauen. Die Frauen der Deputanten waren zur Mitarbeit verpflichtet. Sie kamen dieser Verpflichtung auch bis zum Kriegsbeginn, als die Männer eingezogen und hohe Familienentschädigungen gezahlt wurden, meist nach. Die Frauenlöhne stiegen zwischen 1925 und 1939 von 15 auf 22 Pfennige, die der Freiarbeiter erreichten 30 bis 40 Pfennig. Im Akkord wurde natürlich wesentlich mehr verdient. Aber selbst im Rübenakkord waren Wocheneinkommen über 25,– RM die Ausnahme.

Gearbeitet wurde im Sommer von 5.30 bis 11 Uhr (mit einer halben Stunde Frühstückspause) und von 13 bis 19 Uhr (mit einer halben Stunde Vesperpause). Die Ackerkutscher mußten um 3.30 Uhr in den Stall, in der Mittagspause tränken und abfüttern und hatten nach Feierabend noch eine Stunde Stallarbeit zu machen. Der Betriebsleiter und seine Beamten arbeiteten praktisch von 5 bis 20 Uhr durch. Im Winter war die Arbeitszeit natürlich wesentlich kürzer.

Ich habe das selbst einige Jahre als Eleve und als Herr von Mangschütz mitgemacht. Mich hat es nicht verwundert, daß die Arbeitsleistungen wuchsen, als die Arbeitszeit im Sommer auf zehn Stunden, in der Übergangszeit auf neun und im Winter auf sieben Stunden verkürzt wurde. Landarbeit ist noch heute schwer. Damals war sie noch um vieles schwerer.

1936 – 1945

Als Schuljunge und Student hatte ich alle meine Ferien in Mangschütz verbracht (deshalb habe ich in meiner Jugend so wenig von der übrigen Welt gesehen). Ich bin meiner Tante überall hin gefolgt und habe wohl am meisten von ihr gelernt. Worin wir uns unterschieden, war unser Verhältnis „zu den Leuten“. Meinem Vater war es schon als Kind an mir aufgefallen, daß ich weit und breit jeden Menschen beim Namen und seine intime Geschichte kannte. Ich hatte ein angeborenes Interesse an Menschen und ihren Lebensverhältnissen. Vor allem meine Tanten hatten dagegen im Grunde immer Angst vor den Leuten und fürchteten, sich nicht durchsetzen zu können. Dabei genossen sie großen Respekt. Das „soziale Interesse“ meiner Familie schlug bei mir ins „menschliche“ um. Meine Familie war bei patriarchalischer Grundeinstellung „sozial“, aber sie hatte Scheu im Umgang mit ihrer Umwelt. Sie lebte auf einem anderen Stern (vielleicht gilt das nicht im gleichen Maße für meine Mutter), und „die Revolution“ war etwas Schreckliches, über das man das bisherige Leben hinwegretten mußte.

Schon als Eleve hatte ich mich nicht an die Bauern (und meinen Lehrherrn), sondern an das Gesinde gehalten. In unseren Arbeiterfamilien ging ich ein und aus. Natürlich waren, wie für jeden Landjungen, der Förster, Kutscher, Obermelker und Pferdevogt meine begehrtesten Freunde. Das Leben mußte mich erst die bittere Erfahrung machen lassen, daß der „soziale Abstand“ damals noch unüberwindbar war. Unvergeßlich ist mir daher, daß nach dem nachgeholten Hochzeitsessen (1935) einige ältere Männer vor mir niederknieten und mir die Füße küssen wollten. Zu meiner Überraschung erregte das meine junge Frau viel weniger als ein Vorgang, der sich wenige Tage später abspielte. Ich hatte, um sie mit meinen Freunden bekannt zu machen, kurz nach Neujahr zu einer Jagd eingeladen. Nach dem Abendessen kredenzten wir unseren Hochzeitswein – eine 1929er Johannisberger Hölle Spätauslese (einen jener Weine, die, wenn man die Flasche öffnet, das ganze Zimmer mit ihrem Duft erfüllen). Einer meiner Freunde erhob den Römer, sprach einige passende Worte auf die junge Frau und trank dann das Glas in einem Zuge aus. Die anderen folgten ihm, und so ging es weiter, bis zehn Flaschen geleert waren. Als unsere Gäste gegangen waren, sagte meine Frau in aller Ruhe: „Ich wußte, daß in Schlesien nur Barbaren leben!“

Ich kannte solche Weine auch nicht, hatte sie auch während meines Studiums in Bonn nicht kennengelernt (zu meiner Enttäuschung trank man „im Rheinland“ Dortmunder Bier, das nicht besser war als „Haselbach“- oder „Kißling“-Bräu – nur bekannter). Zum Essen trank man in Mangschütz einen strengen Mosel- oder Saarwein. Das Volksgetränk waren Bier und vor allem „Weizekorn“. Der Schaffer in Zindel trank täglich einen Liter und sonntags zwei Liter dieses herrlichen, klaren Schnapses. Er war deshalb kein Säufer. Weizekorn kostete damals 2,– RM pro Liter. Uns erschien dieser Preis so unsozial, wie etwa meinem Vater die Erhöhung der Bierpreise während seiner Studentenzeit (um 1900) von 18 auf 22 Pfennige. Sie hatte ihn veranlaßt, „auf die Straße zu gehen“. Es war das, wie er gern erzählte, die einzige öffentliche Kundgebung, an der er sich in seinem Leben beteiligte. Sonst trank man auf den Gütern Sekt.

Aber das Leben ist nicht „jagen, reiten, fröhlich sein“! Die Zeiten wurden sehr schwer, jedenfalls für mich, als ich mein Leben als selbständiger Landwirt in Schlesien begann. Ich machte mir darüber auch nichts vor. Ich wußte, daß ich nicht das Ansehen meiner Tanten und meines Vaters besaß. Ich wußte auch, daß ich es nicht erwerben konnte. Ich hatte es erlebt, wie selbst meinen Vater seine treuesten Freunde verließen, welche traurige Unwahrheit sein Wort (1934 gesprochen) enthielt: „Ich kenne das deutsche Volk, es kann nicht unanständig sein!“ Ich wußte, ich mußte mich im nationalsozialistisch gewordenen Schlesien durchbeißen. Dazu war Mangschütz der letzte Besitz, der der Familie geblieben war. Auch er aber war bedroht. Ich werde nie die Fahrt mit meinem Vater zu dem Vertrauenslandwirt des Kreises vergessen. Dieser riet dringend, das Gut zu verkaufen oder wenigstens zu verpachten, „um ein Ärgernis zu beseitigen“ und es vielleicht meinen „ungeborenen Kindern zu erhalten“. Vater hatte für diese Fahrt wieder Pferde und Wagen gegenüber dem Auto bevorzugt. Auf der Rückfahrt entglitten seinen Händen die Zügel. Ihn hatte jener Schlaganfall getroffen, an dem er wenige Wochen später verstarb.

Mangschütz selbst war nicht hoch verschuldet. Aber es haftete für Schulden meines Vaters – Bankschulden, die nach der Arisierung seiner Firma (in Berlin) zurückgeblieben waren. Man hatte sich nicht entschließen können, sie umzuschulden, weil landwirtschaftliche Pfandbriefe nur einen Kurswert von etwa 70% hatten (um 200000,– RM umzuschulden, hätte man 340000,– RM 1. Hypothek nehmen müssen). Diesen Kredit kündigte mir der Erwerber der Firma mit einer Woche Frist vor der Ernte 1937. Ich beschwor den Chefinhaber, mir 6 Monate Frist zu geben. Aber er blieb hart. Damals glaubte ich, ich sei fertig. Doch in bösen Zeiten lernt man seine Freunde kennen. Geheimrat Neide (Körnitz, Kreis Neumarkt) sprang mit seinem persönlichen Kredit ein. Die Deutsche Bank in Breslau übernahm den Kredit. Aber ich sollte ihn binnen neun Monaten abdecken.

Ich wäre durch diese Krise nicht ohne den Verkauf des 1922 zwangsweise verpachteten Siedlungslandes hinweggekommen. Die Kauflust war nicht mehr sehr groß. Die Landflucht hatte eingesetzt. Die Kinder wollten nicht auf dem Land bleiben, die Eltern nicht für sich kaufen. Wir mußten zu „politischen Preisen“ verkaufen, erhielten für 150ha nicht viel mehr als 100000,– RM. Für mich war das eine große Hilfe.

Entscheidend für mich aber war die Lehre, die ich in Polkendorf erhalten hatte. Noch wichtiger die moralische Hilfe und Beratung eines Mannes, der damals nicht nur mir geholfen hat. An ihn werden viele denken, die später in die Ereignisse des 20. Juli 1944 verwickelt waren.

Durch Sparmaßnahmen allein konnten die steigenden Löhne, sinkenden

Arbeitsleistungen, erhöhten Belastungen nicht abgefangen werden. Man mußte gewiß sparsam und sorgfältig, aber man konnte nicht mehr „vorsichtig" wirtschaften. Arbeitskräfte mußten eingespart werden. Besonders in Mangschütz nahm man sie mir nach Belieben weg. Einmal sogar mitten in der Ernte. Diese Engpässe zu überwinden, gab es nur eine Möglichkeit, zu technisieren und die ha-Erträge zu steigern. Diese theoretische Erkenntnis ohne Kredit in die Wirklichkeit umzusetzen, war ein Balanceakt. Aber er gelang.

Die ersten Maschinenkäufe wurden mit dem Verkauf aller Zugochsen (ich hatte 1936 noch 30 Stück übernommen) und durch eine Reduzierung der Pferdegespanne von 22 auf 14 finanziert. Danach ging es schnell weiter. Am Ende des Krieges verfügten wir über einen Dampfpflug, der durch Lohnarbeit rentierte, zwei Dieselraupen, drei Lanz-Bulldogs, ausschließlich gummibereifte Wagen und moderne Ernte- und Verlademaschinen; allerdings über keine Mähdrescher. Ihr Einsatz war damals noch problematischer, als er mir heute erscheint. Vor allem hätten wir einer umfangreicheren Trocknungsanlage bedurft, als sie uns zur Verfügung stand. (Die Getreideernte war sowieso seit langem kein Problem, sondern die Rüben- und Kartoffelernte.)

Damit waren die Voraussetzungen für eine weitaus intensivere Bewirtschaftung geschaffen. Am besten schildere ich die Fruchtfolgen. Auf den leichten Böden wurden Roggen und Kartoffeln angebaut – lieber Kartoffeln auf Kartoffeln als zweimal Roggen –, gelegentlich wurden Hirse und Buchweizen eingeschaltet (das konnte man im Krieg wagen). Auf den Böden, die Sommerung trugen, Roggen, Kartoffeln, Hafer-Gerste, unter Einschaltung von Mohn und Mais (dem Bodenmörder); auf den rübenfähigen in vierjähriger Fruchtfolge Wintergerste (Raps), Rüben, Sommergerste (Flachs), Weizen. Der Futteranbau erfolgte fast ausschließlich als Zwischenfruchtbau. Die Wiesen- und Weidefläche wurde von 100 ha auf 75 ha verringert.

Für fast alle Getreidearten, Raps und Mais, bestanden Saatvermehrungsverträge. Der Speisekartoffelverkauf wurde fast völlig eingestellt. (Nichts war ärgerlicher als der Speisekartoffelabsatz ins Ruhrgebiet. Mit und ohne Abgangsgutachten – die Lieferungen wurden immer beanstandet. Dabei gibt es nach meiner rheinischen Erfahrung hier keine wirklich schmackhafte Kartoffel.) Die Kartoffeln wurden entweder als Saatgut verkauft oder über den Schweinemagen verwertet oder aber verbrannt. Mangschütz verfügte über eine Brennerei mit etwa 145 000 l Kontingent.

Diese Maßnahmen ermöglichten eine sehr viel stärkere Viehhaltung. Rinder-, Pferde- und Schweinezucht waren immer betrieben worden. 1936 mußte eine Schafherde gekauft werden (ein Wirtschaftszweig, der viel Spaß macht, aber Geld kostet). Der Milchviehbestand wurde fast verdoppelt, die „Eliteherde“ (50 Stück) von der „Nutzherde“ (100 Stück) getrennt und vor allem die Mastviehhaltung sehr vergrößert. In dem riesigen „alten Schafstall“, der nach Ansicht der Architekten schon baufällig war, als mein Urgroßvater das Gut übernahm (so überleben baufällige Gebäude vier Generationen!), wurden bis 200 Mastbullen aufgestellt.

Eigentlich nicht mehr zu meiner Zeit, sondern erst während des Krieges wurden auch der Gemüseanbau stark forciert (bis dahin hatte er sich im wesentlichen auf Kohl und Bohnen beschränkt) und Obstkulturen angelegt, die – abgesehen von dem unvermeidlichen Rhabarber, den bekanntlich selbst die Heuschrecken verschmähen – kaum schon Ertrag brachten. Ich behaupte nicht, daß alle diese Maßnahmen erfolgreich waren. Vor allem in den Kriegsjahren war der Betrieb überfordert. Es traten im Kulturzustand Rückschläge ein. Zunächst aber ging alles gut.

1937 war das letzte Dürrejahr. Die Ernte war bereits am 17. Juli (dem Geburtstag meiner ältesten Tochter) beendet. Das war selbst für unsere Verhältnisse ungewöhnlich früh, obwohl man immer wieder sagen muß, daß unsere Saat- und Erntezeiten volle vier Wochen früher lagen als im Rheinland. Die frühen Ernten ermöglichten eine sorgfältige und frühe Herbstbestellung. Meine Tante ließ höchstens Weizen noch nach dem 10. Oktober bestellen. Raps und Wintergerste brachte sie vor dem 10. September in den Boden. Vom landwirtschaftlichen Standpunkt aus war das bestimmt richtig.

1938 und 1939 waren sehr gute Jahre. Im allgemeinen gilt für die Landwirtschaft das Gesetz: Es gelingt nie alles – es schlägt aber auch nie alles fehl! Der Herrgott sorgt für den Ausgleich. 1938 und 1939 gelang alles. Diese beiden Jahre beseitigten meine finanziellen Sorgen. Mit ha-Erträgen von 600,– bis 700,– RM wurde neu investiert und konnten gleichzeitig Schulden abbezahlt werden.

Der Herbst 1939 machte uns den Abschied sehr schwer. Er war so fruchtbar, so sonnig und warm, daß selbst die als Zwischenfrucht angebauten Erbsen reif wurden. Aber er brachte auch den Wetterumschlag. Anfang November erfroren 10 000 Zentner Kartoffeln unter der Herbstdecke. (Dabei hatte mein alter Pferdevogt Hake mir Jahr für Jahr gesagt: Bis Weihnachten muß es offen bleiben, sonst werden wir sowieso nicht fertig.) Es folgten kalte Winter und naßkalte Sommer, die die Kriegswirtschaft über jedes Maß belasteten.

Ich habe das nur noch am Rande miterlebt. Im September 1939 wurde ich eingezogen. Im Frühjahr 1940 noch einmal auf ein halbes Jahr uk gestellt. Danach war ich bis zum Zusammenbruch nur noch selten und wie ein Fremder zu Hause. Ich verlor in jenen Jahren schon meine Heimat, ohne daß ich es selbst merkte.

Den Krieg über blieb meine Frau mit den Kindern (und städtischen Verwandten aus dem Ruhrgebiet – Bombenflüchtlingen) allein in Mangschütz. Sie hat sich auch allein mit Pferd und Wagen bis in ihre Heimat am Rhein durchgeschlagen. Ich schreibe „ihre Heimat" und weiß doch, daß Schlesien ihr längst Heimat geworden war.

„Was vergangen, kehrt nicht wieder, aber ging es leuchtend nieder, leuchtet's lange noch zurück." Mir „leuchtet es zurück", auch wenn alles ein schreckliches Ende nahm. Deshalb möchte ich so gerne, daß auch unsere Kinder und all die Menschen, die sich keine Vorstellung von dem Leben auf einem schlesischen Dorf und Rittergut machen können, etwas davon erfahren.

Wilhelm Menzel

BILDLA VOO DERRHEEME

Daheim – das ist mein Vaterhaus und mein Heimatdorf im Vorland des Isergebirges. Steinkirch heißt es, und zwar Steinkirch am Queis – zum Unterschiede von Steinkirche im Kreise Münsterberg und Steinkirchen, einem kleineren Orte bei Rauscha in der Görlitzer Heide. Wer von Lauban aus am rechten Ufer des Queis aufwärts wandert, gelangt nach einer guten Wegstunde über Kerzdorf und Holzkirch nach Steinkirch.

Es ist eins der ältesten Dörfer Schlesiens. Bereits 1220 wurde es gegründet und schon wenige Jahrzehnte später ward die frühgotische Kirche gebaut, die bis auf diesen Tag alle Stürme der bewegten Geschichte Schlesiens überstanden hat. Einer der ersten Geistlichen, ein Conrad von Queinfurt aus Thüringen, hat den Namen Steinkirch in die deutsche Musikgeschichte eingehen lassen. Dieser Pfarrer muß von der frohen Botschaft des Evangeliums in besonderer Weise ergriffen worden sein. Er dichtete und komponierte Oster- und Pfingsthymnen und nannte sich „mimus dei", „Spielmann Gottes". Sein schönes Osterlied, dessen edle Weise auch auf ihn zurückgeht, ist uns im „Glogauer Liederbuch" (1480) überliefert.

Der Anfang – ein „Natureingang" – lautet:

„Du lenze guot, des jâres tiurste quarte,
zwâr dû bist manger lüste vol;
swaz, creatûr den winter fröuden sparte,
des hâst dû si ergezzet wol . . ."

Im dritten Gesätz stimmt er dann den eigentlichen „Osterjubel" an:

„Bis hôchgelobter fröudentac gegrüezet,
gelobet sî, der iemermêr,
der dich mit sîner ûferstantniss süezet:
Krist, ôsterlemblîn, opfer hêr . . ."

Steinkirch hatte schon nahezu siebenhundert Jahre hinter sich, als ich mich über Nacht in der „Menzel-Schmiede“ im Oberdorf einfand. In eine Welt mit zwei Gesichtern setzte mich das Schicksal. Da war die Schmiede mit der großen Werkstatt, über deren breiten Eingangstor ein langes dickes Brett hing, auf dem in großen Buchstaben zu lesen stand: Englischer Hufbeschlag und Lehrschmiede. Hier befand sich das Reich des Vaters.

Seiner Arbeitswelt war aber aus einem gesunden Gefühl für das Ursprüngliche, auch in einem ebenso gesunden Streben nach Unabhängigkeit in des Lebens „Nahrung und Notdurft“, der bäuerliche Lebenskreis vorgespannt, der „das liebe Brot“ ganz unmittelbar lieferte, ein Reich, in dem vor allem die Mutter unermüdlich schaltete und waltete.

Beide Welten haben nachhaltig auf meine körperliche wie geistige Entwicklung eingewirkt. Ich höre noch aus frühen Kindertagen, wie da die großen Hämmer vom Vater und den Gesellen unten in der Schmiede auf den Amboß wuchteten, wovon ich morgens um sechs erschrocken aufwachte, weil das ganze Haus davon erzitterte. Und ebenso weckte mich im Winter „ei derr holba Nacht“, das heißt früh um fünf, der Takt der Dreschflegel in unserer Scheune. Die dazugehörigen Verse habe ich dann bald gelernt:

Bei vier Dreschern hieß es:

„Kucha backa, Kucha backa ...“

Waren ihrer fünf, dann sagte man:

„Nu wockelt derr Kleppel,
Nu wockelt derr Kleppel ...“

Oder:

„Hulzäppelpappe, Hulzäppelpappe ...“

Bei sechs Dreschern aber ging’s gar lebhaft:

„Pflaumakucha backa!“
Pflaumakucha backa!“

Oder:

„Bind derr Moid de Schirz ob,
Bind derr Moid de Schirz ob ...“

Freilich dauerte es nicht allzulange, da wandelte sich das beschauliche Dasein früher Kindheit in eine ernstere Welt. Da hieß es zupacken: In der Küche aufwaschen, im Stall beim Füttern helfen, in der Scheune bei der Wurfmaschine die Spreu („doas Aftrich“) wegschaffen.

So wuchs ich schon als Kind mit meinen Geschwistern im Ablauf des Jahres in die bäuerliche Welt mit all ihrer Mühe und all ihren Freuden. Im

Frühjahr „brummte der Lenz“, d. h. es tat einem „derr Buckel wieh“ vom „Apernasetza“ (Kartoffelnlegen) oder ein bißchen vom „Rübaverziehn“. Im Sommer stachen Disteln in die Hände und Stoppel in die Füße beim „Obroffa“ in der Korn- und Haferernte. Aber das zweite Frühstück und die „Vasper“ draußen am Feldrain glichen die Schmerzen wieder aus. Besonderen Reiz hatte die Zeit der Kartoffelernte. Die Arbeit selbst, „doas Aperna-aushacka“, war mühselig genug, und mancher von uns hat da einen „Flunsch“ gezogen. Aber der wandelte sich gar schnell in ein gemütliches „Fluscheln“, wenn am Abend das Kartoffelfeuer angezündet wurde. „Das is obligatorisch“ sagte mein Bruder Paul so halb hochdeutsch, ohne recht zu wissen, was es heißt. Für ihn und uns alle aber bedeutete es, daß es ganz selbstverständlich sei, ein Kartoffelfeuer zu machen. Es steht heut als ein Glanzpunkt in der Erinnerung an das Kinderparadies und kommt gleich hinter dem Sommersingen, dem „Wolperfeuer“ (Walburgisfeuer) und den gelegentlichen großen Wassergießereien in Haus und Garten in der Zeit der Hundstage. So ein „Apernafeuer“ mußte vor allen Dingen viel Rauch entwickeln. Je grüner das „Apernkrottch“ (Kartoffelkraut) war, desto besser erfüllte es unsern Wunsch. Noch wochenlang rochen unsere Jacken, Hosen und Hemden nach dem Kartoffelrauch. Freilich durfte nicht alles Kartoffelkraut den Flammen zum Opfer dargebracht werden. Ein gut Teil brauchten wir zum Eindecken der Kartoffel- und Rübenmieten, auch zum Düngen der Wiesen. Unsere Feuerfreuden wurden durch diese „Sparmaßnahmen“ keineswegs gemindert; denn da war ja „der Puusch nohnde genung“. Der lieferte uns Brennstoff reichlich und gut. Das Holzfeuer erlaubte uns überhaupt erst, in den wahren und höchsten Genuß zu gelangen, „Aperna zu broota“! Wer je solch „gebratene“ Kartoffeln aus der glühenden Holzkohle – dazu auf freiem Felde – aus der schwarzbraunen Schale gepellt und gegessen hat, der allein kann wissen, daß sie zu den besonderen Genüssen des Kinderlebens daheim gehörten.

Ein ähnliches Vergnügen brachte auch das herbstliche Kühehüten. Wiederum gab es da „a Feuerla“.

„Brieh, Feuerla, brieh,
ich hitt nich gerne de Kieh;
ich hitt viell lieber die faula Zieja,
doß und ich koan bem Feuerla lieja.
Brieh, Feuerla, brieh!“

So sangen wir – freilich nicht mit ganz ungeteilter Freude; denn die Kühe hatten mitunter ihre Mucken, waren gar schnell „ei Nuppersch (Nachbars) Rüba und uff a fremda Kliebrooche". Dafür brachte das Kühehüten manch andere Freuden. Nie hätte ich es in meinem Leben ohne das wochenlange „Kiehhitta" zu einer solch anerkannten Meisterschaft auf der Trommelflöte gebracht – und nie hätte ich das „Nach-denken" über den Lauf dieser Welt und jene Macht, die sie in ihren Händen hält, so gelernt ohne die unzähligen Stunden draußen bei den Kühen auf unserer Waldwiese. Erst viel später erfuhr ich, daß Kühehüten ein „Bildungselement" ist, daß viele bedeutende Männer, vor allem Pädagogen, Hütejungen gewesen sind, so z. B. Johann Heinrich Pestalozzi in der Schweiz und Valentin Trotzendorf in Troitschendorf bei Görlitz, der später durch seine Lateinschule in Goldberg berühmt wurde. Erst nach Jahren wurde ich inne, daß die Hirten zu einem bevorzugten Stande gehören: Sie waren die ersten, die das Wunder in Bethlehem schauen durften; die große Zahl der überlieferten Hirtenlieder zeugt für die Höhe ihrer geistigen Bildung; dafür spricht auch die Tatsache, daß sie vor allen andern besonders heilkundig waren. Wer zu meiner Kindheit ein Leiden hatte, ging erst einmal zum „Schafer", „zum Renkmonne", der heilte mit Salben, Tee und Pflastern, konnte vor allem verrenkte oder gebrochene Gliedmaßen wieder in Ordnung bringen. Jedenfalls sehe ich es als ein Glück meines Lebens an, als Dorfjunge diesem „bevorzugten Stande" angehört zu haben.

Die andere Welt meines jungen Daseins, die Welt des Handwerks, erweiterte und vertiefte Sinne und Verstand ganz beträchtlich. Allein der Umgang mit Eisen und Stahl, den die alte Kunst der Schmiede an sich hat, forderte viel Fleiß und Geschick. Noch heute bin ich voller Staunen und Bewunderung, wenn ich daran denke, wie schnell und geschickt die Glieder einer Kette geschweißt, so ein langer Nagel gemacht oder der Reifen auf ein großes Wagenrad gezogen wurden. Die größte Kunst war freilich der Hufbeschlag. Mein Vater war berühmt dafür. Wie viele der adeligen Damen und Herren haben da zugesehen, wenn ihre Reit- und Kutschpferde beschlagen wurden. Wie viele Tierärzte waren bei uns in der Schmiede, um zu erfahren, wie der Vater mit seinen selbsterfundenen Vorrichtungen den Hufspalt heilte. In der Schmiede war immer „etwas los!" So ruhig wie in Stall und Scheune, auf Feld und Wiese ging es freilich nicht zu. Da dröhnten die Hämmer, sprühten die Funken, rauschten Gebläse oder surrten Bohrmaschinen; da hallten nicht selten kräftige Schimpfwörter und derbe Flüche durch die Räume, wenn ein Lehrling oder ein Geselle beim Schweißen eines Reifens nicht schnell genug war oder falsch zugegriffen hatte. Bei solchen Gelegenheiten konnte der Meister, eben der Vater, „aus der Haut fahren". Sonst war er aber durch und durch ein Gemütsmensch, sangesfreudig, überhaupt musikliebend, hatte es auf Geige und Klarinette zu einer beachtlichen

Fertigkeit gebracht, war leicht zu Witz und Scherz aufgelegt. An zwei heitere Begebenheiten erinnere ich mich noch ganz genau. Da waren wieder einmal mehr Pferde zum Beschlagen gekommen, als die Werkstatt fassen konnte. So mußte der „Käbe-Pauer“ mit seinen zwei Rotschimmeln draußen auf dem dafür hergerichteten Stand vor der Schmiede bleiben. Die Hufeisen waren schon abgerissen, die Hufe der Pferde schon ausgeschnitten. Während die neuen Eisen in der Werkstelle zurechtgemacht werden, steht der „Käbe-Hermonn“ bei seinen Pferden und spricht mit dem alten „Neum'-Pauer“, der eben vorbeigehen wollte. Neumann wurde gar oft belächelt ob seiner „Kleedasche“; er trug im Sommer wie im Winter zwei Jacken, drei Westen und zwei Halstücher und war überdies furchtbar geizig. „Dan reute jeder Pfenngk!“ Wie nun der „Käbe-Hermonn“ mit dem „Neum'-Pauer“ so redet, kommt der Vater mit dem glühenden Hufeisen raus, das er einem Huf „ufpossa“ will. „Häb uuf, Hermonn!“ spricht er zu „Käbe“. Während der dem Sattelpferd das linke Hinterbein hochhebt, sagt der Vater zum „Neum'-Pauer“: „Gibb fümf Biehm, do leckt ich droa!“ „Woas?“ sagt Neumann, „doas gleebt kee Mensch“. „Gibb fümf Biehm, do leckt ich droa!“ Das möchte der „Neum'-Pauer“ nun freilich gar zu gern sehn, wie „dar Menzel–Robert“ an das „gliehnige Eisen“ leckt, und er greift wahrhaftig in die unterste Weste und holt ein „Fümfbiehmstück“ heraus und reicht es dem Vater. Der nimmt es – „hoa ock Dank!“ sagt er schnell – leckt an den „Fümfbiehmer“ und läßt ihn ganz sachte in der rechten Hosentasche verschwinden. „Nee Kerl“, regt sich Neumann sichtlich auf, „asu honn merr nich gewett', leck oa doas Eisn!“ „Dodervo hoa ich kee Sterbnswörtl gesoat – gibb fümf Biehm, do leck ich droa – asu huste's gehurrt und asu huste'se nu gesahn!“, so antwortete mein Vater und er hat dabei nicht schlecht „gefluschelt“. „Käbe-Hermonn“ mußte das Hinterbein seines Rotschimmels runterlassen, so kam ihm das Lachen an. Neumann sah, daß er so schnell wie möglich weiterkam.

Noch lustiger ist die Geschichte mit dem „Wystrach-Josef“. Er gehörte zu der edlen Zunft der „herrschaftlichen Kutscher“. Wer je einen Vertreter dieses Standes auf dem Bock einer herrschaftlichen Kutsche hat sitzen sehen, der weiß, daß ihnen an Selbstbewußtsein nichts mangelte, sie wußten, was sie wert waren – getreu dem Vorbild des alten Pfund, Friedrichs II. Kutscher. Von dem hat der Breslauer August Kopisch einmal gedichtet: „... aller Kutscher Muster, treu und fest und grob, / Pfund genannt. Umschmeißen kannt er nicht: das war sei Lob. / ... in dem Schnurrbart fest und steif blieb sein Gesicht / Und man sah darauf kein schlimmes Wetter niemals nicht!“ Solche „Pfunde“ gingen bei uns ein und aus. So erscheint an einem schönen Märzmorgen um acht der Wystrach-Josef vom Rittergut Niedersteinkirch. Er will seinen Schimmel beschlagen lassen, ein Pferd, auf das er besonders stolz ist. Meister und Gesellen geben sich alle Mühe, dem Schimmel tadellose neue Eisen aufzuschlagen. Anschließend kommt freilich noch ein zweiter Akt. Der geht nicht das Pferd, der geht den Kutscher an: Das zweite Frühstück. Während der Schimmel ein „Virtelkürbla" duftenden Heues von unserm Boden vorgesetzt kriegt, findet sich sein Herr in unserer großen Wohnstube ein. Josefs Gesicht glänzt, als er sieht, was da alles bereitsteht: Eine „Praßwurscht" vom letzten Schweinschlachten, hausbackenes Brot, wie es nur unsere Mutter backen konnte, dann die Butter mit einem Aroma, wie ich es nirgend anderswo gefunden habe. Josef läßt sich nur einmal nötigen und verspachtelt in aller Gemütsruhe eine Schnitte nach der andern. Freilich wäre der Genuß noch nicht vollkommen gewesen, hätte der Vater nicht „die Kulbe", die „Grooe" (eine Steinkruke) mit dem „Weeznkurn" aus dem Keller geholt, einen Liter erst einmal in eine Flasche gefüllt und dem Gast immer einen „Stomper" (großes Schnapsglas) nach dem andern eingeschenkt. Zwischendurch ging der Vater aber doch einmal in die Werkstatt. „Josef, ich muuß amo sahn, doß die merr o woas Gescheuts macha – ich kumme glei wieder", und da war er schon in der Schmiede. „Richard", sagte er zu dem einen Lehrjungen, „niehm amo da Mennigtoop dohie und zieh dam Schimmel a poar ruute Holbstrümpe oa!" Der Richard, aufgelegt zu jeder Eulenspiegelei, besorgte das augenblicklich und strich die Beine des Schimmels weit über die Fessel gründlich an. Der Schimmel wunderte sich über diese zusätzliche „Behandlung", ließ es sich aber geduldig gefallen. Indessen war der Meister zu seinem Josef zurückgekehrt, nötigte ihn noch einmal zum „Zulangen" und schenkte ihm den „Stomper" noch einmal voll – die Flasche war leer. Josef schmunzelte, legte Messer und Gabel weg und meinte ganz trocken: „Nee weßte, Robert, assa koan ich nu nischt mieh, aber wenn-derr merr wullt no woas gahn, kinnt-err mersch ja om Gelde gahn!" Beide lachten. „Om Gelde gahn?" fragte dann der Vater, „nee Josef, doas wär ja is Hulz ei a Puusch getroan! Du weßt ja su schunt nich, wuhie mit dam ganza Gelde!" Und wieder lachten sie alle beide. Es war „mittlerweile" schon halb elf geworden. „Na Josef, nu wirste wull baale müssa heemfoahrn – ich denke, du willst nochmitts ei de Stoadt?" So mahnte der Vater zu baldigem Aufbruch. Josef hatte es nun auf einmal „ängstlich" (eilig), zog seinen Kutscherpelz an. Draußen war der Schimmel schon in die „Holbschäse" eingspannt, Josef steigt hinauf, ergreift die Zügel und schon rast der Schimmel los. Von den „Halbstrümpfen" hatte sein Herr nichts gesehen. Josefs Blick war leicht getrübt durch die vielen „Stomper Weezenkurn". Nach „Promille" fragte damals noch kein Mensch, lenken brauchte er den Schimmel auch gar nicht, der wußte, wo er hingehörte. Das ging das Dorf hinunter wie die wilde Jagd. Die Kinder kamen gerade aus der Schule. Das gab ein Hallo, als sie den Schimmel mit den roten Strümpfen sahen. Josef kriegte nichts weg; er schlief. Wie er nun die lange Allee zum Schlosse reintrabt, kommen gerade der „Herr“ und die „Frau“ vom Felde. Der Schimmel saust an ihnen vorbei bis in die Remise. Dort hält das Gefährt mit einem kräftigen Ruck an. Josef erwacht. Während er sich gemächlich aus Decken und Pelz auswickelt, ist auch schon die „gnädje Froo“ zur Stelle. „Josef, was ist denn bloß mit dem Schimmel passiert?“ schreit sie in ziemlicher Erregung. „Possiert? Nu wos sull denn possiert sein? Neu beschlagn is a!“ gibt Josef zurück. „Na sieh doch die Beine!“ herrscht sie ihn wieder an. Josef guckt, er traut seinen Augen nicht, wahrhaftig, da ist etwas passiert. „Nu verknucht, wos is denn hie luus? Ich bien doch nicht durchs rote Meer gefahrn!“ Er konnte sich wohl den Übeltäter denken, doch sagte er kein Wort mehr. Mit Petroleum, Benzin, Terpentin, mit heißem Wasser und Schmierseife wurden die Beine von dem Schimmel „traktieret“ – aber es war alles vergeblich, es blieb ein kräftiger rosaroter Schimmer. Der Schimmel hatte auf diese Weise drei Wochen Ferien, und Josef konnte die „Gnädige“ nachmittags nicht mit dem Schimmel in die Stadt fahren, er mußte den Fuchs nehmen. Wenn er zu uns mit Pferden zum Beschlagen kam, hat er sich von da ab immer den „Staller“, seinen Gehilfen, mitgebracht. „Sicher is sicher“ sagte er sich.

Es waren „gemütliche Zeiten“ – in einem gesunden Wechsel von Arbeit und Feier, Ernst und Scherz. Ich wuchs in diese Welt hinein noch ohne zu wissen, welche Werte sie in sich barg. Doch bald sollte das Leid mir dies offenbaren.

Doas woar su Ende März 1908. Derr Schnie woar schunt weggetaut. Do ging su a Junge – als wie ich nämlich – mit a Geige underm Orme vo Äbersteenkirch ei de Liss' (Marklissa). Groade wie ich nu uffm Teifelsberge bie, durte, wu ma dan schinn Ausblick uffs Isergebirge hutt, do kumma mir doch zwee sichte Perschla aus Beerberg ei de Kehne (entgegen), awing älder und grisser wie ich. Nu, wie's halt asu ies uff dar Walt – 's gibbt Krieg, merr schmeißa uns mit Stenn, ich traffe dan Enn groade oa senn Nischel (Kopf) und mache glei lang Schass'. Wie und ich presche asu dervo, stürz ich ieber su an gruußa Steen, doß ock asu knollt. Die Geige blieb heel, ock mei linker Orm toat oosmäßig wieh und liß sich ieberhaupt nemmieh groadebiega. Verknucht – ich loog om Rande und jommerte. De Mutter Riedeln koan aus'm Hause und wullt merr halfa – nischt zerr macha. „Suste nischt – ock heem!“ soat' ich merr. Derr Riedel-Oskar bruchte mich zurücke. Die Mutter derrschrook nich schlecht ieber doas Heffel Unglükke. Glei steckte se mich eis Bette und schickte a Bruno mit'm Roade zum Wulfdukter ei de

Liss. Dar koam o glei mit sem Auto oageprescht, hutt dan Orm irscht amo eigerenkt und derrnoo olls su holwaje wieder viergeschirrt. Aber doas dicke Ende sullte no kumma. Wie nämlich derr Dukter a poar Tage derrnooch dan Orm und wullta bewäga, do toats halt immer no siehr wieh. Nu blieb nischt wetter iebrig, a mußte mich ei a Laubn (nach Lauban) eis Krankenhaus foahrn. Ei Voaters Pelz koam ich ei doas Auto, und uff die Oar koam ich zu menner irschta Autoreese! Ihr Leute, die hott ich merr freilich anderscher viergestellt! Ei a Laubn, ei de Fremde! Verpuchte Geschichte! Ich koam merr vier wie su a Lammla, wosde derr Fleescher huult. Und derrnoo die Kur ei dam Kranknhause! Na – kurz und gutt, se honn durte olls wieder ei de Urnje gebrucht (in Ordnung). Ock – ich mußte doobleiba. „Ju ju“, meente der Lenzdukter, „doas nutzt olls nischt, dar Gipsverband muuß irscht troige warn.“ Ane ganze Nacht und baale an ganza Taag – mir koam daos vier wie de holbe Ewigkeet. „Nee“, soat ich merr, „is Kranksein gewehnste derr nich oa, lieber a Joahr ehnder sterba.“

Endlich koam die Erleesung: De Mutter woar doo! Ich gleebe, ich hoa ei mem ganza Laba nich meh su a Glükke gefiehlt! Die Freede koan sich kee Mensch vierstelln. Heem gings, heem!

Derrheeme huulte de gude Mutter – ’s woar nu schunt obends spät – a Bette fer mich runder ei de gruße Stube, doß ich die Zeit, wu ich äbenst no liega mußte, nich asu verlussn sein sellte. Do loog ich nu – gutt ufgehuuba. Ich woar doas irschtemoo ei men Laba su richtig derrheeme!

Ja – die Mutter, diese unvergleichliche Frau, die alles wußte und kannte, Heilpflanzen und Pilze, Kirchenlieder und Psalmen; die auch alles konnte: nicht bloß backen, kochen und nähen – auch mit der Sense sauber das Gras mähen, ein zerbrochenes „Axthalmla“ durch ein neues ersetzen, als wär es der Stellmacher gewesen! Jetzt bei meiner Heimkehr aus’m Laubn erfuhr ich die Wahrheit des tiefsinnigen Wortes von August Winnig: „Das letzte Gleichnis der Heimat aber ist die Mutter!“ Sie ist für jeden Menschen eigentlich Anfang und Ende der Heimat. Dieses Erlebnis wurde in den ersten Tagen des Betthütens noch von der geistigen Seite her vertieft, von der Mutter-Sprache.

Der Junge im Bett wollte sich durch Lesen die Zeit vertreiben. Die Lesebücher zweier Generationen waren schon mehrfach „durchstudiert“, auch Hebels „Schatzkästlein“ und Gotthelfs „Uli, der Knecht“. Da brachte mir eines Tages die Tante Pauline aus Iertsdurf (Oertmannsdorf) – die sich an den Sonntagen auch immer zum Singen einfand – den „Gemittlichen Schläsinger“ einen Heimatkalender. Hier fand ich Gedichte und Geschichten in schlesischer Mundart. Bald konnte ich die meisten Gedichte auswendig, z. B. „De Harichsulloate“ (von Robert Sabel).

„Derr Lehmschobelhansel woar orm,
Doß's Gott erborm!
Aber ich soa's euch gleich:
A woar reich oan Kindern.
Netto sieben
Worn om Labn geblieben ..."

Oder „Dar gruße Vogel" (auch von Sabel):

„Die Jungfer Klärchen ei derr Stoadt,
Die hott' 'n Papagei gehoat.
Dar macht ihr roasnig gruße Freeden;
Denn a woar zoahm und kunnde räden ..."

Dichterisch sind das keine Meisterstücke, mehr nur in Verse gebrachte spaßige Begebenheiten. Aber ich begeisterte mich daran. Die Heimat sprach da in gestalteter Sprache unmittelbar zu mir. Ja mehr, ich konnte diese Gedichte bald vortragen und wurde so ganz ungewollt in bescheidenem Maße zum „Rufer" und „Künder" der Heimat. Dies geschah dann bei einer Winterwanderung vor meinen Klassenkameraden – oben im Kretscham von Birngrütz bei Rabishau 1913 oder im Lazarett 1917 vor meinen Kriegskameraden.

Schon früh lernte ich die weitere Umgebung meines Heimatdorfes kennen. An der Hand des Vaters, der Mutter oder der älteren Geschwister, vor allem meiner Schwester Lina, ging es oft zu Verwandten nach Oertmannsdorf, jenseits des Queis, oder „durch a Puusch" nach Eckersdorf, Gieshübel und Langenöls. Wir hatten unsere Lieblingswege. Am meisten verlockte es uns, immer wieder die Wanderung von der Marklissaer Queisbrücke zu unternehmen. Das ging dann „bei Kiesewaltern im de Ecke" am hohen Ufer des rauschenden Flusses entlang, durch herrlichen Laubwald über das „Zapfenhäuschen" und den „Adlerstein" bis zur Talsperre, von dort zur Burg Tschocha, wo sich der Queis durch ein sehr enges Tal quengen muß, und wo gegenüber der Burg auf ragender Felskuppe die „Moosbänke" liegen. Nach einer reichlichen halben Stunde Fußweg grüßt von felsigem Ufer eine andere alte Befestigung, die Neidburg, von Fritz Pollack 1925 zur Jugendherberge ausgebaut.

Ein Stück flußaufwärts tut sich neue landschaftliche Schönheit auf: Die Talsperre Goldentraum. Schon der Name ist vielsagend. Goldentraum heißt der alte Marktflecken auf dem rechten bergigen Ufer, ein reizender Ort, von dem die Rengersdorfer mit freundlichem Spott behaupten, er wäre die Stadt, „wo die Gänse is Pfloster frassn“. (Es wuchs Gras auf dem Markt). Die Goldentraumer haben das mit freundlichem Lächeln hingenommen; denn wissen sie doch zu gut, daß das der Schönheit ihrer Heimat nichts anhaben kann. Wie lieblich die Landschaft ist, dafür spricht allein folgendes Erlebnis. Als ich zum Abschluß der ersten großen Ostlandsingfahrt im September 1926 die jungen Sänger und Sängerinnen, von denen die meisten nicht aus Schlesien stammten, hier an die Goldentraumer Talsperre brachte, da hatte ich, nachdem sie Land und Leute eine Woche lang erlebt hatten, meine liebe Not, den Besuch zur Heimfahrt zu bewegen. Es kam mir so vor, als wenn meine Freunde von dem Land mit seinen Bergen und Wäldern und dem fjordähnlichen Stausee durch einen gewissen Zauber festgehalten würden.

Es waren aufregende, freilich auch aufbauende Zeiten in diesem ersten Jahrzehnt nach dem großen Kriege. Wir Deutschen – ein geschlagenes Volk, aus unserem Land in Ost und West große Gebiete herausgerissen! Als aber auch ganz Oberschlesien laut Vertragsentwurf von Versailles ohne weiteres an Polen fallen sollte, da erhoben sich die Deutschen und Deutschgesinnten im oberschlesischen Land wie ein Mann.

Durch gewaltige Kundgebungen in den großen Städten wurde vor aller Welt das Bekenntnis zu Deutschland abgelegt. Es kam notgedrungen in Paris zu Verhandlungen mit den politischen Machthabern und es wurde ihnen die Volksabstimmung für Oberschlesien abgerungen. Waren auch die Voraussetzungen für uns Deutsche denkbar ungünstig, waren wir vorerst nur mehr in der Abwehr, es gab kein Verzagen. Was der Rößler-Hans in einem „Spruch“ den Oberschlesiern zurief, wurde zur Parole für viele Oberschlesier:

„Jitz wulln se goar is Land zerstücka,
De Grenze wetter westwärts rücka,
Do heeßt's, ihr Brüder, bei a Wahln
Zusomma, fest zusomma haln!“

Durften wir Jungen da fehlen? Sollten wir müßig zusehen? Von meinem Studienfreund Helmut Niepel (Friedeberg a. Queis), dessen Vater Oberschlesier war, kam für mich der letzte entscheidende Anstoß, sich für die bedrängte Heimat einzusetzen. Wir traten unter der Leitung des Amtsrichters Dr. Przyschkowski aus Ratibor und Kaplan Fröhlich aus Waldenburg zur „Arbeitsgemeinschaft die oberschlesische Abstimmung“ in Görlitz zusammen.

Und nun begann unser „Kampf für Oberschlesien“. Von nun an waren wir Tag und Nacht einer doppelten Aufgabe hingegeben. Erstens: Es hieß vor allem, für die Heimat O/S zu werben, die Geister zur Mitarbeit aufzurufen. Zweitens: Es galt, die Stimmen zu sammeln, bis ins kleinste Dorf zu reisen, damit am Tage der großen Entscheidung ja keine deutsche Stimme fehle.

So ging es mit dem Rade oder mit dem Auto in die Städte und Dörfer der Kreise Görlitz, Rothenburg, Lauban, Löwenberg, westlich nach Sachsen bis in die Amtshauptmannschaft Großenhain. Vor allem mußten die großen Werbeveranstaltungen in Gestalt von Heimatabenden sorgfältig vorbereitet werden. Wie viele Sitzungen mit den verantwortlichen Persönlichkeiten waren da notwendig, um diesen großen Kulturabenden den ideellen wie materiellen Erfolg zu sichern! Alle nur denkbaren Stellen wurden zur Mitarbeit herangezogen: Schulen, Kirchen, Vereine jeder Art. Es waren trotz des aufreibenden Dienstes erhebende Wochen und Monate, erhebend, weil sich hier alle Deutschen ohne Unterschied des Standes, der Konfession oder der politischen Parteizugehörigkeit zusammenfanden und sich nach einem verlorenen Krieg zu neuen Opfern für eine große politische wie kulturelle Sache durch die Tat verpflichteten.

Das Kernstück dieser Kulturabende war jeweils erst ein Vortrag von Helmut Niepel über Oberschlesiens politische, wirtschaftliche und kulturelle Bedeutung. Dann folgte ich als „Stimme der Heimat“ mit ernsten und heiteren Rezitationen, vor allem mit mundartlichen Darbietungen und Liedern zur Laute. Das „Rahmenprogramm“ wurde von den Chören, Volkstanzgruppen oder Turnern bestritten. Der ideelle Erfolg der Abende war oft so groß, daß vielerorts ein zweiter und dritter Abend folgen mußte. Aber auch der materielle Ertrag war über Erwarten gut. Keiner der Abende brachte unter zweitausend Reichsmark Reingewinn. Insgesamt konnten wir von den Abenden über einhunderttausend Mark für O/S abführen. Und als der 20. März 1921 trotz aller Gewalt und Verlockung wirklich zu dem großen Bekenntnis der Oberschlesier für Deutschland wurde, durften wir diesen Ehrentag jüngster deutscher Geschichte mitfeiern im Bewußtsein, unsern gebührenden Anteil geleistet zu haben.

Aber die vaterländische Not ward damit noch nicht geringer. Grenzen waren gezogen worden, die blutende Grenzen waren, und jenseits dieser Grenzen litten Millionen Menschen täglich schwere Not.

Besonders laut und dringend kamen die Notrufe aus dem Böhmerland. Dort waren die Deutschen wider ihren Willen in einen fremden Staat gepreßt, der mit allen Machtmitteln das innere und äußere Leben der Deutschen bedrohte. Unter dem Druck dieser Gefahren besannen sie sich nun, vor allem die Jugend, auf ihr angestammtes Volkstum. So wurden ihnen Volkslied, Volkstanz und Volksspiel zu Elementen der Volkserneuerung und Volksbildung. Vor allem erwies sich das Volkslied und das Volksliedsingen als eine bedeutende Lebenshilfe. So wurde aus bescheidenen, notgedrungenen Anfängen im Laufe weniger Jahre eine „Singbewegung“, die von Prag und Sudetenschlesien auf das gesamte deutsche Sprachgebiet und benachbarte Völker übergriff. Träger der Bewegung war der Sudetenschlesier Walther Hensel aus Mährisch-Trübau im Schönhengstgau. Seine erste große Singwoche in Finkenstein Juli 1923 ward der mächtige Auftakt für die weiteren Wochen dieser Art. Der Finkensteiner Woche folgte anschließend eine gleiche in Schlesien: Ende August 1923 stieg sie als erste reichsdeutsche Singwoche, und zwar in Gnadenfrei, einer Herrnhuter Siedlung im Kreis Reichenbach im Eulengebirge. Der Aufruf zur Teilnahme erreichte auch mich. Ich folgte diesem Ruf ohne alles Besinnen, einfach in der instinktiven Sicherheit meines „Gespürs“, daß es hier um etwas Großes und Zukünftiges geht.

23.–30. August 1923 – die Zeit des schlimmsten Währungszerfalls in Deutschland. Eine solche Woche war ein „Unternehmen kühnen Übermuts“. Der mutige Mann, der das Wagnis auf sich nahm, hieß Richard Poppe, seines Zeichens Studienrat und Bezirksjugendpfleger bei der Regierung in Breslau, überdies aber alter Wandervogel und Sängerschafter, außerdem hatte er das „Pfingstwunder“ von Finkenstein erlebt. Siebzig Männer und Frauen, Burschen und Mädchen – ein buntes Volk – hatten sich in Gnadenfrei eingefunden und sie erfuhren das Gleiche, was die in Finkenstein erfahren hatten. Sie schmolzen durch die ernste Hingabe an die Musik, vor allem das Volkslied, zu einer Gemeinschaft zusammen, die über die Zeiten erhalten blieb. Immer neue Singwochen folgten. 1926 konnte der „Jugendhof Hassitz“ vor Glatz eingeweiht werden, den Richard Poppe als Bauernhof erworben und dann mustergültig ausgebaut hatte. Dieser Hof wurde außen und innen der Mittelpunkt der Singbewegung im deutschen Osten. Von Hassitz aus führte ich die großen „Ostland-Singfahrten“ durch Schlesien, Ostpreußen, Danzig und Pommern. Es war ein fruchtbares Jahrzehnt, diese Zeit von 1923 bis 1933.

Das sind heute mehr als dreißig Jahre her. Noch stehen unsere Berge, noch rauschen die „Jungbrünnlein“ von ihnen herab der Oder zu – aber die Fremden sitzen in unserm Land, und wir sind daraus vertrieben. Geblieben sind die „Bildla voo derrheeme“! Sie melden sich immer wieder bei uns, sie kommen, auch wenn wir sie nicht rufen, sie suchen uns heim – und das ist gut, nein, das ist notwendig! Diese Bilder aber dürfen wir nicht still für uns genießen, wir müssen sie andern zeigen, mit andern davon sprechen. Die uns zuhören und die mit uns die „Bildla“ beschauen, müssen merken, daß wir unsere Heimat lieben. Dann aber steckt diese Liebe an, die Alten wie die Jungen. Und dann? Dann ist die Heimat nicht verloren!

Werner Finck

GÖRLITZ MIT KNABENAUGEN

Wer in *Berlin* oder in *Rom* oder in *Paris* oder in *New York* – also eben in einer *Welt*stadt – zur *Welt* gekommen ist und dann, sei's auch gleich darauf nach – sagen wir Görlitz – übersiedelt, wo er dann bleibt zeit seines Lebens bis zu seinem Tode, so einer wird, wenn er seine Vaterstadt auch niemals mehr wiedergesehen hat, dennoch immer ein Pariser oder Berliner – und so in diesem Sinne weiter – sein und bleiben; wenigstens in seinem Paß. Ihm wird der *Welt*ruhm seiner Heimatstadt, so lange er lebt, einen Schimmer von ihrem Glanz abgeben. Immer dann, wenn er eins der indiskreten Formulare der Behörden ausfüllt oder seinen Paß vorzeigt.

Umgekehrt geht es den in Görlitz zur Welt Gekommenen (*„Welt?"*, so fängt es gleich einmal an). So einer kann dann sofort nach *Rio de Janeiro* übersiedeln und dort bleiben, zeit seines Lebens; braucht nie wieder in seinem Leben in Görlitz gewesen zu sein; kann von *„unserem"* *Rio* oder *„unserem"* *Paris* sprechen –: sobald er ein Frageformular ausfüllen oder seinen Paß vorzeigen muß, ist es aus mit dem Nimbus des Weltstädters, der ihn eben noch umgeben hatte. Dann ist er Provinzler, Görlitzer, und dabei bleibt es bis an sein Ende. Erst der Grabstein kann den Nimbus dann wieder etwas auf- oder umgekehrt abwerten.

Das schließt nun durchaus nicht aus, daß Städte ohne Weltruhm nicht auch Weltberühmtes vorzuweisen hätten, wie – Görlitz seinen *Jakob Böhme*. Unnötig ihn vorzustellen. Ein Lobbyist sozusagen, der die Interessen seiner Vaterstadt im Sinne des Weltruhms vertritt: Überall in der Welt, wo man seinen unsterblichen Namen erwähnt, wird Görlitz miterwähnt.

Jakob Böhme war ein Schuster. Mein Großvatel übrigens auch. Mit einem Herrn Wilhelmy zusammen gründete er die Chemischen Werke Schuster und Wilhelmy. Der allgemein und namentlich in unserer Familie sehr beleibte, mit doppel- und dreifachem Kinn ausgestattete, Onkel Wilhelmy sah genauso aus, wie der kleine *Marx* und *Moritz* sich einen Kapitalisten vorstellt. Die Schuster- und Wilhelmyaktien (Schuwiak abgekürzt), ihre Hausse und Baisse beeinflußten die Zahl der traditionellen Dankestränen unserer „famillionären" Silvesterfeiern.

Um auf Jakob Böhme zurückzukommen: über seinen Denkmalskopf hinweg, mathematisch genau, verlief der soundsovielste Breitengrad unserer Erde. Oder war uns das damals nur so beigebracht worden? Denn gesehen hat ihn von uns kleinen Kindern niemand. Auch bei klarstem und schönstem Wetter nicht.

Eine andere überragende Erscheinung, nur auf einer völlig anderen Ebene, ist die Görlitzer Landeskrone. Gelegentlich eines kleinen Erdbebens ist sie einmal ausgespuckt worden. Später haben dann fleißige Forst- und Gastwirtschaften aus diesem Auswurf der Erdheit ein beliebtes und gerühmtes Ausflugsziel gemacht. Die stattliche Landeskrone nimmt sich allerdings wie ein Maulwurfshügel aus, verglichen mit der stolzen Schneekoppe, dem höchsten Berg Schlesiens, der hier wiederum gegen die Zugspitze, dem stolzesten Berg Deutschlands, klein erscheint.

Am schönsten zu sehen war die Schneekoppe vom Blockhaus aus. Das war ein beliebtes Ausflugslokal, besonders von Damenkränzchen bevorzugt. Unterhalb des Blockhausplateaus, vielleicht hundert Schritte tiefer, entlang einer schattigen Promenade – floß die mit bunten Kähnen bestückte Neiße, überbrückt von einem langen und schwindelnd hohen Viadukt für die Eisenbahn. Der Schwindel dabei war die altrömische Fassade.

Damals war die Neiße noch ein idyllisches Flüßchen. Heute ist sie zusammen mit der Oder ein gefährlicher Strom, ein Starkstrom in den Leitungen der Weltpolitik, dessen Berührung ängstlich vermieden wird.

Obwohl am Geländer des Blockhauses metallische Tafeln angebracht waren, mit den eingravierten Namen der wichtigsten Berggipfel und entsprechenden Richtungspfeilen – es gibt eben doch mehr Begriffsstutzige, als man annehmen möchte: deshalb wohl war auf dem Blockhausplateau zusätzlich ein richtungweisender Reitersmann postiert. Mit kühn ausgestrecktem Arm machte der noch dem begriffsstutzigsten Spaziergänger klar: „Da vor dir, du Dummkopf, genau in der Verlängerung meines deutschen Zeigefingers, da liegt das schöne Riesengebirge. Siehst du's nun endlich?“ Der Herr, der dieses Denkmal verkörperte war – nicht nur weil er auf hohem Roß saß – ein hoher. Schon von Geburt ein Prinz: Friedrich Karl, wenn ich nicht irre, schlesisch ausgesprochen: Friedrich Kall. („Sag mal einen Satz, in dem kein R vorkommt“, ermuntern die Auswärtigen die Einheimischen, und die Oberlausitzer antworten dann: „Mattel ging mit Kall in den Gatten.“)

Sehenswürdigkeiten, Statuen und Denkmäler als monumentale Gedächtnisstützen sind der besondere Stolz der Görlitzer. Sie sind es sicher auch heute noch, wenn auch die neuen Herren, pardon!, die neuen Genossen von Görlitz, aus dem kaisertreuen Klima ein linientreues gemacht und dementsprechend historisch materialistische Korrekturen vorgenommen haben werden. In der wundervollen Altstadt wird in dieser Hinsicht nicht viel zu machen gewesen sein, denn da treten hochherrschaftliche Tendenzen kaum und fast nur begnadete Kunstwerke in Erscheinung. Voran die den Blick beherrschende uralte Peterskirche mit grünschillernder Patina – das Entzücken aller Maler – (dazu noch unverfälschte Gotik). Und das ebenfalls sehr alte Rathaus, vom Baedeker mit drei Sternchen nebst Ausrufungszeichen dekoriert. Bestandteil dieses Rathauses ist eine steinerne Justitia mit verbundenen Augen (so daß man nicht sehen kann, wenn sie mal eins zudrückt) und einer Waage. Schließlich noch Portal und Treppe. Seitenfüllende Erlebnisse für Kunsthistoriker.

So manche Geistesgröße in Lebensgröße sah von ihrem Sockel auf Knaben wie mich herab. *Knaben* – eben beim Schreiben dieses verstaubten Wortes fiel es mir auf: das Wort gehörte zum Vokabular jener Zeit. Als sie unterging, waren auch die Knaben verschwunden.

Praktisch angewandt hat man jenen Ausdruck feineren Bildungsvorkommens eigentlich selten. Bei Herrn Dresel hörten wir ihn öfters. Ein kleiner Herr mit tipptopp gewelltem graumeliertem Haarschopf und einem Pincenez. (Von welchem Pinzenez ich doch tatsächlich nicht mehr weiß, ob ich's richtig oder falsch geschrieben habe.) Auf alle Fälle biete ich hier zwei Schreibweisen an. Wie wir's in der Schule gemacht haben, wenn wir im Zweifel waren, wie ein Wort geschrieben wird. Herr Dresel also gebrauchte den Ausdruck regelmäßig, wenn Muttel ein Mäntelchen oder so etwas in seinem Konfektionsgeschäft am Obermarkt erwerben wollte (Er: „für *Knaben?*").

Der auffallendste Monumentalbau, Hauptstützpunkt des gesammelten vaterländischen, heimatlichen und Bürgerstolzes war die *Ruhmeshalle* jenseits der Neiße. Sie sieht so aus, wie sie heißt. Nicht ein bißchen anders. Hier waren das feierliche Pathos, die Würde, der Prunk, der Edel- und leider auch der Hochmut von tausend und mehr Jahren aufgebahrt und einbalsamiert. In dieser ruhmgeschwängerten ehrfurchtgebietenden Halle – es hallte wirklich auf dem marmornen Boden des Vestibüls jeder Schritt! –, in dieser Halle wurden die mannesstolzesten Bürger von Görlitz zu kleinlauten respektvoll flüsternden Leisetretern. Ein herzliches Lachen in der Ruhmeshalle hätte den Tatbestand des Hausfriedensbruchs erfüllt. Deshalb wohl machte alles keinen rechten Spaß. (Da war das bei den Bänkelsängern auf dem Jahrmarkt unterhalb des Zuchthauses viel lustiger.)

Den Aufsichtsbeamten mit grüner Schirmmütze und grünem Uniformrock sah man die altgedienten Soldaten an. Sie hatten alle den gleichen Ausdruck untertänigsten Hochmuts. Sie gehörten zur Gilde der Pedelle, Gerichtsvollzieher und Parkwächter. (Parkuhren gab's damals noch keine.)

Auch ohne die dick geflochtenen Absperrseile mit den güldenen Quasten, hätte niemand gewagt anzufassen, was zu berühren verboten war.

War es nicht der fleißige damalige Direktor der Ruhmeshalle – Professor Feierabend (?), jener unermüdliche Archäologe, der eines Tages eine sensationelle Ausgrabung gemacht hatte? Eine altrömische Vase! Sehr gut erhalten. Als er den kostbaren Fund mit aller Vorsicht ans Tageslicht gefördert hatte, soll sich ein Zettel darin befunden haben: „Dem hochverehrten Professor Feierabend von seinem dankbaren Gajus Julius Caesar."

Was für ein dankbares Aufatmen, wenn der kleine Junge aus der großen Ruhmeshalle nach so viel Unnatürlichkeit wieder in die Natur trat, ins Freie. Je weiter er sich von ihr entfernte, um so kleiner wurde sie, bis sie schließlich so klein war, wie er; noch kleiner (ätsch!).

Von weitem erinnerte die Ruhmeshalle an den Deutschen Reichstag. Wie überhaupt so vieles erinnerte. Es sei hier nur an den *Portikus* erinnert, der wiederum an das Brandenburger Tor erinnerte. Der *Portikus*, das waren drei oder vier klassische Säulen mit einem dreieckigen Sims. Durch dieses imposante Portal gelangten die Spaziergänger in den städtischen Park.

Boshafte Eingeweihte pochten manchmal mit dem Knöchel des gekrümmten Zeigefingers an diese Säulen, das klang dann hohl, wie so manches in der Stadt, weil das Portal nur aus Pappmaché war; das Überbleibsel einer großen Gewerbeausstellung.

So mußte die Erinnerung oft aushelfen, wo die eigene künstlerische Phantasie sich nicht einstellen wollte. Die große *Stadthalle* jedoch diesseits der Neiße war ein eigener Einfall ihres Baumeisters. Das Bauwerk ist ihm sogar zweimal eingefallen. Zum zweiten Male kurz nach dem Richtfest. Das gab einen Skandal! Dann aber hielt die Stadthalle; nicht nur jeder Kritik stand, sondern auch ihr Versprechen, Mittelpunkt der über die Grenzen Schlesiens hinaus berühmt gewordenen „Görlitzer Musikfestspiele" zu werden und Dirigenten von internationalem Range anzulocken.

Die Stadt erinnerte sich auch gern ruhmvoller geschichtlicher Ereignisse. Welche Stadt nicht? An frühere Siege. Wie ist Sedan gefeiert worden! Schulfrei! Klar. Reden, Ansprachen, Schwarz, weiß, rot! Hurra! (An irgendwelchen Plätzen standen immer irgendwelche Kanonen, die irgendwo erbeutet worden waren.)

Schließlich erinnerte das Neißestädtchen auch an schwere Zeiten. Das tut es in einem Falle sogar stündlich und lautstark: durch den ehernen Mund des „Mönches", wie ein Turm unweit des Gymnasiums am Klosterplatz genannt wird. Er ließ seine Glockenschläge immer sieben Minuten früher ertönen als die übrigen Turmuhren.

Es gibt eine historische Erklärung (oder ist es eine Legende?) für diesen eigenartigen Vor-gang (der Uhr). Als nämlich die Schweden oder die Kaiserlichen die Stadt wieder einmal heimsuchten – oder alle beide – was öfters vorgekommen sein soll –, da sollen irgendwelche Leute rechtzeitig gewarnt worden sein von den Vor-schlägen, die der Mönch machte. Seitdem ist das ein Schlager der Oberlausitzer Heimatgeschichte geblieben.

In diesem Zusammenhang muß auch das Verrätergäßchen am Obermarkt genannt werden. Und auch der Kaisertrutz gegenüber der väterlichen Apotheke. Von dem uralten Kaisertrutz aus ist – nomen est omen – 1918 auch dem Kaiser Wilhelm getrotzt worden, als die Novemberrevolution nach Görlitz übergegriffen hatte.

So hat es in meiner Heimatstadt noch manche Eigentümlichkeit gegeben. Heute werden noch einige dazugekommen sein, *Volkseigen*-tümlichkeiten.

Was für eine glückliche Kindheit hätte man in dieser wirklich schönen und idyllischen Stadt verleben können, dem einstmaligen Eldorado pensionierter Offiziere und von ihren Renten lebenden Rentiers (sie hatte so viel Würdiges in sich vereinigt, sehens-bewunderungs-merk- und ehr-Würdiges, daß das Liebenswürdige Mühe hatte, sich durchzusetzen). Hätte nur der deutsche Zeigefinger nicht überall und jederzeit gedroht, wären nur nicht die Tafelfreuden so üppig gewesen, die Verbotstafelfreudigkeit der Jahrhundertwende.

Ich hätte der Vollständigkeit halber gern noch ein paar Schattenseiten gezeigt der sonnigen Stadt von damals – aber man wird verstehen: ich bin selbst ein Görlitzer und werde es, wie schon gesagt, bis an mein Ende bleiben. Und deshalb möchte ich dieses Nest (bitte, den Ausdruck nicht mißzuverstehen!) – deshalb möchte ich mein eigenes Nest nicht – als Finck habe ich ja einen legalen Anspruch auf den Ausdruck Nest –, oder sagen wir so: das Tadeln meiner kleinen Stadt überlasse ich den Söhnen der *Welt*städte. Wir aus den kleinbürgerlichen Städten müssen zusammenhalten.

Wolfgang von Websky

MIT DEM STROM – GEGEN DEN STROM

Eine kurze Versetzung meines Vaters ins Rheinland, er war Offizier, entschied meine Berufswahl und mein Schicksal. Er nahm mich einige Male mit nach Düsseldorf in das Atelier von Herberholz, damals Meisterschüler von Jansen, der ihn porträtierte. Seitdem habe ich gemalt, zunächst mit einer rein impressionistischen Palette, die Herberholz mir aufschrieb.

Ich war etwa sechzehn Jahre alt. Zwei Jahre später auf dem Gymnasium in Schweidnitz machte ich in der Aula schon meine erste kleine Kollektivausstellung. Die Lehrer förderten mich, und meine Eltern wandten nichts gegen die „Passion" des Sohnes ein. So nahm das seinen Lauf, und ich wäre sicher nach dem Abitur auf die Akademie gegangen. Doch 1914 kam der Krieg und alles anders. Mein damals schon schwerkranker Vater riet mir, nicht Kriegsfreiwilliger, sondern Fahnenjunker zu werden. Durch den Anschluß an das mir bekannte Offizierskorps könnte ich es im Kriege leichter haben. So begann ich als „Berufssoldat", und schließlich bin ich für das liebe Vaterland in zwei Weltkriegen zwölf Jahre Offizier und danach fünf Jahre Kriegsgefangener gewesen.

Ich habe gefunden, daß sich diese meine beiden Berufe, Maler und Soldat, wenig gut miteinander vertrugen. Man mußte das eine sein und das andere lassen, die jeweilige Umstellung auf die andere Haltung dem Leben gegenüber erforderte einen willensmäßigen Verzicht und Zeit. Doch hat mich das Leben als Künstler in den Lehr- und Wanderjahren nach dem Ersten Weltkrieg geformt und mein Weltbild geweitet. Später – wieder Soldat – habe ich daraus großen Nutzen gezogen. Als Künstler hatte ich zu kämpfen.

In Breslau habe ich im ersten Krieg beim alten Professor Eduard Kämpffer, meine ersten Köpfe gemalt, streng nach dem Schema der Gebhard-Schule aus Düsseldorf. Es war ein Zufall, eine Empfehlung, die mich zu diesem Lehrer brachte, der meinem damaligen Kunstideal schon nicht mehr entsprach. Dennoch habe ich bei ihm manches gelernt, was mir noch heute von Nutzen ist. Nach dem Kriege sandte mich Kämpffer aber zu seinem früheren Schüler Arthur Wasner, der in Breslau eine Malschule hatte. Das erwies sich als Fehlgang und warf mich sehr zurück. Zwischen Wasner und mir kam es schließlich zu einem Zerwürfnis. Der Anlaß war eine von ihm geplante kühne Expedition mit einem Motorsegler in das weite Weltmeer, an der sich Maler und Schriftsteller beteiligen sollten. Wir kamen nur bis Kopenhagen, dann ging uns durch die fortschreitende Inflation die finanzielle Puste aus, und wir erreichten mit Mühe, Not und Motorschaden gerade noch Kiel. Es war das Ende der Expedition und der Freundschaft auch. Vielleicht war es gut, daß es so kam, sonst wären wir alle beim ersten wirklichen Sturm ertrunken.

In jenen ersten Jahren nach dem Kriege habe ich in Breslau mehrfach ausgestellt, so in der Galerie Lichtenberg und bei Stenzel am Tauentzienplatz. Das Echo war wohlwollend, aber nicht sehr stark. Immerhin, es waren die ersten Kritiken!

1921 fand eine für mich wichtige Begegnung mit Konrad von Kardorff statt, der damals eine Porträtklasse an der Akademie hatte. Er war von August Endell aus Berlin berufen worden. Kardorff war zu der Zeit selbst im Begriffe, unter dem Einflusse seines Freundes Hans Purrmann heller und farbiger zu malen, seinen Stil zu verändern. Das führte zu interessanten Gesprächen. An Berliner Verhältnisse gewöhnt, fiel es ihm schwer, sich in dem doch provinziellen und konservativen Breslau einzugewöhnen. Er war einmal einige Wochen bei mir auf dem Lande. Beim Malen konnte er herrlich erzählen, von Paris aus der Zeit vor dem Kriege, dem Café du Dome und seinen Malern, den Kunsthändlern Cassirer und Flechtheim, der Zeitschrift „Kunst und Künstler“ und Karl Scheffler, von Max Liebermann und Lovis Corinth, den Kämpfen um die Berliner Sezession, kurz der ganzen Welt, die ich suchte, über die später so viel geschrieben wurde. Picasso und Matisse, Utrillo und Braque, Henri Rousseau und Marie Laurencin, Pascin, Levy und viele andere wurden mir zu Begriffen.

Von Kardorff wird in Kunstgeschichten kaum noch gesprochen. Darum freute mich der schöne Aufsatz Purrmanns besonders, den Erhard Göpel in seinem Werk „Leben und Meinungen des Malers Hans Purrmann“ 1961 veröffentlicht hat. Purrmann wägt seine Worte, darum ist die Hochachtung des Pfälzers für den Realisten und typischen Preußen Kardorff von doppeltem Wert. – Es wird leider schwer sein, sein malerisches Werk später mit ausreichenden Proben zu belegen, da fast alles im Kriege in Berlin und Breslau zugrunde gegangen zu sein scheint. Das gleiche gilt für das Werk des ja auch aus Schlesien stammenden Berliners Willy Jaeckel, den eine Bombe in seinem Atelier erschlug, und für das Werk vieler anderer Ostdeutscher. Eine gerechte Würdigung dieser Malerei, dieser Generation überhaupt, ist vielleicht heute auch noch nicht möglich.

Kardorff war ein wirklicher Herr, sehr gebildet, stets bemüht, dem Jüngeren zu helfen, ihm den Blick zu weiten und Türen zu öffnen. So gab er mir eine Einführung zu Max Liebermann mit nach Berlin. „Sie müssen den alten Recken doch unbedingt noch kennenlernen“, sagte er, und ich erlebte einen unvergeßlichen Nachmittag, an dem sich Liebermann meinen Aquarellen aus der Schulzeit mit einer mich heute noch erstaunenden Begeisterung widmete. Aus falscher Bescheidenheit habe ich es nicht ein zweites Mal gewagt, Liebermann aufzusuchen, der mich dazu herzlich aufgefordert hatte. Kardorff verdanke ich auch die Kenntnis einer der wenigen bedeutenden Privatsammlungen, die es in Breslau gab, der Sammlung Sachs, in der ein herrliches spätes Werk Renoirs, das Bild der Gräfin Pourtalès, das Hauptstück bildet. Einige Zeit später wurde mir eine zweite Breslauer Sammlung, Smoschewer, auch in jüdischem Besitz, nicht mehr gezeigt. Ich nehme an, daß sie rechtzeitig den heißer werdenden Boden Deutschlands verließ. Kardorffs Wahrheitsliebe kannte keine Einschränkung oder Tarnung. Ich entsinne mich, daß er von Hitler und den Seinen nur als „die Verbrecher da oben“ sprach und wenig darauf achtete, wer ihn hörte. Doch das war alles viel später.

Einmal nahm mich Kardorff mit zu Alexander Kanoldt, um mich auch mit ihm bekannt zu machen. Dieser Besuch hat sich mir tief eingeprägt. Als wir eintraten, stand Kanoldt mitten in dem fast leeren, großen und hohen Akademie-Atelier, dessen Kahlheit mich an das Caspar David Friedrichs erinnerte, vor der Staffelei. Auf der Erde hatte er sein Stilleben mit einem braun-roten Tuch und dem unvermeidlichen grau-grünen Gummibaum davor aufgebaut. Obwohl er arbeitete, empfing er uns freundlich. Kardorff trat an das Bild und sagte bedauernd: „Schade, Herr Kanoldt, Sie haben die reizende Stelle im Vordergrund weggestrichen!“ Nach kleiner Pause kam Kanoldts Antwort: „Ich will keine Reize, Herr von Kardorff, ich will Richtigkeit!“ Er sagte das leise, traurig über das Mißverstehen, und blickte Kardorff dabei mit seinen schwarzen Augen unter mächtigen Brauen an. In dem einen Satz lag seine ganze Distanz von der peinture, der französischen Malerei, freilich auch wohl von der damals herrschenden Übersteigerung von Farbe und Form. Der vor allem auf Kanoldts Kunst geprägte Ausdruck der „Neuen Sachlichkeit“ ist wie die meisten derartigen Stilbezeichnungen nur zum Teil richtig. Kanoldt suchte dem Bilde nach der impressionistischen Auflösung der Form im Licht und nach den Subjektivismen der Expression jeder Art wieder Ruhe und Größe zu geben – durch Zurückführung auf eine fast mittelalterliche Strenge. Der Titel des „Magischen Realismus“ für diesen Stil deutet die rein künstlerisch gemeinte Bemühung für meinen Geschmack zu literarisch, aber er weist richtig auf die resultierende Wirkung dieser Askese im Bilde hin.

Außer den Genannten lehrten zu Beginn der zwanziger Jahre auf der Akademie noch mehrere bedeutende Künstler, so Otto Mueller, Oskar Moll, der Zeichner Paul Holz. Die große Zeit der damals wohl modernsten Kunstschule Deutschlands begann, und ich hätte dort mehr lernen können als irgendwo anders in Deutschland. Aber ich war in Breslau Leibkürassier gewesen und wollte fort, um den vielerlei Bindungen des gesellschaftlichen Lebens zu entgehen, zu arbeiten und natürlich auch, um Neues zu erleben. Ich wollte nach Berlin.

Auf Kardorffs Rat meldete ich mich dort bei Adolf Strübe, der in der „Unterrichtsanstalt des Kunstgewerbe-Museums" eine Fachklasse für dekorative Malerei hatte. Bald danach wurde die Schule unter Bruno Paul mit der Akademie auf der Hardenbergstraße verschmolzen. Max Liebermann machte mich, als er hörte, bei wem ich arbeitete, entrüstet darauf aufmerksam, daß gerade das Dekorative mir gar nicht läge. Es erwies sich, daß er recht hatte. Tatsächlich habe ich mir meinen Weg mehr oder minder allein suchen müssen. Meine wirklichen Lehrherren waren stets die Museen und die vielen unvergleichlichen Ausstellungen des Berliner Kunsthandels in den zwanziger Jahren, die uns Kunstschülern stets offenstanden. An der Akademie fand ich in dem leider wenig bekanntgewordenen Zeichner Peter Fischer einen Freund und hervorragenden Lehrer, dem ich gleichfalls viel verdanke. 1924 lebte ich in Italien und auf Sizilien, 1925 und 1928 je einige Monate in Paris.

Ich will hier nicht übergehen, wie schwer es in meiner Generation war, als Maler seinen Weg zu finden (schwer ist es wohl immer). Es fand ein Umbruch in der bildenden Kunst statt; ein revolutionärer Ausbruch des deutschen Ausdrucksstrebens wandte sich gegen die Tradition des 19. Jahrhunderts, auch gegen den französischen und deutschen Impressionismus. Heute ist jedem der „Blaue Reiter" in München, der Berliner „Sturm", die Dresdener „Brücke" ein Begriff, Nolde, Beckmann, Barlach, George Grosz sind anerkannte Meister. Das war nicht – oder doch nicht im gleichen Maße – der Fall, als wir am Berliner Landwehrkanal und in der Bellevuestraße in den Handlungen nach dem Ariadnefaden des für jeden Richtigen suchten. Ich jedenfalls sah für mich keinen Grund zum Bruch mit der Tradition. Ich kehrte immer zum Kronprinzen-Palais, das heißt zu den mir verständlichen Dingen zurück, zu Manet, Monet, Munch, zu dem späten Corinth. Später erst habe ich mein Herz weiter geöffnet.

Seit 1921 lebte ich also meist in Berlin, doch nicht ausschließlich. Immer wieder war ich viele Monate, zumal im Sommer, zu Hause in Schwengfeld bei Schweidnitz, das schon zu Zeiten meiner Großeltern für uns vier Kinder das Ferienparadies gewesen war. Wirklich Wurzeln schlug ich dort, als ich während meiner letzten Schuljahre in Schwengfeld lebte und von dort aus das Gymnasium in Schweidnitz besuchte. Das kam natürlich etwas zu kurz, denn die Eltern waren in Breslau, und Jagd, Tennis, Malen, Flirt gingen durchaus vor. Immerhin langte es 1914 zum Kriegsabitur und beim prachtvollen alten Direktor Worthmann glänzte ich sogar in Geschichte und Deutsch.

Ich liebte das weite Peiletal mit seinen Wiesen und Waldstreifen an den Ufern des Baches, der jedes Jahr einmal zum breiten, reißenden Strom wurde und das ganze Tal füllte. Ich liebte vor allem den Park mit seinen mächtigen alten Eichen und Eschen und seinen stillen Karpfenteichen. Sie waren in früheren Jahrhunderten entstanden, mit erstaunlichen Dämmen geschützt. Das Tal wimmelte von Leben. Hunderte von Wildenten hatten in einem Rohrteich ihr Zuhause, an den Ufern der Peile flogen noch Eisvögel, obwohl die Industrieabwässer die Forellen und Krebse schon vernichtet hatten, von denen mein Vater noch erzählte. Und alles andere Wild gab es natürlich in Mengen. Etwas höher als das Wiesental lagen die weiten Felder, von denen man das Eulengebirge, den Zobten und seine Trabanten liegen sah. Ich liebte auch den sehr großen Gutshof mit seinen Wagenreihen und der Hochzuchtherde. Und dann vor allem die Menschen, die fast nie wechselten und zum Teil schon in der zweiten, ja der dritten Generation, dem Gute dienten. Sie blieben das ganze Jahr, und bis zum zweiten Kriege hat Schwengfeld Erntearbeiter aus der Fremde nicht gekannt.

Zu Beginn des Jahrhunderts war die streng gegliederte Hierarchie der schlesischen Dörfer und ihrer großen Güter noch intakt, die Arbeit war schwer, aber ruhiger als heute, vom Jahresablauf und Wetter bestimmt – mit guten und weniger guten Ernten. Damals fuhr man noch mit Pferden über Land auf dem staubigen Sommerwege neben der Chaussee und im Winter oft mit den Schlitten. Die Jagden waren Feste, an denen alle teilhatten, auch die Treiber.

Als Außenstehender und halber Städter habe ich den raschen Wandel der Landwirtschaft in unserem Jahrhundert wohl bedauernd und doch bewundernd erlebt, den Gang zu rationelleren technischen Methoden und zugleich das Schwinden des Patriarchalischen meiner Jugend. Die Maschinen wurden mehr und besser, die Felder unkrautfrei; es gab keine Raine mehr und ungenutzte Flecke, Feldlerchen und Rebhühner wurden selten. Die Herde war frei von Tb und Bangschem Bazillus und die genau kontrollierten „Leistungen" der Kühe stiegen ins Phantastische. Diplomlandwirte und Tierzüchter überwachten den ganzen Gutsbetrieb, und ich begriff, daß die schlesischen Rittergüter zu klein zu werden begannen.

So blieb für mich dieser Kontakt mit Schlesien auch während meiner Lehrjahre erhalten. Ein Jahr, in dem ich die Ernte nicht wachsen und reifen sah, die schweren Wagen mit den Zuckerrüben und Kartoffeln im Herbst nicht erlebte, war nicht ganz in Ordnung. Im Zweiten Weltkriege habe ich es dann lernen müssen; da kam ich meist nur zu Weihnachten zu meiner Frau und unseren drei Kindern heim. Und dann ist diese reiche Welt versunken, und ich mußte sie vergessen.

Als ich 1930 heiratete, gab ich mein Berliner Atelier auf, und wir zogen in Schwengfeld in das „Alte Haus“. Damals stand die Weltwirtschaftskrise in voller Blüte, die Arbeitslosigkeit wuchs, und die Sorgen nahmen dem Leben in Berlin viel von seinem Glanz. Ich kehrte in eine Welt heim, die mir zeitlos und weniger unsicher schien.

Bald nach meiner Rückkehr wurde ich Mitglied des „Künstlerbundes Schlesien“ in Breslau, in dem seit etwa drei Jahrzehnten die wesentlichen bildenden Künstler Schlesiens und viele fördernde Kunstfreunde zu einem Verein zusammengeschlossen waren. In seinen jährlichen Ausstellungen hatte ich schon ausgestellt. Sie fanden entweder in den von Poelzig gebauten Ausstellungshallen an der Jahrhunderthalle oder in der vom Künstlerbund ausgebauten alten Getreidemarkthalle am Christophoriplatz statt, die zwar für kleinere Ausstellungen sehr geeignet war, aber doch zu versteckt lag. Deshalb gingen wir 1932 in das gerade verfügbare frühere Generalkommando auf der Schweidnitzer Straße. Es war das die letzte Ausstellung, in der wir noch Kollektionen von Oskar Schlemmer, dem inzwischen weltbekannten Bauhausmeister, und von Johannes Molzahn zeigen konnten. Auch unser lieber Freund Isi Aschheim, ein sehr begabter Maler und eine der wenigen Bohemefiguren von Breslau, hatte dort zum letzten Male vor seiner Auswanderung nach Jerusalem eine Gruppe schöner Bilder, die ich noch vor mir sehe. Noch einmal ist er dann aus Palästina zurückgekehrt, weil er glaubte ohne Breslau, ohne seine alten Straßen und Gassen nicht leben zu können. Dann hat er uns noch rechtzeitig endgültig verlassen. – Ebenso wirkte bei der Jury der Ausstellung noch Georg Muche mit, ehe er nach Krefeld ging. Auch Muche war Meister am Bauhaus gewesen und von Oskar Moll, dem allem Neuen zugewandten Direktor, an die Breslauer Kunstakademie berufen worden.

Über die Akademie zu berichten bin ich nicht berufen. Ernst Scheyer, heute Professor in Detroit, hat ein vorzügliches Buch über sie und vor allem die Ära Moll veröffentlicht, in dem er auch das unerwartete, plötzliche Ende der Akademie durch eine Notverordnung Brünings 1932 schildert. Es war dies die Zeit schlimmster Arbeitslosigkeit. So wurde die Schließung denn auch damit motiviert, man könne es nicht verantworten, junge Leute auszubilden, die auch nach gutem Studiumsabschluß erwerbslos im Leben ständen. Scheyer verschweigt aber auch nicht die Widerstände, die innerhalb der Akademie und in der Stadt Breslau im Zusamenhange mit der Bau-Ausstellung in Grüneiche, der WUWA, zutage getreten waren. Ich glaube nicht, daß diese Reaktion auf die künstlerische Moderne bei der Schließung der Akademie eine Rolle gespielt hat. Man muß bedenken, wie groß die Finanznot des Staates damals war, und daß die Akademien in Kassel und Königsberg gleichzeitig dem Sparen zum Opfer fielen.

Die Nichtschlesier unter den Professoren verließen Breslau sofort. Auch der aus Brieg stammende Oskar Moll ging nach Berlin, wo er sich in Dahlem von Scharoun ein Haus bauen ließ. Oskar Schlemmer legte den Vorsitz des Künstlerbundes Schlesien nieder, den der junge oberschlesische Bildhauer Thomas Myrtek übernahm. Trotz der großen Einbußen an profilierten Mitgliedern wurde der Künstlerbund mit seinen Ausstellungen bald zum wichtigen Träger des Widerstandes gegen die geistige Gleichschaltung. Es ist heute schwer zu verstehen, daß wir nicht voraussehen konnten, was später geschah, daß es sinnlos war, gegen diesen Strom anzukämpfen, sinnlos auf ein allmähliches Vernünftigwerden der Machthaber zu hoffen. Schlesien war keine Kunstprovinz, in der Entscheidungen auf diesem Gebiet gesucht wurden, der Gauleiter Joseph Wagner war toleranter als andere – und hat dafür mit dem Leben gezahlt. Wir wurden sogar vom Oberpräsidium gegen die Gauleitung unterstützt. Ich möchte hier die Regierungsräte Kramer, Peter Graf Yorck von Wartenburg und Lobek dankbar erwähnen. Natürlich standen auch die Museumsdirektoren, die Sachbearbeiter im Landeshaus und die ernsthaften Kunstkritiker auf unserer Seite. So machten wir weiter.

Myrtek gelang es freilich 1933 und im Sommer 1934 nicht, für den Bund Räume für eine Ausstellung zu erhalten. Überall waren entweder die Stadt oder die Provinz Hausherr. Er wurde angefeindet und konnte keinerlei Aufträge von öffentlichen Stellen mehr erhalten. So war er froh, durch den ihm zugesprochenen Rom-Preis ein Stipendium für den Aufenthalt in der Villa Massimo zu bekommen. Auch er ging also weg, und ich übernahm das nicht mehr begehrte Ehrenamt. Als zweiter Vorsitzender trat der Architekt Heinrich Lauterbach neben mich. Mit ihm war ich befreundet, seitdem wir 1914 zusammen auf dem Kasernenhof in Kleinburg gestanden hatten. Er war viel lebenserfahrener und gewandter als ich, kannte als Initiator und Organisator der WUWA in Breslau alle Wege und Stege. Eine sehr große Hilfe für unser Bemühen war auch der Ehrenvorsitzende des Bundes, der Bildhauer D. h. c. Theodor von Gosen. Er war Mitbegründer des Künstlerbundes und wohl zwanzig Jahre sein Vorsitzender, eine Persönlichkeit von unanfechtbarem Ansehen. Gosen war ein Gegner der modernen Tendenzen in der Akademie gewesen, das war bekannt, als aufrechter Mann war er aber nicht bereit, gegen frühere Kollegen in irgendwelcher Art Stellung zu nehmen. Es folgten bald Angriffe auch auf ihn, die wir abwehren konnten. Andere unserer Freunde, der Architekt Theo Effenberger, der Erbauer vorbildlicher Siedlungen in Breslau, und der Graphiker Hans Zimbal mußten aber Breslau verlassen, so schwer es beiden als treuen Schlesiern wurde. Kanoldt berief sie an die nunmehr von ihm geleitete Hochschule für Kunsterziehung in Charlottenburg. Wie die Dinge liefen, war das nicht ihr Schaden.

Wenn ich an jene Zeit zurückdenke, ist für mich unsere Ausstellung im November 1934, bald nach dem Ausscheiden Myrteks, ein Höhepunkt gewesen; nicht so sehr, weil es überhaupt gelang, sie durchzusetzen und weil sie sicherlich damals kaum besser zu machen war, als vielmehr wegen der unerwarteten, fast leidenschaftlichen Reaktion im Publikum. Zur Eröffnung kam tatsächlich alles, was sich zum geistigen Breslau rechnete, natürlich unsere schon genannten Freunde, aber auch Vertreter der Universität und der Technischen Hochschule, der evangelische Landesbischof und zwei Domherren in violetten Soutanen, Mitglieder der Oper und des Schauspielhauses, der Divisionskommandeur von Breslau und der zweite Bürgermeister der Stadt, zu dessen Kummer es nach meiner Eröffnungsrede eine Ovation gab. Ihr Sinn war nicht mißzuverstehen. Die böse Reaktion erhob ihr Haupt. Doch man stand noch im Anfang, und ich wurde nicht eingesperrt. In unserer Begeisterung improvisierten wir ein Abendessen im Savoy-Hotel, zu dem sich nicht weniger als 150 Gäste in die aufgelegten Listen eintrugen. Dem Hotel machte das keinen Kummer, aber wir bekamen die Tischordnung bei soviel Prominenz nicht zustande. Es wurde sehr vergnügt und schön. Annelies Kupper* sang, und wir stifteten eine Kunst-Tombola: weit über hundert neue Mitglieder traten dem Künstlerbund bei. Vater Gosen hielt eine herrliche kluge Rede zur Lage der Kunst – aber das alles half natürlich nichts.

Im Januar 1935 zogen wir mit dieser Ausstellung dann nach Berlin, wo wir als Gäste des Vereins Berliner Künstler dessen neue Räume am Kemperplatz zur Verfügung gestellt bekamen. Auch in Berlin hatten wir erstaunlich viel Erfolg, und im Ministerium versprach man mir gar eine baldige neue Breslauer Kunstakademie. Aber schon beim ersten Nennen der Namen möglicher Lehrer war die Unvereinbarkeit unserer Vorstellungen mit der politischen Lage klar. Mehr als zwei Jahre später, als Hitler in München das Haus der deutschen Kunst einweihte und selbst den Impressionismus in Acht und Bann tat, erkannten wir, wie gut wir es in Breslau gehabt hatten.

Noch dreimal haben wir in Breslau ausgestellt. Daran beteiligten sich regelmäßig die genannten Berliner Freunde, Jaeckel, Kardorff und Kanoldt, daneben setzten die starken und dekorativen Bilder von Georg Nerlich, L. P. Kowalski und seinen Schülern Heinrich, W. Ulfig, Philip, Tyrkowski Akzente. Ich nenne noch, ohne Anspruch auf Vollständigkeit, Arthur Ressel, Martin Domke, Peter Felkendorff, Erich Leitgeb und seine Frau Gerda Stry, Heinrich Tüpke und Frau Tüpke-Grande, Elmar Brendgen und Mar-

* Annelies Kupper: Endstation Oper. „Leben in Schlesien“, S. 253–262, Verlag Gräfe und Unzer, München, 1962.

kus von Gosen, Hans Oberländer und Gertrud Kleinert, Helmuth Kalina und Hans Theo Richter. Von Bildhauern waren fast stets Theodor von Gosen, Robert Bednorz, Artur Vocke und Dell'Antonio, Dörte von Philipsborn vertreten. Joachim Karsch zeigte liebliche Figuren, die ich nach dem Kriege in dem erhaltenen Werk nicht mehr wiederfand. Auch sie werden zugrunde gegangen sein, als Karsch und seine Frau 1945 an der Oder ihr Leben beendeten. Natürlich beteiligten sich auch Johann Drobek und ich selbst.

Ich will hier auch noch an die Breslauer Museen zurückdenken, weil sie genau wie die alten herrlichen Kirchen mein Bild der Stadt bestimmten. Zunächst natürlich das der bildenden Künste, in dem ich schon als Tertianer (auf dem König-Wilhelm-Gymnasium) aus und ein ging, die hohen Treppen zum Tempel der Kunst hinauf, durch das dunkle Treppenhaus, das Böcklin nicht hatte ausmalen dürfen, durch den großen Saal mit den Hohenzollern-Bildern, deren Pracht ich bestaunte, zu meinen Lieblingen, dem „Seeräuberüberfall auf eine Burg am Meer" und der „Toteninsel" Böcklins, Kaulbachs weinender Madonna mit dem Kinde, Zügels Schafherde, Feuerbachs Medea und vielen anderen. Ich erlebte die Wandlungen des Museums durch Dr. Braune und Dr. Wiese und schließlich Dr. Müller-Hofstede, das Entstehen einer schönen modernen Sammlung mit Bildern Corinths und Liebermanns, Purrmanns und Kokoschkas, Oskar Molls und Otto Muellers, Kardorffs und Molzahns. Es schloß sich das kleine Kabinett mit zwei bedeutenden Bildern Munchs und Kanoldts Bildnis Aschheim an, und schließlich kam sogar der Tag, an dem mein erstes angekauftes Bild neben Munchs großer Kiefer hing und sich hielt.

Später wurde das Museum, wie alle deutschen Sammlungen, all seiner neueren Werke durch Hitler beraubt, und auch der entstehende wunderbare Saal mit den Bildern Michael Willmanns konnte mich über den Verlust, den es erlitten hatte, nicht trösten. Der große deutsche Barockmaler Willmann, Hofmaler des Abtes Rosa aus Grüssau, gebürtiger Ostpreuße, ist heute vermutlich von den Polen als einer der ihren übernommen worden. Das ist nicht so wichtig, wenn seine Werke erhalten blieben. Ich weiß es nicht. Ich entsinne mich, daß mir im Ersten Weltkrieg der damalige Konservator des Museums, Loch, folgendes erzählte: In der Dresdener Galerie habe er einst zwei Bilder Willmanns mit der Bezeichnung „van Dyck" und einem kleinen Fragezeichen hängen sehen. Er forderte daraufhin seinen Dresdener Kollegen auf, nach Breslau zu kommen, um Willmann zu studieren. Als Loch wenige Zeit später wieder nach Dresden kam, standen die beiden Bilder im Depot. Leider seien sie tatsächlich keine van Dycks, sondern Willmanns, Bilder eines Deutschen.

Das überfüllte und dunkle Kunstgewerbe- und Altertums-Museum in der Graupenstraße wurde durch Dr. Kohlhaussens vorzügliche Neuordnung zu einem Erlebnis für mich. Ich sah nun, welche mittelalterlichen Schätze wir besaßen, was Dr. Masner in langen Jahrzehnten zusammengetragen hatte. In diesem Zusammenhang erwähne ich auch noch die Ausstellung gotischer Plastik aus schlesischen Kirchen, die Dr. Wiese zeigte. Auch das Schloß-Museum wurde allmählich bekannter und viel besucht, nur das Diözesan-Museum auf der Dominsel mit seinem Schatz mittelalterlicher Textilien und seinen Tafelbildern führte wohl bis zu seinem Ende einen Dornröschenschlaf. Man mußte lange klingeln, um eingelassen zu werden.

Durch die Arbeit des schlesischen Landeskonservators Dr. Günther Grundmann und seines Mitarbeiters Johann Drobek wurde Breslau von Jahr zu Jahr für mich sichtbarer, reicher und schöner. Ich entdeckte es langsam und verfiel seinem geheimnisvollen Charme, von dem manche nichts wußten. Den schönsten Blick auf die Dominsel besaß Vater Gosen von dem Balkon seiner Wohnung, und er war sehr stolz darauf. Als er einmal verreist war, ging ich hin und malte mein Bild von Sand-Kirche, Kreuz-Kirche und Dom. Aber das habe ich nie gezeigt, Breslau-Bilder waren ja Freund Nerlichs Domäne.

Mit Drobeks, unseres „Onkels“ Namen, klingt eine eigene Note für jeden in unserem Kreise an. Mehrfach hat Arnold Ulitz seinen Ruhm verkündet, ich tat es auch, und doch scheint mir alles unvollkommen, wenn ich an den unvergleichlichen Restaurator der schlesischen Wandmalereien und Fresken und der Decken Tiepolos in der Würzburger Residenz, an den Liebenswertesten unseres Freundeskreises zurückdenke. Bezeichnend für ihn war eine kleine Eigentümlichkeit: Wenn seine Wohnung im Hochhaus in Scheitnig verschlossen war, war er nicht da; sonst stand sie offen, und man trat ein, wenn man kam, Tag oder Nacht. Bei Streitigkeiten, wie sie bei der Hängung von Ausstellungen mitunter vorkamen, warteten wir auf ihn. Er entschied aus einem untrüglichen Instinkt für das Richtige. Wenn eine solche kleine „Differenz“ unter uns entstand, ging ich zu Fritz Kalb. Der hatte wenige Schritte weiter in der Ohlauer Straße eine kleine geheime Weinstube, in der nur Blätter von Paul Holz, Kanoldt und Carlo Mense hingen. Lauterbach hatte sie eingerichtet, und wir haben in ihr unvergeßliche Abende in kleinem oder größerem Kreise verbracht. Die Fähigkeit Lauterbachs, in alten und sehr ungünstigen Räumen durch kleine Umbauten und Materialien Wärme und Gemütlichkeit zu schaffen, bewährte sich auch beim Umbau des Stammhauses der Kipke-Brauerei, bei dem er uns Aufgaben stellte. Damals malte ich die einzige Decke in meinem Leben, malte über ein Gewölbe farbige Bänder und war erstaunt, als man mir Vorwürfe machte, ich hätte die tschechischen Nationalfarben verwendet. Bednorz machte entzückende kleine Reliefs aus braun brennendem Ton und Markus Gosen lustige Glasfenster. Der Puritanismus unseres Jahrhunderts wurde einmal beiseite geschoben.

In Breslau war man nicht freigebig mit Aufträgen an Künstler, und so stellten wir sie uns selbst, ich malte Bednorz und Theodor von Gosen (auch dieses Bild kam 1939 unerwartet noch in das Museum, Dr. Müller-Hofstede kaufte es an), Bednorz porträtierte unermüdlich mich, meine Frau und viele andere; sein visionäres Bildnis Hermann Stehrs wurde berühmt. Auch er und seine tapfere Frau und das Ehepaar Leitgeb wohnten in dem sogenannten Hochhaus Adolf Radings, das als solches geplant, aber nur vierstöckig gebaut war.

Pfarrer Meyer-Fredrich stellte den jungen Markus von Gosen damals schon vor eine wirkliche und große Aufgabe, als er ihm die hohen Glasfenster in der Apsis der Bernhardin-Kirche anvertraute. Markus löste sie vorzüglich. Er wählte zu meinem Erstaunen für das linke Fenster eine Darstellung der apokalyptischen Reiter. Es war eine visionäre Vorausschau dessen, was über Breslau hereinbrechen sollte.

Im Sommer 1936 wurde ich unerwartet zu einer sogenannten Übernahmeübung zu den 8. Reitern nach Brieg einberufen. Das war mir sehr recht, denn einige bösartige Angriffe gegen mich als den Vorsitzenden des Künstlerbundes hatten mich gewarnt. Als Mitglied eines Offizierskorps war man damals weitgehend geschützt gegen willkürliche Maßnahmen jeder Art. Ich lernte also wieder um, vom Maler zum Soldaten und vom Pferde zum Panzerspähwagen. In dem Regiment war eine besonders schöne Kameradschaft, und an einen Krieg glaubte kaum jemand. Für so wahnsinnig, ihn zu wollen, hielt ich nicht einmal Hitler.

Meine Sicherheit wurde zum ersten Male erschüttert, als wir im Herbst 1938 nach einem kurzen Manöver an der tschechischen Grenze standen und der General von Manstein uns anstelle einer Kritik eine sehr ernste Rede hielt. Es folgte der Einmarsch in das Sudetenland. Doch es kam kein Krieg, da das Münchner Abkommen die Tschechei zur Kapitulation zwang. Und Hitler hatte „keine territorialen Ansprüche mehr".

In meine bald wiedergewonnene Ruhe fiel dann wenige Zeit später ein Wort meines Nachbarn und Freundes Helmuth James Graf von Moltke, der von einem längeren Aufenthalt in London zurückkam und mir nur den einen Satz sagte: „England ist entschlossen zu schlagen." Auch an diese Warnung habe ich nicht geglaubt. Die Begegnung mit Moltke, der später das Zentrum des „Kreisauer Kreises" war und deshalb hingerichtet wurde, obwohl er an dem Attentat des 20. Juli 1944 nicht beteiligt war, zählt zu meinen unauslöschlichen Erinnerungen. Schwengfeld und Kreisau grenzten aneinander. Mein Großvater war lange Jahre der landwirtschaftliche Berater des Feldmarschalls, als dieser den Besitz aus einer Dotation erworben hatte. Zu meiner Zeit bewirtschaftete der junge Helmuth James das

Gut für seinen Vater, der in Berlin Prediger der Christian-Science-Kirche war. Doch er war von Beruf nicht Landwirt, sondern Jurist und, obwohl Erbe des Gutes, aus politischer Überzeugung kein Freund des Großgrundbesitzes. Das alles ist weitgehend durch Moltkes letzte Briefe bekannt. Weniger bekannt wurde wohl, wie viel er seiner Mutter verdankte. Sie war die Tochter eines hohen Richters aus dem englischen Kapland. Dorothy Rose Innes war eine kluge und tapfere Frau, die mit ihren fünf Kindern in Kreisau in einem kleinen Hause wohnte, da das Schloß schon zu große Kosten verursachte. Darüber hinaus hatte sie stets junge Franzosen oder Engländer als Gäste da. Und alle fühlten sich wohl; auch ich habe die Gräfin verehrt.

Der damals ungewöhnliche Blick über die nationalen Grenzen hinaus und auch über alle Standesgrenzen hinweg, hat neben seiner persönlichen Klugheit den Weg von Helmuth James Graf Moltke bestimmt. Die bei allen Moltkes bewußt religiöse Haltung dem Leben gegenüber trat für mich in Gesprächen mit ihm nicht in Erscheinung, vielmehr sein starkes soziales und politisches Verantwortungsbewußtsein. Er empfahl mir einmal das Studium von Karl Marx. Man müsse das jedenfalls gelesen haben, wissen. Ich hatte dazu sehr viel später im Kaukasus ausreichend Gelegenheit!

Zum letzten Male sprach ich Moltke 1942 in Brüssel. Er hatte mich gebeten, von Lüttich dorthin zu kommen. Als ich ihn aber fragte, weshalb er mich bestellt, was er mir zu sagen habe, lächelte er und schwieg. Er betonte, wie sehr ihn mein eigener Bericht zufriedengestellt habe. Erst später verstand ich, daß er mich nicht durch Mitwissen hatte belasten wollen.

Als sich 1939 die drohenden Kriegswolken zusammenzuziehen begannen, mußte ich noch den Vorsitz der Jury einer viel zu groß geplanten Ausstellung übernehmen, zu der – außer den Schlesiern – auch andere deutsche Länder Kollektionen einsandten. Wir stellten uns gegen das Kriegsgetön taub, ganz bei der Sache war aber natürlich niemand mehr. Die Ausstellung wurde eröffnet, als ich schon in Krakau war.

Der Künstlerbund hat im Krieg 1941 unter der Leitung L. P. Kowalskis im Museum seine letzte Ausstellung veranstaltet, seinen Schwanengesang. Zu ihr habe ich aus Lüttich eingesandt.

Der Kreis meines Lebens, der mich immer wieder nach Schlesien geführt hat, schloß sich von selbst. Im Januar 1945 kam der Einbruch der Russen in unsere Heimat wie für viele andere auch für mich unerwartet schnell. Ich stand am Rhein. Es gelang mir, rasch meine Versetzung nach Schlesien zu erreichen und meine Familie in einem Lazarettzug nach Bayern in Marsch zu setzen. Ich selbst aber wurde Kampfkommandant von Schweidnitz. Die längst geschleifte kleine Festung aus der friderizianischen Zeit, damals schon eine Stadt von 35 000 Einwohnern mit Villenvorstädten, sollte verteidigt und gegen russische Artillerie und Panzer gehalten werden – bis zum letzten Mann. Mit den geringen Kräften und wenigen Waffen war das völlig unmöglich, es schien mir militärischer Unsinn. Das Schicksal von Schweidnitz entschied sich damals in dem Ringen auf der Linie Striegau, Saarau, Zobten. Wurde sie durchbrochen, fiel die Front mindestens bis zum Fuße der Vorberge des Eulengebirges zurück. Zobten wurde aber gehalten, und General Piekenbrock eroberte in schwerem Kampf die Streitberge bei Striegau zurück. So war diese Gefahr zunächst gebannt. Man wartete weiter auf das unvermeidlich herannahende schlimme Ende des Krieges.

Schweidnitz war von Frauen und Kindern geräumt, und das Leben sickerte notdürftig nur dahin! An den großen Ausfallstraßen ließ ich durch den tüchtigen Architekten Zimmermann massive Panzersperren errichten, die Weistritz wurde gestaut, um die Wiesen vor der Niederstadt gegen Panzer zu versumpfen, und die alten Landesschützen wurden mit Eifer etwas für den Kampf ausgebildet. Meinen Sitz hatte ich in meinem alten Gymnasium in der Köppenstraße. Für mich hatten diese Frühjahrsmonate in der menschenleeren Heimatstadt einen fast unheimlichen Reiz, es herrschte Windstille vor dem Sturm – mit kleinen täglichen Böen. Schweidnitz lernte ich gründlich kennen, sah zwei Stockwerke tiefe Keller unter den Straßen der alten Stadt und jeden Vorgarten am Rande der Felder. Sinnlose Zerstörungen vermied ich, denn ich hoffte ja auf Rückkehr aller Deutschen in kurzer oder längerer Frist. Auch heute noch glaube ich, daß es nicht richtig gewesen wäre, anders zu handeln. Die Bombenschäden durch gelegentliche russische Abwürfe waren gering. Schweidnitz blieb intakt.

Aus den nahen Bergen kamen immer wieder Frauen zurück, um nach ihren Wohnungen, ihrem Hab und Gut zu sehen; es ließ sich das nicht verhindern. Vielen Menschen konnte man helfen, fast stets gegen die radikalen Richtlinien der Gauleitung. Die kleinlichen Befehle des Feldmarschalls Schörner machten mir das Leben sauer genug. Man spürte die Nervosität. Mit Vergnügen denke ich an den Besuch eines hohen Generals zurück. Er riet mir allen Ernstes, einem Gespräch mit dem Feldmarschall durch „Unauffindbarkeit“ auszuweichen. Denn ich widerspräche und würde nach zehn Minuten erschossen werden. Ich beschloß, nicht zu weichen, und der Gestrenge kam nicht zu mir.

Im Streit mit dem Kreisleiter gewann ich nur die erste Runde. Er wurde abberufen. Aber einige Zeit später, es war Ende April 1945, wurde auch ich durch die Armee meines Postens enthoben. Der Gauleiter hatte meinen Skalp gefordert.

So kehrte ich noch einmal in mein eigenes Haus zurück. Auch meine 75jährige Mutter war in Schwengfeld geblieben. In der herrlich frühlingsgrünen, aber menschenleeren Landschaft malte ich noch drei Bilder und zeichnete sie mit dem Datum der Tage, an denen sie entstanden. Ich habe sie und alle meine Arbeiten aus zwanzig Jahren nicht wiedergesehen. Mit Haus und Hof, Wiesen, Park und allen Äckern blieben sie zurück, als ich am 8. Mai 1945 die weiteste und schwerste Reise meines Lebens antrat. Sie führte mich über Prag nach dem Kaukasus und erst nach fast fünf Jahren schließlich zurück zu den Meinen. Im Grunde war es ein Wunder am anderen.

Nachher habe ich nur noch gemalt.

Herbert Volwahsen

LEHRJAHRE IM RIESENGEBIRGE

Im Januar 1922, als mein Vater nach dem Verkauf seiner Güter durch die Inflation sein Vermögen verloren hatte, übersiedelten meine Eltern nach Bad Warmbrunn. Einige Monate zuvor war ich aus der landwirtschaftlichen Lehre davongelaufen und half jetzt beim Umzug.

Gegen Mittag kamen wir auf dem Bahnhof von Warmbrunn an. Ich erinnere mich genau des Augenblicks, da wir aus dem Bahnhofsgebäude traten und wie gebannt auf das Bild schauten, das vor uns lag. Der Bahnhof liegt außerhalb des Ortes, so daß man mit einem Blick die Silhouetten der Häuser und Kirchen umfaßte. An diesem Wintertag mit seinem hohen Wolkenschleier ging die Faszination von jener zarten Linie aus, die den Himmel von Osten nach Westen zu teilen schien. Sie schwang durch ein perlmuttschimmerndes Grau, das Nahes und Fernes bildhaft verwob. Das also war der Kamm des Riesengebirges!

Bei seinem Anblick empfand ich zum erstenmal jene seltsame Erregung, die mich seitdem immer überkommt, wenn ich mich den hohen Bergen nähere. Noch ahnte ich nichts von der prägenden Macht dieser Landschaft, die mich nicht mehr aus ihrem Bann ließ, und immer bin ich dorthin zurückgekehrt, als mein Beruf mich längst in die Städte geführt hatte, bis der Krieg dem heilsamen Wiederbegegnen mit den schlesischen Bergen und ihren Menschen ein Ende setzte.

Vom Bahnhof stapften wir mit den Koffern durch den Schnee zum Ort hinüber, gingen neugierig durch fremde Straßen, über eine Holzbrücke, unter der das Wasser des Zacken rauschte, bis zu der Tür, hinter der unsere künftige Wohnung lag. Kaum waren die ersten turbulenten Geschäfte des Einzugs beendet, da lief ich hinaus in den frostigen Tag, südwärts, dem Gebirge entgegen. Je weiter ich lief, um so höher schienen die Berge zu wachsen. Ich sah die verschneiten Wälder an ihren Flanken hinaufkriechen, sah Dörfer an dem Saum ihres weißen Mantels liegen und oben, über den Kuppen, Spitzen und Einbrüchen den Rauch des wirbelnden Schnees.

Die Wochen, in denen ich die neue Heimat mir anzueignen suchte, gefielen mir unvergleichlich besser als meinem Vater, der von dem Herumstreunen nichts hielt und darauf bestand, daß ich mich endlich für einen Beruf entscheide.

Nachdem sich im vergangenen Sommer beim Bauern P. in Semmelwitz, Kreis Jauer, meine Untüchtigkeit zur Landwirtschaft erwiesen hatte, ganz gegen die Erwartung meines Vaters, der in mir den Stammhalter schlesischer Gutsbesitzer sah, kam ich in den Geruch eines verlorenen Sohnes meiner Familie.

Indessen hatte mich nicht die Landwirtschaft abgestoßen, sondern der rüde Ton und die ungewohnt schwere Arbeit, die dem hochgeschossenen Gymnasiasten plötzlich zugemutet wurden. Ganz besonders hatte es mich verdrossen, wenn ich morgens um vier Uhr vom Großknecht geweckt wurde, der bei seinem Gang auf den Schüttboden an meine Tür polterte. Im bleischweren Schlaf erschreckt, fuhr ich eilig in die Hosenbeine und wurde erst im Pferdestall ganz wach, wenn der Hengst mir versehentlich auf die nackten Füße trat. Mit allerlei Mißgeschicken verbrachte ich die Wochen, einmal fuhr mir eine Sense ins Bein, ein anderes Mal stach eine Gabel durch meine Hand. Nach einem halben Jahr war ich des Kartoffellesens und Säckeschleppens leid, und ich verließ heimlich den unfreundlichen Ort.

Vor der steilen Stirnfalte seines Vaters überkam den Heimkehrer ein Gefühl der Verlorenheit und des Zweifels an sich selbst, zumal auch jeder weitere Versuch meiner Familie, mich einer geordneten Ausbildung zuzuführen, erfolglos blieb. Eine kaufmännische Lehre, zu der man mich angemeldet hatte, trat ich überhaupt nicht an, vielmehr vermied ich alles, was in den Augen gesitteter Menschen als ordentliche Arbeit galt.

Auf meinen ziellosen Gängen durch Warmbrunn und den prächtigen Kurpark entdeckte ich jene Buden mit den skurrilen Andenken, die, wie überall in Badeorten, einen tiefen Blick in das goldene Spießerherz vermitteln. Die meisten Buden und Lädchen waren zur Winterszeit durch einen Holzverschlag verschlossen, nur hier und da bot eine Auslage die Souvenirs den wenigen verbliebenen Kurgästen an.

So kam es, daß ich in einen der Läden geriet, wo der Drechslermeister Kuno Beck seinen Handel trieb. Gedrechselt hatte der gemütvolle Mann wohl nicht mehr, denn sein kleiner Laden war bevölkert mit drolligen Gestalten aller Art. Hier sah ich zum erstenmal jene Figürchen vom Rübezahl, dessen Kleid aus Baumrinden zusammengefügt war und dessen Rauschebart aus Baumflechten bestand, grünlich und höchst originell, während am Sockel der immer wiederkehrende „Gruß aus Bad Warmbrunn“ zu lesen war. Auch holzgeschnitzte Schwalben und Schweinchen gaben den gleichen Gruß von sich. Neben geschnitzten Brottellern standen stolze Hirsche und liebliche Rehe, balzende Auerhähne und anderes Getier.

Obgleich mir klar war, daß dergleichen Gegenstände nicht von bestem Geschmack zeugen, nahm ich sie gern in die Hand und betrachtete sie von allen Seiten. Der Meister, von zudringlicher Kundschaft verschont, ließ sich in ein wohlwollendes Gespräch mit mir ein. Aufmerksam folgte ich seinem Redefluß. Aus der Geschichte seines Lebens, die ich bei wiederholten Besuchen nach und nach erfuhr, entstand das Bild eines lebensfrohen Handwerkers, der den rechtschaffenen Weg vom Lehrling zum Meister gegangen war. Wie alte Legenden berührten mich seine Berichte von spanischen und italienischen Klöstern, durch die er „auf der Walze" gezogen war und die er nun in kräftigen Farben zu schildern wußte. Während seines Schwelgens in den Erinnerungen nahm er oft einen Schluck Kaffee aus einer Blechkanne, der ihn sichtlich stärkte. Als man ihn nach Jahren zu Grabe trug, hieß es, Kuno Beck sei am Leberfraß gestorben, weil er dem Schnaps nicht habe widerstehen können; der Kaffee wäre zur Hälfte mit Alkohol versetzt gewesen. Hierin liegt vielleicht der Grund seiner heiteren Beredsamkeit, die in mir den Wunsch erweckte, mit meinen Händen etwas zu tun, vielleicht den Auerhahn hier oder den lauernden Wildschützen dort zu formen, doch wußte ich nicht, wie solches zu beginnen sei. „Da haben wir doch eine Holzschnitzschule, gehen Sie mal hin, und sehen Sie, wie es Ihnen gefällt!" Das war des Meisters folgenschwerer Rat.

Die Ladentür klingelte, ich trat hinaus in den nebligen Winterabend, ging einige Male um die Rundhäuser der Bäder und überlegte dabei, wie ich es meiner Familie sagen sollte, daß es mein Wunsch sei, solch ein Handwerk zu erlernen. Keiner meiner Vorfahren hatte ähnliches getan, geschweige denn Wildschütz oder Edelweiß in Lindenholz gebastelt.

Den Rübezahl aus Rinden und Flechten wollte ich keinesfalls erwähnen, am besten vielleicht, ich sagte zunächst gar nichts. Man kann sich meine Verlegenheit vorstellen, als ich eines Tages die Holzschnitzschule betrat und nach dem Direktor fragte, war es doch der erste Schritt, den ich aus eigenem Entschluß tat. Dabei war ich mir der Vermessenheit bewußt, weil ich nichts vorzuweisen hatte, was eine Aufnahme rechtfertigen konnte. Professor dell' Antonio empfing mich mit so spontaner Freundlichkeit, daß ich erleichtert und zuversichtlich gestimmt wurde. Als er sagte: „Es wäre schade, wenn eine wirkliche Begabung unserem Beruf verlorenginge", schämte ich mich ein wenig, denn was hieß bei mir schon Begabung, ich selbst wußte nichts davon und hielt nicht viel von übertriebenen Reden.

Als mein Vater von dem eigenmächtigen Schritt erfuhr, war er sehr verdutzt, denn einmal hatte er zu den Musen gar kein Verhältnis und dann glaubte er nicht, daß ich es länger als vierzehn Tage bei ihnen aushalten würde. Meinen Wunsch nach einem weißen Arbeitskittel, wie ich ihn bei den

Schülern der Holzschnitzschule gesehen hatte, schlug er anfangs ab. Auf Zureden meiner Schwester kaufte er mir einen hellbraunen, in der Meinung, daß dieser auch in einem anderen Beruf verwendbar sei. Ich trug den braunen Kittel ein Jahr und hieß deshalb bei meinen Mitschülern „Eechhärndla" (Eichhörnchen), bis mir ein weißer Kittel genehmigt wurde.

So begann ich, wie Generationen von Bildhauern vor mir, nach einer Vorlage ein stilisiertes Eichblatt zu modellieren. So fremdartig das neue Milieu auch für mich war, ich fand mich schnell in seine Forderungen und hatte bald den ersten Lehrgang hinter mich gebracht. Dieser Lehrgang bestand darin, daß ich etwa zwanzig Vorlagen vom Eichblatt über das Akanthusblatt bis zur einfachen Volute zeichnen, modellieren und schnitzen mußte. Zum ersten Mal fühlte ich den kühlen und geschmeidigen Ton in meinen Händen, der den leisesten Druck des Fingers aufnimmt und bewahrt, roch ich den herben Duft des frisch geschnittenen Holzes, wenn es in gerippten Spänen vom Schnitzeisen fällt. Mit wachsender Freude sah ich die bescheidenen Dinge unter meinen Händen entstehen, und es war, als fiele ein Lichtschein in die dumpfe und verquälte Existenz, die mein Leben bis dahin gewesen war.

Während ich die ersten Fingerübungen im Bildhauerhandwerk machte, war der Frühling gekommen. Sein warmer Anhauch hatte den Schnee im Hirschberger Tal geschmolzen und die dunkle Krume der Äcker bloßgelegt. Schweres Gewölk verhüllte das Gebirge, und zwischen den Resten mürben Schnees zogen die Pflüge ihre Furchen. Am Stauweiher war das Wasser des Zacken gestiegen und bildete einen inselreichen See, über den die heimkehrenden Vögel ihre Zeichen schrieben. Um Pfingsten blühte im Kurpark der Jasmin, und vom Silberkamm und von den Schneegruben schimmerte das Licht des gleißenden Schnees, das erst im Juni erlosch. Fern lag nun das Gebirge im Glast des Mittags.

Die schlesischen Sommer sind heiß, und heftige Gewitter fallen krachend ins Tal, ziehen Regenfahnen wie einen Vorhang am Gebirge entlang, und während der Hochstein wieder im Sonnenschein liegt, zucken um die Schneekoppe noch die Blitze. Duftende Erde und funkelnde Tropfen an Blatt und Gras, zauberisches Spiel des Lichts und der Farben, balsamische Luft, die das Herz erquickt – so geht der Sommer dahin. Bald kündet der Herbst sich an mit schwebenden Nebeln über den Giersdorfer Teichen, näher rücken die Berge, und am Kynast, bei Saalberg und Agnetendorf verglühen die lohenden Wälder.

Als der dünne Rauch der Kartoffelfeuer über die Felder wehte, hatte ich mich in die Gemeinschaft der frischen jungen Männer an der Schule eingelebt. Unter ihnen bemerkte ich einige, die eigenen Gedanken nachgingen. Besonders fiel mir ein Mitschüler auf, der in der Tischlerklasse der Schule arbeitete und ein paar Jahre älter war als ich. Karl Seidel war ein echter Erbe des „Sturm und Drang“, hochfahrend und selbstbewußt in seinen Reden und Taten. Die rhythmischen Bewegungen des Hobels schienen seine Phantasie zu beflügeln, denn von Zeit zu Zeit hielt er inne, um Notizen in ein blaues Heftchen einzutragen. Später brachte ihn seine Leidenschaft für Philosophie und Dichtung mehrfach in Konflikt mit der Schulordnung, was jeder nachfühlen kann, der um die alte Fehde zwischen dem Geist und der jeweiligen Obrigkeit weiß.

Der angehende Tischler benutzte den Anlaß einer Entwurfsbesprechung über Leuchter, die als Aufgabe gestellt waren, um uns einen Vortrag über „Das Licht“ zu halten. Nach einer kühnen Abschweifung in das Gebiet der Physik und der Astronomie kam er auf den symbolischen Gehalt des Wortes Licht zu sprechen. Er endete das Referat mit dem Hinweis, daß man als Lichtträger nicht das Holz verwenden solle, sondern daß andere Materialien heranzuziehen seien, wobei er das Glas und spiegelndes Metall nannte.

Von den verwegenen Assoziationen des eifrig redenden Tischlers ermuntert beschloß ich, ein denkender Mensch zu werden. Wenn man so mit einer großen Handbewegung von den Lichtjahren der Sterne zu unserem Entwurf von Leuchtern kommen konnte, dann war es sicher wichtig, auch andere Aufgaben in neuartigen Zusammenhängen zu sehen und alles, was an uns herantritt, auf seine mannigfachen Bezüge zu prüfen. War die Welt voller Probleme und interessanter Perspektiven, wie sollte ich dann länger in der Klasse der „Ornamentiker“ bleiben, wo jahrelang der Zierat vergangener Stilepochen durchexerziert wurde. Was gingen mich Rocaille und Kreuzblume, Lisenen, Löwenfüße und andere Schnörkel an. War ich zum Kopisten geboren? Nein, meinen eigenen Beitrag wollte ich leisten – ich wußte nur nicht wozu.

In dieser revolutionären Aufwallung trug ich dem Direktor meinen Wunsch vor, von nun an in seiner Klasse zu arbeiten, in der Klasse der „Figuristen“. Nach so kurzer Lehrzeit hatte das eine Schwierigkeit, denn in dieser Klasse waren nur Holzbildhauer, die bereits die Gesellenprüfung abgelegt hatten und sich auf die Meisterprüfung vorbereiteten. Da die menschliche Figur das Thema ihrer Arbeit war, fühlten sie sich als Künstler, was in auffallender Haartracht und farbiger Kleidung zum Ausdruck kam. Bis heute weiß ich nicht, warum Professor dell' Antonio mir erlaubte, zwei Jahre zu überspringen, schien mir doch selbst, daß der neu erwachte Drang in einem Mißverhältnis zu der Geschicklichkeit meiner Hände stand, was sich auch gleich erweisen sollte. Von meinen neuen Kollegen abschätzig betrachtet zog ich in die obere Werkstatt ein und erhielt als erste Aufgabe – einen Rübezahl zu schnitzen. Ausgelöscht war mein Drang nach dem „Höheren“.

Der Kuno Beck fiel mir ein und die Rübezahle mit den Flechtenbärten. Warum sollte es wieder ein Rübezahl sein?

Doch dann bei ruhiger Überlegung: Einen Bart mußte der Rübezahl natürlich haben und eine gewaltige Keule als Zeichen seiner Macht, auch eine Hucke auf dem Rücken, aus der er allerlei hervorzaubern konnte. Aber mein Rübezahl hatte noch viel mehr, was mir Kummer machte: Arme wie ein Mensch und Hände, welche die Keule umklammerten, und Beine und Füße mit zehn Zehen und andere vertrackte Stellen. Das alles sollte ich aus dem Lindenholz hervorzaubern, ich hätte selbst ein Rübezahl sein müssen. So geschah es in diesen Wochen, daß ich sehr oft in die Tischlerei hinunterlaufen mußte, den Rübezahl unterm Arm, um einmal einen Ellenbogen, dann den Hinterkopf, zweimal die knolligen Waden und schließlich fast alle Körperteile neu anzuleimen, bis vom ersten Holz nicht mehr viel übrig war, so arg hatte ich die Figur „verhauen".

Die Sorgen über mein handwerkliches Ungeschick hätten mich in diesen Wochen tief verstimmt, wenn nicht mein neuer Freund Karl Seidel sich meiner angenommen hätte. Nicht nur, daß er mir beim Verleimen half, er lud mich auch nach Feierabend auf seine Bude ein, um mich mit seinen Ideen und Experimenten bekannt zu machen. Ah, wenigstens ein Freund in meinem Weltschmerz! Es begann die Zeit der langen Abende, an denen die vertraulichen Gespräche kein Ende nahmen. Seidel hatte außer der Liebe zur Philosophie noch die weitverbreitete Leidenschaft, ein Weltverbesserer sein zu wollen. Obgleich er ständig den „Zarathustra" zitierte, besaß er als guter Handwerker doch einen Blick für die naheliegenden Dinge. Der Skilauf war aufgekommen, und Karl hatte gleich gemerkt, daß an den Brettern, an den Schuhen, vor allem an der Bindung vieles verbesserungsbedürftig sei. Dem mußte abgeholfen werden. Er erfand eine Reihe neuer Systeme, wie man Lederschuhe mit Skiern beweglich und doch starr verbinden könnte, Bindungen also, mit denen er das Patentamt beschäftigte. Leider fand sich kein Fabrikant, der sie herstellen wollte, weil die Erfindung theoretisch zwar gut, zugleich aber geeignet war, dem Skiläufer im Falle des Sturzes die Füße zu brechen.

Es roch nach Holz, es roch nach Leder, es wurde probiert und montiert, geredet und gesonnen, bis endlich die neuen Modelle gebrauchsfertig dastanden. Mit Ungeduld erwarteten wir den ersten Schnee, in dem Karls Ideen sich bewähren sollten. So begann mein Skilauf mit der genialen Seidelbindung, wobei ich mich noch heute wundere, daß ich immer mit heilen Beinen nach Hause kam.

Wie oft sind wir vor Sonnenaufgang mit geschulterten Brettern über den harten Schnee durch die Ebene nach Giersdorf geschritten, vorbei an den gefrorenen Teichen, in deren Schilf die Bleßhühner schliefen. Menschenleer waren die Straßen, und in den Ställen der Giersdorfer Bauern flackerten die Petroleumlampen. Wir hörten das Knirschen des Schnees unter den Füßen und stiegen hinan nach Hain, wo über Wiesen und Steine weiche Polster gebreitet waren. An der Brücke, die über den Seifen führt, schnallten wir an und zogen im dämmernden Morgen durch die weißen Wälder, vorbei an den Baberhäusern zur Brotbaude hinauf.

Während der drei Stunden dieses Weges war es Tag geworden, und die Sonne, unseren Blicken durch den Schwarzen Kamm verborgen, sandte Lichtpfeile hinab ins Hirschberger Tal, wo die gestaffelten Hügel im Nebel lagen wie eine Herde schlafender Tiere. Weiter hinauf, höher wurde der Schnee und kleiner die Fichten. Bald nach der Schlingelbaude war das Zwergholz durch Eis und blättrigen Anraum phantastisch verkrustet. Wir gingen über eine Moräne hinab zum Kleinen Teich, entlang an den gewaltigen Felswänden, die das Morgenlicht scharf profilierte. Baumgrenze, sirrende Luft, die Hampelbaude war nah, dort wurde gerastet. Hier galt unsere Aufmerksamkeit dem Wetter. Quoll vom Reifträger her dunkles Gewölk, verschlang es die Schneegruben, die Sturmhaube und das Hohe Rad, dann wußten wir, was uns bevorstand. Wir griffen nach den alten Windjacken und dem wollenen Schal und zogen eine neue Spur in den Pulverschnee.

Auf der Hochebene des Kammes faßt uns der Sturm, und Schauer von Eisnadeln peitschen das Gesicht. Eine Gischt von Schnee umspült die Füße, während der keuchende Atem vor dem Munde gefriert und die Augen vereisen. In der undurchdringlichen Helle, im Orgelton der stürzenden Windböen fühlt der Mensch sich der tobenden Natur ausgeliefert. Die Urangst überkommt ihn in seiner Schwäche gegenüber den Gewalten, das Ereignis des Elementaren wird ihm zur Prüfung. Den Körper schräg gegen den Wind gestemmt kämpft er sich vorwärts, vergißt den Hunger und die Zeit, sieht nichts und hört nur das pochende Herz.

Irgendwann taucht dann ein Schatten auf, die Wand einer Baude. Wir suchen den tief geschaufelten Eingang, stellen im Vorhaus die Skier ab und kratzen das Eis aus dem Gesicht. Wir treten ein in die warme Stube, wo dampfende Suppen auf den Tischen stehen und der dünne Klang der Zithern durch den Raum schwingt.

Wie oft mag ich über die Hochebenen des Riesengebirges gegangen sein, damals, als es noch keine Fremdenindustrie gab und keine Skilifte! Aber es gab den Kurt Endler und den Gustl Berauer, Pioniere des Skilaufs, die später als deutsche Meister und als Weltmeister aus internationalen Kämpfen hervorgingen. Eine kleine Gemeinschaft verwegener Burschen erprobte neue Möglichkeiten. Telemark und Christiania, die Namen norwegischer Ortschaften, hatten einen faszinierenden Klang. Wir übten die von dort gekommene Skitechnik bis zur Erschöpfung und schliefen traumlos auf harten Lagern.

Unvergeßliche Sonnentage im Winter, von denen wir belebt und hochgestimmt zurückkehrten zur Arbeit. Von meinem Arbeitsplatz überblickte ich das ganze Riesengebirge. Hielt ich beim Schnitzen inne, suchten meine Augen die Schneeflächen des Kammes, und ich genoß noch einmal das Glück der Abfahrten. Dann griff ich zur Beize und zum Wachs, bestrich damit den endlich fertigen Rübezahl, und als alles getan war, neigte ich fast dazu, das Werk zu bewundern. Mit Vorbehalt zwar, denn mir war bei der Arbeit klargeworden, wie schlecht es um meine Schnitztechnik stand, vor allem aber, daß es mit dem menschlichen Körper seine Bewandtnis hatte. Eifrig bemühte ich mich nachzuholen, was meine Kameraden, die „Figuristen", mir voraus hatten. Da lernte ich das Hexeneinmaleins der Proportionen, die Zusammenhänge des Knochengerüsts und das verzwickte Geflecht der Muskeln und Sehnen mit den schwierigen Namen. Am Corpus des Kruzifixes ließ sich das alles gut demonstrieren, wozu noch der Faltenwurf des Lendenschurzes kam und das unter der Dornenkrone herabfallende Haar, Teile, bei denen man darauf zu achten hatte, ob sie im gotischen oder im barocken Stil darzustellen waren.

Nun gut, es war ja eine handwerkliche Lehre, bei der die Bewunderung für die alten Meister wuchs, und die handwerkliche Technik sich am hervorragenden Beispiel bewähren mußte. Vom Aufbruch der modernen Kunst hörten wir nur wenig, und Barlach dünkte uns ein merkwürdiger Außenseiter zu sein. Während dieser Zeit waren die Vorträge über Kunstgeschichte, die Dr. Günther Grundmann einmal wöchentlich vor uns hielt, ein Labsal für den wißbegierigen Geist. Mit erstaunlicher Beredsamkeit zeichnete er den Bogen künstlerischer Entwicklung vom Altertum bis in unsere Zeit, wobei mir seine kenntnisreiche Liebe zum Gegenstand einen tiefen Eindruck hinterließ. Ihm mag ich es zu verdanken haben, daß meine Gedanken um das Phänomen der Kunst im allgemeinen und der Plastik im besonderen zu kreisen begannen. Da gab es Namen, die wie Leuchtfeuer ihre Zeit überstrahlten, da gab es den Thutmosis aus Amarna mit dem Königsnamen, den Phidias, den Donatello und den Michelangelo, den Riemenschneider, den Veit Stoß, den Andreas Schlüter und den Permoser und endlich Rodin und Maillol – zuviel, wenn man's bedenkt für einen Holzschnitzschüler. Wie mögen sie es nur geschafft haben, die großen Kollegen, daß sie uns noch heute beschäftigen? Ist es die virtuose Behandlung des Materials oder der Geist der Zeit, der aus ihnen spricht, ist es die Fülle ihrer Ideen und ihr Fleiß, oder das alles zusammen? Es muß noch etwas anderes sein, daß man so viele

Bücher über sie geschrieben hat. Meinen Freund Karl Seidel konnte ich danach nicht fragen, er war mit irgendeiner Erfindung beschäftigt und mit der Gesellenprüfung, die er tief verachtete. Mit diesen Gedanken blieb ich allein. Wie heißt die Frage, die in die Mitte führt, wie finde ich die Spur zu dem Geheimnis?

Das Grübeln über die Hintergründe meiner liebgewordenen Arbeit brachte die Gedanken eher in Unordnung, als daß sich eine klärende Antwort einstellte. Nach einem Ausweg suchend ging ich eines Tages am Zacken abwärts in ein Haus, das am rechten Ufer lag, dort, wo Warmbrunn an Herischdorf grenzt. Der Mann, der hier wohnte, ernährte seine Kinderschar durch die nüchterne Tätigkeit eines Buchhalters im Füllner-Werk. Sein kleiner und verwachsener Körper, bekleidet mit einem schäbigen Cutaway, der bis unter die Waden reichte, trug mühsam einen schweren, ausdrucksvollen Kopf, der durch die geprägte Stirn und den fallenden Schnurrbart an Friedrich Nietzsche erinnerte. Letzteres mochte der Grund gewesen sein, warum Karl Seidel ihn schätzte und mich mit ihm bekannt gemacht hatte. Dieser Mann namens Schiller gab vor, um das Geheimnis zu wissen. Feierlich sprach er in Andeutungen und in halben Sätzen, mischte ein Zitat oder einen Vers in seine Rede und nannte dabei die Namen hoher Bücher, die er nur mit Ehrfurcht aussprach. Da hörte ich zum ersten Male die Bhagawadgita und die Upanischaden nennen, erfuhr Undeutliches von der Gnosis und von Jakob Böhme, bekam einfache Yogaübungen empfohlen und strenge Enthaltsamkeit angeraten zur Stärkung des Willens.

Während Schiller seinen lauschenden Jünger auf ein höheres Leben vorzubereiten glaubte, tobten die Kinder durch die Betten, kochte auf dem Herd eine Suppe über, trockneten quer durch die Stube die duftenden Windeln, die die gute, kurzsichtige Mutter pausenlos wusch, denn das alles spielte sich im selben Raume ab. Ohne Zweifel war Schiller ein Mann des guten Willens, und sein Hang zur Mystik berührte den empfindlichen Punkt in meiner Seele. Beim Addieren endloser Zahlenreihen im Büro schweiften seine Gedanken – so erzählte er mir – oft in jene hellen Weiten, die so fern von seinem kargen Leben lagen. Dieses aber war nichts anderes als die tägliche Mühsal um das Brot für seine Familie. Die Stille des abgeschiedenen Lebens, von dem er in seinen Büchern las, blieb ihm unerfüllte Sehnsucht und rührende Schwärmerei. Auch spürte ich, daß das Geheimnis, dessen Zipfel er mit seinen wunderlichen Gedankensprüngen zu erhaschen suchte, ein anderes war als das, welches dunkel vor mir stand.

So ging das letzte Jahr meiner Lehre vorüber, während dessen in mir die Einsicht dämmerte, daß mit der sicheren Beherrschung des Werkzeuges nur wenig gewonnen war. War nicht damit nur das Notwendigste vorbereitet, ein wenig Handgepäck gleichsam, mit dem man eine lange Reise antritt? Wohin aber ging die Reise?

Als der Abschied kam, und ich vom Zug aus noch einmal mit weitem Blick das Tal und die Berge umfaßte, wußte ich, daß ich bald wiederkehren würde.

Am 1. März 1925 begann das Sommersemester an der Dresdener Akademie, und die heftigen Eindrücke meiner neuen Umgebung verwirrten mich sehr. Zum ersten Mal spürte ich Heimweh. Ging ich durch die lauten Straßen der großen Stadt, dann stiegen die rauchenden Wälder der Berge vor meinem Auge auf. Einen Monat später begannen die Osterferien, und mit fiebernder Ungeduld bestieg ich den Zug. Schon hinter Görlitz trat ich ans Fenster und schaute, ob in der Ferne der Schnee vom Reifträger glänzte.

Am Sonnabend vor Palmarum kam ich in Warmbrunn an, als die Zelte des Tallsackmarktes aufgebaut wurden, und am Abend das vertraute Volk sich um die Luftschaukeln und die Ausschreier sammelte.

Wenige Tage im Glanz der Märzsonne, die Trollblumen an den Bächen hervorlockt, dann mußte ich wieder zum Studium nach Dresden zurück. Im Sommersemester erfuhr ich Erstaunliches über die moderne Kunst und sah in den Ausstellungen wunderliche Dinge, die ich nicht mit dem zusammenreimen konnte, was ich bisher gelernt hatte. Ich kam mir vor wie Gulliver bei den Riesen – oder bei den Zwergen? Das mußte geklärt werden! Weitreichende Gespräche waren notwendig, aber ich fand nicht den rechten Partner.

Darum sah ich es als eine Fügung an, daß ich im folgenden Jahr im Riesengebirge einem Manne begegnete, der meine Aufmerksamkeit aufs höchste erregte. Als ich ihn zum ersten Mal erblickte, war er mit dem Soldatenmantel bekleidet, den er im Kriege getragen hatte, obgleich seitdem acht Jahre vergangen waren. Auch bemerkte ich Wickelgamaschen um seine unglaublich langen und dünnen Beine, was nicht der Mode entsprach. Das Stadtleben hatte mich insofern verändert, als es mir nicht mehr standeswidrig erschien, geschnittenes Haar und eine gebügelte Hose zu tragen. Solche Unterschiede mochten der Grund sein, daß wir uns mit interessiertem Mißtrauen musterten. Die Unterhaltung war kurz, und was mir von der Begegnung in Erinnerung blieb, war der Kopf des Mannes, den man nach dem Schnitt der Augen und der Backenknochen für slawisch halten konnte, wenn das Gesicht nicht so schmal und transparent gewesen wäre. Ein Bildhauer lernt das auswendig und vermerkt auch den empfindsam gewölbten Mund.

Ich hörte, Hans Christoph sei Maler und steige im Gebirge umher. Wenige Wochen später traf ich ihn wieder, und es ergab sich, daß er mich einlud, ihn zu besuchen. Er wohne in Seidorf, der Weg führe über Merzdorf, an der Heinrichsburg vorbei; dort hause er bei der Bäuerin Emilie Siebenhaar.

Da ich es eilig hatte, mit ihm ins Gespräch zu kommen, bat ich, ihn auf dem Heimweg begleiten zu dürfen. Ein paar Tage war er irgendwo gewesen, niemand wußte es genau, und nun wanderten wir zusammen durch die hügelige Landschaft nach Seidorf hinüber. In zwei schweigsamen Wegstunden erreichten wir das Haus, gingen die gescheuerte Holztreppe hinauf, Christoph stellte die Zeichenmappe ab, suchte den Schlüssel in vielen Taschen und schloß umständlich auf. Beim Eintreten in den ersten Raum schlug uns der Geruch von harzigen Ölen entgegen, von Terpentin, Firnis und anderen Ingredienzien, die jedem Maleratelier die unverwechselbare Atmosphäre geben. Es war ein großer quadratischer Raum, an dessen weißgekalkte Wände Zeichnungen und farbige Studien geheftet waren. Ein schmaler Pfad führte durch Tische und Schemel mit Töpfen und Pinseln, Rahmen und Leinwänden, Kartons und zerknülltem Papier in einen zweiten Raum, der als Wohnung diente. Er war mit Tisch, Stuhl, Bett und altem Sofa auf das einfachste möbliert, das einzig Bemerkenswerte war ein großes Bücherregal voller zerlesener Bände. Verstreut lagen Zeitschriften umher, unter denen ich Westheims „Kunstblatt“ und den „Querschnitt“ bemerkte. Neben einem Schachspiel stand auf dem Tisch noch ein Tiegel mit Essen, das Christoph stehengelassen hatte, als er vor Tagen wegging. Er zündete ein Feuer im Kachelofen an und stellte den Tiegel in die Röhre, da wir nach der Wanderung hungrig waren. Ich habe sogar davon gegessen, weil es die Situation erforderte.

Dann drehte Christoph mit langen und geschickten Fingern eine Zigarette und begann nach den Malern der „Brücke“ zu fragen, die mich in Dresden beschäftigt hatten. Das Gespräch ging im weiteren um den Dadaismus und die Neue Sachlichkeit, Erscheinungen, die auch ihn erregten, obgleich seine Arbeit davon nicht beeinflußt wurde.

Als es spät in der Nacht geworden war, warf mir der Maler eine alte Militärdecke zu und wies mir das Sofa zur Nachtruhe an.

Nachdem das Licht gelöscht war, liefen meine Gedanken hurtig weiter und sammelten sich in der Vorstellung, daß ich in die Klause eines schlesischen Anachoreten geraten war. Offensichtlich hatte er den Eid der Armut geschworen, denn nichts deutete an ihm oder an seiner Behausung darauf hin, daß er einen anderen Anspruch an das Leben stellte, als denken, meditieren und malen zu dürfen. Später erzählte Christoph mir einmal, wie ihn als blutjunger Landser in Rußland der Hunger so furchtbar gequält habe, daß er sich schwor, künftig niemals zu klagen, solange nur ein Stück Brot im Tischkasten läge. Und damit war es ihm ernst.

Bei diesem und allen künftigen Besuchen in Seidorf erkannte ich in dem verborgenen Dasein dieses Malers eine Lebensform, die mit der überkommenen Vorstellungswelt des Bürgertums nichts gemein hatte. Während die Menschen unserer Zeit zumeist das Bedürfnis nach Geborgenheit und Wohlstand haben, das sich mit der Neigung zu Tradition und Bildung, beruflichem Erfolg und gesellschaftlichem Ansehen verbindet, gibt es einzelne unter uns, deren Ziel ganz anderer Art ist. Hier erlebte ich, daß die Forderungen der Gesellschaft ihr Gewicht verlieren können, ohne daß der Zustand der Anarchie eintritt. Im Gegenteil, durch den Verlust von Tradition und Bindung stellt sich die Frage neu und dringend, wie Ordnung innerhalb der absoluten Freiheit möglich sei. Die innere Gefährdung ist bedrohlicher als der Kampf um das materielle Dasein. Aus den Abgründen des Vereinsamten schwelen zerstörende Mächte. Die Erfahrungen des Krieges sind gegenwärtig und lassen keinen Optimismus aufkommen. Die Fragwürdigkeit der moralischen oder der politischen Manifeste, die in dieser Zeit das Vakuum zu füllen suchen, ist offenbar. Hieraus ergibt sich für den einzelnen die Notwendigkeit, den geistigen Ort zu finden, von dem aus das Wagnis des Lebens und der Kunst seinen Sinn erhält.

Die Gespräche wurden für mich bedeutungsvoll, weil ich sie nicht mit einem Intellektuellen führte, der über solche Themen klug zu reden wußte, sondern mit einem Manne, dessen eindeutige Existenz selbst das Beispiel war. Je tiefer ich in Christophs Welt eindrang, desto deutlicher wurde mir das Paradoxon, daß mein Freund, der um der geistigen Freiheit willen jede Entbehrung auf sich nahm, gleichsam ein Gefangener war – der Gefangene des Eros dieser Landschaft. Sein Leben und seine Arbeit wurden dadurch bestimmt. Das Verlangen, mit Stift und Farbe ein Gleichnis von den Gezeiten der Erde zu geben, oder sich selbst zu erkennen in den Rhythmen und im Lineament der Berge und Bäume, sich einzuweben in das ewige Gesetz der Natur, das alles versprach ihm Stillung des unruhevollen Herzens. Der Ernst und die Trauer, die ihn oft umgaben, rührten aus dem Ungenügen an seinen Möglichkeiten, für das Unsagbare die Chiffre zu finden und zu setzen. Hunderte von Blättern füllten seine Mappen, die das alte, von Wind und Regen gezeichnete Antlitz des Riesengebirges bewahrten. Vor allem waren es die verhangenen Tage, an denen die Berge zart in den Abstufungen und einfach in den Linien wurden, die er mit Kreide auf das Papier schrieb.

Die Jahre gingen über das Land. In meine Studien mischten sich zaghafte Versuche, etwas Eigenes und Unmittelbares durch Formen auszudrücken, um mich selbst zu erkunden. Kehrte ich mit neuen Gedanken in die Heimat zurück, dann traf ich meinen Freund auf den Wegen des Vorlandes zwischen Hochstein und Annakapelle. Der Dialog setzte sich fort.

Ich erinnere mich der Silvesternacht des Jahres 1930. Meine Schwester hatte mich zur Silvesterfeier in ihr Häuschen nach Hain eingeladen, aber ehe ich dahin ging, wollte ich die letzten Stunden des Jahres mit Hans Christoph verbringen. Am Nachmittag stapfte ich durch den Schnee nach Seidorf hinüber, und wir saßen am summenden Ofen, bis die Stunde des Aufbruchs kam. Um das Gespräch nicht abzubrechen, begleitete mich der Maler über die Landstraße mit den vom Wind zerzausten Bäumen. Und da wir nahe an meinem Ziel waren, und der Dialog kein Ende fand, kehrten wir um und gingen unter dem Sternbild des Orion zurück. Der Maler mit der hohen Pelzmütze über dem alterslosen Gesicht und den Händen in den Taschen seines langen Mantels trieb neben mir wie ein schmales Segel vor dem eisigen Winde.

Von dem Gespräch kann ich nur andeutungsweise berichten. Es ging wieder um meine bohrende Frage, welche Bewandtnis es mit der Kunst habe. Darin waren wir uns einig: Unserer Arbeit liegt ein Unerklärbares zugrunde, das sich dem intellektuellen Zugriff entzieht. Der Versuch, die Phänomene durch Denken einzukreisen, endet an ihrer Peripherie. Das Eindringen in den Schöpfungsbereich ist nicht ohne Gefahr. Die Faszination ahnungsvoller Erlebnisse ist unwiderstehlich, und die Bewährung in dieser spannungsgeladenen Zone geschieht durch Handeln. Sind es nicht die geduldig ertragenen Jahre ständiger Bemühung und der Glaube an das Sichtbarmachen, in die bisweilen ein Schein des Charisma fällt? Es ist uns aufgegeben, geöffnet und bereit zu sein, damit ein Körnchen Gnade sich in das Werk unserer Hände senkt.

Als Christoph in das Dunkel der Nacht davongegangen war, und ich die vom Winde blankgefegte Straße nach Hain hinaufschritt, ahnte ich, daß ein Leben zu kurz ist, der Aufgabe zu genügen. Wäre es darum vergeblich?

Es kam das Jahr, in dem Christoph heiratete und nach Warmbrunn übersiedelte. Seine schöne und gütige Frau erhellte die Schatten, die mit der Heraufkunft der Barbarei auf sein Leben fielen. Als ein Sonderling bekannt wurde es ihm nicht schwer, den Umgang mit unerwünschten Leuten zu meiden und seine Monologe fortzuspinnen. Je tiefer sich das deutsche Volk ins Ausweglose verstrickte, um so ungeduldiger sah er dem Ende des prahlerischen Regimes entgegen.

Aber auch er konnte nicht voraussehen, daß mit dem Ende des Zweiten Krieges eine Zeit kommen sollte, in der er über sein geliebtes Land gehen würde wie ein Fremder. Das Unfaßliche geschah, die Sturmflut brach über Schlesien und riß an den tausendjährigen Wurzeln.

Während Christoph mit den Bäumen und den Steinen, mit den Wassern und den Wolken in altvertrauter Weise Zwiesprache hielt, verstand er die Rede des Volkes nicht, das ins Land gekommen war, um es sich anzueignen. Der Gewalt weichend schmolz die Zahl seiner Landsleute bis auf einen winzigen Rest zusammen. Aber konnte er, Christoph, die Heimat verlassen, gab es für ihn überhaupt ein Leben ohne das Gebirge, ohne die Salweiden am Stauweiher und die Birken auf den steinigen Hügeln? Er war ein Teil des Riesengebirges geworden und mußte es bleiben. Wie es ihm vorgezeichnet war, ging er in bitterer Not den Weg bis zum Ende. Als einer der letzten Deutschen im Riesengebirge starb der Maler Hans Christoph im Jahre 1958. Man begrub ihn auf dem Warmbrunner Friedhof neben dem Kuno Beck und dem Vater Schiller in jener schlesischen Erde, in der ungezählte Generationen unserer Vorfahren ruhen, die durch ihre Liebe und ihren Fleiß meine Heimat so menschlich gemacht haben.

Oberglogau
Stahlstich

Ratibor und die Domsmühle von Osten
Lithographie von E. W. Knippel, um 1845

Liegnitz
Stahlstich

Fannigrube bei Laurahütte
Lithographie von E. W. Knipp

Brieg
Stahlstich

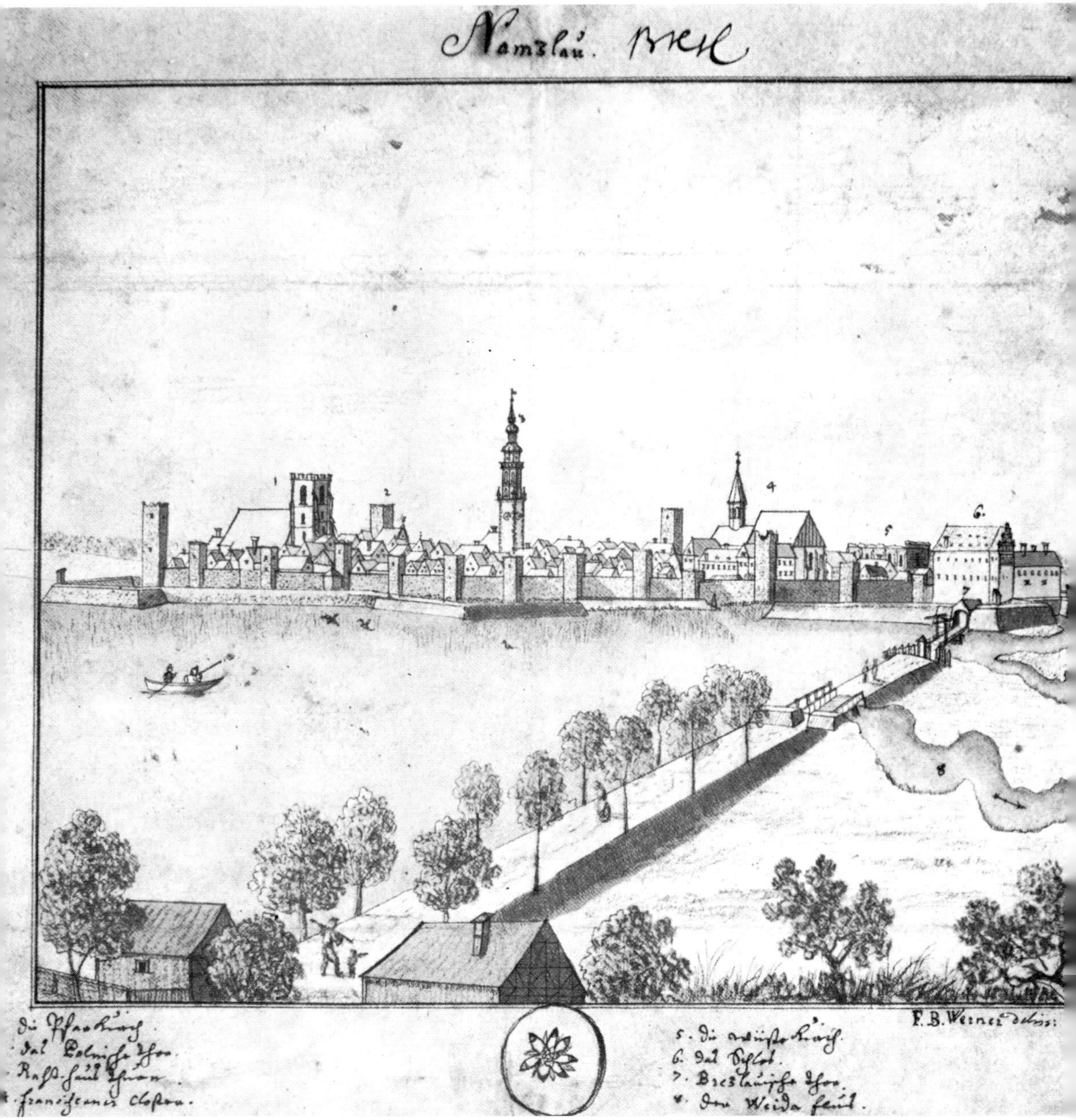

Namslau mit der alten Befestigung
Federzeichnung, um 1730

Edmund Nick

DIE PIONIERJAHRE DES SCHLESISCHEN RUNDFUNKS

An einem trüben Februarmittag des Jahres 1924 verließ ich nach einer Probe das Breslauer Lobe-Theater. Auf den Straßen lag brauner Schneematsch, es regnete. Da sprach mich ein Herr an, der offenbar auf mich gewartet hatte. Ich kannte ihn, er war von der Wetterwarte in Krietern. Er bat mich um eine Unterredung. Mit mir durch die nassen Straßen wandelnd, fragte er mich, ob ich bereit wäre, bei einer Rundfunkanstalt, deren Gründung bevorstehe, die Leitung des Musikprogramms zu übernehmen. Auf meine Frage, was das eigentlich sei: Rundfunk?, versuchte er mir in Kürze einen Begriff von diesem neuen Phänomen der Technik beizubringen. Es gelang mir nicht, eine richtige Vorstellung davon zu gewinnen. Die ganze Angelegenheit erschien mir recht vage. Da ich an den Breslauer Schauspielbühnen als Kapellmeister im Vertrag stand, wich ich aus. Ich sagte, es wäre aussichtslos, jetzt, mitten in der Spielzeit, meinen Vertrag lösen zu wollen.

Ich muß bekennen, daß ich schon immer zu jeglicher Art von Technik, mit Ausnahme der Klavier- und Dirigiertechnik, ein denkbar schlechtes Verhältnis hatte. Ich war ein miserabler Rechner. Arithmetik und Geometrie, Physik und Chemie hatten mich schon im Gymnasium mit Grausen erfüllt und eingeschüchtert. Es mag damals in den Jahren nach dem Ersten Weltkrieg in den Zeitungen eine Menge über das Wunder Radio oder, wie es alsbald deutschnational hieß, über den Rundfunk gestanden haben. Ich hatte nichts davon gelesen, ich wußte nichts von den elektromagnetischen Wellen, deren geheime Kräfte mir unbegreiflich waren und es eigentlich bis zum heutigen Tage geblieben sind. Ebensowenig habe ich später die Artikel der Presse studiert, die sich mit Begriffen wie Radar, Neon, Raketenantrieb, Atomenergie und ähnlichen Errungenschaften befaßten. Leider.

Trotz meiner unzweifelhaften Ignoranz geriet ich vier Monate danach an den Rundfunk. Das kam so. In aller Stille hatte sich die Gründung einer Aktiengesellschaft „Schlesische Funkstunde“ vollzogen. Für den Vorsitz in ihrem Aufsichtsrat hatte man sich mit Professor Dr. Otto Lummer, dem Ordinarius für Physik an der Breslauer Universität, eines gar berühmten Mannes versehen, über dessen wissenschaftliche Leistungen jedes Lexikon Auskunft gibt. Otto Lummer, ein Bäckerssohn aus Gera, gab sich als Sozialist, als Mann des Volkes und Freund eines Sans-façon, das ebensowenig wie seine freie Lebensführung den strengen Ansichten der konservativen Universitätskreise entsprach. Die Fakultät war ihm wohl wenig gewogen. Tatsächlich erhielt er im nächsten Jahr, was hier vorweggenommen sei, kurz vor seinem 65. Geburtstag den blauen Brief des Ministeriums, das ihn in Pension schickte. Er las ihn, griff sich ans Herz, fiel um und war tot. Am 5. Juli 1925.

Als Lummers Stellvertreter gehörte dem Aufsichtsrat der österreichische Generalkonsul Franz Schneiderhan an, ein Wiener, der in Breslau eine Hutfabrik besaß. Er war der Typus des liebenswürdigen, eleganten Altösterreichers mit Schnurrbart und Koteletten, sehr charmant, kunstverständig, mit einem ansprechenden Bariton begabt. Ein Herr! Ich hatte mit ihm manchmal Loewe-Balladen zu korrepetieren. Es macht mir noch immer Spaß, daß er mir das vereinbarte Honorar bis heute schuldig geblieben ist.

Schneiderhan, übrigens ein Onkel des Violinvirtuosen Wolfgang Schneiderhan, spielte eine große Rolle in der Breslauer Gesellschaft, die ihn, nach dem schmackhaftesten Stück des Wiener Rindfleisches, „Kruspelspitz" zubenannte. Er stand dem Breslauer Orchesterverein vor und hatte nunmehr auch auf die Schlesische Funkstunde AG. maßgebenden Einfluß gewonnen. Er war es, der anfangs Juni 1924 zum zweiten Mal und wiederum sehr dringlich die Frage an mich richtete, ob ich nicht doch die Redaktion des Musikprogramms der Schlesischen Funkstunde übernehmen wolle. Ich erlag Schneiderhans liebenswürdiger Beredsamkeit. Im Theater hatte ich nichts mehr zu tun, die Ferien standen vor der Tür. Zudem bot man mir mehr als das Doppelte meiner bei Paul Barnay bezogenen Gage. Ich bat um eine vierzehntägige Probedienstzeit, damit ich mir ein Bild von meinen Aufgaben verschaffen könne. Schneiderhan war das zwar nicht recht, aber er überließ die Entscheidung dem Direktor der Sendegesellschaft, dem ich mich nun vorstellte. Der war gern einverstanden. Nach zwei Wochen sagte ich zu und wurde angestellt.

Direktor Alexander Vogt, selbst einer der Aktionäre, war ein Major a. D., ein hochgewachsener, königstreuer Preuße, der sich verbindlicher Umgangsformen befleißigte und die kistenweise aus Bremen bezogenen Upmann-Zigarren freigebig anbot. Gewiß, die Musen hatten diesen steifen Militär nicht geküßt. Aber er hatte bereits in dem Breslauer Schriftsteller Fritz Ernst Bettauer einen versierten Mann als künstlerischen Berater gefunden, der ihm die Sorgen um das Programm abnahm.

Fritz Ernst Bettauer hatte früher eine kurzweilige „Breslauer Revue" herausgegeben, um darin als „Wratislaw" mit kritischer Schärfe über Breslau und seine Kunsteinrichtungen zu berichten. Das Blättchen war bald wieder eingegangen. Als begeisterter Verehrer Napoleons I. hatte er die Wände seiner Wohnung mit vielen Bildern des Imperators geschmückt. Ich beneidete ihn um sein am Beispiel des großen Korsen gewachsenes Selbstbewußtsein.

Der Rundfunk hatte fürs erste in drei Stockwerken des Oberbergamtes Aufnahme gefunden. Das Gebäude lag an dem schönen Reichspräsidentenplatz im Süden der Stadt, in Breslaus bester Gegend. Von dem auf dem Dach errichteten Mast spannte sich die Sendeantenne zum Turm der Johanneskirche in der Hohenzollernstraße. Im obersten Stock war die Technik untergebracht, darunter amtierte der Direktor, und wieder einen Stock tiefer lagen das Zimmer für die Programmleitung, eine kleine Regiezelle und der Senderaum.

F. E. Bettauer und ich saßen uns an zwei Schreibtischen gegenüber. Wir verfügten abwechselnd über die Arbeitskraft einer Sekretärin und über einen einzigen Telefonapparat. Trotzdem kamen wir gut miteinander aus. Sein mitunter aufbrausendes Wesen genoß ich mehr, als daß es mich gestört hätte.

Zum weiteren Personalbestand gehörte nur noch eine Dame, der die Buchführung und Honorarauszahlung oblagen, und ein Portier. Die Bedienung der technischen Apparatur, das Aufhängen des in einen weißen Marmorwürfel eingebauten Mikrophons und die Aussteuerung der Sendungen besorgten auf Grund des Postregals einige Beamte der Reichspost, die gelegentlich auch freundlicherweise die An- und Absage von Konzerten und Vorträgen übernahmen und zum Schluß des Abends die Platte mit dem Deutschlandlied auflegten. O selige Jugendzeit des Rundfunks!

Unser Studio im Oberbergamt war ein größeres Zimmer, dessen Decke, Wände und Fenster mit roten Filzdrapierungen verhängt waren. Den Fußboden bedeckte ein roter Teppich, der mittels weiß aufgemalter Linien in quadratische Felder eingeteilt war. Sie sollten eine bessere Kontrolle der Entfernung vom Mikrophon ermöglichen. Der Raum war luftlos und so stark gedämpft, daß jeder, der darin zu singen oder zu sprechen hatte, wähnte, seine Stimme verloren zu haben. Ein Orchester hatte darin nicht Platz. Die Pianofabrik Seiler in Liegnitz hatte einen Flügel zur Verfügung gestellt. Aber Klaviermusik hörte sich damals noch an wie das Klappern eines Totengerippes. Am besten klang eine gutsitzende Liederstimme, eine Solovioline, allenfalls ein Streichquartett.

Man hatte drei Wochen vor meinem Dienstantritt, am 26. Mai 1924, mit dem Rundfunkdienst begonnen. Es hieß, daß bei der Eröffnungsfeier dem Oberpräsidenten Zimmer in seiner Rede ein nicht unkomischer Lapsus linguae passiert sei, indem er die ihm noch ungeläufigen Worte Funkstunde und Rundfunk durcheinanderschüttelte, wobei Bildungen wie Stunkfunde oder Rundstunk hörbar geworden waren. Für ein kleines Unterhaltungsorchester war gesorgt: ich fand in der Kapelle Ahl ein Ensemble vor, dessen Stehgeiger mir nicht durch sein Spiel, sondern dadurch unvergeßlich blieb, daß er einmal, mangels eines Sprechers, das Ende seines Konzertes und den darauffolgenden Vortrag angesagt hatte. Der hatte den Titel „Der Geist der Materie". Ahl betonte das Wort Materie auf der letzten Silbe, die er als langes i aussprach. Das war einer der ersten von den zahllosen Verstößen, deren man sich bei der Aussprache von Fremdwörtern an allen deutschen Sendern schuldig machte.

Wegen Unbotmäßigkeit wurden Ahl und seine Mannen bald entlassen. Ich gründete eine eigene Funkkapelle, für die ich die Musiker einzeln verpflichtete. In Kaffeehäusern und Bars hatte ich mir viele Kapellen angehört, denen ich die besten Spieler wegengagierte. Die Leitung übernahm Dr. Alfred Laserstein, ein ausgezeichneter Geiger. Als er 1929 krankheitshalber ausschied, fragte ich bei Franz Marszalek an, der sich als Dirigent in den Operetten des Schauspielhauses bei Dr. Theodor Löwe glänzend bewährt hatte. Er verließ das damals von ihm geleitete Orchester eines großen Kinos in der Schweidnitzer Straße und erzog die Funkkapelle zu einem prächtigen, allen Anforderungen gewachsenen All-round-Orchester. Jeder Musiker spielte mehrere Instrumente – man konnte mit ihnen, wie man sagt, Pferde stehlen.

Da Fritz Ernst Bettauer, der sich „Erster Sprecher" nannte, unmöglich alles ansagen konnte, wenn ihm auch von den Technikern geholfen wurde, und ich meine Musiksendungen selber betreute, mußten wir zwei Ansager dingen. Ich prüfte, ob sie stenographieren können, denn sie mußten die Nachrichten aufnehmen und natürlich ein sympathisches Organ und eine gute Aussprache besitzen. Unsere Wahl bewährte sich: die Herren Böhmer und Witkoski sind beide noch heute im Rundfunk tätig.

Als später die Notenbestände anwuchsen, brauchten wir auch einen Mann für das Notenarchiv. Ich läutete das Arbeitsamt an, es möge einen entsprechenden Aushang veranlassen. Trotz der Arbeitslosigkeit jener Jahre meldete sich anderntags ein einziger Bewerber. Als ich mich darüber wunderte, gestand er: „Ich bin der, mit dem Sie gestern telefoniert haben ..." Er hatte die Stelle gar nicht ausgeschrieben, sondern sich gleich selber darum beworben. Da er mir brauchbar erschien, habe ich seine Cleverness durch die Anstellung honoriert. Auch er dient heute noch dem Rundfunk.

Wir mußten wahrlich klein anfangen, und, solange wir ein Zuschußbetrieb waren (nachher erst recht), mit den Geldern sehr sparsam umgehen. In dem Agrarland Schlesien nahm die Zahl der Rundfunkhörer nur ganz langsam zu. Nach zweijähriger Aufbauarbeit betrug sie erst 85 000. Die Honorare für jede Art von Mitwirkung blieben lange lächerlich klein und waren kein wirkliches Entgelt für die erbrachte Leistung. Die Sänger der Oper weigerten sich darum jahrelang, im Rundfunk aufzutreten. Zum Glück war das Mikrophon auf große Stimmen gar nicht erpicht. Ausgesprochene Brüller ließ es jämmerlich abfallen. Immerhin fand sich eine Gruppe heimischer Sänger und Instrumentisten, die sich auch für das geringe Honorar nicht zu gut waren, dem jungen Unternehmen zu helfen.

Zum Glück wurde noch nicht zu allen Tages- und Nachtzeiten gesendet wie heute, auch nicht so viel gehört, da es sich meist um Detektorempfang mit den lästigen Kopfhörern handelte. Dem Radiohandel zuliebe mußte aber schon bald an den Vormittagen leichte Musik gesendet werden, damit den Käufern von Rundfunkgeräten etwas geboten werden konnte.

In den ersten Jahren war ich so gut wie jeden Abend im Studio, begleitete alle Lieder und Instrumentalsoli und improvisierte meist, wenn ich zum Schluß das Deutschlandlied gespielt hatte, noch einige Variationen darüber. Zu Papier gebracht, ergaben sie einen ganz schönen Zyklus. Große Freude machte mir die Kammermusik mit Klavier. Durch Hinweise auf Entstehungsgeschichte und Inhalt der Werke suchte ich das Interesse der Hörer für ernste Musik zu wecken. Auch das damals noch recht kleine Gebiet der neuen, der „Donaueschinger Musik“, wurde nicht vergessen, ich hatte mich ihm schon vor meiner Rundfunkzeit gewidmet.

Ich studierte auch Singspiele mit kleiner Besetzung ein und übernahm dabei gleich die Regie. An unsere ersten Opernabende denke ich allerdings nur mit schlechtem Gewissen zurück. Da wurde zum Beispiel „Carmen“ angekündigt. Fritz Ernst Bettauer sprach selbstverfaßte Verse, die die Handlung erklärten. An den passenden Stellen wurden dann die von mir am Klavier begleiteten Arien und Duette von Carmen, José, Micaela und Escamillo eingefügt.

Die Hörer nahmen uns diese Schauerlichkeit nicht etwa übel, sondern schrieben sogar zustimmende Briefe. Es gab schreibwütige Hörer, die nicht müde wurden, uns ihre Meinung fortwährend wissen zu lassen. Auch anonyme Briefe und solche mit fingierten Absenderadressen, zum Teil ordinärste Schmähungen enthaltend, waren darunter.

Wie ich es fertigbrachte, diese künstlerische Arbeit samt allen notwendigen Proben mit der Programmkonzeption und den organisatorischen Aufgaben zu vereinen, ist mir heute noch ein Rätsel. Täglich wurden wir mit neuen Problemen konfrontiert, die intuitives Zugreifen erforderten. Eine Schulung gab es für eine Stellung, wie ich sie innehatte, nicht, sie war ein Novum im ganzen Bereich des Musikertums. Damals wurde der Grund gelegt zu dem noch heute geltenden Programmsystem. Es sollte alle Arten und Formen der Musik umfassen, meinte ich.

Aber ehe sich dieses Universum der Musik auftun konnte, bedurfte es noch vieler Arbeit. Die Wiedergabe sinfonischer Musik erheischte einen Saal, in welchem ein Orchester plaziert werden konnte. Da nun das Oberbergamt seine Räume, die uns sehr bald zu klein geworden waren, für sich benötigte, erwarb der Direktor im Gefilde von Hartlieb an der nach Krietern führenden Straße im Süden der Stadt ein Areal für den Bau eines Funkgebäudes. Das war eine weitblickende Tat. Soweit die Baupläne die Funktechnik betrafen, nämlich die Errichtung zweier eleganter Funktürme und eines zwischen ihnen hinter dem Haupthause liegenden Maschinenhauses, waren sie sicher mit den Herren der Oberpostdirektion abgestimmt. Der Entwurf für den Hauptbau hingegen war weder Bettauer noch mir gezeigt worden, sondern zwischen dem Architekten und dem Ehepaar Vogt, für das eine geräumige Dienstwohnung eingeplant war, vereinbart worden.

Als ich das Baugelände hinter dem Südpark zum ersten Male betrat, erkannte ich an den für die Wände des „großen Saales" ausgehobenen Gräben mit Schrecken, daß seine Maße viel zu klein und alle Nebenräume wie Musikergarderobe, Stimmzimmer, Instrumentenraum und selbst Toiletten vergessen worden waren. Ich protestierte heftig. Der Major und sein Architekt waren verdattert. Ich konnte gerade noch einen winzigen Anbau beim rückwärtigen Saalausgang erreichen. Eine größere Erweiterung vereitelte das zuallererst erbaute Maschinenhaus.

Zwischen dem Chef und meinem literarischen Kollegen war es, veranlaßt durch eine von der Gattin des Majors beanspruchte Zensur der Vortragsmanuskripte, mehrfach zu Unstimmigkeiten gekommen. Die sittenstrenge Kommandeuse hatte z. B. bei einem Vortrag über „Lustschlösser und Lustgärten des Adels" überall die Silbe „Lust" gestrichen. Bettauer explodierte. Ich hatte es mit meiner Musik besser, da redete mir niemand hinein. Jede solche Begegnung endigte mit einem Nervenzusammenbruch Bettauers. Wegen seiner auf solche Weise bedingten Dienstunfähigkeit wurde ich im August 1925 aus meinem Urlaub auf den Grenzbauden zurückbeordert, um unsere erste größere Reportage, einen „Baudenabend auf der Schneekoppe" zu übernehmen. Zitherklang, Rundgesang, Gläserklirren und Stimmengewirr, original eingefangen an Goethes Geburtstag auf Ostdeutschlands höchstem Berggipfel, das war ein Ereignis! Den Empfang des von Breslau ausgestrahlten „Baudenzaubers" kontrollierte ich in einem von der Gaststube entfernt liegenden Zimmer des Wirts.

Bald darauf kam es – ich weiß nicht mehr, warum – zwischen Vogt und Bettauer abermals zum Krach. In dem Wortgefecht erklärte Bettauer, unter solchen Bedingungen nicht arbeiten zu können. Expressis verbis legte er mit flammendem Pathos sein Amt nieder und verließ erhobenen Hauptes das Haus. Diese Kurzschlußhandlung war die nie wieder gutzumachende Torheit seines Lebens. Seine intensiven Bemühungen, die von ihm geräumte Stellung mit Dr. Bredows Hilfe zurückzugewinnen, scheiterten am Widerstande des Direktors.

Der Chef bat mich zu sich. „Den bin ich los, den bin ich los!“ triumphierte er und erging sich, seine langen Haxen schwingend, in einem grotesken Freudentanz. Aber sogleich befiel ihn, den amusischen Stabsoffizier a. D., die Sorge, wo er einen literarischen Leiter herbekäme. Geradezu flehentlich bat er mich um Rettung, sonst wäre eine Blamage unvermeidlich.

Ich wußte Rat. Über der Oder, in Scheitnig, der nördlichen Villenvorstadt, saß der Schriftsteller Fritz Walther Bischoff, den ich seit seiner Dramaturgenzeit bei Barnay kannte. Ich schätzte seinen Roman „Ohnegesicht“, seine Gedichte und Essays. Seine Einnahmen mochten gering sein.

Ich warf mich in ein Taxi und fuhr zu ihm. Seine schöne Frau Ruth öffnete. Die Dichterstube war durch schwarze, mit den Tierkreiszeichen gezierte Vorhänge geheimnisvoll verdunkelt. F. W. Bischoff bekundete regstes Interesse. Als ich ihn gegen Abend in meiner Wohnung dem Major vorstellte, machte er, noch keine dreißig Jahre alt, sportlich schlank, elegant und wortgewandt, den von mir erhofften Eindruck. Er wurde sofort angestellt. Der Schriftstellerei entsagend – er nahm sie erst nach 1933 als Friedrich Bischoff wieder auf –, kam er in kurzer Zeit großartig in Fahrt. Er wurde der namhafteste Wegbereiter des Hörspiels und der Hörfolge, wurde einer der führenden Köpfe des deutschen Rundfunks, wurde Intendant der Schlesischen Funkstunde und, nach zwölfjähriger Unterbrechung, Intendant des Südwestfunks in Baden-Baden, wo er noch heute wirkt.

Fritz Ernst Bettauer aber, der Verfasser eines Anekdotenbüchleins „Funkgeflunker“ und Herausgeber der Programmzeitschrift „Schlesische Funkstunde“, zog sich in den Schmollwinkel zurück und schrieb fortan Kritiken über das, was wir taten. Er fand nicht viel Gutes darin.

Mit dem Intendanten Heinz Tietjen vom Breslauer Stadttheater kam nach einer anfänglich recht erregt und lautstark geführten Verhandlung ein Abkommen über die Übertragung von Opernvorstellungen zustande, das zwar das Programm bereicherte, aber unsern Etat belastete.

Noch ehe wir im Mai 1926 sang- und klanglos in das neue Funkhaus einzogen, wurde der Chef seines Amtes enthoben. Lummer lebte nicht mehr. Schneiderhan hatte Breslau verlassen; er war als Generaldirektor der in Not geratenen österreichischen Staatstheater nach Wien berufen worden. Ich habe ihn in seiner schönen Wohnung im Opernhaus mit meiner Frau, die seine jüngste Tochter singen gelehrt hatte, besucht. Als älterer Herr ist er in den Alpen tödlich verunglückt.

Mit Lummer, Schneiderhan, Bettauer und dem Major war sozusagen die erste Garnitur abgetreten. Eine Weile waren wir uns selbst überlassen und alles ging gut. Dann erschien als neuer Direktor Wilhelm Hadert vom Kieler Zwischensender, und nichts ging mehr gut. Sein Geschmack war nicht der unsere. Er verlangte, namentlich auf musikalischem Gebiet, die Wiedergabe von minderem, bisher von mir keusch gemiedenem Unterhaltungsgut. Es kam bald zu Reibereien. Natürlich konspirierten wir gegen ihn, bis uns Staatssekretär Bredow zu einem Abendessen in seine Villa in Berlin-Dahlem einlud, wo wir ihn über die unerträgliche Bevormundung durch den neuen Herrn informierten. Daraufhin wurde dieser abgelöst. Sein Nachfolger Friedrich Wilhelm Odendahl, der sich gut auf Presse und Propaganda verstand, ließ uns freie Hand. Nur entfachte er mit der Gründung einer hauseigenen Funkzeitschrift, die dem Blatt Bettauers Konkurrenz machte, neue Animositäten gegen uns.

Inzwischen hatte sich die Überzeugung durchgesetzt, daß an die Spitze einer Rundfunkanstalt ein Künstler gehöre. F. W. Bischoff, dessen bahnbrechende Hörspielinszenierungen wie „Hallo, hier Welle Erdball!", „Menschheitsdämmerung", „Rhythmus: Amerika" und viele andere größtes Aufsehen erregt hatten, wurde zum Intendanten ernannt. Damit war der richtige Mann an die ihm gebührende Stelle gesetzt worden. Als Verwaltungsdirektor, der nun freilich nicht mehr in die Programmbildung hineinreden durfte, wurde abermals der vordem von uns abgelehnte Direktor Hadert nach Breslau beordert.

Noch vor Beendigung des Neubaues war das Schlesische Landesorchester mit seinen Dirigenten Professor Georg Dohrn und Hermann Behr für Rundfunkkonzerte verpflichtet worden. Ich behielt mir die Leitung der mir zusagenden Programme vor. In diesen erschien der Name Mozart sicher am häufigsten. Aber ich nahm mich auch der abseits der Konzertrepertoires liegenden Werke meiner Lieblinge an, der „Penthesilea" Hugo Wolfs, der „Sinfonietta" und „Serenade" Max Regers, der IV. Symphonie und des „Liedes von der Erde" Gustav Mahlers sowie der Orchesterlieder dieser Komponisten, um nur ganz weniges aus der langen, bei Bach beginnenden Reihe zu nennen, die über die Klassik, Romantik und Moderne zu Schönbergianern wie Hanns Jelinek und Paul Amadeus Pisk führte.

Am 26. März 1927 hatten wir Beethovens hundertsten Todestag durch ein von Max von Schillings geleitetes öffentliches Festkonzert gefeiert. Mit Hans Pfitzner, der zu einem Sendekonzert nach Breslau kam, verlebte ich köstliche Stunden, obwohl mir die Schrullen des wunderlichen Meisters manchmal zu schaffen machten. Pfitzner war sehr empfindsam, wenn sein von Sarkasmen gespickter Redefluß unterbrochen wurde. Bezeichnend für seine Vorliebe für Wortspiele war das Autogramm, mit dem er sich in mein Gästebuch eintrug: „Musizieren Sie stets stolz und frisch, lieber Dr. Nick, – auch ohne ‚isch'!" An einem von Franz Schreker dirigierten Kompositionsabend im Konzerthaus sang Maria Schreker von der Staatsoper Berlin Bruchstücke aus den Opern ihres Gatten; auch kam die in unserm Auftrag komponierte „Kleine Suite" zur Uraufführung. Zu den Gastdirigenten gehörte auch Professor Max Schneider, der das Musikwissenschaftliche Institut an der Universität leitete. Er hat uns manchen schönen Abend beschert!

Einmal hatte ich Paul Hindemith, der als Bratschist des Amar-Quartetts oft bei uns zu Gast war, für den Solopart des Violakonzerts von Darius Milhaud und der „Italienischen Serenade" von Hugo Wolf verpflichtet. Nach einem der Literatur vorbehaltenen Einschub im Programm dirigierte ich auch noch ein paar Johann-Strauß-Walzer. Sogleich nahm Hindemith, der fidele Erzmusikant, am ersten Bratschenpult Platz und geigte mit. Wir haben mit ihm manche lustige Nacht verlebt. Schade um seine handgeschriebenen, humorigen Briefe, die wohl den Polen in die Hände fielen.

Natürlich erschienen auch die Komponisten der heiteren Musik wie Paul Lincke, Eduard Künneke, Leon Jessel oder Edmund Eysler im Funkhause am Dirigentenpult. Ich interviewte Emmerich Kálmán, Rudolf Nelson, Erik Meyer-Helmund und viele Stars der Operette vor dem Mikrophon.

Der Dichtkunst und Musik von schlesischen Autoren und Komponisten galten groß angelegte Zyklen wie „Das ist Schlesien" oder „Schlesien hat das Wort". Kompositionsaufträge gewannen die schlesischen Tonsetzer zur Mitarbeit: Hermann Buchal, Alexander Ecklebe, Fritz Koschinsky, Johannes Rietz, Carl Sczuka, Gerhard Strecke, Ernst August Voelkel und Hans Zielowsky. Es entstanden Hörfolgen nach Worten schlesischer Dichter, eine neue spezifische Funkform der mit Musik verbundenen lyrischen Sprache sowie eine Reihe anderer, in ihrer musikalischen Thematik durch die Folklore Schlesiens bestimmter Werke, die vorwiegend dem Bestand der gehobenen Unterhaltungsmusik zugute kamen. Viele dieser Ouvertüren, Suiten und Tänze beweisen noch heute ihre Wertbeständigkeit.

Wilhelm Grosz hatte auftragsgemäß den schönen Liederzyklus „Afrika singt" komponiert, ich selbst etwas Musik zu F. W. Bischoffs Hörspiel „Song" beigesteuert. Mit seinen völlig neuartigen, nur für den Rundfunk geltenden Methoden der Regie hatte Intendant Bischoff bisher unerhörte Wirkungen erzielt. Wir wurden nach Berlin geholt, wo er „Song" mit dortigen Kräften in Gegenwart von Kurt Weill, Alfred Kerr und der gesamten Berliner Funkkritik noch einmal inszenierte.

Dank der guten Beziehungen Bischoffs zur literarischen Welt und seiner erfolgreichen Bemühungen, den Dichtern die Scheu vor dem Mikrophon zu nehmen, lernte ich im Laufe der Jahre viele Größen der Literatur kennen. Noch ehe Bischoff sein Amt antrat, hatte ich selbst zwei Schriftsteller zu ihrem ersten Auftreten im Rundfunk veranlaßt: Klabund, der schon von tödlichem Husten durchschüttert und von seiner süßen Frau Carola Neher begleitet zur Lesung im Oberbergamt erschienen war, und Roda Roda, den Meister der Schnurre, der öfters wiederkam und uns auch einmal ein kleines Hörspiel schrieb, dessen Songs ich vertonte.

Einer Anregung Bischoffs zufolge hatte der junge Erich Kästner für uns das Manuskript einer „lyrischen Suite" verfaßt, der Bischoff den Titel „Leben in dieser Zeit" gab. Da Kurt Weill, dem der Kompositionsauftrag zugedacht war, uns anderer Vorhaben wegen eine Absage erteilte, fiel die Vertonung mir zu. Die Ursendung fand am 14. Dezember 1929 statt, mit Kaete Nick-Jaenicke, Hans Busch und Herbert Brunar in den Hauptrollen. Das Werk kam nicht lange danach in Leipzig als Bühnenstück, in Wien als Konzertwerk und daraufhin in vielen Theatern und in- und ausländischen Sendern zur Aufführung. Er hat sich bis heute bewährt.

Auch zwei von Anton Schnack gedichtete Hörfolgen, „Mittsommernacht" und „Mädchenballade", wurden von mir vertont. Für den Silvesterabend des Jahres 1932 verfaßte F. W. Bischoff sein „Nachdenkliches Quodlibet". Ich sehe ihn noch heute in meiner Wohnung in der Kaiser-Wilhelm-Straße Blatt um Blatt vollschreiben, glühend vor Eifer, seine Einfälle rasch zu Papier zu bringen, ehe sie von anderen verdrängt würden, fertige Seiten vom Tische fegend mit den Versen zum „Lied der Freundschaft", zur „Moritat von der Zeit", die ich gleich im Nebenzimmer am Flügel zu komponieren begann! Diese letzte gemeinsame Arbeit war unser Abgesang. Der Aufgalopp der apokalyptischen Reiter des braunen Braunauers dröhnte bereits seit längerer Zeit vernehmlich an unser Ohr.

In der Zeiten Flucht sind mir viele Namen großer Künstler entfallen, mit denen ich musizierte. Aber ich weiß noch, daß von den Violinvirtuosen der Spanier Juan Manén, der Ungar Géza von Kresz, der Russe Tossy Spiwakowsky, der Pole Stefan Frenkel, der Amerikaner Florizel von Reuter von mir begleitet wurden. Nur von Henri Marteau, dem herrlichen Geiger, mit dem ich alle einschlägigen Beethoven- und Schumann-Werke gespielt habe, blieb mir, durch merkwürdige Umstände vor dem Zugriff der Tschechen gerettet, ein besonders liebes Andenken erhalten: die handschriftliche Partitur eines mir zugeeigneten Orchesterwerkes.

Wir waren natürlich bestrebt, auch in unseren Unterhaltungssendungen Stil und Niveau zu wahren. An einem Offenbach-Abend assistierte ich Karl Kraus, dem genialen Pamphletisten der „Fackel", ein anderes Mal Otto Reutter, dem Liebling des Varietés, wenn er die berühmte Geschichte vom verschwundenen Überzieher zum besten gab oder die Sentenz verkündete: „In fünfzig Jahren ist alles vorbei." So schwer wie er trotz sehr hohen Honorars zu gewinnen war, war es auch, ihn zu begleiten, der vielen, seinen Pointen geltenden Luftpausen wegen, die genauestens innezuhalten waren, wenn die Wirkung nicht dezimiert werden sollte. Der goldherzigen Claire Waldoff blieb ich bis zu ihrem Tode in Freundschaft verbunden, seit sie zum ersten Mal ihre kessen und sentimentalen Couplets in unser Mikrophon geschmettert hatte. Robert Koppel sang seine von ihm in Wolzogens „Überbrettl" kreierten Lieder wie „Die Musik kommt", Robert Kothe und Hannes Ruch erinnerten an die Zeit der „Elf Scharfrichter", Maria Ney ans „Kabarett der Komiker" und Werner Finck an die „Katakombe". Auch Hans Reimann, voll der Malicen wie sein „Stachelschwein", und der menschlich wärmste aller witzigen Köpfe, Fritz Grünbaum, konferierten bei uns.

Seit im Sommer 1932, zur Zeit der Regierung Papen, ein gewisser Erich Scholz zum politischen Rundfunkkommissar ernannt worden war, wußten wir, daß unsere Tage beim Rundfunk gezählt sein würden. Damals geschah es, daß Freund Bischoff eines Tages ein Aktenkonvolut auf meinen Schreibtisch legte: „Schau Dir an, was die Nazis über Dich geschrieben haben!" Es war ein vom Cellisten unserer Funkkapelle über mich verfaßtes Pamphlet, das uns der Breslauer NS-Funkwart mit einem von vielen blutroten, riesigen Hakenkreuzstempeln gezierten Begleitschreiben, dessen Ton auf seine Umgangsformen schließen ließ, übersandt hatte. Ich verlangte die sofortige Entlassung des Musikers. Sie war denn auch die richtige Antwort auf diese Unverschämtheit.

Ich will auf die seitens der Nazi-Partei aufgezogene Hetze gegen den Rundfunk, die sich mit den Gehältern des Intendanten, mit dem Mangel an „Heroismus" in den Programmen, mit der Pflege der Neuen Musik oder der Beschäftigung jüdischer Künstler befaßte, nicht weiter eingehen. Dahinter steckten Machthunger und Brotneid. Immer dringender wurde das Engagement von Sängern und Schauspielern gefordert, die den bisher tätigen Künstlern nicht das Wasser reichen konnten und sich nur durch ihr Parteiabzeichen empfahlen. Anonyme Drohbriefe gehörten zum täglichen Posteingang.

Am Sonnabend vor ‚Reminiscere', während ein von Rudolf G. Binding, der selbst zugegen war, verfaßtes Sendespiel zu Ehren der Gefallenen des Weltkrieges geprobt wurde, besetzte eine Horde von SA-Leuten den Sender. Nach Blitzgesprächen mit Berlin wurden sie zurückgepfiffen. Aber angesichts der Drohungen, daß die Sendung am nächsten Abend mit Gewalt verhindert würde, wenn nicht die unserem besten Sprecher Robert Marlitz zugewiesene Rolle einem anderen Schauspieler übergeben würde, mußte nachgegeben werden. Marlitz gehörte dem biblischen Volke an. Binding selbst fuhr am Nachmittag zu ihm und schilderte ihm unsere Zwangslage. Marlitz nahm sich das Leben.

Am 15. März 1933 war Staatssekretär Dr. Bredow, der Vater des deutschen Rundfunks, seines Postens enthoben worden. Am 1. April wurde Intendant Bischoff beurlaubt. Von Berlin wurde ein kommissarischer Intendant für Breslau benannt. Er beurlaubte auch mich, am 10. April. Ich war nicht überrascht, hatte alles geordnet und verließ nach einer Viertelstunde das Funkhaus. Ich habe es nie wiedergesehen.

Die Musiker der Funkkapelle sandten mir tags darauf, obgleich sicher die meisten von ihnen, wenn nicht alle, bereits der Partei angehörten, eine Art Ehrenerklärung, in der sie mir ihren Dank für mein Wirken und ihr Bedauern über mein Scheiden ausdrückten. Der Brief war von allen unterschrieben. Er fiel später bei einer Hausdurchsuchung der Polizei in die Hände, was mir ein gewisses Vergnügen bereitete.

In mein Dienstzimmer hielt ein Sänger geringerer Qualität, ein früherer Eisenbahnschlosser, Einzug als Leiter der neugeschaffenen Abteilung „Oper, Operette, Vokalmusik". Ich kannte ihn, er hatte sich oft um Engagements beworben. Er schrieb Musik mit ck und sagte Metschosopran. Der neue Intendant, dem Baufach angehörend, sandte uns die infamsten Schmähartikel nach. Mit der Schlesischen Funkstunde war es vorbei. Sie wurde zum gleichgeschalteten Reichssender der Nazis degradiert. Ich fuhr gleich nach Berlin und blieb zehn Jahre dort. Das sollte mein Glück sein!

Breslau sah ich erst im Februar 1944 wieder, als ich einen Liederabend von Hildegard Bilke begleitete. Sie hatte sich, schon zu meiner Zeit dem Kammerchor des Rundfunks angehörend, zu einer herrlichen Sängerin entwickelt. Es machte mir Spaß, daß die Kritiker, die mich aus den vierzehn Jahren meiner Breslauer Tätigkeit sehr gut kannten, nun über mich so schrieben, als ob ein ganz fremder Pianist begleitet hätte, dessen Namen sie zum ersten Male hörten.

Ein letztes Mal betrat ich die Stadt, von Mähren kommend, wo wir als ausgebombte Berliner Zuflucht gefunden hatten, im Juli 1944, um im Hotel Monopol einem Intendanten, der von Berlin gekommen war, meine neue Operette vorzuspielen. Wir mußten den Raum, wo der Flügel stand, vorzeitig verlassen, denn eine festliche Tafel wurde dort gedeckt. Das Hotel wimmelte von hohen Offizieren mit Ritterkreuzen, Monokeln und blanken Reitstiefeln. Im nachhinein möchte ich annehmen, daß dieses Treffen dem 20. Juli galt. Denn der Hotelier Schuster und seine Frau sollen hingerichtet worden sein.

Breslau, eine damals äußerlich noch ganz unversehrte Stadt, gibt es so, wie ich sie kannte, nur noch in den Träumen der Nächte all derer, die sie so liebten wie ich.

C. F. W. Behl

IM UMGANG MIT GERHART HAUPTMANN

Geburt und Tätigkeit, Ursprung und Wahlverwandtschaft haben bewirkt, daß man mich im Laufe meines an Szenenwechseln reichen Lebens nicht nur zu den Berlinern, sondern auch bald zu den Franken, bald zu den Schlesiern und jüngst gar zu den Münchnern gezählt hat. Und jedesmal, wie mich dünkt, nicht zu Unrecht. Für den mit echtem Spreewasser getauften, aus einer im fränkischen Nürnberg heimischen Familie stammenden Berliner, der den größten Teil seines Lebens in seiner Geburtsstadt zugebracht hat, ist es nicht allzu schwer gewesen, im Geistigen zum „Wahlschlesier" zu werden. Hieß es doch halb scherzhaft in der allmählich zur Weltstadt reifenden einstigen Reichshauptstadt, jeder zweite Berliner stamme aus Schlesien. Kamen doch Dichter, Kritiker, Theaterleute, vor allem auch Schauspieler, von denen viele in Breslau ihre Bühnen-Feuerprobe bestanden hatten, aus Schlesien nach Berlin! Nun, ich bin in gewissem Betracht, wie mir scheint, den umgekehrten Weg gegangen.

Es ist vielleicht kein Zufall gewesen, daß schon des Knaben liebster Schulfreund der Sohn eines Schlesiers war, der seine Ferien im magischen Bezirk Rübezahls zu verleben pflegte, und dessen Erzählungen mir den großen Zauber des Riesengebirges nahebrachten, das mir später kraft persönlicher und geistiger Bindungen zur zweiten Heimat werden sollte. Selbst habe ich es erst als Dreiundzwanzigjähriger durchwandert und Breslau gar noch ein Jahr später – anläßlich der Uraufführung von Gerhart Hauptmanns Jahrhundertfestspiel 1913 – zum ersten Mal betreten. Aber schon dem Schüler war in frühester Jugend die Atmosphäre dieser Stadt vertraut geworden, als er Gustav Freytags Roman „Soll und Haben" mit atemloser Spannung las, der mir heute freilich durch seine Schwarzweißzeichnung ferne gerückt ist.

Drei Namen stehen wegweisend am Beginn meiner als Wahlverwandtschaft sich erweisenden Beziehung zu Schlesien: eine Schauspielerin, ein Kritiker und ein Dichter, der größte seiner Epoche in der Geschichte der deutschen Literatur.

Agnes Sorma, die Breslauerin, damals um die Jahrhundertwende das anmutigste, liebreizendste Zauberwesen der Berliner Bühnen, erst bei Brahm, dann bei Reinhardt, ist in dessen unvergeßlicher Inszenierung der „Minna von Barnhelm“ mit Wintersteins Tellheim, der jungen Lucie Höflich als Franziska und dem Star der Metropoltheaterrevuen, Joseph Giampietro, als Riccaut de la Marlinière, im Neuen Theater am Schiffbauerdamm als holdseligste Verkörperung der Lessingschen Minna mir für immer ins Gedächtnis geprägt worden. Zwei Jahre danach, 1906, war sie im Deutschen Theater Hofmannsthals Iokaste in „Ödipus und die Sphinx“, und wie sie da bei der ersten Begegnung mit dem unerkannten Sohn, dem Retter Ödipus, der Theben von der Sphinx befreien wird, unwillkürlich, aus der Ahnung ihres Blutes heraus, den Namen „Laios“ hauchte, das war höchste Gipfelung einer Seelenschauspielkunst: ein leiser Klang, von Schicksalswissen umschattet. Wie zu gleicher Zeit bei Otto Brahm der Schlesier Rudolf Rittner, Gerhart Hauptmanns „Florian Geyer“ zum Siege führend, von lauterer Männlichkeit umstrahlt war, so hat die Schlesierin Sorma Weiblichkeit in ihrer tiefsten, noch aus dem Unterbewußtsein aufleuchtenden Wesenheit verkörpert. Die Fülle schlesischen Menschentums war so dem Berliner Theater in seiner größten Zeit – vor dem Ersten Weltkrieg – beschert gewesen.

Agnes Sormas Troubadour, Alfred Kerr aus Breslau, Berlins selbstherrlichster, ebenso bewunderter wie gefürchteter Meister der impressionistischen Theaterkritik, schrieb damals, mit dem spekulativ-versponnenen Julius Hart abwechselnd, die Kritiken in Scherls „Rotem Tag“, der täglich erscheinenden, höheren Ansprüchen dienenden Sonderausgabe zum lokalanzeigerischen „Schwarzen Tag“. Kerrs eigenwilliger Stil, seine blitzenden, zuweilen witzelnden, immer aber faszinierenden Formulierungen hatten mich, den theaterbesessenen Untersekundaner, bald in Bann geschlagen, und ich konnte die Zeitung kaum erwarten, öffnete sie in fieberhafter Spannung und war erst beruhigt, wenn ich beim Anblick der lockeren, mit römischen Zahlen bezifferten Kapitelchen wußte, daß diesmal nicht Hart, sondern Kerr geschrieben hatte. Und hier nun begegnete mir der Kairós, der für mein Leben in einer Richtung bestimmend werden sollte. Es war 1904. Kerr berichtete in hymnischen Worten von einer Neuinszenierung des „Florian Geyer“. Der Name Gerhart Hauptmann, bislang nur undeutlich wahrgenommen, leuchtete vor mir auf. Ich las Stück um Stück, besorgte mir Schlenthers Biographie aus der Volksbibliothek und hielt bereits im Dezember des gleichen Jahres in dem „Literarischen Schülerverein“ meines „Askanischen Gymnasiums“ einen ebenso begeisterten wie unreifen Vortrag, den ersten von nun bald hundert Vorträgen zwischen Krakau und Berkeley (Kalifornien), die ich dem Dichter und seinem Lebenswerk gewidmet habe.

Damals war es begreiflicherweise „Die Versunkene Glocke“, die es mir am meisten angetan hatte, und diese Dichtung mit ihrem echten Märchenzauber hat mich denn auch in die geheimnisvolle Magie der Riesengebirgslandschaft, noch ehe ich sie kennenlernte, eingeweiht. Zu ihr, die einst ein Bühnen-„Bestseller" gewesen ist, nun aber bei den Theatern durch andere Dramen Hauptmanns verdrängt wurde, habe ich darum eine heimliche Liebe bewahrt. Habe ich sie doch 1911 – als Referendar in dem kleinen Priegnitz-Städtchen Perleberg – selbst einmal als Freilichtaufführung im märkischen Walde inszeniert, nicht ohne persönlich den Meister Heinrich zu spielen.

Es läßt sich heute kaum noch vorstellen, mit welch fieberhafter Spannung vor dem Ersten Weltkrieg jede Hauptmann-Uraufführung wochenlang erwartet wurde. Kleine, sozusagen appetitanreizende Zeitungsnotizen, Interviews und meist ein Gespräch des Dichters mit Alfred Holzbock vom „Lokalanzeiger", dem um seines primitiven Stils willen viel belächelten Lieblingsschriftsteller der Kaiserin, sorgten dafür, daß das Interesse der Öffentlichkeit wach blieb. Wir vom „Literarischen Verein" kamen überhaupt nicht mehr zur Ruhe, und am Abend der Uraufführung umkreisten die, denen es nicht gelungen war, einen Platz im höchsten Olymp des Lessingtheaters zu ergattern, rastlos das Gebäude, um in der Pause und nach Schluß der Vorstellung von den glücklicheren Kameraden Bericht aus erster Hand zu erhalten. Der nächste Vereinsabend brachte dann – oft heftige – Debatten, und ich entsinne mich, wie ich nach der „Pippa"-Premiere 1906 gegen manches Unverständnis das „Glashüttenmärchen" als einen großartigen Vorstoß in neue Bereiche des dramatischen Ausdrucks pries. Sobald man das Buch erhalten konnte, wurde der neueste „Hauptmann" mit verteilten Rollen gelesen. Der große Schlesier, der – ohne je die Wurzeln seiner Schöpferkraft aus der Heimaterde zu lösen – zum Weltdichter geworden war, beherrschte das Berliner Theaterleben vor dem Ersten Weltkrieg fast noch unbeschränkter als in den sogenannten „Goldenen zwanziger Jahren", in denen er der anerkannte Repräsentant der deutschen Dichtung vor der Welt geworden war.

So wurde denn durch die allmählich sich immer mehr vertiefende Beschäftigung mit dem Werke Hauptmanns die Voraussetzung geschaffen für meine Teilnahme am schlesischen Leben, die wesentliche Abschnitte meines eigenen Lebens bestimmen sollte.

Den Dichter hatte ich als Student 1909 in der Berliner Singakademie federnden Schrittes vom Künstlerzimmer – neben dem die Gunst des Zufalls mir einen Platz beschert hatte –, mich beinahe streifend, zum Podium eilen sehen, auf dem er mit plastischen Gebärden und klarer, heller Stimme, in seine Visionen verloren, seine Gestalten beschwor, und das Land empfing mich fast festlich auf tagelanger pfingstlicher Wanderung durch das Riesengebirge 1912. Da erlebte ich zum ersten Mal die einzigartige Magie dieser Bergwelt um den granitenen Wall des Kamms, das bunte Treiben in den

Bauden, die besinnliche Einsamkeit verschwiegener Waldgründe, die mächtige wilde Felsmuschel der Großen Schneegrube mit der noch schneegefleckten steinichten Geröllhalde, das dramatische Spiel der in immer neuen Wandlungen sich dahinwälzenden Wolkenzüge, und alles belebte sich mit den Hauptmannschen Menschen, deren Tonfall und Eigenart mir schon tief vertraut waren. Es war wie die Wiederkehr in etwas längst Besessenes, und ich wußte nun, daß der Dichter des „Emanuel Quint", der „Rose Bernd", der Schöpfer einer Wittichen, eines Henschel-Wilhelm, eines Jau und der schlesischen Menschheit in seinen Werken, die er der Welt geschenkt, mich unlösbar mit Schlesien verbunden hatte. Ihm persönlich zu begegnen, wurde heiß ersehntes Ziel des Dreiundzwanzigjährigen.

Am Ende der Wanderung von der Peterbaude nach Agnetendorf absteigend, sah ich zum ersten Mal den Turm des „Wiesensteins", den die Fichten, Tannen, Buchen und Birken des Parks noch nicht zur späteren stattlichen Höhe umwachsen hatten, mit der roten Haube herüberwinken: ein Gruß der Zukunft, die noch im Dunkel lag. Im gleichen Jahre hat mich dann der erste Gruß des Dichters erreicht, ein Widmungsexemplar von „Gabriel Schillings Flucht" als Antwort auf meine Besprechung der Lauchstedter Uraufführung. Und ein Jahr später, nach der Uraufführung des bald wild umstrittenen „Festspiels" in der imposanten Jahrhunderthalle, der genialen Schöpfung des Breslauer Stadtbaurats Max Berg, konnte ich Gerhart Hauptmanns Hand drücken. Felix Hollaender, ein gemeinsamer Freund, auch er ein Schlesier, aus Leobschütz stammend, der als Dramaturg und literarischer Berater Max Reinhardts im Berliner Kunstleben eine bedeutende Rolle spielte, hatte mich ihm vorgestellt. Unser erstes kurzes Gespräch berührte die Aufführung des „Hirtenliedes", die ich im November 1912 zu Hauptmanns 50. Geburtstag mit ehemaligen Schülern in der Aula des „Askanischen Gymnasiums" zu Berlin veranstaltet hatte. Noch drei Jahre sollten vergehen, bis ich zum ersten Mal in der Halle des Wiesensteins zu Agnetendorf stand, die damals hell getüncht war, – die Avenariusfresken sind erst sechs Jahre später entstanden –, und in welcher der Wagenlenker von Delphi, Symbol des „Griechischen Frühlings" von 1907, am Fuße der zur Galerie emporführenden breiten Treppe Wache stand. Das im Burgenstil der Jahrhundertwende errichtete Gehäuse seines Geistes, das Hauptmann gerne die „mystische Schutzhülle meiner Seele" nannte, erschien mir wie der Herrensitz eines schlesischen Landedelmannes. Es hatte, zwischen den Wiesensteinen auf der Höhe über dem Dorf aufragend, zugleich etwas festungsartig Umhegendes, die schöpferischen Stunden Abwehrend-Schützendes und hinwiederum Gastlich-Festliches. Wir hatten eine etwa halbstündige Unterhaltung in dem großen Saal, dem bei aller Repräsentanz die leise Dämpfung des Lichts durch die bunten Glasfenster den Eindruck der Weitläufigkeit nahm, ja ihn geradezu wohnlich machte. Kraft der lebendigen Wärme, mit der Hauptmann mir entgegenkam, entspann sich ein ungezwungen-lockeres Zwiegespräch. Durch die ernste, bedachtsame, zuweilen nach dem rechten Wort suchende Redeweise des Dichters hindurch verspürte ich jenen Hauch von „schlesischer Gemittlichkeit“, der später so manche dionysische Vigilie in dem intimen Speiseraum, der „Arche“, durchwaltet hat, ohne freilich die Gefahr eines plötzlichen Blitzstrahls zu bannen, wenn irgendeine, manchmal durchaus harmlose Bemerkung eines Gastes der Tafelrunde dem in seine Phantasiewelt versponnenen „Olympier“ die Stimmung gestört hatte.

Ernst ist der Grundton unserer Unterhaltung an jenem strahlendheiteren Julinachmittag des Jahres 1916 in der Tat gewesen; denn schon seit zwei Jahren tobte der Erste Weltkrieg, hatte Menschen dahingerafft, die Hauptmann teuer waren, und es war noch kein Absehen. Auch über dem schlesischen Lande lastete der Alpdruck. Hauptmann hatte seine düsterste Tragödie, das Inquisitionsdrama „Magnus Garbe“, und die „Winterballade“ vollendet, die ursprünglich den Titel „Blut“ erhalten sollte. Er arbeitete gerade wieder einmal am „Veland“ und erst im Spätsommer auf Hiddensee begann er, wie um sich aus dem Banne der Gegenwart zu lösen, den utopischphantastischen Roman von der „Insel der Großen Mutter“ zu schreiben.

Mich hatte die Kriegszeit noch inniger mit Schlesien verbunden. Im Oktober 1915 hatte unser Lazarettzug vom Roten Kreuz, auf dem ich als Sanitäter tätig war, vierzehn Tage auf Abruf in Schmiedefeld bei Breslau gelegen, wo wir fix und fertig vorbereitete Schützengräben antrafen, indes in Breslau das Leben und die Spielpläne der Theater noch durchaus friedensmäßig anmuteten. Täglich genoß man beides, wie auf einer Oase zwischen zwei Verwundetentransporten aus Galizien, und ich entsinne mich noch gut einer Erstaufführung der „Mona Lisa“ von Max von Schillings im Breslauer Stadttheater mit der ausgezeichneten Sängerin Elise von Catopol in der Hauptrolle, die wohl schon bald danach den traditionellen Sprung von Breslau nach Berlin und zur Prominenz tat.

Ein Jahr später – ich hatte eben in einem Sanatorium in Ober-Schreiberhau einen Herzschaden auskuriert und dann in der Villa „Polarstern“ am Oberweg – da, wo es zum Hochstein geht –, die sogenannten Flitterwochen verlebt – brachte mich das Angebot eines im Felde stehenden Rechtsanwalts und Notars als seinen Vertreter nach Sprottau. In diesem traulichen Städtchen, dem Geburtsort Heinrich Laubes, habe ich zehn Monate zugebracht, das Leben einer schlesischen Kleinstadt, durch die Dürftigkeit des Kohlrübenwinters 1916/17 freilich einigermaßen verschattet, mitgelebt, die intimen Reize der Boberlandschaft genossen und versucht, den Menschen „aufs

Maul zu schauen", wobei mir allerdings einmal ein Mißgeschick zustieß: eine Bauersfrau aus Sprottaus Umgebung erschien bei mir, um sich Rat zu holen, und ließ eine lange Suada auf mich los, von der ich kaum eine Silbe verstand. So mußte ich, der ich doch, mit Hauptmanns Werken vertraut, mich des Schlesischen kundig wähnte, den Bürovorsteher als Dolmetscher bemühen.

Die Sprottauer Zeit beschloß wieder eine Pfingstwanderung durch das Riesengebirge, und hier habe ich zum letzten Mal Carl Hauptmann gesehen, nur von weitem allerdings wie auch bei zwei früheren Gelegenheiten; denn es war ja nicht rätlich und bei dem explosiven Temperament des älteren geradezu riskant, mit beiden Brüdern zugleich in persönlicher Beziehung zu stehen. Aber die Erscheinung des vergrübelten, schwer und oftmals mühsam um die Gestaltung seiner von Visionen bedrängten Phantasie ringenden Dichters ist mir unvergeßlich geblieben. Damals – es war vier Jahre vor seinem allzu frühen Tode – stand er auf dem Bahnsteig in Hirschberg inmitten des Gewimmels, eine ungewöhnlich und doch wiederum vertraut anmutende Gestalt, gleichsam als sei der ziegenbärtige Gott Pan von den Riesenbergen herniedergestiegen, um in menschlicher Verwandlung die weite Welt zu studieren. Bei seinem Anblick tauchte in mir deutlich die Erinnerung an einen Abend im Berliner Rathaus auf, nicht lange vor Kriegsausbruch. Carl Hauptmann las aus seinen Werken. Er war damals – und es hatte dem im Schatten des großen Bruders leicht Verbitterten einen starken Auftrieb gegeben – vom Expressionismus als Vorläufer entdeckt worden, und seine Dichtungen erschienen wie die von Hasenclever, Kafka, Kokoschka und dem in Hirschberg geborenen Georg Heym bei Kurt Wolff. Gerhart hat seinen Bruder einmal einen „einsamen Kämpfer" genannt, und als ich ihn lesen hörte und sah, bestätigte sich mir dieses Wort: da wurde ein nimmermüder Kampf sichtbar, ein Besessensein von Gesichten, anringend gegen die hemmende Macht des Gedanklichen, wahrhaft erschütternd. Carl Hauptmann schien vor seinen Hörern alles neu zu schaffen. Unter Qualen lösten sich die Visionen, der tiefsten Sehnsucht seines Geistes folgend, die er „Gestaltwerden" nannte und der er nicht ohne Tragik nachjagte. Sein scharfgeschnittenes, einem Holzschnitt ähnelndes Gesicht unter dem struppigen Haupthaar war unaufhörlich überblitzt von Erkenntnissen, Erleuchtungen, Bildern. Dann brach der Krieg aus, und Carl Hauptmann, der in seinem Tedeum „Krieg" und in der Legende vom „Abtrünnigen Zaren" prophetisch geahnt und zu gestalten versucht hatte, was über der Menschheit sich zusammenbraute, sprach am 15. Januar 1915 in der Berliner Universität zur studentischen Jugend: begeistert, entflammt, noch siegessicher wie damals die meisten. Und doch vergaß sein leidenschaftlicher Enthusiasmus, der dem neuen Erlebnis „Krieg" als der „Uralten Sphinx“ unerschrocken ins Auge schaute, darüber nicht die Mahnung, die Deutschen dürften niemals müde oder mutlos werden, „immer wieder auch über alle Vaterlandsgrenzen hinaus die letzten Ziele der Menschheit hell in den großen Völkerzwist hineinzurufen, damit doch einmal die schöne Erde das Vaterland des echten Menschentums werde“. Drei Begegnungen, unauslöschliche Erinnerung an einen von schlesischer Mystik und schlesischem Hellblick, vom Ringen ums Höchste erfüllten Mann und Dichter, der – ohne die Weltgeltung des mit der formenden Bildnerkraft begnadeten Bruders – dem Heimatboden und dem Geiste Schlesiens wohl noch um einiges tiefer verhaftet geblieben war.

Der Aufbruch der Expressionisten hatte mir fast zur gleichen Zeit – es war wohl Ende 1913 oder gar schon zu Anfang 1914 – einen anderen schlesischen Dichter nahegebracht. Auf einer der vielen Veranstaltungen junger Kunst war Max Herrmann auf dem Podium erschienen, ein körperlich benachteiligter, geistig in seiner schlichten, fast biederen Menschlichkeit heimliche Schönheit ausstrahlender Mann. Er lebte noch in seiner Heimatstadt Neiße, an der er mit Haßliebe hing und unter der er litt, solange sie ihn noch beherbergte. Damals machte er seinem Herzen Luft in einem bitteren Haßgedicht gegen Neiße und die ihn peinigende Spießbürgerschaft. Mit vehementem Ausdruck sprach er die Verse, die er später an den Schluß seines Romans „Cajetan Schaltermann“ gesetzt hat und die mit der explosiv herausgeschleuderten Zeile schließen: „Die Stadt schwillt wie ein Stinkpilz auf und platzt.“ Ich bin seit den zwanziger Jahren Max Herrmann freundschaftlich verbunden gewesen. Er war mit seiner schönen Frau Leni, deren Minnesänger der Lyriker Herrmann in Glück und Schmerz, tiefster Qual und höchstem Aufschwung gewesen ist, in Berlin heimisch geworden. Er liebte die pointierende Kleinkunst der Kabarette, den Zirkus, die Vorstadtschmieren und er schrieb für meine Zeitschrift „Der Kritiker“ grundgescheite Berichte darüber. Im Umgang war er vielleicht der allerschlesischste Mensch, mit dem ich je zusammen gewesen bin. Und die Heimattreue – der aus der Enge in den bunten Tumult der Weltstadt Geflüchtete hatte längst seinem Namen den seiner Vaterstadt Neiße angehängt – hat Max Herrmann in der Londoner Emigration, als der Ausbruch des „Dritten Reiches“ ihn aus Deutschland vertrieben hatte, auf eine schlechthin ergreifende Weise bewährt. Seine Verse, die schönsten der Emigrantenliteratur, sind dessen Zeugnis. Der in der Fremde doppelt einsame, zerbrechliche Mann pflegte oft die Riesenstadt London zu durchqueren, um irgendwo am anderen Ende mit einem Schlesier in heimatlichen Lauten plaudern zu können. Und als in einer Bombennacht 1941 sein Herz zu schlagen aufhörte, da ist es wohl das brennende Heimweh gewesen, dem es erlag. Mit tiefer Wehmut mußte ich, als ich nach dem Kriege sein schönes Gedicht „Ewige Heimat" las – „Was man liebt, kann nie vergehen: / heimatlich vertraute Töne / überall uns treu umwehen ..." – an jene Mittagsstunde im September 1932 im Hotel Monopol zu Breslau denken, als Max Herrmann und ich Pläne schmiedeten, wie wir am 23. Mai 1936 seinen 50. Geburtstag in Neiße begehen würden. Es war nur wenige Monate vor Hitler! Wir hatten damals gerade an den Breslauer Feiern für den siebzigjährigen Gerhart Hauptmann teilgenommen.

Zweimal hat Breslau den größten lebenden Sohn der schlesischen Erde gefeiert, und diese festlich beschwingten Tage darf ich zu meinen kostbarsten Erinnerungen zählen. Beim dritten Mal, als 1942 auf das Rednerpult im Remter des altehrwürdigen Rathauses eine Hitlerbüste herabschaute, hatte ich meine Teilnahme gerne abgesagt. Zehn Tage dauerte Breslaus sommerliche Huldigung für den sechzigjährigen Gerhart Hauptmann, die ihm hier die „Genossenschaft deutscher Bühnenangehörigen" bereitet hatte – als Dank für die Stücke und Rollen, die der Dichter in unerhörter Fülle und Vielfalt dem deutschen Theater geschenkt hat. Am 11. August 1922 begannen die Hauptmann-Tage. Ungeachtet der immer hemmungsloser fortschreitenden Inflation herrschte wahre Feststimmung. Es schien kaum ein Zufall zu sein, daß der „Verfassungstag" die Schweidnitzer und die Ohlauer Straße hinauf und hinunter mit wehenden schwarzrotgoldenen Fahnen geschmückt hatte. Aus der Menge, die hier promenierte und vor den Schaufenstern der Buchläden stehenblieb, in denen Hauptmanns Werke und die Fülle der Literatur über ihn dekorativ aufgebaut waren, vernahm man manch fremden Sprachlaut der vielen ausländischen Gäste. Die zehn Tage – es dauerte bis zum 20. August – gehörten zu den leider allzu seltenen repräsentativen Festlichkeiten der Weimarer Republik, die weit in die Welt hinauswirkten und diesmal Breslau zum deutschen Kulturzentrum machten. Man kam, während Veranstaltung sich an Veranstaltung reihte, die ganze Zeit über aus einem leichten Festrausch nicht heraus. Zwölf Stücke Hauptmanns wurden, teils im Stadt-, teils im Lobetheater Abend für Abend aufgeführt. „Florian Geyer" mit dem prachtvoll elementaren Eugen Klöpfer und „Die Weber" wurden in der Jahrhunderthalle gespielt – gleichsam als Sühne für das böse Abenteuer des „Festspiels" von 1913. Man sah den „Biberpelz" mit der großen Hauptmann-Darstellerin Else Lehmann und „Rose Bernd" mit der ihr ebenbürtigen Lucie Höflich, die auch die Hanne Schäl des Fuhrmanns Henschel Wintersteins war. Und man glaubte sich in die beste Zeit Otto Brahms zurückversetzt. „Schluck und Jau" mit Marr und dem nie wieder übertroffenen Schluck Max Pallenbergs war von Reinhardtschem Geiste erfüllt. Eine Überraschung bot das bis dahin von den Bühnen stiefmütterlich behandelte Legendenspiel „Kaiser Karls Geisel", das Felix Hollaender mit Heinrich

George zum Siege führte, und hier ging denn auch – mit der Erinnerung an die Breslauer Hauptmann-Tage fortan unlösbar verknüpft – der Stern der jungen Elisabeth Bergner mit heller Strahlkraft auf. Ihre Gersuind löste Beifallsstürme aus, und dies wiederholte sich, als sie in den Fiebervisionen Hanneles gen Himmel fuhr. Nicht alle Aufführungen waren von gleicher Qualität, aber ihre Aufeinanderfolge erhellte die Höhe und Weite und Vielfalt des Hauptmannschen Lebenswerkes, wie es schon ein Vierteljahrhundert vor seinem Tode zum deutschen Besitz geworden war. Es gab da noch einige denkwürdige Momente wie jenen Augenblick, als nach dem 3. Akt des „Fuhrmann Henschel" Hauptmann auf der Bühne erschien und sich das Theater mit jäher Spontaneität, wie von einem einheitlichen Gefühl hingerissen, bis auf den letzten Mann erhob. Ich habe ähnliche Kundgebungen noch oft miterlebt, aber niemals so ergreifend und unmittelbar. Im blumengeschmückten Remter sah man Hauptmann neben dem Reichspräsidenten Friedrich Ebert, der mit sympathisch anspruchsloser und dabei eindringlicher Herzlichkeit gesprochen hatte: ein Anblick, der durch zwei Sätze symbolische Bedeutung erhielt, als Ebert bekannte: „Durch eine Ehrung Gerhart Hauptmanns ehrt das deutsche Volk sich selbst", und der Dichter in seiner Erwiderung das Wort prägte: „Deutschland als Idee, das ist Deutschlands Kraft!" Ein kleiner Kreis von Freunden, mit denen ich öfter in diesen Tagen zusammensaß – Wilhelm Diegelmann, der köstliche Julian im „Biberpelz", gehörte dazu, der Schauspieler Robert Müller, der Berliner Domorganist Walter Fischer, der Schriftsteller Felix Lorenz, hochverdient um das Zustandekommen der Breslauer Feiern –, kam auf den Gedanken, man sollte für Hauptmann zur Ausspannung von den Anstrengungen ständiger Repräsentation eine Orgelstunde in der Jahrhunderthalle veranstalten. Nicht ohne Schwierigkeiten gelang es, den Plan zu verwirklichen. Ich nahm mit Frau Margarete Verbindung auf, und eines Mittags erschien der Dichter mit ihr, seinen Söhnen Ivo, Eckart und Klaus und seiner Schwester Lotte, um die Huldigung der geschwisterlichen Kunst entgegenzunehmen, die ihm Professor Walter Fischer darbrachte. Den weithohen, gewaltigen Raum, in dem das kleine Häuflein Menschen sich fast verlor, erfüllte, bald mächtig anschwellend, bald in leisesten, zartesten Tönen verschwebend, der Klang der herrlichen Orgel, die ein Stolz Breslaus war. Tief versunken, in beglückter Andacht das Haupt in die Hand stützend, gab sich Hauptmann dieser Stunde hin, die eine Feierstunde war, inmitten des Festgetriebes. Und nachsinnend meinte er zu uns, ihm sei, als säße Gott selber mitten in dem tönenden Wundergehäuse.

Nur vier Tage währte – ein gleichwohl rein und voll klingender Nachhall von 1922 – die Breslauer Feier des 70. Geburtstages im September 1932. Noch einmal hatte sich das geistige Deutschland in Schlesiens Hauptstadt zusammengefunden; auch ausländische Gäste, wie der amerikanische Hauptmannforscher Fred B. Wahr von der University of Michigan in Ann Arbor, waren erschienen. Es war, als sich nach dem Papenstreich vom 20. Juli gegen die preußische Regierung Otto Brauns allmählich immer dichteres Gewölk über der Weimarer Republik zusammenzog, so etwas wie ein Abschiedsfest. Im Alten Schloß gab die Stadt bei Kerzenschein, Cembalo- und Flötenklang dem Dichter einen Ehrenabend, an dem ihm ein Stafettenstab überbracht wurde, der von tausend Händen in achtstündigem Staffellauf vom Kamm des Riesengebirges durchs „Hauptmannland" nach Breslau getragen worden war. Die Jugend grüßte ihn durch den Mund des Dichters Gerhard Menzel, und mit humorvoller Herzlichkeit sprach ihn sein ältester Weggefährte an, der naturkundige Wilhelm Bölsche aus dem Rheinland, der – ein anderer, noch irdisch gebundenerer Alter Wann – seit langem in Mittel-Schreiberhau zwischen seinen Schmetterlingskästen und allerlei Kuriositäten hauste. Auch ihm war ja das Riesengebirge zu einem mythischen Bereich seiner spekulativen Phantasie geworden, so daß mein Besuch im Bölschehaus 1936 Einkehr bei einem Wahlschlesier war.

Daß wieder einmal von Breslau der Aufstieg einer jungen Schauspielerin ausging, bewirkte die „Pippa"-Aufführung, mit der Paul Barnay sein aus dem alten Thaliatheater hervorgezaubertes neues „Gerhart-Hauptmann-Theater" einweihte. Angela Salloker war der neue Name, der bald zu hohem Ansehen gelangen sollte.

Im Mittelpunkt jener Tage stand eine neun Säle füllende Hauptmann-Ausstellung im „Museum für Kunstgewerbe und Altertum": eine umfassende Dokumentation seines gesamten Lebens und Schaffensumkreises. Bei der feierlichen Eröffnung, auf der Hauptmann den ebenso stolzen wie demütigen Satz sprach „Den Menschen wichtig nehmen, ist Kultur; den Menschen geringschätzen – Barbarei", saß unter uns, vor Freude strahlend, unser gemeinsamer Freund, Kommerzienrat Max Pinkus aus Neustadt in Oberschlesien, Herr über ein großes, weltweit bekanntes deutsches Industrieunternehmen, die „Tischzeug- und Leinewand-Fabrik S. Fränkel", und der größte Sammler schlesischen Schrifttums, aus deren Hauptmann gewidmeter Abteilung die Ausstellung ihren Grundstock und ihre kostbarsten Schätze erhalten hatte. Diese seine Hauptmannsammlung ist im „Dritten Reich" der Breslauer Universitätsbibliothek zugefallen, im Kriege verlagert und schließlich verschollen. Seit der Versteigerung von Paul Schlenthers Bibliothek 1917, wo wir gegeneinander geboten hatten, bis Pinkus mir großherzig die Schlentherschen Hauptmann-Ausschnitte überließ, hat uns Freundschaft verbunden. Er und sein Sohn Klaus ließen zum 60. Geburtstag Hauptmanns die große Halle des „Wiesensteins" von dem Schlesier Johannes Maximilian Avenarius mit Fresken ausmalen, die in einem bunten Arabeskengehege Visionen aus des Dichters Werken beschwören. In seiner Neustädter Villa habe ich bei Pinkus Tage und – Nächte stöbernd und lesend zwischen seinen schlesischen Schrifttumsschätzen zugebracht. Man fühlte sich wie in einer Klosterzelle des Geistes, umfangen von der zur inneren Sammlung bewegenden Stille der Bücherwände, während draußen in der Stadt die Fränkelschen Werke arbeiteten und Leidende in dem von Max Pinkus 1920 gestifteten Krankenhaus Genesung suchten. In schon verdüsterter Zeit haben wir uns zum letzten Mal gesehen. Es war am 1. Oktober 1933 auf dem „Wiesenstein", und der Klang der Gläser voll edlen Frankenweins, den Hauptmann aus seinem Felsenkeller heraufgeholt hatte, läutete heimlich Abschied. Max Pinkus starb am 19. Juni 1934; das Ärgste ist dem deutschen Patrioten jüdischen Geblüts, dem heimattreuen, zeitlebens dem großen geistigen Erbe seiner Heimat dienenden Schlesier erspart geblieben. Gerhart Hauptmann und Frau Margarete haben dem Freunde, als er in beschämender Heimlichkeit zu Grabe getragen wurde, die letzte Ehre erwiesen, und in drei dramatischen Dichtungen Hauptmanns lebt seine Gestalt fort.

Pinkus' besondere Liebe galt neben Hauptmann dem grüblerischen, der schlesischen Mystik verhafteten, hintersinnigen Hermann Stehr aus Habelschwerdt im Glatzer Bergland, diesem schwerblütigen, mit visionärer Intuition in seelische Tiefen und Abgründe hinablotenden Dichter, der, zum Freundeskreise Hauptmanns gehörig, sich in Warmbrunn niedergelassen hatte. Ihm habe ich zum 50. Geburtstag im Berliner Beethovensaal eine große Feier bereitet, deren Protektorat Reichspräsident Ebert übernahm. Mit Stehr zu plaudern, der in hartnäckiger Eigenwilligkeit als Dorfschulmeister mit seinen Oberen schwere Sträuße ausgefochten hat, bis er sein Amt aufgab, war stets eine Bereicherung, weil hinter seiner mächtigen Stirn eine schier unerschöpfliche Phantasiewelt lebte. Als Stehr 1923 aus dem Warmbrunner „Mandelhaus" nach Mittel-Schreiberhau in sein „Faberhaus" zog, mußte er einen dreijährigen Kampf mit dem Wohnungsamt durchfechten, das ihm ausreichende Arbeitsräume im eigenen Hause verwehrte. Da der alte Streiter gegen die Bürokratie nicht aufkam, habe ich auf seine Bitte im „Berliner Tageblatt" einen dringenden Appell an das Preußische Kultusministerium gerichtet, der denn auch den erhofften Erfolg hatte, und Stehr stattete mir seinen Dank mit einer sich immer weiter ausdehnenden Plauderstunde in seinem endlich eroberten Heim an einem strahlend schönen Winternachmittag ab, indem er mir den ganzen Plan seines Mächlerromans entwickelte. Dann kam Hitler, und nicht ohne Schmerz erlebte ich, wie Stehr sich von den Gewalthabern des „Dritten Reiches" einfangen ließ, die mit seinem Namen doch nur Propaganda machen wollten. In meinem Brief zu seinem 60. Geburtstag 1934, in dem ich den Schatten seines Freundes Walther Rathenau beschwor, kam meine Enttäuschung deutlich zum Ausdruck. Eines Tages – bald danach – sah ich, die Straße Unter den Linden entlanggehend, Stehr aus dem Preußischen Kultusministerium herauskommen. Kaum war er meiner gewahr geworden, als er mich unter den Arm faßte und aufforderte, eine Tasse Kaffee mit ihm bei Kranzler zu trinken. Dort nun begann er – und unerwähnt war mein Geburtstagsbrief in seinen Worten gegenwärtig – mir zu erklären, daß er keinen seiner alten Freunde, weder Rathenau noch Pinkus, je verleugnen würde; freilich habe er Hitler früher auch bloß für einen „Trommler" gehalten, jetzt aber habe er erkannt, daß er ein Staatsmann sei. O Sancta Simplicitas eines großen, naiven Dichters! Ich habe Hermann Stehr nicht wiedergesehen.

Die lebenslange Beschäftigung mit dem Werke Gerhart Hauptmanns und die im Laufe der Jahre immer enger werdende Verbindung mit ihm haben mich dem schlesischen Lande und den schlesischen Menschen immer nähergebracht und manche neue Freundschaft in seinem Zeichen geknüpft. Darf ich doch selbst den erst 1961 verstorbenen Nestor der amerikanischen Hauptmann-Forschung, Frederick W. J. Heuser, Professor an der Columbia University, New York, der über ein Menschenalter in freundschaftlichem Gedankenaustausch mit mir blieb, zu den Schlesiern zählen. Seine Wiege stand in Kaiserswaldau bei Bunzlau, und wenn er auch schon als Elfjähriger mit seinen Eltern nach den USA ging, so blieb doch beim persönlichen Umgang mit dem Amerikaner Heuser ein schlesischer Unterton unverkennbar. Elisabeth Jungmann, die Justizratstochter aus Oppeln, waltete fast ein halbes Menschenalter hindurch als Sekretärin und Werkstattgehilfin Gerhart Hauptmanns, eine der vertrautesten Gestalten in seiner Umgebung, Mittlerin für die Freunde des Dichters und Hüterin seiner schöpferischen Klausur vor allzu aufdringlicher Neugier fremder Besucher. Sie ist später die Gefährtin Rudolf G. Bindings geworden und, nach seinem Tode durch das „Dritte Reich" zur Emigration gezwungen, nach England gegangen. Im Jahre 1959 starb sie allzu früh als Witwe eines der letzten „Victorianer", des Schriftstellers und Karikaturisten Sir Max Beerbohm. Eine ungewöhnliche Begeisterungsfähigkeit und Bereitschaft zur Verehrung machten sie zur idealen Freundin schöpferischer Geister. Auch eines anderen Getreuen muß ich gedenken, Albert Birkes, der 1902 auf den eben erst erbauten „Wiesenstein" als junger Gärtner kam, von Hauptmann bald zu Diktaten herangezogen wurde – er hat Teile des „Armen Heinrich", des „Veland" und des „Venezianer"-Romans niedergeschrieben – und der, längst nach Berlin übergesiedelt, alljährlich als „treuer, guter Hausgeist", wie Hauptmann ihn nannte, auf dem „Wiesenstein" helfend und sorgend eingekehrt ist. Er ist erst vor wenigen Jahren hochbetagt gestorben: ein Mann, dem uneigennützige Treue, auch zu seiner schlesischen Heimat, Lebensinhalt gewesen ist.

In zwei Sommern habe ich Wochen geistiger Anregung in Wolfshau bei Krummhübel zugebracht: 1936 bei dem später emigrierten Literahistoriker Werner Milch, der, in die schlesische Mystik versenkt, in das Werk Gerhart Hauptmanns verliebt, sich mit leidenschaftlichem Eifer fast vergessener schlesischer Geister annahm und z. B. die Renaissance der Werke Daniel von Czepkos, den er den „Herder des 17. Jahrhunderts" nannte, herbeiführte. Dieser heimatverbundene Mann hat die Liebe zu seinem Schlesien mit in die Fremde genommen und nur immer auf den Augenblick der Heimkehr gewartet. Er ist ihm vergönnt gewesen. Milch kam nach Deutschland, frei von jeglichem Ressentiment, aber nicht von melancholischen Gefühlen. „Wenn ich freilich daran denke", schrieb er mir aus London, „daß Nach-Hause-Gehen nicht mehr Wolfshau heißen wird, und wer uns nicht mehr erwartet, dann wird die Freude auf die Heimreise getrübt." Er litt, als ordentlicher Professor nach Marburg berufen, unter der Unmöglichkeit, Schlesien wiederzusehen, und er starb, mitten aus regster Tätigkeit heraus, allzufrüh im April 1950. Bei Gerhart Pohl verbrachte ich lange Sommerwochen 1940, fernab von dem vergänglichen Siegestaumel, den damals die Eroberung von Paris erzeugte. Pohls Haus am Eingang zum Melzergrund, von dem aus er so manchen Verfolgten des Naziregimes in die Freiheit geschleust hat – es hat seinem Roman „Fluchtburg" den Titel gegeben –, war eine Oase inmitten des Kriegstumultes. Wolfshau ist allmählich zur Zuflucht für „Unerwünschte" der ihrem katastrophalen Ende entgegenrasenden Diktatur geworden. Auch Friedrich Bischoff hat die letzten Kriegsjahre dort verbracht, und von Agnetendorf bin ich ab und an zu den Freunden hinübergewandert.

Der beglückende Auftrag Peter Suhrkamps, die Gesamtausgabe letzter Hand der Werke Gerhart Hauptmanns zu redigieren, hatte mich inzwischen ganz dem schlesischen Lande verbunden. Seit 1941 hatte mich die intensive Zusammenarbeit mit Gerhart Hauptmann und Felix A. Voigt, mit dem ich gemeinsam die Textrevision vornahm, allmonatlich nach Agnetendorf gebracht. Voigt, der unter vielen wissenschaftlichen Arbeiten über den Dichter auch das schöne Buch „Gerhart Hauptmann der Schlesier" und später mit mir zusammen die „Hauptmann-Chronik" verfaßt hat, ist Jahrzehnte hindurch mein Gefährte im Kampf um das wahre Hauptmannbild gewesen. Von 1943–45 ist schließlich Agnetendorf mein Wohnsitz und das Wiesenstein-Archiv unter dem Turm mit der roten Spitzhaube mein täglicher Arbeitsplatz geworden.

Der „Wiesenstein" und sein Park wurden mir nun zu einer zweiten Heimat, und der tägliche Umgang mit Hauptmann, den ich mit mancher textkritischen Frage quälen mußte, auf die er mit einer erstaunlichen Erinnerungsfähigkeit einging, erschloß mir immer tieferen Einblick in die Werkstatt des Genies. Er liebte das Gespräch während des Spazierganges, und oft erschien sein Kopf groß vor den vergitterten Fenstern des ebenerdig gelegenen Archivraums, der einstmals ein Schwimmbassin beherbergt hatte, und holte mich aus der „Studierstube“ mit dem von mir verursachten, von ihm gemiedenen Tabaksqualm ins Freie. Dann wandelten wir – sommers und winters – zwischen den Buchen und Birken und Nadelbäumen des Parks umher und sprachen von Hauptmanns Werken, ihrem Werden und ihren Schicksalen, die oftmals wahre Abenteuer gewesen sind. Bei solchen Gelegenheiten konnte ich dann unversehens meine sorgenvollen Textfragen anbringen, auf die der Dichter bereitwillig antwortete. Freilich blieb er nicht immer „bei der Stange“, und die Gespräche, die vom Geschäfte des Tages abschweiften und sich zuweilen ins Fernste fortspannen, waren der schönste Gewinn solcher Zwiesprachen. Die tägliche Teestunde, setzte sich oftmals oben im sogenannten Biedermeierzimmer in Lesungen fort. Dann beflügelte Hauptmann meine Vortragskunst mit der Gabe des Dionysos, und ich rezitierte die neueste „trouvaille“, die ich unter alten Papieren im Archiv hervorgeholt hatte. Abends – meist waren Gäste zugegen – hielt Hauptmann, zuhörend oder in einer Art von monologischem Zwiegespräch mit sich selbst die Runde unterhaltend, in dem intimsten Raume des Hauses jene Vigilien ab, die allen Besuchern unvergeßlich sind. Je weiter die Nacht fortschritt, desto beschwingter wurden die Gespräche. Wenn wir dann lange nach Mitternacht in die hohe dämmrige Halle hinaustraten, und ich mich verabschiedete, meinte Hauptmann: „So, nun gehe ich erst noch mal in meine Bibliothek!“, und einmal setzte er schalkhaft lächelnd hinzu: „ – wie ein Bauer, der abends vor dem Schlafengehen durch seine Ställe wandert, um sich seines Besitzes zu erfreuen.“

Es ist durchaus erklärlich, ja es scheint natürlich, daß in der Zeit des Nazismus die Welt angesichts der „Weber“, des „Florian Geyer“, des „Weißen Heilands“ und so vieler anderer Dichtungen gegen Unterdrückung und Unmenschlichkeit auch von dem Menschen Hauptmann eine nicht minder entschiedene Gebärde des Abscheus und der Abwehr erwartet hatte, als das „Dritte Reich“ mit Lug und Trug, Verbrechen und Greueln und der Menschenverfolgung erst über Deutschland, dann über Europa und schließlich über die Menschheit hereinbrach. Und es ist nicht zu leugnen, daß sich der Freunde Hauptmanns und seines Lebenswerks ein Gefühl der Enttäuschung bemächtigte, als er den Missetaten der Nazis gegenüber allzusehr in duldender Passivität zu verharren schien und durch Toleranz und Gewährenlassen den Anschein erweckte, als paktiere er auch innerlich mit den Mächten der

Finsternis. Aus langem freundschaftlichen Umgang mit Hauptmann weiß ich, daß er im Innersten seines Herzens und seiner Seele eine tiefe instinktive Abneigung gegen den Nazismus, seine Methoden und Erscheinungsformen gehegt hat. Ich weiß freilich auch, daß eine mimosenhafte Scheu vor Realitäten, sobald sie ihm irgendwie bedrohlich oder gar gefährlich schienen, diesen unbestechlichen Realisten des Blicks beherrschte und ihn in den zwölf Jahren des deutschen Unheils gerade deshalb nicht verließ, weil er vor der namenlosen Furchtbarkeit der tief erschauten und erkannten Realität immer wieder erschrak. Hauptmann war seiner Heimaterde, dem heimlichen Quell seiner Produktivität, zu sehr verhaftet, um jemals an Emigration denken zu können, und was etwa anfechtbar in seiner Haltung erscheinen mag, hat hier seinen Ursprung. Wie dem auch sei: in seinem schöpferischen Werk hat er niemals einen Kompromiß mit dem Nazismus geschlossen.

Im Wandel der Gezeiten ist mir in diesen Agnetendorfer Jahren das Riesengebirge immer vertrauter geworden. Seine Menschen, dieser lebenstüchtige, arbeitsame, der Natur und ihrer Romantik und Mystik verbundene Menschenschlag, mit allen Eigenarten, hat sich mir aufgeschlossen. Da war die Nachbarin des „Wiesensteins“, Mutter Hallmann, in deren „Wiesentalbaude“ ich die kriegsbedingten Mahlzeiten einnahm: eine Vollnatur schlesischen Geblüts, stolz auf ihren Besitz und ihn mit zäher Kraft hegend. Wie in einer sinnbildhaften Vision lebt sie in meiner Erinnerung, sie, die nun von ihrem Lebenskreis abgeschnitten, wohl die Bitterkeit des Flüchtlingsdaseins empfinden wird. Es war an einem Winternachmittag 1945 auf der Chaussee von Agnetendorf nach Kiesewald, einem Lieblingsspazierweg Hauptmanns, auf dem wir oft miteinander gegangen sind. Ringsum Schnee, Schneewehen und am Himmel Schneewolken. Den Fahrweg hatte der Schneepflug glattgefegt. Plötzlich bog ein Gefährt, uns entgegenkommend, um eine Biegung, ein länglicher Schlitten, mit Holzstämmen hoch beladen, von einem Ochsengespann gezogen, neben dem die urwüchsige Gudrungestalt einer Magd schritt. Vorn aber, gleichsam auf einem Hochsitz, thronte Mutter Hallmann über dem Stapel der Stämme. Eine Fuhre mit kleineren Stämmen folgte, und noch ein Bündel Holz wurde nachgeschleift. Ihnen zur Seite gingen zwei jüngere Mägde. Der ganze Aufzug hatte etwas Zeitloses. So mag vor fast zweitausend Jahren die Stammutter einer kleinen Gebirgssiedelung mit ihren Hofeleuten dahergekommen sein. Ein Hauch der Unvergänglichkeit des Lebens rührte mich inmitten des Krieges an, der sich damals schon gefährlich dem schlesischen Lande näherte. Man bekam aber auch Dinge zu hören, die daran erinnerten, daß man sich hier im Bereiche des verschlagenen Zaubergeistes Rübezahl befand. Hexenaberglauben nistete in manchen Bauernhäusern, Mütter hängten ihren Kleinen Amulette gegen den „bösen

Blick" um den Hals, und man bemühte Hexenbanner, gewitzte Burschen, die etwa über einer Haustür eine Schere aufhängten, weil eine Kuh sich ein Bein gebrochen hatte, und die Nachbarin, eine gutmütige, harmlose Frau, grünlich schimmernde Augen ihr eigen nannte.

Der März 1945 war herangekommen. Hauptmann hatte vor einem Monat den „Wiesenstein" mit Dresden vertauscht, wo ihn das furchtbare Erlebnis des Untergangs der von ihm so geliebten Stadt im Feuersog des Bombenkrieges erwartete. Wir hüteten den verlassenen „Wiesenstein". Nachts hörte man den Lärm der Schlacht um Lauban widerhallen. Meine einzige Sorge galt der Bergung und Fortschaffung des Archivs, und als dies nach vielem Hin und Her geglückt und die Kisten mit den unveröffentlichten Werken, den Tage- und Notizbüchern unterwegs waren gen Süden, schlug für meine Frau und mich die Abschiedsstunde. Am 7. März 1945 haben wir, von einem Rotkreuzauto nach Hirschberg abgeholt, die rote Turmhaube des „Wiesensteins" zum letzten Mal herüberwinken und dann hinter den Parkbäumen verschwinden sehen. Der letzte Lazarettzug, der Hirschberg noch verlassen konnte, trug uns spät in der Nacht davon aus Schlesien.

Den Glauben an die Unsterblichkeit Schlesiens aber nahmen wir mit. Hatten wir doch im Umgang mit schlesischem Geist und schlesischen Geistern einen Teil dieser Unsterblichkeit unverlöschbar wahrgenommen:

Solang in Böhmes Schusterkugel spiegelnd,
der Gottesfunke sich der Welt bewahrt,
wird Menschenwillkür nimmermehr besiegelnd
auslöschen Schlesiens ewige Gegenwart.

Solang „O Täler weit, o Höhen!"
von Eichendorff das Lied erklingt,
wird Schlesien durch die Zeit bestehen,
in der des Schnitters Sense singt.

Solang Rutandla geistert, Pippa schwebt,
und Wann, der Alte, Zauberfäden spinnt,
ist Schlesien unverloren – und es lebt,
ob auch der Sand durchs Glasgehäuse rinnt.

Unsterblich blüht das vorenthaltene Land,
in dem des Geistes Kerzen nie verglühten;
und immer weiter glühen unverwandt
die Kerzen, da sie Geister treulich hüten.

Walter Münch

SEKRETÄR BEI KARDINAL BERTRAM

Wer von der Dombrücke her die altehrwürdige Terra sancta in Breslau betritt, sieht am Ende der Domstraße zur Rechten ein großes Gebäude, das nicht durch Schönheit der Form, aber durch den säulengetragenen Vorbau im klassizistischen Stil auffiel: das Erzbischöfliche Palais mit dem Ordinariat. Der mächtige Bau war im Viereck angelegt und umschloß einen geräumigen Innenhof. Durch ein schweres, eisenbeschlagenes Portal gelangte der Besucher zunächst in einen gewölbeartigen Vorraum, der zugleich als Durchfahrt zum Innenhof diente und gegen diesen durch ein zweites Tor abgeschlossen war. Als obere Türfüllung waren Fenster eingesetzt, die aus Butzenscheiben bestanden, den Vorraum ausreichend erhellten und ihm doch ein fast mittelalterliches Gepräge verliehen.

Jeder, der zum Ordinariat oder Erzbischöflichen Palais wollte, wurde durch den Portier aufgehalten und unter Umständen einem strengen Verhör unterworfen, ehe er nach erfolgter Anmeldung den Innenhof betreten durfte oder durch eine Nebentür, die vom Vorraum unmittelbar ins Ordinariat führte, eingelassen wurde. Der treue und überaus gewissenhafte Portier Josef Schwarzer war deshalb gefürchtet; in Wirklichkeit wäre er eher als ein schrulliges und drolliges Männlein zu bezeichnen gewesen, das in seinem Portierstübchen wie in einer Einsiedelei hauste. Ähnlich sah es auch drinnen aus. Nicht jeder hatte Zutritt. Wer aber des Portiers Herz gewonnen hatte, durfte eintreten und war erstaunt über das krause Durcheinander von nüchterner Ungemütlichkeit und behaglicher Traulichkeit. Hier saß Josef Schwarzer auf seinem Schemel vor dem großen Schaltkasten des Telefons mit den vielen kleinen Hebeln, rings um sich ganze Stapel alter Folianten und Bücher, die er mit Leidenschaft sammelte und – auch las. Sooft ich sein Pförtnerstübchen betrat, mußte ich an jene sonderbaren Käuze denken, wie sie Carl Spitzweg so trefflich zu malen verstand. Sein ganzer Stolz war eine herrliche und überaus wertvolle Briefmarkensammlung von mehreren Bänden, die er im Laufe der Zeit zusammengetragen hatte. Besonders wertvoll waren die vielen alten Marken aus dem vorigen Jahrhundert. Schon zwei Jahre wohnte ich im Palais, ehe er mir das Geheimnis verriet, wie er an diese Werte gekommen war. Vom Dachboden und aus dem Keller hatte er in aller Heimlichkeit Akten um Akten geholt und von ihnen vorsichtig die Briefmarken gelöst.

Wer in das Erzbischöfliche Palais vordringen wollte, wurde durch eine große Glocke angemeldet, die im Innenhof an einer Wand angebracht war. Der Portier schlug sie mit Hilfe einer altmodischen Vorrichtung an. An den zum Innenhof gerichteten Fenstern des Ordinariates konnte man dann öfters die Köpfe von geistlichen Herren sehen, die vorsichtig, aber mit sichtlicher Neugierde festzustellen begehrten, wer dem Kardinal seine Aufwartung machen wollte. Das alles strömte so viel Gemütlichkeit aus, daß ich es in lebhafter Erinnerung behalten habe.

Zum ersten Male betrat ich das Palais anläßlich meiner Berufung zum Erzbischöflichen Geheimsekretär im Jahre 1940. Damals war ich Seelsorger der Kuratie Treschen, die gegenüber der Strachate lag, jenem herrlichen Laubwald an der Oder, der allen Breslauern wohlvertraut ist. Eines Tages erhielt ich einen von Kardinal Bertram eigenhändig geschriebenen Brief, in dem er mich zu einer dienstlichen Besprechung zu sich beorderte. Bertram war klein von Gestalt, mit einem Sprachfehler behaftet und ging infolge seines hohen Alters von einundachtzig Jahren schon ein wenig gebückt. Trotzdem machte er einen überaus ehrfurchtgebietenden Eindruck auf mich. Sein durchgeistigtes Antlitz und der klare, forschende Blick seiner Augen blieben mir unvergessen eingeprägt. Seit 1906 Bischof von Hildesheim, war Bertram am 27. Mai 1914 zum Fürstbischof von Breslau gewählt und am 28. Oktober desselben Jahres inthronisiert worden. Wie seine Erscheinung so habe ich meine erste persönliche Unterredung mit ihm gut im Gedächtnis behalten. Was ihn bestimmt hat, gerade mich zu seinem Sekretär zu berufen, weiß ich nicht zu sagen. Da der Kirchenfürst lange Unterhaltungen nie geschätzt hat, kam er nach kurzer Einleitung auf sein Ziel zu sprechen.

„Was würden Sie sagen, wenn ich Sie ans Ordinariat holte?"

„Ich bin mit ganzem Herzen in der Seelsorge tätig und würde sie sehr schwer vermissen. Anderseits habe ich bei meiner Priesterweihe Gehorsam gelobt und weiß mich gebunden."

„Und wenn ich Sie in mein Haus bitten würde?"

„Ich habe meine Promotionsarbeit abgegeben und bereite mich eben auf meine mündliche Doktorprüfung vor."

„Das trifft sich gut; für mich haben Sie nicht mehr als zwei Stunden täglich zu tun."

„Ich liebe die Seelsorge über alles, stehe aber auch zu dem Adsum meiner Priesterweihe."

„Dann machen wir es gleich fest. Wann können Sie kommen?" Wir vereinbarten den 15. Oktober 1940 als Tag meines Amtsantritts.

Diese höfliche und freundliche, aber sehr bestimmte Art des Kardinals, die ich so zum ersten Male erlebte und durch die ich mich überrumpelt fühlte, lernte ich im Laufe der Jahre immer wieder kennen.

Der erste Tag meines Aufenthaltes im Palais verlief nüchtern und fast kühl. Eine Einführung in meine Tätigkeit habe ich nie erhalten, sondern mußte mir von meinem Vorgänger die nötigen Erläuterungen geben lassen. Nachdem der Kardinal mich kurz begrüßt hatte, verwies er mich an seinen Kammerdiener Johannes Dierks, der mich mit den häuslichen Gewohnheiten vertraut machte. Sämtliche Fenster meiner Wohnung gingen nach dem Garten mit Aussicht auf die Oder und die Holteihöhe. Die vorhandenen Möbel waren einfach und etwas altmodisch, aber praktisch. Johannes Dierks überreichte mir den Portalschlüssel mit erhobener Stimme und entsprechender Miene: „Hier ist der Hausschlüssel, falls Sie ihn einmal brauchen sollten." Dieser Hausschlüssel ist mir unvergessen geblieben, weil er ein Ungetüm an Länge war und in keine Manteltasche hineingepaßt hätte. Darum war er wie ein Taschenmesser zusammenklappbar. Nie mehr im Leben habe ich solch eigenartiges Ding in Händen gehabt.

Peinlich berührt war ich schon bald nach meiner Ankunft im Palais durch ein lautes Geschrei, in das eine Unterhaltung vor der Küche zwischen dem Kammerdiener und Fräulein Maria Müller, der Haushälterin des Kardinals, ausgeartet war. In meinem Inneren dachte ich mir nämlich, daß es in einem so christlichen Hause eigentlich liebevoller zugehen müßte. Bei meiner Vorstellung in der Küche erfuhr ich dann zu meinem Erstaunen, daß Fräulein Maria Müller, eine gute und sorgende Marthaseele, die ihr Leben lang den Kardinal betreut und ihn nur wenige Jahre überlebt hat, sehr schwerhörig sei. So mußte ich meine vorschnell gefaßte Meinung über das „christliche Haus" schleunigst ändern.

Johannes Dierks, ein echter „Diener seines Herrn", war korrekt und auf sein Äußeres bedacht, scheinbar ohne Gemütsbewegung, in Wirklichkeit aber ein hilfsbereiter und empfindsamer Mensch, der Freundlichkeit und anerkennende Worte mit doppelter Anhänglichkeit lohnte. Nie vergessen hat er mir, daß er während des Krieges in aller Heimlichkeit abends in meinem Zimmer ausländische Rundfunksendungen in deutscher Sprache mithören durfte, was ja staatlicherseits mit schwersten Strafen bedroht war. Meine dringende Mahnung zur Schweigsamkeit quittierte er mit Entrüstung: „Ich bin doch kein Weib!" Freilich hatte Johannes Dierks auch seine Eigenheiten. So fand er entwürdigend, daß meine Schwägerin anläßlich eines Besuches bei mir mit dem Kinderwagen kam und diesen am Treppenaufgang zu meiner Wohnung abstellte: „Ein Kinderwagen hat im Erzbischöflichen Palais nichts zu suchen!" Geradezu empört war er, daß ich meine kaum ein Jahr alte Nichte auf den Arm genommen hatte. Erst nachher wurde es mir berichtet. In meiner Gegenwart hätte er sich niemals in dieser Weise geäußert. Schon mein Vorgänger Pfarrer Franz Georg Ganse, jetzt Regens im Priesterseminar Königstein im Taunus, hatte mir mit erhobenem Zeigefinger und vielsagendem Schmunzeln erklärt: „Johannes – die Perle eines Mannes!" Johannes lebte zuletzt in Unterlüß unweit Celle; er war ja gebürtiger Niedersachse, und Kardinal Bertram hatte ihn nach Breslau mitgebracht. Am 16. August 1961 ist er in einem Hildesheimer Krankenhaus gestorben. Ein herzliches Andenken bewahre ich ihm.

Das Tagewerk des Kardinals begann schon sehr früh. Um 5.30 Uhr feierte er täglich in seiner Hauskapelle das hl. Meßopfer, wobei sein Kammerdiener ihm ministrierte. Gegen 8 Uhr abends ging er zu Bett. Zum Frühstück, Nachmittagskaffee und Abendessen war er allein in dem schmalen Vorraum, der zu seinem Arbeitszimmer führte. Nie habe ich ihn unfreundlich gesehen, wenn er dabei gestört wurde; und das war häufig der Fall. Das Mittagessen nahm er zusammen mit mir im Speisesaal ein, einem großen Raum mit barocker Ausstattung und hohen Fenstern. Abgesehen von den Firmungsreisen war die Zeit des Mittagsmahles wohl die einzige, da er den sachlichen und dienstlichen Charakter seiner Gespräche aufgab und sich auch anderen, ja sogar persönlichen Dingen widmete. Leider sind mir nur wenige solcher ganz persönlicher Äußerungen in Erinnerung. Seine erste Frage bei Tisch war regelmäßig: „Haben Sie etwas Neues im Haus oder sonstwo gehört?" Der Kardinal vermutete immer, er erfahre nicht alles, und hatte damit wohl auch recht. Lebhaften Anteil nahm er an meiner Promotion im Jahre 1941. Vor allem wollte er genau wissen, was der damalige Kirchenrechtler Professor Dr. Franz Gescher gefragt habe. Gescher war nämlich bekannt dafür, daß er gern spitze Bemerkungen gegen das Ordinariat und gegen die „Herren im roten Mäntelchen" – Kapuzenkragen der Domherren – machte. Anderseits war wieder Bertram für seine betonte Selbständigkeit bekannt, die Gescher vielleicht zu seinen gelegentlichen Bemerkungen solcher Art veranlaßte. Überall in der Diözese erzählte man sich, die Geistlichen Räte des Kardinals hätten ihren Namen daher, daß er sie gefragt habe: „Raten Sie einmal, was ich beschlossen habe!" Übrigens erzählte ich diese Anekdote 1946 Kardinal Faulhaber in München. Er lachte herzlich darüber und meinte zu mir: „In Fulda bei der Bischofskonferenz war es genauso." Bei Tisch also wollte Bertram wissen:

„Was hat Gescher gefragt?"

„Seine erste Frage lautete: Welche Rechte haben Sie als Geheimsekretär?"

Der Kardinal beugte sich vor:

„Was haben Sie geantwortet?"

„Ich habe als Geheimsekretär gar keine Rechte, Eminenz."

„Und was hat Gescher darauf erwidert?"
„Sehr richtig, hat er gesagt."
Ein wenig erregt meinte Bertram:
„Sie hätten ihm ruhig sagen können, daß Sie die allgemeinen Menschenrechte haben."
„Gescher meinte ja kirchliche Rechte."
„Schon gut, schon gut!"
Es hat mir nachher leid getan, daß der Kardinal durch meine offenherzige Erzählung verstimmt war und nicht weiter fragte; denn es hatte mir ganz und gar ferngelegen, ihn irgendwie zu kränken.

Universitätsprofessor Prälat Dr. Franz-Xaver Seppelt, der Breslauer Kirchenhistoriker, hatte seinen im gleichen Jahre 1941 erschienenen Band seiner Papstgeschichte dem Kardinal überreicht. Bertram brachte diesen Band mit zu Tisch und forderte mich auf nachzulesen, was Seppelt über Papst Bonifaz VIII. (1294–1303) geschrieben habe. Beim nächsten Mittagtisch fragte der Kardinal, was ich dazu meine. Dann erklärte er: „Man tut Bonifaz sicher Unrecht. Vielleicht werden Kirchenhistoriker in hundert Jahren über mich auch so urteilen; dabei habe ich nur das Beste gewollt."

In den letzten Kriegsjahren war dem Kardinal seine angeblich zu weiche Haltung gegenüber den damaligen staatlichen Machthabern vorgeworfen worden. Diese Vorwürfe grämten ihn sehr. Dazu sagte er bei Tisch: „Ich kann nicht anders handeln; ich weiß mit Bestimmtheit, daß ich den Nationalsozialismus noch überleben werde, und bis dahin wird die Kirche in Deutschland bestehen bleiben." Dabei legte er den Finger an den Mund und schaute mich vielsagend an. Und Bertram hat recht behalten. In dieser für ihn vielleicht schwersten Zeit klagte er öfters, daß er nachts manchmal nicht schlafen könne und die Kirchenpolitik ihm dann durch den Kopf gehe; er dürfe es aber keinesfalls zu einem völligen Bruch zwischen Kirche und Staat kommen lassen: „Was soll aus unseren katholischen Beamten und den unzähligen katholischen Familien werden? Kann ich das verantworten?"

Kardinal Bertram hat sein Vorgehen als Vorsitzender der Fuldaer Bischofskonferenz sehr gründlich und gewissenhaft geprüft und abgewogen. Und bei solchen Tischgesprächen hatte ich den Eindruck, daß er über anerkennende Worte sich gefreut hat und dankbar für sie gewesen ist.

Nach dem Mittagessen pflegte Bertram in seine Hauskapelle zu gehen. Tief beeindruckt war ich von der innigen und herzlichen Andacht, mit der er dort kniete und betete. Diese Minuten der Stille und inneren Sammlung mit Gott liebte der Kardinal sehr und hat sie nie versäumt.

Eine arge Enttäuschung war das erste Weihnachtsfest. In den folgenden Jahren war ich daran gewöhnt. Am Nachmittag des 24. Dezember hatte ich den Kardinal in den Dom zu begleiten, wo er den Vespern – Teil des feierlichen Breviergottesdienstes – beiwohnte. Nach der Rückkehr aus dem Dom verabschiedete er sich an der Tür zu seinen persönlichen Räumen und wünschte „gesegnete Weihnacht", unterließ aber nie, herzliche Grüße an meine Mutter zu bestellen. Das war alles. In meinem Arbeitszimmer stand auf dem Tisch ein kleines Bäumchen, das die Haushälterin des Kardinals hingestellt hatte. Daneben lag als Geschenk des Kardinals in einem Briefumschlag regelmäßig ein namhafter Geldbetrag und in den letzten Jahren außerdem eine Kiste guter Zigarren. In den Räumen des Kardinals habe ich nie einen Christbaum oder eine Weihnachtskrippe gesehen. Auch am Hl. Abend und während der Feiertage saß er am Schreibtisch und arbeitete, betete sein Brevier oder las in einem Buche. Einen Drang zur Geselligkeit habe ich bei ihm stets vermißt. Eine Eigenheit war es auch, daß er in seiner Wohnung keine Blumen haben wollte. Kostbare Vasen waren wohl da, sie blieben aber das ganze Jahr über leer. Angeblich habe er einmal eine gefüllte Blumenvase auf seinem Schreibtisch versehentlich umgestoßen. Niemals ging Bertram ans Telefon. Wer auch immer anrufen mochte, er konnte nur mit mir telefonisch verhandeln. Diese Eigenheit begründete der Kardinal mir gegenüber damit, daß er den Menschen sehen wolle, mit dem er spreche. Im Ordinariat duldete Bertram keine weiblichen Angestellten. Selbst die büromäßigen Schreibarbeiten mußten durch männliche Kräfte erledigt werden. Eines Tages stand ich mit einem Domherrn am Fenster des Ordinariates und unterhielt mich mit ihm darüber. Unter dem Fenster lag der Gartenhof des Palais, in dem während der Kriegszeit die „erzbischöflichen Hühner" gackerten. Da meinte der geistliche Herr ein wenig schalkhaft zu mir: „Im Ordinariat duldet der Kardinal keine Frauen und in seinem Hühnerhof keinen Hahn." Diese kleine Bosheit stimmte tatsächlich. Als dann später immer mehr männliche Kräfte zum Kriegsdienst eingezogen wurden, gestattete der Kardinal, daß mehrere Ordensschwestern tätig waren.

Vielleicht zur Betonung seiner Selbständigkeit ließ der Kardinal sich möglichst wenig helfen, sogar bei liturgischen Funktionen. So setzte er die Mitra stets selber auf und schob sie, wenn er sie gerade nicht brauchte, gelegentlich für einige Zeit unter den Arm. An Hochfesten trug er auf dem Weg vom Palais zum Hochaltar des Domes und auch zurück die Cappa magna, ein rotes, hermelinbesetztes Chorgewand mit großer Kapuze und sehr langer Schleppe. Da diese aus einem Stück bestand, war vor allem das Anziehen, das der Sekretär zu besorgen hatte, eine schwierige Angelegenheit. Die Bitte, das Gewand vorher einmal sehen zu dürfen, schlug der Kardinal mit dem Bemerken ab, daß die Handhabung ganz einfach sei. Nach Schluß des ersten Pontifikalamtes in meiner Sekretärzeit schauten die Domherren in ihren

Chorstühlen gespannt zu, wie ich das „kleine Kunststück mit der Cappa magna“ bewerkstelligen würde, das früher zu gelegentlichem Schmunzeln und zu versteckter Heiterkeit Anlaß gewesen war. Es ging vortrefflich. Tags darauf wurde ich von mehreren lachend beglückwünscht, daß die „Prozedur“ so glatt und reibungslos gelungen sei, sie allerdings um eine Freude gekommen seien. Peinlich und spaßig zugleich war ein Vorkommnis im Krankenhaus St. Josef der Grauen Schwestern in Breslau. Anläßlich eines großen Jubiläums hielt der Kardinal in der Kapelle des Krankenhauses ein Pontifikalamt. In den ersten Bänken hatten die Ärzte und geladene Gäste Platz genommen. Beim Anlegen der liturgischen Gewänder wollte ein Domherr in seinem Übereifer mehr, als vielleicht nötig gewesen wäre, behilflich sein, was der Kardinal aber nicht gern hatte. Durch Zeichen bedeutete ich dem hohen Mitbruder, er möge es genug sein lassen. Doch zu spät! In demselben Augenblick drehte sich Bertram um und klopfte mit seiner Hand dem hochwürdigen Herrn unsanft auf die Finger. In fast allen Bänken der nicht großen Kapelle sah man heitere Gesichter, die mühsam das Lachen unterdrückten. Das Nachsehen hatte der erschrockene Domherr.

Nicht die lebhaftesten, wohl aber die schönsten Erinnerungen habe ich an die Firmungsreisen Kardinal Bertrams, weil er sich da am deutlichsten von seiner menschlichen Seite zeigte. „Tage seelischer Erhebung und oberhirtlicher Freude“, so hat er selber die Firmungstage wiederholt genannt. Und das sind sie ihm auch gewesen. Als der Frühling ins Land zog, meinte Bertram einmal zu mir: „Jetzt mache ich es wie die Zugvögel, ich ziehe auf Firmungsreise.“ Dabei leuchtete sein Gesicht, als ob er sich nach langer und schwerer Arbeit auf die Tage der Erholung freue. Und jede Firmungsreise bezeichnete er auch als seine Erholung.

Der Kardinal kannte und schätzte ja nur die Arbeit. Während meiner Amtszeit hat er sich nie Erholung im Sinne völliger Entspannung gegönnt. Er beschriftete sämtliche Briefe selber, versah sie mit Briefmarken und klebte sie eigenhändig zu. Wenn ich ihm diese Arbeit abnehmen wollte, meinte er: „Das lassen Sie nur mich besorgen, es ist für mich ein Stück Entspannung.“ Als er im Frühjahr des Jahres 1941 krank im Palais lag, verfaßte er im Bett seinen Fastenhirtenbrief, obwohl er nur mit größter Mühe schreiben konnte. Er entschuldigte sich bei mir seiner schlechten Schrift wegen, die sonst von seltener Klarheit und sehr gut leserlich war. Wie er selber keine Entspannung kannte, so schätzte er sie auch bei seinen Mitarbeitern gering.

„Sie gehen zwei oder drei Wochen in Erholungsurlaub. Das wäre mir zu langweilig. Ich überlege manchmal, was Sie wohl den ganzen Tag während des Urlaubs machen mögen?“

„Ich gehe spazieren, lese, ich erhole mich eben.“

„Schon gut, Sie sollen auch Ihren Urlaub haben. Meine Erholung sind die Firmungsreisen.“

Bereits Tage vorher wurden alle Dinge, die für die Firmungsreise notwendig waren, mit rührender Aufmerksamkeit von ihm selber zusammengetragen und zurechtgestellt. Auch das Verpacken in die Koffer besorgte der Kardinal persönlich. Es war für mich ein besonderes Vergnügen, ihn dabei zu beobachten. Ich konnte an seinem Gesichtsausdruck ablesen, wie die Gedanken oder, besser vielleicht, Erinnerungen sich darin spiegelten. Beim Einordnen der einzelnen Gegenstände huschte bald ein Lächeln, bald ein strenger Zug über sein Antlitz, bisweilen hielt er einige Augenblicke sinnend still. Vielleicht hätte ich nach dem Grunde dieses Verhaltens fragen sollen. Aber den Menschen leiten, was mitunter bedauerlich ist, höher gestellten Persönlichkeiten gegenüber oft zu starke Gefühle der Ehrfurcht, die manchen menschlichen und persönlichen Zug hoher Würdenträger nie ans Licht gelangen lassen. So ist mir das rätselvolle Gebaren des Kardinals bei den Vorbereitungen auf die Firmungsreisen ein Geheimnis geblieben. Diese erfolgten fast ausschließlich mit dem Personenkraftwagen. Gesteuert wurde der Wagen stets durch den Kastellan Richard Feike, einen gebürtigen Sudetenländer, der das bischöfliche Schloß in Jauernig zu betreuen hatte. Er war ein gewissenhafter und vorbildlich treuer Mann, dem das Wohl seines Bischofs über alles ging. Er lebt heute in Anzenkirchen in Niederbayern. In die großen oberschlesischen Industrieorte Beuthen, Gleiwitz und Hindenburg fuhr der Kardinal der weiten Anfahrt wegen mit der Bahn. Der Zeitpunkt der Abfahrt mit dem Kraftwagen war im Verhältnis zur Fahrtdauer stets zu früh angesetzt. Trotzdem wußte jeder der Beteiligten, daß es ratsam sei, sich wenigstens noch fünfzehn Minuten vor dem ausgemachten Zeitpunkt bereitzuhalten. Und fast regelmäßig schellte die Glocke eben um diese fünfzehn Minuten zu früh. Einmal, als nur am Nachmittag Firmung war, hatte ich einen Gang zur Stadt gemacht, war aber rechtzeitig zur festgesetzten Zeit, wenn auch nicht zum Schellen der Glocke zurück. Als ich eintraf, saß der Kardinal schon wartend im Wagen und meinte zu mir: „Sie muß der liebe Gott aber gern haben?“

„Wieso, Eminenz?“

„Weil er Ihnen einen so guten Mittagschlaf gibt.“

Überhaupt war die Stimmung Bertrams bei den Firmungsreisen ausgezeichnet. Ich kann mich nicht entsinnen, ihn je einmal dabei ungemütlich erlebt zu haben. Es war, als ob er in dem Augenblick, da er das Auto bestieg, ein anderer Mensch sei, als ob er ganz bewußt alle schweren Sorgen und Nöte der damaligen Zeit während der Stunden der Firmungsreisen vergessen wollte.

Kaum hatten wir die letzten Häuser von Breslau hinter uns gelassen, zündete er sich eine Zigarre an, eine Gewohnheit, die er noch im Jahre 1943 übte. Erst im folgenden Jahre unterließ er das Rauchen, weil es seiner Gesundheit nicht mehr zuträglich war. Wollte ich beteiligt werden, rühmte ich den herrlichen Duft der Zigarre, und schon hielt er mir seinen Vorrat hin: „Sie wollen wohl auch eine Zigarre rauchen?“ Während der Kriegszeit war eine gute Havanna eine gern genommene Gabe. Bei der Fahrt beobachtete Bertram die Landschaft, machte auf diese oder jene Naturschönheit aufmerksam, konnte sich über einige Rehe oder einen Hasen freuen, er zeigte eine so innige Naturverbundenheit, daß ich mich nur wundern konnte, wenn ich an seine streng geregelte Arbeitsweise dachte. Ortschaften, die wir durchfuhren, weckten Erinnerungen an Erlebnisse, die der Kardinal dort gehabt hatte und über die er in launiger Weise zu plaudern verstand. Schier unerschöpflich war er im Erzählen von Späßen und Anekdoten, die er gern auf Firmungsreisen zum besten gab. Irgendein Stichwort, das gefallen war, gab den Anlaß dazu. Freilich hörten sein Chauffeur Richard Feike und ich manche Anekdote mehrmals, bei dem hohen Alter des Kardinals nicht verwunderlich. Die Gefahr dabei war nur, daß wir vorzeitig lachten. Am häufigsten gehört und darum gut gemerkt habe mir die Geschichte von einem Universitätsprofessor – bei dem auch Bertram Vorlesungen gehört hatte –, der sein Leben lang Testamentsrecht las und dessen eigenes Testament wegen eines Formfehlers für ungültig erklärt wurde.

Bei solchen Gesprächen empfanden wir die Fahrt nie als zu lang. Bedauerlich war nur, daß wir recht oft zu früh am Bestimmungsort ankamen. Die Folge davon war für den Pfarrer des Firmungsortes meistens recht unliebsam, da er mit den Vorbereitungen für den Empfang des Kardinals nicht fertig war. Wenn ich bei zu früher Ankunft dem Kardinal vorschlug, einige Zeit vor dem Ort mit dem Wagen zu warten, lehnte er lächelnd ab: „Ich habe schon als Bub gern eine Revolution im Ameisenhaufen gesehen; ich kann ja im Pfarrhaus warten, bis alles zum Empfang geordnet ist.“

Die Bilder, die wir mitunter zu sehen bekamen, entsprachen durchaus nicht der Heiligkeit der Firmung, die gespendet werden sollte, sondern reizten geradezu zum Lachen. Wenn vier Kirchenvorsteher mit fliegenden Rockschößen, den Zylinder auf dem Kopf, im Galopp mit dem „Himmel“ über die Straße jagten, wenn der Kirchenchor seine Generalprobe vor der Kirche abbrechen mußte, weil der Wagen des Bischofs schon hielt, wenn der Pfarrer im wallenden Vespermantel mit Kreuz- und Leuchterträgern und der übrigen Ministrantenschar im Dauerlauf von der Kirche nach dem Empfangsplatz eilte, dann besah Bertram schmunzelnd das bunte Durcheinander. Man war fast versucht zu meinen, er sei absichtlich zu früh gekommen, um solche

Erlebnisse sich nicht entgehen zu lassen. Die spaßigste Begebenheit ereignete sich im Jahre 1942. Unsere Ankunft in dem Firmungsorte des Kreises Neustadt lag reichlich eine halbe Stunde vor der festgesetzten Zeit. Der Kardinal ging ins Pfarrhaus. Die Haushälterin, die uns kommen sah, war ganz entsetzt und rief aufgeregt nach dem Pfarrer. Der stattliche Herr erschien auch sogleich in der Tür, zum Rasieren eben eingeseift, um Ruhe zu gebieten. Als er den Kardinal erblickte, wollte er sich in Hemdsärmeln mit einigen Verbeugungen entschuldigen. Bertram sagte schlagfertig und gut gelaunt: „Herr Pfarrer, ich bin etwas eher gekommen, um Ihnen beim Rasieren zu helfen."

Nach Schluß der Firmungen hörte ich manchmal von den Pfarrern die ärgerliche und vorwurfsvolle Klage, daß wir viel zu zeitig eingetroffen seien. Aber von dieser Gewohnheit ließ der Kardinal sich nun einmal nicht abbringen.

Erhebend und von tiefer Rührung begleitet war der Empfang des Kardinals vor der Kirche. Er begann in der Regel mit einem Lied des Kirchenchores, dem Bertram immer ein aufmunterndes und anerkennendes Wort zu sagen wußte. Das Gedicht, das ein Kind vortrug, bildete stets den Gegenstand besonderer Aufmerksamkeit von jung und alt. Auf allen Gesichtern leuchtete Freude, wenn der Kardinal hervorhob, daß das Kind fehlerlos und ohne zu stocken vorgetragen habe und so mutig und tapfer bleiben solle, wie es sein Gedicht gesagt habe. Nach der Begrüßung durch den Ortspfarrer richtete der Kardinal einige Worte an die Gemeinde, die er zu unerschrockenem Bekenntnis des Glaubens in gefahrvoller Zeit aneiferte, er gedachte der Soldaten im Felde und derer, die schon gefallen waren. Jeder Gemeinde sagte er, wie gern er gekommen sei, und daß es für den Bischof die höchste Freude wäre, in die Diözese hinauszufahren und unter den Gläubigen zu weilen.

Unter Glockengeläut erfolgte der Einzug in die Kirche zur Spendung der hl. Firmung. Bei jeder Firmung, auch wenn mehrere an einem Tage stattfanden, sprach Bertram vorher und nachher zu den Firmlingen und zu der Gemeinde trotz seines hohen Alters. Ich kann mich nicht entsinnen, daß der Kardinal diesen Brauch auch nur ein einziges Mal unterlassen hätte. Wiederholt habe ich angeboten, ihm eine der beiden Ansprachen abzunehmen. Jedoch lehnte er dieses Anerbieten immer lächelnd ab: „Bei der Firmung können Sie predigen, wenn Sie Bischof sein werden." Eine besondere Freude war es für die Jugend, wenn der Kardinal nach der Firmung an die Ministranten und die Girlanden tragenden Mädchen vor der Kirche Bilder verteilte und manchmal recht lange noch mit ihnen plauderte.

Nach der Firmung begab sich Bertram regelmäßig in das Pfarrhaus, wo er eine Stärkung zu sich nahm und im Kreise der anwesenden Geistlichen sich unterhielt. Dabei liebte er es, durch witzige Bemerkungen manchen Mitbruder in arge Verlegenheit zu setzen. Ich entsinne mich noch gut, wie er von einem alten, ehrwürdigen Herrn den Codex Juris Canonici – das kirchliche Rechtsbuch – verlangte, den dieser aber nicht besaß, worauf Bertram meinte: „Den Codex Juris Canonici dürfen Sie ruhig lesen, Herr Pfarrer; der steht nicht auf dem Index."

Der Aufbruch zur Heimreise vollzog sich meistens schnell. Die Müdigkeit und Abgespanntheit, die sich bei Bertram bemerkbar machten, drängten dazu. Die Gläubigen warteten geduldig vor dem Pfarrhaus, um die Abfahrt des greisen Kirchenfürsten mitzuerleben. Manche Ovation hat er dabei erlebt. Mitunter war das Innere des Wagens übersät mit Blumen, die Kinder und Erwachsene hineinwarfen. Herzlich war der Abschied. Einige väterliche Ermahnungen und Tröstungen sagte Bertram. Dann zeigte er zum Himmel hinauf: „Auf Wiedersehen dort droben!" Unter Winken und Tücherschwenken fuhr der Wagen davon.

Die Lebensweise des Kardinals bei den Firmungsreisen war äußerst bescheiden. Im Genuß von Speise und Trank war er sehr zurückhaltend, so daß ich mich manchmal wunderte, wie ein Mensch mit so wenig Nahrung überhaupt auskommen könne. Wenn die Reise mehrere Tage dauerte, war seine Vorsicht noch größer, weil er immer fürchtete, nicht durchzuhalten. Oft hatte ich Gelegenheit, seine Energie und Willenskraft zu bewundern, die ihn befähigten, trotz des hohen Alters von fünfundachtzig Jahren die Spendung der hl. Firmung bis in den Herbst des Jahres 1944 hinein vorzunehmen.

Die letzten Wochen seines Lebens verbrachte Kardinal Bertram nicht in Breslau, sondern auf Schloß Johannesberg in Jauernig. Dieses idyllische, kleine Landstädtchen liegt etwa acht Kilometer von Patschkau entfernt auf der ehemals österreichisch-schlesischen Seite im Gebiet der heutigen Tschechoslowakei. Hier trifft die von Bad Landeck über das Reichensteiner Gebirge führende Paßstraße auf jene, die von Schönberg und Freiwaldau über das Altvatergebirge führt. Auf beherrschender Höhe über der Stadt erhebt sich das bischöfliche Schloß Johannesberg. 1429 war die alte Burg von den Hussiten zerstört und im Jahre 1509 durch Bischof Johannes Thurso (1506–1520) neu errichtet worden. Nach ihm ist Schloß Johannesberg benannt. Wenn auch in der Folgezeit manche Erweiterungen und Umbauten erfolgten, so hat es doch seinen burgähnlichen Charakter bis heute bewahrt.

Ehe Bertram nach hier übersiedelte, hielt er am 1. Januar 1945 nach dem Hochamt im Dom seinen traditionellen Neujahrsempfang im Erzbischöflichen Palais zu Breslau. Es war der letzte seines Lebens und der letzte vor der Zerstörung der Stadt. Die Mitglieder des Domkapitels und des Erzbischöflichen Ordinariates, die Oberen der männlichen und weiblichen Ordensgenossenschaften, Vertreter der kirchlichen Organisationen und Vereine,

Angehörige der Wehrmacht, unter ihnen der verstorbene Oberstleutnant Paul Schmidt, waren erschienen. Eine beklemmende, fast düstere Stimmung beherrschte den großen Empfangsraum. Alle spürten das drohende Unheil des Kriegsendes, niemand sprach es aus. Nachdem der verewigte Dompropst Prälat Dr. Alfons Blaeschke seine Neujahrswünsche in herzlich gehaltener Rede überbracht hatte, ergriff der greise Kardinal das Wort. Mit bewegter Stimme forderte er zum Gottvertrauen auf, daß wir alle in des himmlischen Vaters gütiger Hand geborgen seien und darum uns, unser Volk und Vaterland seiner weisen Vorsehung empfehlen dürften. Wohl jeder fühlte, daß der Kardinal an dieser Stelle nicht mehr sprechen würde. So war dieser letzte Neujahrsempfang durch rührende Herzlichkeit und Bewegtheit ausgezeichnet.

Auf dringendes Anraten seines Hausarztes Dr. Weidlich verließ der Kardinal mit seinem Kraftwagen am Sonntag, dem 21. Januar, vormittags die Bischofsstadt. Da ich selber an Diphtherie erkrankt war, begleiteten ihn nur sein Kammerdiener Johannes Dierks und seine Haushälterin Maria Müller. Die fünfstündige, beschwerliche Fahrt ging über Strehlen, Münsterberg und Patschkau. Am 1. Februar fuhr ich zusammen mit meiner Mutter gleichfalls nach Jauernig; die Bahnstrecke nach Kamenz war die einzige, auf der noch Züge verkehren konnten. Der Aufenthalt des Kardinals auf Schloß Johannesberg war für ihn zunächst eine bedeutende Erleichterung, da die Unruhe und die Aufregungen der Frontnähe anfangs gebannt schienen. Bald jedoch machte sich die Einsamkeit und das Abgeschnittensein vom Ordinariat bemerkbar, zumal die brieflichen Nachrichten aus der weiten Erzdiözese nur spärlich einliefen.

Nach dem Fall von Neiße rückte die Front in bedrohliche Nähe der Stadt Jauernig. Darum erfolgte in der Nacht vom 5. zum 6. Mai die Anordnung der sofortigen Räumung der Stadt durch alle Zivilpersonen, der jedoch nur wenige Menschen Folge leisteten. Bertram wies die vorgesehene Übersiedelung nach Grulich zurück mit dem Bemerken, daß er als Bischof seine Diözese nicht verlassen könne und wolle. In der Nacht vom 7. zum 8. Mai räumte die deutsche Wehrmacht Jauernig und zog sich in Richtung Bad Landeck zurück, nur eine Pionierabteilung blieb. Um die Verbindung mit den abziehenden Truppen aufrechtzuerhalten, legte man auf den Turm des Schlosses Johannesberg eine Funkstation, die nur der Nachrichtenvermittlung dienen sollte. Auf meinen energischen Einspruch hin wurde versichert, daß sie rechtzeitig vor dem Anrücken des russischen Heeres abgezogen werden solle. Tatsächlich ist die Anlage nur wenige Stunden auf dem Turm gewesen.

Am 8. Mai gegen 17.30 Uhr erfolgte der Einmarsch der Russen, der sich reibungslos vollzog. Durch den praktischen Arzt Dr. Otto Wolf und mich veranlaßt, machten die beiden rangältesten russischen Offiziere am 12. Mai dem „Patriarchen von Deutschland“ einen offiziellen Besuch. Die Worte Kardinal und Vorsitzender der Fuldaer Bischofskonferenz hätten den Russen ja nichts bedeutet. In Bertrams Arbeitszimmer hatte ich den Prunksessel aus dem Audienzsaal schaffen lassen und den Raum auch sonst ausgeschmückt. Der Kardinal hatte bereitwillig seine festlichen Gewänder angelegt, Kammerdiener und Schloßkastellan fungierten in schwarzer Kleidung und weißen Handschuhen. Die dadurch beabsichtigte Wirkung blieb auch nicht aus. Als der Wagen vorfuhr, öffnete der Kastellan den Schlag und begrüßte die beiden Herren in russischer Sprache. Richard Feike beherrschte diese Sprache noch leidlich aus seiner langjährigen russischen Gefangenschaft im Ersten Weltkriege. Am Schloßportal empfing ich in Talar und Chorrock die Offiziere. Einer von ihnen hob meinen Talar auf und küßte den Saum. Der Kastellan zog das Glockenseil, und das Geläut der Schloßglocke hallte durch das Stiegenhaus. Langsam geleiteten wir die Offiziere die vielen Stufen hinauf bis zum Arbeitszimmer des Kardinals. Unterdessen hatte Bertram im Prunksessel Platz genommen und der Kammerdiener beide Türflügel geöffnet. Der Eindruck auf die Russen war offensichtlich tief. Denn beide knieten an der Türschwelle nieder und erhoben sich erst auf einen Wink des Kardinals. Bertram begrüßte die Offiziere und bat, mit der Bevölkerung milde zu verfahren. Der russische Major erklärte, nicht alle Russen seien Kommunisten; viele hätten ihren christlichen Glauben bewahrt. Dabei zog er eine kleine Ikone aus der Tasche und zeigte sie dem Kardinal. Richard Feike hat dabei als Dolmetscher sehr gute Dienste geleistet. Die Offiziere stellten für das Schloß und seine Bewohner einen Schutzbrief aus, der vor Plünderungen und Gewalttaten bewahren sollte. Trotzdem erschien eine Kommission aus russischen Offizieren und Soldaten am 19. Mai und durchsuchte das Schloß nach Gold und Waffen, die angeblich dort verborgen sein sollten. Dieses Vorkommnis veranlaßte mich, nochmals bei dem Stadtkommandanten vorstellig zu werden. Dieser kam auf das Schloß und versicherte den Kardinal seines besonderen Schutzes. Ein zweiter Brief sicherte endgültig die Unverletzlichkeit des Schlosses und seiner Bewohner und verbot die Beschlagnahme des Kraftwagens. Eine Kunstkommission aus Russen und Tschechen, die Anfang Juni von mir die Herausgabe der im Schloß befindlichen Kunstschätze zwecks würdiger Unterbringung verlangte, zog nach längeren Verhandlungen wieder ab.

Am 14. Juni räumten die Russen Jauernig, und tschechisches Militär übernahm am Tage darauf die Verwaltung der Stadt. Schon am 17. Juni suchte mich der tschechische Bezirkshauptmann Dr. Prohåska auf und erklärte mir, daß der Kardinal mit seinem Gefolge binnen vierundzwanzig Stunden das Gebiet der tschechoslowakischen Republik zu verlassen habe.

„Kardinal Bertram wird vielleicht noch drei Wochen leben; ich kann ihm die Ausweisung nicht überbringen, weil das seinen Tod bedeuten könnte. Wenn Sie den Mut haben, sagen Sie es ihm selber; ich werde Sie sofort anmelden."

„Nein, ich gehe nicht zu ihm. Ich weiß, daß dieser Auftrag unangenehm ist, darum bin ich selber gekommen."

„Und ich weigere mich, dem Kardinal Ihre Mitteilung auszurichten."

„Dann ist mein Auftrag erledigt, die Folgen haben Sie zu tragen."

„Das tue ich."

Diese Unterredung fand am Vormittag auf dem Schloß statt. Am zeitigen Nachmittag suchte ich Dr. Proháska nochmals auf. Er zeigte sich erheblich zugänglicher.

„Sie werden den vorzeitigen Tod des sechsundachtzigjährigen Kardinals nicht verschulden wollen. In fast allen Ländern Europas genießt ein Kardinal der katholischen Kirche die Rechte eines exterritorialen Landesfürsten. Will Ihr Land davon eine Ausnahme machen? Außerdem fürchte ich von Rom aus internationale Verwicklungen, wenn die Handlungsweise Ihres Staates dort bekannt wird. Es muß doch eine Stelle geben, die diesen Auftrag zurücknimmt?"

„Es gibt keine."

„Von wem ist die Ausweisung verfügt worden? Sie werden sie doch nicht auf eigene Faust aussprechen."

Nach einigem Zögern nannte er die Landesregierung in Mährisch-Ostrau.

„Ich werde morgen hinfahren."

„Tun Sie das; vielleicht haben Sie Glück."

„Darf ich Sie um eine Empfehlung bitten?"

„Ich werde Ihnen einen Brief mitgeben. Gegen Abend können sie ihn abholen."

Rasch ließ ich bei einem deutschen Handwerker zwei tschechische Nummernschilder für den Wagen anfertigen und befestigte sie über den deutschen Schildern. Auf den Kühler steckte ich einen tschechischen Wimpel. Im Schloßpark traf ich zufällig einen tschechischen Gendarm in Uniform.

„Morgen muß ich mit dem Auto nach Mährisch-Ostrau; wollen Sie mitfahren?"

„Gern, ich bin dort zu Hause. Aber ich möchte drei Koffer mitnehmen."

„Das können Sie, wenn Sie in Uniform mitkommen."

Er versprach es, und wir vereinbarten Ort und Zeit der Abfahrt. Den Brief Dr. Proháskas habe ich widerrechtlich geöffnet. Es ist das einzige Mal in meinem Leben, daß ich so etwas getan habe. Doch wollte ich wissen, ob es ratsam sei, den Brief überhaupt abzugeben. Dr. Proháska empfahl der Landesregierung dringend, dem Kardinal den Aufenthalt in Jauernig zu gestatten, und führte die Gründe, die ich ihm genannt hatte, in seinem Schreiben auf. Am Morgen des 18. Juni erklärte ich dem Kardinal, nach Mährisch-Ostrau fahren zu müssen, damit er in Jauernig bleiben dürfe. Er war aufs höchste bestürzt und sagte, daß er beten werde. Mit einem Dolmetscher und dem uniformierten Gendarm ging die Fahrt über Freiwaldau und Troppau nach Mährisch-Ostrau. Richard Feike steuerte den Wagen. Das Ergebnis der Fahrt war erfreulich: „Der Kardinal gilt mit seinem Gefolge als exterritorial und darf bis auf weiteres in Jauernig bleiben." Ohne auch nur einmal angehalten zu werden, kamen wir abends in Jauernig wieder an. Mit Tränen in den Augen bedankte sich Bertram vielmals.

Die seelischen Belastungen, welche die erschütternden Nachrichten von der Zerstörung der Dominsel und der Bischofsstadt und weitester Teile der Erzdiözese mit sich brachten, zehrten die letzten Kräfte des greisen Kirchenfürsten rasch auf. In der Folgezeit zeigte er wenig Teilnahme gegenüber dem Zeitgeschehen. Seine Gedanken beschäftigten sich jedoch unablässig mit der Polonisierung des kirchlichen Lebens der Erzdiözese. Briefe und mündliche Berichte überbrachten wiederholt Geistliche, die mit dem Fahrrad oder sogar zu Fuß nach Jauernig kamen. Bertram wollte ständig nach Breslau zurück, um sich persönlich von allem zu überzeugen. Es war erschütternd zu beobachten, daß er die Lage gar nicht mehr verstand und darum so naiv beurteilte. Stunde um Stunde saß er am Schreibtisch und wollte einen Protest an den Apostolischen Nuntius in Deutschland verfassen. Doch die Kräfte versagten. Er konnte die Feder nicht mehr führen und schrieb immer auf der gleichen Stelle. Es war eine Kritzelei. Als ich ihm sagte, er solle das aufgeben und lieber ruhen, erwiderte er:

„Ich muß meinem schlesischen Volke helfen!"

Wieviel Liebe verbirgt sich in diesem Wort!

In der Nacht vom 5. zum 6. Juli oder am Morgen des 6. Juli erlitt Bertram einen Gehirnschlag, der ihm die Sprache raubte. Gegen Mittag nahm er noch ein wenig Flüssigkeit zu sich. Dann setzte der Verfall so rasch ein, daß mit seinem baldigen Tode gerechnet werden mußte. Ich spendete dem todesschwachen Kardinal noch die hl. Ölung. Kurz vor seinem Hinscheiden versuchte der Sterbende, die Hand zu erheben, als wolle er die Umstehenden zum letzten Male segnen. Am 6. Juli 1945 ist der Erzbischof von Breslau Adolf Kardinal Bertram während der Verrichtung der Sterbegebete ruhig eingeschlafen. In der Schloßkapelle wurde der Verstorbene aufgebahrt, der Besuch der Kapelle den Gläubigen zum frommen und fürbittenden Gebet freigegeben. Schlicht und einfach waren Sarg und Kleidung des toten Kirchenfürsten, wie es seinem Leben entsprach.

Die Beisetzung erfolgte am 11. Juli auf dem Friedhof zu Jauernig in der Gruft des 53. Fürstbischofs von Breslau Joseph Christian aus dem Hause der Fürsten zu Hohenlohe-Bartenstein, der am 21. Januar 1817 verschieden war. Vom Breslauer Domkapitel erschienen Weihbischof Ferche, der die Beisetzungsfeierlichkeit hielt, Dompropst Prälat Dr. Blaeschke, der in einer kurzen Ansprache das Leben des Verstorbenen umriß, und Prälat Dr. Negwer. Unter den Gästen waren aus den Nachbardiözesen Weihbischof Dr. Zela von Olmütz und Generalvikar Prälat Dr. Monse aus Glatz anwesend. Vertreter der russischen und tschechischen Wehrmacht, der Finanzwache und Gendarmerie, der Stadt- und Bezirksbehörde nahmen teil. Etwa achtzig Geistliche und ebenso viele Ordensfrauen aus der näheren Umgebung und zahlreiche Gläubige begleiteten den toten Kirchenfürsten zum Grabe.

Schon am Tage nach der Beerdigung begann die Austreibung der deutschen Bevölkerung aus ihren Wohnungen und Häusern. Ich selber fuhr am 27. Januar 1946 mit meiner Mutter und den Bediensteten des Kardinals mit amerikanischen Permits, die Monsignore Forni von der päpstlichen Gesandtschaft in Prag besorgt hatte, nach Furth im Wald.

Meine Sekretärszeit bei Kardinal Bertram in Breslau war die erlebnisreichste meines Lebens. Sie ist meinem Gedächtnis unauslöschlich eingeprägt geblieben.

Albert Schmitt

EIN VIERTELJAHRHUNDERT GRÜSSAU

Meine Beziehungen zu Grüssau und Schlesien, die beide wesentlichster Bestandteil meines Lebens werden sollten, begannen an einem schönen Herbsttag Ende September des Jahres 1920. Wenige Monate zuvor war ich, am 12. Juni 1920, in der Benediktinerabtei Gerleve in Westfalen von dem Bischof von Münster, Johannes Poggenburg, zum Priester geweiht worden. Die Abtei St. Joseph zu Gerleve war aber nicht meine Heimatabtei. Bekanntlich bleiben wir Benediktiner zeitlebens in der Abtei, in der wir eingetreten sind. Sie bildet eine geistige Familie, deren einzelne Glieder hier lebenslängliche Heimatrechte genießen. Daß mein Lebensweg nicht in dieser herkömmlichen Bahn verlief, ist ein Sonderfall. Ursprünglich war ich nach meinem Abitur im Jahre 1912 nach Absolvierung des Karl-Friedrich-Gymnasiums meiner Heimatstadt Mannheim, wo ich am 5. Januar 1894 geboren war, in die Erzabtei Beuron eingetreten. Besondere Umstände führten mich jedoch schon im Jahre 1913 in das zum Beuroner Benediktinerverband gehörige Kloster Erdington bei Birmingham in England. Dort legte ich meine Profeß ab. Erdington war Ende der 70er Jahre des letzten Jahrhunderts von Beuron aus gegründet worden. Die Benediktiner hatten damals infolge der Kulturkampfgesetze Beuron verlassen müssen. In Österreich, Belgien und England eröffneten sich ihnen neue Wirkungskreise, die sich bis heute erhalten haben, mit einziger Ausnahme Erdingtons, das nach dem Ersten Weltkrieg aufgegeben werden mußte. Den Ersten Weltkrieg erlebte ich auf englischem Boden in einer nicht allzu drückenden Gefangenschaft, indem die deutschen Mitglieder der Abtei sozusagen im eigenen Haus interniert wurden.

Ende des Jahres 1918 wurden sie aus England ausgewiesen und fanden in der Mehrzahl in der westfälischen Abtei Gerleve eine Zuflucht bis zu der Zeit, da man entweder wieder nach Erdington zurückkehren konnte, oder, falls dies nicht mehr möglich sein sollte, man in Deutschland eine neue Heimat für die Erdingtoner Klosterfamilie gefunden hatte. Die Verhältnisse erzwangen eine Lösung im letzteren Sinn. Im Jahre 1922 wurde die Abtei Weingarten in Oberschwaben, die seit der Säkularisation im Jahre 1803 andern Zwecken, zuletzt als Kaserne, gedient hatte, wiederum ihrem ursprünglichen Zweck zugeführt und den Benediktinern von Erdington zur Verfügung gestellt. Rechtlich gehörte ich somit zu diesem Klosterverband, zu dem ich auch zur gegebenen Zeit wieder stoßen sollte, doch lag dies alles im Jahre 1920 noch in einer ungewissen Zukunft. So entschieden sich denn meine Obern, bis zur endgültigen Klärung der Erdingtoner Zukunft, mich zur weiteren Ausbildung und auch Mithilfe nach Grüssau zu entsenden.

Grüssau war nach Kriegsende von deutschen Benediktinern, die ihre Abtei Emaus in Prag hatten verlassen müssen, neu besiedelt worden. Meine Entsendung nach Grüssau war ein Entschluß, wohl auch eine Fügung, die für mich von weittragender, im buchstäblichen Sinne des Wortes lebensgestaltender Bedeutung wurde. Trat ich doch damit in den Bann einer Kulturlandschaft, die mir als dem gebürtigen Rheinfranken unbekannt, ja verschlossen gewesen war. Ein Ort und eine Landschaft jedoch, die mich ob ihrer geschichtlichen und kulturellen Bedeutung sogleich zutiefst ansprachen und entscheidend beeinflußten.

Voraussehend hätte ich mir keine glücklichere und auch reichere Führung meiner Lebenslinie ausdenken können. Vom Leben erfüllten Rhein zur ländlich stillen Donau, von dort in ein hochentwickeltes Industriezentrum Englands, dann wiederum in das bäuerlich reiche westfälische Münsterland und schließlich nach Schlesien in ein weit offenes Gebirgstal, in dessen Mitte majestätisch eingebettet Kloster Grüssau lag. Die Landschaft nahm mich sofort gefangen. Nichts von dem pulsierenden Leben am Rhein, nichts von der Verträumtheit der jungen Donau, nichts von dem Schaffen und Dröhnen, den qualmenden Schloten Birminghams, nichts von der satten Behäbigkeit westfälischer Bauernlandschaft. Jedoch gerade die Herbheit der Gegend, umrahmt von weithin sich dehnenden herrlichen Waldungen samt einem Menschenschlag von kerniger Echtheit, mußten es einem antun. Und dann Grüssaus weithin kündende gewaltige Bauten selbst. Die Marienkirche, die Josefskirche, die mächtigen Klosterbauten, selbst unvollendet von stärkstem Erbauerwillen kündend, zogen mich in ihren Bann, schenkten Einsichten und Erkenntnisse in die jahrhundertalte Geschichte dieser ostdeutschen Landschaft. Zum erstenmal in meinem Leben lernte ich den Barock aus unmittelbarem Erleben kennen.

Mein bisheriger Lebensweg hatte mich im wesentlichen mit früh- und hochmittelalterlichem Kulturgut, wie ich es am Rhein und in England kennengelernt hatte, in Berührung gebracht. Grüssaus Kirchen- und Klosterbauten gaben mir nun einen ersten Begriff von der Macht und Größe des Barocks, der hier im ostdeutschen Raum unter den Einflüssen von Prag und Wien einen eigenen Ausdruckswillen gefunden hatte. Denn dies ward mir sogleich deutlich: Grüssaus Bauten waren aus dem österreichischen Kulturerbe erwachsen, das in Schlesien wie auch im Sudetenraum solche Werke hatte erstehen lassen. Spätere Reisen in Böhmen und Österreich selbst sollten diese ersten Eindrücke bestätigen, bekräftigen und vertiefen. Wohl lernte ich auch ein gotisches Schlesien kennen, wobei ich nicht nur an Breslaus unvergeßliche sakralen und profanen Bauten denke, sondern auch an die nicht wenigen Zeugen gotischen Bauens landauf, landab in ganz Schlesien.

Meine Tätigkeit in Grüssau, beginnend mit dem Herbst 1920, war von meinen Obern, wie schon angedeutet, nur als ein Interim gedacht. Sobald für meine Erdingtoner Klosterfamilie eine neue Heimat in Deutschland gefunden war, sollte ich wieder zu ihr zurückkehren. Für den Augenblick jedoch sollte Grüssau mein Arbeitsfeld sein. Ich wurde in der Seelsorge beschäftigt, man vertraute mir die männliche Jugend Grüssaus an, im Unterricht an der Schule hatte ich meinen Anteil. Durch andere Arbeiten wurden mir Orte der unmittelbaren Nachbarschaft Grüssaus wie Hirschberg, Waldenburg und vor allem Breslau bekannt. Nicht zuletzt konnte ich durch ausgedehnte Wanderungen, verschiedene Besteigungen der Koppe, die Schönheiten des Riesengebirges wie auch des Waldenburger Berglandes und der angrenzenden böhmischen Gefilde kennenlernen. Die Art der Menschen, mit denen ich zusammenkam, sprach mich an. Der Volkscharakter zeigte mir Züge, die der heimischen Art, wenn auch in anderer Prägung, nicht zu fern standen. Anders etwa als ich dies in Westfalen und auch in Oberschwaben erkannt hatte.

Grüssau und das umliegende alte Klosterland bildeten gleichsam eine Enklave in kirchlicher Hinsicht in diesem Teil Niederschlesiens. Die Zisterzienser, die Herren Grüssaus bis zu dessen Säkularisation im Jahre 1810, hatten ihren Besitz beim katholischen Glauben erhalten. Das alte Grüssauer Klosterland mit seinen Außenbesitzungen in Altreichenau und Würben sowie der Propstei Warmbrunn nahm dadurch eine gewisse Sonderstellung im Gesamtbild dieses Teiles Schlesiens ein. Hatten die Zisterzienser doch in allen Orten ihrer Herrschaft dem Landschaftsbild durch die Errichtung barocker Kirchen- und Amtsgebäude eine entsprechende neue Note gegeben.

Wohl hatten auch hier im 19. Jahrhundert vom nahen Landeshut die Textilfabriken oder vom etwas weiter entfernten Waldenburg das Kohlenrevier ihren Einflußbereich ausgestrahlt. Der Grundakkord jedoch war noch bäuerlich bestimmt von einer Landschaft her, deren herber Charakter und karger Boden auch dem Menschen, der sie belebte, das Gepräge gegeben hatte. Jedoch nicht so, daß dadurch die warme Nähe des schlesischen Menschen gelitten hätte oder gar erstickt worden wäre. Von Westfalen kommend spürte man deutlich den Unterschied der Menschen dieser beiden Landschaften.

So war es nicht schwer, in Grüssau bald heimisch zu werden – wenngleich mit dem Wissen, daß dieser Aufenthalt, so wie man es damals sehen konnte, nur ein zeitlich begrenzter sein sollte. Auch in der Grüssauer Klosterfamilie, die ja nicht meine eigene war, fühlte ich mich durchaus nicht als Fremdling. So konnte die ganze Atmosphäre Grüssaus, seiner Bauten, seiner Menschen, der Landschaft einen nur zu freudigem Schaffenswillen anspornen, um die dort seit über hundert Jahren abgerissene Tradition neu zu beleben. Die volle Verwirklichung sollte jedoch, ohne daß man es voraussehen oder ahnen konnte, erst eine nicht zu ferne Zukunft bringen.

Inzwischen waren nämlich die Bemühungen, die Übersiedelung der Erdingtoner Klosterfamilie nach Deutschland zu ermöglichen, erfolgreich gewesen. Wie schon angedeutet sollte die Abtei Weingarten in Oberschwaben übernommen werden. So wurde ich denn Ende des Jahres 1921 von Grüssau abberufen. Ein kurzer Aufenthalt in Beuron sollte die Zeit bis zur endgültigen Übernahme Weingartens überbrücken. Als einer der ersten wurde ich dann auch im März 1922 dorthin entsandt. Damit war nun das Leben in die Bahn eingelenkt, die einem als Lebensberuf und Lebensaufgabe zugewiesen schien. Wiederum nahm mich die Seelsorge in ihren verschiedenen Aufgabenbereichen samt einer Filialgemeinde, die ich allein zu versehen hatte, vollständig in Anspruch.

Gelegentliche Nachrichten aus Grüssau ließen einem das dort Gesehene und Erlebte nicht in Vergessenheit geraten. Im übrigen aber schien es eben eine der Stationen auf dem Lebensweg gewesen zu sein, wie sie jedem Menschen irgendwie beschieden sind. Man vernahm wohl, daß dort wichtige Entscheidungen gefallen waren. Nach langen, oft nicht leichten Verhandlungen, war zwischen der Regierung als dem bisherigen Besitzer der Kirche und der Klostergebäude und den Benediktinern ein Kaufvertrag zustande gekommen, der nach erlangter Zustimmung auch des Fürstbischöflichen Ordinariates von Breslau es diesen nun ermöglichte, endgültig in Grüssau zu bleiben. Danach wurden die Gebäulichkeiten dem Käufer übereignet mit der Auflage, zur gegebenen Zeit eine neue Schule – die Ortsschule mit den Lehrerwohnungen war bislang im Kloster untergebracht – und die entsprechenden Lehrerwohnungen zu erbauen. Auch mußte die Baulast an der Marienkirche übernommen werden. Letztere Auflage wog besonders schwer. Erst nach gewissen Sicherungen, die das Fürstbischöfliche Ordinariat von Breslau als Rechtsnutzer der Marienkirche für die Ortsseelsorge verlangte, konnte auch für diese Auflage die Zustimmung aller Beteiligten erreicht werden. Damit war im Sommer 1924 die kirchenrechtliche Voraussetzung dafür gegeben, daß die Religionskongregation in Rom als die dafür zuständige oberste kirchliche Behörde mit Dekret vom 19. Juni 1924 das bisherige Benediktiner

Konventualpriorat zu Grüssau zur Abtei erhob und damit die im Jahre 1810 erloschenen Titel wieder erneuerte.

Nun stand nichts mehr im Wege, der Abtei ihr Haupt, einen Abt, zu geben, der nach geltendem Recht aus den eigenen Reihen der betreffenden Klostergemeinde oder auch aus einer Abtei, deren Verband sie angegliedert war – im gegebenen Fall der Beuroner Benediktiner Kongregation – gewählt werden konnte. Seine Amtszeit war lebenslänglich, es sei denn, daß Krankheit oder andere schwerwiegende Gründe zu einer früheren Änderung rieten.

Man darf wohl sagen, daß es Ahnungen im Leben gibt. Jedenfalls habe ich solche in diesen Sommerwochen des Jahres 1924 gehabt. Nicht, daß ich etwas Genaueres über die Vorgänge, Absichten und Stimmungen in Grüssau gewußt hätte. Wohl waren Briefe gewechselt worden, in denen von den jeweiligen Ereignissen berichtet wurde, ohne daß sich daraus irgendeine persönliche Fühlungnahme entwickelt hätte. Allerdings erfuhr ich später, daß meine Obern Besprechungen hinsichtlich meiner Person geführt hatten, jedoch mit dem strikten Vorbehalt, daß ich selbst nichts erfahren sollte und, falls meine Kandidatur, die in Grüssau erwogen wurde, nicht die Zustimmung aller erlangte, ich auch davon nicht unterrichtet werden sollte. Es lag jedenfalls etwas in der Luft. Am Wahltag, es war der 30. Juli 1924, hatte ich Vorahnungen, die nicht trügen sollten. Die Entscheidung war am 30. Juli im Laufe des Nachmittags gefallen. Das Telegramm, das mir die Wahl anzeigte, langte jedoch erst am Vormittag des 31. Juli in Weingarten an. Ich befand mich an jenem Tag wieder zu Seelsorgearbeiten und Unterricht in der Schule in meinem Filialort Ankenreuthe, wohin ich schon morgens um 7 Uhr gepilgert war. Mitten in der zweiten Unterrichtsstunde wurde ich durch einen Telefonanruf aus Weingarten gebeten, sogleich dorthin zu kommen. Ich wußte, was diese Abberufung mitten aus meiner Arbeit an jenem Morgen bedeutete. Der Rückweg, er dauerte nahezu eine Stunde, bot mir Gelegenheit, das Für und Wider der Antwort auf die mich erwartende Frage zu überdenken. Das Telegramm bestätigte meine Ahnungen, gab mir jedoch die Möglichkeit der freien Entscheidung. Nach entsprechender Beratung mit dem Hausobern, P. Prior Hugo Seemann – mein Abt Ansgar Höckelmann befand sich gerade zur Abwicklung verschiedener Geschäfte, die mit dem Verkauf der Abtei Erdington an die englischen Redemptoristen zusammenhingen, in England –, nahm ich an.

Als Weihetag wurde der 10. August, der Laurentiustag, festgesetzt. Er war in doppeltem Sinne günstig. Er fiel im Jahre 1924 auf einen Sonntag. Überdies hatte die erste Gründung Grüssaus, die von dem böhmischen Benediktiner-Kloster Opatowitz, Mitte des 13. Jahrhunderts, ausgegangen war, den Hl. Laurentius als Schutzpatron gehabt. Erst die Neugründung

Grüssaus durch die Zisterzienser, Ende des 13. Jahrhunderts, hatte, wie es bei den Zisterziensern üblich war, den 15. August, den Mariähimmelfahrtstag, als Patroziniumstag gewählt. Es war somit ein günstiges Omen, daß der Neubeginn monastischen Lebens in Grüssau gerade in diesen für das Kloster immer bedeutsamen Festtagen des August seine Besiegelung erfahren sollte. Der Tag gestaltete sich in der Tat zu einem Höhepunkt kirchlichen Lebens nicht nur Grüssaus selbst sondern auch weiter Kreise Schlesiens. Die Weihe erteilte Kardinal Bertram von Breslau unter der Assistenz der Äbte Raphael Molitor von Gerleve in Westfalen und Wilhelm Rudolf von der Nachbarabtei Braunau in Böhmen. Bedeutsam für die weitere Entwicklung Grüssaus war, daß neben den Vertretern kirchlicher und weltlicher Behörden, mit denen, wie bisher schon, wertvolle Verbindungen weiter gepflegt werden konnten, auch eine ganze Anzahl Vertreter des katholischen schlesischem Adels der Einladung nachgekommen waren.

Gerade die Beziehungen zu den großen katholischen Familien des Landes sollten sich in jeder Hinsicht sehr segensreich erweisen. In dankbarem Gedenken nenne ich hier den Herzog Albrecht Eugen von Württemberg auf Carlsruhe in Oberschlesien, den ich schon in meiner Weingartner Zeit kennengelernt hatte, den Grafen Friedrich Schaffgotsch von Warmbrunn, den edlen Herrn des Riesengebirges, Graf Hans Praschma auf Falkenberg in Oberschlesien und ganz besonders den heute noch lebenden Graf Marco von Ballestrem auf Puschine bei Friedland, gleichfalls in Oberschlesien. Die schon in den ersten Tagen meiner äbtlichen Tätigkeit in Grüssau gewonnenen Verbindungen haben sich, das sei hier dankbar vermerkt, nicht nur im geistigen Bereich, sondern auch durch materielle Beihilfen fruchtbar ausgewirkt.

Zunächst jedoch galt es der neuen Abtei überhaupt erst die wirtschaftliche Grundlage zu sichern, auf der man dann entsprechend weiterbauen konnte. Für eine Benediktinerabtei ist es entscheidend wichtig, daß sie über einen, wenn auch bescheidenen, eigenen Grundbesitz verfügen kann. Bei den Verhandlungen der vorausgegangenen Jahre war vor allem die Erwägung mit im Spiel, ob es überhaupt möglich sein werde, Grüssau ohne die Gewißheit einer gesicherten Existenz zu übernehmen. Trotz allen Bedenken geschah das Wagnis, Grüssau wurde ohne jeglichen finanziellen Rückhalt gegründet.

Die Gründungskolonie war aus der Abtei Emaus in Prag gekommen. Dort hatten sich nach dem unglücklichen Ausgang des Ersten Weltkrieges die Verhältnisse so wenig günstig entwickelt, daß die Mehrzahl der deutschen Patres dieser Abtei sich veranlaßt sah, eine neue Heimat im deutschen Bereich zu finden. Ein Teil wandte sich nach Westen, um in Württemberg die ehemalige Reichsabtei Neresheim neu zu besiedeln. Ein anderer Teil, meistens Ostdeutsche, fand in Grüssau eine neue Heimat. Dankbar muß hier des damaligen Ortsgeistlichen von Grüssau, Geistlicher Rat und Erzpriester Joseph Lux, gedacht werden. Nicht nur, weil er die ersten Unterkunft suchenden Patres willkommen hieß, sondern weil er auch als treuer Hüter der Grüssauer Heiligtümer in seiner langen Tätigkeit in Grüssau – er war schon im Jahre 1890 Pfarrer dort geworden – alles getan hatte, um Kirche und Kloster in gutem Zustand zu halten und alle Bemühungen, die Klostergebäude profanen Zwecken zuzuführen, energisch abzuwehren verstanden hatte.

So konnten die ersten Ankömmlinge aus Prag einige leerstehende Räume im Kloster beziehen. Die Mehrzahl der bewohnbaren Räume waren dem Pfarrer, den Lehrern und dem Küster als Wohnung angewiesen. Überdies befand sich noch die Schule im Klostergebäude. Ein geschlossenes klösterliches Wohnen, eine Klausur, wie man sie in den Klöstern kennt, war in den ersten Jahren somit nicht möglich.

Zu diesen wohnlichen Schwierigkeiten kamen die finanziellen Bedrängnisse. Erst wenige Monate waren vergangen, seitdem die große Inflation alle vorhandenen Vermögenswerte vernichtet hatte. Außer dem Pfarrgarten und dem auf der Südseite der Klostergebäude gelegenen sogenannten Prälatengarten, der allerdings nur eine große Wiese war und der erst vom Staat gegen ein anderes Grundstück, das hatte erworben werden müssen, eingetauscht worden war, nannte das Kloster keinen Quadratmeter Grund und Boden sein Eigentum. Es war somit kein geringes Wagnis, unter solchen Voraussetzungen die Leitung einer Gemeinschaft zu übernehmen, die immerhin im Sommer 1924 schon aus zwanzig Patres und elf Brüdern bestand. Ich hatte jedoch, um es bildlich auszudrücken, die Hand an den Pflug gelegt. Nun galt es voranzuschreiten.

Der Entschlossenheit, mit der wir – ich muß hier in der Mehrzahl sprechen und nicht nur von mir selbst – die uns gestellten Aufgaben in Angriff nahmen, blieb auch, Gott sei es gedankt, der Erfolg nicht versagt. Entscheidend hierfür war die große Hilfsbereitschaft, die wir bei Hoch und Nieder erfuhren. Schon im Jahre 1927 konnte dank dem Entgegenkommen der Geschwister Hoffmann im nahen Kleinhennersdorf, nur eine halbe Stunde von Grüssau entfernt, deren dort gelegener Hof, dem wir den Namen Benediktushof gaben, pachtweise übernommen werden, mit der Aussicht, ihn zu gegebener Zeit als Eigenbesitz zu erhalten. Damit war eine Grundlage geschaffen, auf der man zuversichtlich weiter bauen konnte. Im wesentlichen wurde der Eigenbedarf an den wichtigsten Lebensmitteln gedeckt. Für eine Gemeinschaft von bald vierzig Personen keine geringe Entlastung, da sonst alles hätte teuer gekauft werden müssen.

Wertvolle Hilfe kam vom katholischen Adel Schlesiens. Hier muß erneut der Name des Grafen Marco von Ballestrem genannt werden. Als treuer

Freund der Abtei ließ er es sich stets angelegen sein, durch seine Beziehungen zu den Standesgenossen an dem materiellen Aufbau der Abtei tatkräftig mitzuwirken. So gelang es, das Haus in wenigen Jahren den heutigen Wohnverhältnissen entsprechend einzurichten. Für die Familien der Lehrer, die im Kloster gewohnt hatten, wurden neue Wohnungen bei dem in der Nähe der Josefskirche gelegenen sogenannten „Grünen Haus“ geschaffen. Außer der Wohnung des Pfarrers, der nach wie vor in einem Trakt des Klosters untergebracht war, standen nun alle übrigen Räume uns zur Verfügung. Sie mußten alle gründlich erneuert werden. Sie befanden sich in keinem sehr wohnlichen Zustand, da sie als Hühnerställe oder Holzschuppen und zu Ähnlichem verwendet worden waren. Wohl hatten die starken Mauern den rauhen Witterungseinflüssen des Riesengebirgsklimas standgehalten. Seit der Säkularisation war aber im Innern nur jeweils das Notdürftigste gemacht worden, von modernen Errungenschaften wie Wasserleitung oder Lichtanlage ganz zu schweigen. Dies alles mußte in mühsamer Arbeit erst eingerichtet werden. Rückblickend kann man ja nur noch die Umrisse aufzeigen von all dem, was in den ersten zehn Jahren in Grüssau im Aufbau geleistet wurde.

Ich ließ es mir angelegen sein, bei den staatlichen Stellen, sei es bei den Ministerien in Berlin oder bei der Regierung in Liegnitz, persönlich vorzusprechen und die besten Beziehungen zu pflegen, nicht zuletzt auch zu unserem Landrat, Dr. Ferdinand Otto Fiebrantz in Landeshut. Ich gedenke seiner in besonderer Verbundenheit. War er doch der Leiter des Kreises Landeshut von den ersten Tagen an, da wir in Grüssau einzogen, bis zu der traurigen Stunde, da wir im Jahre 1946 Grüssau zwangsweise verlassen mußten. Es ist mir eine große Genugtuung, sagen zu können, daß diese Beziehungen bis zur Stunde noch dauern.

In dem Kaufvertrag, durch den die Abtei Eigentümerin der Klostergebäude geworden war, befand sich auch ein Paragraph, der ihr die Unterhaltungspflicht für die Kirche und deren Anbauten auferlegte. Diese Klausel hätte einen erschrecken können, wenn man an die Grüssauer Marienkirche denkt. Jedoch erwies sie sich bald weniger drückend, als sie sich auf dem Papier ausnahm. Die vertrauensvollen Beziehungen zu allen maßgebenden Stellen brachten Erleichterungen und Hilfen für die Aufgaben, die eine wenig begüterte Gemeinschaft allein nicht hätte lösen können. So wurde es möglich, schon im Jahre 1930 an den Wiederaufbau des im Jahre 1913 abgebrannten Helmes des Nordturmes der Marienkirche zu schreiten. Dieses Ereignisses des Brandes an der Marienkirche im Jahre 1913 erinnerte ich mich übrigens noch selbst sehr genau. Ich war damals in England. In einer englischen katholischen Wochenzeitung wurde über den Brand berichtet. Einer der deutschen Patres, der Anfang des Jahrhunderts einmal in Grüssau gewesen war, konnte Einzelheiten zu der Nachricht beisteuern. Diese Erzählung prägte sich meinem Gedächtnis ein. Wie hätte ich allerdings im Jahre 1913 ahnen können, daß es einmal zu meinen Aufgaben gehörte, den entstandenen Schaden wiedergutzumachen und dem Nordturm eine neue Krönung und zugleich einen neuen in Kupfer getriebenen und vergoldeten Engel für die Spitze zu beschaffen! Die Arbeiten bei der Wiederherstellung des Turmes wurden im wesentlichen durch die in Grüssau selbst oder im Kreise Landeshut ansässigen Handwerker so rasch ausgeführt, daß schon im Jahre 1931 das Werk durch eine entsprechende Feier seine Krönung erhielt. Aus dem gleichen Anlaß ließ ich eine Gedenkmünze prägen, die das Ereignis für spätere Generationen festhalten sollte. Natürlich hatten die staatlichen und öffentlichen Mittel, die für den Turmbau gegeben worden waren, allein nicht ausgereicht. Auch von der Abtei waren nicht unbeträchtliche Summen aufzubringen. Diese kamen aus Beihilfen von Freunden und Bekannten. Im gleichen Geiste wurde dann auch die Erneuerung des sehr schadhaften Daches der „Fürstengruft" in Angriff genommen. Dank der harmonischen Zusammenarbeit von Staat und Abtei konnte das Dach vollständig erneuert und ganz mit Kupfer gedeckt werden.

Unter den größeren Bauvorhaben dieser Jahre ist auch die Errichtung einer vierklassigen Schule zu nennen, die im Jahre 1934 fertiggestellt werden konnte. Damit wurde ein Teil der im Kaufvertrag übernommenen Verpflichtungen, eine neue Schule samt Lehrerwohnungen zu errichten, erfüllt. Den Bau der Lehrerwohnungen haben die nachfolgenden unheilvollen Jahre nicht mehr zur Ausführung kommen lassen.

Zu den bedeutendsten Ereignissen dieser Jahre gehörte die Beschaffung eines neuen Geläutes von sieben Glocken. Die Zierde der neuen Glocken war deren größte, die Emanuel-Glocke, die jene Glocke ersetzen sollte, die dem Turmbrand im Jahre 1913 zum Opfer gefallen war. Bei der Beschaffung dieser 108 Zentner schweren Glocke hat sich Graf Georg Henckel von Donnersmarck auf Grambschütz Kreis Namslau besonders verdient gemacht. Durch eifrige Werbung bei den Chefs der großen katholischen Familien Schlesiens, der Ratibor, Hatzfeldt, Schaffgotsch, Strachwitz, Ballestrem, Sierstorpff hatte er erreicht, daß die Glocke von diesen gestiftet wurde. Sie erhielt als „Malteser-Glocke" durch Anbringung der Wappen dieser Familien eine besonders reiche Verzierung. Die „Malteser-Glocke" selbst wie die beiden nächstgroßen Glocken, „St. Benedikt" und „St. Johannes Baptista", haben den Krieg überdauert. Am Ende des Krieges entdeckten wir sie auf einem Glokkenlager in Hamburg. Wir erreichten ihre Rückgabe. In Wimpfen selbst, unserer neuen Heimat, konnten wir sie nicht in die Türme geben. Es war schon ein Geläute da, kleiner aber doch sehr harmonisch. Und überdies hätten die Türme der Wimpfener St.-Peters-Kirche sie nicht tragen können. So wurden sie, nicht leichten Herzens, veräußert. Von der Höhe der nicht weit von Wimpfen gelegenen Stadt Mosbach im Odenwald, lassen sie jetzt ihre ehernen Stimmen erklingen.

Unmöglich ist es, hier einen umfassenden Bericht von der Aufbauarbeit während meiner äbtlichen Tätigkeit in Grüssau zu geben. Nur einige Punkte seien noch herausgehoben. Ein Hauptanliegen jeder Benediktinerabtei ist es, durch die feierliche Gestaltung der kirchlichen Liturgie ein besonderer Mittelpunkt und auch Anziehungspunkt religiösen Lebens zu sein. Darum war ich auch gleich von Anbeginn meiner Arbeit in Grüssau bemüht, diesem Aufgabenbereich unserer Abtei zu dienen. Zu den Hochfesten kamen von Jahr zu Jahr mehr die Teilnehmer an den kirchlichen Funktionen aus allen Teilen Schlesiens. Sei es in der Form von Wallfahrten, diese großenteils aus Oberschlesien, oder auch in der Form von Sondertagungen wie die jährlichen religiösen Tagungen der schlesischen Malteser zusammen mit dem Verein katholischer Edelleute Schlesiens oder die alljährlichen religiösen Tagungen des katholischen Akademikerverbandes in der Karwoche und den Ostertagen oder auch die philosophisch-theologischen Tagungen jeweils in der ersten Hälfte des August. Es ist mir eine dankbare Pflicht, hier die Namen zu nennen, die zum Erfolg dieser Tagungen beigetragen haben. Es sind dies wiederum Graf Marco von Ballestrem als Vorsitzender des Vereins katholischer Edelleute in Schlesien, Senatspräsident Brüll aus Breslau, der jeweils die Tagungen der katholischen Akademiker leitete, und unsere Patres Justinus Albrecht und Nikolaus von Lutterotti, die durch ihre Vorträge diesen Tagungen das Gepräge gaben. Ich selbst habe ebenfalls wiederholt bei diesen Tagungen Vorträge gehalten. Grüssau wurde so ein geistiger Sammelpunkt für weite Kreise, die bis heute noch ihre dankbare Anhänglichkeit bewahrt haben.

Meine eigene Tätigkeit im eben angedeuteten Sinn blieb besonders in den ersten Jahren nicht auf Grüssau beschränkt. Gerade von den Ortsgruppen des katholischen Akademikerverbandes in ganz Schlesien wurde ich wiederholt zu Vorträgen eingeladen. So lernte ich das ganze Land von Görlitz bis nach Beuthen kennen. Nichts hätte die Mannigfaltigkeit, den kulturellen und materiellen Reichtum Schlesiens mir besser erschließen können als diese Fühlungnahme mit allen Teilen des herrlichen Landes. Noch andere Gelegenheiten boten sich mir, das Bild der Landschaft wie der Menschen nach allen Seiten hin zu ergänzen. Hatten mich meine Vorträge im wesentlichen in die Städte, kleinere wie größere, geführt, so brachten mich die Beziehungen zu den Familien des katholischen Adels auch in Berührung mit ländlichen Verhältnissen und vor allem mit der schlesischen Landschaft selbst. Taufen,

Trauungen und andere Familienfeste, zu denen ich gebeten wurde, boten reichlich Gelegenheit, neben dem offiziellen Teil solcher Besuche auch Land und Leute, den Reichtum ganz Schlesiens eingehend kennenzulernen. Wenn ich von Reichtum spreche, so meine ich damit die großartige Vielfältigkeit Schlesiens, seien es die weiten Wälder und Höhen des Riesengebirges oder die reichen Ackerfluren der Ebene, die atemberaubenden Industrieanlagen des Waldenburger Landes und erst recht Oberschlesiens. Ich lernte die Wallfahrtsorte Schlesiens kennen wie nicht minder das Schaffen unter Tag in einer der oberschlesischen Gruben. Der Wunsch, den mir Kardinal Bertram bei meiner Weihe mit auf den Weg gab: „Schlesien möge nun Ihre Heimat werden", hatte sich in vollem Maße erfüllt.

Den Bemühungen nach außen hin blieb auch der Erfolg im Inneren nicht versagt. Zu dem Stamm der ersten Pioniere im neuen Grüssau kam bald hoffnungsvoller Nachwuchs, der seiner großen Mehrzahl nach aus Schlesien stammte. So wuchs die klösterliche Gemeinschaft zusehends, sowohl durch Nachwuchs für die Chor- wie für die Brüdermönche. Aus der anfänglichen Zahl von zwanzig Patres und elf Brüdern im Jahre 1924 wurde eine Gemeinschaft von 67 Mönchen, von denen 32 Patres waren, als der Zweite Weltkrieg im Jahre 1939 ausbrach. Fast jedes Jahr sahen wir den damaligen Weihbischof von Breslau, Valentin Wojciech, einen treuen Freund Grüssaus, in unserer Mitte, um die heiligen Weihen zu spenden.

Als Grüssau im Jahre 1935 die 200jährige Wiederkehr der Weihe seiner Kirche feiern konnte, stand die Neugründung auf schlesischem Boden geistig und wirtschaftlich in einer Entwicklung, die zu größeren Hoffnungen berechtigte. Leider sollten sie sich nicht erfüllen. Schon in diesen Jahren, Mitte der Dreißiger, zeichneten sich Ereignisse ab, die nichts Gutes verhießen, die mit dem Ausbruch des Krieges im Jahre 1939 tatsächlich zur Katastrophe führen sollten. Gleich der Kriegsbeginn legte uns harte Opfer auf. Grüssau als Neugründung hatte eine verhältnismäßig große Zahl jüngerer Mitglieder. Dazu kam, daß in den für uns maßgebenden Wehrbezirken die Aushebungen mit größtem Nachdruck betrieben wurden. Nicht weniger als 15 Patres, 4 Kleriker und 21 Brüder wurden zum Kriegsdienst eingezogen. Auch ältere Jahrgänge blieben nicht verschont. Ich selbst, obgleich damals schon 49 Jahre alt, erhielt im Jahre 1943 den Gestellungsbefehl. Kardinal Bertram machte mich daher zum Pfarrer von Grüssau. So konnte ich auch mein Amt als Abt weiter verwalten. Diese Ernennung hatte auch den sachlichen Vorteil, daß ich noch eingehender mit dem Leben und den Geschicken der Pfarrgemeinde Grüssau vertraut wurde.

Genau ein Jahr nach Ausbruch des Krieges wurden die Abteigebäude zum allergrößten Teil für Umsiedler aus dem Buchenland beschlagnahmt. Wir betrachteten es als ein Glück, daß wir nicht, wie es anderwärts geschehen war, gänzlich vom Ort vertrieben wurden. Wir durften in Grüssau bleiben, im Kloster selbst allerdings nur auf wenige gegen die Kirche zu gelegene Räume beschränkt. Die wenigen noch Verbliebenen fanden im Ort notdürftig Unterkunft. So zogen in trauriger Folge ein Kriegsjahr nach dem andern vorbei, immer größere Lücken in unsern Personalstand reißend. Im ganzen haben wir 15 Mitbrüder im Krieg verloren, ein harter Verlust für eine Gemeinschaft, die sich erst im Aufbau befand.

Leider sollten mit dem Ende des Krieges Sorge und Not noch kein Ende nehmen. Seit Januar 1945 wurden die Straßen nicht leer von Flüchtlingen, die aus den Gebieten östlich der Oder kamen. Bei einer Temperatur von 20 bis 30 Grad treckten endlose Scharen heran. Selbst Kuhgespanne fehlten nicht, in der Mehrzahl allerdings waren es Pferdegespanne und gelegentlich auch ein motorisierter Flüchtlingstreck. Ich erinnere mich, wie die schier endlosen Kolonnen herankamen, eingehüllt in die eisige Winterlandschaft, ein Bild, dessen erschütternde Tragik man damals wohl ahnte, dessen unmenschlichen Ausgang man aber noch nicht voraussehen konnte. Mitte Februar wurden wir auf die bevorstehende Räumung des schlesischen Gebirgsrandes vorbereitet und lebten von Tag zu Tag in banger Erwartung des drohenden Unheils. In den letzten Februartagen wurden wir von wohlwollenden amtlichen Stellen darauf hingewiesen, die älteren Patres und Brüder noch mit letztmöglichen Eisenbahnverbindungen nach dem Westen zu bringen. Mir selbst wurde die Führung anvertraut. Über Prag, Furth im Wald, Regensburg, Ingolstadt, Donauwörth gelang es unter größten Mühen, wiederholt von Tieffliegern begleitet, die kleine Schar nach der Abtei Neresheim in Württemberg zu geleiten. Erlebnisse und Eindrücke, die einem, wenn auch nur gleichsam am Rande, die Schrecken des Krieges vor Augen führten. Bislang hatten wir ja in Schlesien von solcherlei Erfahrungen wenig verspürt.

Um so bitterer sollte für uns alle die Zeit nach Kriegsende werden. Immer mehr verdichteten sich die Gerüchte, wonach die Deutschen im Osten des Reiches aus ihrem jahrhundertelang angestammten Land ausgewiesen werden sollten. Es schien zunächst kaum glaubhaft, man klammerte sich an Hoffnungen und Möglichkeiten. Jedoch das Unfaßbare wurde Wirklichkeit, harte, grausame Tatsache. Das Unheil machte auch vor der Grüssauer Klostergemeinde nicht halt. Am 3. Sonntag nach Ostern, am 12. Mai 1946, erhielten alle Konventualen, mit Ausnahme von zwei Patres und zwei Brüdern, die außerdeutsche Staatsbürgerschaft besaßen, den Ausweisungsbefehl.

Unter den Zurückgebliebenen war auch P. Nikolaus von Lutterrotti, der bis zu seiner eigenen Aussiedlung im Jahre 1954 die Seelsorge für die wenigen verbliebenen Deutschen im Kreise Landeshut und Waldenburg übernahm. Er opferte sich auf, schonte sich in keiner Weise, war überall zur Stelle, wo es zu raten und zu helfen galt. Kein Wunder, daß seine Kräfte sich dabei verzehrten. Als Todkranker kam er schließlich zu uns nach Wimpfen, um wenige Monate darauf zu sterben. Wenigstens er und auch wir hatten so den Trost, ihn noch einmal zu sehen und seine irdische Hülle im neuen Grüssau zu Wimpfen am Neckar der Erde zu übergeben.

Doch ich bin etwas vorausgeeilt. Noch am Abend des 12. Mai 1946 mußten die Ausgewiesenen samt der übrigen Dorfgemeinde Grüssau verlassen. In Güterwagen zu 35 bis 40 Personen wurden die Klosterinsassen mit der Grüssauer Gemeinde über Liegnitz–Kohlfurt an die Zonengrenze bei Helmstedt gebracht, um dann über Vienenburg am Harz weiter nach dem Westen transportiert zu werden.

Es erhob sich nun für uns als Benediktinerabtei die lebensentscheidende Frage, ob und wie wir als geschlossene Familie wieder eine neue Heimstätte finden könnten. Es waren harte und schwere Monate, die nun folgten. In allen Teilen des uns Deutschen verbliebenen Reiches suchten wir nach einem alten Kloster und einer Kirche, die uns neue Heimat werden könnten. Die Suche wurde dadurch erschwert, daß alle irgendwie in Frage kommenden Objekte entweder von Bombengeschädigten oder Vertriebenen aus dem Osten in Beschlag genommen waren. Nach reiflichem Überlegen und wiederholten, aber ergebnislosen Versuchen besonders in Niedersachsen, wohin ja die meisten der schlesischen Vertriebenen gekommen waren, faßten wir den Entschluß, uns in dem ehemaligen Ritterstift St. Peter zu Wimpfen im Tal am Neckar unfern von Heilbronn niederzulassen. Zwei Vorteile boten sich uns dort. Einmal eine herrliche gotische Kirche, wie geschaffen für unsere benediktinisch-liturgischen Aufgaben, und Klostergebäude, die leer standen, weil sie unbewohnbar waren. Seit der Säkularisation im Jahre 1803 war St. Peter zu Wimpfen im Tal nahezu verlassen geblieben. Die Stiftsgebäude boten keine Wohnmöglichkeit, es waren leere Hallen, in die selbst Bombengeschädigte oder Vertriebene nicht eingewiesen werden konnten. Weil dem so war, konnten wir Grüssauer Klostergemeinde dort erneut anfangen und die Grundlagen zu dem legen, was heute Grüssaus Abtei zu Wimpfen im Tal geworden ist.

Rudolf-Christoph Freiherr von Gersdorff

SOLDATENLEBEN IN SCHLESIEN

Der eigentlich humorvoll gemeinte Ausspruch: „Schlesien ist eine geglückte Kombination von preußischer Genauigkeit und österreichischer Gemütlichkeit", birgt fraglos viel Wahrheit in sich. Dies bekam vor allem zu spüren, wer als Soldat aus anderen Teilen Deutschlands in eine schlesische Garnison versetzt wurde und sich hier bei aller Pflichterfüllung und strenger Dienstauffassung sehr bald von dem liebenswürdigen Charme, der inneren Aufgeschlossenheit und der offenen und herzlichen Gastfreundschaft der schlesischen Menschen überzeugen konnte. Die Soldaten aber, die selbst Schlesier waren und wenigstens die längste Zeit ihres militärischen Dienstes in ihrer Heimatprovinz erleben konnten, brachten diese von der Landschaft, der Geschichte und den Menschen Schlesiens geprägte Mischung aus „Korrektheit und Liebenswürdigkeit" von sich aus mit. Sie konnten alle inneren und äusseren Freuden ihres Soldatenlebens genießen und dabei mithelfen, einen der besten Soldatentypen zu schaffen, den Preußen Deutschland seit der Zeit Friedrichs des Großen je hervorgebracht hat.

Ich habe das Glück gehabt, als Soldatenkind in einer kleinen niederschlesischen Garnisonstadt aufzuwachsen und dann von 1923 bis 1937 als Kavallerist in Lüben, Breslau und Brieg meine militärischen Lehrjahre zu erleben. Aus dieser Zeit, der schönsten und sorglosesten meines Erdenweges, nehme ich mir das Recht, über ein Soldatenleben in Schlesien zu berichten, das glücklicher nirgendwo anders gewesen sein könnte.

Das „freundliche Lindenstädtchen" Lüben im Regierungsbezirk Liegnitz, in dem ich meine Kindheit, Schul- und Rekrutenzeit verlebte, war mit seinen etwa 5000 Einwohnern eine der typischen kleinen Kavalleriegarnisonen Schlesiens, die mit ihrem Regiment, dem Dragonerregiment von Bredow (1. Schles.) Nr. 4 eng verwachsen war. Seit meiner frühesten Jugend ist mir das blaugelbe Tuch der Dragoner, das auch mein Vater trug, vertraut. Das Straßenbild der kleinen Stadt wurde von ihm beherrscht, und das ganze Leben in ihr schien sich in erster Linie um die Garnison zu drehen.

Das konnte man besonders am Sonntag feststellen, wenn das Trompeterkorps des Dragonerregiments unter der Stabführung des rotbärtigen Stabstrompeters Pohlmann nach der Kirchzeit auf dem Ring konzertierte. Dann war jeder Fensterplatz besetzt, und die meisten übrigen Bewohner des Städtchens promenierten um ihren Marktplatz herum. Vor dem wegen seiner guten Küche bekannten Hotel „Grüner Baum", vor dem noch die einzige „Laube" stand, die im Siebenjährigen Krieg den von einem österreichischen Pandurenführer – er trug ausgerechnet meinen Namen – ausgelösten Brand überlebt hatte, standen oder saßen die prominentesten Bürger und das Offizierskorps mit ihren Damen, und man hatte das Gefühl, daß Bürger und Soldaten weder Geheimnisse voreinander hatten, noch durch irgendwelche Schranken voneinander getrennt waren.

Die Bürgerschaft nahm am Schicksal und an den persönlichen Verhältnissen der damals meist viele Jahre in der Stadt lebenden Offiziere und ihrer Familien unmittelbar teil. Meine Eltern, die seit dem Jahr 1900 in Lüben wohnten, hießen bei allen Bürgern nur „Vatel und Muttel." Sie waren eben „Lübener." Noch nach vielen Jahren, als meine Mutter nach dem Tod meines Vaters nach Breslau verzogen war, sagte mir ein Lübener Bürger: „Seitdäm de Muttel nich mähr ei Lieben is, is hier nischt mähr los." Wir Kinder wurden selbstverständlich von allen Bürgern, als wir schon erwachsen waren, noch geduzt, und als ich nach Jahren einmal in meiner Geburtsstadt in Zivil zum alten Friseur Gottschling ging, fragte er mich: „Nu soag amoal, wus bischte denn derweil gewurden?" Als ich ihm darauf erzählte, daß ich Rittmeister und Schwadronschef sei, meinte er nur: „Nu sieh ock, doa mechte man dich ja baale siezen!" Er ließ es aber gottlob beim – natürlich einseitigen – Du.

Lüben war ebenso wie andere schlesische Kreisstädte mit der Landbevölkerung der Umgebung eng verbunden. Dies übertrug sich auch auf die Garnison, zumal die Bauernsöhne meist bei „a Dragunern" ihren Wehrdienst ableisteten, und im übrigen durch die zahlreichen kleinen Marsch- und Felddienstübungen im Kreisgebiet ein herzliches Verhältnis zwischen Landleuten und Soldaten entstanden war. So wuchsen Stadt und Land mit ihren Dragonern zu einer großen Familie zusammen. Das zeigte sich auch besonders bei den „Kaiser-Geburtstagsfeiern" am jeweiligen 27. Januar. Am Vormittag dieses Tages fanden eine Paradeaufstellung und ein Vorbeimarsch zu Fuß auf dem Ring statt, wozu sich neben der gesamten Bürgerschaft bereits ein großer Teil der Landbevölkerung einfand. Für uns Kinder war es stets ein Hauptspaß, danach die zahlreichen Sporen einzusammeln, die sich die im Parademarsch zu Fuß wenig geübten Dragoner abgetreten hatten. Abends feierten die fünf Schwadronen einzeln in den Gasthöfen der Stadt mit ihren zahlreichen Gästen, wobei dem allgemeinen Tanz immer teils ernste, teils heitere Aufführungen vorangingen. Hierfür hatten sich gewisse Regeln herausgebildet. Nach einem Prolog folgte ein lebendes Bild, bei dem sich um eine – meist von einem Dragoner dargestellt – „Germania“ Soldaten in historischen und neuzeitlichen Uniformen gruppierten. Dann schlossen sich Vortrags- und Gesangsdarbietungen sowie ein kleines, entweder sehr derbkomisches oder sehr rührseliges Theaterstück an. Für mich waren diese Veranstaltungen Höhepunkte meiner Jugend und bestärkten noch den Wunsch, einmal Soldat zu werden.

Auch nach dem Ersten Weltkrieg hatte sich an dem guten Verhältnis zwischen Bevölkerung und Soldaten wenig oder gar nichts geändert. Wenn auch in Lüben inzwischen zwei Schwadronen des Reiterregiments Nr. 7 (Breslau) standen, so hießen ihre Angehörigen doch weiterhin in Stadt und Land die „Draguner“, bei denen jetzt nur die blaugelben Farben vermißt wurden.

Ich trat am 1. April 1923 in die Traditionseskadron der Bredow-Dragoner in Lüben ein und erlebte hier eine harte, aber glückliche Rekrutenzeit. Damals gab es noch keine „Fahnenjunker oder Offiziersanwärter“, denen irgendwelche „Privilegien“ zugestanden hätten. Ich war Rekrut, wie jeder andere, wenn auch mein Vater als ehemaliger Kommandeur des Regiments und Generalmajor a. D. nur wenige hundert Meter von der Kaserne entfernt wohnte.

Wir jungen Soldaten standen unter der Fuchtel der noch im Krieg gewesenen Obergefreiten, von denen mir insbesondere der „Sonntag-Kalle“ und der „Schwarzer-Paule“ in „schlagwürdiger“, aber auch dankbarer Erinnerung sind. Wenn sie einem zwanzig Paar völlig verdreckter Stiefel zum Putzen vor die Füße warfen oder am Sonnabendnachmittag die gerade „gewienerten“ und auf Hochglanz polierten fünf Kandarenzeuge in den mit Wasser gefüllten Stalleimer tunkten, weil sie ihrer Ansicht nach nicht blank genug waren, wenn sie uns Rekruten Putzzeuge, Lanzenflaggen und andere kleine Ausrüstungsstücke „klauten“, um sie dann wieder an uns zu „verkaufen“, dann hätte man manchmal schier am Leben verzweifeln können. Wenn aber die gleichen „Quälgeister“ dem 18jährigen, viel zu schnell gewachsenen „Jungel“ die mit feuchten Dung beladenen und daher überschweren Mistkästen abnahmen und ihm dafür eine leichte Stallarbeit zuteilten, dann merkte man immer wieder das „guldene schläsische Herze“.

Mit den anderen Rekruten verband mich eine enge Kameradschaft, die unter Aufrechterhaltung des gewohnten „Du“ (natürlich nur außer Dienst) auch anhielt, als ich Offizier im gleichen Regiment war, und die bis in die heutigen Tage ihre – im wahrsten Sinne des Wortes – Feuerprobe bestanden hat. Uns allen hat die harte Rekrutenzeit nicht geschadet. Mir als zukünftigem Offizier aber war sie Lehrmeisterin für meine „Innere Führung“ als Rekrutenerzieher und später als Schwadronschef.

Nach Absolvierung der Kriegsschulen, des Fähnrich- und Offiziersexamens kam ich dann 1926 nach Breslau in die Kürassierskaserne, wo der Regimentsstab und die anderen Schwadronen des Reiterregiments 7 garnisoniert waren. Hier herrschte die Kürassiertradition vor, die auf das älteste Regiment der preußischen Armee, das Leibkürassierregiment Großer Kurfürst (1. Schles.) Nr. 1 zurückging. Den weiß-schwarzen Koller dieses stolzen und ruhmreichen Regiments hatte mein Vater als Leutnant getragen, und so kam ich zur „Leibschwadron" und wurde wie andere Leibkürassiersöhne in den Offiziersverband des alten Regiments aufgenommen. Ich wohnte in der gleichen Kasernenwohnung, in der einst mein Vater gewohnt hatte, meine Pferde standen in den Boxen, in denen die seinen über dreißig Jahre früher gestanden hatten, und im Kasino saß ich auf dem Stuhl und aß mit dem Besteck, auf dem – einst für meinen Vater – mein Familienwappen eingeschnitzt und eingraviert war. Selbstverständlich wurde auch meine bescheidene Behausung von der Tochter der „alten Feuerstein", die meinen Vater als Leutnant bedient hatte, aufgeräumt.

Auch in Stadt und Land Breslau sprach niemand von den siebenten Reitern, sondern immer noch von den „Kierassieren". Der Stolz, den Breslau und ganz Schlesien empfand, das vornehmste und ruhmreichste Kavallerieregiment der alten preußisch-deutschen Armee bei sich zu haben, konkurrierte nur mit dem Stolz Schlesiens auf seine „Elfer" (Grenadierregiment 11 in Breslau), auf die Liegnitzer „Königsgrenadiere", die 10. Grenadiere in Schweidnitz, die Oelser und Hirschberger Jäger, die „Peucker"-Artilleristen und die Ulanen- (1. u. 2.), Husaren- (4. u. 6.), Dragoner- (4. u. 8.) und Pferdejäger- (11.) Regimenter. So war auch noch in der Reichswehr alles eingehüllt in Tradition, die uns allen, besonders aber den Offizieren, Verpflichtung bedeutete.

Leutnantsleben in Breslau – wo fängt man an und wo hört man auf zu erzählen? Beim täglichen Dienst, bei den Märschen durch unsere herrliche Heimat mit ihren unerreichten Quartieren, bei reiterlichen Freuden durch Rennen, Turniere und Reitjagden, bei glänzenden Festen und Bällen in Stadt und Land, bei Theater und Konzerten oder bei fröhlichem, unbeschwertem Junggesellenleben? Nein – anfangen muß man bei der unübertrefflichen und niemals in gleicher Form wiederkehrenden Kameradschaft, die die Offiziere unter sich, die Offiziere mit Unteroffizieren und Mannschaften und schließlich das ganze Regiment mit den Breslauer Bürgern und der gesamten Landbevölkerung verband. Man sollte mit dem Wort „einmalig" sparsam umgehen, hier aber erscheint es mir am Platz!

Es war die Regel, daß Söhne alter Leibkürassiere in die erste Schwadron des Reiterregiments 7, die „Leibschwadron", eintraten. Den Zugführern dieser Schwadron wurden nach Möglichkeit die Unteroffiziere und Mannschaften zugeteilt, die aus ihrer engeren schlesischen Heimatgegend stammten. Mit manchen von ihnen hatten sie als Jungen „Räuber und Gendarm" gespielt, sie waren mit ihnen zusammen in die gleiche Dorfschule gegangen und kannten ihre Eltern und Verwandten. Zusammengehörigkeit und gegenseitiges Vertrauen brauchten also nicht erst geschaffen zu werden, sie waren von vornherein da. So war es auch nur natürlich, daß die meisten Offiziere – zum mindesten außer Dienst – von Vorgesetzten, Gleichrangigen und Untergebenen mit ihren Vornamen bezeichnet wurden, zumal auch häufig mehrere Mitglieder derselben schlesischen Familien gleichzeitig als Offiziere im Regiment dienten. Hierbei kamen auch die zahlreichen Spitz- und Kosenamen – ein österreichisches Erbe, das sich in Schlesien weitgehend erhalten hatte – zur Geltung. Es war daher eigentlich nichts Besonderes, als ich eines Tages zufällig Ohrenzeuge wurde, wie der Telefonanruf der Verlobten eines meiner Mit-Leutnants von einem Gefreiten mit folgenden Worten weitergegeben wurde: „Hol amoal a Guido, de Christa mecht'n sprechn."

Die gegenseitige Teilnahme am persönlichen Leben und an den familiären Verhältnissen, der man auf Schritt und Tritt begegnen konnte, bildete die Grundlage für einen Geist der Zusammengehörigkeit, Kameradschaft und Treue, wie ich ihn in meinem militärischen Leben nirgendwo sonst noch einmal angetroffen habe. Er war durch nichts zu erschüttern und hat seine Belastungsprobe sowohl im „Dritten Reich" als vor allem auch im Krieg bestanden.

Für diese Bewährung gibt es kein besseres Beispiel als das meiner Kriegs-Ordonnanz, des Gefreiten Paul Kühn. Er war etwa so alt wie ich und war in meiner schlesischen Heimatstadt Lüben in der Polkwitzer- (später Hindenburg-) straße Nr. 12 geboren, während meine Eltern die Nr. 13 derselben Straße bewohnten. Wir hatten als Jungen zusammen gespielt, hatten uns dann aber aus den Augen verloren. Vom Beginn des Rußlandfeldzuges an hat mich Paul Kühn bis zu seinem Tod nicht verlassen. Schon in Rußland hatten wir mehrere aufregende Abenteuer gemeinsam zu bestehen, wobei ich immer die Selbstverständlichkeit bewunderte, mit der er auch dann, wenn er es eigentlich nicht notwendig hatte, an meiner Seite blieb. Als wir im August 1944, inzwischen nach Frankreich versetzt, eines Tages britischen Churchill-Panzern „in die Arme fuhren", und sich die Offiziere und Fahrer meines Stabes aus den in Brand geschossenen Wagen robbend in die nächste Deckung retteten, konnte ich ihnen wegen einer einige Tage vorher erlittenen Knie-Verwundung nicht folgen. Ich lag bewegungsunfähig mitten im Punktfeuer der etwa 300 Meter entfernten Feindpanzer. Da kam Paul Kühn aufrecht aus der Deckung heraus auf mich zugelaufen. Als ich ihm den Befehl zurief, sich hinzulegen, meinte er bloß: „Ich muß doch meinen Oberscht holen", und dann zog er mich unter Einsatz seines Lebens aus dem Feuer heraus.

Wir kamen anschließend aber doch vorübergehend in britische Gefangenschaft. Als ich eine Gelegenheit fand, mich „dünne" zu machen, genügte ein Wink, um Paul Kühn zu veranlassen, mir zu folgen. Er hat mich nach aufregender, aber geglückter Flucht in einem kleinen Handwagen auf Nebenwegen etwa 30 Kilometer durch die französischen Lande gezogen, so daß wir trotz meiner Verwundung wieder die deutschen Linien erreichten.

Als ich Paul Kühn im Januar 1945 das Angebot machte, nach Schlesien zu fahren, um seine Familie und einige meiner Wertsachen vor den eindringenden Sowjets zu retten, lehnte er es einfach ab, mich allein zu lassen. Er ist dann am 20. Februar 1945, neben mir stehend, gefallen. „Ich hatt' einen Kameraden."

Dieser schlesische Soldatengeist hatte auch mein altes Breslauer Reiterregiment erfüllt. Ein von unserem langjährigen Obermusikmeister Ulrich komponierter Marsch erhielt den Text: „Das schönste Regiment auf der Erde ist Reiter sieben zu Pferde." Unter seinen Klängen und denen der alten preußischen Reitermärsche – insbesondere des „Großen Kurfürsten Reitermarsch" (komponiert von dem einstigen Leibkürassieroffizier Kuno Graf Moltke) – marschierten wir täglich mitten durch Breslau zum Exerzierplatz Rosental, der dem Regiment zugewiesen worden war, nachdem der alte, sehr viel nähere Platz in Gandau Flugplatz geworden war.

Hin und zurück mehr als zwanzig Kilometer Pflaster waren für Mann und Pferd – und nicht zuletzt für die ausdauernd blasenden Trompeter – eine ziemliche Strapaze, die aber jeder gern auf sich nahm. Es war schon etwas Schönes, mit „angefaßter Lanze" oder später, nach Abschaffung dieser uns ans Herz gewachsenen aber überholten Waffe, mit gezogenem Säbel durch die Hauptstraßen Breslaus zu reiten, begrüßt von jung und alt der vom Trompetengeschmetter angelockten Einwohner. Wenn es allerdings geregnet hatte, dann wurde das alte Holzpflaster auf der Schweidnitzerstraße so glatt, daß manchmal gleich mehrere Pferde ausrutschten und hinfielen, und dies gerade in dem feierlichen Augenblick des Vorbeimarsches am alten Generalkommando (neben der Oper), an dessen Fenster der Divisionskommandeur die Parade seines „Haus"-Regiments abnahm. Einmal geschah dieses Mißgeschick sogar dem damals schon über zwanzigjährigen Pauker-Schecken „Peter", der nicht allein in Breslau sehr populär war.

Während meiner Rekruten- und Fähnrichszeit und den ersten Jahren als Leutnant exerzierten wir noch nach dem alten Vorkriegsreglement und mit Lanzen. Die „neue" Zeit fand eigentlich nur in den leichten und schweren Maschinengewehren, die die Schwadronen mitführten, ihren Ausdruck. Wir

chenberg
hlstich

Hirschberg und das Riesengebirge
Lithographie von E. W. Knippel

Blick auf Kloster Leu
Gouache, 1826

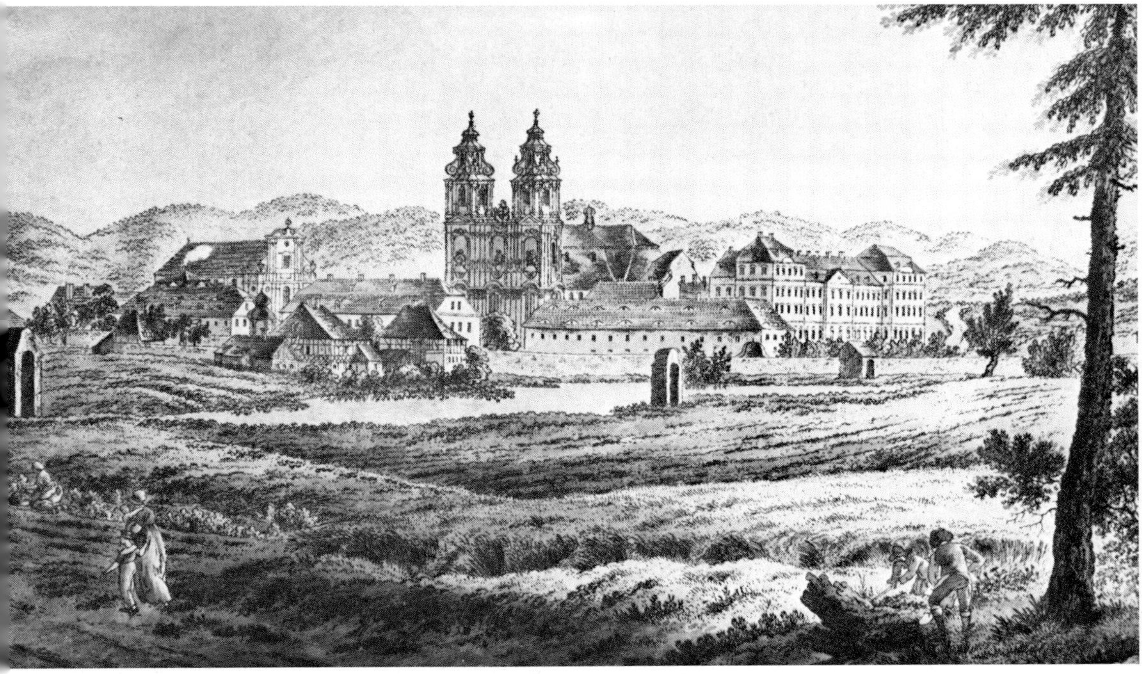

üssau
dierung von F. A. Tittel

Die Schneekoppe
Lithographie von Carl Mattis, um 1820

Salzbrunn
Lithographie

waren uns zwar darüber klar, daß wir reichlich unmodern waren und in einem kommenden Krieg kaum noch geschlossene Attacken mit gefällter Lanze reiten würden, aber wir hingen mit allen Fasern an diesen Symbolen frisch-fröhlichen Reitergeistes. Als wir 1927 die Lanzen mit ihren flatternden schwarz-weißen Fähnchen in die Ecke stellen mußten, glaubten wir, schon damals die alte Kavallerie zu Grabe zu tragen. Noch folgten aber Jahre herrlichen Reiterlebens. Am schönsten war es, wenn das Regiment, feldmarschmäßig ausgerüstet, zu Übungen, Manövern oder auf dem Weg zu den Truppenübungsplätzen Neuhammer, Königsbrück oder Altengrabow durch das schlesische Land marschierte. Das war ein Festtag für alle Dörfer, durch die wir kamen; und erst für das Dorf, in dem bereits Quartiermacher für Mann und Pferd die stets bereitwillig zur Verfügung gestellte Unterkunft vorbereitet hatten. Während der fünfzehn Jahre in Schlesien habe ich nicht ein einziges schlechtes Quartier erlebt, sei es im „Schluße" (Schloß), womit jedes größere Landhaus bezeichnet wurde, das ein „Tirmdel" (Türmchen) hatte, sei es beim „Pauer." Das Einzelquartier bei einem wohlhabenden Bauern war besonders beliebt. Wie wurden dort der „Kierassier" und sein Pferd gehegt und gepflegt! Das Pferd bekam den besten, wenn manchmal auch recht engen Stallplatz und konnte sich aus den bäuerlichen Beständen nach Herzenslust satt fressen. Die Bauernjungens halfen beim Putzen von Pferd und Sattelzeug. Und der Quartiergast bekam ein herrliches, meist hochgetürmtes Bett, oft in der „guten Stube", und so viel und so gut zu essen, daß er es häufig bei allem guten Willen nicht „schaffen" konnte. „Menüs", die aus Suppe, einer Gans oder einem Huhn (allein für ihn!), aus zahllosen „Kliessla", Speise, „Kompöttern", Kaffee und Bergen von Streusel- oder Pflaumenkuchen bestanden, waren keine Seltenheit. Wenn dann der brave Reitersmann, dem Platzen nahe, die letzten Streifen Streuselkuchen verweigerte, konnte er meist noch hören: „Na, bei uns schmeckts'n wohl nich." Er blieb aber auch dann der Ehrengast, mit dem abends die ganze Bauernfamilie einschließlich der Kinder zum „Manöverball" wanderte, wo er selbstverständlich auch zu Speis und Trank eingeladen war.

Im Dorfkretscham war die ganze Dorfgemeinde mit der geschlossenen Schwadron vereinigt. Der Gemeindevorsteher begrüßte die „Einquartierung" und der Rittmeister bedankte sich für die gebotene Gastfreundschaft. Und dann wurde zu den Klängen von fünf bis sechs Trompetern (das Trompeterkorps war auf die fünf Schwadronen des Regiments aufgeteilt) nach Herzenslust getanzt. Wenn nicht am nächsten Tag Ruhetag war, mußte gegen Mitternacht „Zapfenstreich" befohlen werden, um wenigstens einige Stunden Schlaf sicherzustellen. Aber darum gab es stets einen regelrechten Kampf; denn die Quartiergeber, die meist selbst in einem der schlesischen

Kavallerieregimenter gedient hatten, mußten ja vorher alle ihre Erinnerungen loswerden. Fast immer hatten sie die schwierigsten Remonten (junge Pferde) ihrer Schwadron reiten müssen, hatten sie die höchsten und breitesten Hindernisse gesprungen und die tollsten Streiche ausgeführt. Der Schlesier „schmückt ja gerne a bissel aus". Niemals aber habe ich einen ernsthaften Streit zwischen Quartiergebern und Einquartierten erlebt, und das ist wohl das beste Zeichen dafür, wie beliebt der Soldat bei der schlesischen Landbevölkerung war.

Unvergeßlich bleibt mir ein achttägiger Übungsritt der Offiziere und Unteroffiziere meiner Schwadron von Breslau über Schweidnitz – Salzbrunn – Grüssau – Krummhübel auf – ja, wirklich auf die Schneekoppe und von dort den Riesengebirgskamm entlang über die Prinz-Heinrich-Baude nach Schreiberhau. Der Ritt auf die Koppe und auf dem Kamm des Riesengebirges war wohl das einzige Mal, daß sich eine größere Reitergruppe in solche Höhen „verstiegen" hatte. Das Erstaunen der zahlreichen Kammwanderer war dementsprechend groß. Im herrlichen Barockkloster Grüssau erlebten wir als Gäste des von beiden Konfessionen verehrten Abtes Schmitt das beste und schönste Quartier unseres Lebens. „Joa, doa woar Fettläbe!"

Der Dienst in der Garnison war hart und streng. Im Winter begann er für den jungen Leutnant schon früh um fünf Uhr in der eiskalten Reitbahn mit der ersten Rekrutenabteilung, endete mittags um ein Uhr mit der Offizierreitstunde und setzte sich nach einer meist nur halbstündigen Mittagspause am Nachmittag bis fünf oder sechs Uhr fort. Eine Stunde später mußte man bereits umgezogen im Kasino sein. Glücklicherweise waren ausgedehnte Kasinoabende bei dem Breslauer Reiterregiment eine Seltenheit. Dafür bot aber die schlesische Metropole dem jungen Leutnant so viel an Geselligkeit, Vergnügen, kulturellen Veranstaltungen, daß er nur allzuoft erst in den Morgenstunden ins Bett kam oder gar, ohne geschlafen zu haben, wieder mit dem Dienst beginnen mußte. Zum Ausgleich verstanden wir es alle, in jeder freien Minute, in jeder Situation – und manchmal sehr unbequem auch im Schritt zu Pferde – schlafen zu können.

Angesichts der spartanischen Kargheit unserer Wohnzimmer bildete das Kasino eine Art Heimat für uns. Es lag in einem Flügel der während des Krieges 1870-71 erbauten Kaserne und atmete mit seinen überaus wertvollen Bildern bekannter Maler, seinen zahlreichen Traditionsstücken aus den Feldzügen des 17., 18., und 19. Jahrhunderts und seinen antiken, aber bequemen Möbeln den Geist des im Jahr 1674 von dem Großen Kurfürsten begründeten Regiments.

Unvergeßlich sind die Abende, die an Erinnerungstagen der preußischen Geschichte, insbesondere am 2. Dezember zum Gedenken an die Attacke von

Loigny-Poupry (1871), die alten Leibkürassiere mit dem Offizierskorps des die Tradition weiterführenden Reiterregiments 7 vereinigten. Unter den Klängen unseres Parademarsches betraten wir durch die von baumlangen Unteroffizieren in der alten Leibkürassieruniform flankierten Flügeltüren den schönen gotischen Saal, in dem neben einem bekannten Bild des Großen Kurfürsten und einem Bild des letzten Kaisers in jungen Jahren die Wappen aller Offiziere hingen, die seit 1674 dem Regiment angehört haben. Es gab wohl keine schlesische Adelsfamilie, die hier nicht vertreten war.

Der erste, vom ältesten anwesenden Leibkürassier ausgebrachte Toast galt stets – auch noch bis 1935 – dem Chef des Regiments, das heißt dem letzten Kaiser und König, der so oft in diesen Räumen im Kreise der Offiziere seines ältesten Regiments geweilt hatte.

Wir Reichswehr-Offiziere dienten damals treu und aufrichtig der Republik, der wir unseren Eid geleistet hatten; aber Herkunft, Erziehung und Tradition verpflichteten uns innerlich der monarchischen Idee, die nach meiner Überzeugung kaum in einer anderen deutschen Provinz noch so im Volk verwurzelt war wie in Schlesien. Trotz dem vielfach spürbaren Hang zu österreichischen Sitten und Lebensformen und der etwa gleichmäßigen Konfessionsverteilung bestand dabei nie ein ernsthafter Zweifel an dem durch Friedrich den Großen geschaffenen Legitimismus.

Mit der Fülle der im Kasino entstandenen schlesischen „Geschichten" könnte man Bücher füllen. Nur eine sei stellvertretend hier erzählt. In der Unterhaltung wurde einmal erwähnt, daß irgend ein Verbrecher „in flagranti" ertappt worden sei, worauf eines der ausgesprochenen schlesischen Originale ganz treuherzig fragte: „Flagranti, wo liegt'n doas?" Als daraufhin alles laut lachte, meinte er bissig: „Ihr reichen Äster, Ihr tut jädes Joahr noach Italien foahrn, doa wißt'r, wo oalle die beschissenen Nester lieg'n tun, oaber ich oarmes Luder wees doas äben nich." Einmal bemerkte er, als er auf ein damals viel gelesenes Buch angesprochen wurde: „In a Bichern läse ich nie gerne, doa denk ich lieber su a bissel noach."

Man soll nun nicht etwa denken, daß wir aktiven Offiziere über größere Gelder verfügten. Im Gegenteil, fast ausnahmslos waren wir blutarm. Eine der alten Aufwartefrauen charakterisierte dies einmal treffend: „Herr Leitnant, es hoat rein goarnischt ei a Schieben und ei a Schranken, de Meiseln (Mäuse) lofen sich Bluttbloasen." Das fehlende Geld, über das im übrigen – vielfach im Gegensatz zu heute – nie gesprochen wurde, hat uns niemals gestört, eine fröhliche und unbeschwerte Jugend zu verleben.

Im Kasino fanden auch im Winter die großen Bälle statt, die jeweils 200 bis 300 fröhliche und festlich gekleidete Schlesier vereinigte und die wegen ihrer Eleganz und ihres guten Stils bekannt waren. Das deutsche Kronprinzenpaar nahm von Oels aus fast regelmäßig daran teil. Der schlesische Landadel stellte die Mehrzahl der Gäste, unter denen sich aber auch viele Mitglieder der Breslauer Gesellschaft – Universitätsprofessoren, Ärzte, Industrielle und Künstler – befanden.

Unser tägliches Kasinoleben wies eine meiner Auffassung nach beispielhafte Eigenart auf. Stets nahmen zehn bis fünfzehn Studenten an unseren Mittag- und Abendessen teil. Ursprünglich in erster Linie dafür gedacht, den Kasinobetrieb durch eine größere Teilnehmerzahl auf eine bessere Grundlage zu stellen, erwies sich diese Maßnahme sehr bald als ungemein anregend und nützlich. Die sonst fast unvermeidbare Einseitigkeit des Gesprächs um Pferde und „Kommiß" wurde aufgelockert. Durch diese Anteilnahme an der Diskussion ganz unmilitärischer Probleme erfuhren wir eine große Bereicherung, zumal unter unseren jungen studentischen Gästen fast alle Fakultäten vertreten waren.

Wir gingen damals fleißig in die Oper, das Schauspielhaus und die Konzerte, die in Breslau in reicher Fülle geboten wurden, und es bestand eigentlich immer eine mehr oder weniger enge Verbindung zu künstlerischen Kreisen. Dabei kam es auch zu heiteren Erlebnissen. Das Regiment stellte regelmäßig für die „Carmen"-Aufführungen in der Oper einige alte Rekrutenpferde und Statisten zur Darstellung der im letzten Akt auftretenden Toreros. Als ich mich einmal als Fähnrich an dieser Statisterie beteiligte, „stallte" eines der Pferde aus Aufregung über Trubel, Gesang und Musik und die Flüssigkeit lief – auf der zum Publikum hin leicht geneigten Bühne – genau in den Souffleurkasten. Dirigent, Sänger und Chor konnten nur mit großer Mühe ihre Fassung bewahren. Das entsetzte Gesicht der Souffleuse werde ich niemals vergessen.

Am Tage gehörte alle unsere Freizeit den Pferden und dem geliebten Pferdesport. Der Renn-, Turnier- und Reitjagdsport hatte beim Breslauer Reiterregiment ebenso wie bei allen anderen berittenen Truppenteilen Schlesiens begeisterte Anhänger.

Nachdem die zweitälteste Pferderennbahn Deutschlands in Breslau-Scheitnig der raschen Ausdehnung der schlesischen Metropole zum Opfer gefallen war, hatte der Rennsport auf der in die Natur eingebetteten, großen und modernen Anlage in Breslau-Hartlieb eine neue Pflegestätte gefunden. Der vor dem Ersten Weltkrieg hier blühende Herrenreiter-Sport hatte 1914 ein Ende gefunden, und es war nicht leicht, ihn wieder zum Leben zu erwecken. Es gehörte große Passion dazu, „früh morgens, eh' die Hähne krähen" unter Aufsicht des unvergessenen Trainers Piela zu reiten. Andererseits gab es nichts Schöneres, als in der herrlichen Natur von Hartlieb auf edlen Pferden über die Rennbahnsprünge zu galoppieren. Hier trainierten wir die dem Regiment gehörenden und unsere eigenen Vollblüter. Die verhältnismäßig weite Entfernung Breslaus vom Zentrum des deutschen Rennsports Berlin-Hoppegarten und Berlin-Karlshorst brachte es mit sich, daß an den Renntagen in Hartlieb meist schlesische Reiter und Pferde unter sich blieben. Das trug zwar nicht unbedingt zur Hebung des sportlichen Niveaus bei, gab aber den Breslauer Rennveranstaltungen ein besonderes, eben rein schlesisches Gepräge.

Was war man stolz, wenn man als Sieger eines Jagdrennens durchs Ziel gegangen war und dann in gut schlesischer Mundart anerkennende Worte aus dem Publikum zugerufen bekam. Wenn man allerdings geschlagen war, konnte man auch gelegentlich negative, aber nie böse gemeinte Kommentare zu hören bekommen, wie etwa: „'s nächste Moal, vagiß ock nie, a Wecker mitzunähm'."

Auch der wegen seiner Schönheit und modernen Anlage in ganz Deutschland bekannte Breslauer Turnierplatz lag im Süden der Stadt, unmittelbar am Südpark. Hier fand sich zu den großen Turnieren regelmäßig die Elite des nationalen, aber häufig auch des internationalen Sports ein. Die Breslauer Jagdspringen hatten die Eigenart, daß sie – wie Rennen – mit Totalisatorbetrieb abgewickelt wurden. (Dabei kamen oft sehr hohe Quoten heraus.)

Trotz aller äußeren Ehren im Renn- und Turniersport waren aber die Reitjagden, die wir im Herbst zweimal in der Woche in der Umgebung von Breslau ritten, die reiterlich schönsten Erlebnisse. Das Gelände war wegen seines schweren Bodens – „schwarze Erde" – und wegen der meist sehr breiten und tiefen – dabei jedoch fairen – Dränagegräben schwierig, und man mußte schon ein gutes Pferd haben, um sturzfrei die Jagden zu Ende zu reiten. Aber es gab nichts Herrlicheres, als im schnellen Jagdgalopp über die „knuffigen" Breslauer Gräben zu flitzen.

Im Zuge der nach 1933 einsetzenden Heeresvermehrung und Umorganisation wurde mein geliebtes Heimat-Regiment, die Breslauer Reiter, in ein Panzerregiment umgegliedert und nach Eisenach in Thüringen verlegt. Unser treuer Kamerad, das Pferd, mußte mit dem Panzer vertauscht werden. Damals ging für uns eine Welt in Trümmer.

Die alten Leibkürassiere gaben ihrem Traditionstruppenteil nicht nur die wertvollsten Stücke aus dem Kasino mit auf den Weg aus der schlesischen Heimat in die „Fremde", sondern auch das – übrigens dem Offizierkorps gehörende – berühmte Denkmal des Großen Kurfürsten (von Rauch), das wie ein Symbol auf unserem Breslauer Kasernenhof stand und nunmehr mit Spezialloren der Eisenbahn nach Eisenach transportiert wurde. Schon nach wenigen Jahren gelang es aber den vereinten Bemühungen der Schlesier, ihr Regiment wieder in eine schlesische Garnison – nach Sagan – zurückzuholen; und auch das Denkmal machte erneut den „Stellungswechsel" mit.

Unvergeßlich bleibt der Abschied von Breslau im Frühjahr 1935. Aus Geheimhaltungsgründen sollte er nachts in aller Stille erfolgen. Zum letztenmal stand das Regiment zu Fuß – die Pferde waren schon abgegeben worden – auf dem alten Kleinburger Kasernenhof. Der älteste Offizier hielt eine zu Herzen gehende Abschiedsrede, und dann marschierten die Schwadronen still und ohne Trompetenklang zum Hauptportal hinaus. Dort aber stand trotz Geheimhaltung und später Nachtstunde die Breslauer Bevölkerung in Massen und säumte alle Straßen bis zum Freiburger Bahnhof, um ihrem Reiterregiment Adieu zu sagen. Nur selten habe ich so viele Tränen fließen sehen wie bei dieser erhebenden Abschiedsparade.

Ich selbst blieb von dem schmerzhaften Wechsel vom Pferd zum Panzer verschont. Als Rennreiter wurde ich zum Reiterregiment 8 nach Brieg versetzt, um dort eine Schwadron und den Rennstall des Regiments zu übernehmen. Auch die 8. Reiter gründeten sich traditionell in erster Linie auf zwei der alten schlesischen Kavallerieregimenter, auf die 8. Dragoner in Oels, deren Chef die deutsche Kronprinzessin gewesen war, und auf die 1. Ulanen in Militsch. Aus diesen Garnisonen war das Regiment in den Dreißiger Jahren „hinter die Oder" nach Brieg verlegt worden, wo bis dahin noch keine Kavallerie gestanden hatte. Die Stadt gab sich nun besondere Mühe, die Wünsche der neuen Garnison zu erfüllen.

Das Regiment selbst war in seiner Zusammensetzung, seinem Stil und seinem dienstlichen Wert nicht anders als mein Heimatregiment, und so habe ich in Brieg ebenso glückliche Jahre verleben können wie in Breslau; dies besonders auch, weil ich nunmehr eine der schönsten Dienststellungen einnahm, die ein passionierter Soldat jemals erringen kann, die eines Schwadronschefs. Je 150 Männer und Pferde waren mir anvertraut. Man konnte sie formen und erziehen, man konnte ihr Vertrauen erwerben und man war dann „auf Tod und Leben" mit ihnen verbunden.

Die meisten Angehörigen der Schwadron waren schlesische Bauersöhne, die mit ihrem geraden und aufrechten Charakter, aber auch mit ihrer typisch schlesischen „Gemittlichkeit" alles mitbrachten, woraus ein guter Soldat und Reiter werden kann. Fast alle waren von Haus aus Tierfreunde und dementsprechend gut veranlagte Reiter und Pferdepfleger. Dazu möchte ich eine Geschichte erzählen, die uns damals gar nicht als etwas Besonderes erschien. Ich kaufte in Berlin-Hoppegarten einen sogenannten „Verbrecher", einen dreijährigen Vollblüter, der in seine Boxe bei seinem bisherigen Trainer niemanden hereinließ und nur von der Nachbarboxe aus gefüttert und gesattelt werden konnte. Ich gab ihn einem schlesischen Bauernsohn in Obhut und bekam ihn wegen eines Urlaubs mehrere Wochen lang nicht zu sehen. Als ich nach der Rückkehr mit meiner damals zweijährigen Tochter in den Stall kam, nahm der schlesische Junge wortlos das kleine Kind an die Hand und ging mit ihm in die Boxe des Hengstes, der inzwischen lammfromm geworden war. Sein Pfleger hatte sich allerdings fast pausenlos mit ihm beschäftigt und schließlich sogar in der Boxe geschlafen. Der Hengst, der bis dahin nur geringes Können verraten hatte, gewann anschließend – brav geworden – mehrere Rennen hintereinander.

Auch mit meiner Brieger Schwadron bin ich drei Jahre lang durch die schlesischen Lande gezogen und habe – nunmehr als „Chef" – all das Schöne wiedererlebt, von dem ich in meinem Bericht über die Breslauer Jahre einen Eindruck zu vermitteln suchte. Erleichtert wurde mir mein verantwortungsvolles Amt durch ein erstklassiges Unteroffizierkorps und durch zwei Leutnants, denen ich nach einem langen Soldatenleben nur die Krone der besten Truppenoffiziere geben kann.

Der eine war Ostpreuße und der andere Schlesier, und beide sprachen die unverfälschte Mundart der Heimat. Es war manchmal nicht leicht, die Fassung zu bewahren, wenn der eine in breitestem Ostpreußisch und der andere in unverkennbarem Schlesisch die Zugmeldung abgab.

Beide ritten Rennen und mit ihnen und anderen Offizieren des Regiments fuhr ich jeden Morgen – vor dem Dienst (!) – nach Breslau zum Training der Vollblüter. Im Kübelwagen angeschnallt kamen wir dann meist schlafend durch Ohlau zurück, um auf dem Exerzierplatz auf unsere Dienstpferde „umzusitzen" und mit dem anstrengenden Dienst zu beginnen.

Mit meiner Versetzung nach Berlin Ende 1937 fand mein Soldatenleben in Schlesien seinen Abschluß. Man sehe es nicht als anmaßend an, wenn ich behaupte, daß neben dem mit seiner Scholle verbundenen Landwirt der Soldat seiner schlesischen Heimat ganz besonders verpflichtet bleibt. Er konnte in seinem Soldatenleben die Herrlichkeit der schlesischen Natur, die mit allen Vorzügen des preußischen und österreichischen Volkscharakters ausgestatteten schlesischen Menschen und die besondere Treue, Zuverlässigkeit und innere Standfestigkeit der schlesischen Soldaten wie kein anderer kennen und lieben lernen.

Hugo Hartung

LETZTE SCHLESISCHE TAGE

Dieses Breslauer Bild ist mir in allen Einzelheiten lebendig geblieben. Ein heißer Sommertag 1945. Die Sonne brennt vom wolkenlosen, tiefblauen Himmel nieder. Ein altes Ehepaar sitzt auf einer granitenen Hausschwelle und läßt sich die Sonnenstrahlen auf die Gesichter scheinen. Bis auf das Schwalbengesirr ist eine unendliche Stille an diesem Sonntagnachmittag. Keine Schritte, kein Räderrollen! Aus der Ferne, vom Dom her, dringt dünner Chorgesang. Vielleicht hatte es auch vorher schon manchmal solch eine traumhaft verwunschene Stille gegeben – wenn an heißen Ausflugssonntagen die Bewohner der großen Stadt in überfüllten Zügen zu den nahen Gebirgen fuhren, mit Oderdampfern und Booten eines der vielen ländlichen Gartenlokale der Umgebung aufsuchten oder die schönen Strandbäder im Stadtbereich bevölkerten.

Aber die Stille dieses Nachmittags war von anderer Art. Sie war keine Feiertagsruhe, sondern die Ruhe des Todes und der Vernichtung. Denn von dem Hause, vor dem die Alten saßen, war nichts mehr übrig als die Schwelle. Auf dem chaotischen Ziegelhaufen dahinter sah man ein Kreuz aus zusammengenagelten Stöcken, darauf mit Bleistift geschrieben stand: ‚Hier ruhen sechzehn Menschen.' In zwei blechernen Konservenbüchsen davor welkten ein paar armselige Blumen – ‚Grabschmuck' des Jahres 1945.

Ich ging an diesem Nachmittag meines letzten Breslauer Tages weiter durch Schmutz und Unrat, auf jener Straße der Dominsel, wo einst hinter schweren alten Türen mit blanken Messinggriffen, hinter blumengeschmückten Fenstern, die Domherren wohnten und ein klassizistisch schlichtes Portal zum Erzbischöflichen Palais führte.

Nun waren die Domtürme ausgebrannte Stümpfe, und das Portal führte in ein raumloses Grauen. Die Deckengewölbe des ehrwürdigen Johannisdoms waren niedergebrochen, seine Pfeiler gestürzt, die Fenster geborsten. Der tiefblaue Himmel war zum Dach des langen gotischen Kirchenschiffs geworden. Zur Linken stand, allem Gottesfrieden zum Hohn, ein kleines Feldgeschütz, neben dem leere Granathülsen lagen. Kein Altar, keine Orgel mehr! Und doch hörte man, über diesen herzbewegenden Trümmerhaufen hinweg, den gläubigen Gesang einiger weniger Stimmen. Die Kapellen standen noch, die dem Backsteindom wie Schwalbennester angeklebt waren, als köstliche barocke Schöpfungen des Italieners Giacomo Scianzi und des großen Wiener Architekten Fischer von Erlach. In ihnen wurde von einigen Überlebenden einer noch immer nicht faßbaren Katastrophe gebetet und gesungen.

Ich ging wie ein Träumender dahin, invalid geschrieben und vor einem Tag aus sowjetischer Lazarettgefangenschaft entlassen. Als der Gesang verklungen war, gab es wieder nur die unheimlich brütende Todesstille. Geruch von verbranntem Holz und Verwesungsdünste. Meine Stiefel waren von rotem Ziegelstaub überzogen. Ich kannte das nahe Scheitniger Stadtviertel nicht wieder. Hier waren während der Festungszeit ganze Häuserblocks, Kirchen und Straßen in die Luft gejagt worden, und Hunderte von Männern, Frauen und Kindern – bis zu zwölf Jahren hinunter – hatten unter dem Beschuß sowjetischer Artillerie, unter den Bombenwürfen der Flugzeuge ein riesiges Rollfeld inmitten der Stadt anlegen müssen. Jetzt glühte der leere Platz, der so viele Menschen das Leben gekostet und keinem das Leben gerettet hatte, in der heißen Sommersonne.

Nun kam das schöne Villen- und Parkrevier in Sicht, darin meine Mutter gewohnt hatte. Große Teile des modernen Wohnblocks, in dem man von offenen Arkadengängen in die hübschen kleinen, wie Klosterzellen aneinandergereihten Wohnungen ging, standen unversehrt. Ich fand die vertraute Haus- und Wohnungstür offen, aber die Wohnung selbst als Schutthaufen, da eine Granate durch die oberen Stockwerke hindurchgeschlagen war und die Decke von Mutters Zimmer bis zum Fußboden heruntergerissen hatte. Ich wuchtete schwere Steinbrocken beiseite und fand unter den Trümmern, ganz unversehrt, ein Bild meiner Kinder, ein Evangelienbuch und ein Bild meines Vaters. Vater war tot. Wo mochten die Kinder sein?

Eine etwas verwahrlost aussehende junge Frau rief mich an, als ich wieder auf den steinernen Gang hinaustrat. Ob ich ihr etwas tragen helfen könnte? Sie hieß mich einen großen Stehspiegel im Stil der Jahrhundertwende anfassen. Wir schleppten ihn zusammen in einen Raum, den sie, kunterbunt mit Stühlen aller Stilarten, mit Teppichen und Polstersesseln vollgestopft, sich als Wohnung einrichtete. In dem Spiegel, der dieses Trödellager vervollständigen sollte, sah ich mich zum erstenmal seit Monaten in voller Gestalt: einen invaliden Soldaten – grau, verfallen, stoppelbärtig – in einer verschmutzten grauen Infanteriehose mit einem großen, eingetrockneten Blutfleck am rechten Bein und einer schäbigen blaugrauen Luftwaffenbluse. Ich wußte aber auch, daß der gleiche Spiegel einmal das Bild eines behüteten Kindes gezeigt hatte, im flotten weißen Matrosenanzug von 1913, den runden Strohhut auf dem Kopf. Keine Brücke zwischen damals und heute ... Als die Frau mich mit einem knappen Dank verabschiedete, ging ich wieder in den toten Breslauer Sommertag hinaus – ohne ihr gesagt zu haben, daß es Mutters Spiegel gewesen war ...

Von diesem Besuch in die Vergangenheit an waren es noch etwa zwanzig Stunden, die ich in der Stadt verbringen mußte. Ja, der Aufenthalt in ihr war zu einem bösen Muß geworden. Die lastende Stille, der Brand- und Verwesungsgeruch, und immer wieder, vor allem in der Nacht, einzelne peitschende Schüsse, bei denen man nie wußte, wer auf wen feuerte – – wie ein Alp legte sich mir das auf die Brust. Darum kehrte ich so rasch wie möglich in die Geborgenheit des barocken Knabenkonvikts auf der Dominsel zurück, in jenes schön proportionierte Gebäude, das einst der Kurfürst von Trier, Kardinal Ludwig von der Pfalz-Neuburg, hatte errichten lassen. Jetzt war es zu einem Asyl der Menschlichkeit geworden. Seine Mauern waren nicht mehr ganz fest, und der Holzfußboden unseres Schlafsaals schwankte unter jedem Tritt; denn in den Schreckenstagen der vernichtenden Osterbombardements hatte auch dieses Haus schwere Treffer abbekommen. Doch nach allem Durchlebten und Durchlittenen fühlten wir uns hier wunderbar aufgehoben und genossen die dünnen, heißen Mehlsuppen, die uns von unseren Betreuern in dieser ausgelaugten, ausgehungerten Stadt als einziges noch geboten werden konnten.

Es waren Männer und Frauen der Caritas, die sich hier, unter schwersten Bedingungen, wunderbar bewährten. Da waren vertriebene Bauern, die für eine Nacht auf ihrem Weg ins Ungewisse Quartier fanden, entlassene invalide Gefangene, wie ich, die ebensowenig wußten, wohin ihr Weg sie führen, und ob und wo sie ihre Familien wiederfinden würden – Gestrandete, Heimatlose allesamt, die durch die hohen Fenster des Schlafsaals auf die im Abendlicht erglühende Ziegelmauer der gotischen Kreuzkirche schauten, welche als einzige der drei Inselkirchen noch ihre äußere Gestalt bewahrt hatte. Krüppel und Schwachsinnige gab es unter den zu Betreuenden, die bisher in irgendwelchen Heimen untergebracht gewesen waren, uralte Frauen, die, auf langen Fußmärschen zusammengebrochen, hier in Breslau bettlägrig geworden waren und nun mit schwachen, umherirrenden Augen all das unbegreifliche Elend um sich herum sahen. Und es waren wunderbarerweise auch hier noch Menschen – Geistliche, Schwestern, Ärzte –, die gut zu einem waren.

Ich glaube nicht, daß wir in der Nacht vor unserm Aufbruch viel geschlafen haben – ich weiß nur, daß wir in die Dunkelheit der sehr lauen Sommernacht hinein noch über vieles reden mußten, als gelte es, vor dem Verlassen dieser Stadt, die wir in glücklichen Jahren unseres Lebens geliebt und deren grauenvolles Schicksal wir in allen Phasen mit durchlitten hatten, eine abschließende Bilanz unserer Existenz zu ziehen. Vielleicht würde es später noch einmal ein menschenwürdiges Dasein, vielleicht auch noch einmal Glück geben, aber – das eine war gewiß – alles würde anders sein. Man steigt nicht zweimal in denselben Fluß.

Es wurde von Bett zu Bett über die Frauen und Kinder gesprochen, die Zugehörigkeit zu sektiererischen Gemeinschaften eingestanden, Torheiten wurden bekannt und Sehnsüchte in leuchtenden Farben gemalt: nach fernen Ländern, in die man hatte reisen wollen – mit Sommerstrand und südlich blauen Meeren ... Das alles würde es wohl nie wieder geben.

Schüsse, welche die Nacht zerrissen, ferne Schreie in der Totenwelt draußen – ohne Hundegebell, ohne Stimmen sonst und lange schon ohne Lachen – ließen für Augenblicke die flüsternden Gespräche verstummen. Und dann war man doch wohl eingeschlafen und in wirre Träume verstrickt.

Der nächste Tag war wieder ein heißer Sommertag – der 2. Juli 1945 –, und man trottete noch einmal in einem Elendszug von siechen, invaliden Männern durch Breslauer Straßen. Aber, sonderbar, man sah nichts mehr von den niedergebrochenen Fassaden der Häuser, fühlte nicht, daß man durch rötlichen Ziegelstaub stapfte. Das erhalten gebliebene Rathaus auf dem arg zerstörten Ring, die Elisabethkirche mit dem mächtigen Granatloch in ihrem hohen schlanken Turm – nichts wurde wahrgenommen. Jetzt gab es nur noch ein Ziel: so schnell wie möglich die Entlassungspapiere von der polnischen Kommandantur auf dem Schloßplatz bekommen – und dann weg aus Breslau! Seit die innere Bilanz gezogen war, schien uns nichts mehr mit der fremd gewordenen Stadt zu verbinden.

Und doch gab es noch einmal eine Stunde der Erinnerung. Die polnischen Behörden, die sich in den ehemaligen Amtsräumen von Breslauer Polizeidienststellen eingerichtet hatten, waren noch neu in ihren Obliegenheiten; denn sie hatten nicht nur gefangene Soldaten und deutsche Vertriebene zu betreuen, sondern auch eigene Landsleute, die selber vertrieben worden waren. „Das sind genauso arme Luder wie wir", hieß es unter den Kameraden. Und wir Ungeduldigen wurden noch einmal hinausgeschickt auf den Platz, um zu warten, bis man uns riefe.

Dort saßen wir nun nebeneinander, und keiner kannte den andern. So wie sie eben aus den vielen Breslauer Lazaretten entlassen worden und durch die Schleuse des Konvikts gegangen waren, fanden sie sich jetzt zusammen – viele Breslauer darunter und Schlesier, aber auch Kameraden aus andern deutschen Ländern, aus Österreich und sogar einige Auslandsdeutsche. Elend waren alle, und der Schmutz hatte auch die Uniformen und Kragenspiegel der verschiedenen Truppenteile einander angeglichen. Rangabzeichen gab es schon seit dem 6. Mai nicht mehr. Das einzig Individuelle waren wohl nur die Stöcke, die jeder sich für den bevorstehenden langen Wanderweg organisiert hatte: recht ordentliche Stöcke mit Gummizwingen, bürgerliche Spazierstöcke, die einst der Stolz alter Herren gewesen sein mochten, aber auch abgeschnittene Besenstiele, Knotenstöcke und zurechtgeschnitzelte Äste.

So sah das Ganze eher einem landstörzerischen Haufen aus dem Dreißigjährigen Kriege gleich, und die Wagen des polnischen Landvolks auf dem großen Platz – so verloren und heimatlos wie wir – verstärkten mit ihren kleinen mageren Panjepferdchen den Eindruck von ‚Wallensteins Lager'. Doch plötzlich sagte einer in unserm schweigsamen Haufen: „Da stand doch dazumalen der Zirkus Busch."

‚Dazumalen' – das klang wie die Erzählung einer vergangenen Sage, aber mich brachte es aus einer fernen, nur literarisch erlebbaren Vergangenheit in eine viel nähere zurück. Dieses ‚Dazumalen' mochte nicht mehr als zwei, drei Jahre zurückliegen. Es war an einem Sommertag wie heute, mitten im Kriege, als in einem großen Zirkuszelt noch einmal der holde Flitterglanz der Mädchen am Trapez und auf dem Drahtseil, das Schnauben und weiche Traben edler Pferde, das schallende Gelächter über die Späße der Clowns zu erleben waren. Ich erinnerte mich daran, daß es vorzügliche Clowns gewesen sein mußten, die unsägliche Albernheiten mit einem uralten, nach allen Seiten hin explodierenden Auto trieben. Mein kleiner Sohn aber, erschreckt von vielen halb verstandenen Geschichten über den fernen Krieg, schrie entsetzt auf, und ich mußte mit dem Weinenden das Zelt verlassen, in das er nicht mehr zurückzubringen war. So hatten wir draußen nur noch das Lachen gehört und die dumpf wiegende Musik. Und ich hatte dem Kind ablenkend erzählen müssen, was alles in dem schönen weißen Schloß drüben am Rande des Platzes geschehen war, und ob wohl eben in dem Malersaal des Opernhauses, dessen hohe Fenster auf uns herniederschauten, mit langen Pinseln an wunderbaren Märchendekorationen herumgestrichen würde.

Inzwischen war der Krieg in böser Langsamkeit über uns hinweggegangen, und in unbekannter Ferne waren jetzt die Kinder. Was alles hatte ich vor und nach jenem Zirkusgastspiel von den Fenstern des Malersaals aus gesehen, in dem wir Mitglieder des Opernhauses immer zusammenkamen, wenn drunten ‚etwas los' war. Meistens waren es in den letzten Jahren pathetische Schauspiele unter blutroten Fahnen und Standarten und mit schmetternder Blechmusik gewesen: die Vereidigung junger Soldaten etwa, welche die nicht mehr zu füllenden grauenvollen Löcher in den riesigen Fronten mit ihren Leibern stopfen sollten, oder jene Nachahmung historischer Szenen nach dem Motto ‚Das Volk steht auf – der Sturm bricht los!', wobei man vor Film- und Photokameras alten Männern und halben Kindern Waffen in die Hand gedrückt hatte: die Proklamation des Volkssturms, eine schlechte Kopie des Aufbruchs vom Frühling 1813.

Doch vorher soviel Freundlicheres: Feste auf dem Platz mit Musik und Lampions. Feste vor allem im großen Schloßsaal mit edler Kammermusik. Einmal geleitete ich den alten Schauspieler Eduard von Winterstein aus seinem Hotel zum Schloß, um Gerhart Hauptmann vor einem Huldigungskonzert am Vorabend seines 80. Geburtstags mit dem frühen Weggefährten, dem Bühnenmitstreiter in seinen ebenso umjubelten wie umtobten frühen Premieren, zusammenzubringen. Die Überraschung war gelungen: die beiden alten Herren waren sich gerührt in die Arme gesunken.

Ebenso unvergeßlich der strahlend schöne Sonntagvormittag, an dem ich Friedrich Kayßler im ‚Hotel Monopol' abholte, um auch ihn in den Schloßsaal zu begleiten. Dieser männlich verhaltene, zugleich spröde und eminent geistige Schauspieler – auch als Schriftsteller in seiner grüblerischen Wesensart das heimatlich Schlesische nie verleugnend – war lange nicht mehr in Breslau gewesen, und diese Wiederbegegnung in schon sehr vorgeschrittenen, ahnungsvoll umdüsterten Kriegstagen bewegte ihn ungemein. Dann sahen wir ihn auf erhöhtem Podium am Schreibtisch Friedrichs des Großen sitzen. Die zugezogenen Vorhänge filterten das Sonnenlicht in dem Raum mit seinen sehr unaufdringlichen, delikaten Spätbarockornamenten, und Kerzen in silbernen Leuchtern hoben das Kantige in dem herben, markant geprägten Altersgesicht noch mehr hervor.

Vielleicht ist diese Morgenveranstaltung eine der schönsten festlichen Stunden gewesen, die je in dem weißen Bau auf dem etwas ungegliederten riesigen Platz stattgefunden haben. Kayßler sprach Goethesche Gedankenlyrik, und die weisesten Sentenzen fingen an, kristallklar zu funkeln. Selbst das geheimnisvoll Verschlüsselte des greisen Dichters begann wunderbar zu glühen. Und danach hatte es noch eine Begegnung mit dem jungen Goethe gegeben, mit dem so oft exaltiert und manieriert gescholtenen ‚Werther'. Wie dieses hymnische Prosagedicht in der Interpretation des großen Deuters wirklich wieder stürmende, drängende, prometheisch ungebärdige Jugendschöpferlust wurde, wie da ein pantheistisches Naturgefühl alle Tautropfen einer köstlichen Sommerfrühe glitzern und funkeln ließ – die Erinnerung daran begleitete mich noch auf nächtlichen Postengängen während der Vorfeldkämpfe um die Stadt.

Es klang sogar etwas davon nach in den höllischen Vernichtungstagen des Osterfestes von 1945. Wie da auch manchmal Musikfetzen dem vom Gebrüll der Artilleriebeschießungen und der Stalin-Orgel-Salven gemarterten Gehirn Trost und Linderung gebracht hatten, Erinnerungen an Aufführungen in diesem Opernhaus, das seine Rückseite dem Platz zuwendete: An die süße

Kantilene Händelscher Arien, an die seelenlos schmerzlichen Echorufe aus Richard Strauss' ‚Ariadne', ein Werk, das noch in den letzten Wochen vor der endgültigen Schließung des Hauses in einer blau-silbernen szenischen Verzauberung an den Besuchern vorübergezogen war, an die kecken Schelmenlieder von Orffs köstlicher Märchenoper ‚Die Kluge' . . .

War es wirklich erst ein Jahr her, daß da drüben zum letztenmal der Vorhang gefallen war? Lagen nicht Ewigkeiten zwischen dem ‚Dazumalen' des invaliden schlesischen Soldaten und dem Heute mit den Panjewägelchen und den ausgehöhlten, brandgeschwärzten Mauern des Schlosses gegenüber?

‚Antreten!' Einer rief es, ohne Befehlsschärfe und ohne daß darauf wie auf einen Befehl reagiert wurde. Ein regelloses Häufchen von Männern schob sich noch einmal durch die Tür der Kommandantur. Diesmal ging es mit der Abfertigung rasch, und bald hatten wir das ersehnte Dokument in der Hand, welches uns in polnischer und russischer Sprache bestätigte, daß wir ordnungsmäßig entlassene invalide Soldaten seien. Es öffnete uns endgültig den Weg in die Freiheit, die Möglichkeit zu einem erhofften Wiedersehen mit Frau und Kindern – den letzten Weg aus Schlesien.

Durch die endlose Trümmerwüstenei der Gräbschener Straße gingen wir noch in einer dreißig Mann starken Gruppe, von Breslauer Frauen, die hier in glühender Hitze Schutt beiseite räumten, immer wieder sorgenvoll angesprochen und nach dem vermutbaren Schicksal ihrer Männer befragt. In den weniger zerstörten Wohnsiedlungen am Stadtrand, jenseits der Friedhöfe, formierten sich aus dem Haufen schon kleinere Grüppchen, da die Jüngeren und Kräftigeren nun mit langen Schritten davonzogen. Zuletzt blieben wir fünf in unserer Wandergruppe, die im Marschtempo etwa die Mitte hielt. Von den aus der Lazarettgefangenschaft entlassenen Invaliden waren zuerst die Beinlosen auf Krücken, dann die mit den Beinprothesen zurückgeblieben. Der junge Chemnitzer Arbeiter mit den Magenkrämpfen konnte gleichfalls nicht lang mithalten.

Die vier Männer waren Kurt, der beredte Malermeister aus Berlin, Hans, der bayerische Metzger mit den dunkel blitzenden Augen und dem schwarzen Spitzbart, der freundliche schwäbische Bauer Schorsch mit seinem grauen Bart und ich, der als einziger von den vieren nicht wußte, wo er seine Familie finden würde.

Noch eine Heimatlose schloß sich unserer Gruppe an: eine Frau aus Oberschlesien, die bei ihren Kindern in Württemberg Zuflucht suchte. Sie trug auf dem Rücken einen mit Stricken gegürteten Sack und hatte die wunderbare Begabung, immer dann, wenn sie in den beiden Wochen unseres Marsches ein Paar Schuhe durchgelaufen hatte, in einem verlassenen Haus oder am Straßenrand ein Paar bessere zu finden.

Wir fünf sind in jenem seltsamen Juli 1945 auf einem abenteuerlichen Weg durch Schlesien und Sachsen zusammengeblieben. Wir erlebten Schreckliches. Wir hungerten gemeinsam und teilten untereinander unsern letzten Besitz, das Gefundene und Erbettelte. Wenn wir redeten, sprachen wir von vorgestern und übermorgen. Und das scheint mir heute, nach mehr als anderthalb Jahrzehnten zurückblickend, das Wunderbare: daß wir selbst in jener Lage noch Glück erleben und uns freuen konnten. Davon, denke ich, müßte man heute vor allem erzählen, da viele schon wieder leer sind vor lauter Fülle.

Von den guten Frauen in Jäschgüttel möchte ich deshalb sprechen. Jäschgüttel ist ein Dorf nahe Breslau. Aber für uns eben aus den Lazaretten Entlassene waren der Marsch durch die zerstörte Stadt und die zehn Kilometer in glühender Mittagshitze schon zu viel gewesen. Und Marschverpflegung hatten wir alle nicht. Da war nun dieses Dorf, das monatelang zwischen zwei Fronten gelegen hatte, ausgepreßt und ausgesogen. Kein Ackergerät mehr darin, kein Stück Vieh. Aber die Frauen in einem der noch bewohnten Häuser hatten Mitleid mit uns, den ersten entlassenen Gefangenen. Sie bewirteten uns mit dem, wovon sie selbst in den letzten Wochen ausschließlich gelebt hatten: mit Kartoffeln, Salz und heißem Kriegskaffee. Und die im Nachbarhaus konnten es noch üppiger geben: auf jede heiße Kartoffel taten sie eine Messerspitze von nicht mehr ganz frischem, grau gewordenen Schmalz, das, zerrinnend, das Kartoffelmehl mit kräftigem Wohlgeschmack durchzog.

Danach kamen wir in ein Dorf seitab vom Zobten. Das Land erstickte schier im sommerlichen Reichtum. Korn und Weizen, im letzten Herbst gesät, gediehen golden der Reife entgegen. Aber die Getreidefelder waren Minenfelder. Wer das Korn schneiden wollte, mußte den Tod ernten. Und nicht nur Todesäcker, auch Totenäcker waren diese Felder. Unbestattet lagen auf ihrem Grunde deutsche und russische Soldaten, vom Morgentau befeuchtet, vom Nachtregen durchtränkt und von der Sonne wiederum getrocknet, über der guten Erde wiederum zu Erde werdend.

In Groß-Schottgau, nahe den Schlachtfeldern, konnte man sich vor Fliegen nicht retten. In dicken, schwarzen Schwärmen erfüllten sie die Stuben und die leeren Ställe. Die Frau, die uns in ihrem Hause Quartier machte, fegte ein ganzes Häufchen der toten Quälgeister aus dem weißgetünchten kahlen Raum. „Bei uns verhungern sogar die Fliegen“, sagte sie. An diesem Abend erkannten wir, daß der Frieden eines Dorfes nicht in der völligen Stille besteht. Es gehörten dazu das wohlige Muhen der Kühe, das Geschnatter der Gänse, Schweinequieken, Hähnekrähen, Hundebellen, das Räderrollen heimkehrender Wagen. Hier war der Friede des Friedhofs. Eine blasse junge Mutter schob einen Kinderwagen mit einem elenden Würmchen darin. „Es gibt keinen Tropfen Milch im Dorf", sagte die Mutter bekümmert. „Und was bekommt das Kind?" – „Mehl, mit Wasser vermischt." Aber diese Ärmsten der Armen hier gaben uns Kartoffeln und heißen Kaffee. Sie boten uns ein Nachtlager auf dem Dielenboden, auf dem wir zu keiner Stunde ruhten, weil uns die klebrig zähen Fliegen auch im Dunkeln noch übers Gesicht krochen, in die Ohren, die Augenwinkel, ja, in die zur Faust geballten Hände ...

Wir strebten alle nach Westen und gingen doch in südlicher Richtung, den Gebirgen zu. Man hatte uns in Breslau versichert, dort seien die Bahnlinien noch intakt, und wir würden bald fahren können. Fürs erste mußten wir zu Fuß auf den Schienensträngen gehen und sollten bald genug erfahren, wieviel wohler Holzschwellen müden Füßen tun als die harten Eisenschwellen, auf denen man bei Regenglätte mit den Nagelstiefeln ausrutscht. Als wir am dritten Tag einen richtiggehenden Bahnverkehr fanden, glaubten wir, es geschafft zu haben. Aber der Zug fuhr nur eine kurze Strecke, von Königszelt bis Hirschberg. Dort war es dann wieder aus, und von Hirschberg mußten wir Kilometer um Kilometer marschieren, auf Holz- und Eisenschwellen wie zuvor, immer wieder die zerstörten Brücken umgehend.

Dennoch war diese kurze Fahrt ein märchenhafter Genuß. Der erste Zug, den wir seit einem halben Jahr sahen! Im Abteil scharten sich alle Fahrgäste um uns. Sie wollten von Breslau wissen, vom Kampf und Untergang der Stadt, vom Schicksal der Straßen, Häuser und Menschen. Nur eine große, schlanke Dame sprach kein Wort. Sie war elegant gekleidet und mochte keine Not leiden. Als wir uns im Gedränge des Hirschberger Bahnhofs dem Ausgang näherten, schob sie mir mit einem verlegenen Lächeln ein Päckchen in die Hand. Butterbrot war darin, dick mit Fleisch belegt ... Nein, das werde ich auch nie vergessen: das Brot nicht und nicht das Lächeln der Frau.

Und das Märchen dieser Stadt Hirschberg an jenem Tag werde ich nie vergessen: daß da Straßenbahnen fuhren, wie wir sie nur noch als durchlöcherte, zerfetzte Barrikaden kannten. Daß es Schaufenster gab mit Waren darin, Ladentüren, die klingelnd auf- und zugingen. Kurt und Schorsch taten eine von ihnen auf. Sie waren die ersten von uns, die bettelten, und kamen mit einem Brot zurück. Einem frischgebackenen Brot.

Wir fünf aßen das Brot auf einer Anhöhe über der Stadt. Da war Schlesien in allem Glanz und aller Schönheit um uns. Drüben Warmbrunn, der etwas altväterische, noble kleine Badeort mit seinem herrlichen Park und der unvergleichlichen Gebirgskulisse, Hirschberg uns zu Füßen mit den köstlichen Laubengängen seines Rathausrings. Dahinter das großartige Panorama der sich aufgipfelnden Berge, von denen sich allein die königliche Koppe schon eine Nachtmütze aus Wolken übergezogen hatte. Berghinan aber, teils nur geahnt, all die bezaubernden Ferienorte: Saalberg und Hain, Kiesewald und

Schreiberhau und mitteninne Gerhart Hauptmanns Agnetendorf, Schlesiens heimliches Herz. Ob Haus Wiesenstein noch stand? Ob der Dichter mit dem mächtigen weißen Haupt noch lebte, dem ich in den letzten Jahren mehr als einmal begegnet war? Ganz nah standen reiche weiße Bauernhöfe unter alten Linden. Ein Hund bellte. Man hörte Kühe muhen. Die großen Berge sandten ihren reinen Atem herüber. Wie unter einem Glassturz blieb dieser Erdenwinkel bewahrt, ein Stückchen kostbarer, unzerstörter Friedenswelt. Wie lange noch ...?

In später Stunde dieses Tages mußten wir fliehen. Wir waren bei mürrischen, ungastlichen Leuten ins Quartier geraten, das wir mit zwei Zivilpolen von zweifelhafter Eleganz teilen sollten. Es gab eine Hetzjagd durch die anbrechende Nacht, in der wir als Deutsche nicht mehr hätten unterwegs sein dürfen – bis uns ein Waldarbeiterpaar in seinem armseligen Häuschen aufnahm. Die Fensterläden mußten sorglich dicht gemacht werden, und wir lauschten – nicht zum erstenmal – während der kurzen Sommernacht mit angehaltenem Atem auf jedes drohende Geräusch von draußen. Aber wir hörten nur brausenden Regenfall und windbewegte Bäume.

Sichernd und Deckung nehmend waren wir schon vor Tau und Tag wieder auf den Beinen. Über nasse Wiesen, lehmschwere Felder und auf verschlammten Pfaden pirschten wir uns dem rettenden Hochwald zu. Wir erlebten, welches Gefühl der Geborgenheit der Wald zu geben vermag. Noch triefte Frühregen von den ernsten hohen Tannen, die Füße sanken tief in schmatzende Moospolster, und in feuchten Gräben blühte Vergißmeinnicht. Wir steckten uns blaue Sträußchen in die Knopflöcher der dreckigen Uniformen. Als der Wald zu Ende war, ließ auch der Regen nach, und die blauschwarzen Berge des Isergebirges krochen aus den Morgenwolken. Von unendlicher Lieblichkeit zeigte sich nun die Landschaft, mit Feldern, fetten Wiesen und Dörfern, ganz in Grün gebettet. Mittags gab die Sonne dem anmutigen Bild seine satten Sommerfarben. Doch wir waren hungrig.

Da geschah uns wieder ein Wunder. Wir bettelten aufs Geratewohl in einem Haus am Wege. Ein freundliches Ehepaar ließ uns fragwürdige Gestalten auf weichen Stühlen Platz nehmen. Kaffee kochte auf dem ballernden Herd, der unsere durchweichten Uniformen trocknete. Dann holte die Frau ein großes Holzgefäß und tat darin etwas, das unsere Hälse lang machte und uns stumm werden ließ vor Ergriffenheit: sie butterte. Schorsch und Hans, unsere zwei Süddeutschen, begannen kühl sachverständig zu reden – vielleicht um so die eigene Gier zu übertölpeln. Und nach einer Weile griff wahrhaftig die gute Frau in die quietschende Masse, formte und knetete etwas flink mit den Fingern – und danach fühlte es jeder in der Hand: ein Stückchen feuchter, gelblicher Butter. Dazu gab's Milchkaffee und frisches Brot.

Am heißen Mittag kamen wir in eine neue Gefahrenzone. Wir mußten unsere Gesichter tief ins Gras eines Wiesenhangs pressen und hörten schon die Stimmen der Verfolger auf wenige Schritte Entfernung. Einer von ihnen warf einen Zigarettenrest fort, der über uns hinwegflog. Kurt, der Berliner, sehnte sich nach einer Zigarette ...

Ich ahnte nicht, wie schön auch das abseitige Schlesien sein konnte. Etwa dieses Schoßdorf, in dem wir um Nachtquartier anklopften, und dessen warmgetönte Fachwerkhäuser, vom Blühen der Bauerngärten umwuchert, von breitästigen Bäumen wahrhaft beschirmt wurden. Dort stand eine alte Bäuerin vor der Tür, beschattete ihre Augen mit der Hand – und begann bitterlich zu weinen, als wir näher kamen. In den Kameraden hatte sie drei Männer aus dem Dorf zu erkennen vermeint und in mir den lange vermißten, endlich heimkehrenden Sohn. Doch wurden wir nachher von ihr alle wie Söhne aufgenommen.

Gewiß sind es keine erregenden Erlebnisse, die ich von dem Marsch an die Neiße erzähle. Aber uns haben sie damals sehr bewegt, und vielleicht war dies größer, als es heute vielen erscheinen mag: Daß wir immer und überall nicht nur ein Obdach fanden, sondern auch ein gutes menschliches Wort. Daß, bis auf die eine schlimme Ausnahme, alle gastlich waren, bei denen wir anklopften – und die so bald selbst an fremden Türen, jenseits der Neiße, sollten anklopfen müssen.

Ein glühend heißer Tag kam. Wir gingen an Lauban vorbei, mit alten Häusern und zerschossenen Türen, mit Weinranken an Häuserwänden und blühenden Rosen in den Vorgärten. Dort kamen wir an das Flüßchen Queis, das uns ein gutes Stück begleitete. Ein Gewitter brach am Nachmittag los, mit peitschenden Blitzschlägen, und öffnete einem Wolkenbruch die Schleusen. Wir wollten den Weg abkürzen, über eine Wiese mit hohem Gras laufen. „Halt, Kameraden, zurück!“ brüllte jemand hinter uns. „Minen!“ Der uns warnte – und vielleicht rettete – war ein deutscher Gefangener, der auf einem Gut arbeitete. Er gefangen – wer weiß wie lange noch – und wir frei, auf dem Heimweg! Auch das war sonderbar.

Als wir solches erlebten, waren wir an der großen Flüchtlingsstraße angelangt. Der später anschwellenden Flut der Heimatlosen ebbten die ersten Wellen voraus. Mit unruhigem Gesumm, mit Kinderweinen und Geschrei waren abends Baracken und leerstehende Häuser erfüllt. Jetzt wurde es schwer, noch Obdach zu finden. Die wir um Nahrung angingen, litten oft selbst Hunger. Aber einmal war da eine Villeninsassin, die brachte uns, als wir schon zum Umfallen schwach waren, eine Waschschüssel voll kalter Kartoffeln. Als wir die gierig verschlungen hatten, füllte sie die Blechschüssel ein zweites Mal. Sie lebte selbst erst einige Tage in der Villa ...

Wir verließen die unruhige Straße, um wieder auf den einsameren Schienensträngen zu trampen. Wenn man in bequemen D-Zug-Wagen über die Weichen dahinbraust, ahnt man nicht, wie weitläufig die Anlagen eines großen Bahnhofs sind. Der Knotenpunkt Kohlfurt machte uns Übermüdeten bös zu schaffen, bis wir zu den häßlichen, angerußten Ziegelbauten gegenüber den Bahnsteigen kamen. Dort bot sich uns das spukhafteste Bild der Marschtage: Ein Heerlager des Dreißigjährigen Kriegs überschwemmte die feinnervige Technik eines modernen Großbahnhofs. Hunderte, ja Tausende von Menschen lagerten zwischen den Schienen, biwakierten neben Feuerstellen, kochten und sotten in hängenden Töpfen und primitiven Gefäßen. Kinder wuselten herum, quollen aus abgestellten Zügen, aus Güterwaggons und Bretterbaracken, verrichteten ihre Notdurft auf den Geleisen. Polen waren das, die westwärts fuhren, Schwarzmeerdeutsche, die ostwärts remigrierten, deutsche Flüchtlinge, die nicht mehr wußten wohin.

Tagelang hielten hier oft die Züge. Nur vor einem einzigen, endlos langen Güterzug stand eine Lokomotive fahrbereit, mit sowjetischen Bildern und Fahnen geschmückt, und durch endlose Pfiffe mit ihrer Dampfkraft protzend. Das war der Zug des Tages, vielleicht auf Tage hinaus, und er fuhr genau dahin, wohin wir fünf strebten: westwärts. Aber er nahm uns nicht mit. Wir mußten weitermarschieren. Auf Eisen- und Holzschwellen, durch Wälder und über Straßen, in der dunstenden Schwüle schwerer Sommerregen. Endlich waren wir in den großen Neißeauen, in dem leeren Land diesseits des Flusses, während drüben sich in Städten und Dörfern Menschen zu Zehntausenden stauten, die vergeblich versuchten, in die Heimat zurückzukehren. Niederbielau war da, ein langgestreckter Ort mit allen Anzeichen vormaliger Wohlhabenheit. Aber das Dorf war ausgestorben, menschenleer. Eine magere Katze, kläglich miauend, strich um unsere Füße als das einzige, letzte Lebewesen.

Es war ein Sonnabendabend, der 7. Juli 1945, und jenseits des raschen Flüßchens, das sich anschickte, Geschichte zu machen, ging blutrot die Sonne unter. In einem schönen, warmen Licht, noch nicht in den Abenddunst entrückt, sahen wir zum letztenmal die schlesischen Gebirge, voran die Landeskrone bei Görlitz, breitgelagert, eine Zitadelle an Schlesiens Pforte, und, sich anschließend, die fernhin verblauenden Kämme von Iser- und Riesengebirge.

Bis uns die Abendkühle überschauerte, saßen wir schweigend am Feldrand, vier Männer und eine Frau. In diesem Augenblick fühlten wir uns alle einsam und heimatlos, bedrückt vom Anblick des toten Dorfes, der verlassenen Straßen und Fluren. Erst als Sterne am Himmel aufzogen, wich die tödliche Starre. In der Ferne wurde gesungen und auf einer Ziehharmonika musiziert. Aber es waren fremde Lieder.

Herbert Hupka

RATIBOR 1945
NOTIZEN UND ANMERKUNGEN

Zu den Siebensachen, den sieben Sachen, die ich aus Ratibor, meiner Heimatstadt, nicht Geburtsstadt, 1945 habe retten können, gehören ein Taschentuch, ein Aquarell, das meinen Vater, ein Gemälde, das die in Sohrau früh verstorbene Mutter meines Vaters zeigt, einige Bücher, eine Keramikente mit einem Loch im Leib, meine Schreibmaschine, die ich mir durch Nachhilfestunden als Gymnasiast verdient hatte, und ein rot eingebundener Taschenkalender für das Jahr 1945. Über jedes Stück dieser sieben Sachen wird noch zu reden sein, doch zuerst etwas über diesen Taschenkalender. Mir erscheint es heute wie ein Wunder, daß ich nach so vielen Leibesvisitationen und Plünderungen, nach so vielen Inhaftierungen und Entlassungen, nach so vielen Reisen über so viele Grenzen, über ehemalige, dann aber wieder aufgehobene und jetzt gerade wieder neu gezogene und schließlich über ganz neu abgesteckte Grenzen dieses Büchlein habe retten können. In Stenographie und nur mit Stichworten wurden hier täglich oder wenige Tage nach den Ereignissen die persönlichen Geschicke des Jahres 1945 eingetragen, und das war damals immer auch ein Stück mit zu erleidender Geschichte. Weder waren das Papier dieses Kalenders recht friedensmäßig noch der Tintenstift farbfest, so daß die Notizen heute nur mehr mit der Lupe nachgelesen werden können; manche Notiz läßt sich kaum noch entziffern. In diesem unheilvollen Jahr bestand stets die Gefahr, ertappt und überführt zu werden, ertappt und überführt zuerst von den Truppen der SS und der Feldgendarmerie, die immer wieder auf arbeitsfähige Männer und Frauen Jagd machten, dann von der Roten Armee, die das gleiche tat und auch noch andere Motive hatte, dann von der polnischen Miliz, die das gleiche tat und auch noch die Zugehörigkeit zum deutschen Volk für verhaftungswürdig hielt, dann von den Tschechen, deren Staat von Oderberg bis zum Bayerischen Wald durchquert wurde. Darum wurde vieles nur verschlüsselt eingetragen, doch dies wiederum nicht so geheimpolizeisicher, als daß man es nicht heute leicht enträtseln könnte.

1. Januar 1945: Hochamt im Breslauer Dom, Predigt von Domherr Niedzballa. „Non recuso laborem non recuso dolorem“ (Ich will nicht Arbeit und Schmerz verweigern). Herrlicher Gesang. Nachher Empfang bei Kardinal Bertram. Geistlicher Rat Dr. Felix Zillmann ist auch geladen. Abschied. Der Zug braucht vier Stunden bis Ratibor. In Heydebreck und Reigersfeld steigen Franzosen und Ukrainer zu. Auf dem Ratiborer Bahnhof wird französisch gesungen. Daheim Karte von Mutter vom 1. Dezember 1944. Aus Freude Baum angesteckt. 4 Grad im Zimmer. In Straßburg unterrichteten die Professoren noch, als sie plötzlich fliehen mußten. 22.30 Uhr Abfahrt mit Eilzug nach Teschen.

Niemand konnte an diesem Tage ahnen, daß es die letzte deutsche Neujahrsansprache im Breslauer Dom gewesen ist. Ich war zum Jahreswechsel 1944/45 in Breslau Gast von Dr. Felix Zillmann, der sich jetzt als Kurator um die Mägde Mariens von Bergstadt sorgte, wo sie am Fuße des Annaberges ihr Mutterkloster hatten. Bis er durch die Nationalsozialisten abgelöst worden war, leitete er als katholischer Theologe und Pädagoge die Ratiborer Taubstummenanstalt, eine Gründung des Breslauer Professors für Medizin Karl Kuh vor über hundert Jahren. Bis zu 500 Schüler und 50 Lehrer zählte die Taubstummenanstalt für Jungen und Mädchen. Jahrelang habe ich in der Sonntagsmesse für die Taubstummen, sie folgte der von Kuratus Hoppe gelesenen Messe für die Schülerinnen des Lyzeums der Hoffmann-von-Fallersleben-Schule, ministriert und schäme mich bis heute, das Confiteor mehr abgeleiert denn gebetet zu haben. Zillmann war ein sprühender Geist, der allen modernen Strömungen der Zeit unvoreingenommen begegnete und mich daran teilhaben ließ. „Vielleicht wird aus dem Herbert ein katholischer Theologe“, ob er dies gedacht hat, weiß ich nicht. Jedenfalls hat er mich nie in diese Richtung dirigiert, obwohl er bisweilen die Rolle eines väterlichen Freundes übernahm, mußte mich doch meine Mutter von meinem vierten Lebensjahr ab allein großziehen, da mein Vater während der Rückkehr aus der Internierung in Australien, wo ich während der ersten drei Jahre meines Lebens aufgewachsen bin, auf hoher See gestorben ist. Zillmann verdanke ich meinen ersten Radioapparat, ich war wohl noch Sekundaner; es war der ausrangierte Apparat aus seinem Arbeitszimmer, die Röhren standen noch draußen, der Lautsprecher glich einer Ohrmuschel, die zahlreichen Wackelkontakte ließen sich am leichtesten dadurch beseitigen, daß ich meine Schultasche auf den Boden warf. Zillmann hatte sich zahlreiche Notizen gemacht, um immer gegen die Hitler-Diktatur wach zu bleiben. Wiederholt führte er mich in sein Arbeitszimmer, schob mir die Rolle eines hausdurchsuchenden Gestapobeamten zu, der, von ihm telepathisch in die falsche Richtung gelenkt, nun zu suchen begann. Nach dem geglückten Experiment entdeckte er mir – sich wie ein Schuljunge freuend –, wo überall hinter Buchrücken und in Winkeln der hohen Regale seine Geheimsachen versteckt lagen. Dasselbe Spiel wiederholte er, als wir uns nach vielen Jahren in Ost-Berlin wiedersahen. Es hatte sich nur die Farbe und manche Methode geändert, die Diktatur war sich gleichgeblieben.

Die Karte meiner Mutter war eine vorgedruckte Karte, die nur Platz für zwölf persönliche Worte ließ und auch nicht mit „Deine Mutter“ unterzeichnet werden durfte, sondern nur die Unterschrift Therese Hupka trug. Meine Mutter war im Januar 1944 von der Geheimen Staatspolizei abgeholt und in das Konzentrationslager Theresienstadt gebracht worden. Alle vier Wochen kam ein Lebenszeichen, ich durfte alle vier Wochen ein Paket schicken. Viele gute Ratiborer Mitbürger halfen die eigene Tagesration verdoppeln und verdreifachen, damit ich genügend Lebensmittel für die monatlichen Pakete zusammentragen konnte. Was ich an diesem 1. Januar 1945 noch nicht wissen konnte, dieser Karte folgte keine Post von meiner Mutter mehr, bis ich endlich im Juni 1945 von einer Leidensgefährtin meiner Mutter in Teschen erfuhr, daß meine Mutter am Leben sei.

In Karwin, das nunmehr zu Oberschlesien gehörte, früher aber zu Österreichisch-Schlesien und dann zur Tschechoslowakei gehört hatte, heute wieder tschechisch ist, obwohl es wegen seiner Bevölkerung immer auf der polnischen Wunschliste gestanden hat, in Karwin unweit von Teschen war ich kriegsdienstverpflichtet. Mein Arbeitsplatz war der Gabrielenschacht, wo ich als Hauptstatistiker arbeiten sollte. Die Bergleute sprachen polnisch, die Verwaltung tschechisch, das ganze Unternehmen unterstand der deutsch gewordenen Berg- und Hüttenwerks-Gesellschaft.

Das schicksalsträchtige Wort fliehen steht bereits in der ersten Eintragung des Jahres 1945, es kam dahin wohl aus einer Nachricht im britischen Rundfunk. Wie oft wurde es in den nächsten Wochen und Monaten gebraucht, zuerst mit einem Fragezeichen versehen, dann mit einem Ausrufungszeichen.

13. Januar: Nach dem Dienst nach Hause, Zug eine halbe Stunde Verspätung, Anschluß in Oderberg fort, mit dem Wiener D-Zug weitergefahren. Zug voller Deutscher aus der Slowakei, Flüchtlinge aus Kremnitz, Fluchtgepäck ist schweres Leinen. Große Freude mit einem Soldaten, der nach anderthalb Jahren zum erstenmal wieder nach Hause kommt. Gestern hat der Russe seine Offensive begonnen.

In Ratibor bewohnte ich die Küche und ein Zimmer unserer Wohnung, während der Rest mit den Sachen meiner Mutter von der Geheimen Staatspolizei verschlossen, aber eher fahrlässiger- denn wohlwollenderweise nicht versiegelt worden war. Da ich mir Nachschlüssel beschafft hatte, ging ich nach Belieben in die anderen beiden Räume, gleichsam ein Einbrecher in der eigenen Wohnung, nur durfte ich kein Licht machen. Auf den Gedanken, daß ich für jeden geschulten Polizisten entzifferbare Spuren hinterließ, war ich gar nicht gekommen, aus lauter Freude, der Polizei ein Schnippchen geschlagen zu haben. Eine zweite Wohnung hatte ich 60 km südlich in Teschen, wo ich im Oktober 1944 zuerst dienstverpflichtet war. Nach Karwin ging es täglich von Teschen mit dem Arbeiterzug.

21. Januar: In Ratibor herrscht Aufbruchstimmung. Wagenkolonnen in Richtung Leobschütz durchqueren die Stadt. Lazarette werden bereits evakuiert. 23 Uhr Rückfahrt nach Teschen. Wartesaal voll Flakhelferinnen. Zug aus Heydebreck fällt aus, ein neuer Zug wird nicht eingesetzt. Mit dem Fronturlauberzug geht es weiter, Abfahrt am nächsten Morgen um 2 Uhr, Ankunft um 5 Uhr.

29. Januar: Starkes Artilleriefeuer auf Ratibor aus Richtung Nordwest und Nord. Viele Menschen schlagen wie ein Barometer je nach dem Tief oder Hoch der Einflüsterungen aus. Gerüchte über schon genommene Städte und augenblickliche Position der Russen kursieren.

1. Februar: Fliegerangriff einzelner russischer Maschinen. Die Volkssturmmänner erhalten fünf Schuß Munition pro Mann.

2. Februar: 12.30 Uhr schwerer Angriff, dauert eine Stunde. Heute verließ die Großmutter Richtung Oberglogau die Stadt.

3. Februar: 9.30 Uhr Fliegerangriff. Bahnhof, Neue Straße, Lange Straße, Pfarrkirche, Dominikanerkirche haben Schäden. Viele verlassen die Stadt. Kein Licht, kein Gas. Der erste Tag ohne Radio.

5. Februar: Bei Frau Jokiel fünf Belgier aufgenommen, politische Häftlinge, die bei einem Transport auf der Strecke geblieben waren, von Frau Jokiel aufgelesen und mit ihren drei Kindern (von in ganzem sechs) beherbergt. Daumenschrauben, Gummiknüppel.

9. Februar: Zwangsevakuierung, Lautsprecherwagen. Einfache Methode: Man gibt den Leuten nichts auf die Lebensmittelkarten, wenn sie ungestempelt sind; gestempelt werden sie nur von der Arbeitsfront, wenn Beschäftigungspflicht nachgewiesen.

11. Februar: Ein Teil von Ratibor hat bereits wieder Strom. Die fünf Belgier sind heute mit einem Sanitätszug abgefahren nach dem Westen, wer weiß, welch schweres Schicksal ihnen blüht?

Maria Jokiel war keine geborene Ratiborerin, sondern stammte aus Oberbayern. Ihr Entschluß, nicht nach Bayern zu fliehen, sondern mit den drei jüngsten Kindern zu bleiben, bestärkte die anderen, gleichfalls auszuharren. Meist waren es Frauen, die für ihre Familien die Entscheidung zu fällen hatten. In gewohnter Umgebung zu bleiben, war zu verführerisch, außerdem konnte man sich nicht ausmalen, wie es die Russen mit uns halten würden, bestimmt nicht so, wie es Goebbels im Rundfunk verkündet hatte. Wer einmal lügt, dem glaubt man nicht, und dennoch muß heute eingestanden werden, daß dieses eine Mal, als grausame Szenen vom Auftreten der Roten Armee geschildert worden waren, der Lügner die Wahrheit gesagt hatte.

Die frommen Frauen in Ratibor harrten nicht nur gottergeben aus, sie versuchten auch, den verhungerten Gestalten, die sich in langen Zügen durch die kalte Stadt schleppten, Brot und aufgesparte Nahrungsmittel verstohlen zuzustecken. Die fünf Belgier hatten sich von ihrem Transport in die nahe Kirche, die Mater-Dei-Kirche, auch Matka-Boza-Kirche genannt, entfernt und waren dort zurückgeblieben. Als Frau Jokiel, vom Pfarrer in die Kirche gerufen, dem ersten der Häftlinge, die vor Erschöpfung nicht mehr weiterziehen konnten, den Lappen von den Füßen wickeln wollte, gingen gleich Blut, Eiter, Ungeziefer und Haut mit herunter. Eine Hilfe konnte in der Kirche nicht gewährt werden. Man ließ es dunkel werden, die Kinder fuhren mit den Schlitten an und brachten die fünf Hilfsbedürftigen in die Wohnung von Frau Jokiel. Jeder bekam ein Bad, der Schwächste konnte nur auf allen vieren in die wohlgeheizte Dachstube. Einer hatte eine Gummiknüppelspur quer über die Nase, andere Verbrennungen von Zigaretten rund um den Mund, ein anderer Spuren von Daumenschrauben an den Fingern. Sie sollten Kameraden verraten, und auf diese Weise wollte man den Verrat erzwingen. Sie kamen alle aus der Munitionsfabrik in Laband, wohin sie deportiert worden waren.

Die Lage war für Frau Jokiel und ihre Belgier besonders gefährlich, weil im nebenan gelegenen Gebäude ein SS-Kommando einquartiert war, das überdies noch zum Telefonieren gern auf einen Sprung zu Jokiel kam. Da das Wasserwerk ausgefallen war, mußten der Rest der Familie Jokiel für sich und die Geretteten und auf der anderen Seite das SS-Kommando aus derselben Pumpe das Wasser holen. Zu essen war genug da, denn ein Kaufmann, der geflüchtet war, hatte den Schlüssel zu seinem Proviant zurückgelassen. Ein Chemiestudent erholte sich rasch, ein Bäcker half beim Kochen. Die Schwestern aus dem benachbarten Annunziata-Kloster, die vom Kampfkommando in den Schweinestall ihres Klosters verdrängt waren, kamen heimlich, um die fachgerechte Pflege zu übernehmen. Die Gefangenenkleidung wurde verbrannt, die Belgier erhielten Anzüge des Mannes und der beiden Söhne, die allesamt bei den Soldaten waren. Als die Transporte mit Kranken und Verwundeten, mit Alten und Gebrechlichen zusammengestellt wurden, eröffnete sich Frau Jokiel dem Stabsarzt auf der Kommandantur. Er hatte gleich ihr ein gutes Herz und versprach, im nächsten Morgengrauen die Hilflosen im Sammeltransport mitzunehmen.

Später kam die Nachricht, daß alle fünf, wenn auch auf großen Umwegen, wieder in ihre Heimat gelangt sind. Das belgische Konsulat schickte zum Dank der inzwischen in ihre bayerische Heimat Geflüchteten ein schönes und begehrtes Paket. Was hier über zwei Wochen hindurch an Mut und Hilfsbereitschaft, an christlicher Liebe und Menschlichkeit vorgelebt worden ist, verdiente mehr als nur ein Paket zum Dank. Gott hat insofern bereits gelohnt, daß er die ganze Familie wieder gesund sich zusammenfinden ließ. Der älteste Sohn ist heute Jesuit und Missionar in Japan.

13. Februar: Neue Straßenzüge werden mit Evakuierungsbefehlen eingeängstigt. SS führt diese durch. Sie sagt: 30 km sind im Umkreis zu räumen, weil hier neue Waffen im Einsatz, dadurch werden Russen weit nach Osten getrieben. Befehl der Ortskommandantur: Nach acht Uhr abends niemand mehr auf der Straße.

15. Februar: Plakatiert: Evakuierung ab sofort, ansonsten polizeiliche Maßnahmen, verfügt durch die Stadt. Pfarrer vor den Kreisleiter zitiert, soll auf die Gemeinde einwirken, daß sie sich evakuieren läßt. Niemand darf in die Stadt zurück, doch viele kommen aus der Troppauer Gegend zurück und holen sich Sachen.

16. Februar: Um 7.15 Uhr beginnt Trommelfeuer, das später als russisches zu deuten ist. Zwei Einschläge in Altendorf. Kurzer Angriff von Jagdbombern mit Bordwaffen. Jahrgang 1928 soll sich stellen, verkünden Plakate.

21. Februar: Kreuzenort, hier großer Aufruhr während einer Parteiversammlung, die wegen Evakuierung einberufen. Frauen opponierten.

22. Februar: Große Kontrolle aller Passanten, man will noch 600 Mann für den Volkssturm einziehen. Auch Frauen werden kontrolliert und zur Arbeit eingezogen. Man hält sich an die frühen Kirchgängerinnen, um sie für die Munitionsfabrikation regelrecht einzufangen. Sicherheitsdienst hat heute Zernik, Danziger zwangsweise evakuiert.

26. Februar: Es wird Menschenjagd gemacht. SS hat 50 Frauen im Zuchthaus eingesperrt, weil sie keinen Einsatzbefehl hatten, darunter Ursel Pawlik, Renate Fuchs. Ein Teil soll in ein Auffanglager zum Schanzen.

3. März: Gerücht: 80 Prozent der Flüchtlinge, die in Dresden waren, sind umgekommen. Nach Reichenbach in der Lausitz Evakuierte mußten erneut evakuieren, jetzt nach Aussig an der Elbe.

4. März: Dicke Schneedecke. Russische Jäger schießen mit Bordwaffen. Die letzten offiziellen Braunen residieren im Lazarusstift.

7. März: Plakate: Wer nicht evakuiert, wird als Staatsfeind betrachtet und behandelt. Unterzeichnet vom Kreisleiter, Bürgermeister, Kampfkommandanten, aber ohne Namensnennung.

10. März: Aufruf, bis heute die Stadt zu verlassen. „Ratiborer, haltet Disziplin und Gehorsam. Die harten Zeiten erfordern harte Maßnahmen.“ Gleichzeitig ein Plakat: „Soldaten, ich stelle meine Wohnung unter Euren Schutz, denkt daran!“ In Karwin und Teschen wurde den Tschechen die Kurzwelle plombiert, den Polen alle Radioapparate fortgenommen. Die mit meinem Apparat aufgenommenen Nachrichten gehen von Mund zu Mund.

18. März: Große Erregung in Ratibor, die Russen drücken auf den Stadtrand von Leobschütz und Neisse, Leobschütz soll schwer bombardiert worden sein. Viele erhalten jetzt Aufenthaltsgenehmigung, so Familie Pawlik, Familie Konietzny.

25. März: Rest der Stadtverwaltung heute nach Hultschin und Sternberg.

28. März: Seit zwei Tagen wieder in Karwin. Es blüht der Schwarzhandel. Eine Zigarette 2 RM, ein Paar Strümpfe 70 RM. Ob ich noch rechtzeitig nach Hause komme? In Oderberg erfahren, daß Ratibor brennen soll.

29. März: Fliegerbeschuß der Russen und deutsches Artilleriefeuer. Es wird zum Verlassen der Stadt geblasen. In die Leobschützer Straße feuern russische Panzer. Ich laufe an den Häusern entlang nach Altendorf, mir entgegen laufen SS-Einheiten und Volkssturm, befinden sich auf der Flucht. Ein Hauptmann, völlig derangiert, meint, Ratibor sei bereits aufgegeben und neue Stellungen würden bezogen. Da Straßen unter Beschuß, Bewegung nur von Haus zu Haus möglich. Nachts fallen von den russischen „Nähmaschinen“ ununterbrochen Brandbomben. Elfi Holle als einzige Frau und wir wenigen Männer kommen in der Victoria- und Parkstraße nicht mehr mit dem Löschen und Retten nach. Ich sinke nach Mitternacht todmüde auf einer Matratze im Keller in den Schlaf.

30. März, Karfreitag: Ein fahnenflüchtiger deutscher Soldat meint, daß die Russen bereits in Altendorf, jetzt nach Studzienna, Ratibor-Süd, drängen. Um 15 Uhr schweres Bombardement unseres Viertels, bin gerade auf dem Wege zu unserer Wohnung Parkstraße, während eine Bombe den Keller von Holles, wo ich noch zwei Minuten zuvor gestanden hatte, durchschlägt. Gottes Fügung. Ein Herr König beklagt Beinbruch. Niemand kann helfen. Die Victoriastraße brennt. Kreisarzt Dr. Urbach verläßt mit Frau auf der Straße nach Süden, sein Fahrrad schiebend, die Stadt.

Dr. Urbach gehörte in Ratibor mit seinen 50000 Einwohnern zu den angesehenen Bürgern. Er war ein Gegner des herrschenden Systems und versuchte in seiner amtlichen Stellung zu helfen, wo es nur gerade ging. So habe auch ich ihm zu verdanken, daß ich nach meiner Entlassung aus der Wehrmacht im Sommer 1944 nicht zur Zwangsarbeit in die Organisation Todt gesteckt wurde, sondern von der Berg- und Hüttenwerks-Gesellschaft in Teschen kriegsdienstverpflichtet werden konnte, indem er amtsärztlich bescheinigte, daß ich für schwerste körperliche Arbeit nicht herangezogen werden könne. Später versuchte der Kreisleiter mich wenigstens in den Bergbau abkommandieren zu lassen, doch da machte ein Teschener Kreisarzt nicht mit. In Bayern habe ich Urbach später wieder getroffen. Der Neuanfang ging ihm nicht rasch genug, weshalb er bald in das polnisch verwaltete Oberschlesien zurückgekehrt ist. Auf heimatlichem Boden hoffte er, es leichter zu haben. Als Flüchtling enttäuscht und jetzt als Heimkehrer enttäuscht ist Dr. Urbach wenige Jahre nach seiner Rückkehr als ein Wanderer zwischen Heimat und Fremde in der zur Fremde gewordenen Heimat gestorben.

31. März: Um 5.30 Uhr Krokusse auf der Wiese des Gondelteiches gepflückt. Die innere Spannung ist so groß, daß einem Blumenpflücken Erleichterung verschafft. Gleich neben dem Krankenhaus taucht der erste Russe auf. Ich ziehe mich rasch zurück. Die Russen strömen durch die Straßen. Der zweite Russe, der mir begegnet, nimmt mir die Stiefel ab, ein anderer die Uhr. Man verlangt nach Frauen. Nach der ersten Truppe, die nach zurückgebliebenen deutschen Soldaten sucht und niemanden findet, zweite Truppe, die plündert, vergewaltigt. Plünderung für sich selbst und für die größere Gemeinschaft, so fahren Autos vor und laden Wäsche, Kleider, Möbel, technisches Gerät auf. Um 17 Uhr wird im Keller unser Wohnhaus in der Parkstraße angesteckt. Elfi Holle hilft gegen die Rauchentwicklung Sachen retten und auf den Hof werfen, von dort in die benachbarte Victoriastraße geschleppt. Brandbekämpfung vergebens. Die Russen werden zudringlich, gebe Elfi als meine Frau aus.

Frau Holle, Witwe eines Juristen, der im Ersten Weltkrieg fiel, ist mit ihrer Tochter, meiner Spielgefährtin aus dem Kindergarten, die von einer durchlittenen Kinderlähmung mit einem Hüftleiden gezeichnet ist, schon aus Trotz gegenüber Anordnungen der Partei in Ratibor geblieben. Sie hat unsere rasch gebildete Gemeinschaft, zu der noch zwei weitere Frauen kamen, wie ein behutsamer Engel umsorgt und war nie verzweifelt. Sie ließ sich ihre strenge Sorge um ihre Tochter nie anmerken. Das wenige, das wir aus allen leeren Winkeln und Kellern zusammengetragen hatten, wußte sie beisammenzuhalten und gerecht zu verteilen.

Als die Ratiborer zehn Tage nach Einmarsch der Roten Armee nach Eichendorffmühl gewaltsam evakuiert worden waren, rettete sich Elfi Holle nur durch ihren ständigen Aufenthalt im Schweinestall vor den Zugriffen der herumziehenden Rotarmisten.

Nach Jahren kam mir durch Zufall die hakenkreuzverzierte „Oberschlesische Zeitung“ vom 1. April 1945 in die Hand. Darin wird zwar das

Ereignis der Einnahme von Ratibor am Sonnabend vor Ostern wahrheitsgemäß berichtet: „In Oberschlesien griffen die Bolschewisten erneut südwestlich Schwarzwasser und südlich Leobschütz vergeblich an, konnten jedoch unter Einsatz starker Kräfte und unter hohen Verlusten in Ratibor und Katscher eindringen." Kriegsberichter Horst Kanitz aber schmückte im trotzigen Heldenliedton aus: „Wie eine Mauer stehen unsere Männer, und wo ein Stein aus dieser Mauer bricht, schließt ein anderer sofort die Lücke. Haufen von toten Sowjets bleiben auf dem Kampffeld und jeder Fußbreit Boden, der ihnen zu gewinnen möglich wird, kostet ihnen Hekatomben von Blut und Material ..." Davon war kein Wort wahr. Man war verwundert, daß die Rote Armee überhaupt so lange brauchte, um die Stadt zu erobern. Von starker Verteidigung oder hohen russischen Verlusten war nichts zu merken. Schnell aufgeworfene und ebenso schnell durchquerte Panzersperren und zwei einsame Panzer waren der letzte schwache Schutz.

1. April, Ostersonntag: Wir holen aus leeren Wohnungen mit dem Handwagen Lebensmittel, zum Teil mit den plündernden Russen in denselben Räumen. Nachricht von V. R., daß sie vergewaltigt worden ist. Um 15 Uhr werde ich von der Straße weg verhaftet, ins nahe Zuchthaus gebracht. Wir sind 150 Männer. Von einem mißtrauischen Kommissar verhört.

3. April: Nachts auf Brettern in einem für 25 Mann bestimmten Raum zu 60 Mann geschlafen. Werde zur Wodarz-Villa gegenüber dem Krankenhaus gebracht. Von einem neuen Kommissar verhört. Auch dieses Verhör bestätigt, die Russen kennen sich in den deutschen Verhältnissen überhaupt nicht aus. Man entläßt mich zur Kommandantur, wo ich mich wieder melden soll. Ich tue das nicht. Gehe zur Notwohnung. Alles ist geplündert, Anzüge, Stoffe, Strümpfe, Taschentücher, Fahrräder.

Ein Taschentuch, das ich bis heute gerettet habe, zeigt in kyrillischen Buchstaben meinen Namen, dem russischen Alphabet entsprechend mit einem G beginnend. Es war eine ganz einfache Methode der Häscher. Die noch nicht geraubten Habseligkeiten wurden in ein Taschentuch gepackt, mit dem naßgemachten Tintenstift wurde auf das Taschentuch der Name des Häftlings geschrieben.

Die Verhaftungen erfolgten wahllos. Wer kein Parteigenosse war, und das sind die meisten der Zurückgebliebenen, hat es besonders schwer, weil man ihm nicht glaubt und ihn für einen Lügner hält, denn alle müßten doch in der Hitler-Partei gewesen sein, weshalb mancher, nur um nicht länger hart angepackt und ausgefragt zu werden, sich als Parteigenosse bekannte, ohne es jemals gewesen zu sein. Zeigte man irgendwelche Papiere, mußte man gewärtigen, daß sie einem vor den Augen zerrissen wurden, und man war seine

Ausweise für immer los. Selbstverständlich waren die Soldaten und Kommissare, die die Ausweise entgegennahmen, des Lesens der lateinischen Schrift unkundig. Bei beglaubigten Urkunden stießen sie sich nur an dem unumgänglichen Hakenkreuz in den Amtsstempeln, so daß es sich empfahl, diese Beglaubigungen abzutrennen, um nicht bei der Jagd nach Menschenbeute leichtfertige Handhaben zu bieten.

5. April: Der Tag verlief bis zum Nachmittag ohne Plünderung, dann eine plündernde Meute. Ohne Barmherzigkeit wird alles geraubt. Zwei Russen holen Frau S., 51 Jahre alt, aus unserer Schar und vergewaltigen sie im Nachbarzimmer. Sie kommt aufgelöst zu uns zurück und schreit „Erschießt mich, bespuckt mich!"

7. April: Heute nacht Herr König, der alte Herr mit den Verletzungen vom Bombardement am Karfreitag, gestorben. Wann, wo, wie werden wir ihn beerdigen können?

8. April: Die erste polnische Flagge entdeckt. Mein Radioapparat wandert ab, seit Neujahr Tag und Nacht gehört und von den Nachrichten gelebt. Nachts klopfen russische Soldaten, suchen nach fremden Soldaten, in Wirklichkeit suchen sie nach Mädchen. Die Nächte sind furchtbar. Jagd nach Frauen, gellende Schreie, Brandgefahr.

12. April: 14 Uhr ein Trupp Soldaten mit dem Befehl, binnen 50 Minuten alles zu räumen und sich zum Marsch Richtung Eichendorffmühl zu formieren. Ich werde abgesondert und in die Kolonie Vogelsang abgeführt. Hier bereits 20 bis 30 Frauen versammelt und noch mehr Männer.

Kriegsbedingt war diese Evakuierung nicht, denn die Front war nicht näher gerückt. Diese Evakuierungen waren aber ein beliebtes Mittel, auf doppelten Raubzug zu gehen. Die leeren Wohnungen konnten ungestört ausgeräumt werden, und die Ausziehenden konnten auf ihrem Marsch „abgefilzt" werden. Zudem entdeckte man bislang noch unentdeckt gebliebene Frauen und Mädchen.

Als ich mit den inhaftierten Frauen und Männern Nachrichten austauschte, erwähnte ich nebenbei, daß ich für den schlimmsten Fall eine Rasierklinge versteckt bei mir trage. Daraufhin stürzte sich Fräulein B. vor mir auf die Knie und erflehte die Klinge, sie sei zwanzigmal vergewaltigt worden, sie wolle so schnell wie möglich Schluß machen. Es kostete viele Worte, um mein hartnäckiges Weigern zu begründen. Später ist Fräulein B. nach der Flucht aus Ratibor nach schwerer Krankheit gestorben.

13. April: Mit einem Schreiben in Richtung Pleß entlassen, begebe ich mich zur Notwohnung, ein Haufen Russen plündert, darunter der Feldwebel, der sich in den letzten Tagen etwas gesitteter benommen hat. Plötzlich kommt ein Kommissar, erklärt mich zum Spion und läßt mich zum Zuchthaus abführen. Hier Leibesvisitation, man entdeckt drei Bildchen aus meiner Soldatenzeit, ab wieder zur Kolonie Vogelsang, von je zwei Rotarmisten mit aufgepflanztem Gewehr vorn und hinten über ein freies Feld eskortiert. Soll ich erschossen werden? Eine Ukrainerin dolmetscht offensichtlich objektiv und wohlwollend. Man läßt mich für Minuten neben einem Strohhaufen allein stehen, zerreiße heimlich das Corpus delicti. Ein russischer Major entläßt mich, bietet mir sogar Zigarette an. Begebe mich nach Altendorf zu Familie Konietzny. Auf dem Wege will man mir wieder den Mantel stehlen.

14. April: Die Wohnung von K. liegt im vierten Stock, erweist sich als glücklich, die unteren Wohnungen werden geplündert, bis zum 4. Stock hinauf ist man zu faul. Man hat darum auch den Befehl zur Zwangsevakuierung unterlassen. Auf der Straße im gegenüberliegenden Haus zwei tote Russen. Man sieht sehr schwarz, doch scheint die Schuldlosigkeit der Deutschen sich von selbst zu ergeben. Gott sei Dank.

16. April: Ein Pole, 24 Jahre alt, Wygoda, kommt herauf. Soll polnische Zivilverwaltung herkommen. Er ist deutscher Abstammung, spricht besser französisch und deutsch als polnisch, ist als jüdischer Emigrant und junger Mensch auf Umwegen durch französische Internierungslager und Algerien zur Lubliner Regierung gestoßen. Eröffnet uns, daß Ratibor bis zum rechten Oderufer evakuiert werden soll, da Schicksal links der Oder noch ungewiß.

17. April: Es wird für die Räumung das Letzte gepackt. Eine Frau stirbt an den Folgen einer Vergewaltigung, Alter 63 Jahre. 18 Uhr Wygoda: Räumung widerrufen. Polnische Verwaltung wird hier bleiben.

18. April: Am Nachmittag mit Wygoda in die erste Notwohnung. Dort alle Betten aufgerissen, ein Berg Federn. Exkremente und Lebensmittel durcheinander. Packe Bücher ein in den Handwagen. 70 Prozent der Stadt ist abgebrannt. Polnische Verwaltung scheint sehr klein zu sein. Offizielle Plünderungskommandos räumen Stand- und Wanduhren, Klaviere.

19. April: Schätzkommandos zählen uns ab, schriftliche Zeugnisse weder verlangt noch angelegt. 21.30 Uhr drei Russen auf Streife, Auftritt bei Konietznys mit dem Polen. Dann gehen sie in den Keller, holen sich drei Frauen heraus, vergewaltigen sie im Nachbarhaus, reißen dann aus.

20. April (mit dem Vordruck: Flaggen! 1889 Geburtstag Adolf Hitlers): Jeder Tag bringt viele Häuserbrände. Die Russen sagen, daß die Deutschen die Häuser anstecken.

Blickte man vom Balkon der hochgelegenen Wohnung auf die Stadt, kam man sich in der Rolle eines Nero vor, der auf das brennende Rom schaut. Die

Freude am Feuer, an der Zerstörung, gelegentlich auch das ungeschickte Hantieren mit Kerzen und Fackeln, wenn die Plünderer im Keller oder auf dem Boden die Dunkelheit aufhellen wollten, lösten die Brände aus. Meist wurden die Häuser vom Keller aus in Brand gesteckt. Die von Bomben nur hier und da getroffene Stadt wurde auf diese mutwillige Weise dann bis zu 80 Prozent ein Opfer der Flammen, die Innenstadt brannte fast ganz aus. Später, so Ende Juni, geschah es, daß die ihre Quartiere vor den nachrückenden Polen räumenden Russen aus Boshaftigkeit noch Feuer legten, wie dies im Haus Wilhelmstraße Nr. 2 geschehen ist, wo mein Vater aufgewachsen ist.

Dem Mann der polnischen Sicherheitstruppe, der zum Quartiermachen nach Ratibor gekommen war, verdanken die drei Frauen, mit denen wir in häuslicher Gemeinschaft in der Wohnung des Lehrers Fritz Konietzny zusammen mit dem Rechtsanwalt Fritz Fafflok aus Kattowitz, seinem Schwiegersohn und dessen beiden Kindern eng beieinander wohnten, daß sie in der späten Stunde des 19. April vor Vergewaltigung bewahrt blieben. Wygoda, ein hitziger Kopf, hatte gleich seine Pistole genommen und war den sich schnell in Sicherheit bringenden Soldaten nachgejagt. Auch ein Schuß fiel, ein russischer Soldat soll von ihm ins Bein getroffen und von einer Streife mitgenommen worden sein.

Daß ich mitten durch die Stadt gehen und einmal in der ersten Notwohnung nach dem Rechten schauen durfte, verdanke ich gleichfalls seinem Schutz, den er mir aus freien Stücken gewährte. Aus der britischen Internierung während des Ersten Weltkrieges hatte meine Mutter ein Aquarell mit dem Porträt meines Vaters gerettet. Russische Soldaten hatten eine Krause mit Erdbeeren auf das Bild geschleudert und mit dem Seitengewehr unter das Auge eines Gemäldes gestochen, das ein Erbstück ist und die Ansicht der jungen Mutter meines Vaters zeigt. Beide Bilder konnte ich aus der Wohnung mitnehmen und auf vielen Irrwegen bis nach München bringen. Heute sind die Bilder längst wieder restauriert.

Warum die Russen diese Freude daran hatten, alle Betten aufzuschlitzen, so daß die Federn kniehoch in den Räumen schwebten, ist mir nie ganz klargeworden; man hat gesagt, weil sie aus dem roten Inlett Stoff für ihre Fahnen schneidern wollten. Oder war es die Lust am Zerstören? In den geretteten Büchern steckt noch hie und da eine Feder aus dem heimatlichen Gebett.

Wygoda hatte für seine Leute nirgendwo Quartier finden können, weil die bewohnbaren Wohnungen alle überbelegt waren. Er war auch bei Konietznys wieder unverrichteterdinge weitergezogen, wurde aber, da wir hier den Gleichklang der Menschlichkeit spürten, dabehalten und teilte mit uns Männern das Schlafquartier. Ihm war es gut zu wissen, daß er als Eroberer eben nicht nur, wie es ihm gelehrt worden war, auf Nazis stieß. Lehrer Konietzny gehörte zu den aufrechten Männern, die lieber eine Beförderung ausschlugen, anstatt parteihörig zu werden. Sein Schwiegersohn Fafflok genoß in Kattowitz den Ruf, den von der Diktatur angeklagten Deutschen oder Polen stets als Anwalt zur Verfügung gestanden zu haben. Viele Jahre später bin ich Issy Wygoda in Frankfurt am Main wieder begegnet und konnte ihm seine in schwerster Stunde bewiesene Anständigkeit bescheinigen. Er bedurfte dieses Beweises vor einer deutschen Behörde. Was haben wir uns nicht alles in den letzten Jahrzehnten gegenseitig bescheinigen, bestätigen müssen!

Meine Schreibmaschine habe ich übrigens nur dadurch retten können, daß ich sie Konietznys vor Wochen geborgt, und sie von ihnen im Spielzeug der beiden Enkelkinder versteckt worden war. Da den Plünderern im vierten Stock meist der Atem ausging, war sie unentdeckt geblieben und konnte in einem Hamstermarsch zunächst erst einmal ins Hultschiner Ländchen gebracht werden. Die Maschine hat später den neuen Start erleichtert.

25. April: Russen stochern mit langen dünnen Stangen im weichen Erdreich, um eingegrabene Sachen zu entdecken. Kartoffeln gesteckt, Möhren und Zwiebeln gesät. Gerücht: polnische Kommandantur nach Markdorf verlegt. Alle Polen müssen räumen, da die Tschechen kommen. Am 1. Mai muß die Stadt leer sein zu den Maifeiern der Russen.

26. April: Bericht von Fafflok aus Kattowitz. Man spricht von der Grenze an Oder und Neiße.

Vor dem 1. Mai hatten wir furchtbare Angst, weil wir mit dem großen Feiertag der Sowjets auch ein großes Trinkgelage befürchteten. Der Tag ging gut vorbei. Neue Nachrichten wurden kolportiert. Wir erfuhren vom weiteren Verlauf des Kriegsgeschehens. Wir begannen bereits wieder an die Zukunft zu denken, indem wir pflanzten und säten oder draußen in Sanssouci, wohin wir durch die Wymollen unsere ersten Schulausflüge gemacht hatten, ein großes Feld von früh um 5 Uhr bis spät in den Abend hinein umgruben. Pflug und Pferde oder Kühe und Hühner waren nicht mehr zu sehen. Mit Dreschflegeln wurde Roggen gedroschen. Auf einer Handmühle mahlten wir Schrot, und Mutter Konietzny machte daraus Brot und Suppen. In der Wohnung roch es ständig nach Sirup, der immer wieder von neuem nachgeschafft und aufgekocht werden mußte. Brot war eine Delikatesse. Wir lebten von Kartoffeln. Fleisch gab es nicht.

4. Mai: Russen montieren die Firma Ganz ab. Polnisches Militär soll eingerückt sein. Auf dem Friedhof Volltreffer hinter dem Grabstein, dieser umgestürzt, ein toter Hund auf dem Grab.

9. Mai: Seit 5 Uhr wildes Schießen, mehrere Stunden lang, Waffenstillstand soll sein seit Mitternacht. Also Ende des Dritten Reiches. In der Kirche, seit sechs Wochen zum erstenmal. Am Nachmittag durch die Gärten an der Psinna. Flieder, Obstbäume blühen, Maiglöckchen.

10. Mai: Ein Pole holt Frau Konietzny und Frau Fafflok zur Arbeit ab. In Ratibor sei jetzt ein polnischer Bürgermeister. Ein langer Zug von Kriegsgefangenen durchzieht die Straßen, deutsche Soldaten, Volkssturmmänner, Ungarn. Die Leute werfen in unbewachten Augenblicken irgend etwas zum Essen zu.

12. Mai: Es hat sich eine polnische Verwaltung niedergelassen. Polnische Plakate. Vor dem Gymnasium stapelweise Bücher des Stabes Rosenberg. Ich sacke einige dieser herrenloser Bücher ein, darunter ein von Thomas Mann verfaßtes und Thomas Theodor Heine gezeichnetes numeriertes Exemplar des „Wälsungenblutes". Bücher waren irgendwo gestohlen und nach Ratibor auf den jüdischen Friedhof verlagert worden.

Mit dem „königlich evangelischen Gymnasium", so der offizielle Name auch noch in republikanischer Zeit und trotz der großen katholischen Majorität der Bevölkerung und Schüler, ist die Geschichte unserer Familie eng verknüpft. Mein Vater machte hier 1903 sein Abitur, mein Großvater war hier zwölf Jahre Griechisch- und Lateinlehrer, und ich habe hier 1934 mein Abitur bestanden. Jetzt lagen vor dem ehemaligen Dominikanerinnenkloster vom Wasser bereits aufgeweichte Bücher der „Verfemten" herrenlos herum. Für gute Lektüre wäre in den nächsten Wochen und Monaten gesorgt, gäbe es nur die rechte Muße dazu.

20. Mai, Pfingstsonntag: Die meisten Männer lassen sich Bärte wachsen, um älter auszusehen. Junge Menschen werden immer wieder von den Russen verhaftet. Ich lasse mir Bart und Spitzbart wachsen. Gebe mich bei einem Halt durch die Russen als Pope aus, radebreche polnisch und tschechisch, beides gerade gelernt. Früh nach der Messe standen zwei Soldaten bereit, um Leute zur Arbeit zu holen.

27. Mai: Abends Gespräch mit Kaschny, dem es in Habelschwerdt gut erging. Kam nach Ratibor, weil er glaubte, sich hier niederlassen zu können.

Dies war natürlich nicht möglich. Adolf Kaschny war der energiegeladene langjährige Oberbürgermeister der Stadt, bis ihn die Nationalsozialisten 1933 durch einen treuen und ortsfremden Nationalsozialisten namens Burda absetzten, weshalb jetzt das Witzwort ging, daß Ratibor umgetauft sei und nunmehr „Burda-Pest" heiße. Der eloquente Mann, Mitglied des Preußischen Staatsrates, hatte für die nach dem Ersten Weltkrieg hart getroffene

Stadt durch geschicktes Verhandeln viel erreicht. Berufsschule, Krankenhaus, Herz-Jesu-Kirche, sie alle verdankten entweder seiner Initiative oder seiner Geldbeschaffung ihre Existenz. Nach dem 20. Juli 1944 war dieser bewährte Zentrumsmann verhaftet und erst im Februar 1945 mitten im Kampf um Ratibor wieder freigelassen worden. In den nächsten Wochen spielte der in Köberwitz beheimatete, und Köberwitz war mit dem Hultschiner Ländchen wieder tschechisch geworden, die selbstlose Rolle eines Helfers für die vielen, die aus der polnischen Drangsal in die jedenfalls hier den Ratiborern gegenüber freundlicher gestimmte Atmosphäre der Tschechoslowakei hinüberflohen. Er war der Anwalt der Ratiborer gegenüber den tschechischen Revolutionsausschüssen und Behörden.

Offenbar war damals noch nicht klar entschieden, ob die Polen oder die Tschechen Herr über Ratibor und Leobschütz werden sollten. Die Polen waren zwar präsent, aber die Tschechen erhoben lautstark ihre Forderungen. Tschechische Truppen und Verwalter sind bis in die Gegend von Kreuzenort, also in den südlichen Landkreis eingedrungen. Als Legitimation sollte der mährische Dialekt der Bevölkerung dienen. Zwischen den Sendern Kattowitz und Mährisch-Ostrau wurde eine wilde Polemik über die gegenseitigen Ansprüche geführt. Den tschechischen Behörden erschienen darum die gejagten und geplagten, verängstigten und verhungerten Ratiborer, die ins Hultschiner Ländchen kamen, um auszuruhen und zu futtern, um dem Chaos zu entfliehen und in geordneteren Verhältnissen zu überleben, als willkommene Flüchtlinge, die angeblich in den Schoß der tschechoslowakischen Republik heimgekehrt waren.

Diese Menschen, die vielfach auch verwandtschaftliche Beziehungen zu den Bewohnern der sauberen Hultschiner Dörfer hatten, sollten das politische Anlagekapital für die Ausdehnung des tschechischen Territoriums werden. Wegen der in der Tschechoslowakei offensichtlich bereits herrschenden Ordnung und dem westlichen Gesicht von Prag (über die Vertreibung und Behandlung der Sudetendeutschen wußte man damals noch nichts) wäre es der einheimischen Bevölkerung zu dieser Zeit lieber gewesen, wenn Ratibor, falls es nicht mehr bei Deutschland bleiben sollte, zur Tschechoslowakei statt zu Polen geschlagen würde. Die Tschechen beeilten sich, Aufnahmebüros für Flüchtlinge, die mährischen Brüder und Schwestern aus Ratibor und seinem Kreise, zu bilden, verteilten Abzeichen mit dem schlesischen Adler und den tschechischen Farben, riefen zu einer Kundgebung auf der Ostra Hurka, jenseits der Oppa gelegen, und sahen sich bereits als die Herren von Ratibor.

29. Mai: Aufbruch nach Oderberg, Flüchtlinge in Menge unterwegs, sie wollen nach Breslau, Görlitz, Bayern. In Oderberg an der Brücke tschechische

Zöllner. Nach einer Suade komme ich hinüber. Geordnete Verhältnisse, es gilt deutsches Geld.

30. Mai: Mit der Straßenbahn nach Karwin. Nirgends Schäden, die Gruben stehen still, Eindruck einer toten Landschaft. Die tschechischen Grubenbeamten gedrückt und enttäuscht über den Radikalismus. Die Reichsdeutschen sind verhaftet. Den Volksdeutschen ist gekündigt. Zurück nach Zabelkau im Kreise Ratibor. Milch, Brot, Butter. Auf dem Heimweg gibt es schwer zu schleppen. Nachts Hilfeschreie in Ratibor.

31. Mai: Polnische Feuerwehrleute in Ratibor einquartiert. Polen, die von den Bolschewisten nichts wissen wollen.

5. Juni: Aufbruch nach Köberwitz zum Hamstern. Habe wenig Hoffnung, daß Mutter zurückkehrt. Entschluß zur Fahrt nach Prag und Theresienstadt, aber wie?

15. Juni: Die Russen nehmen von den Gräbern die Blumen fort, eine unvorstellbare Entehrung. Ein russischer Hauptmann behauptet, daß die Tschechen einrücken und die Russen abziehen.

16. Juni: Es wimmelt von Polen. Am Nachmittag Kirschen gepflückt. Pfarrer Post in zwanzig Minuten von den Polen aus seiner Wohnung herausgeworfen.

17. Juni: Deutsche Predigt in Herz-Jesu-Kirche von Jesuitenpater Pietsch.

18. Juni: Nach Zabelkau mit Pater Czekalla. In Kreuzenort die Tschechen nach zwei Tagen heraus, in Zabelkau nach fünf Tagen. Russen haben sich hinter die Polen gestellt. Tschechen haben viel versprochen und benahmen sich freundlich. Alle Leute sehnen die Tschechen herbei.

20. Juni: Oderberg, Brücke von Polen auf der einen, Tschechen auf der anderen Seite bewacht. Teschen wieder geteilt in Tschechisch- und Polnisch-Teschen, Olsa ist Grenzfluß wie bis 1938. Wer gestern deutsch war, kämpft heute um tschechische Staatsangehörigkeit. Alle Männer der 1. und 2. Volksliste eingesperrt. Eine Sekretärin der Berg- und Hüttenwerks-Gesellschaft hat sich vergiftet. Es gibt Lebensmittel: 6 Deka Butter in der Woche, 2 kg Brot, 150 – 250 g Fleisch. Teschen am 3. Mai unzerstört von den Russen erobert.

21. Juni: Frau Goldberg gesprochen. Sie war bis 1. Juni in Theresienstadt mit Mutter zusammen. Seit einem halben Jahr das erste Lebenszeichen.

22. Juni: Bescheinigung für Reise nach Prag von Dr. Bauer. Erhalte tschechische Kronen vorgestreckt. 3000 deutsche Kriegsgefangene ziehen durch die Stadt gen Osten, gute Haltung. Abfahrt 14 Uhr.

Am nächsten Tage sehe ich in Theresienstadt meine Mutter zum erstenmal wieder. Als ich nicht gleich nach der Kapitulation eintraf, meinte sie, ich würde sicherlich erst die Wohnung renovieren lassen. Inzwischen war die

Wohnung ausgebrannt, in der Heimatstadt neue Herren, für mich war kein Bleiben. Bis zu diesem Wiedersehen war ich dreimal verhaftet und entlassen und ungezählte Male angehalten, kontrolliert und Verhören unterzogen worden. Daß ich hier meiner Mutter wieder gegenüberstehen durfte, war eine Gnade. Aber auch, daß meine Mutter überlebt hatte und nicht im letzten Augenblick auf eigene Faust nach Hause geeilt war. Ein Leobschützer Bürger, Mithäftling, war in Ungeduld aufgebrochen und ist seitdem verschollen. Als Ratibor schon russisch geworden war, hatte meine Mutter Ende April noch ein Lebensmittelpaket bekommen, tschechische Freunde aus Karwin hatten Wort gehalten und ihr wie versprochen ein Paket geschickt. Die Wachkommandos hatten meiner Mutter gleich zu Beginn der Lagerzeit sehr schwer zugesetzt und sie in Sonderhaft genommen, dabei sich auch der Eheringe bemächtigt. Jahre später schenkte der Sohn seiner Mutter einen Ehering und ließ das Datum des 18. Juli 1914, des Hochzeitstages, eingravieren. Was ist seitdem nicht alles an Unmenschlichem Wirklichkeit geworden!

In der gefürchteten Festung Theresienstadt werden jetzt Deutsche von den Tschechen festgehalten. Man sieht Frauen, denen die Haare abgeschoren sind. Grausamkeiten von gestern wiederholen sich in neuer nationaler Tönung.

9. Juli: Nach drei Wochen wieder in Ratibor. Stadt ohne Verpflegung. Zahlreiche Polen da. Polnisches Gericht bereits da mit polnischen Richtern. Leute versetzen letzte Habe, um Nahrungsmittel zu kaufen. Alles wartet auf die Tschechen. Fafflok bereits nach Frankfurt aufgebrochen, Holle nach Hannover. Allgemeine Stimmung „Heraus aus der Stadt!", keine Existenzmöglichkeit, keine Lebensmittel. In einer Woche sind 166 Leute gestorben. Nachts Hilferufe.

Es herrschte in der Stadt eine Hungerepidemie, allgemein von uns immer Hungertyphus genannt. Ausgemergelte Gestalten stützten sich von Baum zu Baum vor, brachen zusammen und blieben liegen. Gelbe Gesichtsfarbe und aufgedunsene Leiber waren die ersten Anzeichen. Wo nicht „organisiert" werden konnte, wo nicht ein wendiger Mann oder eine geschickte Frau in der Familie oder den neu gebildeten Gemeinschaften war, schwang der Hungertod die Peitsche. Mancher schlich noch bis zum Friedhof und hauchte dort sein Leben aus.

Darum wurden immer neue Hamsterwanderungen in den südlichen Landkreis oder in das Hultschiner Ländchen unternommen. Die Begleitung durch einen Jesuitenpater, Pater Pietsch und Pater Czekalla, war besonders heilbringend, weil man dann nicht so oft kontrolliert wurde; die Russen und die Polen hatten zwar keine Hochachtung vor den schwarzen Kutten, aber hielten sich doch ein wenig zurück. Und heilbringend auch deshalb, weil die

Bauern leichter etwas herausrückten, wenn ein „Gelobt sei Jesus Christus" oder „Vergelt's Gott" aus priesterlichem Munde kam. Den Landkreis Ratibor hatte ich zuvor nie so gut kennengelernt wie jetzt auf diesen Hamsterfahrten.

Einmal leistete ich mir ein dreistes Stück. Ich war allein aufgebrochen, hatte – man war inzwischen leichtsinnig und frech geworden – einen russischen Transporter früh um 6 Uhr angehalten, auf daß er mich ein Stück mitnehme. Dies geschah. Hinten sprang ich auf, neben mir ein schlafender Soldat. Der Wagen war voll mit Kilodosen bester deutscher Wehrmachtsverpflegung geladen. Wie Hänsel und Gretel im Wald warf ich etwa einen Kilometer lang die Dosen in den Straßengraben, sprang dann herunter, mir zuvor noch einen Sack aus dem Wagen raffend, und sackte nun die Dosen ein, um mit schwerem Gepäck wieder heimzukehren.

13. Juli: Die Orte des Kreises haben bereits polnische Namen, polnische Verwaltung. In Ratibor alle Straßen polnisch. Straßen geschmückt für Arka Bozek, den Polenführer aus Markdorf, und polnische Armee.

30. Juli: In Köberwitz. Benesch sei an schlesischem Gebiet uninteressiert, dränge nur auf Beseitigung alles Deutschen. Andererseits Landkarte vorhanden, zeigt die neue Tschechoslowakei bis zur Oder. Kürzlich sei Protokoll über gewaltsame Polonisierung von Ratibor und Umgebung nach Prag geschickt worden. Ab 1. August hört Gültigkeit des deutschen Geldes im Hultschiner Ländchen auf.

31. Juli: Aufbruch nach Ratibor. Hinter Klein-Peterwitz Kontrolle. Alles weggenommen. Zurück zur Grenze von russischen Posten gebracht. Eine Stunde später bei Kranstädt erneut über die Grenze. Pientok, Führer der alten KPD, sammelt Unterschriften für ein tschechisches Ratibor. In Ratibor Aufregung über viele Verhaftungen. Im Schützenhaus Internierungslager von den Polen errichtet.

In diesem Internierungslager wurden auch Musikdirektor Richard Ottinger und Bürgermeister Alfons Niklasch festgehalten. Ottinger war von uns Gymnasiasten gern Franzl Schubert genannt worden, er trug diesen Namen mit Stolz, und sein Äußeres berechtigte auch hierzu. Er hatte sich am Gymnasium und in der Stadt die Pflege der Musiktradition in vollendeter Qualität zur Lebensaufgabe gestellt. Im polnischen Internierungslager mußte er sich bald von der Zwangsarbeit befreien lassen, weil sein Herz nicht mehr mithalten konnte. Kurz nach der Entlassung starb er.

Bürgermeister Niklasch, ein treuer Katholik und nie ein Freund der Nationalsozialisten, der fachmännisch vorgebildete Lenker der Geschicke Ratibors auch unter den Nationalsozialisten, nahm gleichfalls ein trauriges Ende. Da er zur Verwaltung nach Ost-Oberschlesien abkommandiert worden war, wurde er jetzt zum Schuldigen erklärt und starb im Gefängnis. Wie gern hätte man für ihn gebürgt, wäre man nur um ein Zeugnis gebeten worden.

Die Schuldlosen sind genauso gefährdet wie die Schuldigen, nur daß diese rechtzeitig das Weite gesucht hatten. Die Familie des Bäckermeisters Friedrich, redlicher Handwerker und gläubiger Katholik, zu keiner Zeit ein Parteigänger der Nationalsozialisten, wurde erschossen, weil eine Ukrainerin, die in der Bäckerei dienstverpflichtet und wegen Diebstahls entlassen worden war, jetzt als Rachegöttin auftrat und das Schießkommando bereits mitbrachte. Mein Chemie- und Botaniklehrer Schubert, daheim geblieben, weil er ein gutes Gewissen hatte, starb zusammen mit seiner Frau den Hungertod. Jeden Tag gab es neue Todesnachrichten. Alle stimmten gottlob nicht, aber immer noch allzuviele bewahrheiteten sich.

Und die Stadt wurde leerer, mehr und mehr deutsche Familien gingen fort, ins Ungewisse, aber nur fort. So verabschiedete sich auch Rechtsanwalt Georg Pawlik mit Frau und Tochter. Er hatte politisch Verfolgte, vor allem auch Oberschlesier, die sich zum polnischen Volkstum bekannt hatten, verteidigt. Er war schon aufgrund seiner unerschütterlichen religiösen Haltung der härteste Gegner der Hitler-Herrschaft. Aber wer soll das in dieser Zeit, da die Spuren der Unmenschlichkeit von gestern durch die Spuren neuer Unmenschlichkeit fortgesetzt werden, honorieren oder zumindest zur Kenntnis nehmen? Es herrschte das Faustrecht des Eroberers. Pawlik hatte zudem ein besonders schweres Los gezogen, er ging nach Halle und traf eine neue Diktatur an. Als er endlich auch diese hinter sich warf, starb er wenige Monate nach seiner Wiederbegegnung mit der Freiheit im Jahre 1957.

Beim Wechsel über die neuen Grenzen ging es selten ohne Aufregungen ab. Man wurde nicht gleich erschossen, wenn man mit Lebensmitteln erwischt wurde, aber Verhaftung drohte und das Schlimmste, daß man all seine Güter wieder los wurde. So hatte ich aus Köberwitz für den Altendorfer Pfarrer zwei Flaschen begehrten Meßweines mit im Rucksack. Dieser Wein hatte es der zweiköpfigen Patrouille angetan. Ich mußte die Flasche anbrechen, einen Schluck nehmen, und da ich nicht gleich tot umfiel, schien der Wein nicht vergiftet, sondern genießbar zu sein. Er wurde konfisziert und hat mich wohl vor einer Verhaftung bewahrt, denn der Durst war größer als die Lust an der Festnahme.

In Köberwitz wie im ganzen Hultschiner Ländchen ging es gesitteter zu, denn dieses Hultschiner Ländchen war von Prag aus gesehen zurückerobertes Eigentum, während Ratibor, von Warschau aus gesehen, neueroberter Besitz war. Die Bewohner des Hultschiner Ländchens wollte man trotz ihres Deutschtums als Bürger mährischen Volkstums im Lande halten. Die Bewohner Ratibors sah man wegen ihres Deutschtums gar zu gern ziehen und tat alles, um ihnen das Leben zu erschweren.

4. August: Sehr schlechtes Erntewetter, viel Regen. Russen räumen wieder Möbel aus. Vor einer Fleischerei stehen Leute Schlange. Mit Pastor Diebel Nachrichten über Potsdamer Konferenz gedeutet. Diebel meint, die ganze Oder werde Grenze sein, nicht Zusammenfluß von Oder und Neiße. Diebel ist darum großer Optimist.

7. August: Gestern in Köberwitz. Über Potsdamer Beschlüsse ist man niedergedrückt. Also Oder und Neiße werden vorläufige Grenze sein. Heute nach Troppau. Zu 40% zerstört. Mit dem Auto nach Jägerndorf. Die Deutschen tragen ein N („Nemec", das heißt Deutscher) und dürfen zum Teil nicht auf dem Bürgersteig gehen. Ziel ist Oberglogau. Wieder tschechisch gewordenes Hotzenplotz fast ganz ausgebrannt. Unterwegs Deutsche, die ausgesiedelt werden, ein trauriger Zug unter Bewachung, Leute haben kaum Gepäck, auf zwei Leiterwagen die alten Leute. Von zwei tschechischen Zöllnern zur Grenze gebracht. Rasselwitz völlig verdreckt, viele Polen neu angesiedelt. Abends um 10 Uhr in Oberglogau beim Onkel.

8. August: Der erste Versuch, die Heimat zu verlassen, ist gescheitert. Die beiden Sechzigjährigen waren zehn Tage unterwegs nach Kohlfurt. Von den Polen gänzlich ausgeplündert. Kamen nicht über die Grenze. Wieder zurück. Wollen es noch einmal versuchen. Mit drei Stunden Verspätung Abfahrt in Oberglogau. In Heydebreck Anschluß fort, zu Fuß nach Oderwalde.

9. August: Seit gestern ist Prälat Karl Ulitzka wieder in Ratibor. Gespräch mit ihm in der Pfarrei St. Nikolaus. Große, vornehme elegante Erscheinung. Geht zurück nach Berlin, will sich von den Polen nicht in die Politik hineinziehen lassen. Die „Ruinen von Menschen" haben ihn erschüttert.

Prälat Ulitzka war Pfarrherr von Altendorf, wo die Gemüsebauern, die Gurken- und Sauerkrautfabrikanten der Stadt zu Hause sind. Ulitzka, Vorsitzender des Zentrums in Oberschlesien und für seine Partei im Reichstag, gehörte zu den Wortführern der deutschen Sache während der Abstimmung im Jahre 1921. Er wurde von den Nationalsozialisten 1939 aus seiner Gemeinde verbannt. Er hatte sich in Berlin niedergelassen und war hier verhaftet und ins Konzentrationslager Dachau gebracht worden. Nun war er zurückgekehrt. Aber er wollte nur auf Wiedersehen sagen. Er wußte, seines Bleibens unter den Polen konnte nicht lange währen. Es ging dann sogar noch schneller. Bereits nach einem Tag kam die polnische Ausweisung. Der gestern durch die Nationalsozialisten aus seiner Heimat Vertriebene wird nun durch die Kommunisten erneut vertrieben. In Berlin ist Ulitzka hochbetagt gestorben. Nie werde ich seinen sechzigsten Geburtstag im Jahre 1933 vergessen, da er viele erlesene Hühnervölker erhielt, womit seine Gemeinde dem Hochverehrten eine große Freude bereitete. Zwischen seinen Altendorfern und ihm, der seit 1910 ihr Pfarrherr war, herrschte auch über die Jahre der Trennung hinweg ein herzliches Einvernehmen. Ulitzka, das war ihr Prälat. Ulitzka, das war aber auch ein Stück oberschlesischer Geschichte, er war Oberschlesiens politischer Führer.

10. August: Abschied von Ratibor. Früh um 4 Uhr bei Sandau über die Grenze, sehr schwierig.

Es war noch nicht der letzte Abschied von Ratibor. Nachdem ich in Theresienstadt meine Mutter abgeholt hatte und mit ihr über Deggendorf nach München gekommen war, brach ich noch einmal nach Ratibor auf. Es galt Barbara Konietzny, die in Sandau zurückgeblieben war, nach Westdeutschland und zu ihren Eltern nach Frankfurt am Main zu bringen. Ich hatte die Verpflichtung übernommen. Außerdem wollte ich versuchen, einige Bücher zusammenzupacken und nach München zu retten. Dieser Ausflug ins Ungewisse wäre fast mit einer Verschleppung ins Innere Polens zu Ende gegangen. So leicht und unbemerkt ließen sich die neuen Grenzen nicht mehr überschreiten wie noch im Frühjahr und Sommer. Die Wächter gaben sich auch nicht mehr mit Meßwein, Butter und Brot zufrieden, um von einem zu lassen.

9. Oktober: Aufbruch in Sandau zusammen mit einem Müller aus Berendorf. Bei Borutin über die Grenze. Der polnische Posten kommt sofort. In Kranstädt drei Stunden Verhör. Große Leibesvisitation. Der Müller wird verhaftet, da sich Parteigenossenschaft herausstellt, was wieder mich belastet. Komme frei. Erfahre in Schammerau beim Pfarrer, daß Zahl der Toten im Jahr zehn, jetzt in einem halben Jahr sechsunddreißig! Auf dem Wege nach Ratibor-Süd, um nach den Büchern zu sehen, erneut verhaftet. Wieder alles in Ordnung. Auf mich kommt Ratiborerin freudestrahlend zu. Ergebnis wieder verhaftet. Jetzt hat mich die polnische GPU in den Fingern. Sei Agent. Komme in den Keller auf der Zwingerstraße, Beamtenhaus vor der Zwingerschule. Alles wird mir abgenommen.

10. Oktober: Verhöre. Hätte falsche Papiere. Bestreite falsche Papiere, aber wenn falsche Papiere, dann hätte man mich an der Grenze nicht hereinlassen sollen. Es hängt alles an einem Faden. Am Nachmittag entlassen. Erster Gang durch die Stadt. Vieles ist aufgeräumt, neue Geschäfte. Fremde Gesichter. Schleppender Gang der Einheimischen, vornübergeneigt; die Polen stolz und aufrecht.

13. Oktober: Vom neuen polnischen Magistrat erhalte ich Bescheinigung für den Grenzübertritt ins Hultschiner Ländchen. Auf Lebensmittelkarten gibt es fast gar nichts. Das kg Butter 200 Zloty, Speck 350 Zloty. Gehe auf den alten evangelischen Friedhof. Gruft Baumeister Schröder erbrochen, auch der Sarg. Die Ratiborer Geistlichen haben die polnische Bürgerschaftsbescheinigung, „obywatelstwo“, erworben. Packe meine geretteten Bücher. Ein polnischer Inspektor hatte sie schon zum Verkauf aufgeteilt. Das Eichendorffdenkmal ist abmontiert. Eichendorff paßt offenbar zum polnisch gewordenen Ratibor nicht. Auf der Parkstraße krieche ich durch eine Fensterhöhlung in die alte Wohnung. Keramikente thront auf den vergilbten Papieren des Bücherschrankes. Nehme sie mit.

Diese Ente ist das einzige Stück aus der Wohnung, das ich, wenn es durch den Krieg auch ein Loch in den gelben Leib erhielt, heil nach München mitnehmen und meiner Mutter als Gruß aus Ratibor mitbringen konnte.

14. Oktober: Heilige Messe mit polnischer Predigt und polnischem Gesang. Spreche Pater Pietsch. Hat in den letzten zwei Tagen sechzig Leute verpflegt. Geht wegen Lebensmittel ständig auf Wanderschaft. Will keine „obywatelstwo“. Treffe Dr. Reiter. Will durch die Tschechoslowakei heraus. Um 14 Uhr Aufbruch. Auf dem Handwagen drei Bücherkisten. Anna (früheres Hausmädchen der Großmutter) hilft. An der Grenze bricht der Handwagen zusammen. Gespann herbeigeschafft aus Sandau.

15. Oktober: Die Orte sind voll von Flüchtlingen aus Ratibor. 300 in Sandau, 200 in Köberwitz. Herr Danziger ist Nachtwächter.

Dr. Reiter war ein in der Stadt bekannter Zahnarzt. Im Ersten Weltkrieg gehörte er zu einem der berühmten Fliegergeschwader. Er blieb in Ratibor, weil er sich dem Kreisleiter und der Partei nicht unterwerfen wollte. Unter den Gegnern des Nationalsozialismus hatte sein Wort Gewicht. Aber gerade er wurde mit unter den ersten Bürgern verhaftet und lange eingesperrt. Und Prokurist Danziger von den Dampfmühlen Schlesinger stand als rassisch Verfolgter unter ständiger Aufsicht der Gestapo. Nur seine Ehe mit einer „Arierin“ hatte ihn vor dem Konzentrationslager bewahrt. Von der Kreisleitung war er noch in den letzten Wochen vor der Kapitulation zwangsevakuiert worden. Jetzt traf ich ihn, der sich gleich den Hunderten von Ratiborern ins Hultschiner Ländchen gerettet hatte, in niedrigster Stellung wieder. Später bin ich ihm, der in die USA ausgewandert war, noch einmal in Chicago begegnet. Auch hier hatte er nicht das Glück am Zipfel zu packen vermocht.

27. Oktober: 7 Uhr, bei Bayerisch Eisenstein über die Grenze nach Bayern. Es gibt Komplikationen. Man kontrolliert Papiere. Meine stimmen. Barbara Konietzny will man Schwierigkeiten machen. Nach vielem Reden sind wir um 9 Uhr „drüben“. Unsere Wege trennen sich. Jetzt heißt es neu beginnen.

Mit Worten kann nur das äußere Geschehen nachgezeichnet werden. Das ganze Leid der Menschen in Ratibor während all dieser Wochen und Monate des Jahres 1945 vermögen Tagebuchnotizen und Anmerkungen nicht auszuschöpfen. Der Schutz der Souveränität des Deutschen Reiches war verloren. Die Stadt war bedingungslos den Eroberern und neuen Herren ausgeliefert. Die Menschen zahlten mit Leib und Leben in des Wortes wahrer Bedeutung. Die Schuldigen jedoch, denen eigentlich die Rechnung für das ganze Unheil hätte präsentiert werden müssen, waren nicht greifbar. Also hielt man sich an die, deren man habhaft werden konnte, an die Schuldlosen, an die Alten, die Frauen und Kinder.

Aber wer war es, der sich hier das Recht zur Rache anmaßte? Neue Schuld folgte auf die alte Schuld, nur hörten die Schuldigen jetzt auf ein anderes Kommando, aber auch sie dienten einem Gewaltsystem. Die Unmenschlichkeit schrieb sich fort.

Heute nennt sich Ratibor Raciborz. So wie die Stadt jetzt polnisch geworden ist, wäre sie fast sogar tschechisch geworden. Nicht der Wille der Bevölkerung, nicht der Lauf der Geschichte war entscheidend, sondern die Stimme des Siegers hat gesprochen.

Joachim Georg Görlich

ALS DEUTSCHER UNTER POLEN

Nach viermonatiger Trennung kehrte ich in der Hitze des Juni 1945 in meine oberschlesische Heimatstadt Oberglogau zurück. Hinter mir und meiner Familie lag die Flucht und ein tschechisches Internierungslager mit all seinen Begleiterscheinungen wie Hunger, Pein und Tod. Was vor uns lag, wußten wir nicht. Über Mitteldeutschland waren wir zurückgekehrt, nur die letzte Strecke von Neisse hatten wir mit der Eisenbahn zurückgelegt. Als sich der Zug – vollgepfercht mit Flüchtlingen aller Nationalitäten – allmählich meiner Heimatstadt näherte und sich vor uns das Panorama der Stadt ausbreitete, sahen wir schon, daß der Krieg ihr arg zugesetzt hatte. Großvater bemerkte sofort, daß das Rathaus seinen Turm verloren hatte und viele Häuser dem Erdboden gleichgemacht worden waren. Etwas verblüfft war ich, als ich dann auf dem Bahnsteig polnische Beamte entdeckte, zumal mir der tschechische Lagerkommandant eine Landkarte gezeigt hatte, der zufolge Oberglogau der Tschechoslowakei einverleibt worden war.

Ich war der erste, der freudig den Bahnhofspromenadenweg einschlagen wollte, der zu Großvaters Häuschen führte, und den ich so oft als „fahrender" Pennäler beschritten hatte. Doch ein Sowjetsoldat gab mir barsch zu verstehen, daß der Weg gesperrt sei. So gelangten wir auf Umwegen vor Großvaters Haus, aber wieder vergebens, denn es war von der Roten Armee beschlagnahmt worden. Es blieb uns nichts anderes übrig, als allesamt – die Großeltern, meine Mutter, deren Schwester und wir drei Geschwister – bei meiner Großtante Quartier zu nehmen. Erst nach drei Monaten wurde das Häuschen in jämmerlichem Zustand freigegeben.

Schon unterwegs hatte ich Überlegungen angestellt, was nun aus mir werden sollte, zumal es keine deutsche Schule mehr geben würde. Als ich am nächsten Tage bei einem Bummel durch die zu drei Viertel zerstörte Innenstadt einen Freund traf, heuerte mich dieser sofort zur Arbeit bei den Rotarmisten an. Einen Tag darauf zog ich in aller Frühe gemeinsam mit ihm zum Schloß, wo ein Fliegerstab der Roten Armee seinen Sitz hatte. Ich erhielt eine „prjepustka" und wurde dem Küchenpersonal einverleibt.*

* Das Schloß der Grafen Oppersdorff, dessen Mauern den König Johannes Kasimir von

Von fünf Uhr früh bis zum späten Abend schälte ich im Schloß Kartoffeln. Bei Feierabend wurde ich dann mit Brot, Kartoffeln und manchmal auch mit Fleisch entlohnt. Stolz zog ich mit meinem „Verdienst" nach Haus. Neben der Tatsache, daß mich einmal ein angetrunkener Rotarmist erschießen wollte, konnte ich mich ansonsten nicht über meine sowjetischen Brotgeber beklagen. Eine junge Ukrainerin hatte mich sogar ins Herz geschlossen, was mir auch gleichzeitig die Gunst eines jungen sowjetischen Offiziers einbrachte, der mit Maruschka verlobt war. Ich war damals kaum vierzehn Jahre alt und Maruschka meinte, daß ich ihrem jüngeren Bruder ähnle. Ich machte dann noch die Bekanntschaft mit einer aus Wien stammenden jüdisch-sowjetischen Ärztin, von der ich den Auftrag erhielt, mich alltäglich zum Abendessen einzufinden und sie deutsch zu unterhalten. So was ließ ich mir nicht zweimal sagen.

Während ich tagsüber beschäftigt war, wurde der Nachtschlaf öfters durch Hilferufe und Schießereien gestört. Wenn in der Nähe eine Razzia war, suchten die Frauen aus der Nachbarschaft bei mir Unterschlupf, da ich einen sowjetischen Ausweis besaß und das Wort „Stab" auch für angetrunkene Sowjets ernüchternd wirkte. Ich muß ehrlich gestehen, daß ich mir damals in dieser Rolle als Frauenbeschützer besonders gefiel.

Bald darauf wurde ich vom Fliegerstab als „Oberhirte" in ein benachbartes Dorf abkommandiert, wo ich mit anderen deutschen Jungen Kühe, Schafe und Ziegen zu hüten hatte. Hier erhielt ich meinen ersten Politunterricht sowjetischer Prägung. Einmal in der Woche kam zu uns ein Politoffizier und wollte uns den Kommunismus schmackhaft machen.

Der Winter brach ein, die Sowjets zogen ab, und in der Stadt begann das große Sterben. Hunger und Typhus rafften einen nach dem anderen hinweg. Auch ich erkrankte schwer und überlebte nur wie durch ein Wunder die dreimonatige Krankheit, während meine Großmutter am Typhus starb.

Nach meiner Genesung war ich lange Zeit im Wachstum zurückgeblieben und überhaupt arbeitsunfähig. Nun machte sich bereits der Druck der polnischen Behörden spürbar, vor allen Dingen seitens der gefürchteten Bürgermiliz und des Staatssicherheitsdienstes. Sogar das Deutschsprechen war verboten. Druck ruft immer Gegendruck hervor, und so wurden viele von uns, die früher den Jungvolkdienst geschwänzt hatten oder sonst in Konflikt mit den Nationalsozialisten geraten waren, zu Nationalisten. Damals haßten wir alles, was polnisch war. Ich gehörte zu den ersten, die – da es keine deutschen Schulen gab – illegale Selbstlernzirkel gründeten. Anfangs hatten wir sogar Studienräte, die uns unterrichteten, später mußten wir aus Gründen der

Polen, Beethoven und Eichendorff beherbergt hatten, war vollkommen verwahrlost. Die kostbaren Bücher in der Schloßbibliothek dienten den Soldaten als Toilettenpapier, auf wertvolle Ölgemälde wurde geschossen, und in der Schloßkapelle standen Pferde.

Sicherheit darauf verzichten, um diese nicht zu gefährden. Die polnischen Behörden wiederum umwarben uns ehemalige deutsche Pennäler, das polnische Gymnasium zu besuchen, das in der Aufbauschule untergebracht war, nachdem diese den Sowjets für einige Zeit als Lazarett gedient hatte. Als nicht alle das Angebot annahmen, wurde der Rest zwangsläufig in die „Öffentliche Realberufsschule“ eingeschult, die die Polen in der alten Volksschule im Hinterdorf eingerichtet hatten. Voraussetzung zum Besuch einer solchen Realschule war die Beendigung der Volksschule. Der Unterricht an solcher Schule dauerte drei Jahre und endete mit der „mittleren Reife“.

Der Unterricht fand dreimal wöchentlich nachmittags statt. Seine Aufgabe bestand vor allem darin, uns erst einmal klarzumachen, daß wir im Unterbewußtsein eigentlich Polen seien, worüber wir lachten, und woran noch nicht einmal unsere polnischen Lehrer glaubten. Die Freizeit verbrachte ich mit Lesen und Lernen, natürlich nicht in Polnisch, sondern in Deutsch, und abends als Chorknabe des Kirchenchors, der sich seinerzeit mehr mit Politik als mit Musik befaßte und als Bollwerk des Deutschtums galt. Wegen dieser und ähnlicher Tätigkeiten, unter anderem als Organisator von illegalen deutschen Diskussions- und Selbstunterrichtszirkeln, war mir ständig der polnische Staatsicherheitsdienst auf den Fersen.

Unser schulisches und außerschulisches Dasein wurde plötzlich durch eine weitangelegte Aktion der polnischen Sicherheitsbehörden unterbrochen. Man begann, die gesamte deutsche Jugend zu verhaften und mit tagelangen Verhören, Schlägen, Vergewaltigungen und Verstümmelungen zu peinigen. Damals war ich gerade sechzehn Jahre alt und wollte mich durch die Flucht auf einem Aussiedlungstransport, der auf dem Bahnhofsgelände zur Ausfahrt bereit stand, in Sicherheit bringen. Doch nicht nur die Zufahrtswege, sondern auch der Zug selber waren von Hilfspolizei und polnischem Militär besetzt, die sofort jeden Jugendlichen vom zehnten Lebensjahre ab festnahmen. So versteckte ich mich mit anderen Kollegen auf dem Dachboden eines Freundes. Wir lebten dort viele Wochen von Äpfeln und Hefebier und wagten uns nur des Nachts in den benachbarten Garten. Erst einige Wochen danach, nachdem die polnische Bürgermiliz den Großteil unserer Altersgenossen entlassen hatte, kamen wir wieder aus unserem Versteck heraus.

Inzwischen waren viele meiner Freunde ausgesiedelt worden, andere befanden sich noch in Haft; somit war auch unser Selbstunterricht zerschlagen. Andererseits sorgten nun die polnischen Behörden dafür, daß wir Beschäftigung erhielten. Die gesamte weibliche und männliche Jugend wurde zur Wehrertüchtigung herangezogen, und zweimal wöchentlich mußten wir zum Dienst erscheinen. Polnische Unteroffiziere drillten uns in der alten Schützenhalle und brachten uns Gewehrgriffe an unschädlich gemachten deutschen Karabinern bei. Wir mußten außerdem ohne jedes Entgelt bei Melorations- und Aufbauarbeiten mitwirken, und dies in eigenem Räuberzivil.

Im Jahre 1949 hatte ich dann die polnische Realschule absolviert. Die Freizeit und Ferienzeit hatte ich stets mit Gelegenheitsarbeiten verbracht. Gewiß gab es zwischen den polnischen Lehrern und uns Schülern, von denen nur zwei Polen waren, Reibereien, denn die Folgen des Krieges und der chauvinistische Druck der Behörden hatten ihre Wunden hinterlassen. Doch nachher hatten wir uns aneinander gewöhnt und vielen unserer polnischen Lehrer begegneten wir mit Respekt und Hochachtung. So saßen wir zum Abschied fröhlich bei Bier und Leckerbissen zusammen und feierten bis in die tiefe Nacht. Die Lehrer drückten ein Auge zu, wenn wir untereinander Deutsch sprachen. Außerdem verstanden fast alle von ihnen Deutsch, da die Älteren im Ersten Weltkriege entweder in der k. u. k.- oder der preußischen Armee gedient hatten. Zwei von ihnen hatten es sogar zum Offizier gebracht.

Nach den Ferien begab ich mich nach Kattowitz, um mich dort am Musikgymnasium weiterzubilden. Die polnischen Schulbehörden hatten nichts einzuwenden, zumal ich mich in meinem Heimatstädtchen am dortigen musikalischen Leben beteiligt hatte. Hier in Kattowitz war man jedoch noch deutschfeindlicher als in Oberglogau. Kattowitz war von den Auswirkungen des Krieges kaum gezeichnet. Ich besuchte hier fast jedes Konzert. Das Große Symphonieorchester unter Gregor Fitelberg war ein ausgezeichneter Klangkörper, ebenso die „Schlesische Philharmonie", die damals der heute in den USA lebende Stardirigent Skrowaczewski leitete. Auch der damalige zweite Dirigent des Großen Rundfunk-Symphonieorchesters Witold Rowicki hat sich heute bereits einen bedeutenden Namen gemacht. Viele meiner damaligen polnischen Schulkollegen treffe ich heute auf deutschen Konzertpodien an.

Einen nachhaltigen Eindruck hinterließen die abendlichen Spaziergänge nach den Konzerten. Die glutroten Halden und die feuerspeienden Essen der Hütten wirkten wie ein Zauber auf mich.

Ich konnte feststellen, daß sich unter der einheimischen Schülerschaft der Großteil zum Deutschtum bekannte; und ich sprach, anstatt mein miserables Polnisch aufzupolieren, mit diesen Kollegen nur Deutsch, obwohl dies strengstens verboten war. Hier machte ich – wenn auch nicht zum erstenmal – Bekanntschaft mit der polnischen Küche, die mir sehr gut schmeckte. Unsere Internatsköchin war trotz Lebensmittelmangels eine Zauberin, und mein Ansehen bei ihr wuchs im Frühling, als ich ihr aus der Fasanerie meiner Heimatstadt die ersten Schneeglöckchen mitbrachte.

Wieder einmal geriet ich in die Mühlen des polnischen Sicherheitsdienstes, diesmal aber auch einige meiner polnischen Kollegen, mit denen ich mich freimütig über die Rote Armee unterhalten hatte. Ich wurde mit der Begründung ausgeschult, daß für Deutsche auf polnischen Schulen kein Platz sei, und verließ nach einem einjährigen Aufenthalt die Woiwodschaftsmetropole Kattowitz in Richtung „Klein-Berlin", wie damals Oberglogau von den Polen genannt wurde. Es galt trotz größten Druckes weiterhin als „Hochburg des Germanismus", und ich war darauf stolz.

Bevor ich noch richtig überlegen konnte, was nun mit mir geschehen sollte, traf ich meinen alten Klassenleiter aus der Realschule, dem ich mein Schicksal erzählte. Zwar gehörte er nicht gerade zu den deutschfreundlichen Lehrern, aber immerhin konnte man Vertrauen zu ihm fassen. Als junger Leutnant hatte er am Ersten Weltkriege teilgenommen und schwärmte noch immer von der k. u. k.-Armee und dem „lieben" Kaiser Franz Joseph. Die Hochachtung vor deutscher Kultur und dem deutschen Volk hatten ihm die Nazis ausgetrieben. Als ich ihn einmal auf dem Heimweg begleitete, sagte er mir, auf die blühenden Weizenfelder zeigend: „Auch in meiner Heimat war es schön – oder glaubt ihr etwa (womit wir Schlesier gemeint waren), daß wir gern unsere Heimat hinter dem Bug verlassen haben? Wenn es nach uns ginge, würden wir bereits morgen die Heimreise antreten. Aber hat man euch oder uns nach unseren Wünschen gefragt?" Mein ehemaliger Klassenleiter versicherte mir dann, er wolle mich im städtischen Gymnasium unterbringen, das in der ehemaligen Landwirtschaftsschule seinen Sitz hatte, und dem als Internat die inzwischen beschlagnahmten Klostergebäude des Marienheims zugeteilt worden waren. Am nächsten Tag zur Abenddämmerung machte ich meinem alten Klassenleiter, der nun so etwas wie ein Oberstudienrat im Gymnasium war, meine Aufwartung. Man wollte mich entgegen der Bedenken der Schulbehörden aufnehmen, aber nur unter der Bedingung, daß ich den Schulchor wieder auf die Beine stellen würde. Ich willigte ein. Drei Tage später trat ich meinen Unterricht an. Ich fand hier, von wenigen unerfreulichen Ausnahmen abgesehen, ein liebenswürdiges und hilfsbereites Lehrerkollegium vor. Zeitlebens werde ich an diese meine Lehrer denken. Der größte Teil stammte aus dem sowjetisch besetzten Ostpolen. Wenn es manchmal zu Reibereien zwischen deutschen und polnischen Schülern kam, waren es unsere Lehrer, die gerecht in den Streit eingriffen. Bei der Beurteilung der Kenntnisse spielte hier die Nationalität keine Rolle, auch wenn es manche Außenstehende so haben wollten.

Diese und andere Erfahrungen stärkten mich in dem Entschluß, von nun ab eine Vermittlerrolle zwischen Polen und Deutschen zu übernehmen, wobei ich nicht selten in das Schußfeld beider Seiten geriet. Da mein Chor gute Arbeit leistete, gelangte ich bald zu Ansehen bei der polnischen und deutschen Bevölkerung, und in der Schule war man mit mir nicht nur wegen meiner musikalischen Leistungen zufrieden. So sah ich mich geradezu zu dieser Vermittlung zwischen meinen polnischen Freunden und meinen deutschen Kollegen prädestiniert. Ich konnte zwar polnischerseits so manches nicht begreifen, aber ich versuchte es wenigstens. Bald machten mir auch meine deutschen Kollegen keinen Vorwurf mehr, daß ich mich auch mit polnischen Schulkameraden anfreundete, und nach gewisser Zeit galt das für alle als Selbstverständlichkeit.

Da unser Chor stark in Anspruch genommen war, und es wöchentlich mindestens zwei volksdemokratische und Staatsfeste gab, mußten wir oft auftreten. Dies nicht nur im Hotel „Zur Post" in Oberglogau, das die Polen in „Kulturhaus" umgetauft hatten, sondern im ganzen Kreise Neustadt. Erst zu polnischen Zeiten lernte ich dadurch nun meine Heimat näher kennen. Die Ausflüge aufs Dorf waren für uns Pennäler besonders aufregend, da wir den „Dorfschönen" mit unserem Gesang imponieren konnten, und die kecken blauen Gymnasiastenmützen taten ein Übriges. Bevor noch der Parteifunktionär das Rednerpult bestieg, um die zusammengetrommelte Bevölkerung mit seinem abgelesenen ideologischen Referat zu langweilen, gaben wir bereits inoffiziell mit unserem Primanerquartett einige Kostproben. Es waren meistens zu Jazz verarbeitete polnische und sowjetische Volkslieder, was auf die Bevölkerung wie ein Magnet wirkte. Damit erreichten wir, daß die Bevölkerung nach dem langweiligen Referat des Bonzen nicht davonlief. Nach diesem Referat folgte dann der künstlerische Teil. Gewiß mußten wir auch sozialistische Lieder absolvieren, die ich aber stets mit Volksliedern oder Hausmusik abwechseln ließ. Nach diesem künstlerischen Teil spielte unser Tanzorchester auf, und nun füllte sich der Saal. Denn wir boten jedesmal die neuesten Schlager der RIAS-Schlagerparade, die nicht nur bei der deutschen Jugend, sondern auch bei der polnischen sehr gefragt waren. Gewiß, ich wurde einige Male vor den Jugendverband zitiert, zumal meine Kollegen vom Quartett, in dem ich mitsang, auf die Idee gekommen waren, die Stalin-Kantate zu „verjazzen". Aber es blieb bei einer Rüge. Ein anderes Mal hatte ich Schwierigkeiten, als die Partei dahinterkam, daß einige meiner Choralisten während der Fronleichnamsprozession den Kirchenchor verstärkt hatten. Dies wäre nicht besonders aufgefallen, wenn nicht einige Parteifunktionäre die Prozession mit Lautsprechermusik übertönt hätten, worauf die wütende Volksmenge das Kulturhaus samt der Lautsprecheranlage stark demolierte.

Ich habe nicht allzuviel von Hitlers Theorien gehalten, doch die Theorie von der blonden deutschen Frau mit hellblauen Augen gefiel mir. Obwohl nun mit Polen gut befreundet, war es weiterhin für mich selbstverständlich, daß meine zukünftige Lebensgefährtin eine Deutsche sein müßte, denn nur eine Deutsche, so dachte ich damals, könnte mich verstehen. Kurz vor dem

Abitur begegnete ich „Ihr“ zum erstenmal, und zwar im Postamt, das in einer Villa untergebracht worden war, denn das alte Postamt war durch Artilleriebeschuß zerstört. Obwohl „Sie“ die Schülermütze des Lehrerseminars trug, wo die Ausbildung betont national und kommunistisch, jedoch ansonsten nach dem Typ des alten deutschen Lehrerseminars aus den zwanziger Jahren aufgebaut war, glaubte ich ein deutsches Mädchen vor mir zu haben. Meine Kollegen konnten mir aber bald das Gegenteil beweisen. Unser erstes Rendezvous im schönen alten Schloßpark endete deshalb nicht mit Liebesbeteuerungen, sondern mit einer Diskussion über die „bösen Deutschen“. Fürwahr, es war meiner Partnerin schwer klarzumachen, daß nicht alle Deutschen SS-Leute seien, zumal ihre Verwandtschaft den Krieg in deutschen Konzentrationslagern verbracht hatte. Allerdings gab es damals bereits eine Einschränkung mir gegenüber: ich wurde als „guter“ Deutscher akzeptiert. Das war immerhin ein Fortschritt. Als wir den dunkelnden Schloßpark verließen, wurde ich gleich stürmisch von einer fröhlichen Primanerschar begrüßt. Ich wußte nicht, was dies bedeuten sollte. Ein Teil der Lehrerkandidaten war mir nachgeschlichen, um mir das Fell zu vergerben, weil ich „Sie“ ihnen vor der Nase weggeschnappt hatte. Das war von meinen Kameraden bemerkt worden, und sie hatten die zukünftigen Lehrer in die Flucht geschlagen. „Wir wollten verhindern, daß die deutsch-polnische Freundschaft gestört würde“, meinte schelmisch blinzelnd mein polnischer Klassenkollege Zbyszek. Dafür mußte ich eine Flasche Wein spendieren, der damals zwar billig war, aber nachher mit Kopfschmerzen plagte.

Nach einem feierlichen Abiturientenball und einer Ferienarbeit als Jugenderzieher in einem Kinderferienlager fuhr ich nach Breslau, um dort meine Aufnahmeprüfung an der Hochschule für Musik abzulegen, die sich am Südpark in Krietern befand. Als ich sie bestanden hatte, kehrte ich für wenige Tage in meine Heimatstadt zurück, stolz die polnische Studentenmütze – weiß auf rotem Grund – tragend. Ältere Studentenjahrgänge putzten sich mit neugekauften Mützen erst einmal die Schuhe, bevor sie sie ausführten, damit sie nicht als „Neulinge“ betrachtet wurden. Obwohl ich bald in Breslau mein Studium aufnahm, zog es mich einmal im Monat für das Wochenende nach Oberglogau. Dort wohnte meine Mutter, die sich ihr Geld bei schwerer Arbeit in der Flachsfabrik verdiente, dort konnte ich meine alten Lehrer antreffen. Insbesondere gedenke ich meiner Mathematiklehrerin. Obwohl ich nicht gerade einer ihrer gelungenen Schüler war und versteckterweise während ihres Unterrichts Chorsätze harmonisierte, erfuhr ich erst später, daß sie es war, die heimlich einen Teil meiner Klavierstunden finanziert hatte. In Oberglogau konnte ich am Wochenende die gesamte deutsch-polnische Studentenschar, die in Breslau, Kattowitz, Gleiwitz und Rokitnitz studierte, antreffen, und schließlich zog es mich in die Gegend des Amtsgerichtes, das nun der Lehrerbildungsanstalt als Mädcheninternat diente. Dort nämlich wohnte „Sie“.

Aber auch das über 700jährige Oberglogau mit seinem ländlichen Charakter zog mich immer wieder in den Bannkreis seiner Mauern. Obwohl der Ring, seine hübschen Renaissancehäuser und das Rathaus völlig zerstört und viele Einwohner 1945 umgekommen waren, ging das Leben seinen Weg weiter. Wie früher fuhr ein Großteil der Oberglogauer Arbeiter jeden Morgen mit dem Zug nach Kandrzin (Heydebreck) oder Neustadt – einige sogar ins Kohlenrevier. Die wenigen Fabriken in Oberglogau, von denen die Lebkuchenfabrik sogar vergrößert worden war (dafür hatten die Russen die Zukkerfabrik und eine Ziegelei demontiert), reichten nicht aus, um alle am Ort zu beschäftigen. Damals zählte Oberglogau etwa 6500 Einwohner, von denen zwei Drittel noch deutscher Herkunft waren. Viel hatte sich im Leben der Stadt nicht geändert: Wenn es dunkel wurde, belebte sich wie früher die „Renne“ – wie die kleine Hauptstraße im Volksmund genannt wurde – mit Mädchen und Burschen, die „Anschluß“ suchten. Es gab ein Kino, und mindestens einmal im Monat gastierte ein Theater, eine Künstlergruppe oder ähnliches im „Hotel zur Post“. Im Frühling zogen einen die hohen Bäume des Schloßparkes, der „Erlen“ und der Fasanerie an, und im Hochsommer waren Gartenbad und Hotzenplotz von Badegästen belagert. Auf den Tanzsälen rauften sich weiterhin die Buben um ihre Mädchen. Im Herbst wiederum stauten sich kilometerlange Schlangen von Bauernfuhren vor dem Gelände des Güterbahnhofs, um wie früher hauptsächlich Kraut, Rüben und Kartoffeln abzuliefern und Kohle und Futter aufzuladen. Zu den Schattenseiten von Oberglogau gehörten das verwahrloste Schloß, die Kommandantur der Bürgermiliz und das Verbot der deutschen Sprache.

Gleich nach Beginn meiner Studien im Jahre 1952 lagen wieder düstere politische Wolken über der Stadt. Man hatte vor den Wahlen sämtliche „Volksfeinde“ eingesperrt, darunter wieder einmal den braven Rektor Schmidt, dem ich die Liebe zur Musik zu verdanken hatte. Auf einer öffentlichen Versammlung wurden sie dann angegriffen.

Auch den angesehenen Spediteur Austerlitz griff man an, er sei ein „Kapitalist“ und erhalte Pakete aus der Bundesrepublik. Austerlitz, ein Hüne von Gestalt, war einer der wenigen Juden Oberglogaus, die die Nazizeit überlebt hatten. Er wurde von den Oberglogauern wegen seiner Güte und der sozialen Einstellung zu seinen Arbeitern besonders geschätzt. Sein gesamtes Eigentum war von den Nazis beschlagnahmt worden und wurde nun weder von den Sowjets noch den polnischen Behörden herausgegeben. Der greise Austerlitz, der zufällig auf der Versammlung anwesend war, erhob sich und bot dem Funktionär die Stirn. In deutscher Sprache rief er dem Bonzen zu, er solle ihm doch eigentlich sagen, was er sei. Früher habe man ihn als Juden beschimpft, und heute sei er Kapitalist. Wenn der polnische Staat keinen Groschen für Naziverfolgte übrig habe, dann sei er eben auf Almosen aus dem Westen von seinem Sohn angewiesen. Sogar die Polen klatschten Beifall und pfiffen den Funktionär aus.

Mein Stipendium, das ich für mein Studium in Breslau erhielt, war zu gering, um davon leben zu können. Deshalb führte ich in Schulen und Betrieben Chöre und gab auch Musikunterricht. Wir waren in der Hochschule über hundert Studenten und eine fröhliche Schar. Unter den Professoren befanden sich auch einige Deutsche, so der berühmte Hornvirtuose Professor Max Zimolong, der von Polen nach Tokio und schließlich nach Stuttgart übersiedelte. Unsere Hochschule lag am Südpark, wo die Gegend besonders gefährlich war. Hier im zerstörten Stadtteil Krietern hausten die Beherrscher der Breslauer Unterwelt, die erst zum Abschluß meiner Studienzeit durch eine großangelegte Razzia der Polizei ausgeräuchert wurde.

Unsere Schulkonzerte, die jeden Dienstag stattfanden, erfreuten sich bei der Breslauer Bevölkerung großer Beliebtheit. Ab und zu gingen wir auch nach Klettendorf und gaben im großen Sendesaal des Rundfunks ebenfalls Konzerte. Zu Opernaufführungen und Symphoniekonzerten, zu denen wir Freikarten erhalten konnten, ging es in die Oper. Erst 1953 entstand ein eigenes Symphonieorchester, das in unserer Aula übte und dem der größte Teil unserer Professoren und Kommilitonen angehörte. Die Konzerte wurden in der Aula der Technischen Hochschule an der Oder gegeben. Zu meiner Zeit erfreuten sich auch die Domkonzerte besonderer Beliebtheit, hier wirkten inkognito auch Parteimitglieder mit. In der Jahrhunderthalle wiederum traten wir zu Kundgebungen zusammen oder auch zu Studentenbällen, was uns natürlich größere Freude bereitete.

Obwohl Breslau während meiner Studienzeit noch bis zu 75% zerstört war und der eigentliche Aufbau, dann jedoch rasch voranschreitend, erst mit dem Jahre 1956 begann, gefiel es mir in dieser Stadt. Die politische Atmosphäre war hier im Gegensatz zu den oberschlesischen Städten leichter zu ertragen. Es gab eine anerkannte deutsche Minderheit, und der nationalistische Druck war gering. Man konnte fast ungehindert Deutsch sprechen. Die Stadt zählte damals etwa 400000 Einwohner, von denen nur ein kleiner Prozentsatz deutscher Herkunft war. Der größte Teil der Bevölkerung stammte aus dem sowjetisch besetzten polnischen Osten. Aus Lemberg stammte die gesamte Geisteselite der Stadt. In den Vororten hatte man ostpolnische Landbevölkerung angesiedelt, die der Stadt auch eine gewisse ländliche Prägung verlieh. Auch eine große Anzahl Juden hatte sich in Breslau nach dem Zweiten

Weltkrieg niedergelassen, und es gab kleine Judenviertel, wo das jüdische Proletariat wohnte. Überdies besaßen die Juden ein hervorragendes Theater, dessen Star die weltberühmte Ida Kaminska war. Neben dem Polnischen in seinen zahlreichen Dialekten, dem Breslauer Schlesisch und dem Jiddisch, konnte man in der Straßenbahn auch die griechische Sprache hören. Hier hatten sich nach dem verlorenen Bürgerkrieg zahlreiche griechische Kommunisten mit ihren Familien angesiedelt; sie unterhielten eigene Schulen und sogar ein Gymnasium.

Eine ernstere Krankheit verschlug mich für längere Zeit in die Max-Kliniken, wo ich tüchtige polnische Ärzte und vorbildliches Pflegepersonal vorfand. Ich wunderte mich auch, daß ich täglich Sonderrationen mit hochwertigen Lebensmitteln erhielt. Erst als ich die Kliniken verließ, erfuhr ich, daß meine Kommilitonen und ein Teil der Professoren für mich Geld gesammelt und es in Lebensmittel, manchmal in Luxusgeschäften erstanden, umgesetzt hatten. Am meisten sorgte sich um mich mein Kollege Jacek, der mit seinen Eltern und Brüdern nach Dachau transportiert worden war, wo auch ein Bruder umkam. Nie hörte ich von seinen Lippen ein böses Wort gegen die Deutschen.

Es wirbelte ziemlich viel Staub auf, als da ein hundertprozentiger „Szwab“ (polnisches Schimpfwort auf die Deutschen) eine Polin aus einer nationalbewußten Familie heiratete.

Meine Frau entstammt einer sich zu Polen bekennenden oberschlesischen Familie, der die Nazis während der Kriegszeit arg zugesetzt hatten. Der Vater und fast alle seine Geschwister hatten die Hölle der Konzentrationslager in Dachau, Oranienburg und Ravensbrück am eigenen Leibe erfahren. Die Mutter arbeitete während der Nazizeit auf einem Bauernhof und hatte Mühe und Not, ihre beiden Kinder zu ernähren. Aus der Wohnung hatte man sie gleich nach dem Einmarsch der deutschen Truppen verjagt. So hatten die Nationalsozialisten dafür gesorgt, daß diese Leute besonders mißtrauisch gegenüber den Deutschen waren. Trotz einiger vorangegangener kleiner nationalistischer Störungen durch die neue Verwandtschaft verlief die Hochzeit „normal“ und wurde zu einem inoffiziellen deutsch-polnischen Treffen. Ich glaube sogar, daß sie dazu beigetragen hat, bei manchen Gästen Vorurteile gegenüber den Andersgesinnten auszuräumen.

Meine junge Frau nahm ich nun aus Oberschlesien nach Breslau mit, wo wir angesichts des Wohnungsmangels zu horrenden Preisen ein Dachkämmerchen auf dem Froschkönigweg mieten konnten.

Bald entstand auf dem Messegelände unweit den Filmstudios ein Studentenklub, wo man sich mit Studenten, Professoren, Intellektuellen bei „heißer Musik“ traf und gegen das verhaßte stalinistische Regime konspirierte. Ob

Marxisten oder Christen, Demokraten oder Nationalisten – wir alle wollten ein anderes Polen.

Ende Juni 1956 sagte ich Breslau – wenn auch nicht für immer – mit einem Diplomkonzert der „Unvollendeten" im Breslauer Funksaal Ade und nahm im Oppelner Lehrerseminar eine Planstelle an. Gleichzeitig setzte ich auch meine Dirigenten- und Publizistentätigkeit fort, indem ich für verschiedene Blätter schrieb. Montag und Dienstag studierte ich jedoch weiter in Breslau, diesmal Kompositionslehre, den Rest der Woche verbrachte ich in Oppeln. Dann fuhr ich jedesmal früh mit dem D-Zug über Brieg und Ohlau in die Odermetropole. In Oppeln wohnten wir auf der Bleichstraße. Vor unserem Fenster lag das weite Flußbecken der Oder, auf der polnische, mitteldeutsche und tschechische Kähne stromauf und -abwärts zogen. Auf der anderen Seite winkte uns der gotische Bau der Heilig-Kreuzkirche, die jetzt Bischofssitz war. Jeden Tag mußte ich über die Oderbrücke. Oppeln war die sauberste Stadt Schlesiens und nach dem Kriege in alter Schönheit sofort wieder aufgebaut worden. Die Stadt zählte damals etwa 100000 Einwohner, von welchen ein nicht kleiner Prozentsatz deutscher Herkunft war. Allerdings feierte hier der behördliche Chauvinismus gegen das Deutschtum fröhliche Urständ. Auch galt Oppeln – noch nach dem Oktober 1956 – als Bollwerk der Stalinisten. Die Anwesenheit vieler Soldaten und die Menge der Zementfabriken gaben der Stadt ihr Gepräge. Aber auch das kulturelle Leben der Stadt war stark entwickelt. Ich besuchte daher regelmäßig Konzert- und Theateraufführungen, die im Stadttheater stattfanden. Trotzdem konnte man in Oppeln nicht warm werden.

Der Polnische Oktober 1956 führte auch mich auf die Barrikaden, denn auch ich wollte ein freies Polen und vor allem die Anerkennung meiner Volksgruppe. Der nationale Druck war in Oppeln aber besonders groß. Es galt ja schließlich als Hochburg des polnischen Chauvinismus. Ein Artikel von mir, der in einer Studentenzeitschrift erschien, die später verboten wurde, und in welchem ich die Gleichberechtigung der Oberschlesier forderte, machte die Situation noch unerträglicher, zumal die Schikanen an Heftigkeit nichts zu wünschen übrigließen. Die Behörden waren anscheinend von mir enttäuscht. Man hatte vielerseits angenommen, daß ich durch die Ehe mit einer Polin nun auch polonisiert worden sei, zumal ich durch Sprache und Umgangssitten in polnischer Gesellschaft nicht „auffiel". Mein öffentliches Auftreten bewies aber nun das Gegenteil.

Als ich bemerkte, daß sich die Entwicklung vom Polnischen Oktober immer weiter entfernte und an eine Anerkennung der Deutschen als Volksgruppe nicht mehr zu denken war, wuchs in mir die Einsicht, daß meine Heimat mir keine Heimat mehr, und daß ich hier fehl am Platze war. Die

Atmosphäre wurde von Tag zu Tag unerträglicher. Nachdem uns im Jahr 1957 in Zülz, einem kleinen Städtchen meines Heimatkreises, unser erster Sohn geboren wurde, der folglich nicht nur blutmäßig, sondern geographisch gesehen Oberschlesier war, empfand ich die Last und Verantwortung des Oberschlesiers für seine Familie und sein Volkstum besonders drückend. Allmählich wurde mir klar, daß auch ich in die Bundesrepublik sollte, denn die Situation war aussichtslos geworden. Ich hatte diesen Entscheid immer wieder hinausgeschoben, weil ich – und mit mir viele andere – es als unsere Aufgabe ansah auszuharren. Meine Mutter war bereits hinausgefahren und mit ihr meine jüngste Schwester, der bald darauf die ältere Schwester nebst Familie folgte. Die Ausfahrt meiner Mutter gab meinen Widersachern die Gelegenheit, einen Zwischenfall auf dem Oppelner Hauptbahnhof zu inszenieren: Ich wurde durch Polizeigewalt verhindert, mich von meiner Mutter zu verabschieden. Als ich dagegen bei der Woiwodschaftskommandantur protestierte, erhielt ich bald den Strafantrag ins Haus geschickt, der eine Fülle von absurden Vorwürfen gegen mich enthielt.

Schließlich wurde das Kesseltreiben immer ärger, und ich wurde aus dem Schuldienst entlassen. Ich redete mit meiner Frau darüber, daß ich hier hinausmüsse, nicht nur aus nationalpolitischen Gründen, sondern auch aus religiösen und allgemeinpolitischen Motiven. Meine Frau war bereit, mit mir ihre Heimat zu verlassen. Es folgte ein Gerichtsverfahren gegen mich im Oppelner Kreisgericht. Dann quittierte auch meine Frau den Schuldienst, und wir mußten unsere Oppelner Dienstwohnung räumen. Bald danach stellten wir den Antrag zur Aussiedlung. Bis zur Ausfahrt waren wir beide arbeitslos und lebten bei meinen Schwiegereltern auf dem Lande.

Dann war es soweit. Mit dem vorletzten Sammeltransport durfte ich mit meiner Frau hinaus. Aus Gründen der Fairneß möchte ich über all das schweigen, was dieser glücklichen Stunde an Häßlichem vorausgegangen war. Heute gebe ich mir Mühe, nur an das Gute zurückzudenken, das ich unter polnischer Herrschaft erlebt habe. In Glatz bestiegen wir den D-Zug nach Stettin. Inmitten der Nacht sagte ich Breslau auf Wiedersehen. Dann schloß ich das Fenster und dachte an die Abschiedsszenen mit Verwandten und Freunden, zu denen auch viele Polen gehörten. Mein polnischer Freund Bolek weinte, als ich mich verabschiedete. Der Bahnsteig in Stettin wurde Zeuge herzerschütternder Szenen zwischen Polen und Deutschen, Zeuge, daß Polen und Deutsche hatten Freunde werden und miteinander leben können. Noch lange sah ich meinen Schwiegervater winken, der uns bis nach Stettin begleitet hatte und den ich das erstemal weinen sah; jeder kannte ihn nur als auch gegen sich strengen und harten Mann, der für seine polnische Gesinnung Leid genug erduldet hatte. Der Zug rollte langsam über die Oder, und ich fuhr in Gedanken noch einmal die Oder hinauf, vorbei an Breslau, Oppeln, Krappitz, wo die Hotzenplotz, aus meinem „Klein-Berlin“ kommend, in die Oder einmündete, bis nach Cosel, wo ich zu deutschen Zeiten das Gymnasium besucht hatte. Ein leiser, feuchter Hauch wehte von der Oder ins Abteil, er brachte mir einen letzten Gruß aus meiner Heimat, während unser einjähriger Sohn schlummerte. Dann schlossen wir das Fenster und schwiegen. Plötzlich wurde mir bewußt, daß ich heimatlos war und Freunde verloren hatte, zu denen auch viele Polen zählten.

C. F. W. Behl – * 3. März 1889 in Berlin – Landgerichtspräsident – »Zwiesprache mit Gerhart Hauptmann«, 1949 erschienen, Kennzeichnung dieses Lebens – zusammen mit Felix A. Voigt Redaktion und Herausgabe der 17bändigen Gerhart-Hauptmann-Ausgabe letzter Hand – seit 1954 in München – † 26. Februar 1968 in München.

Ernst J. Cohn – * 7. August 1904 in Breslau – 25jährig Privatdozent in Frankfurt am Main, dann in Kiel – Wintersemester 1932/33 Professor der Jurisprudenz in Breslau, begleitet von nationalsozialistischen Krawallen – nach England in die Emigration, hier zweites Jurastudium – Barrister in London – Honorarprofessor in Frankfurt am Main – † 1. Januar 1976 in London.

Werner Finck – * 2. Mai 1902 in Görlitz – Schauspieler, Kabarettist, Schriftsteller – Gründer der »Katakombe« in Berlin – KZ-Haft, Ausschluß aus der Kulturkammer – nach 1945 Professor des »Schmunzelkollegs« in München – Erinnerungen unter dem Titel »Alter Narr – was nun?« – Meister der halben Sätze und der doppelbödigen Sprache – † 31. Juli 1978 in München.

Rudolf-Christoph Freiherr von Gersdorff – * 27. März 1905 in Lüben – Generalstabsoffizier – Generalmajor – 1943 vergeblicher Attentatsversuch gegen Hitler – 1944 Durchbruch durch den Kessel von Falaise-Argentan – Träger des Ritterkreuzes – Ehrenkommendator des Johanniterordens – † 26. Januar 1980 in München.

Hugo Hartung – * 17. September 1902 in Netschkau im Vogtland – aufgewachsen in Thüringen – Promotion in München – 1940 Chefdramaturg in Breslau – »Der Himmel war unten« schildert das selbst erlebte Breslauer Inferno von 1945 – »Ich denke oft an Piroschka« wurde zum Evergreen – 1950 bis 1960 in Berlin Theaterkritiker – dann in München – † 2. Mai 1972 in München.

Joachim Georg Görlich – * 8. Mai 1931 in Oberglogau im Kreise Neustadt (Oberschlesien) – kehrte als Vierzehnjähriger aus tschechischer Internierung mit Mutter und Geschwistern nach Oberglogau zurück – Abitur am polnischen Gymnasium – Studium an der Hochschule für Musik in Breslau – Dirigent, Musikpädagoge, Examen eines Magister – Lehrtätigkeit in Oppeln – verließ 1958 Oberschlesien – als Journalist gewissenhaft über Polen und die deutsch-polnischen Beziehungen berichtend – lebt in Haan bei Düsseldorf.

Albrecht Haselbach – * 25. März 1892 in Namslau – Brauereibesitzer – Studium der Nationalökonomie und Jurisprudenz mußte durch Ersten Weltkrieg abgebrochen werden, Brauereifachausbildung wurde nachgeholt – stolz auf seine künstlerischen Ambitionen – größte Sammlung schlesischer Ansichten aus Romantik und Biedermeier – nach 1945 in München mit einer eigenen Brauerei neu begonnen – † 16. Dezember 1979 in München.

Ruth Hoffmann – * 19. Juli 1893 in Breslau – Frauenschule in Weimar, Studium der Malerei und Graphik an der Breslauer Kunstakademie – 1933 erster Roman »Pauline aus Kreuzburg« – nach 1945 »Die Schlesische Barmherzigkeit«, »Meine Freunde aus Davids Geschlecht« – ihr Mann Erich Scheye kam in Auschwitz gewaltsam ums Leben – in Berlin niedergelassen – † 10. Mai 1974 in Berlin.

Herbert Hupka – * 15. August 1915 in Diyatalawa auf Ceylon – aufgewachsen in Ratibor – Germanist und Historiker – nach 1945 in München als Journalist beim Bayerischen Rundfunk und als Programmdirektor bei Radio Bremen – seit 1959 in Bonn publizistisch tätig, seit 1969 Mitglied des Deutschen Bundestages – Herausgeber schlesischer Bücher und »Einladung nach Bonn« – Bundesvorsitzender der Landsmannschaft Schlesien.

Wolfgang Jaenicke – * 17. Oktober 1881 in Breslau, Sohn des Bürgermeisters – 1919 bis 1930 Regierungspräsident – zweieinhalb Jahre in China Berater bei Tschiangkaischek für die Verwaltungsreform – nach 1945 erster Staatskommissar für das Flüchtlingswesen in Bayern, Staatssekretär – erster Botschafter der Bundesrepublik Deutschland in Pakistan, anschließend beim Vatikan – Altersruhesitz Lenggries bei Bad Tölz – † 11. April 1968 in Lenggries.

Joachim Konrad – * 1. Juni 1903 in Breslau – evangelischer Theologe – am 4. Mai 1945 mit Hornig und Ferche Gang zum Festungskommandanten mit der Bitte, die nutzlose Verteidigung zu beenden – hielt letzte deutsche Predigt in der Elisabethkirche am 30. Juni 1946 – in Bonn Ordentlicher Professor der Theologie – † 15. April 1979 in Bonn.

Ludwig Landsberg – * 25. März 1911 in Berlin – auf Rittergut Mangschütz im Kreise Brieg aufgewachsen – Jurist und Landwirt – seit 1947 im Arbeits- und Sozialministerium des Landes Nordrhein-Westfalen – in der evangelischen Kirche und sozialpolitisch tätig – Förderer schlesischer Talente – † 25. August 1978 in Irschenhausen (Oberbayern).

Wilhelm Menzel – * 8. Januar 1898 in Obersteinkirch im Kreise Lauban – Volksschullehrer – Studium und Promotion – Professor für deutsche Sprache und Sprecherziehung in Hirschberg, seit 1947 in Dortmund – stieß zur Volkssingbewegung von Walther Hensel – der beste Interpret schlesischer Mundart – »Die Reise ins Schlesierland« letzte Veröffentlichung – als Volkssänger und Troubadour Schlesiens geliebt und verehrt – † 23. Januar 1980 in Dortmund.

Walter Münch – * 31. Oktober 1910 in Ottmachau im Kreise Grottkau – Studium der katholischen Theologie – erzbischöflicher Geheimsekretär des Breslauer Erzbischofs Kardinal Adolf Bertram und bis zu dessen Tode am 6. Juli 1945 bei ihm – nach 1945 Religionslehrer und Studienprofessor in München – lebt im Ruhestand in München.

Edmund Nick – * 22. September 1891 in Reichenberg – nach drei Kapellmeisterjahren an den Breslauer Schauspielbühnen übernimmt der studierte Jurist 1924 die Musikabteilung der »Schlesischen Funkstunde« in Breslau – 1933 zusammen mit Friedrich Bischoff entlassen – Komponist des Singspiels »Das kleine Hofkonzert« – nach 1945 in München und Köln im Theater und Rundfunk leitend tätig – † 11. April 1974 in München.

Hans Niekrawietz – * 8. Februar 1896 in Oppeln – viele Jahre arbeitslos, Kaufmann, Hilfsbeamter, Reisender, Verlagslektor – Sänger der Oder – »Östliche Melodie«, Titel eines 1957 erschienenen Gedichtbandes, wurde ihm Aufgabe und Schicksal – nach der Vertreibung in Wangen im Allgäu in der schlesischen Künstlerkolonie ansässig.

Gerhart Pohl – * 9. Juli 1902 in Trachenberg – Studium der Germanistik – Schriftsteller in Berlin und im Riesengebirge, wo er verfolgten Landsleuten eine Bleibe gab, 1955 Roman »Fluchtburg« – »Bin ich noch in meinem Haus?«, Gerhart Hauptmanns letztes Wort hat er überliefert und als Buchtitel gewählt – nach 1945 in Berlin schriftstellerisch und journalistisch tätig – † 15. August 1966 in Berlin.

Ernst Schenke – * 24. Mai 1896 in Nimptsch – in der Nachfolge von Karl von Holtei und Robert Sabel, Schlesiens größter Mundartdichter – schrieb für den Rundfunk Kantaten – seine Mundartgedichte, meist epischer Prägung, sind heute schlesisches Volksgut – »Mein schlesisches Lese- und Vortragsbuch« 1977 als Sammelband erschienen – lebt heute in Recklinghausen.

Ernst Scheyer – * 3. Juli 1900 in Breslau – Promotionen in Nationalökonomie und Kunstgeschichte – bereitete 1932 die Gerhart-Hauptmann-Ausstellung zu dessen 70. Geburtstag vor – über Holland, Frankreich, England in die USA emigriert – in Detroit Professor für Kunstgeschichte und vergleichende Kulturgeschichte – hervorragender Kenner der schlesischen Kunst mit zahlreichen Veröffentlichungen, vor allem über das 19. und 20. Jahrhundert – lebt in Detroit, besucht jedes Jahr Deutschland und schlesische Freunde.

Albert Schmitt – * 5. Januar 1894 in Mannheim – 1912 in den Benediktinerorden und Kloster Beuron eingetreten – nach Stationen im englischen Erdington und oberschwäbischen Weingarten nach Grüssau gekommen – seit 1924 Abt – 1946 vertrieben, Neubeginn des Klosters Grüssau in Bad Wimpfen am Neckar – wissenschaftliche

Arbeiten für das »Lexikon für Theologie und Kirche« – † 16. September 1970 in Wimpfen.

Hans Thieme – * 10. August 1906 in Naunhof bei Leipzig – Habilitation für Deutsche Rechtsgeschichte und Bürgerliches Recht – 1934 Dozent in Breslau, 1938 Ordinarius – Soldat – Berufungen nach Bonn, Göttingen, Freiburg im Breisgau, hier Rektor 1960/61 – persönliches und wissenschaftliches Engagement für die deutschen Rechtspositionen – lebt als emeritierter Professor in Freiburg.

Arnold Ulitz – * 11. April 1888 in Breslau – entscheidende Jahre in Kattowitz – Studienrat in Breslau – als Schriftsteller expressionistisch mit dem Roman »Ararat« 1920 begonnen – »Der große Janja« wurde Huldigung an Oberschlesien – nach 1945 in Tettnang, der Heimat der Mutter, niedergelassen – † 14. Januar 1971 in Tettnang.

Otto Ulitz – * 28. September 1885 in Kempten – seit dem 10. Lebensjahr in Kattowitz zusammen mit Bruder Arnold aufgewachsen – mit 27 Jahren Leiter der Polizeiexekutive – Mitglied des Deutschen Plebiszitkommissariats – nach der Teilung Oberschlesiens Vorsitzender des Deutschen Volksbundes – Mitglied des Schlesischen Sejms – sechs Jahre im Zuchthaus Waldheim durch die Kommunisten inhaftiert – seit 1953 Sprecher der Landsmannschaft der Oberschlesier – † 28. Oktober 1972 in Bergholzhausen (Westfalen).

Herbert Volwahsen – * 11. Oktober 1906 in Oberschellendorf im Kreise Goldberg-Haynau – Studium an der Holzbildhauerschule in Bad Warmbrunn im Riesengebirge – Dresdner Akademie – erste große Erfolge als Bildhauer in Dresden – 1952 Kunstpreis der Stadt Köln, 1979 Kulturpreis Schlesien des Landes Niedersachsen – Leiter der Bildhauerabteilung der Werkkunstschule Bielefeld – lebt in Murnau in Oberbayern.

Wolfgang von Websky – * 29. September 1895 in Berlin – 1914 Kriegsabitur in Schweidnitz – nach Kriegsteilnahme Besuch der Akademien in Breslau und Berlin – im Zweiten Weltkrieg Oberstleutnant, fünf Jahre nach Kriegsende aus russischer Kriegsgefangenschaft entlassen – Neubeginn in Wangen im Allgäu in der schlesischen Künstlerkolonie – Fortsetzung des malerischen Werkes, zahlreiche Ankäufe öffentlicher Museen – 1981 Sonderpreis des Kulturpreises Schlesien des Landes Niedersachsen – lebt in Wangen.